75 CROCHETED
FLORAL BLOCKS

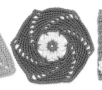

75 CROCHETED FLORAL BLOCKS

Beautiful patterns to mix and match for
throws, accessories, baby blankets and more

BETTY BARNDEN

Search Press

A QUARTO BOOK

Published in 2012 by Search Press Ltd
Wellwood
North Farm Road
Tunbridge Wells
Kent TN2 3DR

ISBN: 978-1-84448-808-7

Conceived, designed and produced by
Quarto Publishing plc
The Old Brewery
6 Blundell Street
London N7 9BH

QUAR: HKC

Project Editor: Victoria Lyle
Art Editor and Designer: Julie Francis
Pattern Checker: Lucille Kazel
Illustrator (charts): John Woodcock, Kuo Kang Chen
Illustrator (techniques): Kuo Kang Chen
Photographer (directory and technical section): Philip Wilkins
Photographer (projects): Nickey Dowey
Indexer: Helen Snaith
Art Director: Caroline Guest

Creative Director: Moira Clinch
Publisher: Paul Carslake

Colour separation by Pica Digital Pte Ltd, Singapore
Printed by 1010 Printing International Ltd, China

CONTENTS

FOREWORD

All the crochet blocks in this book are based on flowers, although some are more realistic than others.

Some blocks are adapted from traditional crochet designs, and use familiar techniques. In general, these are more abstract, less realistic. Many are quite simple to work, and use only one or two colours. Try working them in different colour combinations, chosen to suit the purpose you have in mind.

On the other hand, most of the more complicated blocks have been especially designed for this book. These attempt to express the colours and shapes of particular flowers, using combinations of different stitches and unusual constructions to form the different flower parts. As a rule, the flower colour(s) will be dictated, more or less, by the featured flower, but the background colours can be varied in any way you choose.

As a keen gardener, I love watching the seasons and the different flowers they bring, so I relished the challenge of choosing and designing the blocks for this book. In the garden, my favourite flower is always the one due to bloom in a week or two; when working on this book, my favourite block was always the one I had in mind to make next!

BETTY BARNDEN

ABOUT THIS BOOK

This book provides a delightful collection of over 75 floral blocks to crochet. Each is both charming in its own right and looks fantastic when worked with others to create throws, cushions, scarves or other projects of your own devising.

CHAPTER 1: USEFUL TECHNIQUES (pages 8–29)

As well as covering basics such as equipment, yarn, abbreviations and symbols, this chapter also contains techniques for using the blocks in this book, such as block arrangement, joining blocks, edgings and planning a project.

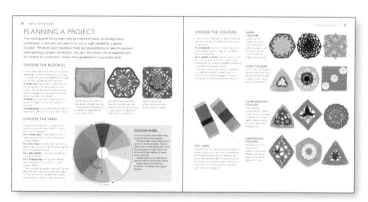

SIZE

Blocks of the same shape are all the same size, for easy mixing and matching. All of the blocks in the Directory were worked using double knitting (DK) weight yarn and a size E (3.5 mm) hook. They measure as follows:

Triangle: 15 cm (6 in)
Square: 14 cm (5½ in)
Diamond: 14 x 18 cm (5½ x 7 in)
Hexagon: 13 cm (5 in)
Circle: 14 cm (5½ in)

For more on yarns and block sizes, see pages 12–13.

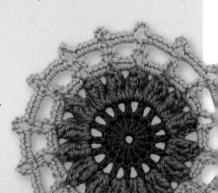

CHAPTER 2: DIRECTORY OF BLOCKS (pages 30–51)

The Directory is a showcase of the more than 75 beautiful designs featured in this book. Organized into four colour themes – spring green, sky blue, summer pink, harvest gold – it contains a mix of shapes and skill levels. Flick through this colourful visual guide, select your design and then turn to the relevant page of instructions to create your chosen piece.

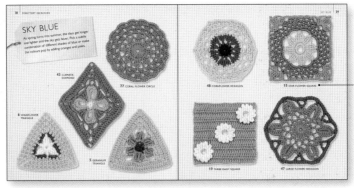

Each block is labelled with a number that corresponds to the relevant pattern in the Instructions chapter.

The skill level and method of working are indicated.

The colours used are indicated.

CHAPTER 3: INSTRUCTIONS (pages 52–131)

In this chapter you'll find a written pattern and a chart for every design. The blocks are organized by shape to enable easy mixing and matching, as all the blocks of the same shape are the same size.

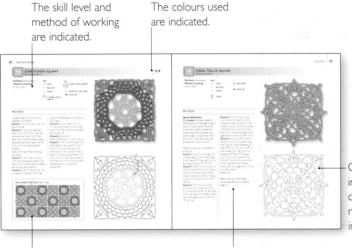

Charts amplify the instructions and are colour-coded to resemble the yarns in the sample.

Mix and match suggestions are shown for a selection of blocks.

Full written instructions are given for every design.

CHAPTER 4: PROJECTS (pages 132–141)

The blocks in this book can be combined and used in a myriad of ways. This chapter presents a selection of stunning designs to inspire you with ideas of how to use the blocks in your own projects.

Each project is illustrated with a photograph of the finished item.

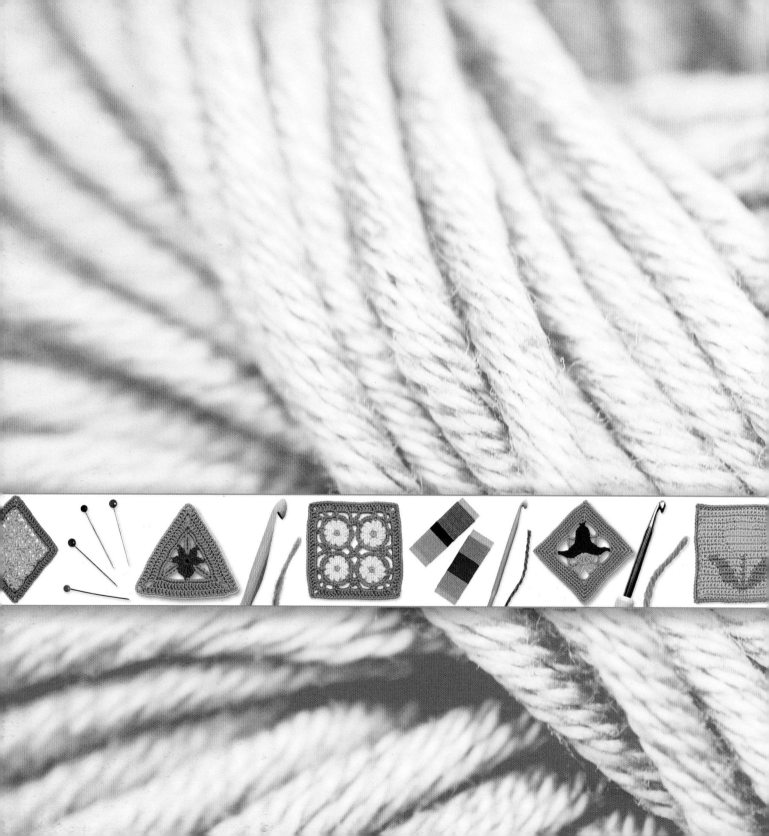

1
USEFUL TECHNIQUES

As well as covering basics such as equipment, yarn, abbreviations and symbols, this chapter also contains techniques for using the blocks in this book, such as block arrangement, joining blocks, edgings and planning a project.

MATERIALS AND EQUIPMENT

The basic tools for crochet are simple, portable and relatively inexpensive.

HOOKS

Crochet hooks are the most important tools in your collection. Good quality crochet hooks are smooth and free of snags, and feel comfortable in your hand.

Crochet hooks are available in a range of materials, such as aluminium, bamboo, plastic and resin. Aluminium hooks work well with woolly and fuzzy yarns, whereas bamboo hooks can help to control smooth, slippery yarns. Sometimes changing from, say, a plastic hook to a bamboo hook can affect the size of your finished block; always check your tension carefully (page 12). Hooks are also made in different styles, such as with a flattened thumb rest, or (for small metal hooks) a wider wooden or plastic handle. Try out the different styles to see which suits you best.

As a rule, the finer the yarn, the smaller the suitable hook. The size of hook you use, together with the type of yarn chosen, will affect the finished size of the blocks you make (see pages 12–13).

USEFUL TIP

Where a yarn label gives a recommended metric knitting needle size, a crochet hook of a similar metric size will usually give a satisfactory result.

This table shows both the international metric system of hook sizing and the American system, although the two systems do not correspond exactly. Even smaller hooks are available for very fine crochet threads.

1.75 mm

2.25 mm/B

2.75 mm/C

4 mm/G

5 mm/H

6.5 mm/K

9 mm/M

WHICH HOOK SIZE?

Suitable for these yarns	Metric sizes	US steel hooks	US plastic or aluminium hooks
 2-ply, light fingering	1.75mm	6 5 4	
 3-ply, fingering	2 mm 2.25 mm 2.5 mm	3 2 1 0	B
4-ply, fingering, sock	2.75 mm 3 mm	00	C D
sport, double knitting (DK), light worsted	3.5 mm 4 mm		E F G
 worsted, aran	4.5 mm 5 mm 5.5 mm		H I
 chunky, bulky	6 mm 6.5 mm 7 mm		J K
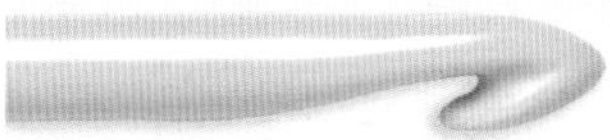 super chunky, super bulky	8 mm 9 mm 10 mm		L M N

ACCESSORIES

It is useful to keep a few other items in your work bag.

YARN NEEDLES

These are used for sewing seams and for darning in yarn tails (1). Yarn needles have blunt tips to avoid splitting stitches. They are available in different sizes. Choose a yarn needle to suit the weight of your yarn. The eye should be large enough to easily take the yarn you are using.

PINS

Glass-headed pins (2) have large heads, and are the best type to use for blocking (page 20). Safety pins are useful when joining blocks together, to enable you to match the stitches and corners exactly.

SCISSORS

Use a pair of small, sharp scissors to cut yarn cleanly (3).

RULER AND TAPE MEASURE

A small ruler is best for checking the size of your blocks to obtain the tension you want (see page 12). A tape measure is useful for larger measurements (4).

STITCH MARKERS

Use this type of split marker (5) to hold the working loop when you put your work aside, or when you leave a colour aside that you will later return to. Markers can also be used as an aid to counting, for example when working a long edging.

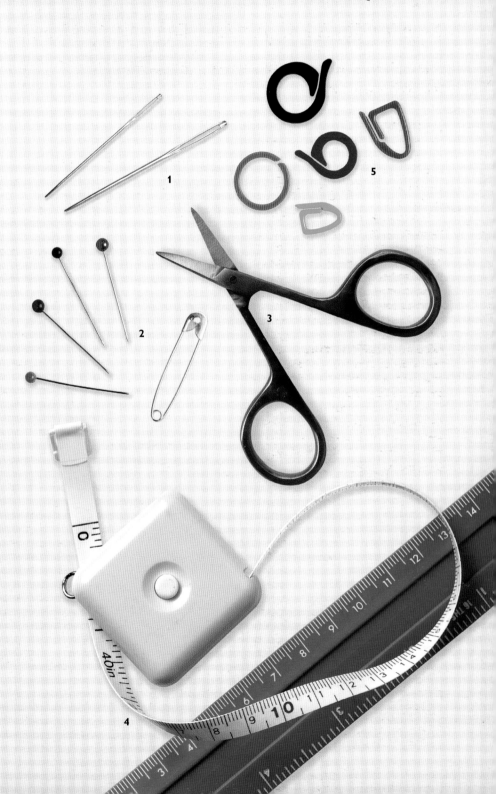

The swatches above show the blocks at real size and demonstrate how yarn and hook size can dramatically change the appearance and feel of the same design.

YARNS AND BLOCK SIZES

The weight of yarn you choose (together with the hook size) will dictate the finished size of the block you make.

The Off-centre square (block 37, page 90) is shown here made in six different weights of yarn, each worked with the corresponding suitable size of hook (see table on page 10).

It is possible to change the size of a block slightly by using a hook one or two sizes smaller or larger than recommended. However, this will affect the feel of the finished block; using a smaller hook makes a firmer block (which may be fine for a purse, perhaps, but unsuitable for a shawl), while using a larger hook will make a looser block, which may not keep its shape in use.

← 7.5 cm (3 in) square →

← 11 cm (4¼ in) square →

← 12.5 cm (5 in) square →

← 14 cm (5½ in) square

2-ply cotton yarn worked with an approx. 1.75 mm hook (US size 5).

4-ply cotton yarn worked with an approx. 2.5 mm hook (US size 1).

Sport weight wool worked with an approx. 3.5 mm hook (US size E).

Double knitting weight silk/wool blend worked with an approx. 4 mm hook (US size G).

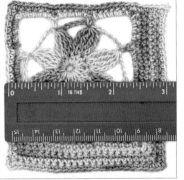

TO TEST YOUR TENSION

Always test your own tension before starting any project.

1 Make a block with the yarn you want to use and a suitable hook (see table on page 10) and press or block the work (see page 20).
2 Measure the block across the centre with a small ruler (for a triangular block, measure the length of the sides).
3 If your block is too small, try again with a larger hook. If your block is too large, make another with a smaller hook.

16.5 cm (6½ in) square

Aran wool worked with an approx. 5 mm hook (US size H).

18 cm (7 in) square

Bulky alpaca/cotton yarn worked with an approx. 6 mm hook (US size J).

ABBREVIATIONS AND SYMBOLS

There is no worldwide standard for crochet abbreviations and symbols, but below is a list of those used in this book.

ABBREVIATIONS AND SYMBOLS

Abbreviations and symbols may vary from one pattern publisher to another, so always check that you understand the system in use before commencing work.

Stitch or term	Abbreviation	Symbol
chain	ch	o
slip stitch	ss	•
double crochet	dc	+
half treble	htr	T
treble	tr	‡
double treble	dtr	‡
triple treble	tr tr	‡
bobble	B	e.g. bobble of 5 trebles
puff stitch	PS	e.g. puff of 4 half trebles
popcorn	PC	e.g. popcorn of 5 trebles
back loop	bl	e.g. double in back loop
front loop	fl	e.g. half treble in front loop
chain space	ch sp	(none)
together	tog	(none)
yarn round hook	yrh	(none)
group	gp	(none)
pattern	patt	(none)
beginning	beg	(none)
following	foll	(none)
alternate	alt	(none)
remaining	rem	(none)
repeat	rep	(none)

Some patterns include special abbreviations, which are explained on the instructions pages.

ARRANGEMENTS OF SYMBOLS

SYMBOLS JOINED AT TOP
A group of symbols may be joined at the top, indicating that these stitches should be worked together at the top.

SYMBOLS JOINED AT BASE
Symbols joined at the base should all be worked into the same stitch below.

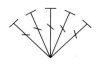

Puff   Bobble   Popcorn

SYMBOLS JOINED AT TOP AND BASE
Sometimes a group of stitches are joined at both top and bottom, making a puff, bobble or popcorn.

SYMBOLS ON A CURVE
Sometimes symbols are drawn at an angle, depending on the construction of the stitch pattern.

DISTORTED SYMBOLS
Some symbols may be lengthened, curved or spiked, to indicate where the hook is inserted below.

READING CHARTS

Each design in this book is accompanied by a chart, which should be read together with the written instructions. The chart represents the right side of the work.

CHARTS IN ROWS

Right side rows are numbered at the right, and read from right to left.

Wrong side rows are numbered at the left, and read from left to right.

Rows are numbered, beginning row 1 (which may be at bottom right or bottom left, as here).

BALL BANDS

Most yarns have a paper band or tag attached with vital information such as the weight of the ball or skein, fibre composition, yardage and how to look after your finished item. The band may also recommend hook and knitting needle sizes and give tension details.

Tension

Hook/knitting needle size (see *Useful Tip*, page 10)

Manufacturer

Yarn name

Fibre composition

Ball weight — 100g

Yardage

Aftercare instructions

CHARTS IN ROUNDS

Each round is numbered close to where it begins.

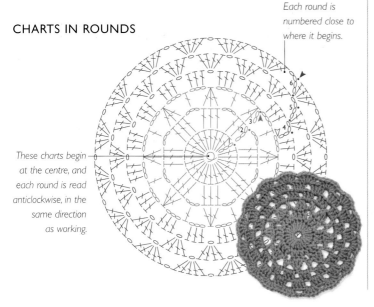

These charts begin at the centre, and each round is read anticlockwise, in the same direction as working.

LAUNDERING

HAND WASHING

⊠ Do not wash by hand or machine

Hand washable in warm water at the stated temperature

PRESSING

⊠ Do not press

Press with a cool iron

Press with a warm iron

Press with a hot iron

DIRECTIONS OF WORKING

Crochet can be worked in rows or in rounds. The method of working for each block in this book is indicated in the instructions.

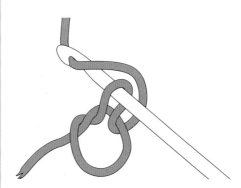

ROWS OR ROUNDS

Blocks worked in rows are worked back and forth. As a rule, each row begins with a number of turning chains, which count as the first stitch of the row: 1 ch = 1 dc, 2 ch = 1 htr, 3 ch = 1 tr, and so on. On the following row, the last stitch is worked into the top of the turning chains.

Blocks worked in the round are worked outwards from the centre in an anticlockwise direction. Each round normally begins with a number of starting chains (the equivalent of the turning chains used when working in rows), and each round closes with a slip stitch worked into the top of these chains. The starting chain(s) at the beginning of a round, together with the slip stitch at the end, are counted as the first stitch of the round.

Some blocks are worked in both rows and rounds, for example the Dandelion diamond (block 40, page 93), which consists of a central panel worked in rows, with an outer border worked in rounds.

Some blocks begin with the length of two edges, and stitches are decreased at the centre on every row, ending at the top corner.

WORKING IN THE ROUND

Blocks worked in the round begin at the centre with either a fingerwrap or a ring of chains.

FINGERWRAP

This method closes the centre tightly, leaving no hole unless a large number of stitches are worked on the first round.

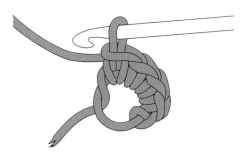

Sometimes called a slip ring, a fingerwrap is made by winding the yarn once or twice around a finger (or thumb), then using the hook to pull through a loop from the ball end of the yarn. Do not pull tight.

Hold the wrap flat between finger and thumb and work the starting chain(s), then work the required stitches into the wrap, working over the starting tail at the same time to enclose it. Then pull the starting tail gently to close the ring, and join with a slip stitch into the last of the starting chains.

UNDERSTANDING ROUNDS

When working in rounds, the work is not turned, so the right side is always facing you. The stitches of the previous round face in the same direction as the stitches you are working, so the top of each stitch is always to the RIGHT of its stem.

RING OF CHAINS

This method leaves a small hole at the centre of the block, the size depending on the number of chains in the ring.

Work the required number of chains, then join into a circle with a slip stitch in the first chain made.

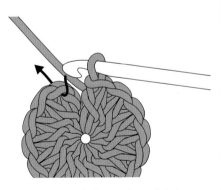

For each round, work the number of chains to stand for the first stitch, then work the required stitches into the centre of the ring (not into the individual chains). You can work over the starting tail at the same time, to enclose it. Close the ring with a slip stitch in the top of the starting chains. Pull gently on the starting tail to neaten the centre, and trim off the excess.

FINISHING NEATLY

Always finish off each block securely; think ahead, and leave a long tail where it will be useful for sewing a seam. Where the edges of blocks will be hidden in a seam, simply work 1 chain, cut the yarn, and pull the tail through the last stitch. Where the edge will be visible in use, try this technique for a perfect finish:

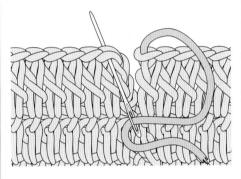

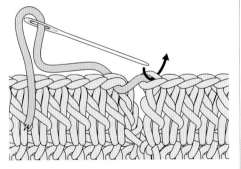

Do not work the final slip stitch of the last round. Cut the yarn leaving a 10 cm (4 in) tail and thread this into a yarn needle. Pass the needle under the top of the first stitch of the round as shown, and back through the last stitch. Darn in the tail on the wrong side.

DARNING IN TAILS

Tails not enclosed during working a block may be darned in on the wrong side after completion. Use a yarn needle, and always darn in for at least 5 cm (2 in) to prevent the tail from slipping out again. For smooth, slippery yarns, reverse the direction and darn back again for a few stitches. Trim off the excess.

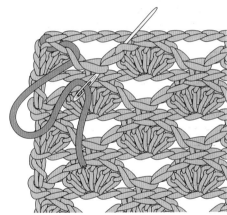

On lacy blocks, darn in the tails along the back of the stitches for about 5 cm (2 in), changing direction to suit the pattern, so that the tail will not show on the right side.

BLOCK ARRANGEMENTS

Squares, diamonds, triangles, hexagons and circles can be joined together in several different arrangements.

SQUARES

Join squares into strips, then join the strips.

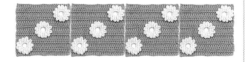

HEXAGONS

Join hexagons into strips, then join the strips.

DIAMONDS

Join diamonds into diagonally slanting strips, then join the strips.

Alternatively, arrange blocks into sloping strips, then join the strips.

TRIANGLES

Strips of triangles can be joined in two ways, as shown.

Six triangles can be joined to make a hexagon.

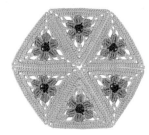

CIRCLES

Circles may be fitted quite closely together, by joining just a few stitches at six points around each circle; join each circle in place in turn. The resulting gaps between the circles will be quite small.

Circles may also be joined into strips, and the strips joined together. The resulting gaps may be filled with small connector pieces, such as squares or circles formed by working the first one or two rounds of suitable blocks.

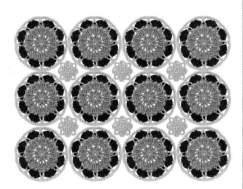

These Dahlia circles (block 70, page 123) are joined using the joining with picots method (page 21), with a connector piece made by working rounds 1 and 2 of the Butterfly circle (block 73, page 126).

Other suitable connectors may be contrived by working the first one or two rounds of many of the blocks in this book, including round 1 of the Coral trellis square (grey sample, block 16, page 69) and rounds 1 and 2 of the Blossom square (jade sample, block 17, page 70).

JOINING BLOCKS

Blocks can be joined with sewn seams or crochet seams. Blocks made with picots on the last round are usually joined together as they are worked. All the blocks of the same shape in this book are of similar size, so that all the squares may be fitted together, or all the triangles, or all the diamonds, and so on.

BLOCKING

Blocking your crochet pieces before joining them together will improve the neatness of the stitches and help the blocks to retain their shape. To retain the texture of crochet blocks, cold water blocking is recommended. Blocks made with picots on the last round can be blocked after joining together.

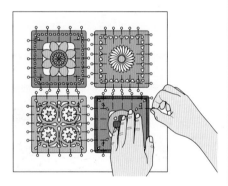

A blocking board is a small board (plywood or fibreboard) covered with a layer of wadding and a layer of cotton fabric, which is pulled tight, folded over the edges and stapled at the back. Checked or gingham fabric provides a useful guide for square blocks.

1 Lay the blocks flat with right sides facing up.
2 To block, check the measurements with a ruler as you insert pins, gently easing the blocks into shape. Pin with large-headed pins at right angles to the edges, all around the edge of each block. Use as many pins as you need to hold the edges straight.
3 Use a spray bottle to mist the blocks thoroughly with cold water. Pat them gently to dampen all the stitches.
4 Allow to dry completely before removing the pins.

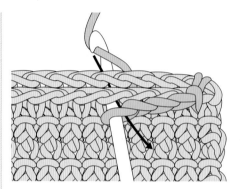

SLIP STITCH SEAM

This firm seam is suitable for joining blocks worked in any direction. Working on the wrong side in matching yarn gives a neat appearance on the right side.

1 Place the two blocks right sides together.
2 Use a hook one size smaller than used for the blocks and (if possible) matching yarn. Insert the hook through both layers. On top/bottom edges, insert through matching stitches; on side edges, insert either one whole stitch in from each edge, or through the centre of the first stitch of each layer. Pull through a loop of yarn.
3 Continue in slip stitch through both layers together.

When joining side edges of blocks worked in rows, try out a short length of seam to find a suitable spacing for the stitches. For example, when joining rows of treble crochet, 2 slip stitches per row usually gives a neat result.

When working a zigzag seam (such as when joining hexagons), work 1 or 2 chains at each corner, so that the seam is not too tight.

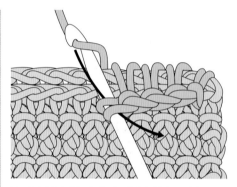

DOUBLE CROCHET SEAM

This seam is suitable for joining blocks worked in any direction. It may be worked on the wrong side, or on the right side as a decorative feature. When joining blocks of different colours, the seams may be worked all in one contrasting colour for a unifying effect (see Busy Lizzie throw, pages 134–135).

1 Place the blocks right (or wrong) sides together.
2 Use a hook one size smaller than used for the blocks, and matching or contrasting yarn. Insert the hook through both layers – either through matching stitches, or through matching row ends – and pull through a loop.
3 Continue in double crochet through both layers together, joining each pair of stitches with 1 double crochet.

On side edges, try out a short length to find a suitable spacing, as for slip stitch seam.

At the corners of a zigzag seam, work 1 or 2 extra double crochet into the chain spaces of the intersection.

Neaten your yarn tails of any colour by enclosing them as you work this seam.

JOINING WITH PICOTS

Some blocks are worked with picots on the outer edges, which are designed to be joined together as work progresses. The blocks are only joined where corresponding picots meet, giving an open, lacy effect.

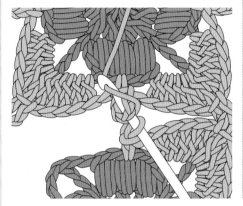

1 Work the first block as given in the instructions.
2 Then work the second block as far as the first picot to be joined, and work to the central chain of the picot – for example, on a 5-ch picot, work 2 ch.
3 With right side of first block facing up, insert the hook from below, through the centre of the corresponding picot, and work a slip stitch, which counts as 1 chain (see diagram, left).
4 Complete the picot, then continue the final round of the second block to the next picot to be joined.
5 Repeat steps 3 and 4 as required, then complete the final round of the second block, and fasten off.

Where several blocks meet together, insert the hook into the picot diagonally opposite (see photo, below).

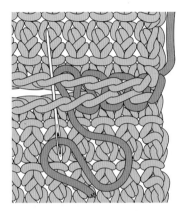

FLAT SEWN SEAM

This seam is particularly suitable for blocks worked in the round, where the outer edges consist entirely of the tops of stitches. As you finish each block, you can leave a long yarn tail to use for seaming, thereby avoiding extra yarn tails to darn in.

1 Place the blocks on a flat surface with wrong sides (or right sides, if preferred) facing up.
2 Using a yarn needle, secure the yarn at the right (or use the tail from the block).
3 Link the two edges together as shown by passing the needle away from you, under one thread from each edge, then towards you, again under one thread from each edge. Do not pull too tightly.
4 At the end of the seam, secure with a small backstitch and darn in the tail.

A similar seam may be worked to join the side edges of blocks worked in rows. Pass the needle under just one thread of the outermost stitch of each layer.

EDGINGS

There are two methods of adding an edging to your work: grown-on edgings and sewn-on borders.

GROWN-ON EDGINGS

Grown-on edgings are worked directly on the edge of the crochet, and almost always begin with a row or round of double crochet, as below. For a neat, firm result, use a hook one size smaller than used for the blocks.

When working on a large project, it is advisable to try out a short length of edging, including a corner or two, to make sure the edging lies flat. If the edging is wavy, there are too many stitches, but if it curls inwards, there are too few.

See page 24 for three grown-on edging samples.

GROWN-ON DOUBLE CROCHET BORDER

See the border used for the Busy Lizzie throw (pages 134–135), which is worked in rounds of double crochet, increasing at outer corners and decreasing at inward corners, with the final round in reverse rope stitch edging.

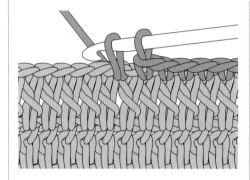

DOUBLE CROCHET ON AN OUTER, TOP OR BOTTOM EDGE

On the outer edge of a block worked in the round, or on the top edge of a block worked in rows, work 1 dc into each stitch as shown. On the lower edge of a block worked in rows, work 1 dc in the base of each stitch.

On the outer edge of a circle, you may need to increase a few stitches to keep the edge flat – about 8 sts for a full circle.

Where an edge includes chain spaces, try working 1 dc into the space for each chain; you may need to adjust the number slightly.

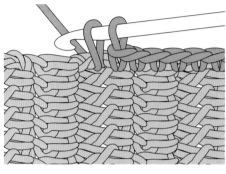

DOUBLE CROCHET ON A SIDE EDGE

On a side edge of a block worked in rows, insert the hook under two threads of the first (or last) stitch of each row, and try out a short length to test the number of stitches required for a flat result, according to these guidelines:

Rows of dc: 1 dc in side edge of each row.
Rows of htr 3 dc in side edge of every 2 rows.
Rows of tr: 2 dc in side edge of every row.
Rows of dtr: 3 dc in side edge of each row.

SEWN-ON BORDERS

These are normally worked sideways – that is, beginning with a short side – and to the length required. The length can then be adjusted to fit exactly when the border is sewn in place. See page 25 for three sewn-on border samples.

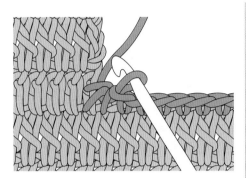

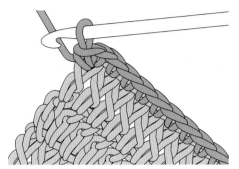

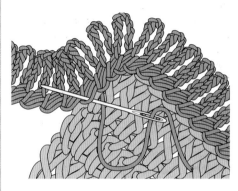

DOUBLE CROCHET AT INWARD CORNERS

At inward corners, it is necessary to decrease on every round to keep the edge flat.

At a right angle: Decrease by 2 dc on every round, by working 3 dc tog, with the central insertion exactly in the corner. On subsequent rounds, work 3 dc tog, with the central insertion in the previous 3 dc tog, or work 2 dc tog, inserting the hook in the dc before and after the previous decrease.

At a wide angle: Decrease by 2 dc as for a right angle, but not on every round.

At a sharp angle: Decrease by 4 dc, working 3 dc tog at either side of the corner, on every round or every second or third round, as required.

DOUBLE CROCHET AT OUTER CORNERS

At outer corners of a square, increase by working 3 dc, or [1 dc, 1 ch, 1 dc], in the same place on every round.

The outer corners of other shapes are not right angles, so if you want a wide border all in double crochet, you may need to experiment:

At the corners of a triangle: 5 dc, or [1 dc, 3 ch, 1 dc], or [2 dc, 1 ch, 2 dc].

At the corners of a hexagon: 3 dc on the first round. If worked on every round, this will make a slightly wavy edge, so for a wide border work every second or third round with no increasing.

At the corners of a diamond: Work the sharp top and bottom corners as for a triangle and the other corners as for a square.

FITTING A SEWN-ON BORDER

Work the border to the length you think you need, and slip the working loop onto a split marker to prevent unravelling. Pin the border in place with safety pins. Butt the two edges together and join with a flat sewn seam (or a crochet seam if you prefer). This knotted loop edging (page 25) fits easily around corners, but if necessary, gather the border slightly at outer corners, so it is not stretched. Before you seam the last few centimetres adjust the length to fit exactly. Join the two ends of the border with a flat sewn seam.

SMALL PICOT EDGING

This edging is worked lengthwise, usually as the final row of a double crochet border.

With right side of work facing, work a few rows or rounds of double crochet (2 rows shown on chart).

Small picot row (chart row 3): 1 ch, skip first dc, * 3 ch, ss in first of these 3 ch, skip 1 dc, 1 dc in next dc, * repeat from * to * to end, working last dc in 1 ch. Fasten off. To complete a round, ss in first ch.

Notes:

• At outer corners, try working [3 ch, ss in first of these 3 ch, 1 dc in next dc] twice, exactly at the corner, to enable the edging to lie flat.

• At inward corners, work 2 (or 3) dc tog exactly at the corner.

• If working in rounds, any number of rounds of dc may precede the Small picot row.

PLAIN RUFFLE

This edging is worked lengthwise, and may begin with any number of stitches.

With right side of work facing, work 1 row or round of double crochet (1 row shown on chart).

Row 2: 1 ch, 1 dc in first dc, 2 dc in each dc, ending 2 dc in 1 ch.

Row 3: As row 2. Fasten off.

Notes:

• This edging may also be worked in rounds, increasing on each round in the same way.

• For a wider, looser ruffle work rows 2 and 3 in tr or dtr. For a tighter ruffle, repeat row 3 once more.

• At outer corners, work 3 dc in the same place on the first 2 rows of dc. At inward corners, work 3 dc tog on the first 2 rows of dc (see page 23).

BLOCK EDGING

Worked lengthwise, this bold edging is quick and simple to work.

With right side of work facing, begin at right and work a few rows or rounds of double crochet (2 rows shown on chart).

Block row (chart row 3): 3 ch, skip 3 dc, * 1 tr in next dc, 3 ch, 4 tr in sp behind tr just made, skip 3 dc, * repeat from * to * to last dc, 3 ch, ss in last st. Fasten off. If working in rounds, end with 1 block of 3 tr, ss in first tr of round.

Notes:

• At outer corners, adjust the number of dc so that each edge has a multiple of 4 sts, plus 1 – the extra st should be the centre st of 3 at each corner (see page 23). On Block row, work 1 tr (carrying a block) into the centre dc of 3 at each corner.

• To work in rounds, work 2 or more rounds of dc, ending with a multiple of 4 sts. Work 3rd round as Block row, ending 1 tr in base of 3 ch at beg of round, 4 tr in sp behind tr just made. Fasten off.

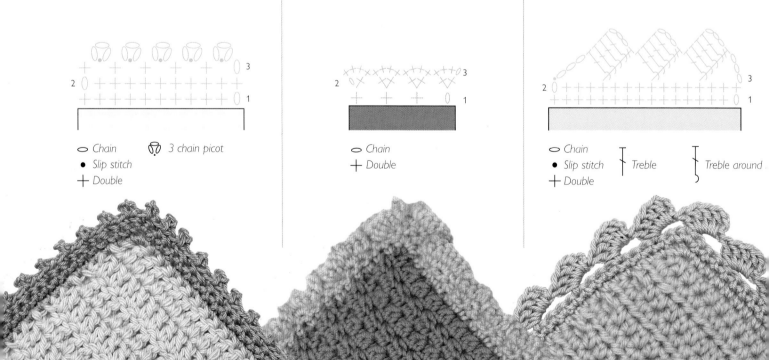

○ *Chain*   ⍟ *3 chain picot*
● *Slip stitch*
+ *Double*

○ *Chain*
+ *Double*

○ *Chain*   ⊤ *Treble*   *Treble around*
● *Slip stitch*
+ *Double*

FRILLED FLOWERS

This edging is worked sideways and sewn in place.

Make 5 ch, join into a ring with ss in first ch.
Row 1: 3 ch, 7 tr into ring, turn.
Row 2: 3 ch, skip first tr, * [1 dc in next tr, 3 ch] 6 times, 1 dc in 3rd of 3 ch, 9 ch, ss in 5th ch from hook (making another ring), turn.
Row 3: 3 ch, 7 tr into ring, 1 ch, ss in last 3-ch loop of previous repeat, turn.
Row 4: 1 ch, work as row 2 from * to end. Repeat rows 3 and 4 to required length, ending row 4 by omitting the final 9 ch and ss.
Notes:
• At outer corners, arrange the edging so that a join between 2 repeats falls exactly at the corner.
• At inward corners, work 14 ch instead of 9 ch on row 4, so that one repeat can be placed on either side of the corner.

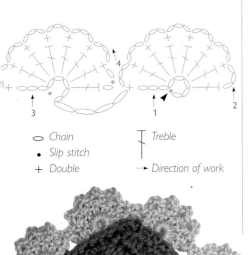

○ *Chain*   T *Treble*
• *Slip stitch*   → *Direction of work*
+ *Double*

DOUBLE SHELLS

Worked sideways, this edging is worked separately and sewn in place.

Row 1: 4 ch, 1 tr in first ch made. (1 ring made)
Row 2: 3 ch, [2 tr, 2 ch, 3 tr] into ring (1 double shell made), turn.
Row 3: 5 ch, * [ss, 3 ch, 1 tr] into 2-ch sp at top of double shell (1 ring made), turn.
Row 4: 3 ch, [2 tr, 2 ch, 3 tr] into ring, 1 tr in 3rd of 5 ch at beg of previous row, turn.
Repeat rows 3 and 4 to length required. Fasten off.
Notes:
• At outer corners, work to length required, ending with row 4.
Next row: 3 ch, work as row 3 from * to end.
Foll row: As row 4, ending ss in tr at base of 3 ch, turn. Continue in pattern, beginning with row 3.

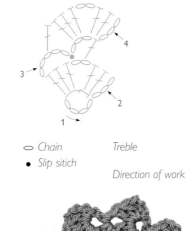

○ *Chain*   *Treble*
• *Slip sitich*   *Direction of work*

KNOTTED LOOPS

Worked sideways, this edging is worked separately and sewn in place. It fits easily around corners.

Special abbreviation
PS (puff stitch): [Yrh, insert as given, pull through a loop] 3 times in same place, yrh, pull through first 6 loops on hook, yrh, pull through remaining 2 loops on hook.

Row 1: 13 ch, PS in first ch made. Do not turn the work.
Row 2: 12 ch, PS in top of previous PS (inserting the hook under two threads), do not turn. Repeat row 2 to length required. Fasten off.
Note:
The length of the fringe may be adjusted by working more or fewer chains.

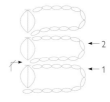

○ *Chain*   ➘ *Do not turn*
◍ *Puff stitch*   → *Direction of work*

PLANNING A PROJECT

Your starting point for a project may be a favourite block, an exciting colour combination, a new yarn you want to try out or a gift needed for a special occasion. Whatever your inspiration, there are several factors to take into account when planning a project: the block(s), the yarn, the colours, the arrangement and the method of construction. Follow these guidelines for a successful result.

CHOOSE THE BLOCK(S)

Crochet fabric can be smooth, lacy or textured, depending on which technique you are using.

Consider the use of the finished item to help you choose a suitable block, for example:

A winter scarf may be lacy or quite solid, but the wrong side of the blocks will be visible in wear. The wrong sides of some blocks are similar in appearance to the right sides, while others may differ considerably.

A blanket for a new baby should not be too lacy, as tiny fingers can become trapped in the holes.

A shopping bag requires sturdy blocks, without large holes (unless you choose to add a lining).

Smooth blocks are solid and have greater strength than lacy or textured blocks. Interest can be added by using different colours and motifs.

Lacy blocks work well when they are combined with each other, but they can also be used to add a touch of lightness to other block combinations.

Textured blocks add surface interest and three-dimensionality to designs.

CHOOSE THE YARN

Consider the properties you need for the project you are planning in order to choose your yarn, for example:

For a winter scarf, a warm, light, soft yarn might be your choice, such as merino wool or angora blends.

For a lacy wrap, a smooth, satiny yarn such as glazed cotton, viscose or silk will drape well and show off the stitch textures.

For a baby blanket, a machine-washable yarn is a practical choice.

For a shopping bag, a strong, hard-wearing yarn is required, such as cotton or cotton/synthetic blends.

Also consider the weight of the yarn. This will affect the size of blocks you make (see pages 12–13), which in turn will affect the finished design: bold and chunky, or light and delicate.

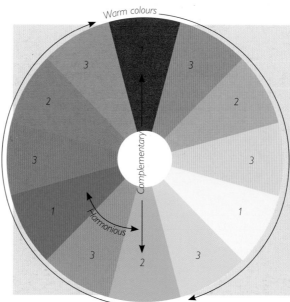

COLOUR WHEEL

You can use an artist's colour wheel to help you choose colours that go together.

The colour wheel is made of three primary colours (1): red, blue and yellow. These are mixed in pairs to create the secondary colours: (2) purple, green and orange. These in turn are mixed with their neighbours to create tertiary colours (3).

Opposite colours on the wheel (such as green and red) are 'complementary' colours.

Adjacent colours on the wheel are harmonious – for example, blue, turquoise and green.

CHOOSE THE COLOURS

Colour choice is ultimately a matter of personal taste, but may also be influenced by the nature of the project:

For accessories, match or contrast colours for scarves, wraps, purses or bags to coordinate with your wardrobe.

For a cushion or throw, choose colours to suit the colour scheme of a room – either subtly blending with the scheme, or brightly contrasting, to provide an exciting focal point.

You may come across a colour combination you really like, perhaps in a fabric print or a picture. You can take photographs, or keep a sketchbook or scrapbook, for future reference.

TEST STRIPS

Use yarn from your stash (or buy small skeins of tapestry wool) to try out colour combinations. Wind yarns around a strip of cardboard and secure with adhesive tape. The proportions of the stripes can be varied, as well as the colours. Such a strip can then be used as a shopping guide when purchasing yarn.

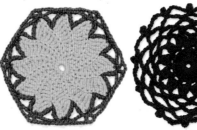

WARM COLOURS

Colours on the orange side of the colour wheel, from yellow through to red, are warm colours. Choose these for bright, cheerful impact.

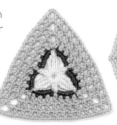
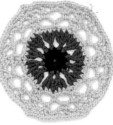

COOL COLOURS

Cool colours are those on the blue side of the colour wheel, from lilac through to green. These colours have a calming effect.

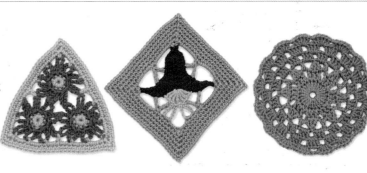

COMPLEMENTARY COLOURS

Used together, complementary colours create vibrant, contrasting combinations. Choose slightly softened shades for a rich, rather than clashing, result.

HARMONIOUS COLOURS

Harmonious colours can be used to enhance one another. Adding a neutral can bring out the subtle differences in hue.

CHOOSE THE ARRANGEMENT

The blocks in this book can be combined in many different ways. Some of the basic arrangements are shown on pages 18–19.

All the blocks of the same shape in this book are of similar size – that is, all the squares may be fitted together, or all the triangles, or all the diamonds, and so on. The mix and matches dotted throughout the book are just some of the ways in which the blocks can be combined and are designed to inspire you to create your own arrangements.

Always make sample blocks to try out the yarns and colours you have chosen, to make sure you are happy with the result. Also, note down the hook size used for each block. Block each sample as on page 20.

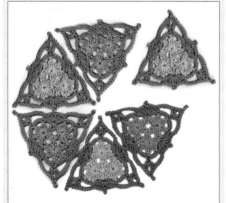

DESIGN TIP

With the aid of a photocopier and a camera, you can quickly try out different arrangements by photocopying sample blocks and arranging the copies in different ways. You can then photograph the different arrangements and decide what works best.

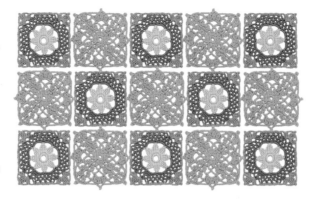

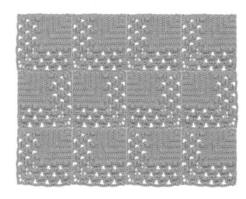

Some blocks feature directional rather than symmetrical designs. These blocks may be arranged in various ways to make larger patterns.

You can choose two or more block designs of the same shape and put them together in various arrangements.

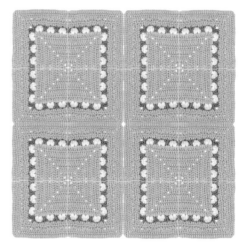

You can make the same block in more than one colour combination, and arrange them to make larger patterns, such as these zigzag stripes formed with diamonds. See also the Busy Lizzie throw on pages 134–135.

PLAN THE CONSTRUCTION

Measure your sample block(s) as on page 12.

1 Decide on the finished size of the project and the size of each section (such as front, back and side/base panels of a bag).

2 Draw a plan of the arrangement – graph paper is useful for this.

3 Count how many blocks will you need for each section.

4 Decide on the order in which you will make the blocks, how you will join them (see pages 20–21) and any edging required (see pages 22–25).

Front

Back

Finished bag

Sides and base

LOOKING AFTER CROCHET

Always clean crochet regularly, according to the care instructions on the ball band of the yarns you have used. You may prefer to have large throws and afghans professionally dry-cleaned.

To store articles not in use, never enclose them in a plastic bag, as the fibres will not be able to breathe and the static cling created by polythene will attract dust and dirt. Instead, wrap in a clean cotton pillowcase or sheet, depending on size. Store in a dry, cool, dust-free place, adding a bag of dried lavender to keep the crochet smelling sweet and to deter moths.

CALCULATE THE YARN REQUIRED

The most accurate way to calculate the yarn you will need for a large project is to make a block, unravel it and measure the length of each colour used. You can then use the yardage given on the yarn ball band to estimate how many balls of each colour will be required for the number of blocks you want. Repeat for each design of block you intend to use.

To calculate the amount of yarn required for an edging (especially on a large article, such as a throw), work a short length of edging over, say, three or four blocks, unravel it and measure the length of yarn used. You can then estimate how much will be required for the whole edging.

Be generous when estimating the total for each colour – it's better to have yarn left over than to need another ball, and find you can't buy the matching dye lot.

2
DIRECTORY OF BLOCKS

The Directory is a showcase of the more than 75 beautiful designs that are featured in this book. Organized into four colour themes – spring green, sky blue, summer pink, harvest gold – it contains a mix of shapes and skill levels. Flick through this colourful visual guide, select your design and then turn to the relevant page of instructions to create your chosen piece.

SPRING GREEN

A delightful collection of spring flower designs for you to pick from. With single blooms and intricate arrangements, the palette is created in pale greens, yellows and blues, evoking the delicate blossoming of spring.

28 DAISY CHAIN SQUARE

8 JONQUIL TRIANGLE

54 DAFFODIL HEXAGON

64 SPRING MEADOW HEXAGON

24 CROCUS SQUARE

26 PRIMROSE SQUARE

7 SHAMROCK TRIANGLE

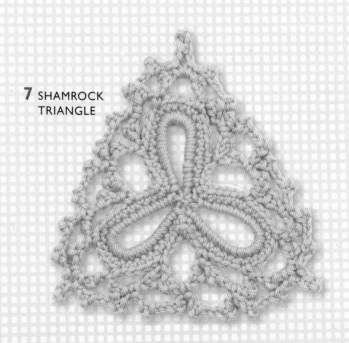

23 LACY DAISY SQUARE

41 KINGCUP DIAMOND

50 SNOWDROP HEXAGON

63 SWIRLING HEXAGON

36 TULIP SQUARE

10 VIOLET TRIANGLE

75 BUTTERCUP CIRCLE

39 FILET FLOWER SQUARE

17 BLOSSOM SQUARE

40 DANDELION DIAMOND

9 LILY TRIANGLE

67 ROSETTE CIRCLE

2 INTARSIA PETAL TRIANGLE

76 DANDELION CIRCLE

35 BOBBLE SQUARE

60 BOBBLE FLOWER HEXAGON

SKY BLUE

As spring turns into summer, the days get longer and lighter and the sky gets bluer. Pick a subtle combination of different shades of blue or make the colours pop by adding oranges and pinks.

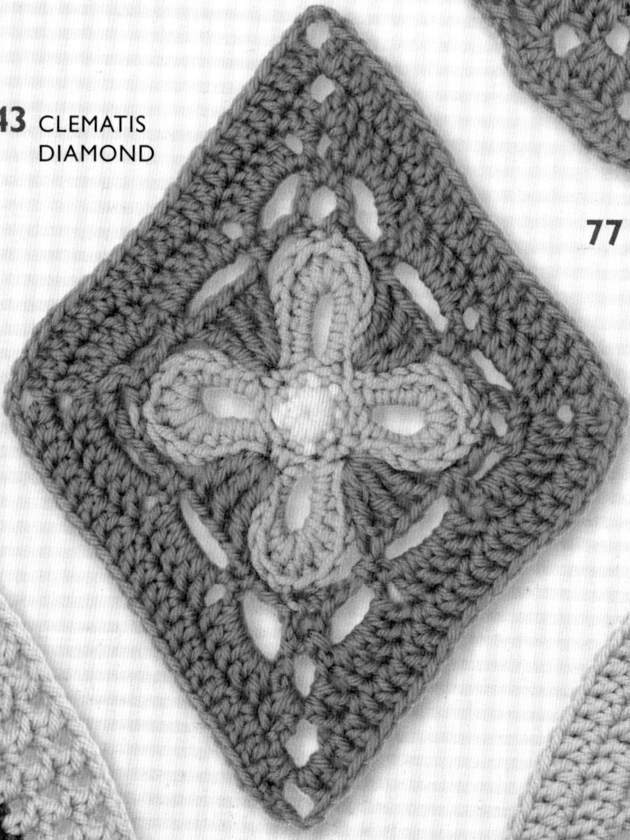

43 CLEMATIS DIAMOND

77 CORAL FLOWER CIRCLE

6 WINDFLOWER TRIANGLE

5 GERANIUM TRIANGLE

48 CORNFLOWER HEXAGON

15 STAR FLOWER SQUARE

19 THREE DAISY SQUARE

47 LARGE FLOWER HEXAGON

44 FOUR DAISY DIAMOND

18 BUTTERFLY SQUARE

74 POPCORN FLOWER CIRCLE

27 IRISH ROSE SQUARE

12 MICHAELMAS DAISY TRIANGLE

53 SPIRAL WINDFLOWER HEXAGON

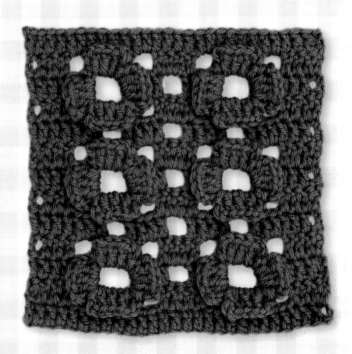

20 EMBOSSED FLOWER SQUARE

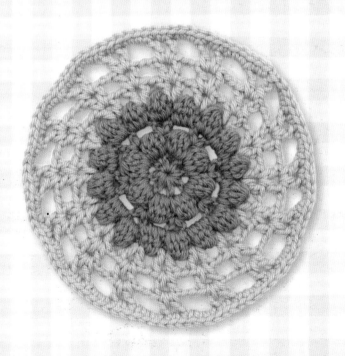

78 BOBBLE FLOWER CIRCLE

SUMMER PINK

The fun and heat of summer is evoked by these vibrant pinks, set off by leafy greens and cool neutrals. The abundance of summer flowers is reflected by the number of representational blocks.

31 SPANISH POPPY SQUARE

49 FRILLED FLOWER HEXAGON

46 COLOURWORK HEXAGON

13 FLORETTE TRIANGLE

14 GRANNY ROSE SQUARE

45 ASTER DIAMOND

51 OLD FRENCH
ROSE HEXAGON

38 ROSEBUD SQUARE

55 BUSY LIZZIE HEXAGON

72 PENNY FLOWER CIRCLE

4 GRANNY ROSE TRIANGLE

73 BUTTERFLY CIRCLE

25 FUCHSIA
SQUARE

71 FLORAL CIRCLE

57 GARLAND
HEXAGON

56 WILD ROSE HEXAGON

58 LOOPY FLOWER HEXAGON

16 CORAL TRELLIS SQUARE

3 CENTAURY TRIANGLE

32 RUFFLED FLOWER SQUARE

69 THISTLE CIRCLE

52 DIANTHUS HEXAGON

37 OFF-CENTRE SQUARE

HARVEST GOLD

Autumn is one of the most colourful seasons of all, with leaves turning red, orange, yellow and gold. Embrace these warm tones to make cozy blankets in preparation for winter.

42 IRISH DIAMOND

66 HELENIUM CIRCLE

1 CELTIC FLOWER TRIANGLE

61 OPEN FLOWER HEXAGON

62 SPINNING DAHLIA HEXAGON

33 STONECROP SQUARE

68 CELTIC FLOWER CIRCLE

21 CELTIC FLOWER SQUARE

59 STAR FLOWER HEXAGON

30 SNEEZEWORT SQUARE

29 POPPY SQUARE

70 DAHLIA CIRCLE

11 STONECROP TRIANGLE

34 SUNFLOWER SQUARE

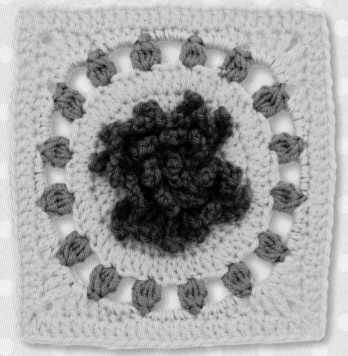

22 CHRYSANTHEMUM SQUARE

65 OPEN DAHLIA HEXAGON

3
INSTRUCTIONS

In this chapter you'll find a written pattern and a chart for every design. The blocks are organized by shape to enable easy mixing and matching, as all the blocks of the same shape are the same size.

1 CELTIC FLOWER TRIANGLE
directory view page 48

A B C

Skill level: intermediate
Method of working: in the round

Key:
- ⌒ *Chain*
- • *Slip stitch*
- + *Double*
- ⊤ *Treble*
- ‡ *Double treble*
- ▷ *Start/join in new colour*
- ◀ *Fasten off*

METHOD

Using A, make 4 ch, join into a ring with ss in first ch.

Round 1: 4 ch, [3 tr tr into ring, 3 ch, 1 dc into ring, 3 ch] twice, 3 tr tr into ring, 3 ch, ss in first of 4 ch. 3 petals.
Fasten off A. Join B to any dc between petals.

Round 2: 6 ch, 1 tr in same place, [5 ch, sk 1 petal, [1 tr, 3 ch, 1 tr] in next dc] twice, 5 ch, sk 1 petal, ss in 3rd of 6 ch.

Round 3: 3 ch, * [2 tr, 1 ch, 2 tr] in next 3-ch sp, 2 ch, 1 dc in next tr, 2 ch, [3 tr, 1 ch, 3 tr] in 5-ch sp, 2 ch, # 1 dc in next tr, 2 ch, * rep from * to * once more, then once again from * to #, ss in first of 3 ch.
6 petals: 3 small, 3 large.
Fasten off B. Join C to 1-ch sp at centre of any small petal.

Round 4: 6 ch, 1 tr in same place, * 7 ch, 1 dc in 1-ch sp at centre of next (large) petal, 7 ch, # [1 tr, 3 ch, 1 tr] in 1-ch sp at centre of next (small) petal, * rep from * to * once more, then once again from * to #, ss in 3rd of 6 ch.

Round 5: Ss into 3-ch sp, 6 ch, 2 tr in same place, * 5 ch, 3 dc in next 5-ch sp, 1 dc in next dc, 3 dc in next 5-ch sp, 5 ch, # [2 tr, 3 ch, 2 tr] in next 3-ch sp, * rep from * to * once more, then once again from * to #, 1 tr in first ch sp, ss in 3rd of 6 ch.

Round 6: Ss into 3-ch sp, 6 ch, 2 tr in same place, * 5 ch, 3 dc in next 5-ch sp, 1 dc in each of 7 dc, 3 dc in next 5-ch sp, 5 ch, # [2 tr, 3 ch, 2 tr] in next 3-ch sp, * rep from * to * once more, then once again from * to #, 1 tr in first ch sp, ss in 3rd of 6 ch.

Round 7: Ss into 3-ch sp, 6 ch, 2 tr in same place, * 3 ch, 3 dc in 5-ch sp, 1 dc in each of 13 dc, 3 dc in 5-ch sp, 3 ch, # [2 tr, 3 ch, 2 tr] in next 3-ch sp, * rep from * to * once more, then once again from * to #, 1 tr in first ch sp, ss in 3rd of 6 ch.
Fasten off C.

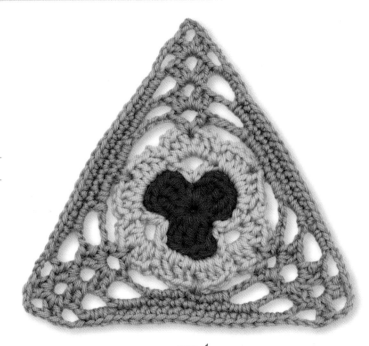

INTARSIA PETAL TRIANGLE
directory view page 37

A B C

Skill level: easy
Method of working:
in rows

Key:
◠ *Chain*
T *Treble*

▷ *Start/join in new colour*
◀ *Fasten off*

METHOD

Special abbreviation
chg to B (or C): changing to B (or C) for the final 'yrh, pull through' of the last st worked.

Using A, make 4 ch.
Row 1: 2 tr in 4th ch from hook. 3 sts.
Row 2: 3 ch, 1 tr in first tr, 1 tr in next tr, 2 tr in 3rd of 3 ch. 5 sts. Fasten off A. Join B to same place.
Row 3: 3 ch, 1 tr in first tr, 1 tr in each tr, 2 tr in 3rd of 3 ch. 7 sts.
Rows 4–5: As row 3. 11 sts. Join C to top of last tr of row 5. Do not fasten off B.
On rows 6–10, work in 2 colours, enclosing the colour not in use until it is required.
Row 6: In C, 3 ch, 1 tr in first tr chg to B; in B, 1 tr in each of next 9 tr chg to C; in C, 2 tr in 3rd of 3 ch. 13 sts.
Row 7: In C, 3 ch, 1 tr in first tr, 1 tr in each of next 2 tr chg to B; in B, 1 tr in each of next 7 tr chg to C; in C, 1 tr in each of 2 tr, 2 tr in 3rd of 3 ch. 15 sts.

Row 8: In C, 3 ch, 1 tr in first tr, 1 tr in each of next 4 tr chg to B; in B, 1 tr in each of next 5 tr chg to C; in C, 1 tr in each of 4 tr, 2 tr in 3rd of 3 ch. 17 sts.
Row 9: In C, 3 ch, 1 tr in first tr, 1 tr in each of next 6 tr chg to B; in B, 1 tr in each of next 3 tr chg to C; in C, 1 tr in each of 6 tr, 2 tr in 3rd of 3 ch. 19 sts.
Row 10: In C, 3 ch, 1 tr in first tr, 1 tr in each of next 8 tr chg to B; in B, 1 tr in next tr chg to C; in C, 1 tr in each of 8 tr, 2 tr in 3rd of 3 ch. 21 sts. Fasten off B. Continue in C.
Rows 11–13: As row 3. 25 sts. Fasten off C.

Six of these blocks can be joined to form a hexagon, making a six-petalled flower.

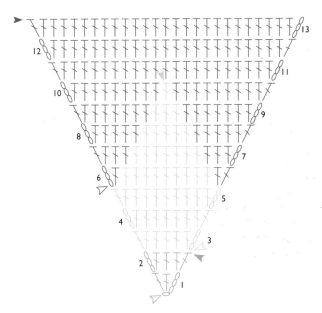

3 CENTAURY TRIANGLE
directory view page 46

A B

Skill level: advanced
Method of working: in the round

Key:

○ Fingerwrap
⌒ Chain
• Slip stitch
+ Double
† Treble
‡ Double treble

⤨ 2 double trebles together
⫼ 3 double trebles together
▷ Start/join in new colour
◀ Fasten off

METHOD

Using A, make a fingerwrap.
Round 1: 3 ch, 2 dtr tog into wrap, [10 ch, 3 dtr tog into wrap] twice, 10 ch, ss in ch closing 2 dtr tog. 3 petals.
Round 2: 3 ch, [2 dtr tog, 4 ch, 3 dtr tog, 4 ch, 3 dtr tog, 4 ch, 2 dtr tog] in same place as base of first 3 ch, * ss in 10-ch sp (first flower made), [2 dtr tog, 4 ch, 3 dtr tog, 4 ch, 3 dtr tog, 4 ch, 3 dtr tog, 4 ch, 2 dtr tog] in ch closing next petal, * rep from * to * once more, ss in 10-ch sp, 2 dtr tog in centre of first flower, 4 ch, ss in ch closing first 2 dtr tog of round.
Fasten off A. Join B to 4-ch sp before any corner petal.
Round 3: 6 ch, ss in 5th ch from hook, * sk 1 petal, 4 dc in next 4-ch sp, 1 ch, sk 1 petal, 4 dc in next 4-ch sp, sk 1 petal, 1 dc in ss between petals, sk 1 petal, 4 dc in next ch sp, 1 ch, sk 1 petal, 4 dc in 4-ch sp, # 5 ch, ss in 5th ch from hook, * rep from * to * once more, then once again from * to #, ss in first of 6 ch.

Round 4: Ss in 5-ch picot, 6 ch, 2 tr in same picot, * 6 ch, sk 4 dc, 1 dc in 1-ch sp, 1 ch, sk 4 dc, [2 tr, 1 ch, 2 tr] in next dc, 1 ch, sk 4 dc, 1 dc in 1-ch sp, 6 ch, sk 4 dc, # [2 tr, 3 ch, 2 tr] in 5-ch picot, * rep from * to * once more, then once again from * to #, 1 tr in first ch sp, ss in 3rd of 6 ch.
Round 5: Ss into 3-ch sp, 7 ch, ss in 5th ch from hook, 1 ch, 1 dc in same place, * 1 dc in each of 2 tr, 6 dc in 6-ch sp, sk 1 dc, 1 dc in 1-ch sp, 1 dc in each of 2 tr, 1 dc in 1-ch sp, 3 ch, ss in last dc made, 1 dc in each of 2 tr, 1 dc in 1-ch sp, sk 1 dc, 6 dc in 6-ch sp, 1 dc in each of 2 tr, # [1 dc, 6 ch, ss in 5th ch from hook, 1 ch, 1 dc] in 3-ch sp, * rep from * to * once more, then once again from * to #, ss in first of 7 ch.
Fasten off B.

4 GRANNY ROSE TRIANGLE
directory view page 44

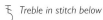
A B

Skill level: easy
Method of working: in the round

Key:
⌒ Chain
• Slip stitch
+ Double
⊤ Half treble
Ⴭ Treble
Ⴭ Treble in stitch below
▷ Start/join in new colour
◄ Fasten off

METHOD

Using A, make 8 ch, join into a ring with ss in first ch.

Round 1: 5 ch, [3 tr into ring, 2 ch] 5 times, 2 tr into ring, ss in 3rd of 5 ch. 6 petals made.

Round 2: Ss into 2-ch sp, 5 ch, [1 dc in next 2-ch sp, 4 ch] 5 times, ss in first of 5 ch.

Round 3: Ss into 4-ch sp, 3 ch, [2 tr, 2 ch, 3 tr] in same ch sp, * [3 tr, 2 ch, 3 tr] in next 2-ch sp, * rep from * to * 4 more times, ss in 3rd of 3 ch.
Fasten off A. Join B to any 2-ch sp.

Round 4: 6 ch, 4 tr in same ch sp, * 1 tr between next 2 groups of 3 tr, 1 tr in dc of round 2 below this space, 1 htr between same 2 groups, 2 ch, 1 dc in next 2-ch sp, 2 ch, 1 htr between next 2 groups, 1 tr in dc below, 1 tr between same 2 groups, # [4 tr, 3 ch, 4 tr] in next 2-ch sp, * rep from * to * once more, then once again from * to #, 3 tr in same sp as beg of round, ss in 3rd of 6 ch.

Round 5: Ss into 3-ch sp, 4 ch, 1 dc in same ch sp, * 4 ch, 1 dc in space between next 2 groups, 5 ch, 2 dc tog over [next and foll 2-ch sps], 5 ch, 1 dc between next 2 groups, 4 ch, # [1 dc, 3 ch, 1 dc] in 2-ch sp at corner, * rep from * to * once more, then once again from * to #, ss in first of 4 ch.

Round 6: Ss into 3-ch sp, 4 ch, 1 dc in same ch sp, * 4 ch, 1 dc in 4-ch sp, [5 ch, 1 dc in 5-ch sp] twice, 5 ch, 1 dc in 4-ch sp, 4 ch, # [1 dc, 3 ch, 1 dc] in 3-ch sp at corner, * rep from * to * once more, then once again from * to #, ss in first of 4 ch.

Round 7: Ss into 3-ch sp, 4 ch, 1 dc in same ch sp, * 4 dc in 4-ch sp, [5 dc in 5-ch sp] 3 times, 4 dc in 4-ch sp, # [1 dc, 2 ch, 1 dc] in 3-ch sp at corner, * rep from * to * once more, then once again from * to #, ss in first of 3 ch. 25 dc on each side.
Fasten off B.

5 GERANIUM TRIANGLE
directory view page 38

A B C

Skill level: easy
Method of working: in the round

Key:
⌒ Chain
• Slip stitch
⅄ Front-raised double
† Treble
‡ Double treble

┆ Triple treble
⋔ 3 triple trebles together
▷ Start/join in new colour
◄ Fasten off

METHOD

Special abbreviation
frdc (front raised dc): inserting hook from front, work 1 dc around post of given stitch.

Using A, make 4 ch, join into a ring with ss in first ch.
Round 1: 5 ch, [1 tr into ring, 2 ch] 5 times, ss in 3rd of 5 ch. Fasten off A. Join B to any tr.
Round 2: 1 ch, * 5 ch, 3 tr tr tog in next 2-ch sp, 5 ch, 1 frdc in next tr, * rep from * to * 5 more times, working last frdc in same place as beg of round. Fasten off B. Join C to any 3 tr tr tog.
Round 3: 8 ch, 1 tr tr in same st, * 3 ch, 1 dtr in next frdc, 3 ch, 1 dc in next 3 tr tr tog, 3 ch, 1 dtr in

next frdc, 3 ch, # [1 tr tr, 3 ch, 1 tr tr] in next 3 tr tr tog, * rep from * to * once more, then once again from * to #, ss in 5th of 8 ch.
Round 4: Ss into 3-ch sp, 6 ch, 2 tr in same sp, * [1 tr in next st, 3 tr in 3-ch sp] 4 times, 1 tr in next st, # [2 tr, 3 ch, 2 tr] in 3-ch sp at corner, * rep from * to * once more, then once again from * to #, ss in 3rd of 6 ch. 21 tr on each side.
Round 5: Ss into 3-ch sp, 6 ch, 2 tr in same sp, * 1 tr in each of 21 tr, [2 tr, 3 ch, 2 tr] in 3-ch sp, * rep from * to * once more, 1 tr in each of 21 tr; ss in 3rd of 6 ch. 25 tr on each side. Fasten off C.

MIX AND MATCH: 5 + 6

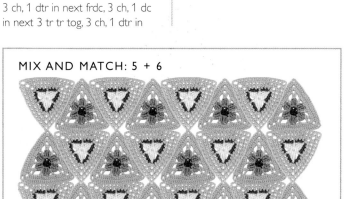

WINDFLOWER TRIANGLE
directory view page 38

A B C

Skill level: easy
Method of working: in the round

Key:
⌒ Chain
· Slip stitch
+ Double
Ⳁ Treble
Ⳁ 2 trebles together
Ⳁ 3 double trebles together
▷ Start/join in new colour
◀ Fasten off

METHOD

Using A, make 9 ch, join into a ring with ss in first ch.

Round 1: 3 ch, 2 dtr tog into ring, [5 ch, 2 tr tog into ring, 5 ch, 3 dtr tog into ring] twice, 5 ch, 2 tr tog into ring, 5 ch, ss in 2 dtr tog at beg of round.
Fasten off A. Join B to 5-ch sp before any 3 dtr tog.

Round 2: 4 ch, * sk 3 dtr tog, 6 dc in next 5-ch sp, 1 ch, sk 2 tr tog, 6 dc in next 5-ch sp, # 3 ch, * rep from * to * once more, then once again from * to #, ss in first ch of round. 12 dc on each side.
Fasten off B. Join C to any 3-ch sp.

Round 3: 6 ch, 1 tr in same ch sp, 1 ch, * [1 tr in next dc, 1 ch, sk 1 dc] 3 times, 1 tr in 1-ch sp, [1 ch, sk 1 dc, 1 tr in next dc] 3 times, # [1 ch, 1 tr, 3 ch, 1 tr, 1 ch] in 3-ch sp, * rep from * to * once more, then once again from * to #, 1 ch, ss in 3rd of 6 ch.

Round 4: Ss into 3-ch sp, 6 ch, 1 tr in same ch sp, 1 ch, * [1 tr in next tr, 1 ch, sk 1 ch] 9 times, # [1 tr, 3 ch, 1 tr] in 3-ch sp, 1 ch, * rep from * to * once more, then once again from * to #, ss in 3rd of 6 ch.

Round 5: Ss into 3-ch sp, 6 ch, 1 tr in same ch sp, 1 ch, * [1 tr in next tr, 1 ch, sk 1 ch] 11 times, # [1 tr, 3 ch, 1 tr] in 3-ch sp, 1 ch, * rep from * to * once more, then once again from * to #, ss in 3rd of 6 ch. 12 ch sps on each side, plus corner sps.
Fasten off C.

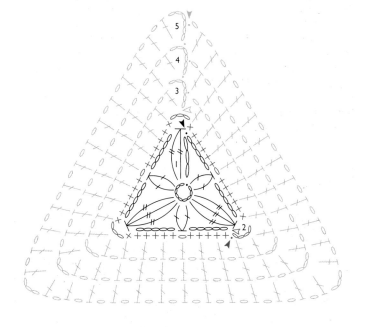

SHAMROCK TRIANGLE
directory view page 33

Skill level: advanced
Method of working:
in the round

Key:
⌒ *Chain*
• *Slip stitch*
+ *Double*
▷ *Start*
◄ *Fasten off*

METHOD

Special abbreviation
PL (picot loop): 4 ch, ss in 3rd ch
from hook, 5 ch, ss in 3rd ch from
hook, 1 ch.

Make 16 ch.
Round 1: [1 dc, 15 ch, 1 dc, 15 ch,
1 dc] in first ch made. 3 loops.
Round 2: 1 ch, 23 dc in first loop,
24 dc in each of next 2 loops, ss in
first ch. 72 dc.
Round 3: 1 ch, 1 dc in each dc, ss
in first ch.
Round 4: Ss into each of 3 dc,
1 dc in next dc, * [PL, sk 4 dc,
1 dc in next dc] 3 times, PL, sk
8 dc, 1 dc in next dc (the 5th dc
of next loop), * rep from * to *
twice more omitting last dc of final
repeat, ss in first dc of round.

Round 5: Ss into each of 3 sts to
centre of first PL, * PL, [1 dc, 5 ch,
ss in 4th ch from hook, 1 ch, 1 dc]
under 2 ch at centre of next PL,
[PL, 1 dc under 2 ch at centre of
next PL] 3 times, * rep from * to *
twice more, ending in same PL as
beg of round.
Fasten off.

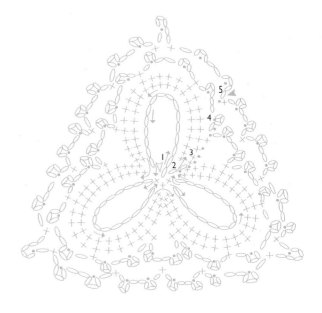

JONQUIL TRIANGLE
directory view page 32

Skill level: intermediate
Method of working:
in the round

Key:
- ◡ Chain
- • Slip stitch
- + Double
- ⋉ 2 doubles in back loop
- ⊤ Treble

- ⋀ 2 trebles together
- ▷ Start/join in new colour
- ◀ Fasten off

METHOD

Special abbreviations
3-ch P (3-ch picot): 3 ch, ss in top of last st; **5-ch P (5-ch picot):** 5 ch, ss in top of last st.

Using A, make 4 ch, join into a ring with 1 ss in first ch.
Round 1: 1 ch, 8 dc into ring, ss in first ch. 9 sts.
Fasten off A. Join B to back loop of any dc.
Round 2: 1 ch, [2 dc in back loop of next dc] 8 times, 1 dc in back loop of first dc, ss in first ch. 18 sts.
Round 3: 3 ch, * 2 tr tog over next 2 dc, 3-ch P, 2 ch, 1 dc in next dc, 2 ch, * rep from * to * 7 more times, 2 tr tog over next 2 dc, 3-ch P, 2 ch, ss in first of 3 ch. 6 petals.
Fasten off B. Join C to 3-ch P at top of any petal.
Round 4: 6 ch, 1 tr in same 3-ch P, * 3 ch, 1 tr in dc between petals, 3 ch, 1 dc in next 3-ch P, 3 ch, 1 tr in dc between petals, 3 ch, # [1 tr, 3 ch, 1 tr] in next 3-ch P, * rep from * to * once more, then once again from * to #, ss in 3rd of 6 ch.

Round 5: Ss into 3-ch sp, 5 ch, 2 tr in same ch sp, * 1 ch, 5 tr in next tr, 1 ch, 1 dc in next dc, 1 ch, 5 tr in next tr, 1 ch, # [2 tr, 2 ch, 2 tr] in 3-ch sp at corner, * rep from * to * once more, then once again from * to #, 1 tr in first ch sp, ss in 3rd of 5 ch.
Round 6: Ss into 2-ch sp, 8 ch, ss in 6th ch from hook, 3 tr in same ch sp, * [3 tr, 3-ch P, 2 tr] in next 1-ch sp, [3 tr, 3-ch P, 2 tr] in next dc, [3 tr, 3-ch P, 2 tr] in next 1-ch sp, # [4 tr, 5-ch P, 3 tr] in 2-ch sp at corner, * rep from * to * once more, then once again from * to #, 3 tr in first ch sp, ss in 3rd of 8 ch. Fasten off C.

Blocks may be joined using the joining with picots method, page 21.

9 LILY TRIANGLE
directory view page 36

A B C

Skill level: advanced
Method of working: in the round

Key:

♀	*Fingerwrap*	⊥ (double treble)	*Double treble*
⬯	*Chain*	⬶	*4 double trebles together*
•	*Slip stitch*		
+	*Double*	⊥	*Triple treble*
⊤	*Half treble*	⬶	*5 triple trebles together*
⊤	*Treble*	▷	*Start/join in new colour*
		◀	*Fasten off*

METHOD

Using A, make a fingerwrap.
Round 1: 3 ch, [1 htr into wrap, 3 ch, ss in top of htr, 1 ch] 5 times, ss in 2nd of 3 ch, 3 ch, ss in same place. 6 stamens.
Fasten off A. Join B to fingerwrap between any 2 htr.
Round 2: Work behind round 1: 3 ch, [1 htr over 1 ch and into wrap, 1 ch] 5 times, ss in 2nd of 3 ch.
Round 3: 3 ch, 2 tr in 1-ch sp, [1 tr in next htr, 3 tr in next 1-ch sp, 1 tr in next htr, 2 tr in next 1-ch sp] twice, 1 tr in next htr, 3 tr in next 1-ch sp, ss in 2nd of 3 ch. 21 tr.
Round 4: 3 ch, 3 dtr tog over next 3 tr, * 7 ch, 5 tr tr tog over [same place as last insertion and foll 4 tr], 7 ch, # 4 dtr tog over [same place as last insertion and foll 3 tr], * rep from * to * once more, then once again from * to #, ss in top of 3 dtr tog. 6 petals: 3 large, 3 small.
Fasten off B. Join C to ch closing any 5 tr tr tog (top of large petal).

Round 5: 3 ch, 1 dc in same place, * 8 dc in 7-ch sp, 1 dc in 4 dtr tog, 8 dc in 7-ch sp, # [1 dc, 2 ch, 1 dc] in 5 tr tr tog, * rep from * to * once more, then once again from * to #, ss in first of 3 ch.
Round 6: Ss into 2-ch sp, 7 ch, 2 dtr in same ch sp, * 7 ch, sk 6 dc, 1 dc in next dc, 5 ch, sk 5 dc, 1 dc in next dc, 7 ch, sk 6 dc, # [2 dtr, 3 ch, 2 dtr] in next 2-ch sp, * rep from * to * once more, then once again from * to #, 1 dtr in first ch sp, ss in 4th of 7 ch.
Round 7: Ss into 3-ch sp, 7 ch, 2 dtr in same ch sp, * 5 ch, 3 dc in 7-ch sp, 1 dc in next dc, 5 dc in 5-ch sp, 1 dc in next dc, 3 dc in 7-ch sp, 5 ch, # [2 dtr, 3 ch, 2 dtr] in next 3-ch sp, * rep from * to * once more, then once again from * to #, 1 tr in first ch sp, ss in 4th of 7 ch.
Fasten off C.

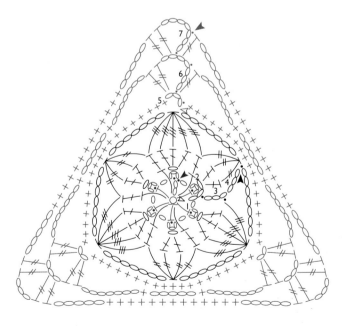

10 VIOLET TRIANGLE
directory view page 35

A B C

Skill level: intermediate
Method of working: in the round

Key:
◡ *Chain*
• *Slip stitch*
+ *Double*
┬ *Treble*
╪ *Double treble*
╪ *Quadruple treble*
▷ *Start/join in new colour*
◀ *Fasten off*
⬡ *Leaf*

METHOD

Special abbreviation
LF (leaf): 2 quadtr tog into back loop of ss between 2 petals, 5 ch, ss into top of 2 quadtr tog just made.

Using A, make 5 ch, join into a ring with ss in first ch.
Round 1: [3 ch, 1 dtr into ring, 3 ch, ss in top of dtr just made, 3 ch, ss into ring] 4 times, 2 ch, [1 tr, 2 dtr] into ring, 3 ch, ss in top of dtr just made, [1 dtr, 1 tr] into ring, 2 ch, ss into ring.
Fasten off A. Join B to 3-ch picot at top of large petal.
Round 2: 8 ch, LF, 5 ch, [1 dc into 3-ch picot at tip of next petal, 4 ch] twice, LF, [4 ch, 1 dc into next picot] twice, 5 ch, LF, 7 ch, ss into first of 8 ch.
Round 3: 1 ch, 7 dc into 7-ch sp, [1 dc, 3 ch, 1 dc] in 3-ch picot at tip of leaf, 5 dc in 5-ch sp, [1 dc in next dc, 4 dc in 4-ch sp] twice, [1 dc, 3 ch, 1 dc] in next picot, [4 dc in 4-ch sp, 1 dc in next dc] twice, 5 dc in 5-ch sp, [1 dc, 3 ch, 1 dc] in next picot, 7 dc in 7-ch sp, ss in first ch. 17 dc on each side.
Fasten off B. Join C to any 3-ch sp.

Round 4: 8 ch, 2 tr in same sp, * 1 tr in each of 17 dc, [2 tr, 5 ch, 2 tr] in 3-ch sp, * rep from * to * once more, 1 tr in each of 17 dc, 1 tr in first ch sp, ss in 3rd of 8 ch. 21 tr on each side.
Round 5: Ss into 5-ch sp, 6 ch, 2 tr in same ch sp, * 1 tr in each of 21 tr, [2 tr, 3 ch, 2 tr] in 5-ch sp, * rep from * to * once more, 1 tr in each of 21 tr, 1 tr in first ch sp, ss in 3rd of 6 ch. 25 tr on each side.
Fasten off C.

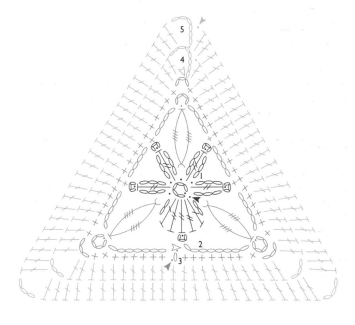

11 STONECROP TRIANGLE
directory view page 51

Skill level: advanced
Method of working:
in the round

Key:

◯ *Fingerwrap*

⬭ *Chain*

• *Slip stitch*

⊤ *Treble*

⋔ *2 double trebles together*

⋔ *3 double trebles together*

⋔ *5 double trebles together*

◄ *Fasten off*

METHOD

Special abbreviations
3-ch P (3-ch picot): 3 ch, ss in 3rd
ch from hook
PL (picot loop): [1 tr, 1 ch, 3-ch P,
1 ch, 1 tr] worked in position given.

Make a fingerwrap.
Round 1: 3 ch, 2 dtr tog into wrap,
[5 ch, 3 dtr tog into wrap, 3 ch,
3 dtr tog into wrap] twice, 5 ch,
3 dtr tog into wrap, 3 ch, ss in top
of 2 dtr tog. 6 petals.
Pull gently on the starting tail to
tighten the centre of the flower.
Round 2: Ss back into previous
3-ch sp, 6 ch, * 4 ch, 5 dtr tog as
follows: [2 dtr in 4th ch from hook,
tog with 3 dtr in 3rd of next 5 ch],
4 ch, 2 dtr tog in 4th ch from hook
(= ch closing 5 dtr tog), 3 ch, # PL
in 3-ch sp, 3 ch, * rep from * to *
once more, then once again from *
to #, 1 dc in 3-ch sp, 1 ch, 3-ch P,
1 ch, ss in 3rd of 6 ch.

Round 3: Ss in each of next 3 ch,
6 ch, * [3 dtr tog, 9 ch, 3 dtr tog]
in ch closing 5 dtr tog, 3 ch, PL in
next 3-ch sp, 3 ch, sk 1 PL, # PL
in next 3-ch sp, * rep from * to *
once more, then once again from
* to #, 1 tr in next 3-ch sp, 1 ch,
3-ch P, 1 ch, ss in 3rd of 6 ch.
Round 4: Ss in each of next 3 ch,
6 ch, * [PL, 6 ch, ss in 5th ch from
hook, 1 ch, PL] in 9-ch sp, 3 ch, sk
3 dtr tog, PL in next 3-ch sp, #
[3 ch, sk 1 PL, PL in next 3-ch sp,]
twice, 3 ch, sk 3 dtr tog, * rep from
* to * once more, then once again
from * to #, 3 ch, sk 1 PL, PL in
next 3-ch sp, 3 ch, sk 1 PL, 1 tr in
first ch sp, 1 ch, 3-ch P, 1 ch, ss in
3rd of 6 ch.
Fasten off.

Blocks may be joined using
the joining with picots method,
page 21.

12 MICHAELMAS DAISY TRIANGLE
directory view page 41

A B

Skill level: easy
Method of working:
in the round

Key:
⊃ *Chain*
• *Slip stitch*
+ *Double*
T *Half treble*
▷ *Start/join in new colour*
◄ *Fasten off*

METHOD

FIRST DAISY

Using A, make 5 ch, join into a ring
with ss in first ch.
Round 1: 1 ch, 8 dc into ring, ss in
first ch. 9 sts.
Fasten off A. Join B to any dc.
Round 2: 10 ch, ss in second of
these 10 ch, * 1 dc in next dc, 9 ch,
ss in first of these 9 ch, * rep from
* to * 7 more times, fasten off with
ss in first ch of round. 9 petals.

SECOND DAISY

Work as for first daisy to last
2 petals of round 2.
To join petals: * 1 dc in next dc,
4 ch, inserting hook from back ss
in any petal of first flower, 4 ch, ss
in first ch of this petal, * rep from
* to * once more, inserting hook
in next petal of first flower to work
the joining ss. Fasten off as round
2 above.

THIRD DAISY

Work as for first daisy to last
4 petals of round 2.
Join next 2 petals to first daisy
and last 2 petals to 2nd daisy in
same way as above, to match the
arrangement shown on the chart.

BORDER

Join A to 3rd of 5 unattached
petals of any daisy.
Round 3: 4 ch, 1 dc in next petal,
3 ch, 1 dc in next petal, * 2 ch, 1 htr
in join between next 2 petals, 2 ch,
[1 dc in next petal, 3 ch] 4 times,
* rep from * to * once more, then
once again from * to #, [1 dc in
next petal, 3 ch] twice, ss in first
of 4 ch.
Round 4: 3 ch, 1 dc in same ch, *
[3 dc in 3-ch sp, 1 dc in next dc]
twice, 2 dc in 2-ch sp, 1 dc in htr,
2 dc in 2-ch sp, [1 dc in next dc,
3 dc in 3-ch sp] twice, # [1 dc,
2 ch, 1 dc] in next dc, * rep from
* to * once more, then once again
from * to #, ss in first of 3 ch.
23 dc on each side.
Round 5: Ss into 2-ch sp, 3 ch, 1 dc
in same ch sp, * 1 dc in each of
23 dc, [1 dc, 2 ch, 1 dc] in 2-ch sp,
* rep from * to * once more, 1 dc
in each of 23 dc, ss in first of 3 ch.
25 dc on each side.
Fasten off A.

13 FLORETTE TRIANGLE

directory view page 43

Skill level: intermediate
Method of working: in the round

Key:
- ⌒ Chain
- • Slip stitch
- + Double
- ⋏ 2 doubles together
- ( ) 2 half trebles together
- ┼ Treble
- ( ) 2 trebles together
- ◄ Fasten off

METHOD

Special abbreviations
tr gp (treble group): [2 tr tog, 1 ch, 1 tr, 1 ch, 2 tr tog] all worked in same place.
htr gp (half-treble group): [2 htr tog, 1 ch, 2 htr tog, 1 ch, 2 htr tog] all worked in same place.

Make 4 ch, join into a ring with ss in first ch.
Round 1: 4 ch, [3 dc into ring, 3 ch] twice, 2 dc into ring, ss in first of 4 ch. 3 dc on each side.
Round 2: Ss into 3-ch sp, 4 ch, 2 dc in same 3-ch sp, * 1 dc in each of 3 dc, [2 dc, 3 ch, 2 dc] in 3-ch sp, * rep from * to * once more, 1 dc in each of 3 dc, 1 dc in first ch sp, ss in first of 4 ch. 7 dc on each side.
Round 3: Ss into 3-ch sp, 4 ch, 2 dc in same 3-ch sp, * 1 dc in each of 7 dc, [2 dc, 3 ch, 2 dc] in 3-ch sp, * rep from * to * once more, 1 dc in each of 7 dc, 1 dc in first ch sp, ss in first of 4 ch. 11 dc on each side.
Round 4: Ss into 3-ch sp, 6 ch, 1 tr gp in same 3-ch sp, * 1 ch, sk 5 dc, 1 tr gp in next dc, 1 ch, sk 5 dc, # [1 tr gp, 3 ch, 1 tr gp] in 3-ch sp, * rep from * to * once more, then once again from * to #, [2 tr tog, 1 ch, 1 tr, 1 ch, 1 tr] in first ch sp, ss in 3rd of 6 ch.

Round 5: Ss into 3-ch sp, 6 ch, 2 tr in same 3-ch sp, * 1 ch, [1 htr gp in central tr of next tr gp, 1 ch] 3 times, # [2 tr, 3 ch, 2 tr] in 3-ch sp, * rep from * to * once more, then once again from * to #, 1 tr in first ch sp, ss in 3rd of 6 ch.
Round 6: Ss into 3-ch sp, 6 ch, 2 tr in same 3-ch sp, * [4 ch, 2 dc tog over two 1-ch sps of next htr gp] 3 times, 4 ch, # [2 tr, 3 ch, 2 tr] in next 3-ch sp, * rep from * to * once more, then once again from * to #, 1 tr in first ch sp, ss in 3rd of 6 ch.
Round 7: Ss into 3-ch sp, 4 ch, 1 dc in same 3-ch sp, * 1 dc in each of 2 tr, [4 dc in 4-ch sp, 1 dc in next st] 3 times, 4 dc in 4-ch sp, 1 dc in each of 2 tr, # [1 dc, 3 ch, 1 dc] in 3-ch sp, * rep from * to * once more, then once again from * to #, ss in first of 4 ch. 25 dc on each side.
Fasten off.

14 GRANNY ROSE SQUARE

directory view page 43

A B C

Skill level: easy
Method of working:
in the round

Key:
◠ Chain
• Slip stitch
+ Double
╪ Double treble
ϟ Treble in dc of round below
▷ Start/join in new colour
◄ Fasten off

METHOD

Using A, make 6 ch, join into a ring with ss in first ch.

Round 1: 6 ch, [5 dtr into ring, 2 ch] 3 times, 4 dtr into ring, ss in 4th of 6 ch.

Round 2: Ss into 2 ch sp, 7 ch, [1 dc in next 2-ch sp, 6 ch] 3 times, ss in first of 7 ch.

Round 3: Ss into 6-ch sp, 4 ch, [4 dtr; 2 ch, 5 dtr] in same ch sp, * [5 dtr; 2 ch, 5 dtr] into next 6-ch sp, * rep from * to * twice more, ss in 4th of 4 ch.

Fasten off A. Join B to any 2-ch sp.

Round 4: 6 ch, 5 dtr in same ch sp, * 1 dtr in space between next 2 groups, 3 tr in dc of round 2 below, 1 dtr in same space between 2 groups, [5 dtr; 2 ch, 5 dtr] in next 2-ch sp, * rep from * to * twice more, 1 dtr in space between next 2 groups, 3 tr in dc of round 2 below, 1 dtr in same space between 2 groups, 4 dtr in same 2-ch sp as beg of round, ss in 4th of 6 ch.

Fasten off B. Join C to any 2-ch sp.

Round 5: 6 ch, 5 dtr in same ch sp, * [5 dtr in space between next 2 groups] twice, [5 dtr; 2 ch, 5 dtr] in next 2-ch sp, * rep from * to * twice more, [5 dtr in space between next 2 groups] twice, 4 dtr in same 2-ch sp as beg of round, ss in 4th of 6 ch.

Round 6: Ss into 2-ch sp, 6 ch, 5 dtr in same ch sp, * [5 dtr in space between next 2 groups] 3 times, [5 dtr; 2 ch, 5 dtr] in next 2-ch sp, * rep from * to * twice more, [5 dtr in space between next 2 groups] 3 times, 4 dtr in same 2-ch sp as beg of round, ss in 4th of 6 ch. 25 dtr on each side of square.

Fasten off C.

15 STAR FLOWER SQUARE
directory view page 39

A B C

Skill level: intermediate
Method of working: in the round

Key:

⬭ *Chain*
• *Slip stitch*
+ *Double*

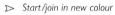 *3 double trebles together*

 4 triple trebles together
▷ *Start/join in new colour*
◀ *Fasten off*

METHOD

Using A, make 12 ch, join into a ring with ss in first ch.
Round 1: 1 ch, 23 dc into ring, ss in first ch. 24 dc.
Round 2: 6 ch, 3 tr tr tog over next 3 dc, * 7 ch, 4 tr tr tog over [same dc and next 3 dc], * rep from * to * 6 more times, ending with last insertion in base of 6 ch, 7 ch, ss in st closing first petal. 8 petals.
Fasten off A. Join B to st closing any petal.
Round 3: 1 ch, * 7 dc in 7-ch sp, 1 dc in st closing next petal, * rep from * to * 7 more times omitting last dc, ss in first ch. 64 dc.
Round 4: 1 ch, * 3 ch, sk 1 dc, 1 dc in next dc, * rep from * to * all around omitting last dc, ss in first ch. 32 ch sps.
Round 5: Ss into next 2 ch, 1 ch, * 3 ch, 1 dc in next 3-ch sp, * rep from * to * all around omitting last dc, ss in first ch.
Round 6: As round 5.
Fasten off B. Join C to next 3-ch sp.
Round 7: 1 ch, * [3 dc in next 3-ch sp] 3 times, 1 dc in next 3-ch sp, 3 ch, sk 1 ch sp, [3 dtr tog, 5 ch, 4 tr tr tog, 3 ch, ss in top of 4 tr tr tog, 5 ch, 3 dtr tog] all in next 3-ch sp, 3 ch, sk 1 ch sp, 1 dc in next ch sp, * rep from * to * 3 more times omitting last dc, ss in first ch.
Fasten off C.

MIX AND MATCH: 15 + 16

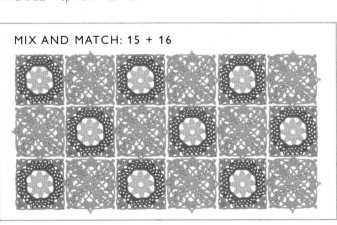

16 CORAL TRELLIS SQUARE
directory view page 46

Skill level: intermediate
Method of working: in the round

Key:
⌒ Chain
• Slip stitch
+ Double
Cluster
⫤ Triple treble
◄ Fasten off

METHOD

Special abbreviation
CL (cluster): yrh twice, insert as directed, [yrh, pull through 2 loops] twice (2 loops remain on hook), * yrh, insert under 2 threads of lowest step of st just made, [yrh, pull through 2 loops] twice, * rep from * to * once more, yrh, pull through all 4 loops on hook.

Make 8 ch, join into a ring with ss in first ch.
Round 1: 7 ch, [CL into ring, 5 ch, CL into ring, 2 ch, 1 tr tr into ring, 2 ch] 3 times, CL into ring, 5 ch, CL into ring, 2 ch, ss in 5th of 7 ch.
Round 2: 7 ch, [CL in 2-ch sp, 5 ch, 1 dc in 5-ch sp, 5 ch, CL in 2-ch sp, 2 ch, 1 tr tr in tr tr, 2 ch] 3 times, CL in 2-ch sp, 5 ch, 1 dc in 5-ch sp, 5 ch, CL in 2-ch sp, 2 ch, ss in 5th of 7 ch.
Round 3: 7 ch, * CL in 2-ch sp, [5 ch, 1 dc in 5-ch sp] twice, 5 ch, CL in 2-ch sp, 2 ch, # 1 tr tr in tr tr, 2 ch, * rep from * to * twice more, then once again from * to #, ss in 5th of 7 ch.

Round 4: 7 ch, * CL in 2-ch sp, 5 ch, 1 dc in 5-ch sp, [1 ch, CL] 3 times in next 5-ch sp, 1 ch, 1 dc in next 5-ch sp, 5 ch, CL in 2-ch sp, 2 ch, # 1 tr tr in tr tr, 2 ch, * rep from * to * twice more, then once again from * to #, ss in 5th of 7 ch.
Round 5: 6 ch, ss in 5th ch from hook, * 5 ch, 1 dc in next 5-ch sp, 5 ch, 1 dc in 1-ch sp between 1st and 2nd of 3 CL, 6 ch, ss in 4th ch from hook, 2 ch, 1 dc in 1-ch sp between 2nd and 3rd of same 3 CL, 5 ch, 1 dc in next 5-ch sp, 5 ch, # 1 dc in tr tr, 5 ch, ss in top of dc, * rep from * to * twice more, then once again from * to #, ss in first of 6 ch.
Fasten off.

Blocks may be joined using the joining with picots method, page 21.

17 BLOSSOM SQUARE
directory view page 36

A B

Skill level: intermediate
Method of working: in the round

Key:
⌒ Chain
• Slip stitch
† Treble
Ⓘ Puff stitch of 3 half trebles together
▷ Join in new colour
◀ Fasten off

METHOD

Special abbreviations
5-ch P (5-ch picot): 5 ch, ss in first of these 5 ch.
PS (puff stitch): 3 htr tog in same place.

Using A, make 5 ch, join into a ring with ss in first ch.
Round 1: 2 ch, 2 htr tog into ring, 5-ch P, [4 ch, PS into ring, 5-ch P] 3 times, 4 ch, ss into first 5-ch P made.
Round 2: 2 ch, [2 htr tog, 5-ch P, 4 ch, PS] in first 5-ch P, * 5-ch P, [PS, 4 ch, PS, 5-ch P, 4 ch, PS] in next 5-ch P, * rep * to * twice more, 5-ch P, PS in same 5-ch P as beg of round, 4 ch, ss in first 5-ch P of round.
Round 3: 2 ch, [2 htr tog, 5-ch P, 4 ch, PS] in first 5-ch P, * 5-ch P, [PS, 4 ch, PS, 5-ch P] in next 5-ch P, [PS, 4 ch, PS, 5-ch P, 4 ch, PS] in corner 5-ch P, * rep * to * ending PS in same 5-ch P as beg of round, 4 ch, ss in first 5-ch P of this round.

Round 4: 2 ch, [2 htr tog, 5-ch P, 4 ch, PS] in first 5-ch P, * 5-ch P, [PS, 4 ch, PS, 5-ch P] in each of next two 5-ch P, [PS, 4 ch, PS, 5-ch P, 4 ch, PS] in corner 5-ch P, * rep * to * ending PS in same 5-ch P as beg of round, 4 ch, ss in first 5-ch P of round.
Fasten off A. Join B to any corner 5-ch P.
Round 5: 6 ch, 3 tr in same 5-ch P, * [5 tr in next 5-ch P] 3 times, [3 tr, 3 ch, 3 tr] in corner 5-ch P, * rep from * to * ending 2 tr in same 5-ch P as beg of round, ss in 3rd of 6 ch.
Round 6: Ss in each of next 2 ch, 6 ch, 2 tr in 3-ch sp, * 1 tr in each of 21 tr, [2 tr, 3 ch, 2 tr] in 3-ch sp, * rep from * to * ending 1 tr in same 3-ch sp as beg of round, ss in 3rd of 6 ch. 25 tr on each side.
Fasten off B.

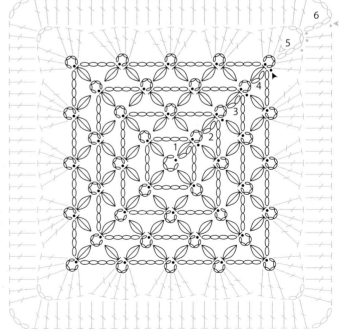

18 BUTTERFLY SQUARE
directory view page 40

Skill level: advanced
Method of working: in the round

Key:
- ⌒ *Chain*
- • *Slip stitch*
- + *Double*
- ⊼ *Double in back loop*
- ⊤ *Half treble*
- ⊺ *Treble*
- ⊺ *Double treble*
- ⊺ *Triple treble*
- ▷ *Start/join in new colour*
- ◀ *Fasten off*
- ↵ *Direction of working*

METHOD

Round 1: Using A, 13 ch, ss in 13th ch from hook, 12 ch, ss in 9th ch from hook, 9 ch, ss in 9th ch from hook, ss in each of next 3 ch, 13 ch, ss in 13th ch from hook. 4 loops made for wings: 1 large, 2 small, 1 large.

Round 2: 1 ch, [1 dc, 2 htr, 3 tr, 3 dtr, 1 ch, 1 tr tr, 1 ch, 3 dtr, 3 tr, 2 htr, 1 dc] in 13-ch loop, sk 1 ch, ss in next ch, sk 1 ch, [1 dc, 2 htr, 2 tr, 2 dtr, 1 ch, 1 tr tr, 1 ch, 2 dtr, 2 tr, 2 htr, 1 dc] in 9-ch loop, 1 dc in base of body, work 17 sts as before in 9-ch loop, sk 1 ss, ss in next ss, sk 1 ss, work 21 sts as before in 13-ch loop, ss in first ch of round.

Round 3: 3 ch, sk [1 dc, 1 htr], ss in next htr, * [1 ch, ss in next st] 6 times, 1 ch, sk 1 ch, [1 dc, 3 ch, 1 dc] in tr tr, 1 ch, sk 1 ch, [ss in next st, 1 ch] 6 times, # ss in next st, sk [1 htr, 1 dc, 1 ss, 1 dc, 1 htr], ss in next st, [1 ch, ss in next st] 4 times, 1 ch, sk 1 ch, [1 dc, 3 ch, 1 dc] in tr tr, 1 ch, sk 1 ch, [ss in next st, 1 ch] 4 times, * rep from * to * once more, ss in next st, sk [1 htr, 1 dc, 1 ss, 1 dc, 1 htr], ss in next st, rep from * to # once more, ss in next st, ss in 3rd of 3 ch at beg of round.
Fasten off A. Join B to 3-ch sp at tip of top right wing.

Round 4: 5 ch, 1 tr in same ch sp, 5 ch, sk 5 sts, 1 dc in bl (back loop) of next ch, 5 ch, sk 9 sts, 2 tr tog inserting hook at either side of 3 ch at beg of round 3, 5 ch, sk 9 sts, 1 dc in bl of next ch, 5 ch, sk 5 sts, [1 tr, 2 ch, 1 tr] in 3-ch sp at tip of 2nd wing, * 5 ch, sk 5 sts, 1 dc in bl of next ch, 5 ch, 1 dtr in sp between wings, 5 ch, * sk 5 sts, 1 dc in bl of next ch, 5 ch, sk 5 sts, [1 tr, 2 ch, 1 tr] in 3-ch sp at tip of 3rd wing, 5 ch, sk 4 sts, 1 dc in bl of next dc, 5 ch, 1 dtr in sp between wings, 5 ch, sk 5 sts, 1 dc in bl of next dc, 5 ch, sk 4 sts, [1 tr, 2 ch, 1 tr] in 3-ch sp at tip of 4th wing, rep from * to * once more, sk 9 sts, 1 dc in bl of next ch, 5 ch, sk 5 sts, ss in 3rd of 5 ch at beg of round.

Round 5: Ss into 2-ch sp, 5 ch, 1 tr in same ch sp, * [5 ch, 1 dc in next ch sp] 4 times, 5 ch, [1 tr, 2 ch, 1 tr] in 2-ch sp at wingtip, 5 ch, 1 dc in next ch sp, [5 ch, 1 tr in next ch sp] 3 times, 5 ch, [1 tr, 2 ch, 1 tr] in 2-ch sp, [5 ch, 1 tr in next ch sp] 4 times, 5 ch, [1 tr, 2 ch, 1 tr] in 2-ch sp, [5 ch, 1 tr in next ch sp] 3 times, 5 ch, 1 dc in next ch sp, 5 ch, ss in 3rd of 3 ch at beg of round. 5 ch sps on each side.

Round 6: Ss into 2-ch sp, 8 ch, 2 tr in same ch sp, * 3 ch, 1 dc in next ch sp, 5 ch, 1 dc in next ch sp, [3 tr, 3 ch, 3 tr] in next ch sp, 1 dc in next ch sp, 5 ch, 1 dc in next ch sp, 3 ch, # [2 tr, 5 ch, 2 tr] in 2-ch sp at corner, * rep from * to * twice more, then once again from * to #, 1 tr in first ch sp, ss in 3rd of 8 ch.
Fasten off B.

19 THREE DAISY SQUARE
directory view page 39

A B

Skill level: easy
Method of working:
in rows and in the round

Key:
◯ *Chain*
• *Slip stitch*
+ *Double*
T *Treble*

↵ *Direction of working*
▷ *Join in new colour*
◀ *Fasten off*

METHOD

SQUARE
Using A, make 30 ch.
Row 1: 1 tr in 4th ch from hook,
1 tr in each of 26 ch. 28 tr.
Row 2: 3 ch, sk first tr, 1 tr in each
rem tr, 1 tr in 3rd of 3 ch.
Row 3: 3 ch, sk first tr, 1 tr in each
of 21 tr, 2 ch, sk 2 tr, 1 tr in each of
3 tr, 1 tr in 3rd of 3 ch.
Row 4: As row 2, working 2 tr into
2-ch sp.
Rows 5–6: As row 2.
Row 7: 3 ch, sk first tr, 1 tr in each
of 12 tr, 2 ch, sk 2 tr, 1 tr in each of
12 tr, 1 tr in 3rd of 3 ch.
Row 8: As row 2, working 2 tr into
2-ch sp.
Rows 9–10: As row 2.
Row 11: 3 ch, sk first tr, 1 tr in each
of 3 tr, 2 ch, sk 2 tr, 1 tr in each of
21 tr, 1 tr in 3rd of 3 ch.

Row 12: As row 2, working 2 tr
into 2-ch sp.
Row 13: As row 2.
Fasten off A.

DAISIES
Work first daisy in the round
around a hole.
Round 1: With RS facing, join B to
first of 2 skipped tr on row 2, 1 ch,
1 dc in next tr, 1 dc in corner, 2 dc
in tr at left edge of hole, 1 dc in
corner, 1 dc in base of each of 2 tr
at top of hole, 1 dc in corner, 2 dc
in tr at right edge of hole, 1 dc in
corner, ss in first ch. 12 sts.
Round 2: 6 ch, [ss in next dc, 6 ch]
11 times, ss in last ss of round 1.
Fasten off B.
Make 2 more daisies in the same
way, around the rem holes.

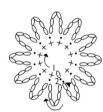

MIX AND MATCH: 19 + 20

20 EMBOSSED FLOWER SQUARE
directory view page 41

Skill level: easy
Method of working: in rows

Key:
- ⌒ Chain
- • Slip stitch
- † Treble
- ◄ Fasten off
- ✳ Start of flower
- ↵ Direction of working

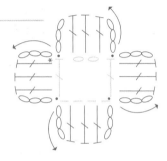 Flower worked around hole

METHOD

Make 30 ch.

Row 1 (WS): 1 tr in 3rd ch from hook, 1 tr in each of 26 ch. 28 tr.

Row 2: 3 ch, sk first tr, 1 tr in each of 3 tr, * 2 ch, sk 2 tr, 1 tr in each of 4 tr, * rep from * to * twice more, 2 ch, sk 2 tr, 1 tr in each of 3 tr, 1 tr in 3rd of 3 ch.

Row 3: 3 ch, sk first tr, 1 tr in each of 3 tr, * 2 tr in 2-ch sp, 1 tr in next tr, 2 ch, sk 2 tr, 1 tr in next tr, make flower around edge of mesh space just made:

Working anti-clockwise and always inserting the hook from inside the mesh space (as if it were a foundation ring), 3 ch, 3 tr under stem of last tr made (at left side of space), 3 ch, ss into corner (that is, top of tr of previous row), 3 ch, 1 tr in same place, 1 tr in top of each of next 2 tr of previous row, 3 ch, ss into corner; 3 ch, 3 tr under next tr (at right side of space), 3 ch, ss into corner; 3 ch, 3 tr under 2 ch (across top of space), 3 ch, then inserting hook from the front ss into top of next tr of main row. 4 petals made. Hold the first petal made to the front and work 2 tr into next 2-ch sp of previous row, * 1 tr in next tr, 2 ch, sk 2 tr, 1 tr in next tr, rep from * to * once more, 1 tr in each of 3 tr, 1 tr in 3rd of 3 ch.

Row 4: When working into 2-ch sps, part the petal sts to work the tr between them, over the enclosed ch: 3 ch, sk first tr, 1 tr in each of 3 tr, * 2 ch, sk 2 tr, 1 tr in next tr, 2 tr in 2-ch sp, 1 tr in next tr, * rep from * to * twice more, 2 ch, sk 2 tr, 1 tr in each of 3 tr, 1 tr in 3rd of 3 ch.

Row 5: As row 1.

Row 6: 3 ch, sk first tr, 1 tr in each of 3 tr, * 2 ch, sk 2 tr, 1 tr in next tr, 2 tr in 2-ch sp, 1 tr in next tr, * rep from * to * twice more, 2 ch, sk 2 tr, 1 tr in each of 3 tr, 1 tr in 3rd of 3 ch.

Rep rows 3–6 once more, then rows 3–4 once again. 12 rows.

Row 13: 3 ch, sk first tr, 1 tr in each tr and 2 tr in each 2-ch sp, ending 1 tr in 3rd of 3 ch.

Fasten off.

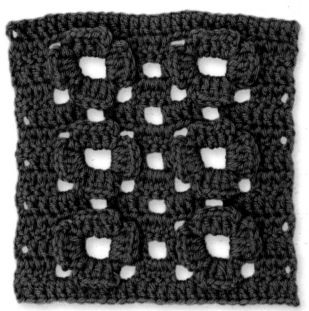

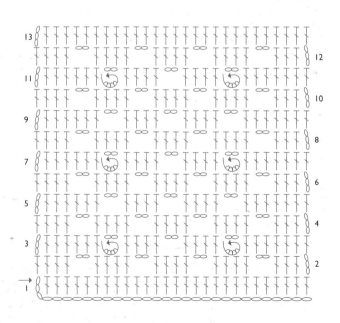

21 CELTIC FLOWER SQUARE
directory view page 49

● ● ●
A B C

Skill level: easy
Method of working:
in the round

Key:
⌒ *Chain*
· *Slip stitch*
+ *Double*
⊤ *Treble*
⊤ *Double treble*
▷ *Start/join in new colour*
◀ *Fasten off*

METHOD

Using A, make 6 ch, join into a ring with ss in first ch.
Round 1: 1 ch, [3 ch, 2 dtr into ring, 3 ch, 1 dc into ring] 3 times, 3 ch, 2 dtr into ring, 3 ch, ss in first ch. 4 petals.
Fasten off A. Join B to dc between any 2 petals.
Round 2: 6 ch, 1 tr in same place, [3 ch, sk 1 petal, [1 tr, 3 ch, 1 tr] in next dc] 3 times, 3 ch, sk 1 petal, ss in 3rd of 6 ch.
Round 3: 3 ch, [3 tr in next 3-ch sp, 2 ch, 1 dc in next tr, 2 ch] 7 times, 3 tr in next 3-ch sp, 2 ch, ss in first of 3 ch. 8 petals.
Fasten off B. Join C to any dc before 3 tr worked into a ch sp.
Round 4: 8 ch, sk 1 petal, 1 dc in next dc, [5 ch, sk 1 petal, 1 dc in next dc, 7 ch, sk 1 petal, 1 dc in next dc] 3 times, 5 ch, sk 1 petal, ss in first of 8 ch. 8 loops.
Round 5: Ss into each of next 4 ch, 5 ch, 4 tr in same ch sp, * 1 tr in next dc, 5 tr in 5-ch sp, 1 tr in next dc, # [4 tr, 2 ch, 4 tr] in 7-ch sp, * rep from * to * twice more, then once again from * to #, 3 tr in first ch sp, ss in 3rd of 5 ch. 15 tr on each side.

Round 6: Ss into 2-ch sp, 5 ch, 2 tr in same place, * 1 tr in each of 15 tr, [2 tr, 2 ch, 2 tr] in 2-ch sp, * rep from * to * twice more, 1 tr in each of 15 tr; 1 tr in first ch sp, ss in 3rd of 5 ch. 19 tr on each side.
Round 7: Ss into 2-ch sp, 5 ch, 2 tr in same place, * 1 tr in each of 19 tr, [2 tr; 2 ch, 2 tr] in 2-ch sp, * rep from * to * twice more, 1 tr in each of 19 tr; 1 tr in first ch sp, ss in 3rd of 5 ch. 23 tr on each side.
Fasten off C. Join A to 2-ch sp at any corner.
Round 8: 3 ch, 1 dc in same ch sp, * 1 dc in each of 23 tr, [1 dc, 2 ch, 1 dc] in 2-ch sp, * rep from * to * twice more, 1 dc in each of 23 tr; ss in first of 3 ch. 25 dc on each side.
Fasten off A.

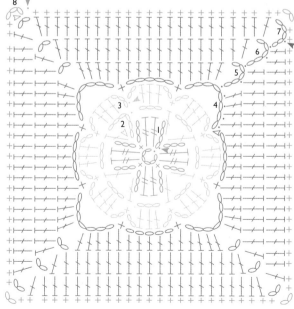

22 CHRYSANTHEMUM SQUARE
directory view page 51

A B C

Skill level: intermediate
Method of working: centre is worked in a spiral and the outer part in the round

Key:
⌒ *Chain*
• *Slip stitch*
+ *Double*
↲ *Double in side edge of previous double*
T *Half treble*

$\dagger$ *Treble*
$\ddagger$ *Double treble*
⬯ *4 trebles together in same place*
▷ *Start/join in new colour*
◀ *Fasten off*

METHOD

Central flower: Using A, make 6 ch, ss in 3rd ch from hook, 2 ch, sk 2 ch, 1 dc in first ch made. Do not turn.
[5 ch, ss in 3rd ch from hook, 2 ch, sk 2 ch, 1 dc in side edge of dc, do not turn] 8 times.
[7 ch, ss in 3rd ch from hook, 4 ch, sk 4 ch, 1 dc in side edge of dc, do not turn] 9 times.
[9 ch, ss in 3rd ch from hook, 6 ch, sk 6 ch, 1 dc in side edge of dc, do not turn] 9 times.
Without turning work and counting along side edge, ss in 8th dc. Fasten off A.

Round 1: Turn work over and join B to back loop of any dc in the ring just made, 3 ch, 2 tr in back loop of each of 7 sts, 1 tr in base of 3 ch, ss in 3rd of 3 ch. 16 tr.

Round 2: 3 ch, 2 tr in each tr, 1 tr in base of 3 ch, ss in 3rd of 3 ch. 32 tr.

Round 3: 3 ch, [1 tr in next tr, 2 tr in next tr] 15 times, 1 tr in last tr, 1 tr in base of 3 ch, ss in 3rd of 3 ch. 48 tr.

Round 4: 3 ch, [1 tr in each of 2 tr, 2 tr in next tr] 15 times, 1 tr in each of 2 tr, 1 tr in base of 3 ch, ss in 3rd of 3 ch. 64 tr. Fasten off B.

Round 5: Join C to any tr, 2 ch, 3 tr tog in same place as base of 2 ch, [4 ch, sk 3 tr, 4 tr tog in next tr] 15 times, 4 ch, sk 3 tr, ss in 3 tr tog. 80 sts. Fasten off C.

Round 6: Join B to any 4-ch sp, 6 ch, [2 dtr, 1 tr] in same 4-ch sp, * [2 tr, 3 htr] in next 4-ch sp, 5 dc in next 4-ch sp, [3 htr, 2 tr] in next 4-ch sp, [1 tr, 2 dtr, 2 ch, 2 dtr, 1 tr] in next 4-ch sp, * rep from * to * 3 more times ending last rep with [1 tr, 1 dtr] in first ch sp, ss in 4th of 6 ch. 21 sts on each side.

Round 7: Ss into 2-ch sp, 5 ch, 2 tr in same 2-ch sp, * 1 tr in each of 21 sts, [2 tr, 2 ch, 2 tr] in 2-ch sp, * rep from * to * ending last rep with 1 tr in first ch sp, ss in 3rd of 5 ch. 25 sts on each side. Fasten off B.
Coil the free end of the central flower tightly and sew it in place.

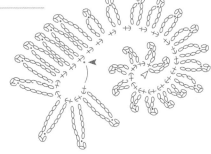

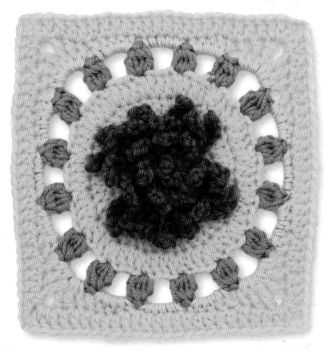

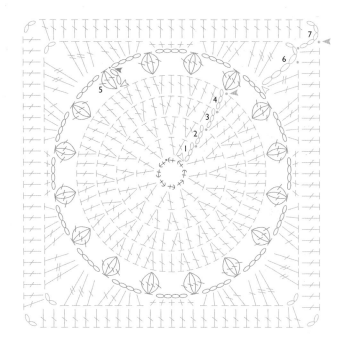

23 LACY DAISY SQUARE
directory view page 34

A B C

Skill level: easy
Method of working: in the round

Key:
- ⌒ Chain
- • Slip stitch
- + Double
- ⊤ Half treble
- ⊤ Treble
- ⊤ Triple treble in back loop
- ▷ Start/join in new colour
- ◀ Fasten off

METHOD

Using A, make 6 ch, join into a ring with ss in first ch.

Round 1: 1 ch, 11 dc into ring, ss in first ch. 12 sts.

Fasten off A. Join B to back loop of any dc.

Round 2: 6 ch, 1 tr tr in back loop of same dc, 1 ch, [1 tr tr, 1 ch] twice in back loop of each dc, ss in 5th of 6 ch. 24 petals.

Fasten off B. Join C to any 1-ch sp.

Round 3: 5 ch, 1 tr in same ch sp, * 1 ch, 1 htr in next ch sp, [1 ch, 1 dc in next ch sp] 3 times, 1 ch, 1 htr in next ch sp, 1 ch, # [1 tr, 2 ch, 1 tr] in next ch sp, * rep from * to * twice more, then once again from * to #, ss in 3rd of 5 ch.

Round 4: * Ss in 2-ch sp, 5 ch, ss in same ch sp, 4 ch, sk [1 tr, 1 ch, 1 htr], ss in next ch sp, 4 ch, sk [1 dc, 1 ch], ss in next dc, 4 ch, sk [1 ch, 1 dc], ss in next ch sp, 4 ch, sk [1 htr, 1 ch, 1 tr], * rep from * to * 3 more times, ss in same 2-ch sp as beg of round.

Round 5: Ss in each of next 2 ch, ss under rem 3 ch, * 5 ch, ss in same ch sp, [4 ch, ss in next ch sp] 5 times, * rep from * to * 3 more times, ss in same ch sp as beg of round.

Round 6: Ss in each of next 2 ch, ss under rem 3 ch, * 5 ch, ss in same ch sp, [4 ch, ss in next ch sp] 6 times, * rep from * to * 3 more times, ss in same ch sp as beg of round.

Round 7: Ss in each of next 2 ch, ss under rem 3 ch, 6 ch, 1 tr in same ch sp, * [2 ch, 1 tr in next ch sp] 7 times, 3 ch, 1 tr in same ch sp, * rep from * to * 3 more times, [2 ch, 1 tr in next ch sp] 6 times, 2 ch, ss in 3rd of 6 ch.

Round 8: Ss in 3-ch sp, 5 ch, 1 tr in same ch sp, 3 tr in each 2-ch sp and [1 tr, 3 ch, 1 tr] in each corner sp all around, ss in 3rd of 5 ch. 23 tr on each side.

Round 9: Ss in 3-ch sp, 3 ch, 1 dc in same ch sp, 1 dc in each tr and [1 dc, 2 ch, 1 dc] in each corner sp all around, ss in 2nd of 3 ch. 25 dc on each side.

Fasten off C.

24 CROCUS SQUARE
directory view page 33

A B C

Skill level: intermediate
Method of working: diagonally in rows

Key:
- ⌒ Chain
- • Slip stitch
- ⊤ Treble
- ⋀ 2 trebles together
- ⋏ 2 linked trebles
- ⋁ 3 trebles in stitch below
- ⵏ Double treble
- ⋁ 2 double trebles together
- ⋇ [2 linked trebles, 1 treble, 1 double treble, 1 treble, 2 linked trebles] all worked together
- ▷ Start / join in new colour
- ◀ Fasten off

METHOD

Special abbreviation
2 ltr (2 linked tr): * yrh, insert hook in same ch sp as last st and pull through a loop, * rep from * to * in next ch sp, (5 loops on hook), yrh, pull through 4 loops, yrh, pull through 2 loops.

Using A, make 59 ch.
Row 1: 1 tr in 4th ch from hook, 1 tr in each of 24 ch, 2 tr tog over [next and foll 4th ch], 1 tr in each of rem 26 ch. 27 sts on each of 2 sides.
Row 2: 3 ch, sk first tr, 1 tr in each of 23 tr, 2 tr tog over [next and foll 4th st], 1 tr in each of 23 tr, 1 tr in 3rd of 3 ch. 25 sts on each side.
Row 3: 3 ch, sk first tr, * sk next 2 tr, [1 tr, 1 ch, 1 tr, 1 ch, 1 tr] in next tr, sk 2 tr, 1 tr in next tr, * rep from * to * twice more, sk 2 tr, [1 tr, 1 ch, 1 tr] in next tr, 2 tr tog over [next and foll 4th st], [1 tr, 1 ch, 1 tr] in next tr, sk 2 tr, 1 tr in next tr, rep from * to * 3 times, working final tr in 3rd of 3 ch.
Row 4: 3 ch, sk first tr, 1 tr in each tr and ch sp to centre 5 sts, 2 tr tog over [next and foll 4th st], 1 tr in each tr and ch sp ending 1 tr in 3rd of 3 ch. 21 sts on each side. Fasten off A. Join B to same place.
Row 5: 4 ch, sk first tr, * sk next 2 tr, [1 dtr, 3 ch, ss, 3 ch, 1 dtr] in next tr, sk 2 tr, 1 tr in next tr, * rep from * to * once more, sk 2 tr, [1 dtr, 3 ch, ss,] in next tr, 3 ch,

4 dtr tog over [same tr, and foll 3rd, 7th, and 10th tr], 3 ch, [ss, 3 ch, 1 dtr] in same place as last insertion, sk 2 tr, 1 dtr in next tr; rep from * to * twice more, working final dtr in 3rd of 3 ch. Fasten off B. Join C to same place.
Row 6: 2 ch, sk [2 dtr, 3 ch], * [2 dtr tog, 2 ch, 2 dtr tog] in next ss, 3 ch, sk [3 ch, 3 dtr, 3 ch], * rep from * to * once more, [2 dtr tog, 2 ch, 2 dtr tog] in next ss, sk 3 dtr, rep from * to * twice more, [2 dtr tog, 2 ch, 2 dtr tog] in next ss, 1 ch, sk [3 ch, 1 dtr], 1 dc in 4th of 4 ch. 3 flowers on each side. Fasten off C. Join A to same place.
Row 7: 3 ch, 1 tr in first ch sp, 2 ltr, * 1 tr in same 2-ch sp, 2 ltr, 3 tr in centre dtr of 3 of row 5 below. * 2 ltr, 1 tr in same 2-ch sp, 2 ltr, 3 tr in centre dtr of 3 of row 5 below, work foll 5 sts tog: [2 ltr, 1 tr in same ch sp, 1 dtr between 2 flowers at corner, 1 tr in next ch sp and 2 ltr], 3 tr in centre dtr of 3 of row 5 below, 2 ltr; rep from * to * once more, 2 ltr, 1 tr in same ch sp, 2 ltr; 2 tr in last dtr of row 5 below.
Row 8: 3 ch, sk first tr, 1 tr in each tr to centre 5 sts, 2 tr tog over [next and foll 4th st], 1 tr in each tr, ending 1 tr in 3rd of 3 ch. 13 sts on each side.
Rows 9–13: As row 8. 3 sts on each side.
Row 14: 2 ch, sk 4 sts, 1 tr in 3rd of 3 ch. Fasten off A.

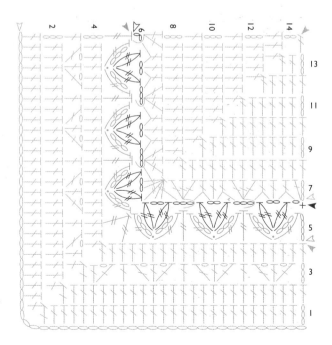

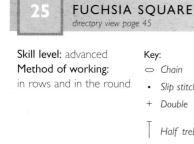

25 FUCHSIA SQUARE
directory view page 45

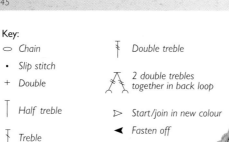

Skill level: advanced
Method of working:
in rows and in the round

Key:
⌒ *Chain*
• *Slip stitch*
+ *Double*
T *Half treble*
𝍏 *Treble*

𝍏 *Double treble*
⋀ *2 double trebles together in back loop*
▷ *Start/join in new colour*
◀ *Fasten off*

METHOD

Using A, begin with 2 joined petals:
Row 1: 19 ch, 1 dc in 3rd ch from hook, 1 dc in each of next 5 ch, 1 htr in next ch, 11 ch, turn so WS of ch is facing.
Row 2: Ss in 2nd ch from hook, 1 dc in each of next 2 ch, 2 htr tog over next 2 ch, 3 tr tog over next 3 ch, 3 dtr tog over [next 2 ch and foll htr], 1 dtr in next dc, 1 tr in each of next 5 dc, [3 tr, 5 ch, ss in top of last tr made, 3 tr] in 2-ch sp, 1 tr in each of next 5 ch (at base of next 5 dc), 1 dtr in next ch, 3 dtr tog over [next htr and foll 2 ch], 3 tr tog over next 3 ch, 2 htr tog over next 2 ch, 1 dc in each of next 2 ch, ss in first ch made.
Fasten off A. With RS facing, join B to ch at base of 2nd of last 3 tr tog made.
Row 3: 3 dtr in side edge of htr between 2 petals, [11 ch, ss in last dtr made, 1 dtr in side edge of htr] twice, 2 dtr in side edge of htr; ss in ch at base of 2nd of 3 tr tog.
Fasten off B. Join C to 5-ch loop at top of flower.
Round 1: 3 ch, 1 dc in same loop, 6 ch, sk 5 sts, 2 dtr tog over [bl (back loop) of next tr and bl of foll 5th st], 6 ch, [1 dc, 2 ch, 1 dc] in tip of petal, 6 ch, sk 4 ch at base of 4 sts, 2 dtr tog over [ch at base of next st, and 3rd of 7 dtr in B], 1 ch, 3 dc in 11-ch loop, 7 ch, 3 dc in next 11-ch loop, 1 ch, 2 dtr tog over [5th of 7 dtr in B, and ch at base of foll 5th st], 6 ch, sk ch at base of 4 sts, [1 dc, 2 ch, 1 dc] in tip of petal, 6 ch, sk 4 sts, 2 dtr tog over [bl of next st and bl of foll 5th st], 6 ch, sk 5 sts, ss in first of 3 ch.
Round 2: Ss into 2-ch sp, 3 ch, 1 dc in same sp, 1 dc in next dc, 6 dc in 6-ch sp, 1 dc in 2 dtr

tog, 6 dc in 6-ch sp, 1 dc in next dc, [1 dc, 2 ch, 1 dc] in 2-ch sp, 1 dc in next dc, 6 dc in 6-ch sp, 1 dc in 2 dtr tog, 1 dc in 1-ch sp, 1 dc in each of 3 dc, [4 dc, 2 ch, 4 dc] in 7-ch sp, 1 dc in each of 3 dc, 1 dc in 1-ch sp, 1 dc in 2 dtr tog, 6 dc in 6-ch sp, 1 dc in next dc, [1 dc, 2 ch, 1 dc] in 2-ch sp, 1 dc in next dc, 6 dc in 6-ch sp, 1 dc in 2 dtr tog, 6 dc in 6-ch sp, 1 dc in next dc, ss in first of 3 ch. 17 dc on each side.
Round 3: Ss into 2-ch sp, 3 ch, 1 dc in same ch sp, * 1 dc in each of 17 dc, [1 dc, 2 ch, 1 dc] in 2-ch sp, * rep from * to * twice more, 1 dc in each of 17 dc, ss in first of 3 ch. 19 dc on each side.
Round 4: Ss into 2-ch sp, 3 ch, 1 dc in same ch sp, * 1 dc in each of 19 dc, [1 dc, 2 ch, 1 dc] in 2-ch sp, * rep from * to * twice more, 1 dc in each of 19 dc, ss in first of 3 ch. 21 dc on each side.
Round 5: Ss into 2-ch sp, 3 ch, 1 dc in same ch sp, * 1 dc in each of 21 dc, [1 dc, 2 ch, 1 dc] in 2-ch sp, * rep from * to * twice more, 1 dc in each of 21 dc, ss in first of 3 ch. 23 dc on each side.
Round 6: Ss into 2-ch sp, 3 ch, 1 dc in same ch sp, * 1 dc in each of 23 dc, [1 dc, 2 ch, 1 dc] in 2-ch sp, * rep from * to * twice more, 1 dc in each of 23 dc, ss in first of 3 ch. 25 dc on each side.
Fasten off C.

26 PRIMROSE SQUARE
directory view page 33

A B C

Skill level: advanced
Method of working: in the round

Key:
◯ *Fingerwrap*
◠ *Chain*
• *Slip stitch*
+ *Double*
† *Treble*
⊤ *Double treble*
⨍ *2 doubles together*
⧘ *Group as special abbreviation*
▷ *Join in new colour*
◀ *Fasten off*

METHOD

Special abbreviations

1 gp (2 linked sts together): yrh twice, insert as directed, [yrh, pull through 2 loops] twice, yrh, insert in lowest link of st just made, yrh, pull through link, yrh, pull through 2 loops, yrh, pull through rem 3 loops on hook; **5-ch P (5-ch picot):** 5 ch, ss in first of these 5 ch; **7-ch P (7-ch picot):** 7 ch, ss in first of these 7 ch.

FIRST PRIMROSE

Using A, make a fingerwrap.
Round 1: Ss into wrap, 1 ch, 4 dc into wrap, ss in first ch. 5 sts.
Fasten off A. Join B to any dc.
Round 2: 3 ch, 1 tr in first of these ch, 1 ch, 1 gp in same dc, * 3 ch, [1 gp, 1 ch, 1 gp] in next dc, * rep from * to * 3 more times, 3 ch, ss in first tr of round.
Fasten off B. Join C to any 3-ch sp.
Round 3: 1 ch, 2 dc in same ch sp, * 2 dc tog over [same 3-ch sp and next 1-ch sp], 5-ch P, 2 dc tog over [same 1-ch sp and next 3-ch sp], 4 dc in same 3-ch sp, * rep from * to * once more, 2 dc tog as set, 7-ch P, 2 dc tog as set, 4 dc in same 3-ch sp, rep from * to * twice more, ending 1 dc in first ch sp, ss in first ch of round. Fasten off C.

SECOND PRIMROSE

Work as first primrose, joining to first primrose on last round by linking the second 5-ch P and the 7-ch P to corresponding picots (see page 21).

THIRD PRIMROSE

Work as first primrose, linking to second primrose as above.

FOURTH PRIMROSE

Work as first primrose without fastening off C, joining to first, second, and third primroses on last round by linking the second 5-ch P, the 7-ch P, and the next 5-ch P, forming a square. Do not fasten off. Rejoin C to last ss of round 3 of first primrose.

Round 4: Using C, 5 ch, * 1 tr in next dc, 3 ch, ss in 5-ch P, 3 ch, [1 dtr, 3 ch, 1 dtr] in st linking two 5-ch Ps, 3 ch, ss in next 5-ch P, 3 ch, 1 tr in 2nd of 4 dc, 2 ch, * rep from * to *, ending 3 ch, ss in 3rd of 5 ch.
Round 5: Ss into 2-ch sp, 5 ch, 2 tr in same ch sp, * 4 tr in each of next two 3-ch sps, 3 tr in 3-ch sp (between dtrs), 4 tr in each of next two 3-ch sps, [2 tr, 2 ch, 2 tr] in 2-ch sp at corner, * rep from * to * once more, ending 1 tr in first corner ch sp, ss in 3rd of 5 ch. 23 tr on each side.
Round 6: Ss into 2-ch sp, 3 ch, 1 dc in same ch sp, * 1 dc in each of 23 tr; [1 dc, 2 ch, 1 dc] in 2-ch sp at corner; * rep from * to * once more, ending 1 dc in first corner sp, ss in first of 3 ch. 25 dc on each side.
Fasten off C.

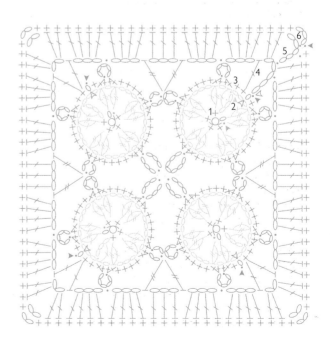

27 IRISH ROSE SQUARE
directory view page 40

A B

Skill level: advanced
Method of working: in the round

Key:
⌒ *Chain*
• *Slip stitch*
+ *Double*
┬ *Half treble*
┬ *Treble*
┬ *Triple treble*
⌐ *Back raised double*
⌐ *Back raised treble*
▷ *Start/join in new colour*
◄ *Fasten off*

METHOD

Special abbreviations
PL (picot loop): 4 ch, ss in 3rd ch from hook, 5 ch, ss in 3rd ch from hook, 1 ch.
brdc (back-raised dc): inserting hook from back, work dc around post of st on previous row.
brtr (back-raised tr): inserting hook from back, work tr around post of st on previous row.

Using A, make 6 ch, join into a ring with ss in first ch.
Round 1: 5 ch, [1 tr into ring, 2 ch] 7 times, ss in 3rd of 5 ch. 8 ch sps.
Round 2: Ss into 2-ch sp, [1 ch, 5 tr, 1 ch, 1 dc] in same ch sp, [1 dc, 1 ch, 5 tr, 1 ch, 1 dc] in each of seven 2-ch sps.
Round 3: Work behind round 2: 1 brdc in first tr of round 1, 5 ch, [1 brtr in next tr of round 1, 3 ch] 7 times, ss in 2nd of 5 ch.
Round 4: Ss into 3-ch sp, 2 ch, [7 tr, 1 ch, 1 dc] in same ch sp, [1 dc, 1 ch, 7 tr, 1 ch, 1 dc] in each of seven 3-ch sps, ss in first ch. Fasten off A. Join B from behind, around stem of any brdc of round 3.
Round 5: Work behind round 4: 7 ch, [1 brtr in next tr, 5 ch] 7 times, ss in 2nd of 7 ch.
Round 6: Ss in each of next 3 ch, 1 ch, [PL, 1 dc in next 5-ch sp] 7 times, PL, ss in first ch.

Round 7: 9 ch, 1 tr tr in same place as base of these 9 ch, * [PL, 1 dc at centre of next PL] twice, PL, [1 tr tr, 4 ch, 1 tr tr] in next dc (between 2 PL), * rep from * to * twice more, [PL, 1 dc in next dc] twice, PL, ss in 5th of 9 ch.
Round 8: Ss into 4-ch sp, 3 ch, [4 tr, 2 ch, 5 tr] in same ch sp, * 4 ch, 1 dc at centre of next PL, [PL, 1 dc at centre of next PL] twice, 4 ch, [5 tr, 2 ch, 5 tr] in 4-ch sp, * rep from * to * twice more, 4 ch, [PL, 1 dc at centre of next PL] twice, 2 ch, 1 htr in 3rd of 3 ch.
Round 9: Ss under htr, 1 ch, * 5 ch, [1 dc, 2 ch, 1 dc] in 2-ch sp at corner, 5 ch, 1 dc in 4-ch sp, [2 ch, 1 dc in next picot] 4 times, 2 ch, 1 dc in 4-ch sp, * rep from * to * 3 more times omitting last dc of final repeat, ss in first ch.
Round 10: Ss under 5 ch, 1 ch, 4 dc in 5-ch sp, * [1 dc, 5 ch, ss in last dc made, 1 dc] in 2-ch sp at corner, 5 dc in 5-ch sp, 2 dc in next 2-ch sp, 3 dc in next 2-ch sp, [1 dc, 3 ch, ss in last dc made, 1 dc] in next 2-ch sp, 3 dc in next 2-ch sp, 2 dc in next 2-ch sp, 5 dc in 5-ch sp, * rep from * to * 3 more times omitting last 5 dc of final repeat, ss in first ch. Fasten off B.

Blocks may be joined using the joining with picots method, page 21.

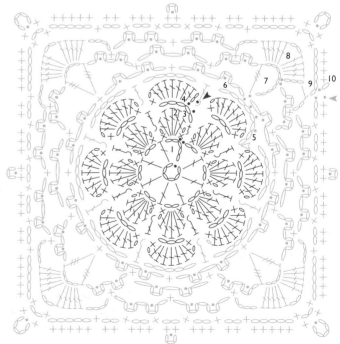

28 DAISY CHAIN SQUARE
directory view page 32

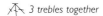 A B

Skill level: intermediate
Method of working: in the round

Key:
⌒ *Chain*
· *Slip stitch*
+ *Double*
† *Treble*

⋔ *[1 double treble, 1 triple treble, 1 double treble] all worked together*

▷ *Start/join in new colour*
◄ *Fasten off*

⋏ *3 trebles together*

METHOD

Special abbreviation
3-ch P (3-ch picot): 3 ch, ss in last dc.

Using A, make 5 ch, join into a ring with ss in first ch.
Round 1: 4 ch, [1 tr into ring, 1 ch] 7 times, ss in 3rd of 4 ch. 16 sts.
Round 2: 4 ch, [sk 1 ch, 3 tr in next tr, 1 ch] 7 times, sk 1 ch, 2 tr in first ch sp, ss in 3rd of 4 ch. 8 groups.
Round 3: Ss into 1-ch sp, 4 ch, [1 tr, 1 ch, 1 tr, 1 ch, 1 tr] in same ch sp, * sk 3 tr, [1 tr, 1 ch] 3 times in next ch sp, 1 tr in same ch sp, * rep from * to * 6 more times, ss in 3rd of 4 ch. 8 shell groups.
Fasten off A. Join B to 3rd ch sp of any shell group.
Round 4: 2 ch, 2 tr tog over [sp between next 2 tr, and first ch sp of next shell], * 3 ch, ss in next ch sp of same shell, 3 ch, 3 tr tog over [next ch sp of same shell, sp between next 2 tr, and first ch sp of next shell], * rep from * to * 6 more times, 3 ch, ss in next ch sp, 3 ch, ss in 2 tr tog at beg of round.
Round 5: 5 ch, [1 tr, 2 ch] 3 times in 2 tr tog, 1 tr in same place, * sk [3 ch, 1 ss, 3 ch], [1 tr, 2 ch] 4 times in 3 tr tog, 1 tr in same place, * rep from * to * 6 more times, ss in 3rd of 5 ch.
8 daisies.
Fasten off B. Join A to 4th ch sp of any daisy.

Round 6: 3 ch, [1 tr tr between next 2 tr, tog with 1 dtr in first 2-ch sp of next daisy], * 6 ch, 1 dc in next ch sp, 1 ch, 1 dc in next ch sp, 2 ch, 3 tr tog over [last ch sp of daisy, sp between 2 tr and first ch sp of next daisy], 2 ch, 1 dc in next ch sp, 1 ch, 1 dc in next ch sp, 6 ch, # [1 dtr in last ch sp of daisy, tog with 1 tr tr between next 2 tr, and 1 dtr in first ch sp of next daisy], * rep from * to * twice more, then once again from * to #, ss in 2 sts tog at beg of round.
Round 7: 5 ch, 2 tr in 2 tr tog, * 3 ch, 1 dc in 6-ch sp, 3 ch, 1 tr in 1-ch sp, 3 ch, 1 dc in 3 tr tog, 3 ch, 1 tr in 1-ch sp, 3 ch, 1 dc in 6-ch sp, 3 ch, # [2 tr, 2 ch, 2 tr] in 3 sts tog at corner, * rep from * to * twice more, then once again from * to #, 1 tr in same place as beg of round, ss in 3rd of 5 ch.
Round 8: Ss into 2-ch sp, 6 ch, 1 dc in same ch sp, * 1 dc in each of 2 tr, 3 dc in 3-ch sp, 3-ch P, [3 dc in next 3-ch sp] twice, 3-ch P, [3 dc in next 3-ch sp] twice, 3-ch P, 3 dc in next 3-ch sp, 1 dc in each of 2 tr #, [1 dc, 5 ch, 1 dc] in 2-ch sp at corner, * rep from * to * twice more, then once again from * to #, ss in first of 6 ch.
Fasten off A.

Blocks may be joined using the joining with picots method, page 21.

29 POPPY SQUARE
directory view page 50

A B C

Skill level: intermediate
Method of working: in the round

Key:
⌢ *Chain*
• *Slip stitch*
+ *Double*
⊤ *Half treble in front loop*
† *Treble*
⫟ *Treble in back loop*
⊧ *Double treble*
⧧ *Triple treble*
▷ *Start/join in new colour*
◄ *Fasten off*

METHOD

Using A, make 4 ch, join with ss in first ch.

Round 1: 1 ch, 7 dc into ring, ss in first ch. 8 sts.

Round 2: 4 ch, [1 htr in front loop of next dc, 1 ch] 7 times, ss in 3rd of 4 ch.

Fasten off A. Join B to back loop of any htr.

Round 3: 3 ch, [2 tr in 1-ch sp, 1 tr in back loop of next htr] 7 times, 2 tr in 1-ch sp, ss in 3rd of 3 ch.

Round 4: [3 ch, 1 dtr in next htr; 2 tr tr in next htr, 1 tr tr in next htr, 2 tr tr in next htr, 1 dtr in next htr, 3 ch, ss in next htr] 4 times, working final ss in same place as base of first 3 ch. 4 petals.

Fasten off B. Join C to centre dtr of any petal.

Round 5: 5 ch, 1 tr in same dtr, * 5 ch, [1 tr, 3 ch, 1 tr] in ss between petals, 5 ch, # [1 tr, 2 ch, 1 tr] in centre dtr of next petal, * rep from * to * twice more, then once again from * to #, ss in 3rd of 5 ch.

Round 6: Ss into 2-ch sp, 5 ch, 1 tr in same ch sp, * 5 ch, 1 dc in 5-ch sp, [3 tr, 1 ch, 3 tr] in next 3-ch sp, 1 dc in next 5-ch sp, 5 ch, #

[1 tr, 2 ch, 1 tr] in next 2-ch sp, * rep from * to * twice more, then once again from * to #, ss in 3rd of 5 ch.

Round 7: Ss into 2-ch sp, 5 ch, 1 tr in same ch sp, * 5 ch, 1 dc in next 5-ch sp, 5 ch, 1 dc in next 1-ch sp, 5 ch, 1 dc in next 5-ch sp, 5 ch, # [1 tr, 2 ch, 1 tr] in next 2-ch sp, * rep from * to * twice more, then once again from * to #, ss in 3rd of 5 ch.

Round 8: Ss into 2-ch sp, 5 ch, 1 tr in same ch sp, * [5 ch, 1 dc in next 5-ch sp] 4 times, 5 ch, # [1 tr, 2 ch, 1 tr] in next 2-ch sp, * rep from * to * twice more, then once again from * to #, ss in 3rd of 5 ch.

Round 9: Ss into 2-ch sp, 5 ch, 1 tr in same ch sp, * 4 tr in next 5-ch sp, [5 tr in next 5-ch sp] 3 times, 4 tr in next 5-ch sp, # [1 tr, 2 ch, 1 tr] in next 2-ch sp, * rep from * to * twice more, then once again from * to #, ss in 3rd of 5 ch. 25 tr on each side. Fasten off C.

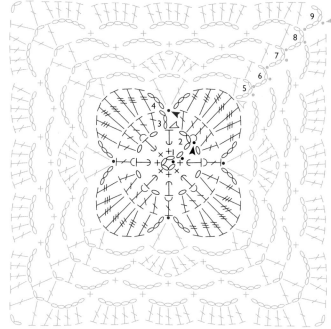

A B C

30 SNEEZEWORT SQUARE
directory view page 50

Skill level: intermediate
Method of working:
in the round

Key:
⌒ *Chain*
• *Slip stitch*
+ *Double*
⊤ *Half treble*
⊥ *Treble*

▷ *Start/join in new colour*
◄ *Fasten off*

METHOD

Using A, make 12 ch, join into a ring with ss in first ch.
Round 1: 1 ch, 23 dc into ring, ss in first ch. 24 sts.
Round 2: 1 ch, * 1 dc in next dc, 3 ch, ss in last dc made, # 1 dc in next dc, * rep from * to * 10 more times, then once again from * to #, ss in first ch. 12 picots. Fasten off A. Join B to any dc between 2 picots.
Round 3: 6 ch, [sk 1 picot, 1 dc in next dc, 5 ch] 11 times, sk 1 picot, ss in first of 6 ch. 12 loops.
Round 4: 3 ch, * [1 htr, 1 dc, 1 ch, 1 dc, 1 htr] in 5-ch loop, # 1 tr in next dc, * rep from * to * 10 more times, then once again from * to #, ss in 3rd of 3 ch. 12 petals. Fasten off B. Join C to 1-ch sp at centre of any petal.
Round 5: 6 ch, [1 dc in next 1-ch sp, 5 ch] 11 times, ss in first of 6 ch. 12 ch sps.

Round 6: 5 ch, 3 tr in same place as base of these 5 ch, * [1 dc in next 5-ch sp, 5 ch] twice, 1 dc in next 5-ch sp, # [3 tr, 2 ch, 3 tr] in next dc, * rep from * to * twice more, then once again from * to #, 2 tr in same place as base of first 5 ch, ss in 3rd of these 5 ch.
Round 7: Ss into 2-ch sp, 5 ch, 3 tr in same ch sp, * [5 ch, 1 dc in next 5-ch sp] twice, 5 ch, # [3 tr, 2 ch, 3 tr] in next 2-ch sp, * rep from * to * twice more, then once again from * to #, 2 tr in first 2-ch sp, ss in 3rd of 5 ch.
Round 8: Ss into 2-ch sp, 5 ch, 3 tr in same ch sp, * 5 ch, 1 dc in next 5-ch sp, [3 tr, 1 ch, 3 tr] in next 5-ch sp, 1 dc in next 5-ch sp, 5 ch, # [3 tr, 2 ch, 3 tr] in next 2-ch sp, * rep from * to * twice more, then once again from * to #, 2 tr in first 2-ch sp, ss in 3rd of 5 ch. Fasten off C.

31 SPANISH POPPY SQUARE
directory view page 42

A B

Skill level: intermediate
Method of working:
in the round

Key:
⌢ *Chain*
• *Slip stitch*
+ *Double*
T *Half treble*
↑ *Treble*
‡ *Triple treble*
▷ *Start/join in new colour*
◀ *Fasten off*

METHOD

Using A, make 6 ch, join into a ring with ss in first ch.

Round 1: 1 ch, 15 dc into ring, ss in first ch. 16 sts.

Round 2: 1 ch, 1 dc in next dc, * [1 dc, 11 ch, 1 dc] in next dc, 1 dc in each of 3 dc, * rep from * to * twice more, [1 dc, 11 ch, 1 dc] in next dc, 1 dc in next dc, ss in first ch. 4 petals.

Round 3: 1 ch, * sk 2 dc, [2 htr, 17 tr, 2 htr] into 11-ch loop, sk 2 dc, 1 dc in next dc, * rep from * to * 3 more times omitting last dc of final repeat, ss in first ch.
Fasten off A. Join B to dc between any 2 petals.

Round 4: 10 ch, ss in 6th ch from hook, * 3 ch, sk 5 sts, 1 dc in next tr, [5 ch, sk 4 tr, 1 dc in next tr] twice, 3 ch, sk 5 sts, 1 tr tr in next dc (between petals), 5 ch, ss in top of tr tr just made, * rep from * to * twice more, 3 ch, sk 5 sts, 1 dc in next tr, [5 ch, sk 4 tr, 1 dc in next tr] twice, 1 ch, 1 htr in 5th of 10 ch.

Round 5: 1 ch, * [2 htr, 9 tr, 2 htr] in 5-ch loop, 1 dc in next 3-ch sp, [5 ch, 1 dc in next 3-ch sp] 3 times, * rep from * to * omitting last dc of final repeat, ss in first ch.

Round 6: 3 ch, * 3 ch, sk 3 sts, 1 dc in next tr, 3 ch, sk 2 tr, [1 dc, 3 ch, 1 dc] in next tr, 3 ch, sk 2 tr, 1 dc in next tr, 3 ch, sk 3 sts, 1 tr in next dc, [3 ch, 1 dc in next ch sp] 3 times, 3 ch, 1 tr in next dc, * rep from * to * 3 more times omitting last tr of final repeat, ss in 3rd of 3 ch.

Round 7: Ss in each of 2 ch, 4 ch, 1 dc in next ch sp, * 3 ch, [1 dc, 3 ch, 1 dc] in 3-ch loop at corner, [3 ch, 1 dc in next ch sp] 8 times, * rep from * to * twice more, 3 ch, [1 dc, 3 ch, 1 dc] in corner loop, [3 ch, 1 dc in next ch sp] 6 times, 3 ch, ss in first of 4 ch.
Fasten off B.

32 RUFFLED FLOWER SQUARE
directory view page 47

A B

Skill level: advanced
Method of working: in the round

Key:
⌒ Chain
• Slip stitch
+ Double
⟱ Double treble

✎ 4 double trebles around stem
▷ Start/join in new colour
◄ Fasten off

METHOD

Using A, make 10 ch, join into a ring with ss in first ch.

Round 1: 7 ch, [1 dtr into ring, 3 ch] 11 times, ss in 4th of 7 ch. 12 ch sps.

Round 2: Ss into 3-ch sp, 4 ch, 3 dtr in same ch sp, * 4 dtr around stem of next dtr (working down the stem towards the centre), 1 dtr in centre ring, 4 dtr around stem of next dtr (working up the stem away from the centre), (3-ch sp has been skipped), # 4 dtr in next 3-ch sp, * rep from * to * 4 more times, then once again from * to #, ss in 4th of 4 ch.

Fasten off A. Join B to any empty 3-ch sp behind round 2.

Round 3: 1 ch, 2 dc in same ch sp, [3 ch, 3 dc in next empty 3-ch sp] 5 times, 3 ch, ss in first ch of round.

Round 4: 1 ch, 2 dc in next dc, 1 dc in next dc, * 4 dc in 3-ch sp, 1 dc in next dc, 2 dc in next dc, 1 dc in next dc, * rep from * to * 4 more times, 4 dc in 3-ch sp, ss in first ch.

Round 5: 4 ch, [sk 2 dc, 1 dc in next dc, 3 ch] 15 times, ss in first of 4 ch. 16 ch sps.

Round 6: Ss into rem 3-ch sp, 5 ch, [1 dc in next 3-ch sp, 4 ch] 15 times, ss in first of 5 ch.

Round 7: Ss into next ch, ss into rem 3-ch sp, 6 ch, [1 dc in next 4-ch sp, 5 ch] 15 times, ss in first of 6 ch.

Round 8: Ss into each of 2 ch, ss into rem 3-ch sp, 6 ch, 3 dtr in same ch sp, * 2 ch, 1 dc in next 5-ch sp, [5 ch, 1 dc in next 5-ch sp] twice, 2 ch, # [3 dtr, 2 ch, 3 dtr] in next 5-ch sp, * rep from * to * twice more, then once again from * to #, 2 dtr in first ch sp, ss in 4th of 6 ch.

Round 9: Ss into 2-ch sp, 6 ch, 3 dtr in same ch sp, * 1 dtr in each of 3 dtr, 2 dtr in 2-ch sp, 2 ch, 1 dc in next 5-ch sp, 5 ch, 1 dc in next 5-ch sp, 2 ch, 2 dtr in 2-ch sp, 1 dtr in each of 3 dtr; # [3 dtr, 2 ch, 3 dtr] in 2-ch sp, * rep from * to * twice more, then once again from * to #, 2 dtr in first ch sp, ss in 4th of 6 ch. Fasten off B.

33 STONECROP SQUARE

directory view page 49

Skill level: intermediate
Method of working: in decreasing rows

Key:
- *Chain*
- *2 doubles together*
- *Double treble*
- *Petal 4: 2 double trebles together in same place*
- *Petal 5: 3 double trebles together in same place*
- *Petals 1, 2 and 3: 8 double trebles together as given*
- *Start*
- *Fasten off*

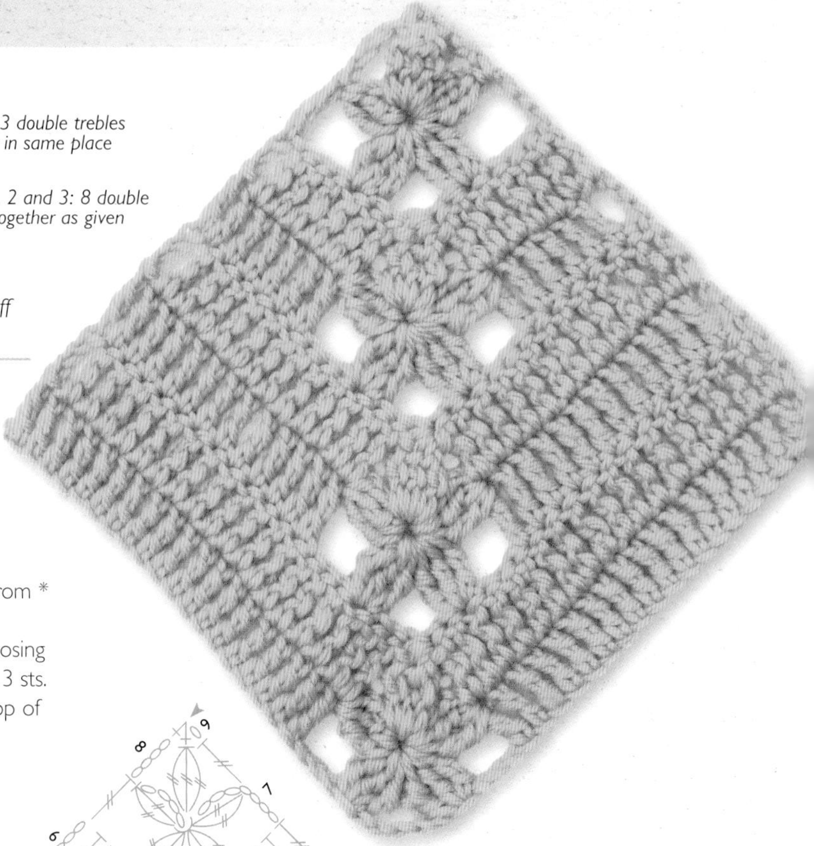

METHOD

Make 54 ch.

Row 1: 1 dtr in 5th ch from hook, 1 dtr in each of 17 ch, 3 ch, 8 dtr tog as follows: [2 dtr in top of last dtr worked, sk 3 ch, 3 dtr in next ch, sk 5 ch, 3 dtr in next ch] (petals 1, 2 and 3 made), 4 ch, 2 dtr tog in first of these 4 ch, (petal 4 made), sk next 3 base ch, 1 dtr in each of 19 ch to end.

Row 2: 4 ch, sk first dtr, 1 dtr in each of 18 dtr, sk 4th petal, 3 dtr tog in ch closing 8 dtr, sk first petal, 1 dtr in each of 18 dtr, 1 dtr in 4th of 4 ch. 39 sts.

Row 3: 4 ch, sk first dtr, 1 dtr in each of 12 dtr, * 3 ch, 8 dtr tog as follows: [2 dtr in top of last dtr worked, sk 3 dtr, 3 dtr in next ch, sk 5 sts, 3 dtr in next ch] (petals 1, 2 and 3 made), 4 ch, 2 dtr tog in first of these 4 ch (petal 4 made), sk 3 dtr, * 1 dtr in each of 12 dtr, 1 dtr in 4th of 4 ch.

Row 4: 4 ch, sk first dtr, 1 dtr in each of 12 dtr, * sk 4th petal, 3 dtr tog in ch closing 8 dtr, sk first petal (petal 5 made), * 1 dtr in each of 12 dtr, 1 dtr in 4th of 4 ch. 27 sts.

Row 5: 4 ch, sk first dtr, 1 dtr in each of 6 dtr, work as row 3 from * to *, 1 dtr in each of 6 dtr, 1 dtr in 4th of 4 ch.

Row 6: 4 ch, sk first dtr, 1 dtr in each of 6 dtr, work as row 4 from * to *, 1 dtr in each of 6 dtr, 1 dtr in 4th of 4 ch. 15 sts.

Row 7: 4 ch, work as row 3 from * to *, 1 dtr in 4th of 4 ch.

Row 8: 4 ch, 3 dtr tog in ch closing 8 dtr tog, 1 dtr in 4th of 4 ch. 3 sts.

Row 9: 1 ch, 2 dc tog over [top of 3 dtr tog and 4th of 4 ch].

Fasten off.

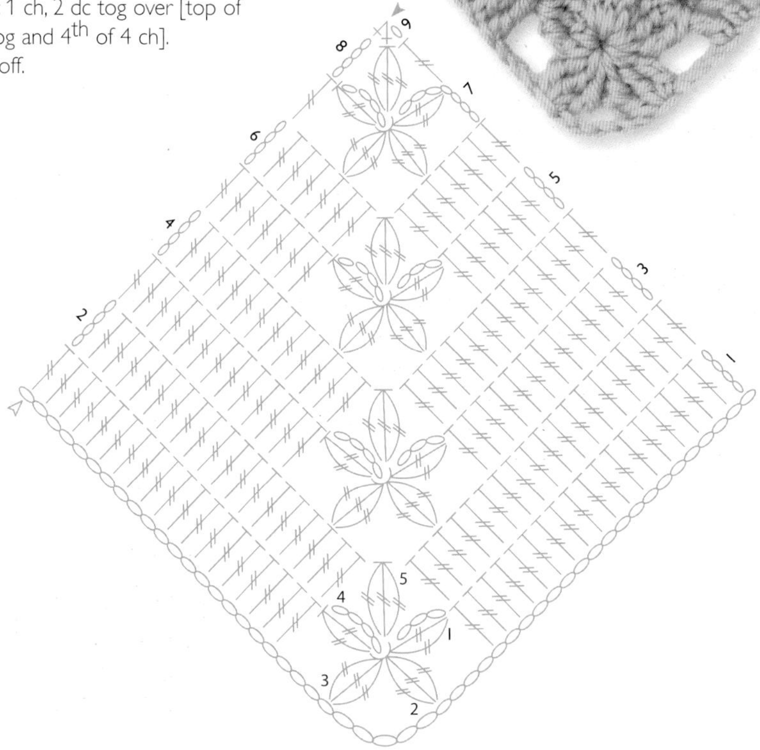

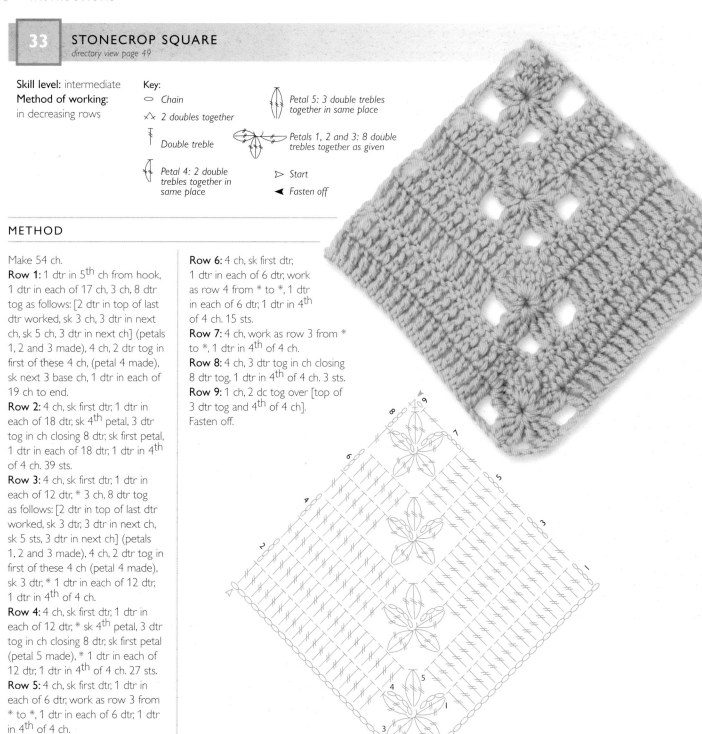

34 SUNFLOWER SQUARE
directory view page 51

A B C

Skill level: easy
Method of working: in the round

Key:
- ◠ *Chain*
- • *Slip stitch*
- + *Double*
- ⋋⋌ *2 doubles together*
- ⊤ *Treble*

 5 triple trebles together in back loop

▷ *Start/join in new colour*

◀ *Fasten off*

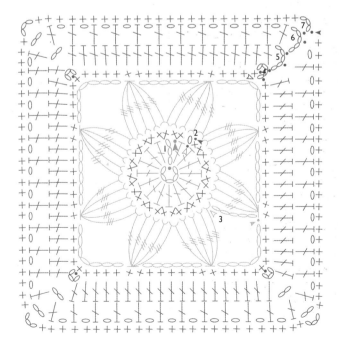

METHOD

Special abbreviation
3-ch P (3-ch picot): 3 ch, ss in st at base of these 3 ch.

Using A, make 5 ch, join into a ring with ss in first ch.
Round 1: 3 ch, 15 tr into ring, ss into 3rd of 3 ch.
Fasten off A. Join B to space between any 2 tr.
Round 2: 1 ch, [2 dc in space between next 2 tr] 15 times, 1 dc in first sp, ss in first ch.
Fasten off B. Join C to back loop of any dc.
Round 3: 5 ch, 4 tr tr tog in back loops of next 4 dc, * 6 ch, 5 tr tr tog over back loops of [same dc as last insertion and foll 4 dc], 7 ch, 5 tr tr tog as before, * rep from * to * 2 more times, 6 ch, 5 tr tr tog making last insertion in same place as base of 5 ch, 7 ch, ss in top of 4 tr tr tog. 8 petals made.
Fasten off C. Join B to any 7-ch sp.

Round 4: 4 ch, ss in first of these 4 ch, * 4 dc in same 7-ch sp, 1 dc in top of petal, 7 dc in 6-ch sp, 1 dc in next petal, 5 dc in 7-ch sp, 3-ch P, * rep from * to * ending 4 dc in first 7-ch sp, ss in first of 4 ch.
Round 5: Ss into 3-ch P, 5 ch, 1 tr in same P, * 1 tr in each of 17 dc, [1 tr, 2 ch, 1 tr] in 3-ch P, * rep from * to * twice more, 1 tr in each of 17 dc, ss in 3rd of 5 ch. 19 tr on each side.
Round 6: Ss into 2-ch sp, 5 ch, 1 tr in same 2-ch sp, * 1 ch, [1 tr in next tr, 1 ch, sk 1 tr] 9 times, 1 tr in next tr, 1 ch, # [1 tr, 2 ch, 1 tr] in 2-ch sp, * rep from * to * twice more, then once again from * to #, ss in 3rd of 5 ch.
Round 7: Ss into 2-ch sp, 3 ch, 1 dc in same 2-ch sp, 1 dc in each tr and 1-ch sp, and [1 dc, 2 ch, 1 dc] in 2-ch sp at each corner, ending ss in first of 3 ch. 25 dc on each side.
Fasten off B.

35 BOBBLE SQUARE
directory view page 37

Skill level: easy
Method of working: in rows

Key:
- ⌒ *Chain*
- + *Double*
- *Bobble of 4 trebles together*
- ▷ *Start*
- ◀ *Fasten off*

METHOD

Special abbreviation
B (make bobble): 4 tr tog in same place.

Make 28 ch.
Row 1: 1 dc in 3rd ch from hook, 1 dc in each of 23 ch. 27 sts.
Row 2: 1 ch, sk first dc, 1 dc in each st, ending 1 dc in first ch. 27 sts.
Rows 3–5: As row 2.
Row 6: 1 ch, sk first dc, 1 dc in each of 10 dc, [B in next dc, 1 dc in next dc] twice, B in next dc, 11 dc as set to end.
Row 7: As row 2.
Row 8: 1 ch, sk first dc, 1 dc in each of 7 dc, B in next dc, 9 dc as set, B in next dc, 8 dc as set to end.
Row 9: As row 2.
Row 10: 1 ch, sk first dc, 1 dc in each of 5 dc, B in next dc, 13 dc as set, B in next dc, 6 dc as set to end.

Row 11: As row 2.
Row 12: 1 ch, sk first dc, 1 dc in each of 4 dc, B in next dc, 15 dc as set, B in next dc, 5 dc as set to end.
Row 13: As row 2.
Row 14: 1 ch, sk first dc, 1 dc in each of 4 dc, [B in next dc, 7 dc as set] twice, B in next dc, 5 dc as set to end.
Row 15: As row 2.
Row 16: As row 12.
Row 17: As row 2.
Row 18: As row 10.
Row 19: As row 2.
Row 20: As row 8.
Row 21: As row 2.
Row 22: As row 6.
Rows 23–27: As row 2.
Fasten off.

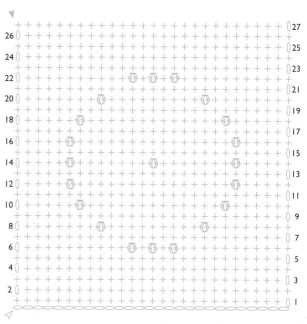

36 TULIP SQUARE
directory view page 35

A B C

Skill level: intermediate
Method of working: in rows

Key:
◠ *Chain*
· *Slip stitch*
+ *Double*
▷ *Start/join in new colour*
◀ *Fasten off*

METHOD

Special abbreviation
chg to A (or B or C): changing to A (or B or C) for the final 'yrh, pull through' of the last st worked.

Using A, make 26 ch.
Row 1: 1 dc in 2nd ch from hook, 1 dc in each of 24 ch. 25 dc. (Turning ch does not count as a st in this pattern.)
Row 2: 1 ch, 1 dc in first dc, 1 dc in each dc to end. 25 dc.
On rows 3–23, enclose colour not in use by working over it until it is required.
Row 3: Read chart row 3 from right to left: In A, 1 ch, 1 dc in each of 11 dc, chg to B, 1 dc in each of 3 dc, chg to A, 1 dc in each of 11 dc.

Row 4: Read chart row 4 from left to right: In A, 1 ch, 1 dc in each of 9 dc, chg to B, 1 dc in each of 7 dc, chg to A, 1 dc in each of 9 dc. Continue reading from chart rows 5–23 in this way, changing colours as indicated.
Rows 24–25: In A, as row 2. Fasten off A. Join B to last dc of row 25.
Edging round: 1 ch, 1 dc in each of 24 dc, 2 ch, 1 dc in side edge of each of 25 rows, 2 ch, 1 dc in base of each of 25 sts, 2 ch, 1 dc in side edge of each of 25 rows, 2 ch, ss in first ch. 25 dc on each side. Fasten off B.

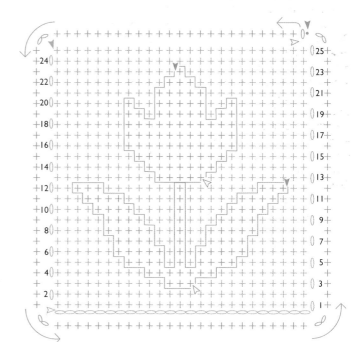

MIX AND MATCH: 36 + 26

37 OFF-CENTRE SQUARE
directory view page 47

Skill level: intermediate
Method of working:
in the round and in rows

Key:
◠ *Chain*
• *Slip stitch*
+ *Double*
⊤ *Half treble*
⊤ *Treble*
⊤ *Double treble*

⋔ *4 double trebles together*
⊤ *Triple treble*
⋔ *4 triple trebles together*
▷ *Start/rejoin*
◄ *Fasten off*
↵ *Direction of working*

METHOD

Make 8 ch, join into a ring with ss in first ch.

Round 1: 1 ch, [3 dc, 4 htr, 4 tr, 4 htr] into ring, ss in first ch. 16 sts.

Round 2: 3 ch, 3 dtr tog inserting hook [once in same place as base of these 3 ch, twice in next dc], (from now on, insert hook twice in each st of round 1), 4 ch, 4 dtr tog over next 2 dc, 5 ch, 4 tr tr tog over next 2 htr, 6 ch, 4 tr tr tog over next 2 htr; [7 ch, 4 tr tr tog over next 2 tr] twice, 7 ch, 4 tr tr tog over next 2 htr; 6 ch, 4 tr tr tog over next 2 htr; 5 ch, ss in ch closing 3 dtr tog. 8 petals made: 2 small, 2 medium, 2 large, 2 medium.

Round 3: Work all dc into ch closing a petal: 12 ch, 1 dc in 2nd petal, 5 ch, 1 dc in 3rd petal, 10 ch, 1 dc in 4th petal, 7 ch, 1 dc in 5th petal, 10 ch, 1 dc in 6th petal, 7 ch, 1 dc in 7th petal, 10 ch, 1 dc in 8th petal, 5 ch, ss in first of 12 ch.

Round 4: Ss in each of 6 ch, 3 ch, 5 dc in same ch sp, 1 ch, sk 1 dc, 5 dc in 5-ch sp, 1 ch, sk 1 dc, [6 dc, 2 ch, 4 dc] in 10-ch sp, 1 ch, sk 1 dc, 7 dc in 7-ch sp, 1 ch, sk 1 dc, [5 dc, 2 ch, 5 dc] in 10-ch sp, 1 ch, sk 1 dc, 7 dc in 7-ch sp, 1 ch, sk 1 dc, [4 dc, 2 ch, 6 dc] in 10-ch sp, 1 ch, sk 1 dc, 5 dc in 5-ch sp, 1 ch, 4 dc in first ch sp, ss in first of 3 ch. 18 sts on each side of square.

Fasten off and rejoin to 2-ch sp at next corner.

Now work in rows on two sides only:

Row 1: 1 ch, 1 dc in each dc and 1-ch sp to next corner, [1 dc, 2 ch, 1 dc] in 2-ch sp, 1 dc in each dc and 1-ch sp to next corner, 1 dc in 2-ch sp, turn. 20 sts on each of 2 sides.

Row 2: 1 ch, sk first dc, 1 dc in each dc to next corner, [1 dc, 2 ch, 1 dc] in 2-ch sp, 1 dc in each dc ending 1 dc in 1 ch, turn. 21 dc on each side.

Row 3: As row 2. 22 dc on each side.

Row 4: As row 2. 23 dc on each side.

Now work all around:

Final round: 3 ch, 1 dc in each of 23 dc to corner, [1 dc, 2 ch, 1 dc] in 2-ch sp, 1 dc in each of 22 dc, [2 dc, 2 ch, 1 dc] in 1 ch, 4 dc in side edge of 4 rows, 1 dc in 2-ch sp, 1 dc in each dc and 1-ch sp (making 18 dc), [1 dc, 2 ch, 1 dc] in 2-ch sp, 1 dc in each dc and 1-ch sp (making 18 dc), 1 dc in 2-ch sp, 4 dc in side edge of 4 rows, ss in first of 3 ch. 25 dc on each of 4 sides. Fasten off.

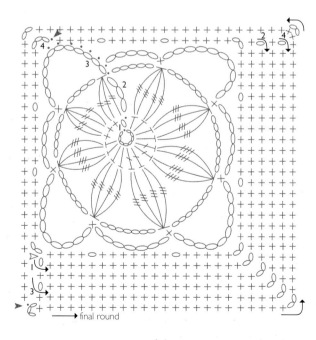

final round

38 ROSEBUD SQUARE
directory view page 44

Skill level: easy
Method of working: in decreasing rows

Key:
⌒ *Chain*
+ *Double*
⊤ *Treble*
⋏ *2 trebles together*
○ *Bobble of 4 trebles together*
⋔ *2 double trebles together*
▷ *Start*
◀ *Fasten off*

METHOD

Special abbreviations
LG (leaf group): [2 dtr tog, 1 ch, 1 tr, 1 ch, 2 dtr tog] all worked into 1 st, as given.
B (bobble): 4 tr tog in same place.

Make 57 ch.
Row 1 (WS): 1 dc in 3rd ch from hook, 1 dc in each of 25 ch, sk 2 ch, 1 dc in each of 27 ch to end. 54 sts.
Row 2: 3 ch, * sk 3 dc, [LG in next dc, 1 ch, sk 5 dc] 3 times, LG in next dc, * sk 3 dc, 1 tr in next dc, sk 2 dc, 1 tr in next dc, rep from * to * once more, sk 2 dc, 1 tr in next ch. 8 patterns.
Row 3: 1 ch, sk first tr, * [1 dc in 2 dtr tog, 1 dc in 1-ch sp, B in next tr, 1 dc in 1-ch sp, 1 dc in 2 dtr tog, 1 dc in 1-ch sp] 3 times, 1 dc in 2 dtr tog, 1 dc in 1-ch sp, B in next tr, 1 dc in 1-ch sp, 1 dc in 2 dtr tog, * sk 2 tr, rep from * to * once more, 1 dc in 3rd of 3 ch. 48 sts.
Row 4: 4 ch, 2 dtr tog in first dc, [1 ch, sk 5 sts, LG in next dc] 3 times, sk [2 dc, B], 1 tr in next dc, sk 2 dc, 1 tr in next dc, sk [B, 2 dc], [LG in next dc, 1 ch, sk 5 sts] 3 times, [2 dtr tog, 1 ch, 1 tr] in 1 ch. 6 patterns plus two half-patterns.
Row 5: 1 ch, sk first tr, 1 dc in 1-ch sp, 1 dc in 2 dtr tog, * [1 dc in 1-ch sp, 1 dc in 2 dtr tog, 1 dc in 1-ch sp, B in tr, 1 dc in 1-ch sp, 1 dc in 2 dtr tog] 3 times, * sk 2 tr, rep from * to * once more, 1 dc in 1-ch sp, 1 dc in 2 dtr tog, 1 dc in 1-ch sp, 1 dc in 3rd of 4 ch. 42 sts.

Row 6: 3 ch, sk 3 dc, * [LG in next dc, 1 ch, sk 5 sts] twice, LG in next dc, * sk [2 dc, B], 1 tr in next dc, sk 2 dc, 1 tr in next dc, sk [B, 2 dc], rep from * to * once more, sk 2 dc, 1 tr in next ch. 6 patterns.
Row 7: 1 ch, sk first tr, * [1 dc in 2 dtr tog, 1 dc in 1-ch sp, B in next tr, 1 dc in 1-ch sp, 1 dc in 2 dtr tog, 1 dc in 1-ch sp] twice, 1 dc in 2 dtr tog, 1 dc in 1-ch sp, B in next tr, 1 dc in 1-ch sp, 1 dc in 2 dtr tog, * sk 2 tr, rep from * to * once more, 1 dc in 3rd of 3 ch. 36 sts.
Row 8: 3 ch, sk first dc, 1 tr in each of 2 dc, [1 tr in B, 1 tr in each of 5 dc] twice, 2 tr tog over [B and foll dc], sk 2 tr, 2 tr tog over [next dc and foll B], [1 tr in each of 5 dc, 1 tr in B] twice, 1 tr in each of 2 dc, 1 tr in 1 ch. 32 sts.
Row 9: 1 ch, sk first tr, 1 dc in each tr to 2 tr tog, [sk 2 tr tog] twice, 1 dc in each tr ending 1 dc in 3rd of 3 ch. 30 sts.
Row 10: 3 ch, sk first dc, 1 tr in each dc to 3 dc before corner, 2 tr tog over next 2 dc, sk 2 dc, 2 tr tog over next 2 dc, 1 tr in each dc ending 1 tr in 1 ch. 26 sts.
Rows 11–16: Rep rows 9–10 three more times. 8 sts.
Row 17: As row 9. 6 sts.
Row 18: 2 ch, sk first dc, 3 tr tog over [next and foll 3rd dc, and 1 ch].
Fasten off.

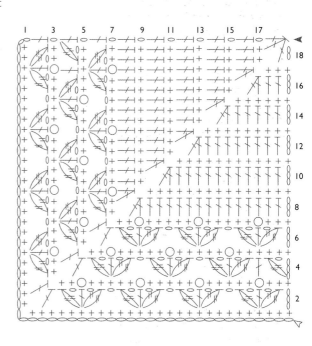

39 FILET FLOWER SQUARE

directory view page 35

Skill level: easy
Method of working: in the round

Key:

⌒ *Chain*

• *Slip stitch*

+ *Double*

↑ *Treble*

⋏ *2 trebles together*

◄ *Fasten off*

METHOD

Make 6 ch, join into a ring with ss in first ch.

Round 1: 1 ch, 11 dc into ring, ss in first ch. 12 sts.

Round 2: 3 ch, 4 tr in same place as base of 4 ch, [3 ch, sk 2 dc, 5 tr in next dc] 3 times, 3 ch, ss in 3rd of 3 ch at beg of round.

Round 3: 3 ch, 1 tr in next tr, 5 tr in next tr, 1 tr in each of 2 tr, * 3 ch, sk 3 ch, 1 tr in each of 2 tr, 5 tr in next tr, 1 tr in each of 2 tr, * rep from * to * twice more, 3 ch, sk 3 ch, ss in 3rd of 3 ch. 9 tr at each corner.

Round 4: 3 ch, 1 tr in each of 3 tr, 5 tr in next tr, 1 tr in each of 4 tr, * 3 ch, sk 3 ch, 1 tr in each of 4 tr, 5 tr in next tr, 1 tr in each of 4 tr, * rep from * to * twice more, 3 ch, sk 3 ch, ss in 3rd of 3 ch. 13 tr at each corner.

Round 5: 2 ch, 1 tr in each of 4 tr, * 2 tr tog over next 2 tr, 7 ch, 2 tr tog over [same tr as last insertion, and next tr], 1 tr in each of 3 tr, 2 tr tog over next 2 tr, 5 ch, sk 3 ch, # 2 tr tog over next 2 tr, 1 tr in each of 3 tr, * rep from * to * twice more, then once again from * to #, ss in first tr (omitting first 2 ch).

Round 6: 2 ch, 1 tr in each of 2 tr, * 2 tr tog over next 2 sts, 3 ch, sk 2 ch, 1 tr in next ch, 3 ch, sk 1 ch, 1 tr in next ch, 3 ch, sk 2 ch, 2 tr tog over next 2 sts, 1 tr in next tr, 2 tr tog over next 2 sts, 3 ch, sk 2 ch, 1 tr in next ch, 3 ch, sk 2 ch, # 2 tr tog over next 2 sts, 1 tr in next tr, * rep from * to * twice more, then once again from * to #, ss in first tr.

Round 7: 4 ch, sk first 2 tr, 1 tr in 2 tr tog, 1 ch, sk 1 ch, 1 tr in next ch, 1 ch, sk 1 ch, 1 tr in next tr, * 5 ch, sk 3 ch, 1 tr in next tr, [1 ch, sk 1 st, 1 tr in next st] 10 times, * rep from * to * twice more, 5 ch, sk 3 ch, 1 tr in next tr, [1 ch, sk 1 st, 1 tr in next st] 6 times, 1 ch, sk 1 st, ss in 3rd of 4 ch. Ten 1-ch sps on each side.

Round 8: 1 ch, * 1 dc in each 1-ch sp and in each tr to corner, [2 dc, 3 ch, 2 dc] in 5-ch sp, * rep from * to * 3 more times, 1 dc in each 1-ch sp and in each tr, ending ss in first ch. 25 dc on each side. Fasten off.

40 DANDELION DIAMOND

directory view page 36

A B

Skill level: easy

Method of working:
in rows and in the round

Key:

⌒ *Chain*

• *Slip stitch*

+ *Double*

┬ *Treble*

╪ *Double treble*

⅄ *4 double trebles together*

▷ *Start/join in new colour*

◀ *Fasten off*

METHOD

Using A, make 27 ch.

Row 1: 4 dtr tog over [6th, 8th, 11th, and 13th] ch from hook, 4 ch, sk 1 ch, 1 dc in next ch, turn.

Row 2: [1 ch, 1 dtr] 4 times in ch closing 4 dtr tog, 1 ch, sk [4 dtr tog, 3 ch], 1 dc in next ch. 1 flower made.

Row 3: 9 ch, 4 dtr tog over [6th and 8th ch from hook, last 1-ch sp of row 2, and foll 1-ch sp], 4 ch, 1 dc in next 1-ch sp, 3 ch, 4 dtr tog over [next two 1-ch sps, 2nd and 4th unworked base ch], 4 ch, sk 1 base ch, 1 dc in next ch.

Row 4: * [1 ch, 1 dtr] 4 times in ch closing 4 dtr tog, 1 ch, sk [4 dtr tog, 3 ch], * ss in next dc, rep from * to * once more, 1 dc in next ch. 2 flowers made.

Row 5: 9 ch, 4 dtr tog over [6th and 8th ch from hook, last 1-ch sp of row 2, and foll 1-ch sp], 4 ch, 1 dc in next 1-ch sp, 3 ch, 4 dtr tog over next four 1-ch sps, 4 ch, 1 dc in next 1-ch sp, 3 ch, 4 dtr tog over [next two 1-ch sps, 2nd and 4th unworked base ch], 4 ch, sk 1 base ch, 1 dc in next ch.

Row 6: * [1 ch, 1 dtr] 4 times in ch closing 4 dtr tog, 1 ch, sk [4 dtr tog, 3 ch], # ss in next dc, * rep from * to * once more, then once again from * to #, 1 dc in next ch. 3 flowers made.

Row 7: Ss in each of next 4 sts, 1 tr in next 1-ch sp, * 3 ch, 4 dtr tog over next four 1-ch sps, 4 ch, 1 dc in next 1-ch sp, * rep from * to * once more, turn.

Row 8: * [1 ch, 1 dtr] 4 times in ch closing 4 dtr tog, 1 ch, sk [4 dtr tog, 3 ch], ss in next dc, * rep from * to * once more. 2 flowers made.

Row 9: Ss in each of next 4 sts, 1 dc in next 1-ch sp, 3 ch, 4 dtr tog over next four 1-ch sps, 4 ch, 1 dc in next 1-ch sp, turn.

Row 10: [1 ch, 1 dtr] 4 times in ch closing 4 dtr tog, sk [4 dtr tog, 3 ch] ss in next dc. 1 flower made. Fasten off A. Join B to centre 1-ch sp at top of last row. Continue in rounds.

Round 1: 3 ch, 1 dc in same 1-ch sp, * 16 dc along side edge, [1 dc, 2 ch, 1 dc] in same place at corner, * rep from * to * twice more, 16 dc along side edge to corner, ss in first of 3 ch. 18 dc on each side.

Round 2: Ss into 2-ch sp, 5 ch, 2 tr in same ch sp, * 1 tr in each of 18 dc, [1 tr, 2 ch, 1 tr] in 2-ch sp, 1 tr in each of 18 dc, * [2 tr, 2 ch, 2 tr] in 2-ch sp at lower corner, rep from * to * once more, 1 tr in first 2-ch sp, ss in 3rd of 5 ch. 21 tr on each side. Fasten off B.

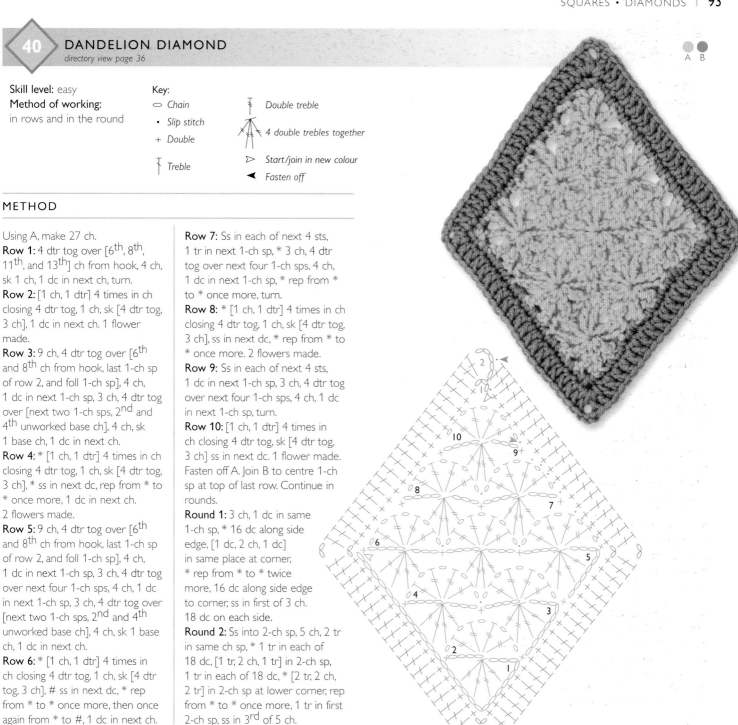

41 KINGCUP DIAMOND
directory view page 34

A B

Skill level: intermediate
Method of working:
in the round

Key:
- ⬭ Chain
- • Slip stitch
- + Double
- ⊤ Treble
- ⊥ Back-raised treble in stitch below
- ⌡ Back-raised double treble in stitch below
- ⊕ Bobble of 3 double trebles together
- ↰ Turn over
- ▷ Start/join in new colour
- ◀ Fasten off

METHOD

Special abbreviation
brdtr (back raised double treble): inserting hook from back, work 1 dtr around post of given stitch.

Using A, make 4 ch, join into a ring with ss in first ch.
Round 1: 5 ch, [1 tr into circle, 2 ch] 7 times, ss in 3rd of 5 ch. 24 sts.
Round 2: 2 ch, 2 dtr tog into same place as base of these 2 ch, [2 dc in 2-ch sp, bobble of 3 dtr tog in next tr] 7 times, 2 dc in last 2-ch sp, ss in top of 2 dtr tog.
Fasten off A. Turn flower over so bobbles are facing. Join B from behind to stem of any tr of round 1. Work round 3 into tr of round 1, leaving round 2 at the front.
Round 3: 7 ch, 1 brdtr in same tr; * 3 ch, 1 brdtr in next tr of round 1, 3 ch, [1 brdtr, 3 ch, 1 brdtr] in next tr; * rep from * to * twice more, 3 ch, 1 brdtr in next tr, 3 ch, ss in 4th of 7 ch. Twelve 3-ch sps.
Round 4: Ss into 3-ch sp, 7 ch, 1 dtr in same ch sp, * 5 ch, 1 dc in next 3-ch sp, 3 ch, 1 dc in next ch sp, 3 ch, [1 tr, 3 ch, 1 tr] in next 3-ch sp, [3 ch, 1 dc in next 3-ch sp] twice, 5 ch, * [1 dtr, 3 ch, 1 dtr] in next 3-ch sp, rep from * to * once more, ss in 4th of 7 ch.

Round 5: Ss into 3-ch sp, 7 ch, 1 dtr in same ch sp, * 5 ch, 1 dc in 5-ch sp, 5 tr in next 3-ch sp, 1 dc in next 3-ch sp, 3 ch, [1 tr, 3 ch, 1 tr] in next 3-ch sp, 3 ch, 1 dc in next 3-ch sp, 5 tr in next 3-ch sp, 1 dc in 5-ch sp, 5 ch, * [1 dtr, 3 ch, 1 dtr] in next 3-ch sp, rep from * to * once more, ss in 4th of 7 ch.
Round 6: Ss into 3-ch sp, 7 ch, 1 dtr in same sp, * 5 ch, 1 dc in next 5-ch sp, 5 ch, 1 dc in 3rd of 5 tr, 5 ch, 1 dc in next 3-ch sp, 3 ch, [1 tr, 3 ch, 1 tr] in next 3-ch sp, 3 ch, 1 dc in next 3-ch sp, 5 ch, 1 dc in 3rd of 5 tr, 5 ch, 1 dc in next 5-ch sp, 5 ch, * [1 dtr, 3 ch, 1 dtr] in next 3-ch sp, rep from * to * once more, ss in 4th of 7 ch.
Round 7: Ss into 3-ch sp, 3 ch, 2 dc in same sp, * [5 dc in 5-ch sp] 3 times, 3 dc in 3-ch sp, [1 dc, 2 ch, 1 dc] in next 3-ch sp, 3 dc in next 3-ch sp, [5 dc in 5-ch sp] 3 times, * [2 dc, 3 ch, 2 dc] in next 3-ch sp, rep from * to * once more, 1 dc in first ch sp of round, ss in first of 3 ch. 21 dc on each side.
Fasten off B.

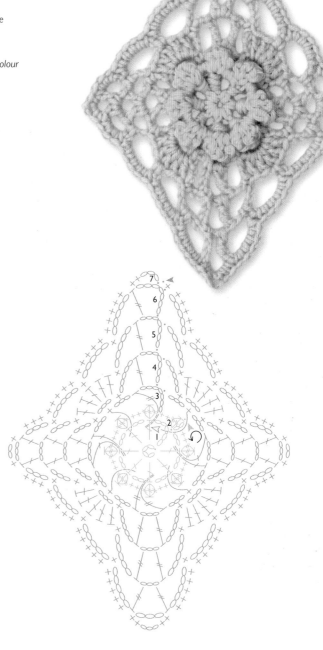

42 IRISH DIAMOND
directory view page 48

Skill level: easy
Method of working: in the round

Key:
○ *Fingerwrap*
⌢ *Chain*
• *Slip stitch*
+ *Double*
◄ *Fasten off*

METHOD

Make a fingerwrap.
Round 1: 1 ch, 15 dc into wrap, ss in first ch. Pull firmly on the yarn tail to make a neat circle.
Round 2: 1 ch, * 8 ch, sk 3 dc, 1 dc in next dc, * rep from * to * twice more, 8 ch, sk 3 dc, ss in first ch of round. 4 petals.
Round 3: 1 ch, * 13 dc in 8-ch loop, 1 dc in same place as next dc, * rep from * to * 3 more times.
Round 4: 1 ch, ss in first of 13 dc, * [1 dc in next dc, 2 ch] 10 times, 1 dc in next dc, 2 dc tog over [next and foll alt dc], * rep from * to * 3 more times, working last 2 dc tog over (next dc and ss at beg of round].
Round 5: 1 ch, * 7 ch, sk 9 sts, 1 dc in next dc, 7 ch, sk 11 sts, 1 dc in next dc, 7 ch, sk 9 sts, 1 dc in 2 dc tog, * rep from * to * 3 more times omitting last dc of final repeat, ss in first ch of round. 12 loops.
Round 6: Ss in each of next 4 ch, * 7 ch, [1 dc, 11 ch, 1 dc] in next loop (at end of petal), [7 ch, 1 dc in next loop] 5 times, * rep from * to * once more, ending in same loop as beg of round. 14 loops.

Round 7: Ss in each of next 4 ch, * 7 ch, [1 dc, 11 ch, 1 dc] in 11-ch loop, [7 ch, 1 dc in next loop] 6 times, * rep from * to * once more, ending in same loop as beg of round. 16 loops.
Round 8: Ss in each of next 4 ch, * 7 ch, 1 dc in 11-ch loop, 7 ch, ss in last dc (a large picot made), [7 ch, 1 dc in next loop] twice, 3 ch, ss in last dc (a small picot made), [7 ch, 1 dc in next loop] twice, 5 ch, ss in last dc (a medium picot made), [7 ch, 1 dc in next loop] twice, 3 ch, ss in last dc, 7 ch, 1 dc in next loop, * rep from * to * once more, ending in same loop as beg of round. Fasten off.

Blocks may be joined using the joining with picots method, page 21.

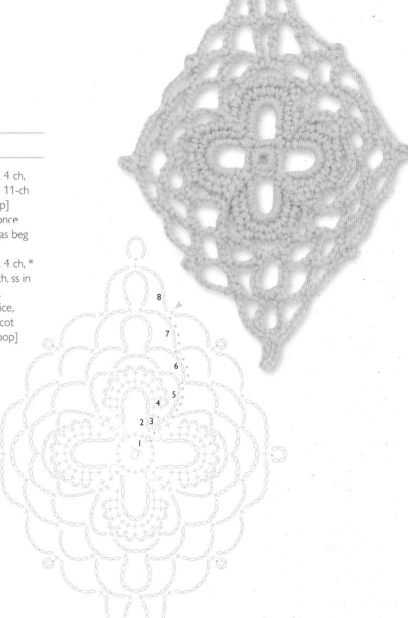

43 CLEMATIS DIAMOND
directory view page 38

A B C

Skill level: easy
Method of working: in the round

Key:
⌒ *Chain*
• *Slip stitch*
+ *Double*
⊼ *Double crochet in back loop*
⊤ *Half treble*

┬ *Treble*
┼ *Double treble*
▷ *Start/join in new colour*
◄ *Fasten off*

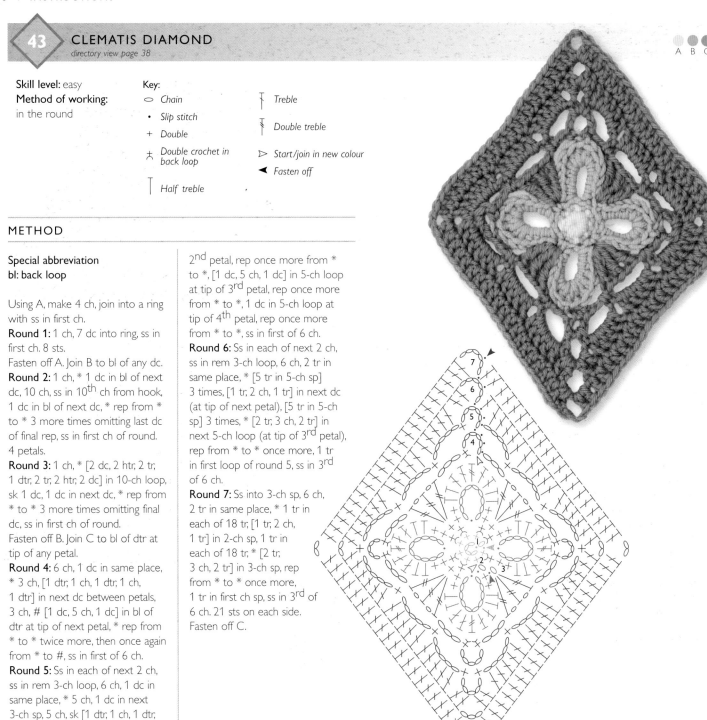

METHOD

Special abbreviation
bl: back loop

Using A, make 4 ch, join into a ring with ss in first ch.
Round 1: 1 ch, 7 dc into ring, ss in first ch. 8 sts.
Fasten off A. Join B to bl of any dc.
Round 2: 1 ch, * 1 dc in bl of next dc, 10 ch, ss in 10th ch from hook, 1 dc in bl of next dc, * rep from * to * 3 more times omitting last dc of final rep, ss in first ch of round. 4 petals.
Round 3: 1 ch, * [2 dc, 2 htr, 2 tr, 1 dtr, 2 tr, 2 htr, 2 dc] in 10-ch loop, sk 1 dc, 1 dc in next dc, * rep from * to * 3 more times omitting final dc, ss in first ch of round.
Fasten off B. Join C to bl of dtr at tip of any petal.
Round 4: 6 ch, 1 dc in same place, * 3 ch, [1 dtr, 1 ch, 1 dtr, 1 ch, 1 dtr] in next dc between petals, 3 ch, # [1 dc, 5 ch, 1 dc] in bl of dtr at tip of next petal, * rep from * to * twice more, then once again from * to #, ss in first of 6 ch.
Round 5: Ss in each of next 2 ch, ss in rem 3-ch loop, 6 ch, 1 dc in same place, * 5 ch, 1 dc in next 3-ch sp, 5 ch, sk [1 dtr, 1 ch, 1 dtr, 1 ch, 1 dtr], 1 dc in next 3-ch sp, 5 ch, * 1 dc in 5-ch loop at tip of

2nd petal, rep once more from * to *, [1 dc, 5 ch, 1 dc] in 5-ch loop at tip of 3rd petal, rep once more from * to *, 1 dc in 5-ch loop at tip of 4th petal, rep once more from * to *, ss in first of 6 ch.
Round 6: Ss in each of next 2 ch, ss in rem 3-ch loop, 6 ch, 2 tr in same place, * [5 tr in 5-ch sp] 3 times, [1 tr, 2 ch, 1 tr] in next dc (at tip of next petal), [5 tr in 5-ch sp] 3 times, * [2 tr, 3 ch, 2 tr] in next 5-ch loop (at tip of 3rd petal), rep from * to * once more, 1 tr in first loop of round 5, ss in 3rd of 6 ch.
Round 7: Ss into 3-ch sp, 6 ch, 2 tr in same place, * 1 tr in each of 18 tr, [1 tr, 2 ch, 1 tr] in 2-ch sp, 1 tr in each of 18 tr, * [2 tr, 3 ch, 2 tr] in 3-ch sp, rep from * to * once more, 1 tr in first ch sp, ss in 3rd of 6 ch. 21 sts on each side.
Fasten off C.

44 FOUR DAISY DIAMOND
directory view page 40

A B C D E

Skill level: easy
Method of working: diamond in rows, daisies in rounds

Key:
⌒ Chain
T Treble
⋊ 2 trebles together
⋎ 2 trebles in same place
▷ Start/join in new colour
◀ Fasten off

METHOD

DIAMOND
Using A, make 23 ch.
Row 1: 2 tr tog over 4th and 5th ch from hook, 1 tr in each of 16 ch, 2 tr in next ch, 1 tr in last ch. 21 sts.
Row 2: 3 ch, sk 1 tr, 2 tr in next tr, 1 tr in each tr to last 3 sts, 2 tr tog over next 2 sts, 1 tr in 3rd of 3 ch.
Row 3: 3 ch, sk 1 tr, 2 tr tog over next 2 sts, 1 tr in each of 2 tr, 2 ch, sk 2 tr, 1 tr in each of 8 tr, 2 ch, sk 2 tr, 1 tr in each of 2 tr, 2 tr in next tr, 1 tr in 3rd of 3 ch.
Row 4: As row 2, working 2 tr in each 2-ch sp.
Row 5: 3 ch, sk 1 tr, 2 tr tog over next 2 sts, 1 tr in each tr to last 2 sts, 2 tr in last tr, 1 tr in 3rd of 3 ch.
Row 6: As row 2.
Row 7: As row 5.
Row 8: 3 ch, sk 1 tr, 2 tr in next tr, 1 tr in each of 2 tr, 2 ch, sk 2 tr, 1 tr in each of 8 tr, 2 ch, sk 2 tr, 1 tr in each of 2 tr, 2 tr tog over next 2 sts, 1 tr in 3rd of 3 ch.

Row 9: As row 5, working 2 tr in each 2-ch sp.
Row 10: As row 2.
Fasten off A.

DAISIES
Using colours B, C, D and E, work 1 daisy around each hole.
Round 1: With RS facing, join yarn to first of 2 skipped tr at lower edge of hole, 1 ch, 1 sc in next tr, 1 sc in corner, 2 sc in tr at left edge of hole, 1 sc in corner, 1 sc in base of each of 2 tr at top of hole, 1 sc in corner, 2 sc in tr at right edge of hole, 1 sc in corner, ss in first ch. 12 sts.
Round 2: 6 ch, [ss in next sc, 6 ch] 11 times, ss in last ss of round 1. Fasten off.

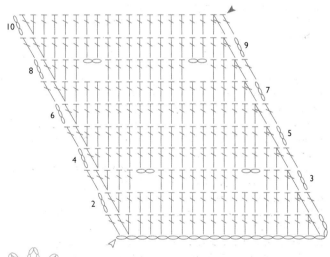

45 ASTER DIAMOND
directory view page 43

● ● ● ● ●
A B C D E

Skill level: easy
Method of working: in the round

Key:
◠ Chain
• Slip stitch
+ Double
T Treble
▷ Start/join in new colour
◀ Fasten off

METHOD

FIRST FLOWER
Using A, 10 ch, 1 dc in first ch, [9 ch, 1 dc in side of last dc] 5 times. Six 9-ch loops.
Fasten off. Sew last dc to first ch.

SECOND FLOWER
Using B, work as first flower to last ch loop, 4 ch, ss in 9-ch loop of first flower, 4 ch, 1 dc in side of last dc.
Fasten off. Sew last dc to first ch.

REMAINING FLOWERS
Make 3rd flower in C, joining to first and 2nd flowers as shown on chart.
Make 4th flower in D, joining to 2nd and 3rd flowers as shown.

OUTER EDGE
With RS facing, join E to 2nd of 3 empty 9-ch loops on any flower.
Round 1: 5 ch, 1 dc in next 9-ch loop, [4 ch, 1 dc in next empty 9-ch loop] 12 times, 4 ch, ss in first of 5 ch. Fourteen 4-ch sps.
Round 2: 5 ch, 1 tr in same place, * [4 tr in 4-ch sp, 1 tr in dc] 3 times, [2 tr, 3 ch, 2 tr] in next 4-ch sp, 1 tr in next dc, [4 tr in 4-ch sp, 1 tr in dc] twice, 4 tr in 4-ch sp, * [1 tr, 2 ch, 1 tr] in next dc, rep from * to * once more, ss in 3rd of 5 ch. 18 tr in each side.
Round 3: Ss into 2-ch sp, 3 ch, 1 dc in same ch sp, * 1 dc in each of 18 tr, [2 dc, 3 ch, 2 dc] in 3-ch sp, 1 dc in each of 18 tr, * [1 dc, 2 ch, 1 dc] in 2-ch sp, rep from * to * once more, ss in first of 3 ch. 21 dc on each side.
Fasten off E.

46 COLOURWORK HEXAGON
directory view page 42

A B

Skill level: intermediate
Method of working: in the round

Key:
◯ *Chain*
• *Slip stitch*
+ *Double*
⋏ *2 doubles together*
▷ *Start/join in new colour*
◀ *Fasten off*

METHOD

Special abbreviation
chg to A (or B): changing to A (or B) for the final 'yrh, pull through' of the last st worked.

Using A, make 4 ch, join into a ring with ss in first ch.
Round 1: 1 ch, 5 dc into ring, ss in first ch. 6 sts.
Round 2: 1 ch, 2 dc in each of 5 dc, 1 dc in same place as first ch, ss in first ch. 12 sts.
Round 3: 1 ch, [1 dc in next dc, 2 dc in foll dc] 5 times, 1 dc in same place as first ch, ss in first ch. 18 sts. Fasten off A. Join B to any dc.
Round 4: 1 ch, 1 dc in each of 2 dc, [2 ch, 1 dc in each of 3 dc] 5 times, 2 ch, ss in first ch. 3 dc on each side.
Round 5: 1 ch, 1 dc in each dc to 2-ch sp, [1 dc in 2-ch sp, 2 ch, 1 dc in each dc to 2-ch sp] 5 times, 1 dc in 2-ch sp, 2 ch, ss in first ch. 4 dc on each side.
Rounds 6–8: As round 5. 7 dc on each side.
Round 9: 1 ch, 1 dc in each of 6 dc, * chg to A, 1 dc in 2-ch sp, 2 ch, chg to B, # 1 dc in each of 7 dc, * rep from * to * 4 more times, then once again from * to #, ss in first ch. 8 dc on each side.
On rounds 9–14, enclose colour not in use by working over it until it is required.
Round 10: 1 ch, 1 dc in each of 5 dc, * chg to A, 1 dc in each of

2 dc, 1 dc in 2-ch sp, 2 ch, chg to B, # 1 dc in each of 6 dc, * rep from * to * 4 more times, then once again from * to #, ss in first ch. 9 dc on each side.
Round 11: 1 ch, 1 dc in each of 4 dc, * chg to A, 1 dc in each of 4 dc, 1 dc in 2-ch sp, 2 ch, chg to B, # 1 dc in each of 5 dc, * rep from * to * 4 more times, then once again from * to #, ss in first ch. 10 dc on each side.
Round 12: 1 ch, 1 dc in each of 3 dc, * chg to A, 1 dc in each of 6 dc, 1 dc in 2-ch sp, 2 ch, chg to B, # 1 dc in each of 4 dc, * rep from * to * 4 more times, then once again from * to #, ss in first ch. 11 dc on each side.
Round 13: 1 ch, 1 dc in each of 2 dc, * chg to A, 1 dc in each of 8 dc, 1 dc in 2-ch sp, 2 ch, chg to B, # 1 dc in each of 3 dc, * rep from * to * 4 more times, then once again from * to #, ss in first ch. 12 dc on each side.
Round 14: 1 ch, 1 dc in next dc, * chg to A, 1 dc in each of 10 dc, 1 dc in 2-ch sp, 2 ch, chg to B, # 1 dc in each of 2 dc, * rep from * to * 4 more times, then once again from * to #, ss in first ch. 13 dc on each side.
Fasten off B. Continue in A.
Rounds 15–16: As round 5. 15 dc on each side.
Fasten off A.

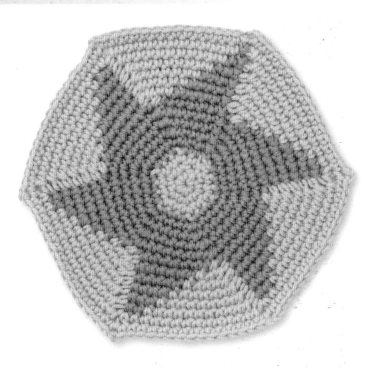

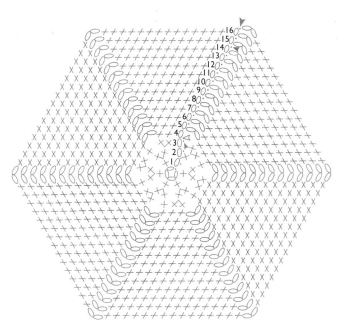

47 LARGE FLOWER HEXAGON
directory view page 39

A B

Skill level: intermediate
Method of working: in the round

Key:
- ⌒ Chain
- • Slip stitch
- + Double
- ⊤ Treble
- ⊤ Double treble
- ⅄ 2 double trebles together
- ▷ Start/join in new colour
- ◀ Fasten off

METHOD

Using A, make 8 ch, join into a ring with ss in first ch.

Round 1: 3 ch, 1 dtr into ring, [2 ch, 2 dtr tog into ring] 11 times, 2 ch, ss in first dtr of round.

Round 2: Ss into 2-ch sp, 1 ch, [5 ch, 1 dc in next 2-ch sp] 11 times, 5 ch, ss in first ch of round.

Round 3: Ss into each of 2 ch, 1 ch, * 10 ch, 1 dc in same 5-ch sp, [5 ch, 1 dc in next 5-ch sp] # twice, * rep from * to * 4 more times, then once again from * to #, 2 ch, 1 tr in first ch of round.

Round 4: * [5 tr, 3 ch, 5 tr] in 10-ch loop, 1 dc in next 5-ch sp, [2 tr, 1 ch, 2 tr] in next dc, 1 dc in next 5-ch sp, * rep from * to *

5 more times omitting last dc of final rep, ss in first tr of round. Fasten off A. Join B to 3-ch sp at tip of any petal.

Round 5: 1 ch, * 5 ch, [1 dtr, 3 ch, 1 dtr] in next 1-ch sp, 5 ch, 1 dc in next 3-ch sp, * rep from * to * 5 more times omitting last dc of final rep, ss in first ch of round.

Round 6: Ss into 5-ch sp, 1 ch, 4 dc in same sp, * 1 dc in dtr, 3 dc in 3-ch sp, 1 dc in dtr, 5 dc in 5-ch sp, 2 ch, sk 1 dc, # 5 dc in 5-ch sp, * rep from * to * 4 more times, then once again from * to #, ss in first ch of round. 15 sts on each side.
Fasten off B.

MIX AND MATCH: 47 + 48

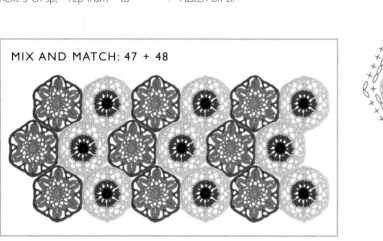

CORNFLOWER HEXAGON
directory view page 39

A B C

Skill level: intermediate
Method of working: in the round

Key:
⌒ *Chain*
• *Slip stitch*
+ *Double*
⊤ *Treble*
⧫ *Double treble*

⋔ *Petal (as special abbreviation)*
▷ *Start/join in new colour*
◀ *Fasten off*

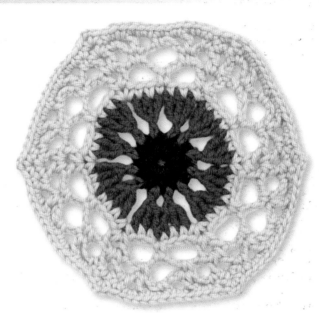

METHOD

Special abbreviation
petal: 1 tr tr in position as given, [1 dtr in side of this tr tr, inserting hook under 2 threads of 2nd node from base] twice.

Using A, make 6 ch, join into a ring with ss in first ch.
Round 1: 3 ch, [1 dc into ring, 2 ch] 11 times, 2 ch, ss in first of 3 ch. Fasten off A. Join B to any 2-ch sp.
Round 2: 5 ch, 2 dtr in 4th ch from hook, [1 ch, 1 petal in next 2-ch sp] 11 times, 1 ch, ss in 5th of 5 ch. Fasten off B. Join C to any 1-ch sp.
Round 3: 3 ch, 1 dc in same ch sp, * [1 dc between next 2 sts] twice, 1 dc in next 1-ch sp, [1 dc between next 2 sts] twice, # [1 dc, 2 ch, 1 dc] in next 1-ch sp, * rep from * to * 4 more times, then once again from * to #, ss in first of 3 ch.
Round 4: Ss into 2-ch sp, 5 ch, 1 tr in same ch sp, * 5 ch, sk 3 dc, 1 dc in next dc, 5 ch, sk 3 dc, # [1 tr, 2 ch, 1 tr] in 2-ch sp, * rep from * to * 4 more times, then once again from * to #, ss in 3rd of 5 ch.

Round 5: Ss into 2-ch sp, 5 ch, 1 tr in same ch sp, * 3 ch, 1 dc in next 5-ch sp, 6 ch, 1 dc in next 5-ch sp, 3 ch, # [1 tr, 2 ch, 1 tr] in 2-ch sp, * rep from * to * 4 more times, then once again from * to #, ss in 3rd of 5 ch.
Round 6: Ss into 2-ch sp, 3 ch, 1 dc in same ch sp, * 1 dc in 3-ch sp, 2 ch, 1 tr in next dc, 2 ch, 1 dc in 6-ch sp, 2 ch, 1 tr in next dc, 2 ch, 1 dc in 3-ch sp, # [1 dc, 2 ch, 1 dc] in 2-ch sp, * rep from * to * 4 more times, then once again from * to #, ss in first of 3 ch.
Round 7: Ss into 2-ch sp, 3 ch, 1 dc in same ch sp, * sk 1 dc, 1 dc in next dc, [2 dc in next 2-ch sp, 1 dc in next st] 4 times, sk 1 dc, # [1 dc, 2 ch, 1 dc] in corner 2-ch sp, rep from * to * 4 more times, then once again from * to #, ss in first of 3 ch. 15 dc on each side. Fasten off C.

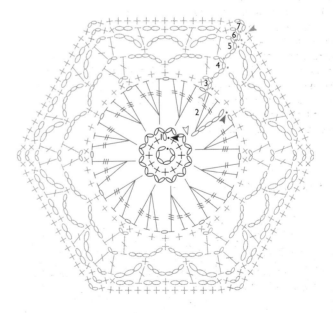

49 FRILLED FLOWER HEXAGON

directory view page 42

Skill level: advanced
Method of working: in the round
Key:

- ⌒ *Chain*
- • *Slip stitch*
- + *Double*
- ⅄ *Double in back loop*
- ⊥↓ *Double in 2-ch space behind petal*
- ⊤ *Treble*
- ↓ *Treble in front loop of round 1*
- ↑ *Front-raised treble*
- *3 front-raised trebles together*
- *5 front-raised double trebles around stem of treble*
- *Triple treble in front loop of round 1*
- ▷ *Start/join in new colour*
- ◀ *Fasten off*

METHOD

Special abbreviation
frtr (front-raised tr): inserting hook from front, work tr around post of st on previous row.

Using A, make 5 ch, join into a ring with ss in first ch.
Round 1: 1 ch, 11 dc into ring, ss into first ch. 12 sts.
Round 2: 1 ch, [1 dc in back loop of next dc, 2 dc in back loop of foll dc] 5 times, 1 dc in back loop of last dc, 1 dc in back loop of ch at base of 1 ch, ss in first ch of round. 18 sts.
Round 3: 3 ch, 1 tr in each of first 2 dc, * 1 dtr in front loop of dc of round 1 below, 1 tr in each of next 3 dc of round 2, * rep from * to * 4 more times, 1 dtr in front loop of dc of round 1 below, ss in 3rd of 3 ch.
Round 4: 3 ch, 1 tr in each of 2 tr, * [1 tr, 2 ch, 1 tr] in dtr, 1 tr in each of 3 tr, * rep from * to * 4 more times, [1 tr, 2 ch, 1 tr] in dtr, ss in 3rd of 3 ch.
Round 5: 1 ch, 1 dc in each of 3 tr, * working in front of 2 ch, 5 dtr around stem of dtr of round 3 below, 1 dc in each of 5 tr, * rep

from * to * 4 more times, 5 dtr around stem of dtr of round 3 below, 1 dc in next tr, ss in first ch. Fasten off A. Join B to first dtr of any group of 5 dtr.
Round 6: * [4 ch, ss in next dtr] 4 times, 1 tr tr in empty front loop of dc of round 1 below, ss in next dtr, * rep from * to * 5 more times working final ss in same place as first ss of round.
Fasten off B. Join C to any tr tr.

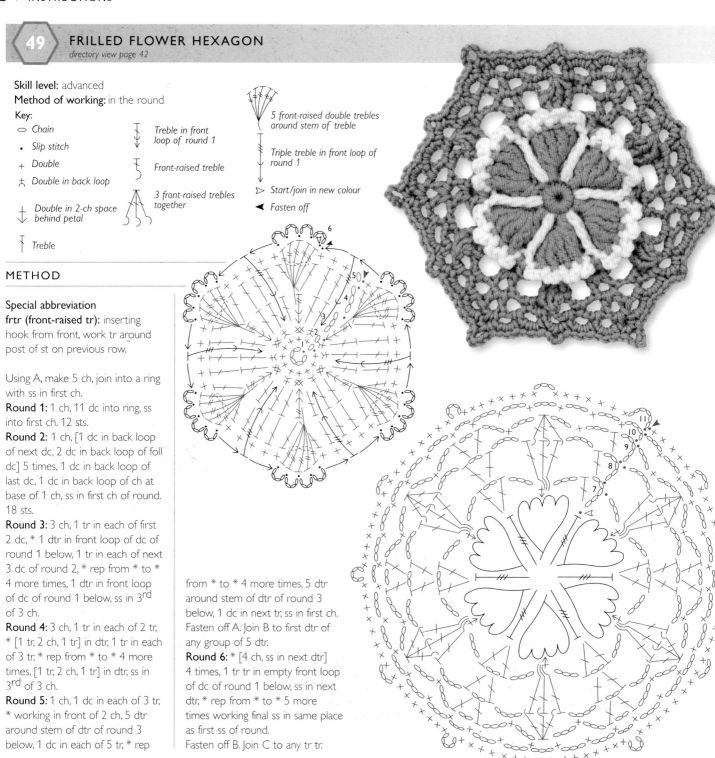

50 SNOWDROP HEXAGON
directory view page 34

Skill level: intermediate
Method of working: in the round

Key:

Ω Fingerwrap ⊥ Treble ▷ Start/join in new colour
◡ Chain ⊥ Double treble ◀ Fasten off
• Slip stitch
+ Double ⋈ 6 double trebles together
▯ 3 half trebles together ∫ Front-raised double treble

METHOD

Special abbreviation

frdtr (front-raised dtr): inserting hook from front, work dtr around post of st on previous row.

Using A, make a fingerwrap.
Round 1: 4 ch, [2 tr into wrap, 1 ch, 1 tr into wrap, 1 ch] 5 times, 2 tr into wrap, 1 ch, ss in 3rd of 4 ch. 24 sts.

Round 2: 6 ch, [1 dtr in each of 2 tr, 2 ch, 1 dtr in next tr; 2 ch] 5 times, 1 dtr in each of 2 tr; 2 ch, ss in 4th of 6 ch. 42 sts.

Round 3: 7 ch, [1 frdtr in each of 2 dtr, 4 ch, 1 tr in next dtr; 4 ch] 5 times, 1 frdtr in each of 2 dtr, 4 ch, ss in 3rd of 7 ch. 66 sts. Fasten off A. Join B to 2nd of 4 ch following any 2 frdtr.

Round 4: 3 ch, 5 dtr tog inserting hook [once in same place as base of 3 ch, twice in next tr; twice in foll 3rd ch], * 13 ch, sk 2 frdtr, 6 dtr tog inserting hook [twice in 2nd of 4 ch, twice in next tr; twice in foll 3rd ch]. * rep from * to * 4 more times, 13 ch, ss in ch closing first 5 dtr tog. Fasten off B. Join A to ch closing any 6 dtr tog.

Round 5: 1 ch, 3 htr tog in same ch, * 1 ch, 7 dc in 13-ch sp, 2 frdtr tog over 2 frdtr of round 3 below, 7 dc in same ch sp, 1 ch, # 3 htr tog in ch closing next group, * rep from * to * 4 more times, then once again from * to #, ss in first 3 htr tog. 15 sts on each side, 3 sts at each corner. Fasten off A.

Round 7: 5 ch, 1 tr in same tr tr, * 3 ch, 1 dc in 2-ch sp behind petal, 3 ch, [1 tr; 2 ch, 1 tr] in next tr tr, * rep from * to * 4 more times, 3 ch, 1 dc in 2-ch sp behind petal, 3 ch, ss in 3rd of 5 ch.

Round 8: Ss into 2-ch sp, 5 ch, 1 tr in same ch sp, * 4 ch, 3 frtr in next dc, 4 ch, [1 tr; 2 ch, 1 tr] in next 2-ch sp, * rep from * to * 4 more times, 4 ch, 3 frtr in next dc, 4 ch, ss in 3rd of 5 ch.

Round 9: Ss into 2-ch sp, 5 ch, 1 tr in same ch sp, * 3 ch, 1 dc in 4-ch sp, 3 ch, 3 frtr tog over next 3 frtr, 3 ch, 1 dc in 4-ch sp, 3 ch, [1 tr; 2 ch, 1 tr] in 2-ch sp, * rep from * to * 4 more times, 3 ch, 1 dc in 4-ch sp, 3 ch, 3 frtr tog over next 3 frtr, 3 ch, 1 dc in 4-ch sp, 3 ch, ss in 3rd of 5 ch.

Round 10: Ss into 2-ch sp, 4 ch, 1 dc in same ch sp, * [3 ch, 1 dc in next 3-ch sp] 4 times, 3 ch, [1 dc, 3 ch, 1 dc] in 2-ch sp, * rep from * to * 4 more times, [3 ch, 1 dc in next 3-ch sp] 4 times, 3 ch, ss in first ch.

Round 11: Ss into 3-ch sp, 6 ch, * [3 dc in next 3-ch sp] twice, [1 dc, 3 ch, 1 dc] in next 3-ch sp, [3 dc in next 3-ch sp] twice, [1 dc, 5 ch, 1 dc] in 3-ch sp at corner; * rep from * to * 4 more times, [3 dc in next 3-ch sp] twice, [1 dc, 3 ch, 1 dc] in next 3-ch sp, [3 dc in next 3-ch sp] twice, ss in first of 6 ch. Fasten off C.

Blocks may be joined using the joining with picots method, page 21.

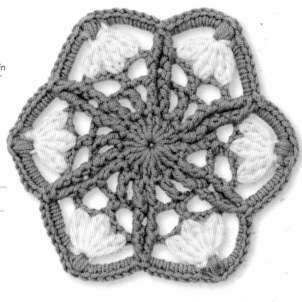

51 OLD FRENCH ROSE HEXAGON
directory view page 43

Skill level: intermediate
Method of working: in the round

Key:
⌒ *Chain*
• *Slip stitch*
+ *Double*
╁ *Treble*

▷ *Start/join in new colour*
◀ *Fasten off*

A B

METHOD

Using A, make 9 ch, join into a ring with 1 ss in first ch.

Round 1: 1 ch, 17 dc into ring, ss into first ch. 18 sts.

Round 2: 4 ch, [sk 2 dc, 1 dc in next dc, 3 ch,] 5 times, sk 2 dc, ss in first of 4 ch. 6 ch sps.

Round 3: [1 dc, 3 ch, 5 tr, 3 ch, 1 dc] in each of 6 ch sps, ss in first dc.

Round 4: Work behind round 3: 1 ch, [5 ch, 1 dc between next 2 dc where petals adjoin] 5 times, 5 ch, ss in first ch of round.

Round 5: [1 dc, 3 ch, 7 tr, 3 ch, 1 dc] in each of 6 ch sps, ss in first dc. Fasten off A. Join B between any 2 petals, between 2 dc.

Round 6: Work behind round 5: 1 ch, [6 ch, 1 dc between next 2 dc where petals adjoin] 5 times, 6 ch, ss in first ch of round.

Round 7: 5 ch, 1 tr in same place as base of these 5 ch, * 7 tr in 7-ch sp, [1 tr, 2 ch, 1 tr] in next dc, * rep from * to * 4 more times, 7 tr in 7-ch sp, ss in 3rd of 5 ch.

Round 8: Ss into 2-ch sp, 5 ch, 1 tr in same ch sp, * sk 1 tr, 3 tr in next tr, [sk 2 tr, 3 tr in next tr] twice, sk 1 tr, # [1 tr, 2 ch, 1 tr] in 2-ch sp, * rep from * to * 4 more times, then once again from * to #, ss in 3rd of 5 ch.

Round 9: Ss back between previous tr and 3 ch, 5 ch, * sk 1 tr, 3 tr in sp between 2 groups, [sk 3 tr, 3 tr in space between 2 groups] 3 times, # 2 ch, sk [1 tr, 2 ch, 1 tr], * rep from * to * 4 more times, then once again from * to # omitting final tr of last repeat, ss in 3rd of 5 ch.

Round 10: Ss into 3-ch sp, 5 ch, 3 tr in same ch sp, * [sk 3 tr, 3 tr in space between 2 groups] 3 times, # sk 3 tr, [3 tr, 2 ch, 3 tr] in 2-ch sp, * rep from * to * 4 more times, then once again from * to #, sk last group, 2 tr in first ch sp, ss in 3rd of 5 ch. Fasten off B.

52 DIANTHUS HEXAGON
directory view page 47

A B C

Skill level: intermediate
Method of working: in the round

Key:
Ω *Fingerwrap*
◠ *Chain*
• *Slip stitch*
+ *Double*
⊺ *Half double*
⊤ *Treble*
⊤ *Double treble*
▷ *Start/join in new colour*
◄ *Fasten off*

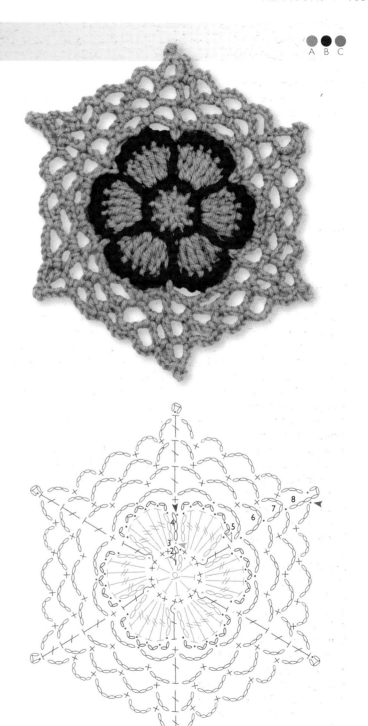

METHOD

Using A, make a fingerwrap.
Round 1: 2 ch, 8 htr into wrap, ss in 2nd of 2 ch. 9 sts.
Join in B, leaving A at back of work.
Round 2: Using B, 1 ch, 2 dc in each htr, 1 dc in same place as first ch of round, ss in first ch. 18 sts. Change to A, leaving B at back of work.
Round 3: Using A, * 3 ch, [2 dtr in next dc] twice, 3 ch, ss in next dc, * rep from * to * 5 more times, ending in same dc as beg of round. Fasten off A.
Round 4: Using B, 3 ch, * ss in 3rd of 3 ch of round 3, [2 ch, ss in next dtr] 4 times, 2 ch, ss in next ch, 1 tr in same place as ss of round 3 below, * rep from * to * omitting last tr of final repeat, ss in 3rd of 3 ch at beg of round.
Fasten off B. Join C to any tr.
Round 5: 1 ch, * 5 ch, sk [ss, 2 ch, ss, 2 ch, ss], ss in back loop of next ch, 5 ch, sk [1 ch, ss, 2 ch, ss, 2 ch, ss], 1 dc in next tr, * rep from * to * 5 more times omitting last dc of final repeat, ss in first ch of round.

Round 6: 6 ch, 1 dc in next 5-ch loop, * 5 ch, 1 dc in next 5-ch loop, 3 ch, 1 tr in next dc, 3 ch, 1 dc in next 5-ch loop, * rep from * to * 4 more times, 5 ch, 1 dc in next 5-ch loop, 3 ch, ss in 3rd of 6 ch.
Round 7: 6 ch, 1 dc in next loop, * [5 ch, 1 dc in next loop] twice, 3 ch, 1 tr in next tr, 3 ch, 1 dc in next loop, * rep from * to * 4 more times, [5 ch, 1 dc in next loop] twice, 3 ch, ss in 3rd of 6 ch.
Round 8: 6 ch, ss in 4th ch from hook (a 3-ch picot made), * 3 ch, 1 dc in next loop, [5 ch, 1 dc in next loop] 3 times, 3 ch, 1 tr in next tr, 3 ch, ss in top of tr just made, * rep from * to * omitting last tr and picot of final repeat, ss in same ch as base of first picot.
Fasten off C.

Blocks can be joined using the joining with picots method (see page 21).

53 SPIRAL WINDFLOWER HEXAGON
directory view page 41

A B C

Skill level: easy
Method of working: in the round

Key:
- ◯ Chain
- • Slip stitch
- + Double
- ⊤ Double treble
- ▷ Start/join in new colour
- ◀ Fasten off

METHOD

Using A, make 6 ch, join into a ring with ss in first ch.

Round 1: 1 ch, 11 dc into ring, ss in first ch. 12 sts.

Fasten off A. Join B to any dc.

Round 2: 1 ch, * 3 ch, [1 dtr, 1 ch, 1 dtr] in next dc, 3 ch, 1 dc in next dc, * rep from * to * 5 more times omitting last dc of final repeat, ss in first ch of round. 6 petals made.

Fasten off B. Join C to 1-ch sp at top of any petal.

Round 3: 1 ch, * 6 ch, 1 dc in 1-ch sp at top of next petal, * rep from * to * 4 more times, 6 ch, ss in first ch of round.

Round 4: * 4 ch, 3 dc in 6-ch sp, 1 dc in dc, * rep from * to * 5 more times working last dc in first ch.

Round 5: * 4 ch, 2 dc in 4-ch sp, 1 dc in each of 3 dc, sk 1 dc, * rep from * to * 5 more times.

Round 6: * 4 ch, 2 dc in 4-ch sp, 1 dc in each dc to last dc of group, sk 1 dc, * rep from * to * 5 more times.

Rep round 6 six more times, until there are 4 ch and 12 dc on each side of hexagon, ss into next dc. Fasten off C.

It is easy to adjust the size of this hexagon by repeating round 6 to any size required.

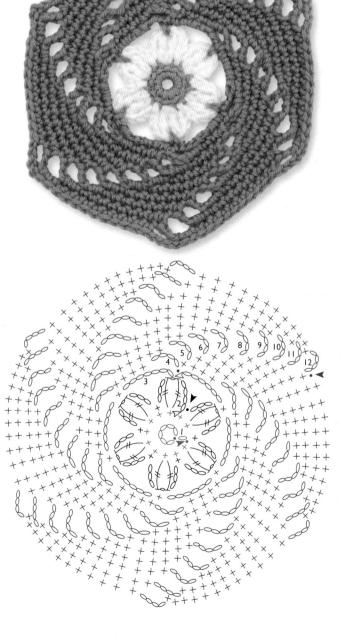

54 DAFFODIL HEXAGON
directory view page 32

A B C

Skill level: easy
Method of working:
in the round

Key:
◠ Chain
• Slip stitch
+ Double
⊥ Double in front loop
⋎ 2 doubles in same front loop
† Treble

⑂ 3 triple trebles together in back loops of round 1
▷ Start/join in new colour
◀ Fasten off

METHOD

Special abbreviation
3-ch P (3-ch picot): 3 ch, ss in top of previous st.

Using A, make 5 ch, join into a ring with ss in first ch.
Round 1: 1 ch, 11 dc into ring, ss in first ch. 12 sts.
Round 2: 1 ch, [2 dc in front loop of next dc, 1 dc in front loop of next dc] 5 times, 2 dc in front loop of last dc, ss in first ch. 18 sts. Fasten off A. Join B to back loop of any dc of round 1 that contains 2 dc.
Round 3: Work in back loops of round 1: * 3 ch, 3 tr tr tog over [same loop and next 2 back loops], 3-ch P, 4 ch, ss in same back loop, * rep from * to * 5 more times ending in same loop as beg of round. 6 petals.
Fasten off B. Join C to any 3-ch P.
Round 4: 1 ch, * 4 ch, 1 tr tr in ss between two petals, 4 ch, 1 dc in next 3-ch P, * rep from * to * 5 more times omitting final dc, ss in first ch. 12 ch sps.

Round 5: 5 ch, 1 tr in same place, * 4 tr in 4-ch sp, 1 tr in dc, 4 tr in 4-ch sp, [1 tr, 2 ch, 1 tr] in 2-ch sp, * rep from * to * 4 more times, 1 tr in 4-ch sp, 1 tr in dc, 4 tr in 4-ch sp, ss in 3rd of 5 ch. 11 tr on each side.
Round 6: Ss into 2-ch sp, 5 ch, 1 tr in same ch sp, * [1 ch, sk 1 tr, 1 tr in next tr] 5 times, 1 ch, sk 1 tr, # [1 tr, 2 ch, 1 tr] in 2-ch sp, * rep from * to * 4 more times, then once again from * to #, ss in 3rd of 5 ch.
Round 7: Ss into 2-ch sp, 5 ch, 1 tr in same ch sp, * 1 tr in each tr and ch sp to next corner, [1 tr, 2 ch, 1 tr] in 2-ch sp, * rep from * to * 4 more times, 1 tr in each tr and ch sp, ss in 3rd of 5 ch. 15 tr on each side.
Fasten off C.

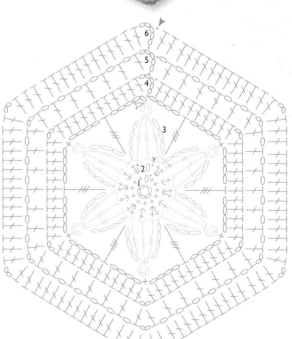

55 BUSY LIZZIE HEXAGON
directory view page 44

A B C

Skill level: intermediate
Method of working:
in the round

Key:
Ω *Fingerwrap*
◠ *Chain*
• *Slip stitch*
+ *Double*
⋏ *2 doubles together*

⬮ *3 double trebles together*
▷ *Start/join in new colour*
◀ *Fasten off*

METHOD

Using A, make a fingerwrap.
Round 1: 3 ch, 2 dtr tog into wrap, [5 ch, 3 dtr tog into wrap] 5 times, 5 ch, ss in top of 2 dtr tog. 6 petals. Fasten off A. Join B to any 3 dtr tog.
Round 2: 3 ch, [2 dtr tog, 7 ch, 3 dtr tog] in same place as base of first 3 ch, * [3 dtr tog, 7 ch, 3 dtr tog] in top of next 3 dtr tog, * rep from * to * 4 more times, ss in top of first 2 dtr tog. 6 pairs of petals.
Round 3: 3 ch, [2 dtr tog, 5 ch, 2 dtr tog] in same place as base of first 3 ch, * ss in 7-ch sp, sk 3 dtr tog, [2 dtr tog, 5 ch, 3 dtr tog, 5 ch, 2 dtr tog] in top of next 3 dtr tog, * rep from * to * 4 more times, ss in 7-ch sp, 2 dtr tog in same place as base of first 3 ch of round, 5 ch, ss in first 2 dtr tog. 6 flowers completed.

Fasten off B. Join C to ch closing 3 dtr tog at top of any flower.
Round 4: 3 ch, 1 dc in same place, * 5 dc in 5-ch sp, 2 dc tog over next two 2 dtr tog (omitting ss between petals), 5 dc in 5-ch sp, # [1 dc, 2 ch, 1 dc] in ch closing next 3 dtr tog, rep from * to * 4 more times, then once again from * to #, ss in first of 3 ch. 13 dc on each side.
Round 5: Ss into 2-ch sp, 3 ch, 1 dc in same ch sp, * 1 dc in each of 13 sts, [1 dc, 2 ch, 1 dc] in 2-ch sp, * rep from * to * 4 more times, 1 dc in each of 13 sts, ss in first of 3 ch. 15 dc on each side.
Fasten off C.

56 WILD ROSE HEXAGON
directory view page 46

A B C D

Skill level: intermediate
Method of working: in the round

Key:

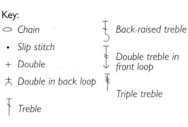

⌒ Chain
• Slip stitch
+ Double
⊼ Double in back loop
† Treble

Ʒ Back-raised treble
Double treble in front loop
Triple treble

Triple treble in front loop
Popcorn of 4 half trebles in treble below
▷ Start/join in new colour
◄ Fasten off

METHOD

Special abbreviations
PC (4-htr popcorn): work as for 4-tr popcorn (page 127) but using 4 htr.
brtr (back raised tr): inserting hook from back, work tr around post of st on previous row.

Using A, make 5 ch, join into a ring with ss in first ch.
Round 1: 3 ch, 9 tr into ring, ss in 3rd of 3 ch. 10 tr.
Fasten off A. Join B to space between any 2 tr.
Round 2: 3 ch, [1 brtr in next tr, 1 tr in sp before next tr] 9 times, 1 brtr in last tr, ss in 3rd of 3 ch. 20 sts.
Round 3: Work throughout in front loops of round 2: ss in next st, * 3 ch, 1 dtr in st at base of these 3 ch, [1 dtr, 1 tr tr] in next st, [1 tr tr, 1 dtr] in next st, [1 dtr; 3 ch, ss] in next st, ss in next st, * rep from * to * 4 more times working final ss in same place as first ss of round.5 petals made.
Fasten off B. Join C to any back loop of round 2.
Round 4: Work in back loops of round 2: 1 ch, [2 dc in next st, 1 dc in next st] 9 times, 2 dc in last st, ss in first ch. 30 sts.
Round 5: 5 ch, [2 tr in next dc, 1 tr in each of 3 dc, 2 tr in next dc, 2 ch] 5 times, 2 tr in next dc, 1 tr in each of 3 dc, 1 tr in same place as base of

5 ch, ss in 3rd of 5 ch. 7 sts on each side.
Round 6: Ss into 2-ch sp, 5 ch, 1 tr in same 2-ch sp, * 1 tr in each of 7 tr to 2-ch sp, [1 tr; 2 ch, 1 tr] in 2-ch sp, * rep from to * 4 more times, 1 tr in each of 7 tr, ss in 3rd of 5 ch. 9 sts on each side.
Fasten off C. Join D to any 2-ch sp.
Round 7: 5 ch, 1 tr in same 2-ch sp, * sk 4 tr, [1 tr tr, 4 ch, ss, 4 ch, 1 tr tr] in next tr, sk 4 tr, [1 tr, 2 ch, 1 tr] in 2-ch sp, * rep * to * 4 more times, sk 4 tr, [1 tr tr, 4 ch, ss, 4 ch, 1 tr tr] in next tr, sk 4 tr, ss in 3rd of 5 ch.
Fasten off D. Join B to any 2-ch sp.
Round 8: 3 ch, 1 dc in same 2-ch sp, * 5 ch, sk [1 tr, 4 ch], PC in tr of round 6 below next ss, 5 ch, sk [4 ch, 1 tr], [1 dc, 2 ch, 1 dc] in 2-ch sp, * rep from * to * 4 more times, 5 ch, sk [1 tr, 4 ch], PC in tr of round 6 below next ss, 5 ch, sk [4 ch, 1 tr], ss in first of 3 ch.
Fasten off B. Join C to any 2-ch sp.
Round 9: 3 ch, 1 dc in same 2-ch sp, * sk 1 dc, 6 dc in 5-ch sp, 1 dc in top of PC, 6 dc in 5-ch sp, sk 1 dc, [1 dc, 2 ch, 1 dc] in 2-ch sp, * rep from * to * 4 more times, sk 1 dc, 6 dc in 5-ch sp, 1 dc in top of PC, 6 dc in 5-ch sp, sk 1 dc, ss in first of 3 ch. 15 dc on each side.
Fasten off C.

57 GARLAND HEXAGON
directory view page 45

A B C

Skill level: intermediate
Method of working: in the round

Key:
Ω Fingerwrap
◠ Chain
• Slip stitch
+ Double
┬ Treble
┬ Double treble
✳ 5 triple trebles together
▷ Start/join in new colour
◄ Fasten off

METHOD

FIRST FLOWER
Using A, make a fingerwrap.
Round 1: 4 ch, [1 tr into wrap, 1 ch] 9 times, ss in 3rd of 4 ch. 20 sts.
Round 2: 4 ch, [1 dc in next tr; 3 ch, sk 1 ch] 9 times, ss in first of 4 ch. Ten 3-ch loops.
Fasten off.

SECOND FLOWER
Using B, work as first flower to end of round 1.
Round 2: 4 ch, [1 dc in next tr; 3 ch, sk 1 ch] 7 times, [1 dc in next tr; 1 ch, ss in 3-ch loop of first flower; 1 ch, sk 1 ch] twice, ss in first of 4 ch.
Fasten off.

REMAINING FLOWERS
Make 3rd flower in A, 4th flower in B, and 5th flower in A, joining each to previous flower at two loops as shown on chart.
Make 6th flower in B, joining to 5th and first flowers as shown, to form a circle.

CENTRE
With RS facing, join C to any empty 3-ch loop inside circle, 5 ch, 5 tr tr tog over next 5 empty 3-ch loops. Fasten off.

OUTER EDGE
With RS facing, join C to 3rd of 5 empty 3-ch loops on any flower.
Round 1: 5 ch, 1 tr in same 3-ch loop, * 1 ch, 1 dc in next 3-ch loop, 3 ch, 2 dtr tog over [next 3-ch loop and first empty 3-ch loop of next flower], 3 ch, 1 dc in next 3-ch loop, 1 ch, # [1 tr; 3 ch, 1 tr] in next 3-ch loop *, rep from * to * 4 more times, then once again from * to #, ss in 3rd of 5 ch.
Round 2: Ss into 2-ch sp, 3 ch, 1 dc in same ch sp, * 1 dc in next tr; 1 dc in 1-ch sp, 1 dc in dc, 3 dc in 3-ch sp, 1 dc in 2 dtr tog, 3 dc in 3-ch sp, 1 dc in dc, 1 dc in 1-ch sp, 1 dc in tr; # [1 dc, 2 ch, 1 dc] in 3-ch sp at corner *, rep from * to * 4 more times, then once again from * to #, ss in first of 3 ch. 15 dc on each side.
Fasten off C.

58 LOOPY FLOWER HEXAGON
directory view page 46

A   B

Skill level: advanced
Method of working:
in the round

Key:

◯ *Fingerwrap*
◠ *Chain*
• *Slip stitch*
+ *Double*
⌐ *Double in stitch below*

ᵀ *Treble*
ᖶ *Front-raised treble*
▷ *Start/join in new colour*
◀ *Fasten off*

METHOD

Special abbreviations
frtr (front-raised tr): inserting hook from front, work tr around post of given st.

Using A, make a fingerwrap.
Round 1: 1 ch, 5 dc into wrap, ss in first ch. 6 sts.
Round 2: 5 ch, [1 tr in next dc, 2 ch] 5 times, ss in 3rd of 5 ch. Six 2-ch sps.
Round 3: Ss into 2-ch sp, * 2 ch, 1 frtr around these 2 ch, [1 frtr in previous frtr] 10 times, ss in same place as base of 2 ch, 1 dc in 2-ch sp, ss in next tr, * rep from * to * 5 more times working final ss in same place as base of first 2 ch. 6 petal loops.
Fasten off A.
Round 4: Using B, make 60 ch. Thread beginning of ch from front to back through 6 petal loops, working counterclockwise; without twisting, ss in first ch to make a large circle.

Round 5: 6 ch, [sk 1 petal loop, 9 dc into circle, 5 ch] 5 times, sk last petal loop, 8 dc into circle, ss into first of 6 ch. 9 dc on each side.
Round 6: Ss into 5-ch sp, 3 ch, 2 dc in same ch sp, * 9 ch, sk 9 dc, [2 dc, 2 ch, 2 dc] in 5-ch sp, * rep from * to * 4 more times, 9 ch, sk 9 dc, 1 dc in first ch sp, ss in first of 3 ch.
Round 7: Ss into 2-ch sp, 3 ch, 1 dc in same ch sp, * 1 dc in each of 2 dc, 3 dc in 9-ch sp, 1 dc into each of 3 centre dc of round 5 below (enclosing centre of 9 ch), 3 dc in same 9-ch sp, 1 dc in each of 2 dc, # [1 dc, 2 ch, 1 dc] in 2-ch sp, * rep from * to * 4 more times, then once again from * to #, ss in first of 3 ch. 15 dc on each side.
Fasten off B.

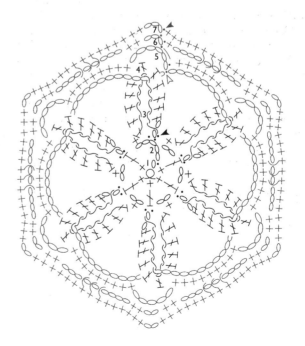

59 STAR FLOWER HEXAGON
directory view page 50

Skill level: easy
Method of working: in the round

Key:
⌒ *Chain*
• *Slip stitch*
+ *Double*
⊤ *Treble*
⋏ *2 trebles together*
⋏⋏ *3 trebles together*
◄ *Fasten off*

METHOD

Make 8 ch, join into a ring with ss in first ch.

Round 1: 4 ch, [3 tr into ring, 1 ch] 5 times, 2 tr into ring, ss in 3rd of 4 ch.

Round 2: Ss into 1-ch sp, 6 ch, 1 dc in same ch sp, * 5 ch, [1 dc, 5 ch, 1 dc] in next 1-ch sp, * rep from * to * 4 more times, 5 ch, ss in first of 6 ch.

Round 3: Ss into next ch, ss into rem 4-ch sp, 5 ch, 1 tr in same ch sp, * 1 ch, 3 tr in next 5-ch sp, 1 ch, [1 tr, 2 ch, 1 tr] in next 5-ch sp, * rep from * to * 4 more times, 1 ch, 3 tr in next 5-ch sp, 1 ch, ss in 3rd of 5 ch.

Round 4: Ss into 2-ch sp, 5 ch, 1 tr in same ch sp, * 1 ch, 1 tr in next tr, 3 tr in next tr, 1 tr in next tr, 1 ch, # [1 tr, 2 ch, 1 tr] in next 2-ch sp, * rep from * to * 4 more times, then once again from * to #, ss in 3rd of 5 ch.

Round 5: Ss into 2-ch sp, 5 ch, 1 tr in same ch sp, * 1 ch, 1 tr in each of 2 tr, 3 tr in next tr, 1 tr in each of 2 tr, 1 ch, # [1 tr, 2 ch, 1 tr] in next 2-ch sp, * rep from * to * 4 more times, then once again from * to #, ss in 3rd of 5 ch.

Round 6: Ss into 2-ch sp, 5 ch, 1 tr in same ch sp, * 3 ch, 1 tr in each of 2 tr, 2 tr tog over [next and alt tr], 1 tr in each of 2 tr, 3 ch, # [1 tr, 2 ch, 1 tr] in next 2-ch sp, * rep from * to * 4 more times, then once again from * to #, ss in 3rd of 5 ch.

Round 7: Ss into 2-ch sp, 4 ch, 1 dc in same ch sp, * 4 ch, 1 dc in 3-ch sp, 4 ch, 3 tr tog over [first, 3rd, and 5th] of next 5 sts, 5 ch, ss in top of 3 tr tog, 4 ch, 1 dc in 3-ch sp, 4 ch, # [1 dc, 3 ch, 1 dc] in 2-ch sp, * rep from * to * 4 more times, then once again from * to #, ss in first of 4 ch.
Fasten off.

Blocks can be joined using the joining with picots method (see page 21).

60 BOBBLE FLOWER HEXAGON
directory view page 37

A B C

Skill level: intermediate
Method of working:
in the round

Key:
Ω Fingerwrap
⌒ Chain
• Slip stitch
+ Double
┬ Treble

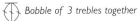 Bobble of 3 trebles together
↰ Turn over
▷ Start/join in new colour
◀ Fasten off

METHOD

Special abbreviation
B (bobble): 3 tr tog in same place.

Using A, make a fingerwrap.
Round 1: 4 ch, [1 tr into wrap, 1 ch] 11 times, ss in 3rd of 4 ch. 24 sts. Fasten off A. Join yarn B to any tr.
Round 2: 3 ch, * [1 dc in next 1-ch sp, 1 dc in next tr] twice, 2 ch, * rep from * to * 4 more times, 1 dc in next 1-ch sp, 1 dc in next tr, 1 dc in next 1-ch sp, ss in first of 3 ch. 36 sts.
Round 3: 3 ch, * 1 dc in 2-ch sp, [B in next dc, 1 dc in next dc] twice, 2 ch, * rep from * to * 4 more times, 1 dc in 2-ch sp, B in next dc, 1 dc in next dc, B in next dc, ss in first of 3 ch. 42 sts.
Round 4: 3 ch, * 1 dc in 2-ch sp, [1 dc in next dc, 1 dc in B] twice, # 1 dc in next dc, 2 ch, * rep from * to * 4 more times, then once again from * to #, ss in first of 3 ch. 48 sts.
Round 5: 3 ch, * 1 dc in 2-ch sp, [B in next dc, 1 dc in next dc] 3 times, 2 ch, * rep from * to * 4 more times, 1 dc in 2-ch sp, [B in next dc, 1 dc in next dc] twice, B in next dc, ss in first of 3 ch. 54 sts.
Fasten off yarn B.

Turn flower over and join C to any 2-ch sp. Right side is now facing.
Round 6: 3 ch, * [1 dc in next dc, 1 dc in B] 3 times, 1 dc in next dc, # 1 dc in 2-ch sp, 2 ch, * rep from * to * 4 more times, then once again from * to #, ss in first of 3 ch. 60 sts.
Round 7: Ss into 2-ch sp, 5 ch, * [1 tr in next dc, 1 ch, sk 1 dc] 4 times, 1 tr in 2-ch sp, 2 ch, * rep from * to * 4 more times, [1 tr in next dc, 1 ch, sk 1 dc] 4 times, ss in 3rd of 5 ch. 66 sts.
Round 8: Ss into 2-ch sp, 5 ch, * [1 tr in next tr, 1 ch, sk 1 ch] 5 times, 1 tr in 2-ch sp, 2 ch, * rep from * to * 4 more times, [1 tr in next tr, 1 ch, sk 1 ch] 5 times, ss in 3rd of 5 ch. 78 sts.
Round 9: Ss into 2-ch sp, 5 ch, * [1 tr in next tr, 1 ch, sk 1 ch] 6 times, 1 tr in 2-ch sp, 2 ch, * rep from * to * 4 more times, [1 tr in next tr, 1 ch, sk 1 ch] 6 times, ss in 3rd of 5 ch. 90 sts.
Fasten off C.

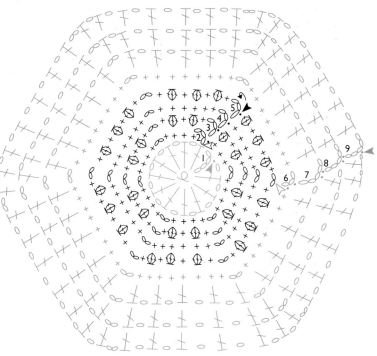

61 **OPEN FLOWER HEXAGON**
directory view page 48

Skill level: easy
Method of working:
in the round

Key:
- ⌒ *Chain*
- • *Slip stitch*
- + *Double*
- ⊤ *Treble*
- ⊤ *Triple treble*
- ◄ *Fasten off*

METHOD

Make 6 ch, join into a ring with ss in first ch.

Round 1: 1 ch, 11 dc into ring. 12 sts.

Round 2: 1 ch, [7 ch, sk 1 dc, 1 dc in next dc] 5 times, 2 ch, 1 tr tr in first ch of round. 6 petals.

Round 3: 3 ch, 4 tr under tr tr, [3 ch, 5 tr in 7-ch sp] 5 times, 3 ch, ss in 3rd of 3 ch.

Round 4: 3 ch, 1 tr in each of 4 tr, [3 ch, 1 dc in 3-ch sp, 3 ch, 1 tr in each of 5 tr] 5 times, 3 ch, 1 dc in 3-ch sp, 3 ch, ss in 3rd of 3 ch.

Round 5: 2 ch, 4 tr tog over next 4 tr, * [5 ch, 1 dc in next 3-ch sp] twice, # 5 ch, 5 tr tog over next 5 tr, * rep from * to * 4 more times, then once again from * to #, 2 ch, 1 tr in 4 tr tog.

Round 6: 1 ch, [5 ch, 1 dc in next ch sp] 17 times, 2 ch, 1 tr in first ch. 18 ch sps.

Round 7: 1 ch, * 1 ch, [4 dc, 3 ch, 4 dc] in next 5-ch sp, 1 ch, 1 dc in next 5-ch sp, 5 ch, # 1 dc in next 5-ch sp, * rep from * to * 4 more times, then once again from * to #, ss in first ch.
Fasten off.

MIX AND MATCH: 61 + 54

62 SPINNING DAHLIA HEXAGON
directory view page 49

A B

Skill level: intermediate
Method of working:
in rows and in the round

Key:

⌒ Chain
• Slip stitch
+ Double
⊼ Double in back loop
T Half treble
⊥ Half treble in back loop
T Treble
Ŧ Treble in back loop

Ŧ Double treble
Ŧ Double treble in back loop
Ŧ Triple treble
Ŧ Triple treble in back loop
▷ Start/join in new colour
◀ Fasten off
↵ Direction of working

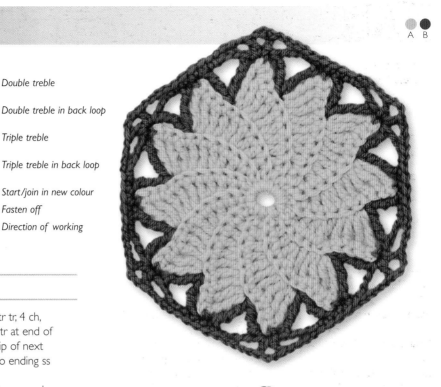

METHOD

Using A, make 17 ch, join into a ring with ss in 10th ch from hook, then continue along rem 7 ch:
Row 1: 1 dc in next st, 1 htr in next st, 1 tr in next st, 2 tr in next st, 1 dtr in next st, 2 dtr in next st, 2 tr tr in next st, turn. 10 sts.
Row 2: 2 ch, 1 dc in space between first and 2nd sts, [1 dc in next sp between 2 sts] 8 times, ss in dc at beg of row 1, ss into ring, turn. First petal made.
Row 3: Sk 1 ss, beg in back loop of next ss work as row 1 into back loops of 7 sts.
Row 4: As row 2. 2nd petal made. Rep rows 3–4 ten more times. 12 petals made.
Fasten off leaving a long tail. Run the tail through the ss worked into the ring and pull up firmly, then slip stitch the chain edge behind the top of the last row.
Join B to the tip of any petal.

Round 1: 1 ch, * [1 tr tr, 4 ch, 1 tr tr] in base of tr tr at end of same petal, 1 dc in tip of next petal, * rep from * to ending ss in first ch.
Round 2: 5 ch, 1 tr in same place, * 4 ch, 1 dc in next 4-ch sp, 1 dc in tr tr, 1 dc in dc, 1 dc in tr tr, 1 dc in next 4-ch sp, 4 ch, [1 tr, 2 ch, 1 tr] in next dc, * rep from * to * 4 more times, 4 ch, 1 dc in next 4-ch sp, 1 dc in tr tr, 1 dc in dc, 1 dc in tr tr, 1 dc in next 4-ch sp, 4 ch, ss in 3rd of 5 ch. Fasten off B.

63 SWIRLING HEXAGON
directory view page 34

A B C

Skill level: intermediate
Method of working:
in the round

Key:
⌒ *Chain*
• *Slip stitch*
+ *Double*
⊤ *Treble*

▷ *Start/join in new colour*
◀ *Fasten off*
↩ *Direction of working*

METHOD

Using A, make 12 ch, join into a ring with ss in first ch.

Round 1: 1 ch, 23 dc into ring, ss in first ch. 24 sts.

Fasten off A. Join B to any dc.

Round 2: 9 ch, * sk first dc, 1 dc in next dc, turn, 1 ch, 5 dc in ch sp, turn, 1 ch, sk 1 dc, 1 dc in each of 4 dc, 1 dc in 1 ch (a petal made), sk 1 dc of round 1, # 1 tr in next dc, 6 ch, * rep from * to * 4 more times, then once again from * to #, ss in 3rd of 9 ch. 6 petals.

Fasten off B. Join C to 6-ch sp at end of any petal.

Round 3: 5 ch, [1 dc in 1 ch at tip of same petal, 7 ch, 1 tr in 6-ch sp at end of next petal, 2 ch] 5 times, 1 dc in 1 ch at tip of same petal, 7 ch, ss in 3rd of 5 ch.

Round 4: 3 ch, * 1 dc in 2-ch sp, 1 dc in next dc, 7 dc in 7-ch sp, # 1 dc in tr, 2 ch, * rep from * to * 4 more times, then once again from * to #, ss in first of 3 ch. 10 dc on each side.

Round 5: 3 ch, * 1 dc in 2-ch sp, 1 dc in each dc to next 2-ch sp, 2 ch, * rep from * to * 4 more times, 1 dc in 2-ch sp, 1 dc in each dc, ss in first of 3 ch. 11 dc on each side.

Rep round 5 four more times. 15 dc on each side.

Fasten off C.

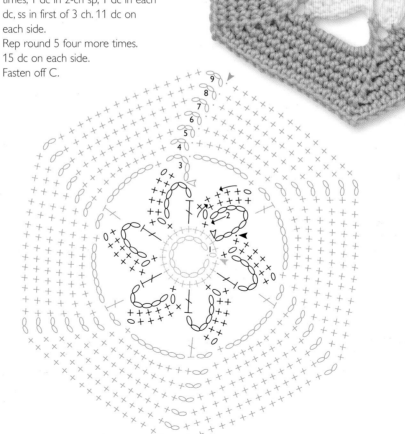

64 SPRING MEADOW HEXAGON
directory view page 33

A B C

Skill level: easy
Method of working: in the round

Key:
◯ *Chain*
• *Slip stitch*
┬ *Treble*
⬮ *Starting popcorn*
⬮ *Popcorn of 4 trebles*
▷ *Start/join in new colour*
◀ *Fasten off*

METHOD

Special abbreviations

PC (4-tr popcorn): 4 tr in same place (as given), remove hook from working loop and insert it through top of first of these sts, catch working loop and pull it through tightly.

SPC (starting popcorn): 3 ch, 3 tr in same place (as given), remove hook from working loop and insert through 3rd of 3 ch, catch working loop and pull it through tightly.

Using A, make 6 ch, join into a ring with ss in first ch.
Round 1: SPC into ring, [3 ch, PC into ring] 5 times, 3 ch, ss into top of SPC.
Fasten off A. Join B to any 3-ch sp.
Round 2: 5 ch, [5 tr in next ch sp, 2 ch] 5 times, 4 tr in next ch sp, ss in 3rd of 5 ch.
Round 3: Ss into 2-ch sp, 5 ch, 1 tr in same ch sp, * 1 tr in each of 2 tr, 1 ch, sk 1 tr, 1 tr in each of 2 tr, # [1 tr, 2 ch, 1 tr] in next 2-ch sp, * rep from * to * 4 more times, then once again from * to #, ss in 3rd of 5 ch.
Fasten off B. Join C to any 2-ch sp.

Round 4: [SPC, 3 ch, PC] into 2-ch sp, * 3 ch, PC into next 1-ch sp, 3 ch, # [PC, 3 ch, PC] into next 2-ch sp, * rep from * to * 4 more times, then once again from * to #, ss into top of SPC.
Fasten off C. Join B to any corner 3-ch sp between 2 PC in same place.
Round 5: 5 ch, 2 tr in same ch sp, * [1 ch, 3 tr in next 3-ch sp] twice, 1 ch, # [2 tr, 3 ch, 2 tr] in corner 3-ch sp, * rep from * to * 4 more times, then once again from * to #, 1 tr in next ch sp, ss in 3rd of 5 ch.
Round 6: Ss into 2-ch sp, 5 ch, 1 tr in same ch sp, * [1 tr, 1 ch, 1 tr] in each of three 1-ch sps, # [1 tr, 2 ch, 1 tr] in next 2-ch sp, * rep from * to * 4 more times, then once again from * to #, ss in 3rd of 5 ch.
Round 7: Ss into 2-ch sp, 5 ch, 1 tr in same ch sp, * [1 tr between next and foll tr, 3 tr in 1-ch sp] 3 times, 1 tr between next and foll tr, # [1 tr, 2 ch, 1 tr] in 2-ch sp, * rep from * to * 4 more times, then once again from * to #, ss in 3rd of 5 ch. 15 tr on each side.
Fasten off C.

65 OPEN DAHLIA HEXAGON

directory view page 51

A B C

Skill level: easy
Method of working: in the round

Key:
- ◠ *Chain*
- • *Slip stitch*
- + *Double*
- ⋋⋌ *2 doubles together*
- ⋋⋀⋌ *3 doubles together*
- ▷ *Start/join in new colour*
- ◀ *Fasten off*

METHOD

Using A, make 6 ch, join into a ring with ss in first ch.

Round 1: 1 ch, 17 dc into ring, ss in first ch. 18 sts.

Round 2: 1 ch, 1 dc in same place, [1 dc in each of 2 dc, 2 dc in next dc] 5 times, 1 dc in each of 2 dc, ss in first ch. 24 sts.

Round 3: 1 ch, 1 dc in same place, [1 dc in each of 3 dc, 2 dc in next dc] 5 times, 1 dc in each of 3 dc, ss in first ch. 30 sts.
Fasten off A. Join B to any dc that is the first of 2 dc in same place.

Round 4: 10 ch, [sk 4 dc, 1 dc in next dc, 9 ch] 5 times, sk 4 dc, ss in first of 10 ch. 6 ch loops.

Round 5: Ss into 9-ch sp, 1 ch, * 5 dc in 9-ch loop, 3 dc in 5th of these 9 ch, 5 dc in same ch loop, # 3 dc tog over [same ch loop, next dc, and foll ch loop], * rep from * to * 4 more times, then once again from * to #, 2 dc tog over same ch loop and next dc, ss in first ch. 84 sts.

Round 6: 1 ch, sk first dc, * 1 dc in each of 5 dc, 3 dc in next dc (centre dc of 3 in same place), 1 dc in each of 5 dc, # 3 dc tog over next 3 dc, * rep from * to * 4 more times, then once again from * to #, 2 dc tog over last 2 sts, ss in first ch. 84 sts.

Round 7: As round 6. 6 petals.
Fasten off B. Join C to centre dc of 3 in same place at tip of any petal.

Round 8: 3 ch, 1 dc in same place, * 6 ch, sk 5 dc, 1 dc in 3 dc tog, 6 ch, sk 5 dc, # [1 dc, 2 ch, 1 dc] in next dc (centre dc of 3 in same place), * rep from * to * 4 more times, then once again from * to #, ss in first of 3 ch. 12 ch loops.

Round 9: Ss into 2-ch sp, 3 ch, 1 dc in same place, * 1 dc in next dc, 3 dc in 5-ch loop, 5 ch, 3 dc in next 6-ch loop, # 1 dc in next dc, [1 dc, 2 ch, 1 dc] in 2-ch loop, * rep from * to * 4 more times, then once again from * to #, 1 dc in st closing previous round, ss in first of 3 ch.
Fasten off C.

Blocks may be joined using the joining with picots method, page 21.

66 HELENIUM CIRCLE
directory view page 48

A B C

Skill level: easy
Method of working: in the round

Key:

Ω *Fingerwrap*

⌒ *Chain*

• *Slip stitch*

+ *Double*

T *Treble*

Popcorn of 4 double trebles

▷ *Start/join in new colour*

◀ *Fasten off*

METHOD

Special abbreviation
PC (4-dtr popcorn): 4 dtr in same place (as given), remove hook from working loop and insert it through top of first of these sts, catch working loop and pull it through tightly.

Using A, make a fingerwrap.
Round 1: 3 ch, 15 tr into wrap, ss in 3rd of 3 ch. 16 sts.
Round 2: 4 ch, [1 tr, 1 ch] in each of 15 tr, ss in 3rd of 4 ch. Fasten off A. Join B to any 1-ch sp.
Round 3: 4 ch, 3 dtr in same sp, remove hook from working loop and insert through 4th of 4 ch, catch working loop and pull it through, [3 ch, PC in next ch sp] 15 times, 3 ch, ss in 4th of 4 ch at beg of round.

Fasten off B. Join C to any 3-ch sp.
Round 4: 1 ch, 3 dc in same ch sp, [5 ch, 4 dc in next ch sp] 15 times, 2 ch, 1 tr in first ch of round.
Round 5: 1 ch, [4 ch, 1 dc in next 5-ch loop] 15 times, 4 ch, ss in first ch of round.
Round 6: Ss into next 4-ch sp, 1 ch, 4 dc in same ch sp, [5 ch, 5 dc in next ch sp] 15 times, 5 ch, ss in first ch of round.
Fasten off C.

67 ROSETTE CIRCLE
directory view page 36

Skill level: easy
Method of working: in the round

Key:

⬭ *Chain*
• *Slip stitch*
+ *Double*
⊥ *Double under both chain loops below*
| *Half treble*

┬ *Treble*
◇ *2 trebles together in same place*
╪ *Double treble*
◄ *Fasten off*

METHOD

Make 12 ch, join into a ring with ss in first ch.

Round 1: 3 ch, 31 tr into ring, ss in 3rd of 3 ch. 32 sts.

Round 2: 2 ch, [1 tr, 3 ch, 2 tr tog] in same place as base of 2 ch, * 7 ch, sk 3 tr, [2 tr tog, 3 ch, 2 tr tog] in next tr, * rep from * to * 6 more times, 7 ch, sk 3 tr, ss in first tr of round. 8 sections.

Round 3: Ss into 3-ch sp, 2 ch, [1 tr, 3 ch, 2 tr tog] in same ch sp, * 7 ch, [2 tr tog, 3 ch, 2 tr tog] in next 3-ch sp, * rep from * to * 6 more times, 7 ch, ss in first tr.

Round 4: Ss into 3-ch sp, 2 ch, [1 tr, 3 ch, 2 tr tog] in same ch sp, * 4 ch, 1 dc under both 7-ch loops, 4 ch, # [2 tr tog, 3 ch, 2 tr tog] in next 3-ch sp, * rep from * to * 6 more times, then once again from * to #, ss in first tr.

Round 5: Ss into 3-ch sp, 1 ch, 2 dc in same ch sp, * [1 dc, 1 htr, 2 tr] in 4-ch sp, 1 tr in dc, [2 tr, 1 htr, 1 dc] in 4-ch sp, # 3 dc in 3-ch sp, * rep from * to * 6 more times, then once again from * to #, ss in first ch. 96 sts.
Fasten off.

MIX AND MATCH: 67 + 78

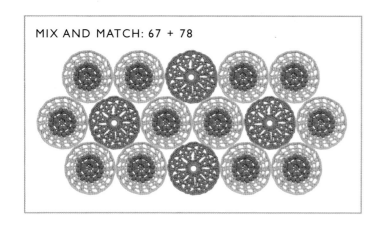

68 CELTIC FLOWER CIRCLE
directory view page 49

A B C

Skill level: easy
Method of working: in the round

Key:
⌒ Chain
• Slip stitch
+ Double
† Treble
‡ Double treble
▷ Start/join in new colour
◄ Fasten off

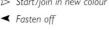

METHOD

Using A, make 6 ch, join into a ring with ss in first ch.
Round 1: 1 ch, [3 ch, 2 dtr into ring, 3 ch, 1 dc into ring] 3 times, 3 ch, 2 dtr into ring, 3 ch, ss in first ch of round. 4 petals.
Fasten off A. Join B to dc between any 2 petals.
Round 2: 6 ch, 1 tr in same place, [3 ch, sk 1 petal, [1 tr, 3 ch, 1 tr] in next dc] 3 times, 3 ch, sk 1 petal, ss in 3rd of 6 ch. 8 loops.
Round 3: 4 ch, [3 tr in next 3-ch sp, 3 ch, 1 dc in next tr, 3 ch] 7 times, 3 tr in next 3-ch sp, 3 ch, ss in first of 4 ch. 8 petals.
Fasten off B. Join C to any dc before 3 tr worked into a ch sp over a petal.

Round 4: Work behind round 3: 1 ch, [4 ch, sk 1 petal, 1 dc in next dc] 7 times, 4 ch, ss in first ch.
Round 5: 6 ch, [6 dtr in next 4-ch sp, 2 ch,] 7 times, 5 dtr in last 4-ch sp, ss in 4th of 6 ch.
Round 6: Ss into 2-ch sp, 8 ch, ss in 4th ch from hook, 1 dtr in same ch sp, * 1 dtr in each of 6 dtr, [1 dtr, 4 ch, ss in 4th ch from hook, 1 dtr] in next 2-ch sp, * rep from * to * 6 more times, 1 dtr in each of 6 dtr, ss in 4th of 8 ch.
Fasten off C.

Blocks may be joined using the joining with picots method, page 21.

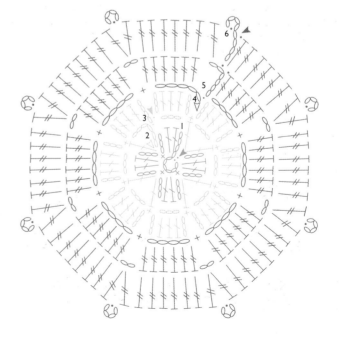

69 THISTLE CIRCLE
directory view page 47

A B C

Skill level: intermediate
Method of working: in the round

Key:

◯ *Fingerwrap*
⌣ *Chain*
• *Slip stitch*
+ *Double*
⬯ *Puff stitch of 4 half trebles together*
┬ *Treble*

⋏ *2 trebles together*
⋔ *2 trebles together in same place*
┼ *Double treble*
╪ *Front-raised double treble*
▷ *Start/join in new colour*
◀ *Fasten off*

METHOD

Special abbreviation
PS (puff stitch): 4 htr tog in same place.
frdtr (front raised dtr): inserting hook from front, work 1 dtr around post of given st.

Using A, make a fingerwrap.
Round 1: 4 ch, [1 tr into wrap, 1 ch] 15 times, ss in 3rd of 4 ch. 32 sts.
Round 2: 5 ch, [1 frdtr in next tr, 2 ch, 1 tr in next tr, 2 ch] 7 times, 1 frdtr in next tr, 2 ch, ss in 3rd of 5 ch. 48 sts.
Round 3: 3 ch, * [2 tr tog, 2 ch, 1 frdtr, 2 ch, 2 tr tog] all in next frdtr, # 1 tr in next tr, * rep from * to * 6 more times, then once again from * to #, ss in 3rd of 3 ch.
Round 4: Ss into sp before next 2 tr tog, 7 ch, * sk [2 tr tog, 2 ch], PS in next frdtr, 5 ch, # 2 tr tog, inserting hook between next 2 tr tog and 1 tr, then between same tr and foll 2 tr tog; 4 ch, * rep from * to * 6 more times, then once again from * to #, 1 tr between 2 tr tog and 7 ch, ss in 3rd of 7 ch.

Fasten off A. Join B to any 2 tr tog.
Round 5: 2 ch, * 7 dtr in next PS, 1 ch, # 1 dc in next 2 tr tog, 1 ch, * rep from * to * 6 more times, then once again from * to #, ss in first ch. 80 sts.
Fasten off B. Join C to 1-ch sp to right of any dc.
Round 6: 2 ch, sk 1 dc, 1 tr in next 1-ch sp, * 5 ch, 1 dc in centre dtr of 7, 5 ch, # 2 tr tog over [next 1-ch sp and foll 1-ch sp], * rep from * to * 6 more times, then once again from * to #, ss in first tr. 96 sts.
Round 7: 1 ch, * 5 dc in 5-ch sp, 1 dc in next dc, 5 dc in 5-ch sp, # 1 dc in 2 tr tog, * rep from * to * 6 more times, then once again from * to #, ss in first ch. 96 sts.
Fasten off C.

70 DAHLIA CIRCLE
directory view page 50

Skill level: easy
Method of working: in the round

Key:
◠ Chain
• Slip stitch
+ Double
T Half treble
† Treble
⋀ 3 trebles together
‡ Double treble
◄ Fasten off

METHOD

Special abbreviation
3-ch P (3-ch picot): 3 ch, ss in st at base of these 3 ch.

Make 8 ch, join into a ring with ss in first ch.
Round 1: 3 ch, 23 tr into ring, ss in 3rd of 3 ch. 24 sts.
Round 2: 3 ch, sk 1 tr, [1 dc in next tr, 2 ch, sk 1 tr] 11 times, ss in first of 3 ch. 12 ch sps.
Round 3: Ss into 2-ch sp, 2 ch, 2 tr tog in same 2-ch sp, [4 ch, 3 tr tog in next 2-ch sp] 11 times, 2 ch, 1 htr in top of 2 tr tog. 12 petals.

Round 4: 1 ch, [5 ch, 1 dc in next 4-ch sp] 11 times, 2 ch, 1 tr in first ch. 12 ch sps.
Round 5: 1 ch, [6 ch, 1 dc in next 5-ch sp] 11 times, 3 ch, 1 tr in first ch.
Round 6: 1 ch, [7 ch, 1 dc in next 6-ch sp] 11 times, 3 ch, 1 dtr in first ch.
Round 7: 4 ch, ss in first of these 4 ch, [8 ch, 1 dc in next 7-ch sp, 3-ch P] 11 times, 8 ch, ss in first ch. Fasten off.

71 FLORAL CIRCLE
directory view page 45

A B C

Skill level: easy
Method of working: in the round

Key:
- ⌒ *Chain*
- • *Slip stitch*
- + *Double*
- ⊤ *Half treble*
- ⊤ *Treble*
- ⟨⟩ *2 trebles together*
- ⊤ *Double treble*
- ▷ *Start/join in new colour*
- ◀ *Fasten off*

METHOD

Using A, make 8 ch, join into a ring with ss in first ch.
Round 1: 1 ch, 15 dc into ring, ss in first ch. 16 sts.
Round 2: 2 ch, 1 tr in same place as base of 2 ch, [5 ch, sk 1 dc, 2 tr tog in next dc] 7 times, 5 ch, sk last dc, ss in first tr. 8 ch sps.
Fasten off A. Join B to any 5-ch sp.
Round 3: 1 ch, [1 htr; 1 tr, 2 dtr; 1 ch, 2 dtr, 1 tr, 1 htr, 1 dc] in same ch sp, [1 dc, 1 htr, 1 tr, 2 dtr, 1 ch, 2 dtr, 1 tr, 1 htr, 1 dc] in each of 7 rem ch sps, ss in first ch. 8 petals.
Fasten off B. Join C to 1-ch sp at tip of any petal.
Round 4: 5 ch, [1 dtr between next 2 dc where petals join, 4 ch, 1 dc in next 1-ch sp, 4 ch] 7 times, 1 dtr between 2 dc, 4 ch, ss in first of 5 ch.

Round 5: 5 ch, 1 tr in same place as base of these 5 ch, * 2 ch, [1 tr; 2 ch, 1 tr] in next dtr, 2 ch, # [1 tr; 2 ch, 1 tr] in next dc, * rep from * to * 6 more times, then once again from * to #, ss in first of 5 ch.
Round 6: Ss into 2-ch sp, 3 ch, 2 tr in same ch sp, 3 tr in each 2-ch sp, ss in 3rd of 3 ch. 96 sts.
Fasten off C.

72 PENNY FLOWER CIRCLE
directory view page 44

A B C D

Skill level: intermediate
Method of working: in the round

Key:

Ⓠ *Fingerwrap*
◯ *Chain*
• *Slip stitch*
+ *Double*
⊤ *Treble*
⧫ *Double treble*

▮ *Bullion stitch*
⬯ *Popcorn of 5 double trebles*
▷ *Start/join in new colour*
◀ *Fasten off*

METHOD

Special abbreviations
BS (bullion stitch): yrh 5 times, insert hook as directed, yrh, pull through all 6 loops on hook.
PC (5-dtr popcorn): 5 dtr in same place (as given), remove hook from working loop and insert it through top of first of these sts, catch working loop and pull it through tightly.

Using A, make a fingerwrap.
Round 1: 4 ch, 15 dtr into wrap, ss in 4th of 4 ch. 16 sts.
Fasten off A. Join B to any dtr.
Round 2: 4 ch, [BS in next dtr, 1 ch] 15 times, BS in same place as base of 4 ch, ss in 3rd of 4 ch. 32 sts.
Fasten off B. Join C to any 1-ch sp.
Round 3: 3 ch, [sk BS, 1 dc in next 1-ch sp, 2 ch] 15 times, ss in first of 3 ch. 48 sts.
Round 4: Ss into 2-ch sp, 4 ch, 4 dtr in same ch sp, remove hook from working loop and insert through 4th of 4 ch, catch working loop and pull it through (starting PC made), [4 ch, sk 1 dc, PC in next 2-ch sp] 15 times, 4 ch, ss in top of starting PC. 16 PC, 80 sts.

Fasten off C. Join D to any 4-ch sp.
Round 5: 1 ch, 4 dc in same ch sp, [1 ch, sk PC, 5 dc in next ch sp] 15 times, 1 ch, sk PC, ss in first ch. 96 sts.
Round 6: 4 ch, sk 1 dc, * BS in next dc, 1 ch, sk 1 dc, 1 tr in next dc, 1 tr in 1-ch sp, # 1 tr in next dc, 1 ch, sk 1 dc, * rep from * to * 14 more times, then once again from * to #, ss in 3rd of 4 ch.
Round 7: 1 ch, 1 dc in each st and 1-ch sp all around, ending ss in first ch. 96 sts.
Fasten off D.

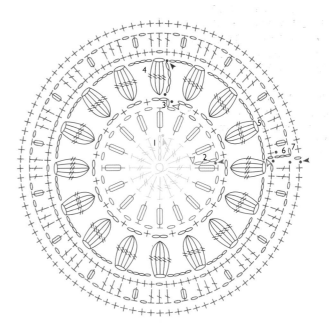

73 BUTTERFLY CIRCLE
directory view page 45

A B C

Skill level: intermediate
Method of working:
in the round

Key:

○ *Chain*
• *Slip stitch*
+ *Double*

↳ *Double through centre
of stitch below*

| *Half treble*

↑ *Treble*

↑↑↑ *3 double trebles together*

2 triple trebles together

↑ *Quadruple treble*

▷ *Start/join in new colour*

◄ *Fasten off*

METHOD

Using A, make 6 ch, join into a ring with ss in first ch.

Round 1: 3 ch, 15 tr into ring, ss in 3rd of 3 ch. 16 tr.

Round 2: 6 ch, sk 1 tr, 1 dc in next tr, [5 ch, sk 1 tr, 1 dc in next tr] 6 times, 2 ch, sk 1 tr, 1 tr in first of 6 ch. 8 loops.

Round 3: 4 ch, * [1 dc, 5 ch, 1 dc] in next 5-ch sp, 3 ch, * rep from * to * 6 more times, 1 dc, 5 ch, ss in first of 4 ch.
Fasten off A. Join B to any 5-ch loop.

Round 4: 3 ch, 2 dtr tog in same ch loop, * sk 3-ch loop, [3 dtr tog, 11 ch, 3 dtr tog] in next 5-ch loop, * rep from * to * 6 more times, 3 dtr tog in first ch loop, 5 ch, 1 quadtr in 2 dtr tog at beg of round. 16 groups = 8 pairs of wings.

Round 5: * [2 tr tr tog, 3 ch, 1 loose htr, 3 ch, 2 tr tr tog] in st closing next group, ss in 6th of 11 ch, * rep from * to * 7 more times, working final ss in top of quadtr.
Fasten off B. Join C to any 3-ch sp before a loose htr.

Round 6: 1 ch, 3 dc in same ch sp, * 1 dc down through centre of loose htr, 4 dc in next 3-ch sp, 1 ch, 1 dc between next 2 groups, 3 ch, ss in last dc, 1 ch, 4 dc in next 3-ch sp, * rep from * to * 6 more times, 1 ch, 1 dc between 2 groups, 3 ch, ss in last dc, 1 ch, ss in first ch of round. 96 sts.
Fasten off C.

Blocks can be joined using the joining with picots method (see page 21).

74 POPCORN FLOWER CIRCLE
directory view page 40

Skill level: easy
Method of working:
in the round

Key:

 ⬭ *Chain*

• *Slip stitch*

+ *Double*

† *Treble*

 *Popcorn of 4 trebles*

◄ *Fasten off*

METHOD

Special abbreviation
PC (4-tr popcorn): 4 tr in same place (as given), remove hook from working loop and insert it through top of first of these sts, catch working loop and pull it through tightly.

Make 4 ch, join into a ring with ss in first ch.
Round 1: 3 ch, 15 tr into ring, ss in 3rd of 3 ch.
Round 2: 6 ch, 1 tr in st at base of these ch, 1 ch, * PC in next tr, 1 ch, [1 tr; 3 ch, 1 tr] in next tr, 1 ch, * rep from * to * 6 more times, PC in last tr, 1 ch, ss in 3rd of 6 ch.
Round 3: Ss into next ch sp, 8 ch, 1 tr in same ch sp, * 1 ch, PC in next tr, 1 ch, sk 1 PC, PC in next tr; 1 ch, # [1 tr; 5 ch, 1 tr] in next 3-ch sp, * rep from * to * 6 more times, then once again from * to #, ss in 3rd of 8 ch.

Round 4: Ss into next ch sp, 10 ch, 1 tr in same ch sp, * 1 ch, PC in next tr, 1 ch, sk 2 PC, PC in next tr; 1 ch, # [1 tr; 7 ch, 1 tr] in next 5-ch sp, * rep from * to * 6 more times, then once again from * to #, ss in 3rd of 10 ch.
Round 5: Ss in each of next 4 ch, 6 ch, * PC in 1-ch sp between next 2 PC, 5 ch, 1 sc in next 7-ch sp, 5 ch, * rep from * to * 7 more times, ss in first of 6 ch.
Round 6: Ss into next ch sp, 1 ch, 5 sc in same ch sp, 6 sc in each ch sp, ending ss in first ch of round. 96 sts.
Fasten off.

75 BUTTERCUP CIRCLE
directory view page 35

A B

Skill level: easy
Method of working: in the round

Key:
Ω   *Fingerwrap*
⌣   *Chain*
•   *Slip stitch*
+   *Double*
┬   *Treble*
⌡   *Treble in stitch below*

⬦   *Bobble of 3 double trebles together*
↰   *Turn over*
▷   *Start/join in new colour*
◀   *Fasten off*

METHOD

Special abbreviation
B (bobble): 3 dtr tog in same place.

Using A, make a fingerwrap.
Round 1: 3 ch, 15 tr into wrap, ss in 3rd of 3 ch. 16 sts.
Round 2: 1 ch, [B in next tr, 1 dc in next tr] 7 times, B in next tr, ss in first ch. 8 bobbles.
Fasten off A. Turn flower over so bobbles are facing and join yarn B to tr of round 1 at base of any dc.
Round 3: 6 ch, [sk B, 1 tr in tr at base of next dc, 3 ch] 7 times, sk B, ss in 3rd of 6 ch. Eight 3-ch sps.
Round 4: 4 ch, [5 tr in next 3-ch sp, 1 ch, sk 1 tr] 7 times, 4 tr in last ch sp, ss in 3rd of 4 ch. 40 tr.

Round 5: Ss into 1-ch sp, 4 ch, 1 tr in same sp, * 1 tr in each of 5 tr, [1 tr, 1 ch, 1 tr] in 1-ch sp, * rep from * to * 6 more times, 1 tr in each of 5 tr, ss in 3rd of 4 ch. 56 tr.
Round 6: Ss into 1-ch sp, 4 ch, 1 tr in same sp, * 1 tr in each of 7 tr, [1 tr, 1 ch, 1 tr] in 1-ch sp, * rep from * to * 6 more times, 1 tr in each of 7 tr, ss in 3rd of 4 ch. 72 tr.
Round 7: Ss into 1-ch sp, 4 ch, 1 tr in same sp, * 1 tr in each of 9 tr, [1 tr, 1 ch, 1 tr] in 1-ch sp, * rep from * to * 6 more times, 1 tr in each of 9 tr, ss in 3rd of 4 ch. 88 tr, 96 sts.
Fasten off yarn B.

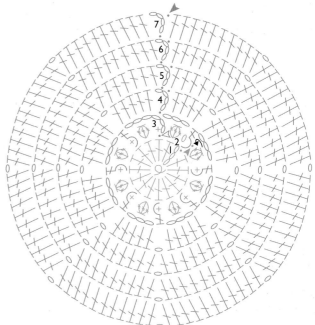

76 DANDELION CIRCLE
directory view page 37

A   B

Skill level: intermediate
Method of working: in the round

Key:
Ω *Fingerwrap*
⌒ *Chain*
• *Slip stitch*
⌐ *Slip stitch in space below*
+ *Double*
⟊ *Double treble*
⟱ *5 double trebles together*

⟰ *[1 treble, 1 double treble,*
1 triple treble, 1 double treble,
1 treble] all worked together
▷ *Start/join in new colour*
◀ *Fasten off*

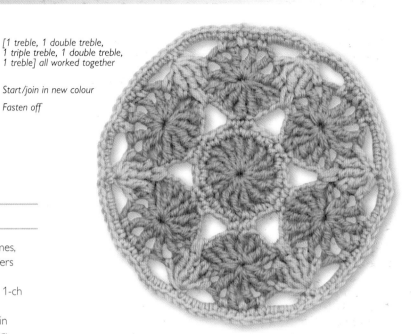

METHOD

Using A, make a fingerwrap.
Round 1: 5 ch, [1 dtr into wrap, 1 ch] 14 times, ss in 3rd of 4 ch. 30 sts.
Fasten off A. Join B to any dtr.
Round 2: 1 ch, 1 dc in each ch sp and dtr all around, ss in first ch. 30 sts.
Round 3: 1 ch, 1 dc in each of 2 dc, [9 ch, sk 2 dc, 1 dc in each of 3 dc] 5 times, 9 ch, sk 2 dc, ss in first ch. Six 9-ch loops.
Fasten off B. Join A to centre dc of any 3 dc.
Round 4: 3 ch, 2 dtr tog over first and 3rd ch of 9-ch loop, * 9 ch, 5 dtr tog over [7th and 9th ch of same 9-ch loop, centre dc of 3 dc, first and 3rd ch of next 9-ch loop], * rep from * to * 4 more times, 9 ch, 2 dtr tog over [7th and 9th ch of same 9-ch loop], ss in 2 dtr tog.
Round 5: 4 ch, [1 dtr; 1 ch] 5 times in ch closing first 2 dtr tog of round 4, ss in 9-ch loop of round 3 (enclosing ch of round 4), * 1 ch, [1 dtr; 1 ch] 6 times in ch closing next 5 dtr tog, ss in 9-ch loop of round 3 (enclosing ch of round 4),

* rep from * to * 4 more times, 1 ch, ss in 3rd of 4 ch. 6 flowers complete.
Fasten off A. Join B to centre 1-ch sp at top of any flower.
Round 6: 2 ch, sk 1 dtr; 1 dc in 1-ch sp, * 5 ch, work 5 sts tog: [1 tr in next 1-ch sp, 1 dtr in foll 1-ch sp, 1 tr tr in ss between flowers, 1 dtr in next 1-ch sp, 1 tr in foll 1-ch sp], 5 ch, # [1 dc in next 1-ch sp, 1 ch, sk 1 dtr] twice, 1 dc in next ch sp, * rep from * to * 4 more times, then once again from * to #, 1 dc in next 1-ch sp, 1 ch, sk 1 dtr; ss in first of 2 ch. 96 sts.
Round 7: 1 ch, 1 dc in 1-ch sp, * 5 dc in 5-ch sp, 1 dc in 5 sts tog, 5 dc in 5-ch sp, # [1 dc in next dc, 1 dc in 1-ch sp] twice, 1 dc in next dc, * rep from * to * 4 more times, then once again from * to #, 1 dc in next dc, 1 dc in 1-ch sp, ss in first ch. 96 dc.
Fasten off B.

77 CORAL FLOWER CIRCLE
directory view page 38

A B

Skill level: easy
Method of working: in the round

Key:
- Ω *Fingerwrap*
- ⌒ *Chain*
- • *Slip stitch*
- ⊤ *Treble*
- ▷ *Start/join in new colour*
- ◄ *Fasten off*

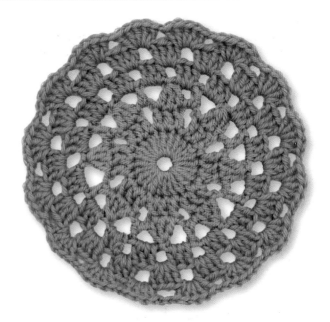

METHOD

Using A, make a fingerwrap.
Round 1: 3 ch, 23 tr into wrap, ss in 3rd of 3 ch.
Round 2: 3 ch, 1 tr in each of 2 tr; 3 ch, [1 tr in each of 3 tr, 3 ch] 7 times, ss in 3rd of 3 ch.
Round 3: 2 ch, 2 tr tog over next 2 tr; [3 ch, 1 tr in 3-ch sp, 3 ch, 3 tr tog over next 3 tr] 7 times, 3 ch, 1 tr in 3-ch sp, 3 ch, ss in first 2 tr tog of round.
Fasten off A. Join B to any 3-ch sp before a double tr.

Round 4: 4 ch, [3 tr in next 3-ch sp, 1 ch] 15 times, 2 tr in same ch sp as beg of round, ss in 3rd of 4 ch.
Round 5: Ss into 1-ch sp, 4 ch, [4 tr in next 1-ch sp, 1 ch] 15 times, 3 tr in same ch sp as beg of round, ss in 3rd of 4 ch.
Round 6: Ss into 1-ch sp, 4 ch, [5 tr in next 1-ch sp, 1 ch] 15 times, 4 tr in same ch sp as beg of round, ss in 3rd of 4 ch. 96 sts.
Fasten off B.

MIX AND MATCH: 77 + 74

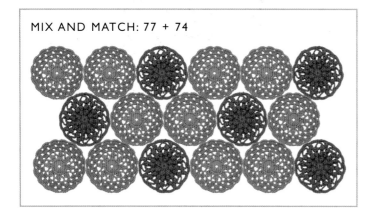

78 BOBBLE FLOWER CIRCLE
directory view page 41

A B

Skill level: easy
Method of working:
in the round

Key:

- ⬭ Chain
- • Slip stitch
- + Double
- ⊤ Treble
- Bobble of 4 trebles together

- ▷ Start/join in new colour
- ◄ Fasten off
- ↰ Turn over work

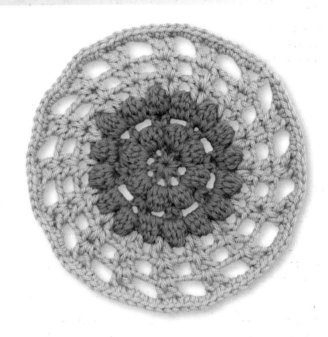

METHOD

Special abbreviation
B (bobble): 4 tr tog in same place.

Using A, make 4 ch, join into a ring with ss in first ch.
Round 1: 4 ch, [1 tr into ring, 1 ch] 7 times, ss in 3rd of 4 ch. 16 sts.
Round 2: 1 ch, [B in next 1-ch sp, 1 ch, 1 dc in next tr] 7 times, B in next 1-ch sp, 1 ch, ss in first ch. 8 bobbles.
Round 3: 4 ch, 1 tr in same place as base of these ch, * 1 ch, sk B and foll ch, [1 tr, 1 ch, 1 tr] in next dc, * rep from * to * 6 more times, 1 ch, sk B and foll ch, ss in 3rd of 4 ch.
Round 4: 1 ch, 1 dc in same place, [B in next 1-ch sp, 1 ch, 2 dc in next tr] 15 times, B in next 1-ch sp, ss in first ch. 16 bobbles.
Fasten off A. Turn work over and join yarn B to first of any 2 dc. Right side is now facing.

Round 5: 4 ch, 1 tr in same place as base of these ch, [1 ch, sk B and foll ch, 1 tr in next dc, 1 ch, 1 tr in next dc] 15 times, 1 ch, sk B and foll ch, ss in 3rd of 4 ch. 64 sts.
Round 6: Ss into 1-ch sp, 4 ch, 1 tr in same sp, * 2 ch, sk [1 tr, 1 ch, 1 tr], [1 tr, 1 ch, 1 tr] in next 1-ch sp, * rep from * to * 14 more times, 2 ch, sk [1 tr, 1 ch, 1 tr], ss in 3rd of 4 ch. 80 sts.
Round 7: Ss into 1-ch sp, 4 ch, 1 tr in same sp, * 3 ch, sk [1 tr, 2 ch, 1 tr], [1 tr, 1 ch, 1 tr] in 1-ch sp, * rep from * to * 14 more times, 3 ch, sk [1 tr, 2 ch, 1 tr], ss in 3rd of 4 ch. 96 sts.
Round 8: 1 ch, [1 dc in 1-ch sp, 1 dc in next tr, 3 dc in 3-ch sp, 1 dc in next dc] 15 times, 1 dc in 1-ch sp, 1 dc in next tr, 3 dc in 3-ch sp, ss in first ch. 96 sts.
Fasten off yarn B.

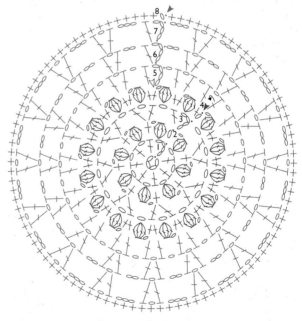

4
PROJECTS

The blocks in this book can be combined and used in a myriad of ways. This chapter presents a selection of stunning designs to inspire you with ideas of how to use the blocks in your own projects.

BUSY LIZZIE THROW

This arrangement of Busy Lizzie Hexagons (block 55, page 108) is quite simple but, by using six colours in different combinations for the blocks, the effect is rich and satisfying. A single unifying colour is used for the seams and border.

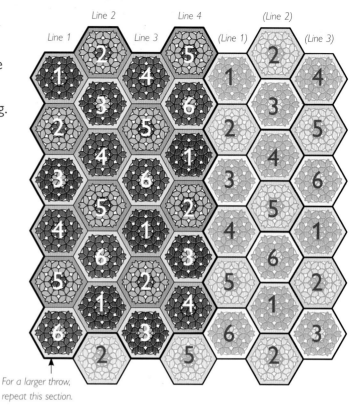

Line 1 Line 2 Line 3 Line 4 (Line 1) (Line 2) (Line 3)

For a larger throw, repeat this section.

MATERIALS

Size: Approx. 107 × 107 cm (42 × 42 in)
Aran weight wool, 50 g ball = approx. 90 m (100 yd)
• 200 g (4 balls) each of 1st colour (copper), 2nd colour (dark pink), 3rd colour (peach)
• 150 g (3 balls) each of 4th colour (powder blue), 5th colour (aqua), 6th colour (duck egg)
• 150 g (3 balls) 7th colour (teal) for seams and edging
• Sizes 5 and 4mm (H and G) hooks
• Tapestry needle

TENSION

Busy Lizzie Hexagon (block 55, page 108) worked using 5 mm (size H) hook measures 18 cm (7 in) across from corner to corner.

COLOURS AND LAYOUT

For each block, one of the three warm colours (copper, dark pink or peach) is used for the central round 1, and a second warm colour for rounds 2 and 3; then one of the three cool colours (powder blue, aqua or duck egg) is used for the outer border, rounds 4 and 5. The six blocks used are numbered 1–6, and coloured and arranged as per the table and diagram, right.

TO MAKE THROW

Using 5 mm (size H) hook and following the instructions for the

Busy Lizzie Hexagon (block 55, page 108), work the 45 blocks shown in the diagram, right. You will need the following number of blocks in each colour combination (see table):
7 of block 1
9 of block 2
7 of block 3
7 of block 4
8 of block 5
7 of block 6

TO MAKE UP

Arrange the finished blocks as shown in the diagram, right. Using 4 mm (size G) hook and 7th col. (teal), join the blocks into 7 vertical lines, as shown on diagram, with double crochet seams (page 20). Then join the lines of blocks with double crochet seams in a zigzag formation. At each corner, work 1 dc into the 2-ch sps of both blocks, ss into end of previous seam, 1 dc into next pair of 2-ch sps. Darn in all yarn tails.

BORDER

Using 4 mm (size G) hook, join 7th col. to 2-ch sp at any outer corner.
Round 1: 3 ch, 1 dc in same 2-ch sp, 1 dc in each dc: at inward corners, work 3 dc tog over [last 2-ch sp of one edge, side edge of previous seam and first 2-ch sp of next edge]; at outer corners, work [1 dc, 2 ch, 1 dc] in 2-ch sp; at end of round, 1 ss in first of 3 ch.
Round 2: Ss into 2-ch sp, 1 dc in same ch sp, 1 dc in each dc: at

inward corners, work 2 dc tog over [dc before dec st, and dc after dec st]; at outer corners, work [1 dc, 2 ch, 1 dc] in 2-ch sp; at end of round, ss in first of 3 ch.
Round 3: As round 2.
Shaping on every dc round in this way makes the border slightly wavy,

so the final round in reverse rope stitch edging counteracts this effect, making the edge firmer:
Final round: Ss into 2-ch sp, 2 ch, work from left to right: * skip 1 dc, 1 dc in next dc, 1 ch, * rep from * to * all around, ending ss in first of 2 ch. Fasten off. Darn in yarn tails.

Block number	Round 1 (Yarn A)	Rounds 2 and 3 (Yarn B)	Rounds 4 and 5 (Yarn C)
1	1st col. (copper)	2nd col. (dark pink)	4th col. (powder blue)
2	1st col. (copper)	3rd col. (peach)	5th col. (aqua)
3	3rd col. (peach)	2nd col. (dark pink)	6th col. (duck egg)
4	2nd col. (dark pink)	1st col. (copper)	4th col. (powder blue)
5	2nd col. (dark pink)	3rd col. (peach)	5th col. (aqua)
6	3rd col. (peach)	1st col. (copper)	6th col. (duck egg)

FLOWER PURSES

These charming purses are easily made from two blocks of your choice, worked in thick crochet cotton. Add a lining to make sure your coins don't escape!

MATERIALS

Size: Varies according to frame
Pearl cotton no. 5, 100 g ball = approx. 400 m (439 yd)
• Small amounts of cotton in colours as required
• 2.25 mm (size B) hook, or as required to obtain size
• 6–10 cm (2½–4 in) kisslock purse frame (semicircular or half-square) with pierced holes for sewing
• Tapestry needle small enough to fit through holes in frame, with eye large enough to take yarn (approx. size 24)

ADAPTING SIZE

To make a larger block
• Try again with a larger hook, or add an extra round of dc to the outer edge, as follows:
• For a square, work 1 dc in each st, and [1 dc, 2 ch, 1 dc] in same place at each corner, so increasing 8 sts.
• For a circle ending with 96 sts on the last round, work [1 dc in each of 5 sts, 2 dc in next st] 16 times, so increasing to 112 sts.

To make a smaller block
• Try again with a smaller hook, or leave one or two outer rounds unworked.

TO MAKE A PURSE

1 Choose a square or circular block to suit the frame. Avoid blocks with large holes. See the list of blocks used (right), to make the purses shown here.

2 Using 2.25 mm (size B) hook, work one block of your choice. Test the size against the frame. The outer edge should not be stretched when sewn in place. See adapting size (below left) if you need to make your block larger or smaller.

3 When you are satisfied with the size, make another block to match. Matching the stitches, join the outer edges, on the right side of the work, with a double crochet seam (see page 20), leaving a gap to suit the frame. Darn in all the yarn tails.

4 Hold the free edge of one block in place so that the outer edge is just beneath the pierced edge of the frame and use matching yarn to backstitch it in place through the pierced holes, spreading any fullness evenly.

5 Attach the free edge of the other block to the other side of the frame in the same way.

ADD A LINING

To make your purse more practical, you can add a lining, as shown above.

1 Before sewing the purse to the frame, cut 2 pieces of lining fabric (lightweight silk or similar), each 6 mm (¼ in) larger all around than the block used.

2 Place these 2 pieces with wrong sides together and machine or backstitch 6 mm (¼ in) from the raw edge, leaving a gap to match the frame. Snip into the 6 mm (¼ in) seam allowance at each end of the stitching. If necessary, oversew the raw edges to prevent fraying

3 Turn the lining wrong side out, and press 6 mm (¼ in) towards you, all around the unstitched edges on both sides.

4 Slip the lining inside the purse, and use matching sewing thread to slip stitch the folded edges of the lining to the open edges of the purse, just below the outer edge.

BLOCKS USED

Large circular purse: Made using the Penny Flower Circle (block 72, page 125), with green for colour A, lilac for colour B, ecru for colour C and fuchsia for colour D. The blocks were joined with fuchsia

Large square purse: Features the Ruffled Flower Square (block 32, page 85), using ecru for rounds 1, 3 and 4, lilac for round 2, fuchsia for rounds 5–7 and ecru for rounds 8 and 9, with an extra round of dc worked all around in fuchsia, and the joining seam in fuchsia.

Small circular purse: Worked from rounds 1–4 of the Coral Flower Circle (block 77, page 130), with round 1 in green, rounds 2 and 3 in yellow and round 4 in lilac. The blocks are joined using green.

Small square purse: Uses rounds 1–6 of the Celtic Flower Square (block 21, page 74), with lilac for colour A, ecru for colour B and green for colour C. Green was used to join the blocks.

DAISY CUSHION

This cushion is made with four Three Daisy Squares (block 19, page 72), using three different colours for the daisies. Adapt the pattern by substituting a different square block.

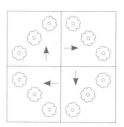
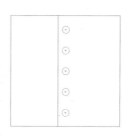

*Far left: Back of cushion
Left: Layout for cushion front (arrow indicates direction of working)*

MATERIALS

Size: 40 x 40 cm (16 x 16 in), plus edging

DK or light worsted weight yarn, 50 g = approx. 114 m (125 yd)
- 100 g (2 balls) of 1st colour (white)
- 250 g (5 balls) of 2nd colour (wine red)
- 25 g (half a ball) each of 3rd colour (scarlet) and 4th colour (copper)
- Sizes 4 and 3.5 mm (G and E) hooks
- 5 buttons approx. 25 mm (1 in) diameter
- Tapestry needle
- Cushion pad 45 x 45 cm (18 x 18 in)

TENSION

Three Daisy Square (block 19, page 72) worked using 4 mm (size G) hook measures 16.5 x 16.5 cm (6½ x 6½ in) square (after blocking).

TO MAKE CUSHION

Front

Using 4 mm (size G) hook, make four Three Daisy Squares (block 19, page 72) using 1st col. (white) for the background square. Work the first daisy on each square in 3rd col. (scarlet), the second daisy in 2nd col. (wine red) and the third daisy in 4th col. (copper).

For a neat result, block the squares as on page 20 before seaming them together.

Join the squares in the arrangement shown in diagram (above right), using 3.5 mm (size E) hook and double crochet seams (page 20) on right side of work.

Front border

Using 4 mm (size G) hook and 1st col. (white), with right side facing join yarn at one corner.

Round 1: 3 ch, 1 dc in same place, * 26 dc in side edge of first square, 1 dc in seam, 1 dc in 2nd tr of next square, 1 dc in each of 25 tr, [1 dc, 2 ch, 1 dc] in last tr, * rep from * to * twice more, 53 dc along fourth edge as set, ss in first of 3 ch. 55 dc on each side. Fasten off 1st col. Join 2nd col. (wine red) in 2-ch sp.

Round 2: 3 ch, 1 dc in same place, * 1 dc in each dc to next corner, [1 dc, 2 ch, 1 dc] in 2-ch sp, * rep from * to * twice more, 1 dc in each dc to corner, ss in first of 3 ch. 57 dc on each side.

Round 3: Ss into 2-ch sp, 5 ch, 2 tr in same ch sp, * 1 tr in each dc to next corner, [2 tr, 2 ch, 2 tr] in 2-ch sp, * rep from * to * twice more, 1 tr in each dc to corner, 1 tr in first 2-ch sp, ss in 3rd of 5 ch. 61 tr on each side.

Round 4: Ss into 2-ch sp, 5 ch, 2 tr in same ch sp, * 1 tr in each tr to next corner, [2 tr, 2 ch, 2 tr] in 2-ch sp, * rep from * to * twice more, 1 tr in each tr to corner, 1 tr in first 2-ch sp, ss in 3rd of 5 ch. 65 tr on each side. Rep round 4 twice more. 73 tr on each side. Fasten off.

Buttonhole panel

Cut six 25 cm (10 in) lengths of 2nd col. to use for buttonholes. Using 4 mm (size G) hook and 2nd col. make 44 ch.

Row 1: 1 tr in 4th ch from hook, 1 tr in each ch to end. 42 sts.

Row 2: 3 ch, skip first tr, 1 tr in each tr, ending 1 tr in 3rd of 3 ch. Rep row 2 four more times.

Buttonhole row: Remove hook from working loop and join one short length to 4th tr, 3 ch, skip 4 tr, fasten off with ss in next tr. Pick up working loop onto hook, 3 ch, skip first tr, 1 tr in each of 2 tr, 1 tr in tr to which short length was joined, 2 tr tog over [same tr and into 3-ch sp], 2 tr into 3-ch sp, 2 tr tog over [same 3-ch sp and next tr], 1 tr in same tr as last insertion, 1 tr in each tr ending 1 tr in 3rd of 3 ch. Work row 2 five times in all. Rep last 6 rows four more times. 36 rows in all. Fasten off.

Panel edging

With right side facing, use 3.5 mm (size E) hook to join 2nd col. to lower corner of right side edge next to buttonholes, 1 ch, 2 dc in side edge of each row to top corner. Fasten off.

Button panel

Work to match buttonhole panel, omitting buttonholes and working edging on left side edge.

TO MAKE UP

Lap the buttonhole panel over the button panel by 11 sts, so making the top and bottom edges 73 sts wide, and pin or tack in place.

Joining round: Place the front and back with wrong sides together

and use 3.5 mm (size E) hook to join 2nd col. to 2-ch sp at corner of front, at right of top edge of back panels, 1 ch, 1 dc in each tr of front, together with corresponding tr of back, to overlap; at overlap, work 1 dc in each tr of front together with corresponding tr of buttonhole panel only, continue to corner; at corner, work 1 dc in 2-ch sp of front together with 1 dc into corner of back; work down side edge in same way, placing 2 dc in side edge of every row of back; work along lower edge in same way as top edge, and up second side edge in same way as first side edge, ss into first ch.

Loopy border: 7 ch, * 1 dc in next dc, 6 ch, * rep from * to * all around, ending ss in first of 7 ch. Fasten off.

Optional extra daisy

Using 4 mm (size G) hook and 4th col. make 6 ch, join into a ring with ss in first ch.

Round 1: 1 ch, 11 dc into ring, ss in first ch. 12 sts.

Round 2: As round 2 of daisy (page 72).

Sew at the centre of the cushion.

TO FINISH

Darn in all the yarn tails. Press according to instructions on yarn bands, omitting daisies. Sew on buttons to match buttonholes.

ROSE SCARF

This scarf is an easy project made using the Granny Rose Triangle (block 4, page 51) worked in aran yarn. A single line of blocks will make an adult-sized scarf.

MATERIALS

Size: approx. 20 × 152 cm (8 × 60 in)
Aran weight wool/mohair mix, 50 g = approx 140 m (153 yd)
• 150 g (3 balls) of 1st col. (peacock)
• 50 g (1 ball) each of 2nd col. B (old gold), 3rd col. (pink) and 4th col. (copper)
• Sizes 5 and 5.5 mm (H and I) hooks
• Tapestry needle

TENSION

Granny Rose Triangle (block 4, page 51) worked using 5.5 mm (size I) hook measures 19 cm (7½ in) on each side.

TO MAKE SCARF

First block

Using 5.5 mm (size I) hook, work Granny Rose Triangle (block 4, page 51), using 2nd col. for round 1, 3rd col. for rounds 2 and 3 and 1st col. for rounds 4–7.

Second block

Work as first block, but using 4th col. for rounds 2 and 3. Do not fasten off at end of round 7.

Join to previous block

Join with a double crochet seam (page 20) on right side of work as follows:
Ss into 2-ch sp, 1 ch, 1 dc inserting hook through same ch sp, and through corresponding 2-ch sp of previous block (from behind), [1 dc in each pair of corresponding dc] 25 times, 2 dc in corresponding 2-ch sps. Fasten off.

Third block

Work in colours as first block, joining to second block as above, to make arrangement shown in diagram 1.
Repeat second and third blocks 5 more times. 13 blocks in all.

BORDER

Using 5 mm (size H) hook, join 1st col. to 2-ch sp at outer corner of thirteenth block:
Round 1: 6 ch, 1 dc in same 2-ch sp, * 5 ch, skip 2 dc, 1 dc in next dc, [5 ch, skip 4 dc, 1 dc in next dc] 4 times, 5 ch, skip 2 dc, ** 1 dc in 2-ch sp, 5 ch, skip [1 seam, 2-ch sp and next seam], 1 dc in 2-ch sp, * rep from * to * to last block, work once from * to ** to outer corner, [1 dc, 5 ch, 1 dc] in 2-ch sp, work once from * to **, 1 dc in next 2-ch sp, 5 ch, skip 1 seam, 1 dc in next 2-ch sp, rep from * to * to last 2 blocks, work once from * to **, 1 dc in next 2-ch sp, 5 ch, skip 1 seam, 1 dc in next 2-ch sp, work once from * to **, ss in first of 6 ch.
Round 2: Ss into 5-ch sp, 1 ch, [2 dc, 3 ch, 3 dc] in same 5-ch sp, [3 dc, 3 ch, 3 dc] in each 5-ch sp all around, ending ss in first ch of round.
Fasten off.

TO FINISH

Darn in all the yarn tails neatly. Press according to instructions on yarn bands.

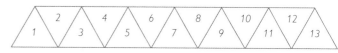

Diagram 1

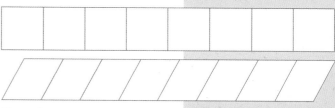

Diagram 2

INDEX

CREDITS

The author would like to thank all the team at Quarto for their help and encouraging support.

RESOURCES

To find local and/or mailorder stockists of materials used for the projects, visit the following websites:

Busy Lizzie throw: Debbie Bliss Cashmerino Aran   www.debbieblissonline.com

Flower purses: DMC Petra no. 5   www.dmc-usa.com

Daisy cushion: King Cole Merino Blend DK   www.kingcole.co.uk

Rose scarf: Rowan Kid Classic   www.knitrowan.com

COUNTRY GUIDE
le petit futé

GUATEMALA

Façade à Antigua

Nouvelles Editions de l'Université

LE FIGARO
magazine

POUR APPRENDRE ET POUR COMPRENDRE

Auteurs et directeurs des collections
Dominique AUZIAS et Jean-Paul LABOURDETTE

Edition ✆ 01 53 69 70 15
Frédérique de SUREMAIN,
Jean-Paul BALLON et Nicolas MENUT

Enquête et rédaction ✆ 01 53 69 70 00
Xavier LAFORY

Publicité ✆ 01 53 69 70 13
Stéphan SZEREMETA, assisté de Marie-Christine DAGBA

Relations publiques ✆ 01 53 69 70 08
Clotilde SIRVEN

Distribution ✆ 01 53 69 70 06
Patrice EVENOR, Pascal MAYOT, Romuald VERRIER, Carla de SOUSA

Production ✆ 01 53 69 70 15
Muriel LANDSPERGER, Nathalie THORAVAL
Delphine PAGANO et Lydie DALLONGEVILLE

LE GUIDE DU
GUATEMALA

Tikal

Edition 1999
NOUVELLES ÉDITIONS DE L'UNIVERSITÉ© - LE PETIT FUTÉ DU GUATEMALA
Petit Futé, Petit Malin, Globe Trotter, Country Guides et City Guides
sont des marques déposées ™®©
Nouvelles Éditions de l'Université - Dominique AUZIAS & Associés©
Photos : Xavier Lafory, B., C.-E., H. de Suremain, C. Vionnet
Cartographie : AFDEC
ISBN - 286 273 472 1
Imprimé en France par Aubin Imprimeur Poitiers/Ligugé (L 57 165)

Administration *Standard Barbara Tigeras, secrétariat Hélène Gentais (01 53 69 70 00)* Gérard Brodin, Dina Bourdeau, Josselina Nobre • **Collection Country / Régions** *(01 53 69 70 15)* Frédérique de Suremain, Nora Grundman, Nicolas Menut, Sylvain Desclous • **Collection City / Départements** *(01 53 69 70 04)* Michèle Kassubeck, Romain David, Nathalie Thénaud **Régie publicitaire** Stéphan Szeremeta, Marie-Christine Dagba *(Country / Régions 01 53 69 70 13 / 63)* • **Direction commerciale** Luc Régnard *(City / Départements 01 53 69 70 00)* • **Relations presse et promotion** Clotilde Sirven *(01 53 69 70 08)* **Diffusion** Patrice Evenor, Pascal Mayot, Carla de Sousa, Romuald Verrier *(01 53 69 70 06)* • **Production et fabrication** *(City / Week-Ends 01 53 69 70 11)* Jacky Lagrave, Franck Delapierre, Evelyne Marchand, Frédéric Ouzana, Samuel Péquignot *(Country / Régions 01 53 69 70 12)* Nathalie Thoraval, Delphine Pagano, Lydie Dallongeville, Muriel Landsperger

Le Petit Futé 18, rue des Volontaires 75015 PARIS • Tél. 01 53 69 70 00 - Fax 01 42 73 15 24
NEU, SARL au capital de 3 000 000 F F. RC Paris B 309 769 966
Filiales : Belgique (Bruxelles), **Canada** (Montréal), **Russie** (Moscou), **Chine** (Pékin), **Australie** (Perth)
Email : info@petitfute.com

Le jardin tropical de l'éternel printemps est une source infinie de découvertes. Certains y recherchent la nature, d'autres le passé, d'autres encore un exotisme qu'aucun autre tropique ne peut procurer.

Le pays s'étend langoureusement entre le Mexique et le Nicaragua, entre le Pacifique et les Caraïbes. Le décor est planté, il n'y a plus qu'à se laisser emporter :

Enfants à Chichicastenango

vers les forêts luxuriantes du Petén, vers les hautes terres volcaniques de l'altiplano central, vers la terre ancestrale des Mayas. Autres fleurs, autres temps. Le Guatemala avec ses 40 biotopes affiche à peu près autant de climats différents, qui vous font passer dans la même journée de l'été à l'hiver et vice-versa, de la montagne au littoral, des volcans à la plage.

Et puis il y a ce choc avec une civilisation suprême.

Les Mayas n'ont pas trouvé la roue, qui leur a beaucoup manqué, mais ils ont inventé l'astronomie, poussé l'arithmétique dans ses derniers retranchements, inventé le zéro, sans pour autant connaître Pythagore ou la numérotation arabe. Ils ont créé davantage qu'une civilisation : le Guatemala est un des derniers pays du monde à majorité indienne, il en a tout conservé : les traditions, les chants et les coutumes, mais surtout l'esprit, qui souffle encore sur Quetzaltenango ou à travers la Sierra de los Cuchumatades. C'est l'esprit de Ah Cacau, le seigneur chocolat qui régnait sur Tikal, ou de Dix Huit Lapins, qui dominait le pays au VIIIe siècle.

Tikal est incontournable, énorme, magique, comme une bande dessinée figée, une image trop visitée, et pourtant bouleversante. Mais la vie ne s'est pas arrêtée au IXe siècle, et l'on pénètre vraiment au cœur du pays en s'immisçant dans les villages zunil, où aucun voyagiste ne vous emmène, ou dans les cités cakchiquels au bord du lac Atitlan.

Vous n'aurez pas assez de temps pour faire le tour d'un monde sans bords. D'Antigua la coloniale, où les immeubles sont restés tels qu'au XVIIIe siècle, à Panajachel la touristique station lacustre, vous cotoierez des univers mitoyens et fort dissemblables, vous arpenterez les rues d'une capitale complètement (et même un peu trop) dans son siècle, Guatemala Ciudad, vous goûterez le charme de la plus belle fleur du pays, Flores, nichée sur son île, cible émouvante des amateurs de dépaysement.

Vue sur l'Arco Santa Catalina à Antigua

L'Alaska

PRESENTATION

Femmes et enfants à Zunil

LE PETEN - 211

LA COTE CARAIBE - 241

L'EST - 267

COTE PACIFIQUE - 295

Marché à Panajachel, sur le lac Atitlan

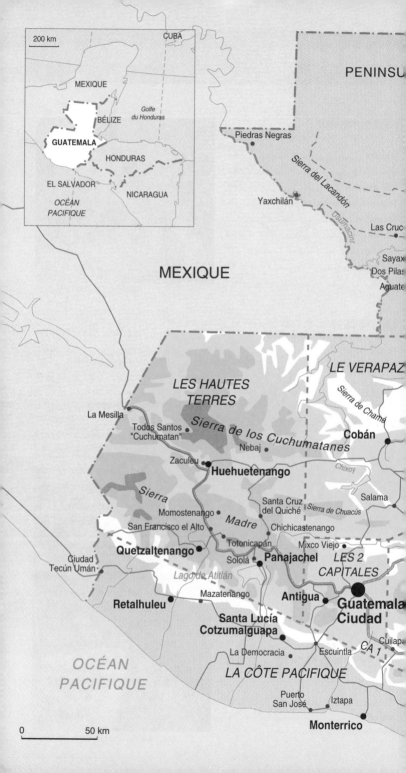

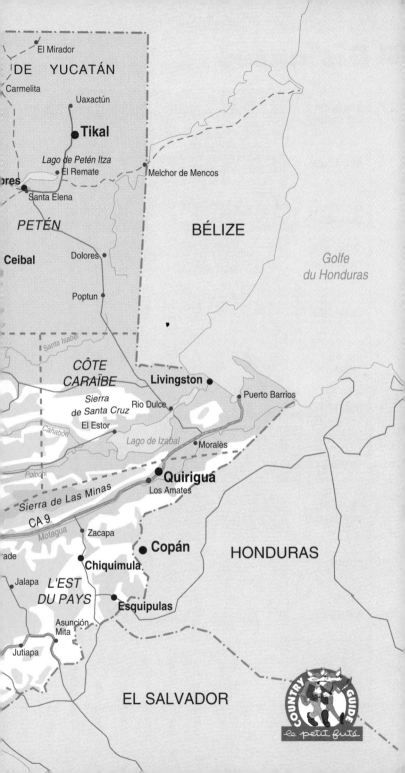

Tableau des distances (en km)	ANTIGUA	COBAN	CHICHI-CASTENANGO	CHIQUIMULA	GUATEMALA CIUDAD	HUEHUE-TENANGO	LA MESILLA	PANAJACHEL	QUETZAL-TENANGO	RETALHULEU	S. CRUZ DEL QUICHE
SANTA CRUZ DEL QUICHE	127	376	19	332	163	173	259	56	113	166	
RETALHULEU	188	399	147	355	186	143	236	142	67		166
QUETZAL-TENANGO	170	419	94	375	206	90	170	99		67	113
PANAJACHEL	80	329	37	285	116	159	241		99	142	56
LA MESILLA	318	559	240	510	345	84		241	170	236	259
HUEHUE-TENANGO	230	479	154	435	266		84	159	90	143	173
GUATEMALA CIUDAD	45	213	144	169		266	345	116	206	186	163
CHIQUIMULA	214	209	313		169	435	510	285	375	355	332
CHICHI-CASTENANGO	108	357		313	144	154	240	37	94	147	19
COBAN	258		357	209	213	479	559	329	419	399	376
ANTIGUA		258	108	214	45	230	318	80	170	188	127

Le Guatemala en bref

LE PAYS

Superficie : 108 890 km^2
Capitale : Guatemala Ciudad
Chef de l'Etat : Alvaro Arzu Irigoyen
Nature du régime :
démocratie constitutionnelle
Langue officielle : espagnol
Langues parlées : 21 langues
d'origine maya (quiché, cakchiquel…)
et 2 non mayas (xinka et garifuna)
Monnaie : quetzal
1 quetzal = 1 FF environ

LA POPULATION

Population : 11 000 000 d'habitants
Densité : 101 hab / km^2
Population urbaine : 42 %
Croissance annuelle : 1,2 %
Indice de fécondité : 5,4
Taux de natalité : 35 ‰
Taux de mortalité : 7,4 ‰
Mortalité infantile : 48 ‰
Espérance de vie : 65 ans
Analphabétisme : 44 %
Population urbaine : 42 %
Religions : catholiques 75 %,
protestants et sectes évangéliques 25 %

Maison typique de Flores

L'ECONOMIE

PIB / habitant : 3 340 $
Taux d'inflation : 11 %
Dette extérieure :
3,2 milliards de dollars
Principaux fournisseurs :
Etats-Unis : 46,8 %
Amérique latine : 29,3 %
Union européenne : 11 %
Principaux clients :
Etats-Unis : 48,4 %
Amérique latine : 26,7 %
Union européenne : 12,8 %

*Terminal de bus
à Antigua*

Comment se rendre au Guatemala

AU DEPART DE FRANCE

En avion

Arrivées et départs toutes compagnies, à Orly et à Roissy Charles-de-Gaulle. 3615 HORAV ou par téléphone également au 08 36 25 05 05.

AIR FRANCE. 119, avenue des Champs-Elysées 75008 Paris. Renseignements-réservations (8 h-21 h) 0 802 802 802 - Minitel 3615 / 3616 code AF. Au départ de Paris, Air France propose un vol quotidien pour Guatemala City (via Houston) en partenariat avec Continental Airlines. Compter environ quatorze heures de trajet.

Air France propose une gamme de tarifs attractifs sous la marque Tempo, accessibles à tous : Tempo 1 (le plus souple), Tempo 2, Tempo 3 et Tempo 4 (le moins cher). Plus vous réservez tôt, plus il y a de choix de vols et de tarifs aux meilleures conditions. La compagnie propose également le tarif Tempo Jeunes (pour les moins de 25 ans) au départ de France vers l'Europe (en aller simple ou aller-retour, changement de réservation ou remboursement gratuit) ou vers des destinations longs-courriers (en aller-retour). Ce tarif est accompagné d'une garantie assistance rapatriement gratuite, ainsi que la mise à disposition, 24 heures sur 24, d'une ligne téléphonique « Air France assistance jeunes » en cas de difficultés durant le voyage ou pour transmettre un message à sa famille.

Agences Air France de Paris :

• Luxembourg : 4, place E. Rostand 75006 Paris, métro St-Michel, RER B Luxembourg.
• Invalides : 2, rue Esnault-Pelterie 75007 Paris, métro Invalides.
• Champs-Elysées : 119, avenue des Champs-Elysées 75008 Paris, métro George V.
• Opéra : 2, rue Scribe 75009 Paris, métro Opéra, RER A Auber.
• Gare de Lyon : 2, rue Parrot 75012 Paris, métro Gare de Lyon.
• Maine-Montparnasse : 25, bd de Vaugirard 75015 Paris, métro Montparnasse.
• Radio-France : 116, av. du Pdt-Kennedy 75016 Paris, métro Passy, Mirabeau, RER C.
• Maillot : 2, place de la Porte-Maillot 75017 Paris, métro Porte Maillot.

AMERICAN AIRLINES. 109, rue du Faubourg Saint-Honoré 75008 Paris ✆ 0 801 872 872. Au départ de Paris, la compagnie américaine propose des vols quotidiens pour Guatemala City via Miami. Compter environ quinze heures de trajet.

CONTINENTAL AIRLINES. 92, avenue des Champs-Elysées 75008 Paris ✆ 01 42 99 09 99. Au départ de Paris, Continental Airlines assure un vol quotidien à destination de Guatemala City via Houston.

Comment se rendre au Guatemala

IBERIA. 11, place des 5 Martyrs du Lycée Buffon 75014 Paris © **0 802 075 075.** La compagnie espagnole propose au départ de Paris (Orly Ouest) un vol quotidien pour Guatemala City via Madrid. Compter quatorze heures trente de trajet.

KLM. 16, rue Chauveau 75002 Paris © **01 44 56 18 18.** Les lundi, mardi, vendredi, samedi et dimanche, la compagnie néerlandaise assure un vol pour Guatemala City via Amsterdam. Départ de Roissy-Charles-de-Gaulle.

Liaisons en bus d'Air France :
- Paris-CDG. Ligne 2 (CDG 2A, 2C, 2D, 2B et 1). Départs toutes les 12 mn (5 h 50-23 h). Trajet ± 35 mn.
- Paris-CDG. Ligne 4 (CDG 2 et 1). Départs toutes les 60 mn (7h-9h), toutes les 30 mn (9 h-14 h), toutes les 60 mn (14 h-21 h). Trajet ± 45 mn.
- Paris-Orly. Ligne 1 (Orly Ouest-Orly Sud). Départs toutes les 12 mn (5 h 30-23 h). Trajet ± 30 mn.
- Paris-Orly. Ligne 3 (CDG, Orly Ouest-Orly Sud). Départs toutes les 20 mn (6 h-23 h). Trajet ± 50 mn.

Salcaja

Où que vous alliez sur terre, ne partez pas sans avoir consulté les tarifs des vols Go Voyages.

VITE UN

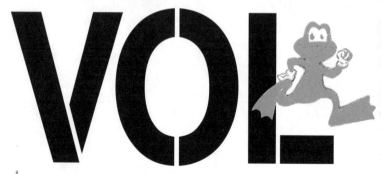

GO VOYAGES

Voler moins cher, c'est simple comme GO

VOL

Dans votre agence de voyages ou au : tél : 0 803 803 747 - 3615 GO (2,23F/mn)

Comment se rendre au Guatemala

ORGANISATEURS DE VOYAGES

Les spécialistes

AMERICA LATINA. 4, rue du Faubourg Montmartre 75009 Paris ✆ **01 53 34 40 01.** America Latina propose un circuit de douze jours au Guatemala qui passe successivement par Antigua, Atitlan, Chichicastenango, Copan, Ceibal et Tikal. Hébergement en hôtel trois étoiles et guides locaux parlant le français.

AMERICATOURS EL CONDOR/ESPRIT DECOUVERTE. 40, avenue Bosquet 75007 Paris ✆ **01 44 11 11 50.** En profitant des nombreuses formules d'Americatours (circuits initiation, classique et exception), découvrez le Guatemala, pays de l'éternel printemps. Au programme, un itinéraire de dix jours intitulé « Couleurs du Guatemala », des extensions vers la côte Caraïbe, le Yucatan et Cancun.

ARROYO. 15, rue Chevert 75007 Paris ✆ **01 45 56 58 28.** Arroyo propose des formules souples pour découvrir le Guatemala à son rythme et suivant son budget. Vous pouvez construire votre itinéraire à partir d'un circuit type de douze jours au départ de Guatemala City vers Antigua, Livingston et Tikal.

IMAGES D'AMERIQUE LATINE. 14, rue Lahire 75013 Paris ✆ **01 44 24 87 88 - Fax 01 45 86 27 73.** L'Amérique latine et certaines îles des Caraïbes sont l'une des grandes spécialités de ce tour-opérateur. Au Guatemala, comme dans les autres pays, vous sont proposés, toute l'année, des voyages sur mesure, des prestations, des plus simples aux plus sophistiquées. Vols réguliers à prix négociés, voitures de location avec ou sans chauffeur, guides francophones, excursions à pied, en bateau, en avion, vols intérieurs, lodges et hôtels de deux à cinq étoiles, toujours à des tarifs négociés. Au programme au Guatemala, un circuit de onze jours intitulé « Panoramaya » entre Antigua, Panajachel et Quetzaltenango.

VOYAGEURS AU MEXIQUE. 55, rue Sainte-Anne 75002 Paris ✆ **01 42 86 17 40.** Au sein de la Cité des Voyages, vous serez accueilli par une équipe de spécialistes qui vous proposera des vols secs au départ de Paris, des hôtels de toutes catégories, des locations de voiture, des circuits organisés ou à la carte, ou toute autre formule de votre choix. La Cité, c'est aussi un restaurant, une librairie voyages, un centre de vaccination, un service de change et des conférences sur les pays. Pour le Guatemala, de nombreux circuits individuels ou en groupe. Possibilité d'extension au Mexique.

Comment se rendre au Guatemala

Les généralistes

ACCESS VOYAGES. 6, rue Pierre Lescot 75001 Paris ✆ **01 53 00 91 30.** Des prix négociés sur les vols réguliers, les hôtels et les locations de voitures. On regarde les promos en vitrine et on monte au cinquième pour signer le chèque. Vols secs et séjours à prix réduits pour le Guatemala.

Castillo de San Felipe, lac Izabal

AMERIKASIA. 128, avenue de Saxe 69003 Lyon ✆ **04 78 60 36 54.** Du séjour pour les indépendants au circuit personnalisé, Amerikasia vous fera découvrir la couleur des paysages et le sourire des populations. Un circuit de six jours au Guatemala vous est proposé en extension d'un séjour de deux semaines au Mexique.

ANY WAY. 46, rue des Lombards 75001 Paris ✆ **0 803 008 008.** Amateurs de vols secs, pas d'inquiétude, Any Way ne vous abandonne pas. Vous pourrez voyager à prix charter sur Air France, American Airlines, British Airways et quarante autres compagnies, choisies parmi les meilleures du monde. Vols secs à prix très concurrentiels pour le Guatemala.

ASSINTER. 38, rue Madame 75006 Paris ✆ **01 45 44 45 87.** Pour pénétrer le monde mystérieux des Mayas, Assinter propose un itinéraire de quinze jours à travers le Guatemala, le Belize et le Honduras. Des hauteurs de l'Altiplano aux basses terres chaudes du Belize, des plages coralliennes le long de la mer des Caraïbes aux tréfonds de la jungle, une expérience unique sur la route des Mayas.

ATALANTE. CP 701 - 36/37, quai Arloing 69256 Lyon cedex 09 ✆ **04 72 53 24 80 ou 10, rue des Carmes 75005 Paris** ✆ **01 55 42 81 00.** Pour les amateurs d'aventures et d'exploration, cette équipe jeune et dynamique a décidé de privilégier l'écotourisme dans ses circuits. Avec un maître-mot : ne pas laisser la moindre trace de son passage. Au Guatemala, Atalante propose un circuit de seize jours à travers les sentiers mayas, un passage dans la jungle de Petén et la visite des cités mystérieuses d'Uaxactuna et de Tikal. Possibilité de prolonger son séjour d'une semaine sur les plages des Caraïbes.

BACK ROADS. 14, place Denfert-Rochereau 75014 Paris ✆ **01 43 26 65 65 - Fax 01 43 20 04 88.** Spécialiste du continent nord-américain, cette agence propose également plusieurs circuits découverte au Guatemala. Outre les habituelles excursions en minibus et avion (circuit de quinze jours entre Antigua, le lac Atitlan, Chichicastenango, Quiriga, Livingston et Tikal), Back Roads vous invite à découvrir le pays en logeant chez l'habitant dans la région de Santa Cruz en plein cœur du pays Quiché.

Comment se rendre au Guatemala

BAYONNE VOYAGES. 4, place de la Liberté 64100 Bayonne ✆ **05 59 25 60 34.** Ce voyagiste, bien implanté dans le Sud de la France, organise pour de très grands groupes (jusqu'à 60 personnes) des circuits de quinze jours dans les principaux sites touristiques guatémaltèques. En étroite collaboration avec l'agence de voyage Ek Chuah, basée à Guatemala City, Bayonne Voyages propose également des séjours à la carte en individuel ou en petit groupe.

CLIO. 34, rue du Hameau 75015 Paris ✆ **01 53 68 82 82 - 128, rue Bossuet 69006 Lyon** ✆ **04 78 52 61 42 - 45, rue de la Paix 13001 Marseille** ✆ **04 91 54 02 13.** Des voyages culturels de qualité, en petits groupes, accompagnés par un conférencier sélectionné avec soin, tel est le credo de Clio. L'agence propose un circuit de quinze jours au Guatemala hors des sentiers battus, ainsi qu'un long itinéraire de vingt-deux jours combiné au Mexique.

CLUB AVENTURE. 18, rue Séguier 75006 Paris ✆ **01 44 32 09 30.** A pied, en pirogue ou en 4x4. Découvrir les coins les plus isolés de la planète, c'est possible avec cette agence qui s'est taillée une solide réputation dans le domaine des circuits découverte et aventure par petits groupes. Pour le Guatemala, Club Aventure propose un circuit de seize jours parmi les volcans, les hautes sierras et les principaux marchés du pays.

ESPRIT D'AVENTURES. 12, rue Saint-Victor 75005 Paris ✆ **01 53 73 77 99.** En petits groupes constitués ou en voyage à la carte, partez à la découverte du Guatemala en empruntant l'itinéraire concocté par Esprit d'Aventures et intitulé « Mayas au fil du temps » : dix-sept jours au cœur de la jungle tropicale et sur les chemins de l'Altiplano.

EXPLORATOR. 16, rue de la Banque 75002 Paris ✆ **01 53 45 85 85.** Explorator, c'est une sélection d'itinéraires hors des sentiers battus, des voyages en petit groupe en compagnie d'un encadrement professionnel. Au Guatemala, partez seize jours de l'Alta Verapaz à la Caraïbe, des villages indiens de la Sierra Madre à la jungle du Petén, au cœur de paysages d'une surprenante variété.

EXTREMES LATITUDES. 16, rue de Saint-Petersbourg 75008 Paris ✆ **01 44 70 00 00.** Cette agence propose un circuit de douze jours faisant la part belle à la découverte des Hauts Plateaux et de ses villages pittoresques, à l'écart des grands itinéraires touristiques. Le circuit comprend également une étape au Honduras avec la visite de la mythique cité de Copan.

FUAJ. 10, rue Notre-Dame-de-Lorette 75009 Paris ✆ **01 42 85 55 40.** La Fédération Unie des Auberges de Jeunesse propose de très nombreux voyages à travers le monde à des prix très compétitifs. A titre d'exemple, ce circuit combinant Mexique et *Sur la lac Atitlan* Guatemala pendant quatre semaines à moins de dix mille francs.

Une palette
de destinations originales
pour une *année* riche en couleurs

HAVAS VOYAGES
VACANCES GARANTIES

Comment se rendre au Guatemala

GO VOYAGES. 6, rue Troyon 75017 Paris ✆ **0 803 803 747 - Minitel 36 15 GO - Internet http://www.govoyages.com.** Pour voler moins cher, Go Voyages propose plus de 500 destinations à travers le monde et un choix important de vols charters. Vols à prix serrés pour le Guatemala. Egalement un combiné « avion + voiture », une formule astucieuse qui permet de combiner le transport aérien et une location de voiture pendant une semaine.

A Chichicastenango

HAVAS VOYAGES. 450 adresses en France - Minitel 3615 code HAVAS VOYAGES. Conseils utiles sur tous les produits des autres voyagistes. Air Havas : 410 destinations dans le monde entier, aux meilleures conditions et sur les meilleures compagnies régulières. Séjours et billets pour le Guatemala à tarifs avantageux.

IKHAR. 32, rue du Laos 75015 Paris ✆ **01 43 06 73 13.** Cette agence, spécialisée dans les circuits culturels, les séjours « nature grand spectacle » et les voyages sur mesure, propose un circuit associant Guatemala, Belize et Honduras. Pendant quinze jours, vous partirez à la découverte des trésors archéologiques de la grande route maya en compagnie de guides-conférenciers chevronnés.

ITINERANCES. 26, rue Botzaris 75019 Paris ✆ **01 40 40 75 15.** Découvrez le berceau de la civilisation maya, de Antigua à Tikal en passant par Todos Santos, au cours d'un circuit de quinze jours en voiture privée avec chauffeur-guide parlant français et hébergement dans des hôtels trois étoiles.

JET TOURS. (Catalogue en agences de voyages) ✆ **01 45 15 77 30.** Jet Tours propose plusieurs types de circuits au Guatemala, certains combinés avec le Honduras ou le Mexique. Hébergement en hôtel trois étoiles et guide accompagnateur.

KUONI. 40, rue de St-Petersbourg 75008 Paris ✆ **01 42 82 04 02.** Avec ce tour-opérateur qui depuis longtemps a fait ses preuves, découvrez le Guatemala au cours d'un circuit combiné au Mexique ou au Honduras. Séjours également au moment de la fête de la Saint-Thomas à Chichicastenango. Possibilité de voyage à la carte également.

LOOK VOYAGES. 48 bureaux en France et billets en vente dans toutes les agences de voyages ✆ **01 53 43 13 13 - Minitel 3615 LOOK VOYAGES - 3615 LOOK CHARTER - 3615 PROMOVOL.** 400 destinations moyens et longs courriers, en vols secs à prix réduits avec un fort volume sur le bassin méditerranéen, les Antilles, la Réunion, l'Amérique du Nord et l'Asie. Parmi ces destinations, certaines sont aussi proposées sous forme de forfaits, circuits et séjours à la carte, formules-clubs (dont certains pour célibataires), week-ends et voyages intrépides dans des contrées lointaines. Le Guatemala est proposé en extension d'un séjour au Mexique.

Boîtes à souvenirs

Fiables, résistantes et issues

d'une technologie de pointe les cassettes Vidéo TDK

sont conçues pour conserver ce que vous avez

de plus cher..... vos souvenirs.

Il y aura toujours une qualité et une durée

de cassette adaptée à vos exigences.

Alors bonnes balades...futées.

Ne laissez pas vos découvertes
partir aux oubliettes...

Comment se rendre au Guatemala

NOUVELLES FRONTIERES. 2, rue du Dr Lombard 92441 Issy-les-Moulineaux. 150 agences à Paris et en province ✆ 0803 333 333 - Minitel 3615 NF ou 3616 NF. Le choix, la qualité ainsi qu'un excellent rapport qualité-prix, Voici certainement ce qui caractérise chaque voyage avec Nouvelles Frontières. Découvrez ainsi le Guatemala en autotour ou au cours d'un circuit de vingt-et-un jours intitulé « Guatemala insolite » pour avoir une approche de la population dans ses réalités quotidiennes à travers les marchés de l'Altiplano.

PRIVILEGES VOYAGES. 38, avenue Marceau 75008 Paris ✆ 01 47 20 04 76. Privilèges Voyages est l'un des spécialistes français du voyage de luxe et propose au Guatemala un circuit de dix jours dans les principaux sites touristiques du pays avec hébergement dans les meilleurs hôtels ou en demeure de charme. Possibilité d'extension au Mexique.

TERRES D'AVENTURE. 6, rue Saint-Victor 75005 Paris ✆ 01 53 73 77 77 - 8, rue Henriette d'Angeville 74403 Chamonix ✆ 04 50 55 84 95 - 9, rue des Remparts d'Ainay 69002 Lyon ✆ 04 78 42 99 94 - 50, rue de Paris 59800 Lille ✆ 03 20 15 80 20 - Minitel 3615 TERDAV. Terres d'Aventure propose un circuit de seize jours, dont huit de marche, à travers le Guatemala. Entre le lac Atitlan, les sierras, les fêtes indiennes ou la visite de Tikal, ce séjour permettra aux amateurs de randonnée d'avoir un aperçu très complet du Guatemala.

TERRIEN. 1, allée Turenne B.P. 20324, 44003 Nantes cedex 1 ✆ 02 40 47 93 25. Cette agence nantaise propose un circuit au Guatemala intitulé « Héros mayas et paysans indiens » : treize jours au moment des fêtes indiennes ou à l'occasion de la Semaine Sainte.

TOURMONDE. 67, boulevard Haussmann 75008 Paris ✆ 01 44 56 30 30. Tourmonde se met en quatre afin de vous proposer un large choix de produits touristiques pour visiter dans les meilleures conditions le Guatemala. Grande sélection d'hôtels, un circuit de six jours à travers les principaux sites du pays, des combinés avec le Mexique et le Honduras.

TRADITIONS ET CIVILISATIONS. 164, rue Jeanne d'Arc 75013 Paris ✆ 01 43 36 98 10. Dix jours en hôtels de luxe entre le Guatemala et le Honduras avec un guide-accompagnateur pour comprendre l'influence de la culture espagnole sur la civilisation maya, telles sont les bases du circuit combiné que propose Traditions et Civilisations.

Au départ du bus

Comment se rendre au Guatemala

Minitels futés

3615 DEGRIFTOUR ✆ **08 36 68 28 27** - **3615 DEGRIFMER.** Un à quinze jours avant le départ les soldes de l'industrie touristique, ce qui vous permet de bénéficier de réductions allant jusqu'à 40 % sur les vols, circuits, l'hébergement et les séjours à thème. Dégrifmer offre des remises identiques sur les croisières. La liste des voyages est réactualisée plusieurs fois par jour.

3615 DIRECTOURS. Directours met à votre disposition une base de données « vols secs » à tarifs négociés. Vous pourrez également accéder à de nombreuses offres d'hébergement, d'autotours, de circuits, de combinés… à des prix toujours très compétitifs.

Et aussi : **3617 PROMOVAC**, **3615 BYE BYE**

Chichicastenango

AU DÉPART DE SUISSE

En avion

AIR FRANCE. 3, rue du Mont Blanc 1201 Genève ✆ **(022) 731 33 30.** Au départ de Genève et Zurich, Air France assure un vol quotidien pour Guatemala City (via Paris et Houston) en partenariat avec Continental Airlines. Compter environ quinze heures de trajet.

Air France propose toute une gamme de produits très attractifs, avec notamment les tarifs « Tempo », accessibles à tous, et les tarifs « Tempo Jeunes » pour les moins de 25 ans, avec contraintes allégées et une garantie d'assistance-rapatriement gratuite.

AMERICAN AIRLINES ✆ **(022) 310 10 33.** Au départ de Zurich, la compagnie américaine propose un vol pour Guatemala City via Miami. Compter environ quinze heures de trajet.

Comment se rendre au Guatemala

IBERIA. 14, rue du Mont Blanc 1201 Genève ✆ **(022) 715 02 40.** La compagnie espagnole propose au départ de Genève et Zurich un vol quotidien pour Guatemala City via Madrid. Compter environ quinze heures de trajet.

KLM. Aéroport de Genève ✆ **(022) 798 37 77.** Cinq jours par semaine, les lundi, mardi, vendredi, samedi et dimanche, la compagnie néerlandaise assure un vol pour Guatemala City via Amsterdam.

Organisateurs de voyages

CLUB AVENTURE. 51, rue Prevost Martin 1205 Genève ✆ **(022) 320 50 80.** A pied, en pirogue ou en 4x4. Découvrir les coins les plus isolés de la planète, c'est possible avec cette agence qui s'est taillée une solide réputation dans le domaine des circuits découverte et aventure en petits groupes. Club Aventure propose pour le Guatemala, un circuit de seize jours parmi les volcans, les hautes sierras et les principaux marchés du pays.

EXPLORAXION - CLIO. 11, rue du Mont-Blanc 1201 Genève ✆ **(022) 731 70 26.** Des voyages culturels de qualité, en petits groupes avec un conférencier sélectionné avec soin, tel est le credo de Clio. L'agence propose un circuit de quinze jours au Guatemala hors des sentiers battus, ainsi qu'un long itinéraire de vingt-deux jours combiné au Mexique.

KUONI. 8, rue Chantepoulet 1201 Genève ✆ **(022) 738 48 44.** Avec ce tour-opérateur qui a depuis longtemps fait ses preuves, découvrez le Guatemala au cours d'un circuit combiné au Mexique ou au Honduras. Séjours au moment de la fête de la Saint-Thomas à Chichicastenango. Egalement possibilité de voyage à la carte.

Vestiges mayas

*Ruelle dans le village
d'une plantation de café*

NOUVELLES FRONTIERES. 10, rue Chantepoulet 1201 Genève ✆ (022) 732 04 03. Une enseigne-référence en matière de voyages. A consulter pour la multiplicité des destinations proposées, le choix des formules et les prix toujours serrés. Découvrez le Guatemala en autotour ou au cours d'un circuit de vingt-et-un jours intitulé « Guatemala insolite » pour avoir une approche de la population dans ses réalités quotidiennes, à travers les marchés de l'Altiplano.

ORIENSCE VOYAGES. Galeries des Bergues - 8, rue Kéberg, 1201 Genève ✆ (22) 906 40 22. Dix jours en hôtel de luxe entre le Guatemala et le Honduras avec un accompagnateur-guide pour comprendre l'influence de la culture espagnole sur la civilisation maya, telles sont les bases du circuit combiné que propose Oriensce Voyages.

Antigua, église de la Merced

AU DEPART DE BELGIQUE

En avion

AIR FRANCE. Boulevard A. Max, 48-50 1000 Bruxelles ✆ (02) 220 08 00. Au départ de Bruxelles, Air France propose un vol quotidien pour Guatemala City (via Paris et Houston) en partenariat avec Continental Airlines. Compter environ quinze heures de trajet.

Air France propose toute une gamme de produits très attractifs, notamment les tarifs « Tempo », accessibles à tous, et les tarifs «Tempo Jeunes» pour les moins de 25 ans, avec contraintes allégées et une garantie d'assistance-rapatriement gratuite.

AMERICAN AIRLINES. 12, Grand' Place, 1000 Bruxelles ✆ (02) 508 77 00. Au départ de Bruxelles, la compagnie américaine propose des vols quotidiens pour Guatemala City via Miami. Compter environ quinze heures de trajet.

IBERIA. 54, avenue Louise, 1000 Bruxelles ✆ (02) 501 19 51. La compagnie espagnole propose au départ de Bruxelles un vol quotidien pour Guatemala City via Madrid. Compter environ quinze heures de trajet.

KLM. Aéroport de Bruxelles ✆ (02) 507 70 70. Les lundi, mardi, vendredi, samedi et dimanche, la compagnie néerlandaise assure un vol pour Guatemala City via Amsterdam.

Organisateurs de voyages

DIVANTOURA. Bagattenstraat 176, 9000 Gent ✆ **223 00 69.** Cette agence propose un circuit de dix-sept jours combinant Guatemala et Honduras, sur les traces des anciens Mayas.

NOUVELLES FRONTIERES. 2, boulevard Lemonnier 1000 Bruxelles ✆ **(02) 547 44 44.** Se renseigner à ce numéro pour connaître les coordonnées des 10 autres comptoirs. Vols simples, séjours ou circuits découverte, tout est décrit dans leur volumineux catalogue illustré et gratuit. Circuit découverte au Guatemala à la rencontre des richesses mayas.

Arbre national, Ceiba

AU DEPART DU CANADA

Organisateurs de voyages

CLUB AVENTURE VOYAGES. 1221, rue Saint-Hubert, Montréal ✆ **(514) 286 9290.** Sensations fortes assurées ! Le Club Aventure est l'agence par excellence quand on cherche l'aventure avec un grand « A ». Plus de 47 itinéraires, loin des sentiers battus, aux quatre coins du monde : l'Afrique, le Moyen-Orient, l'Océanie, l'Asie, l'Europe ou les Amériques. Ces itinéraires découverte sont ouverts aux intrépides fortunés. Pantouflards, s'abstenir ! Plusieurs circuits au Guatemala.

NOUVELLES FRONTIERES. 1001, rue Sherbrooke Est, bureau 720, Montréal ✆ **(514) 526 6774.** Embarquez pour des petits coins de paradis perdus dans le cadre d'un circuit, d'un séjour, d'un autotour ou d'une croisière. Nouvelles Frontières vous propose, comme toujours, un large éventail de formules à petits prix.

Formalité
adresses utiles

FORMALITES

Pour voyager au Guatemala aucun visa n'est exigé.

Les ressortissants français, belges, suisses et canadiens doivent posséder un passeport valide encore pendant au moins six mois après la date de retour, ainsi qu'un billet de retour ou de continuation.

ADRESSES UTILES

En France

Ambassade du Guatemala. 73, rue de Courcelles 75008 Paris ℂ 01 42 27 78 63.
Office du tourisme. Adresse et numéro de téléphone identiques.

En Suisse

Pas d'ambassade du Guatemala en Suisse mais un **consulat** au 10 bis, rue du Vieux Collège BP 499, Genève 3 ℂ (22) 31 14 022.

En Belgique

Ambassade du Guatemala. Avenue Winston Churchill 185, 1180 Bruxelles ℂ (322) 34 59 047.

Au Canada

Ambassade du Guatemala. 130, Albert Street, suite 1010, Ottawa, Ontario KIP 5G4 ℂ (613) 233 72 37.

Vue sur le lac Atitlan

Les country guides du Petit Futé : cultur

Le Monde
Revue de presse

ENQUÊTE. LA BANQUE INTERAMÉRICAINE DE DÉVELOPPEMENT INVESTIT DANS LE « CAPITAL SOCIAL » ET L'ÉCONOMIE DE PAIX

Les paysans guatémaltèques réapprennent à vivre et à produire ensemble

Nous sommes des gens pauvres, humbles, mais nous sommes aussi des Guatémaltèques et nous avons les mêmes droits que les autres.» Lazaro Gimenez se dandine d'un pied sur l'autre et reprend la liste de ses griefs. « Avant, on nous avait déjà promis beaucoup de choses comme l'électricité, et nous n'avons toujours rien. Depuis que les accords de paix ont été signés et que les gens sont revenus sur leurs terres, on nous a promis de l'argent pour notre communauté, mais nous ne voyons rien venir. Alors, cette fois, nous voulons bien croire au programme Decopaz, penser que c'est bon pour nous, mais il faut que cela se fasse. Il ne faut plus nous mentir... »

Enhardis par l'intervention du jeune paysan visiblement désigné comme porte-parole par la communauté, d'autres habitants de San Andres de Huistas, modeste village situé dans le nord du Guatemala, à 80 kilomètres de la frontière mexicaine, prennent la parole. Les propos qui se veulent mesurés, mais fermes, sont traduits en « mam », le dialecte indigène local (l'un des vingt et un parlés dans le pays) à l'attention de la population sagement rassemblée sur la place du village et qui, dans sa grande majorité, ne parle pas l'espagnol.

L'un après l'autre, les plus âgés en premier, les femmes en dernier, tous exposent les espoirs qu'ils placent dans les programmes de développement local et leurs craintes de devenir des « oubliés de la paix », après avoir été si longtemps les victimes de la plus longue guerre civile qu'ait connue le continent.

Le conflit entre l'armée et les guérillas a duré plus de trente-cinq ans, faisant entre 100 000 et 150 000 morts. Les négociations de paix se sont éternisées plus de dix ans et ce n'est que le 29 décembre 1996 que le gouvernement d'Alvaro Arzu, le président guatémaltèque, et les chefs de la guérilla ont signé le traité mettant fin au conflit. La communauté internationale s'est mobilisée pour aider les onze millions de Guatémaltèques à réapprendre à vivre et à produire ensemble. Les pays donateurs ont octroyé, en janvier 1997, une aide de 1,9 milliard de dollars afin de financer le programme de paix que le gouvernement entend appliquer sur quatre ans, de 1997 à l'an 2000.

Les institutions financières multilatérales ont aussi voulu appuyer le redressement économique du pays. A l'occasion d'une visite effectuée au Guatemala début mars, James Wolfensohn, le président de la Banque mondiale, a approuvé l'octroi de 230 millions de dollars de crédits afin de renforcer les infrastructures, le secteur éducatif, mais aussi le système d'administration financière.

De son côté, la Banque intraméricaine de développement (BID), l'organisme washingtonien le plus présent en Amérique latine, a avalisé plusieurs programmes, dont un prêt de 132 millions de dollars destiné à moderniser le système financier. Mais l'initiative la plus ambitieuse et la plus novatrice de la banque a consisté à lancer au Guatemala son Programme de développement communautaire pour la paix, dit Decopaz.

RÉFUGIÉS

Les quelque 400 000 paysans concernés par l'expérience Decopaz sont invités à définir eux-mêmes les projets qu'ils estiment prioritaires, à passer contrat avec les entreprises et les services susceptibles de les réaliser, et à assumer la responsabilité financière des diverses opérations qu'ils se seront réappropriées après les avoir lancées. Au total, la banque a décidé de consacrer 50 millions de dollars à ce programme, auquel le gouvernement guatémaltèque apportera 5,6 millions de dollars supplémentaires.

Les communautés appelées à bénéficier de ce programme ont été sélectionnées en fonction des critères de pauvreté, mais aussi en tenant compte des effets causés par trois décennies de guerre civile. La région du Quiché, au nord du pays, l'une des plus touchées par le conflit, a été retenue, ainsi que celle de Huehuetenango, affectée elle aussi par les combats en même temps que par l'exil, puis par le retour de milliers de réfugiés qui avaient fui vers le Mexique voisin lors des « années terribles » de la guerre, entre 1979 et 1982.

TRAVAIL D'EXPLICATION

Environ 48 000 réfugiés guatémaltèques ont regagné leur pays depuis 1992, lorsque les combats ont commencé à se calmer, mais il en reste encore 29 000 au Mexique. « Ces dernières années, nous avons accueilli environ 20 000 personnes dans ces centres, explique Francisco Fuentes, l'un des responsables de Decopaz en désignant les baraquements situés au milieu de nulle part, à quelques dizaines de kilomètres de la ville de Huehuetenango. Des réfugiés, mais aussi des desplazados, ces paysans qui se sont déplacés d'une région à l'autre au gré des conflits. » C'est cette population à laquelle s'ajoutent les démobilisés, les combattants de l'une ou l'autre faction dont certains se sont constitués en redoutables bandes armées que s'adresse le Programme de développement communautaire pour la paix. A San Andres, où la délégation Decopaz effectue une brève visite, il s'agit de financer les urgences définies par les 6 000 âmes qui composent cette communauté. A savoir ce système de drainage pour lequel la représentante de la BID, Iliana Walesa Pastor, s'est engagée à trouver les quelque 800 000 quetzales (la monnaie locale) qui manquent pour le mener à bien. Mais aussi d'apprendre à des paysans qui souvent ont combattu face à face, à se « refaire à nouveau confiance », explique cette dernière.

C'est donc à un long travail d'explication et de valorisation des programmes, mais aussi de pacification des esprits, que doivent se livrer les équipes de Decopaz. Il faut visiter chaque hameau, parfois à dos de mulet, voire à pied, coucher éventuellement sur place sous une toile de tente et parler, parler longtemps, pour faire en sorte que personne ne se sente exclu, que chacun participe à une entreprise qui se veut collective.

Là où la guerre a, toutes proportions gardées, fait moins de dégâts économiques, le dialogue semble plus aisé. Ainsi à San Pedro Nicta, le conseil municipal de cette agglomération de 25 000 personnes sait déjà gérer un budget. Et parler d'investissements. Ici, la priorité ira à l'énergie électrique, pour fournir les villages de montagne qui en sont encore dépourvus alentour. « Mais nous avons aussi beaucoup d'autres besoins », avertit Jose Antonio Morales, le premier conseiller municipal. « Il nous faut de l'eau potable, des travaux d'assainissement, des écoles. Tout est prêt, nous avons tout calculé », ajoute-t-il en tendant, avec un large sourire, une impressionnante liste de revendications minutieusement chiffrées.

Le programme Decopaz est prévu seulement pour une durée de trois ans. Il a été officiellement signé en novembre 1996, mais n'a véritablement démarré qu'un an plus tard. « Dans beaucoup d'endroits, nous en sommes encore au stade de la promotion des programmes auprès de la population. En l'espace de trois mois, mes équipes sont censées visiter 500 communautés encore traumatisées par la guerre, alors que beaucoup de questions, comme celle de la propriété de la terre,

n'ont pas été réglées, que l'on déterre encore c'est arrivé il y a trois jours des dizaines de corps ensevelis dans des fosses communes, souligne Ivan Conoir, le représentant local du CECI, l'une des plus importantes organisations non gouvernementales canadiennes qui participent au programme Decopaz. C'est un défi économique et culturel colossal. Il faudrait une année de plus. »

SERGE MARTI
05/05/98

L'ÉTRANGE CROISADE DU PRÉSIDENT GUATÉMALTÈQUE CONTRE « CRONICA »

Les journalistes de l'hebdomadaire, fleuron de la presse indépendante, s'étonnent du combat « obsessionnel » que leur livre Alvaro Arzu.
Ce dernier « a pris la tête d'une campagne » pour le boycottage publicitaire de la revue, affirme le procureur des droits de l'homme, Julio Arango

QUELLE MOUCHE a donc piqué le président Alvaro Arzu ? se demandent, unanimes, les éditorialistes de la presse guatémaltèque, qui se perdent en conjectures sur les origines de la phobie du pouvoir à l'égard de l'hebdomadaire le plus influent du pays, Cronica. « Le chef de l'Etat cherche à nous asphyxier économiquement en menant contre nous un boycottage publicitaire, cette forme de censure indirecte qui équivaut à une condamnation à mort, parce qu'il ne supporte pas la moindre critique », expliquent les journalistes de Cronica dans une série d'articles qui dénoncent « la stratégie destructrice et antidémocratique » d'un président porté aux nues par la communauté internationale pour avoir signé la paix avec la guérilla, en décembre 1996.

La polémique entre le pouvoir et Cronica est devenue une véritable affaire d'Etat à la suite de la résolution émise le 31 mars par le procureur des droits de l'homme, Julio Arango. L'ombudsman a, en effet, confirmé la validité des accusations portées par la revue contre le gouvernement. « Nous disposons d'éléments suffisants, a expliqué M. Arango, pour affirmer que le président Arzu a pris la tête d'une campagne visant à convaincre les annonceurs de ne pas acheter d'espace publicitaire auprès de Cronica. Cette politique a pour objectif de détruire cette revue, mais aussi de freiner la transition démocratique. »
Outre les témoignages de plusieurs directeurs de journaux, l'ombudsman cite une circulaire interne de la présidence qui interdit explicitement à tous les fonctionnaires d'accorder des entretiens « à la presse écrite, et plus particulièrement à Cronica et au quotidien El Periodico ». Cette interdiction s'étend à la publication d'informations d'intérêt public et même aux... notices nécrologiques payées par le gouvernement. Dans sa dernière livraison, datée du 17 avril, Cronica publie un entretien avec le procureur des droits de l'homme.

Le Monde
Revue de presse

Ce dernier juge très sévèrement l'action du président Arzu et lui reproche d'avoir saisi la Cour suprême de justice pour faire annuler sa résolution. « J'ai prononcé un verdict moral dénonçant la violation de la liberté d'expression et de pensée, qui est la base de toutes les libertés, explique-t-il. Ma décision ne peut en aucun cas être contestée en appel, car cela reviendrait à remettre en question la fonction de l'ombudsman, qui est une institution indépendante et démocratique. Ce serait un coup d'Etat. »

« DE NOUVEAUX LECTEURS »

Que reproche donc le chef de l'Etat à cette revue de qualité, qui est lue par plus de 50 000 personnes et a pris la tête de tous les combats contre les abus de pouvoir depuis sa création, il y a dix ans ? « Personne, pas même nous, ne sait ce qui irrite Alvaro Arzu au point de vouloir nous détruire, écrit Cronica. Nous l'avons félicité à de nombreuses reprises, notamment lorsqu'il a procédé à d'importants changements à la tête de l'armée et pour la manière dont il a conduit le processus de paix en 1996. »

Les critiques sont venues plus tard, avec l'accroissement spectaculaire de la criminalité et le ralentissement économique. « Incapable de reconnaître ses erreurs, hypersensible à la critique, ajoute Cronica, Arzu s'est retourné contre la presse, qu'il accuse de donner une image négative de son gouvernement. » Il est vrai que l'hebdomadaire, mais aussi les plus importants quotidiens du pays, en particulier El Periodico, Prensa Libre et Siglo Veintiuno, n'ont pas été tendres à l'égard du président, à qui ils reprochent son « arrogance » et son « autoritarisme ». L'ensemble de la presse écrite l'accuse de vouloir diriger le pays comme s'il s'agissait d'une entreprise privée. « Nos différends ne sont pas idéologiques, c'est une obsession personnelle », soutient Cronica, qui défend des points de vue tout aussi conservateurs que le chef de l'Etat mais soupçonne sa formation, le Parti pour l'avancement national (PAN), de chercher à se perpétuer au pouvoir en s'alliant avec l'ancienne guérilla.

Au début du mois, l'équipe de Cronica avait annoncé qu'elle suspendrait sa publication fin avril si les pressions du gouvernement se maintenaient. « Ce n'est pas une question d'argent nos finances sont très saines mais plutôt une affaire de dignité et une manière de protester énergiquement contre un abus de pouvoir », avait-elle expliqué. Le verdict de l'ombudsman et la solidarité exprimée par de nombreux secteurs de la société guatémaltèque semblent avoir inversé le rapport de forces. « L'hostilité d'Arzu nous a permis de gagner des milliers de nouveaux lecteurs, ironise l'éditorialiste de Cronica. Merci, Monsieur le président ! »

BERTRAND DE LA GRANGE
21/04/98

GENERALITES

AVANT DE PARTIR

FORMALITES

Au départ de France, Belgique et Suisse, il est inutile de prévoir un visa : sur présentation de votre billet aller-retour et d'un passeport valable pour encore au moins six mois, un visa gratuit valable jusqu'à trois mois vous sera remis dès que vous aurez complété votre carte d'immigration. La carte de tourisme vous sera remise dans l'avion et sera exigée à votre descente d'avion. Si vous entrez dans le pays par voie terrestre (en provenance du Mexique par exemple), elle est disponible au poste frontière où vous devrez théoriquement la remplir. Pour entrer ou sortir du territoire, une taxe vous sera réclamée. A l'aéroport La Aurora de Guatemala Ciudad elle est officiellement de 150 quetzals (taxe + taxe d'aéroport). Si vous quittez le pays par une frontière terrestre, son prix est… variable ! mais tourne en général autour de 20 Q.

Les formalités pour les Canadiens sont un peu plus contraignantes. Ils doivent se faire établir un visa, pour une durée de trente jours, auprès du consulat. Attention, la durée d'obtention peut être relativement longue.

Un mineur voyageant seul devra présenter en plus une autorisation signée des deux parents et visé par le consulat guatemaltèque du pays d'origine.

Au niveau sanitaire, aucune vaccination n'est exigée à l'entrée sur le territoire, mais il est préférable de se faire traiter contre le paludisme si vous envisagez de randonner dans les forêts du nord. La fouille des bagages est relativement rare et, notamment aux contrôles de douane terrestres, liée au montant de la taxe versée : on vous réclamera sans doute plus que la taxe légale, pour l'appareil photo, pour le camescope, etc., le douanier encaissant la différence. Vous pouvez bien sûr tenter de négocier, mais prenez garde à ne jamais oublier qui a le pouvoir de créer des ennuis à l'autre…

ADRESSES UTILES

En France

Ambassade du Guatemala. 73, rue de Courcelles 75008 Paris ✆ 01 42 27 78 63 - Fax 01 42 27 05 94 - Internet www-travel-guatemala.orh.gt - E-MAIL embguafr@easynet.fr. *Ouverte au public de 9 h à 13 h.*

Consulat du Guatemala. mêmes adresse et numéro de fax, ✆ 01 42 27 15 77

Office de tourisme. même adresse, ✆ 01 42 27 78 - Fax 01 42 27 05 94

En Belgique

Ambassade du Guatemala. bd Général Wahis 53, B-1030 Bruxelles ✆ (2) 736-0340 - Fax 736-1889

En Suisse

Consulat du Guatemala. Dodistrasse 17, 8002 Zürich ✆ 01 202 58 15

Consulat du Guatemala. 10, rue du Vieux Collège BP 499 Genève 3 ✆ 311 40 22

Consulat du Guatemala. 14, rue du Midi 1002 Lausanne ✆ 323 42 23. *Ouvert du lundi au vendredi de 9 h à 12 h.*

Au Canada

Ambassade du Guatemala. 130 Albert street, suite 1010, Ottawa ON K1P 636 5G4 ✆ (613) 224-4322 - Fax 237-0492

Consulat du Guatemala. 615 bd René-Lévesque Ouest, bureau 540, Montréal, QC ✆ (514) 393-9202 - Fax 874-4831

Autre adresse : 736 Granville Street, suite 1400, Vancouver ✆ (604) 682-4831

Inguat (Institut Guatémaltèque du Tourisme). 72 Mc. Gill Street Toronto Ontario M5B 1H2 Canada ✆ (416) 348 8597.

ARGENT

La monnaie du Guatemala est le **quetzal**, du nom de l'oiseau emblématique du pays, si difficile à rencontrer. Il est symbolisé dans les commerces par la lettre **Q** et se divise en **centavos**. Cent centavos équivalent à un quetzal. On trouve des pièces de 1 (plus beaucoup), de 5, de 10 et de 25 centavos. Pour ce qui est des billets, on trouve en circulation ceux de 0,5, de 1, de 5, de 10, de 20, de 50 et enfin de 100 Q.

Indexé sur le dollar, le quetzal est une monnaie relativement stable, sa valeur oscillant entre 5, 50 Q (quetzal) et 6 Q pour un dollar ($). Un quetzal équivaut donc approximativement à un de nos francs, sa valeur en fonction des augmentations du dollar dépassant même parfois celle du franc (1,10 franc pour un quetzal). Monnaie relativement forte donc, qu'il est toutefois impossible de se procurer auprès des banques même auprès de la banque de France. On pourra acheter quelques dollars qu'acceptent de nombreux commerçants, mais qui vous rendront alors la monnaie en quetzals.

Malgré le développement grandissant des guichets automatiques, il est préférable d'avoir des chèques de voyages (en dollars) pour parer à toute éventualité. Les contrôles sont très stricts pour éviter les arnaques, ce qui entraîne un peu d'attente et parfois même un refus. Si théoriquement tous les chèques de voyages sont acceptés dans toutes les banques, il est toutefois hautement risqué de partir avec des chèques de voyages autres qu'American Express. En effet, sur le terrain, les chèques Visa (pour n'en citer qu'eux), bien qu'en expansion, se voient parfois refusés aux guichets de presque toutes les agences bancaires. Pour éviter toutes mauvaises surprises comme se retrouver coincé sans un sou dans l'impossibilité de changer ses travellers chèques, le mieux est donc de partir pourvu d'American Express, véritable sésame valable dans tout le pays.

DECALAGE HORAIRE

En hiver, le décalage horaire est de 7 heures avec la France. S'il est 14 heures en France, il sera 7 h du matin au Guatemala.

En été au Guatemala, le décalage est de 8 heures.

PAPIERS

Avant de partir, faites deux à trois exemplaires (photocopies) de votre passeport que vous répartirez entre votre sac à dos et votre poche holster ou ventrale. Quant à votre passeport laissez-le de préférence dans le coffre-fort de votre hôtel si celui-ci est équipé ; sinon, gardez le sur vous, en sécurité dans votre poche secrète. Prenez également soin des papiers de l'asssurance que vous aurez souscrite avant de partir (faites en également une copie). Vérifiez qu'ils comportent bien le numéro de téléphone à contacter en cas d'urgence, et votre numéro de sociétaire (on vous le demandera). Gardez également précieusement le numéro de téléphone d'opposition carte bleue au cas de vol.

ASSURANCE

Si vous n'en êtes pas détenteur, contractez d'ores et déjà un contrat d'assurance rapatriement, réflexe qui vaut aussi bien pour les grands voyages que pour les petits. Demandez avant toute chose s'il est valable pour le Guatemala, certaines compagnies d'assurances refusant de prendre en charge les incidents survenus dans les pays politiquement instables, ce qui n'est lus le cas du Guatemala. Lisez le attentivement pour prendre connaissance de toutes les modalités et notez votre numéro de sociétaire et le numéro de téléphone à appeler en cas d'urgence. Ces deux numéros sont à garder sur vous, dans votre ceinture ventrale de préférence.

Pour ne pas perdre de temps en recherche fastidieuse, le Petit Futé, en étroite collaboration avec **Gesa Assurance**, le spécialiste de l'assurance tourisme, propose une assistance avec des garanties complètes à un prix bien évidemment futé.

Enfin un dernier conseil. : en cas de problème, pensez à rassembler et à garder avec vous toutes les factures des frais que vous auriez à engager sur place dans l'attente de votre rapatriement. Elles vous seront utiles pour vous faire rembourser auprès de votre compagnie d'assurance.

SANTE

Vaccination

Au départ de France, Suisse, Belgique où encore Canada, aucune vaccination n'est officiellement exigée pour se rendre au Guatemala. En revanche, si vous venez d'un pays d'Amérique du Sud en proie régulièrement à des crises endémiques de fièvre jaune, il vous sera réclamé un certificat de vaccination, au risque si vous ne pouvez le présenter, de vous voir refouler à la douane. Aucune autre vaccination n'est exigée.

Selon les conditions dans lesquelles vous allez voyager (sac à dos, écotourisme) quelques vaccinations et mesures de protection sont toutefois recommandées contre quelques maladies et infections graves. Il paraît en effet réellement opportun de se vacciner contre les hépatites A et B et contre la typhoïde, maladies et infections qui ne sont étrangères ni à nos villes ni à nos campagnes.

L'hépatite A et l'hépatite B se transmettent principalement par l'eau et une nourriture souillée pour la A, et par la salive et au cours de rapports sexuels pour la B. Le vaccin contre l'hépatite A se compose de deux injections, celui contre l'hépatite B de trois.

Quant à la fièvre typhoïde, comme les hépatites, elle se transmet à l'homme par une eau polluée et par une nourriture préparée dans de mauvaises conditions d'hygiène. Elle se traduit principalement par une forte infection intestinale particulièrement douloureuse. Une simple injection suffit à s'en protéger.

Rage

La rage est endémique dans de nombreux pays d'Amérique Centrale (comme en France d'ailleurs) dont le Guatemala. Transmise par morsure ou simple griffure, la rage reste une maladie mortelle si les soins ne sont pas donnés en temps voulu. Les chiens errants étant particulièrement nombreux dans le pays, mieux vaut alors, si vous voyagez avec sac à dos, et si vous pensez fréquenter les petits villages des Hautes Terres en dehors des grands itinéraires touristiques, vous faire vacciner contre cette maladie.

Paludisme

Il n'existe pas de vaccin contre le paludisme appelé également malaria, mais seulement des traitements médicamenteux préventifs (traitement anti - paludéen), qui se composent généralement de pilules à prendre tous les jours durant votre séjour sur place ainsi que dans les jours suivant votre retour. Renseignez auprès de votre médecin. Cette maladie est transmise à l'homme par un moustique, l'anophèle, qui sévit tout particulièrement la nuit. En plus des traitements médicamenteux (paludrine, nivaquine) on pourra tout simplement éviter d'être piqué en ne laissant à l'air libre, le soir venu, que le minimum de surface de peau nue (pantalons et des chemises à manches longues de circonstance donc). On complètera ses mesures de protection, que certains trouveront déjà contraignantes, par l'application sur la peau le soir venu d'un répulsif efficace (Insectes Ecran Peau) et d'un second répulsif (Insectes Ecran Vêtement), à vaporiser directement sur les vêtements.

Dengue

Comme pour le paludisme, la dengue est transmise par les moustiques. Il n'existe pas de traitement médicamenteux ni de vaccin contre cette maladie tropicale dont le principal symptome est une forte fièvre. On veillera alors à se protéger efficacement contre ses « gentils » insectes avec entre autres quelques parades simples comme utiliser un répulsif (voir paludisme).

Choléra

Cette maladie d'un autre âge survit de façon endémique dans l'ensemble de l'Amérique latine et donc au Guatemala. Les voyageurs devront, dans la mesure du possible, particulièrement surveiller leur nourriture.

Pour de plus amples renseignements, adressez-vous au centre hospitalier universitaire de votre région ou au centre anti-poison le plus proche.

DEMANDE D'ADHESION

A nous retourner dûment remplie (ou sa photocopie), ainsi que votre chèque de règlement à l'adresse suivante :

GESA ASSISTANCE • Service commercial
22, rue du Gouverneur Général Eboué 92798 Issy-les-Moulineaux
Tél. 01 55 92 12 12 - Fax 01 55 92 40 50

Adresse du souscripteur en France ....
....
....

Nom et prénom des bénéficiaires
1re personne ....
2e personne ....
3e personne ....
4e personne ....
5e personne ....

Durée ❏ 1 mois ❏ 2 mois ❏ 3 mois

Date de départ ....

Date de retour ....

Destination :
❏ **France, zones 1, 2 et 3**
❏ **Reste du monde**

Prime .... x nb de personnes = ... FF TTC

Fait le .... à .... **Signature**

ATTENTION • Toute demande d'adhésion doit nous être adressée au plus tard 72 heures avant votre départ afin que votre contrat puisse vous parvenir par courrier.

Trousse à pharmacie

Le Guatemala n'est pas la Suisse ni l'Espagne. Les conditions d'hygiène ne sont pas franchement les mêmes que celles en cours dans notre pays, comme le climat d'ailleurs, tropical chaud et humide pour une bonne partie du territoire guatémaltèque, où une simple griffure peut très vite s'infecter. Il paraît donc nécessaire de se munir d'une petite trousse à pharmacie pour éviter les problèmes inhérents à ce genre de voyage.

- un produit antiseptique et désinfectant pour les coupures ou griffures. On trouve ce genre de produits dans les pharmacies sous forme de dosettes hermétiques.
- une bande et des pansements.
- une pommade pour les contusions ainsi que pour les foulures et autres luxations des chevilles et poignets.
- une pince à épiler. Elle conviendra parfaitement pour les épines et échardes coincées sous la peau.
- du paracétamol ou bien de l'aspirine contre les douleurs et les fièvres. Prenez-les de préférence en comprimé ou sous forme de lyoc, vous n'aurez pas alors à les diluer dans de l'eau.
- un antidiarrhéique. Ce type de médicament est indispensable, les touristes étant couramment victimes de la fameuse turista.
- un désinfectant intestinal (genre Ercéfuryl) qui accompagnera la prise de l'antidiarrhéique.
- un antihistaminique contre les allergies et démangeaisons dûes aux piqûres d'insectes.
- des comprimés pour la stérilisation de l'eau (genre Micropur).
- un traitement contre le mal des transports particulièrement adapté aux voyageurs ayant l'intention de se rendre dans les Hautes Terres.

Conseil. Pour éviter qu'elles ne prennent trop de place dans votre sac à dos, laissez les boîtes chez vous et n'emportez que les médicaments et les notices d'utilisation regroupées dans une pochette plastique par exemple

Avant de partir. Une visite chez le dentiste est une bonne précaution. Hors Guatemala Ciudad, vous ne trouverez pas facilement ce genre de spécialiste.

VETEMENTS

Outre les vêtements habituels communs à toutes les valises ou sac à dos, il paraît nécessaire de s'équiper de quelques vêtements et accessoires particulièrement adaptés au Guatemala où règne non pas un seul climat mais une variété de conditions climatiques.

- un vêtement de pluie. Pour les voyageurs en sac à dos, un poncho suffisamment large pour contenir le sac à dos s'impose, surtout si vous avez décidé de voyager entre mai et octobre, en pleine saison des pluies.
- un pantalon large et en coton, pour voyager en bus, marcher ou visiter les villes et sites archéologiques. Un short fera tout aussi bien dans de nombreux endroits mais un pantalon vous protègera paticulièrement bien du froid dans les Hautes Terres, si vous vous lancez dans l'ascension d'un volcan par exemple, ou des moustiques dans les forêts du Petén.
- un pull et un sweat-shirt. Les nuits sont particulièrement fraîches dans les Hautes Terres et un pull sera le bienvenu en soirée.
- des chaussures fermées et montantes. Si vous souhaitez marcher en montagne comme dans les basses vallées humides du Petén, de bonnes chaussures de marche sont toutes indiquées.
- tongs ou claquettes pour la douche, l'état de propreté de certains établissements laissant à désirer.

Ecrivez-nous sur internet : info@petitfute.com

ACCESSOIRES

Il semble tout indiqué pour les voyageurs de se munir de quelques accessoires qui pourront leur être d'une grande utilité une fois sur place et les aideront à apprécier un peu plus encore leur voyage.

- une ceinture porte monnaie ou tout autre dérivé de la poche holster à la « banane » extra-plate (poche ventrale) à porter sous ses vêtements au niveau de la ceinture.
- un sac de couchage. Il paraît indispensable d'en emporter un. Quand l'état des literies laisse à désirer (cela peut arriver) on peut au moins s'y glisser. Confectionnez-en un en coton pour qu'il ne soit pas trop difficile à supporter dans les régions au climat tropical chaud et humide comme le Petén. On l'appréciera autant pour remplacer des literies à la propreté douteuse que pour se protéger des moustiques dans le Petén ou sur la côte Pacifique.
- un couteau suisse ou un Opinel.
- un cadenas.
- un peu de corde fine (pour tendre votre hamac ou étendre votre linge).
- une lampe électrique avec ses piles de rechange ou encore une à deux bougies dans les sites dépourvus d'électricité comme sur le bord du lac Atitlán.
- un nécessaire à couture.
- un dictionnaire français-espagnol.

BIBLIOGRAPHIE

De nombreux ouvrages évoquent le Guatemala au travers principalement de son histoire et de sa littérature.

Histoire, archéologie, art

Pour appréhender dans son ensemble la découverte du Nouveau Monde et la conquête du Mexique, du Guatemala et du continent sud-américain par les Conquistadors, on se penchera sur l'ouvrage de C. Bertrand et de S. Gruzinski « *Histoire du Nouveau Monde* » (Fayard 1992) qui date déjà un peu mais satisfera votre curiosité.

Pour entrer dans le vif de la civilisation maya on pourra commencer par un livre de H. Lehmann « *Les civilisations précolombiennes* » aux éditions P.U.F dans la collection Que sais-je (1994) que l'on fera suivre par l'essai de Paul Gendrop « *Les Mayas* » toujours dans la collection Que sais-je ? Compact, il aborde l'essentiel en un peu plus d'une centaine de pages.

Plus complet le livre d'Eric Thompson « *Grandeur et décadence de la civilisation maya* » (coll. Bibliothèque historique 1993) évoque l'évolution des fabuleuses cités de la jungle du Petén de leurs naissances aux mystères entourant leurs disparitions.

Les Quichés furent l'une des ethnies dominantes du monde maya. On pourra parfaire ses connaissances de cette nation indienne, toujours la première en nombre, avec l'ouvrage de Michel Bertrand en coopération avec le Centre d'études mexicain et centro-américain « *Terre et société coloniale : les communautés Maya-Quichés de la région de Rabinal du XVIᵉ au XIXᵉ* ». Quant aux mordus d'archéologie, ils compléteront leurs lectures avec « *L'archéologie de l'habitat en Alta Verapaz* » de M.C Arnauld (1986).

Les amateurs d'œuvres d'art trouveront plaisir à compulser le livre de Henri Sterlin « *L'art Maya* » paru aux éditions du Seuil, illustré de très belles photos.

On pourra également se faire une idée du Guatemala contemporain et des problèmes auxquels il a dû faire face (dictature, guérilla, répressions militaires, disparitions, servitude et pauvreté de la nation indienne etc.), à travers diverses lectures parfois très dures.

On commencera par la revue Autrement « *Guatemala aujourd'hui* » que l'on complètera par la lecture du livre de Michel Butor « *Terre Maya* » chez La Renaissance du Livre qui évoque la décadence, la lente agonie de la nation indienne.

Plus proche de nous « *Paroles d'indiens du Guatemala* » chez l'Harmattan (1994) aborde au travers d'un personnage attachant Atanasio, fils de paysan pauvre, les années de didacture et leur cortège d'exactions et de disparitions dont est notamment victime sa famille. Romancés, les faits n'en sont pas moins vrais.

« *17, Ciudad Guatemala* » de Jean-Louis Gibrat chez Syros (coll. J'accuse 1993) évoque également le douleureux cas des disparitions au travers la vie d'une famille indienne et l'engagement de l'un de ses membres dans la guérilla.

Et enfin on se penchera sur « *Moi, Rigoberta Menchu* » d'Elizabeth Burgos (Gallimard 1992 coll. Témoins), un livre autobiographique qui, avec des mots simples, présente la désormais célèbre lauréate du Prix Nobel de la Paix durant les années noires de la didacture et les souffrances qu'elle et sa famille durent supporter.

Littérature

Le Guatemala a inspiré quelques célèbres auteurs et aventuriers dès le XIXe siècle. Comme Stephens John Lloyd qui parcourut le Guatemala alors toute jeune république indépendante. Rentré au pays il édita les notes et observations prises au cours de ses pérégrinations. On découvrira avec plaisir « *Aventures de voyage en pays maya* » de 1879 et éditées chez Pygmalion (coll. Grandes aventures de l'archéologie). C'est le livre qui contribua, entre autres, avec un premier ouvrage (« *Palenque 1840* » éd. Pygmalion 1993) édité au retour d'un voyage initiatique autour des années 1840-1850, à faire connaître la civilisation maya jusqu'alors totalement inconnue des scientifiques et du grand public en Europe.

Jean-Marie Le Clézio évoque le monde maya dans son roman « *Les Prophéties de Chilam Balam* » chez Gallimard (1976).

On ne peut étudier sérieusement le Guatemala sans avoir parcouru quelques unes des œuvres de **Miguel Angel Asturias**, le plus grand écrivain guatémaltèque et Prix Nobel de Littérature en 1967. Engagé politiquement aux côtés des opprimés, il a écrit nombres d'ouvrages (« *Deux hivers* », « *Une certaine mûlatresse* »...) ou « *L'ouragan* » (Gallimard 1994) qui dénonce la main mise de grands groupes aux capitaux le plus souvent étrangers sur les terres de la côte Pacifique. « *Le Pape vert* » quant à lui dénonce la pénétration des grandes compagnies bananières sur la côte Caraïbe qui s'accompagna dans les faits aux XIXe et XXe de la spoliation de milliers de propriétaires indiens.

Enfin on ne saurait oublier « *Hommes de maïs* » ainsi que le fameux « *Monsieur le Président* » que certains considèrent comme l'œuvre majeure d'Asturias. Les inconditionnels pourront se lancer dans la lecture de « *Légendes du Guatemala* », œuvre en prose de 1930 préfacée par Paul Valéry.

Pèlerinage à Esquipulas

GEOGRAPHIE

CLIMAT

Le Guatemala jouit d'une grande diversité climatique due à son relief particulièrement accidenté. Les terres basses (côtes pacifique et atlantique, Petén, vallée du Rio Dulce) sont chaudes et humides tout au long de l'année. Il y fait naturellement plus chaud en été (de décembre à mars) avec des températures oscillant entre 30 et 36°C. En hiver (de juin à septembre) les températures sont plus basses, mais cette saison est surtout marquée par de fortes précipitations, qui lui valent le nom de saison des pluies.

Dans les Hautes Terres de l'altiplano guatémaltèque, le climat est un peu plus rude. Les températures s'échelonnent entre 20 et 25°C. Comme pour les basses terres, l'hiver est dominé par une plus grande fréquence des précipitations. Attention, les grandes villes guatémaltèques étant installées entre 1500 et 2300 mètres d'altitude, l'amplitude thermique est importante entre le jour et la nuit, la température pouvant en effet descendre en dessous des 10°C le soir. On y supporte donc aisément un lainage. Les hôtels et pensions des Hautes Terres habitués à ce phénomène équipent tous leurs lits de couvertures.

Alaska

RELIEF

Malgré sa taille modeste (moins de 110 000 km^2), le Guatemala présente un relief varié, entre les sommets des montagnes et des volcans (le plus haut, le volcan de Tajumulco, culmine à 4220 m d'altitude), ses deux littoraux (pacifique et caraïbe) et ses quelques plaines. Celles-ci sont concentrées au nord du pays et sont couvertes de forêts (les essences de bois rares constituent d'ailleurs une des richesses du pays) : c'est la zone connue sous le nom de El Petén. A cette vaste zone s'ajoute les deux plaines côtières. Celle du côté caraïbe se prolonge vers l'intérieur des terres en deux endroits : au-delà du lac Izabal et autour du Rio Motogua. Celle de la côte pacifique est une riche zone agricole, où abondent les plantations de café et de cacao, les vergers et les champs de canne. On y pratique également l'élevage. Cette plaine débouche sur l'océan par de grandes plages de sable volcanique, caractérisé par ses teintes très sombres. Mais l'élément dominant, dans tous les sens du terme, du relief guatémaltèque, est la montagne, qui occupe tout le sud du pays. On distingue essentiellement la chaîne de la Sierra Madre, qui longe le Pacifique sur 260 km et abrite la zone du Haut plateau central, où se trouve les principales villes guatémaltèques (Guatemala Ciudad, Antigua, etc). La plongée vers l'océan et la plaine côtière depuis la Sierra Madre est particulièrement impressionnante. Au nord de cette chaîne se trouve une plus petite, la cordillère des Cuchumatanes. A ces montagnes, on associe naturellement les 33 volcans guatémaltèques. Forêts, montagnes, volcans, plages... n'oublions pas les nombreux lacs et fleuves : le Guatemala propose vraiment tous les types de paysages possibles, et ce changement perpétuel et rapide au fil du voyage n'est pas le moindre de ses atouts.

ZONES PROTEGEES

Riche de sa diversité naturelle, le Guatemala s'efforce de protéger les quelques 20 biotopes recensés par la création de plus d'une cinquantaine de zones protégées. La plus importante de ces zones est la biosphère maya, située au nord du pays et qui représente 15 % du territoire national ; elle abrite aussi bien des parcs naturels (7 parcs nationaux) que des sites architecturaux. En effet, ceux-ci surgissent de la nature et sont donc à mi-chemin entre patrimoine naturel et patrimoine culturel. D'ailleurs, le site de Tikal est le seul au monde classé par l'Unesco à ce double titre au Patrimoine mondial de l'Humanité.

FAUNE ET FLORE

Une large partie du Guatemala est recouverte par la forêt vierge, dans laquelle on trouve une infinité d'essences d'arbres et de variétés de plantes : orchidées, pins, cèdres, acajous. Malgré les efforts récents en faveur de la protection de ces zones, la déforestation fait encore des ravages, comme dans toute l'Amérique Centrale et du Sud : les besoins de l'agriculture se font pressants, comme en témoigne entre autre la zone entre Tikal et Melchor de Mencos. Ces destructions affectent évidemment aussi les animaux qui peuplent ces forêts et il devient difficile d'apercevoir tous ceux qu'adoraient les anciens Mayas : jaguars, quetzals, dindons. Les forêts abritent énormément d'oiseaux (quetzals donc, mais aussi toucans ou perroquets, etc.), quelques félins (jaguars, ocelots, pumas), les tatous, fourmiliers, tapirs et autres pécaris qui leur servent de proie, des iguanes, des serpents et beaucoup de cerfs.

DEMOGRAPHIE

Il y a actuellement au Guatemala 10,9 millions d'habitants, soit une densité moyenne très raisonnable de 100 habitants au kilomètre carré. Bien sûr, la densité réelle des zones habitées, essentiellement concentrées sur le Haut-Plateau, est nettement supérieure (Guatemala Ciudad compte près de 2 millions d'habitants). La population active (plus de 18 ans) représente environ 3,5 millions de personnes et le pays est très jeune : 45 % de la population a moins de 15 ans. On peut distinguer trois grands groupes ethniques : la population blanche, les ladinos, population métisse, et les Indiens, qui représentent plus de la moitié de la population totale. Les inégalités sont évidemment très importantes, puisque la population blanche truste tous les postes à responsabilité tandis qu'à l'autre bout de la chaîne les Indiens se voient cantonnés aux tâches rurales (moins de 10 % accèdent à des études supérieures). Corrolaire de ces différences, le racisme entre les trois communautés alimente, au même titre que les problèmes politiques, les violences qui ensanglantent le pays depuis des décennies. Le terme « indien » regroupe plusieurs réalités puisque, comme les cités mayas marquées par la pluralité, leurs descendants ont des spécificités marquées (langues, coutumes, etc.), qui permettent de distinguer 21 communautés différentes.

Rio Dulce

HISTOIRE

Chronologie

25 000 av. J-C	Arrivée des premiers hommes, ancêtres des mayas sur le territoire actuel du Guatemala
3000 av. J-C	Sédentarisation des premiers agriculteurs
300 av. J.-C	Début de l'ère maya
300 ap. J.-C	Début de l'ère classique, apogée des Mayas
900	Déclin brutal des Mayas, abandon des grandes cités
1523	Arrivée de Pedro de Alvarado au Guatemala
1542	Fondation d'Antigua
1773	Destruction d'Antigua et fondation de Guatemala Ciudad
15 septembre 1821	Indépendance du Guatemala au sein des Etats-Unis du Mexique
21 mars 1841	Guatemala état souverain
1899	Création de l'United Fruit Company
1930	Avènement du général Ubico
1945	Arrivée au pouvoir de Juan Jose Arevalo, début des réformes
1951	Election de Jacobo Arbenz, redistribution des terres
1954	Coup d'état et retour à la dictature
1962	Début de la guerilla
1976	Le plus violent tremblement de terre de l'histoire du pays, 23 000 morts
1991	Election de Jorge Serrano, coup d'arrêt à la dictature
janvier 1996	Election à la présidence de la République de Alvaro Arzu Irigoyen, président en exercice
juin 1996	Accords de paix entre le gouvernement et l'URNG de Rolando Moran

ERE PRECOLOMBIENNE

Elle s'étend de 25 000 ans av. J.-C. avec l'arrivée via le détroit de Béring des ancêtres des indiens d'Amérique à la découverte pour le compte de la couronne d'Espagne, de ce continent jusqu'alors terra incognita par le Gênois Christophe Colomb et du terrible bouleversement qui s'ensuivit pour les populations autochtones. Cette vaste période dite précolombienne a vu naître la civilisation maya, indissociable de l'histoire de l'actuel Guatemala. L'influence des Mayas est omniprésente encore aujourd'hui, non seulement dans les vestiges (nombreux sites magnifiques), mais aussi dans la culture et les coutumes des Guatemaltèques. Malheureusement, pour tous ceux que cette civilisation passionne, les mayas ont laissé fort peu de traces en dehors des monuments : il existait certes de nombreux écrits (leur écriture était très élaborée), mais dans leur bonne volonté de leur inculquer les bienfaits de la civilisation occidentale, les missionnaires espagnols ont largement détruit ce patrimoine. Il reste quelques éléments retrouvés dans les tombes, ainsi que quelques ouvrages, comme, paradoxe amusant, une traduction effectuée par un moine espagnol qui souhaitait ainsi condamner les pratiques mayas et nous a en fait laissé un des plus riches témoignages.

Epoque archaïque (plus de 2000 ans avant J.-C.)

L'installation humaine dans cette région du monde est semble-t-il le fait de peuplades asiatiques ayant traversé le détroit de Bering lors de la baisse des océans consécutive à la formation des glaciers de la période glaciaire. Ces hommes furent primitivement des chasseurs nomades, s'alimentant parmi les troupeaux de chameaux, mammouths et autres animaux dont on a retrouvé des traces fossilisées au Guatemala.

Après l'ère glaciaire, la sécheresse va amener ces peuples à entretenir et cultiver les baies et plantes qu'ils trouvaient auparavant à l'état sauvage : ce sont les débuts de l'agriculture, que des fouilles permettent de dater à 3000 ans avant J.-C. La découverte du maïs va permettre à ces peuples de constituer une base solide d'alimentation et ainsi de prospérer. L'élevage se développe, ainsi que la céramique.

Le site de **Uaxactum** remonte à la fin de cette époque archaïque et constitue donc pour certains archéologues la plus ancienne cité maya ; c'est en tout cas le plus ancien témoignage de vie humaine organisée dans cette région du monde.

Epoque préclassique (2000 avant - 250 après J.-C.)

Les techniques se perfectionnent à tous les niveaux : des fouilles ont permis d'établir que les terres étaient régulièrement brûlées pour faciliter leur culture, le travail de la céramique se raffine également. Tous ces progrès permettent l'accroissement de la population, mais cette civilisation reste assez hétérogène : des villes se développent, comme en témoignent ruines de temples, pyramides et autres maisons en pierre.

Les échanges entre ces cités se développent, chacune exploitant ses richesses naturelles. Ils vont certes favoriser les rapprochements, mais on ne peut parler d'unité. C'est a priori autour de 1000 ans avant J.-C. que les cités situées sur l'actuel territoire du Guatemala se développent et s'organisent, au niveau de la côte pacifique. Ce développement n'est sûrement pas étranger à l'influence des **Olmèques**, les héros de cette période. Implantés plus au nord, ce peuple demeure peu connu, mais il est certain que leur culture extrêmement avancée pour l'époque (calendrier, écriture, architecture) va profondément influencer les Mayas. Les ruines de la cité d'**Abaj Takalik**, près de **Retalhuleu** (côte pacifique du Guatemala) attestent de liens entre les Olmèques et les premiers Mayas.

C'est à la fin de cette période (**préclassique récent** : à partir de 300 avant J.-C.) que s'établissent les fondements de la civilisation maya. La hiérarchie sociale se précise et surtout l'architecture des cités prend sa forme classique avec, autour d'une vaste place, la construction de temples en gradins. C'est leur agrandissement successif par « empilage » qui, de siècles en siècles, va donner naissance aux fameuses pyramides mayas.

LA CIVILISATION MAYA

Période classique (250 - 900)

C'est véritablement l'âge d'or de la civilisation maya et l'apogée de ses plus grandes cités. Après avoir profité de l'influence olmèque, les Mayas vont, au début de cette période (classique ancien, jusqu'en 600), subir les influences de la civilisation de **Teotihuacan**, qui rayonne depuis l'actuel Mexique. Comme ce fut probablement le cas avec les Olmèques des siècles plus tôt, les conquérants vont adopter progressivement les coutumes mayas et le mélange des deux crée la culture esperanza, dont le symbole est la cité de **Kaminaljuyu**, près de Guatemala Ciudad.

De 600 à 900, la civilisation maya existe hors de toute influence extérieure et atteint son apogée, à l'image de sa cité la plus prestigieuse sur le territoire actuel du Guatemala, **Tikal**. Si les normes architecturales des différentes cités sont communes, la taille des constructions, la topographie de chaque ville ou les motifs de décoration employés sont en revanche spécifiques.

Encore une fois, il s'agit d'une civilisation formée d'un ensemble de cités et non d'un empire unifié politiquement : à la puissance de Tikal répond celle de **Uaxactun**, **Seibal**, **Piedras Negras** ou **Quirigua**. Chaque cité ayant eu son histoire spécifique (voir à ces différents noms), il est plus facile de caractériser les Mayas par quelques traits culturels que par des événements historiques. On retient essentiellement leurs extraordinaires connaissances en arithmétique, en astronomie, le travail de la céramique et leur écriture.

CIVILISATION MAYA

Organisation du pouvoir

Il n'existait donc pas de « pouvoir central » mais de nombreuses cités-états indépendantes, chacune dirigée par un **Halach-Uinic**, « le vrai homme », qui concentrait tous les pouvoirs et les transmettait à son fils : on est donc dans un système de monarchie absolue. Le Halach-Uinic était entouré de conseillers, les **batabs**, qui intervenaient aussi bien lors des cérémonies religieuses qu'en cas de guerre. Il existait cependant également un personnage plus spécifiquement chargé de l'armée, et notamment de la stratégie à adopter en cas de conflit, le **nacom**. Tous ces personnages et leurs familles constituaient donc la noblesse de la civilisation maya, propriétaires des terres et en charge des différentes tâches administratives, politiques et militaires.

Le **clergé** formait une classe importante, dominée par les prêtres, les **Ah Kin**. Comme pour le Halach-Uinic, cette charge était héréditaire. Parmi ces prêtres, on distingue plusieurs « postes » particuliers. Le **Ahaucan** était le grand prêtre, la plus haute fonction du clergé. Le **chilam** était une version maya de la Pythie de Delphes : ses transes sous influence de drogues variées étaient interprétées comme des messages divins par l'assemblée des Ah Kin. Le **nacom** (à ne pas confondre avec le chef de guerre) était chargé de conduire les sacrifices. Le **Ahmen** exerçait des fonctions de guérisseur. Tous les membres du clergé étaient soumis à des règles de vie très strictes, mais aussi à des mortifications régulières pour offrir leur sang aux dieux.

Le peuple était composé essentiellement d'agriculteurs. La femme s'occupe du foyer (nourriture, tissage, jardinage) et l'homme de la milpa, le champ de maïs de deux à sept hectares arrachés à la jungle, sur lesquels il pratique la technique du brûlis. Entièrement soumis aux classes dirigeantes, le peuple maya devait leur fournir nourriture, vêtements, etc.

Les hommes, que l'agriculture n'occupait qu'une soixantaine de jours dans l'année, devaient également payer de leur personne en participant à l'édification des différents monuments. Or, construire une pyramide maya représentait un travail proche de l'esclavage, puisque les Mayas n'avaient pas découvert la roue et n'avaient pas d'animaux de trait à leur disposition. En Egypte, c'était des esclaves qui effectuaient ce travail. Dans ces conditions, on est enclin à accréditer la thèse d'une révolte massive du peuple qui aurait mis fin à l'ère maya.

Pourtant, il existait encore en dessous du peuple « libre » une classe d'**esclaves**, constituée de prisonniers de guerre ou de droit commun. Il existait deux différences essentielles avec le peuple : ils ne travaillaient jamais pour eux et surtout leur propriétaire était libre de les offrir en sacrifice aux dieux pour gagner leurs faveurs.

Architecture

Les habitations populaires mayas typiques, les **na**, remontent à l'âge préclassique. Elles sont rectangulaires ou légèrement arrondies, avec un toit à quatre pans. Les matériaux employés sont plutôt rustiques : paille pour le toit (un type particulier, très résistant), pans de bois pour les murs, le tout maintenu par des lianes. Il n'y a en général qu'une seule pièce, divisée par des tentures, et pas de fenêtre. On retrouve encore aujourd'hui ce type d'habitation dans tout le Guatemala, preuve de leur bonne adaptation au climat de la région.

Les temples et les maisons de la noblesse étaient d'imposantes constructions en pierre, surmontées d'une voûte massive et lourde qui imposaient des murs énormes. La place à l'intérieur était donc peu en rapport avec le volume extérieur. C'est particulièrement vrai des constructions situées sur le territoire du Guatemala, dites de **style Petén**. Elles reposent sur des structures de terrasses, avec un escalier de façade, quelques éléments de décoration en stuc et une crénelure en hauteur.

Arts

La **sculpture** était utilisée comme décor pour les constructions. La pierre était taillée, polie à l'aide d'abrasifs (souvent un mélange d'eau et de poussière de jade), puis peinte en rouge sombre (peinture à base d'oxyde de fer). C'est l'art maya le plus connu, puisqu'il est omniprésent dans les cités découvertes. La **peinture** était également utilisée pour les monuments, dans une large palette de tons liés au rang et au sexe des personnages représentés. Autre art maya réputé, la **céramique** remonte au moins à 2500 ans avant J.-C. et s'est progressivement raffinée, dans la technique comme dans les couleurs utilisées, pour atteindre son apogée pendant la période classique. On trouve alors les motifs les plus variés, d'inspiration naturaliste, géométrique ou mythologique.

Alimentation

Le **maïs** constitue la base de l'alimentation maya, il est indispensable à tel point qu'on le retrouve même dans la mythologie : il est symbolisé par le dieu Yum-Kax et serait le matériau à partir duquel l'homme a été créé. La farine de maïs est à la base de la tortilla, aussi omniprésente dans l'alimentation maya que le pain en occident. Les Mayas utilisaient également de nombreux légumes qui nous sont parvenus après la conquête espagnole : haricots rouges, blancs ou bruns, courges, poivrons, tomates, avocats, piments sont ainsi des héritages du monde maya. On peut citer également le **cacao** et de nombreux fruits exotiques. Les Mayas élevaient des volailles (dindon, pigeon, etc.), et autres animaux domestiques, mais consommaient malgré tout peu de viande en dehors des fêtes.

Vêtement

Les Mayas cultivaient le coton et en maîtrisaient le travail.

Les hommes étaient couverts d'un simple **cache-sexe**, une bande de coton autour de la taille et maintenue à l'entre-jambes, qui tenait deux pans décorés souvent de broderies et de plumes. Cette tenue apparaît dès le préclassique et perdure jusqu'au XVIe siècle. Les femmes portaient de grandes **tuniques** décorées, assez proches en fait de celles portées encore aujourd'hui par les femmes mayas du Yucatàn.

Les Mayas portaient la **xanab**, une sandale prolongée par une talonnière décorée jusque sur la cheville, telle qu'on la retrouve encore aux pieds des Indiens actuels du Guatemala.

Les Mayas accordaient une importance particulière aux **coiffures**, qui mêlent sur des structures en bois les décorations les plus variées : bijoux, plumes, tissus brodés. Toutefois, derrière cette exubérance se cachaient des codes précis et la coiffure était avant tout un moyen de reconnaissance sociale.

Ecriture

L'écriture maya, dont les origines remontent peut-être aux Olmèques, est parvenue à maturité vers 400 ap. J.-C. Elle se décompose en **glyphes**, qui correspondent chacune à une syllabe. Elle relève en cela d'un grand raffinement, puisqu'elle était le seul mode d'expression écrite sur ce continent à avoir aboli toute représentation graphique d'un objet pour les remplacer par des éléments abstraits combinables pour former des mots. Sa complexité est telle qu'on n'est toujours pas capable de la déchiffrer entièrement. Il est vrai que le peu de traces préservées par les conquérants espagnols ne facilitent pas la tâche des historiens.

Des principaux supports, les **codex**, on ne conserve que quatre exemplaires, datant qui plus est de la période post-classique et non de l'âge d'or des Mayas. Ces codex étaient de longues bandes de papier d'écorce, repliées sur elles-même comme un paravent et traitées à base de chaud et de gomme végétale. Elles étaient ensuite peintes recto-verso, les textes étant complétés d'illustrations.

Le plus important est le **codex de Dresde**, un traité d'astronomie de 3,6 m sur 20 cm. On recense ensuite deux fragments du codex de Madrid, le Tro-Cortesianus ou livre de divination, le codex de Paris ou Peresianus, exemplaire très abîmé (il fut retrouvé par hasard dans une poubelle de la Bibliothèque Nationale de Paris en 1860) et le codex Grolier, apparu pour la première fois à New-York en 1971 suite à sa découverte dans une grotte du Chiapas. En plus du support traditionnel du codex, on conserve quelques **livres** écrits en maya qui traitent essentiellement de mythologie ; citons les livres de Chilam Balam et surtout le Popol Vuh. Même si l'on peut déchiffrer près de 85 % des inscriptions mayas, cela ne suffit pas toujours à déchiffrer les textes : il semble en effet que les symboles aient parfois valeur d'idéogrammes et soient porteurs de significations plus vastes, que seuls les prêtres pouvaient traduire.

Religion

C'est un élément essentiel de la culture maya. Elle repose sur une séparation de l'univers en **trois niveaux** : le monde souterrain, la terre et le ciel. Chacun de ces niveaux est lui-même subdivisé en plusieurs royaumes, sur lesquels règnent différents dieux. Ainsi, la « hiérarchie » des dieux va de Ah-Puch, le dieu de la mort au neuvième sous-sol, à Itzamna le dieu de l'univers, fils du créateur Hunab, au treizième étage. Tous les dieux ne sont pas encore parfaitement connus. Les plus importants semblent avoir été le dieu du soleil, **Kinch Ahau**, celui des vents, **Kukulkan**, ou encore celui du maïs, **Yum-Kax**.

Dans la conception maya, la terre est un entre-deux fragile, créée généreusement par les dieux pour que les hommes aient leur petit chez-soi. Devant tant de bonté, les hommes doivent donc manifester la plus grande gratitude, manifestée notamment par des **dons de sang et de cœur**, le nec plus ultra dans le domaine. Puisque la terre est fragile, il ne faut pas lésiner, ce qui explique l'utilisation fréquente de sacrifices humains auxquels on réduit souvent la religion maya : la vie d'un homme n'est rien face à la survie de tous les autres, qui seraient noyés dans la mer si les dieux décidaient de supprimer la mince croûte terrestre. C'est ce qu'ils devraient faire de toute façon le 23 décembre 2012 si l'on en croit les prophéties mayas : comme toutes les religions de cette région, celle des Mayas repose sur l'idée de cycles de 13 baktun, soit 51 281 ans. Ils font donc remonter la création du monde à 3114 avant J.-C. et prévoit donc pour 2012 la fin du Grand Cycle du Temps Long. Comme, a priori, leur évaluation de départ est fausse, on peut espérer connaître 2013.

Sciences

Puisque c'est dans le ciel que les Mayas voient leurs dieux les plus puissants, il est logique qu'ils aient cherché à observer les cieux. Cette fascination, un relevé méticuleux des heures de lever et de coucher du soleil et leurs connaissances mathématiques leur ont ainsi permis de calculer les cycles solaire et lunaire. Mais ils savaient aussi prévoir les éclipses. Pour servir cette fascination, la plupart des temples comptaient des temples et des observatoires disposés afin d'observer le ciel ; c'est particulièrement visible à Uaxactun. En mathématiques, les mayas fonctionnaient avec un système à vingt unités (de 0 à 19) et des symboles de calcul logiques : le zéro (qu'ils utilisaient donc déjà) était représenté par une coquille, le point valait un, et le tiret valait cinq. Ainsi, 11 s'écrivait avec 2 tirets surmontés d'un point. Au delà de 20, la position des signes de haut en bas indiquait le nombre de multiples de 20 à considérer.

Calendrier maya

C'est probablement l'un des éléments les plus fascinants de la culture maya : ils avaient réussi à établir un calendrier sur la base de 365 jours, quand l'occident attendra le XVIe siècle pour y parvenir. Ils utilisaient un double système de calendrier. Le calendrier rituel, le **Tzolkin**, était formé de 13 périodes de 20 jours, soit 260. Le calendrier usuel, qui rythmait la vie publique, était le **Haab**, de 365 jours : 18 uinals de 20 jours formaient le Tun, la période favorable de l'année et étaient complétés par les 5 jours néfastes, les Uayeb, pour atteindre un cycle solaire.

Période postclassique et le déclin de la civilisation maya (900 - 1523)

Ce ne sont pas les Espagnols qui ont mis fin à l'ère maya : cette civilisation s'était effondrée bien avant, au début du Xᵉ siècle. Les documents manquent pour établir les causes de ce déclin étonnamment rapide (moins d'un siècle) et les hypothèses sont nombreuses, alimentant la légende. Il est probable que plusieurs facteurs se sont ajoutés. La structure en cités indépendantes de l'empire maya le mettait à la portée d'ennemis extérieurs, d'autant que les cités ne se privaient pas de guerroyer entre elles : la pression des **Toltèques** venus du nord a eu sans doute son influence.

On a parlé également d'une crise de **sécheresse** qui, combinée à un nombre insuffisant de paysans, a conduit à des famines et des épidémies. Il semble également que les élites mayas aient brusquement disparu, comme en témoigne l'arrêt des grandes constructions : elles ont peut-être été balayées par des révoltes populaires massives. Quoi qu'il en soit, les grandes cités mayas vont être désertées et les populations retrouvent une structure en petits villages comme à l'ère préclassique. Elles tombent alors dans la sphère d'influence des peuples **Nahuas**, une civilisation du sud du Mexique dont la branche la plus importante est celle des Aztèques.

Tikal

Au sud du Guatemala, sur la zone du Haut plateau, subsistent les peuples **Quiché-cakchiquel**, autour de cités telles que **Utatlan** ou **Iximche**. Influencées par les Aztèques, ces cités sont loin de connaître le rayonnement des cités de la période classique. Ce sont ces peuples qui vont se heurter aux Espagnols à leur arrivée.

LA COLONISATION ESPAGNOLE

Elle dura presque **trois siècles**, de l'arrivée en 1523 des premiers conquistadores descendus de l'actuel Mexique après la chute de l'empire Aztèque, à la guerre de libération contre les forces espagnoles et l'indépendance effective du Guatemala en 1821.

Les Espagnols arrivent pour la première fois au Guatemala en 1523, forts de leur succès au Mexique. Ils sont emmenés par **Pedro de Alvarado**, un lieutenant de Cortès, qui intervient officiellement dans les Hautes Terres à la demande des Indiens cakchiquels contre leurs ennemis Quichés. Formé à bonne école et bénéficiant de la supériorité technique des armes à feu, il ne mettra que quelques mois à soumettre la région, s'emparant notamment des villes-citadelles de Zaculeu près de Huehuetenango et d'Utatlan près de Santa Cruz del Quiché, capitale des Quichés. Il lui est ensuite facile de se retourner contre ses anciens alliés, les Cakchiquels, et de prendre d'assaut leur capitale d'Iximché.

D'abord colonie autonome et gouvernée par Alvarado, le Guatemala (ou plutôt le Goathemalay comme il est baptisé à l'époque) est ensuite rattaché à la Nouvelle Espagne. Il est alors le centre d'une vaste capitainerie générale, qui englobe les actuels Salvador, Honduras et Nicaragua. Comme dans toutes les terres nouvellement colonisées, les Espagnols se lancent dans l'exploration minière.

Le Guatemala a la chance de compter peu de gisements d'or et n'attire de ce fait pas beaucoup les colons espagnols. C'est pourquoi le Guatemala est encore aujourd'hui un des pays de la zone à la plus forte population indigène. Les Espagnols qui s'installent malgré tout le font pour cultiver la terre, près de la côte pacifique. Comme dans le reste des colonies espagnoles du Nouveau Monde, les Indiens sont réduits à l'état de serfs au profit des colons : c'est le système de l'enconomienda. Seules quelques missions religieuses se soucient de leur condition de vie.

Saluons à ce propos l'action de **Bartolomé de Las Casas**, qui réussit, dans une zone reculée du Guatemala correspondant aux actuels départements de l'Alta Verapaz et du Baja Verapaz, à organiser pacifiquement (d'où leurs noms Verapaz = la vrai paix) des terres qui résistaient aux assauts militaires. Il convertit les terribles Indiens Rabinal ainsi que les tribus Quichés de la région et s'engage vigoureusement pour leur défense. Mais de telles attitudes sont rares et le Guatemala d'alors pratique largement un système d'apparence féodale.

Les premiers succès à peine enregistrés, Pedro de Alvarado va se lancer dans la fondation de plusieurs villes, dont la capitale de la Capitainerie générale du Guatemala, le plus souvent à proximité des anciennes capitales des Indiens, ce qui n'est d'ailleurs pas toujours sans risque. Ainsi la première est installée sur le site même **Iximché**, capitale détruite des Cakchiquels, qui se rebellent et obligent les Espagnols à fuir et à trouver un autre emplacement pour la fondation d'une prestigieuse capitale. Leur choix se portera sur une vallée verdoyante au pied du volcan Agua, mais la deuxième capitale sera totalement anéantie en 1541 par une gigantesque coulée de boue.

En remplacement les conquistadores fondent en 1542 une troisième capitale, l'actuelle **Antigua**, aujourd'hui à 40 km de Guatemala Ciudad et qui le resta jusqu'en 1773. Ces villes, à l'image de celles érigées au Mexique, sont construites selon un plan en damier, les rues se coupant à angle droit, et la place d'Armes où manœuvraient les armées en exercice en constituant le centre. Sièges du pouvoir colonial dans l'ensemble de la Capitainerie Générale, elles se couvrent d'imposants bâtiments ; de majestueuses maisons, de palais et d'églises au style profondément hispanique et que se font élever l'aristocratie, la classe commerçante ainsi que les différents ordres monastiques se concurrençant dans la conversion des indiens. Cette débauche architecturale est surtout évidente à Antigua, peuplée de près de 50 000 âmes au XVIIIe siècle et qui devient l'un des bijoux de la Couronne d'Espagne dans le Nouveau Monde. Une société divisée en trois « castes » se met en place, qui perdure encore aujourd'hui.

Au sommet de la société coloniale, on trouvait le groupe numériquement faible des **blancs**, membres de l'aristocratie, descendants des conquistadores (les créoles) à la tête de vastes et riches domaines fonciers. Juste en dessous, la caste exclusivement urbaine, faite de **petits commerçants et d'artisans**, descendants de colons roturiers venus au Guatemala améliorer leurs conditions, de « ladinos », cette population métissée fruit de l'union de populations blanches et indiennes, et également de rares Indiens. Enfin la troisième et dernière caste, constituée de la grande masse des **Indiens**, travaillant la terre des grandes exploitations agricoles toujours aux mains de la minorité blanche, soumise régulièrement à des périodes de travail obligatoire, la mita, dans les mines, sur les routes, dans les champs pour le compte de la Couronne.

La fin de la domination espagnole est marquée par la destruction de la capitale (l'actuelle Antigua) en 1773 et la fondation de la quatrième et dernière capitale qu'ait connue le Guatemala, **Guatemala Ciudad**. La fin du XVIIIe et surtout le début du XIXe siècle voient également grandir l'idée, dans les milieux créoles d'Amérique Centrale, à la suite des révolutions américaine et française, d'une certaine « émancipation » des colonies vis à vis de l'Espagne. Elle annonce le processus d'indépendance qui gagnera toute l'Amérique Latine au début des années 1820.

LE GUATEMALA INDEPENDANT

Affaiblie par sa lutte contre Napoléon et des guerres d'indépendance, l'Espagne doit renoncer à ses possessions d'Amérique et le Guatemala gagne ainsi son indépendance, sans qu'il y ait eu de conflit réel avec les Espagnols sur son territoire. C'est chose faite en 1823 et le Guatemala devient une république des Provinces-Unies d'Amérique Centrale. Alors que le Guatemala a été épargné par la guerre civile lors de la domination espagnole, celle-ci se déclenche à son indépendance, libéraux et conservateurs luttant pour le pouvoir. C'est par la force que le conservateur **Rafael Carrera** s'empare du pouvoir en 1839.

Président officiellement jusqu'en 1844, il reste en fait jusqu'en 1865. Il s'oppose au président des Provinces Unies, le **général Morazan**, à qui il reproche des opérations militaires sur le territoire guatemaltèque, et entraîne le pays sur la voie de l'autonomie complète : le Guatemala devient république indépendante le 21 mars 1841. Dans la foulée, les libéraux reprennent le pouvoir. En fait de libéraux, c'est bien à la poursuite d'un régime dictatorial qu'on assiste. Le **général Barrios** entame cette ère militaire, avec une modification en profondeur du pays (centralisation de tous les pouvoirs, nouvelle constitution, séparation de l'Eglise et de l'Etat, etc.) menée par des moyens musclés.

Un autre célèbre dictateur de cette mouvance est **Manuel Estrada Cabrera**, qui règne de 1898 à 1920. Avec lui, les capitaux (et donc la politique) américains font leur entrée au Guatemala, dans les secteurs des transports, de l'énergie ou encore de l'agriculture : 1899 voit ainsi la naissance de l'**United Fruit Company**, bientôt toute puissante. Ces investissements favorisent certes le développement du pays, mais en laissant sur le bord de la route la quasi-totalité de sa population, à commencer par les Indiens : soumis à l'impôt en nature, ils doivent, comme au temps des Mayas, construire les infrastructures du pays. Le mécontentement monte jusqu'à la révolte populaire de 1920 qui renverse Cabrera.

Après une période de flou de 10 ans, le général Ubico est porté au pouvoir par les Etats-Unis en 1931, moyennant l'octroi de nouveaux avantages pour l'United Fruit. Comme la situation du peuple reste inchangée, une nouvelle révolte le renverse en 1945 et c'est cette fois un réel gouvernement démocratique qui s'instaure, avec le président **José Arévalo**. Les Etats-Unis n'interviennent pas pour soutenir Ubico : ils n'ont pas apprécié du tout qu'il laisse les émigrés allemands, installés au Guatemala au XIXe siècle, soutenir l'effort de guerre nazi.

Les leçons de la dictature sont retenues et la nouvelle constitution prévoit entre autres la non-rééligibilité du président. Les réformes sociales sont réelles et favorables aux Indiens. Comme cela ne plaît pas à tout le monde, plus de trente complots contre Arevalo se succéderont en six ans. Comme les Etats-Unis, cette fois, ne s'en mêlent pas, ils échouent et le successeur d'Arevalo, le **colonel Jacobo Arbenz**, élu au suffrage universel en 1951, poursuit les réformes et se lance dans une vaste tentative pour redistribuer les terres aux dépends des grands propriétaires, mais aussi, erreur fatale, de l'United Fruit. La CIA ne rigole pas avec les dollars de l'Oncle Sam et cette fois, comme par hasard, le complot contre la présidence réussit. Arbenz est renversé en juin 1954. Les terres retournent à leurs (légitimes ?) propriétaires. Retour à la case départ pour les Indiens, ne recevez pas 20 000 F, mais prenez les armes. C'est le début de la guerre civile au Guatemala.

Dictature et guerre civile

La situation s'envenime au début des années soixante, puisque se dressent face à face la guerilla indienne de plus en plus organisée et des groupes armés d'extrême droite soutenus par l'armée. Attentats et escarmouches font des morts par centaines et, dans cette situation de crise qu'elle a rappelons-le partiellement provoquée, l'armée se pose en seul défenseur possible de la nation et prend le pouvoir. La dictature se durcit, donc la rébellion s'intensifie, donc, etc. On appelle cela un cercle vicieux et, pour le Guatemala, une catastrophe.

D'un dictateur à l'autre, d'une décennie à l'autre, la situation évolue peu et les morts s'accumulent. Les différents gouvernements sont plus ou moins officiellement soutenus par les Etats-Unis, tandis que les mouvements de guerilla se fédèrent en 1982 au sein de l'**U.R.N.G.** (Unité Révolutionnaire Nationale Guatémaltèque), issue entre autres du Comité d'Union Paysanne (C.U.C.) du Quiché (dont fait partie Rigoberta Menchu). Ce sont ces Indiens qui sont le plus touchés par la répression. Celle-ci va s'intensifier sous le gouvernement du Général Roméo Luis Garcia, qui systématise l'élimination des opposants politiques, à tel point qu'on a pu parler de génocide.

Son successeur en 1982 poursuit dans la même veine, organisant le regroupement des Indiens dans les zones de conflit et l'enrôlement forcé des citoyens dans des patrouilles d'autodéfense civile. Ces patrouilles regrouperont jusqu'à 800 000 hommes, alors qu'en réaction les Indiens s'enrôlent en masse dans la guérilla.

En août 1983, l'ombre d'un changement s'amorce avec l'arrivée du **général Oscar Humberto Mejia Victores**. Soutenu par les grands propriétaires et les Etats-Unis, il souhaite ouvrir le Guatemala sur l'extérieur, accentuant les relations commerciales avec le Nicaragua et le Mexique.

Dans ces conditions, il est difficile de conserver aux yeux de tous des méthodes dictatoriales, plus encore lorsqu'on s'engage pour le processus de paix global dans la région. Les militaires sont donc contraints de « lâcher du lest » et d'organiser des élections en décembre 1985. Le **démocrate-chrétien Vinicio Cerezo** est élu, premier président civil depuis plus de deux décennies. Le pays qu'il dirige est alors totalement bouleversé par des années de répression sanglante et de déplacements de population.

Les tentatives démocratiques

La situation s'avère vite ingérable, les promesses de respect des droits de l'homme s'envolent et il apparaît rapidement que l'armée et les puissances financières du pays sont toujours les vrais détenteurs du pouvoir. Les opposants sont à nouveau persécutés et la spirale de la violence reprend instantanément. Le gouvernement doit faire face à des menaces de complots d'extrême-droite (en mai 88 et 89), tandis que le GAM, association regroupant les familles des victimes de la répression policière, continue d'exiger le procès des militaires mis en cause. En revanche, la situation économique du pays commence à s'améliorer à la fin des années 80 et il est épargné par la crise due à la dette qui étouffe de nombreux pays de la zone. Toutefois, 75 % de la population reste très pauvre tandis que l'armée, largement corrompue, accapare 40 % du budget de l'état.

Le gouvernement Cerezo est donc loin de tenir ses promesses, refusant de traiter avec l'URNG et donc incapable d'entamer un réel processus de paix. La situation est d'autant plus paradoxale que le président Cerezo prend par ailleurs une part active au plan de paix d'Esquipulas II, signé en 1987. Amnesty International se fait l'écho du sentiment général en parlant de « vive déception de la part d'un gouvernement élu démocratiquement ».

La situation n'évolue pas avec le successeur de Cerezo, pourtant lui aussi élu démocratiquement. Le gouvernement de **Jorge Serrano Elias** est toujours à la tête d'un pays vivant sous la **terreur militaire** : le Guatemala reste le pays d'Amérique Centrale le plus touché par les massacres commis par les militaires et par les assassinats politiques. Dans les années 80, on a recensé 100 000 morts, 45 000 disparus et 450 villages brûlés ! Dans les 8 premiers mois de sa présidence, on recensa pas moins de 730 assassinats.

La marche vers la paix

Après presque deux ans et demi de présidence, Jorge Serrano dissout, en mai 1993, l'Assemblée Nationale et en suspend les garanties constitutionnelles. Devant la vague de protestations internationales, il est lâché par l'armée et contraint à l'exil. Le Parlement désigne pour lui succéder **Ramiro de Leon Carpio**, anti-militariste convaincu. Le pouvoir militaire décroît, mais la situation est encore très délicate, entre le règlement de la guerre civile (de timides négociations sont entreprises avec l'URNG) et les nécessaires réformes économiques qui demandent des investissements énormes. Il n'existe en effet presque rien en dehors de Guatemala-Ciudad, la capitale, où se construisent des immeubles de luxe sur les fonds… des narco-trafiquants (le Guatemala est le 5e producteur de pavot au monde…).

A partir de 1995 les négociations sous l'égide de l'**ONU**, entre le gouvernement guatémaltèque et l'**URNG**, semblent aboutir. Les deux partis en présence se mettent d'accord sur un retour progressif des paysans guatémaltèques exilés hors du pays. Cela ne se fait pas sans problèmes puisqu'en divers endroits des heurts et des massacres ont à nouveau lieu. Pourtant le processus de paix est véritablement en route.

1996 est l'année clef pour le Guatemala. Le mandat du président désigné Ramiro de Leon Carpio arrive à terme. Les Guatémaltèques sont alors appelés aux urnes pour élire un nouveau chef de l'Etat. Le Parti d'Avancée Nationale, le PAN, désigne son candidat en la personne d'**Alvaro Arzu Irigoyen**, le maire de Guatemala Ciudad, qui se prononce pour le règlement du conflit et accepte de voir en l'URNG, l'interlocuteur incontournable afin de mettre fin à cette guerre civile qui dure depuis 36 ans.

Suite aux multiples rencontres entre les représentants du candidat Arzu et ceux de l'URNG de Rolando Moran, on convient d'un **accord de paix**. Il est signé le 29 décembre 1996 après l'élection d'Alvaro Arzu à la présidence de la République, grâce au fait qu'une partie de l'armée s'était rangée derrière le candidat Arzu.

La paix instaurée, fragile en de nombreuses régions, une bonne partie de la population qui a subi de près ou de loin les horreurs de la guerre et de la répression militaire n'en demande pas moins justice. Une commission a été nommée et investie de pouvoirs étendus afin d'enquêter sur les exactions commises par l'armée dans les communautés indiennes tout particulièrement où rares sont ceux qui n'ont pas perdu dans le conflit, à l'image de Rigoberta Menchu, un parent proche ou un ami. Dans le même temps les militaires soupçonnés ou convaincus d'avoir participé à des exactions, à des tueries, sont exclus de l'armée.

La paix instaurée, les bonnes volontés évidentes, rien n'a pourtant changé sur le plan économique pour la masse paysanne, en bref les Indiens. Leurs conditions de vie sont toujours précaires, la très grande majorité d'entre eux vivant toujours sous le seuil de pauvreté.

Le cas difficile des retornados

Dans le cadre des négociations de paix tout d'abord puis des accords de paix, est organisé depuis 1995 sous l'égide des Nations-Unies, le **rapatriement** de centaines de milliers de paysans guatémaltèques indigènes qui ont fui le pays au cours des années 1980, c'est-à-dire au plus fort de la répression militaire. Réfugiés pour la plupart au Mexique où certains, à l'image de Rogoberta Menchu, ont passé de nombreuses années dans des camps, leur retour s'effectue douloureusement. Ils rentrent sans aucun bien en leur possession, à l'exception de leurs effets personnels ramassés au moment de fuir.

Plus difficile encore est leur réinstallation sur des terres qui ne sont pas les leurs. Nombre de villages ont été en effet rayés de la carte durant les longues années de guérilla. Les gouvernements successifs ont alors procédé à la spolation de ses terres inoccupées et les ont redistribuées. Dans le Petén, par exemple du côté de Libertad sur la route reliant Flores à Sayaxché, les paysans ont retrouvé leurs lopins de terre occupés par... l'industrie pétrolière, le sous-sol de la selva se révélant en effet par endroit d'une extrême richesse. Ailleurs, comme dans le département de Huehuetenango, on trouve des cas similaires d'expropriation.

L'Etat guatémaltèque a donc « **relogé** » des rapatriés dans des zones non seulement éloignées de leurs anciens villages mais aussi quasiment inaccessibles. D'anciens réfugiés replacés dans la région de Barillas (nord du département de Huehuetenango), se sont ainsi vus contraints en pleine saison des pluies à marcher (il n'y a pas de route), une dizaine d'heures dans des conditions épouvantables (froid, pluie, boue) pour rejoindre les terres qui leur avaient été allouées.

Durant les années de guerre civile, d'autres communautés indiennes trouvèrent leur salut ailleurs que dans les pays frontaliers mais dans des zones très isolées des Hautes Terres et de la selva du centre (Alta Verapaz) et du nord (Petén) du pays. Ses déracinés volontaires en quelque sorte constituent un cas à part des retornados. Coupés de la civilisation, ils ont vécu là en totale autarcie, mais sont désireux aujourd'hui de recouvrer la civilisation en terme d'infrastructure routière, médicale etc.

Aujourd'hui encore de nombreux Guatémaltèques ayant fui la guerre civile attendent de rentrer au pays pour récupérer leurs terres.

ENFANTS DU PAYS

PEDRO DE ALVARADO (1486-1541)

C'est LE conquistador du Guatemala, mais son action n'a pas commencé là. En effet, il fait d'abord fortune à Cuba, avant de se distinguer dans une expédition au Yucatàn, puis sur le fleuve auquel il a laissé son nom. Il commence à se faire un nom et accompagne en 1519 au Mexique le célèbre Cortès. Il fait apprécier son efficacité et ses méthodes brutales et se voit donc confier, après la conquête totale du Mexique, les commandes de celle du Guatemala. Il y débarque en janvier 1524 dans la province de Tehuantepec. Après plusieurs succès militaires, il entre dans Utatlàn, capitale de Gumarcaah, où l'accueillent les rois Quiché. Il déjoue leurs manœuvres de rébellion et détruit la ville en représailles. Dans la foulée, il pacifie dans le sang (leçon retenue de Cortès) le reste du pays et fonde la ville de Santiago du Guatemala. Rappelé en Espagne en 1526 pour répondre de ses méthodes brutales, il défend brillamment sa cause devant Charles Quint et en revient en 1530 avec le titre de Gouverneur général et de Capitaine général du Guatemala. Incapable de tenir en place, il repart en conquête en 1534, cette fois pour le Pérou. Enfin, en 1541, il meurt au cours d'une expédition devant la ville mexicaine de Guadalajara.

LEONOR DE ALVARADO (1524-1583)

Née de l'union entre Pedro de Alvarado et la princesse de Tlaxcala, Tecuilhuatzuin (baptisée Louise, sans doute pour faciliter la communication), Leonor est la première métisse guatemaltèque. Outre son père, son nom est lié à un autre personnage importante de l'histoire guatemaltèque, Pedro de Portocamero, maire de Guatemala Ciudad en 1524, dont elle fut l'épouse. Après la mort de celui-ci, elle épouse en secondes noces Francisco de la Cueva. Morte en 1583 à Guatemala Ciudad, elle est enterrée auprès de son père dans la grande chapelle de la cathédrale de la ville.

RAFAEL ALVAREZ OUALLE (1858-1946)

Plongé dans la musique dès son plus jeune âge grâce à son père, il se trouve propulsé à la mort de ce dernier à la tête de l'école de musique de Santa Lucia, alors qu'il n'a que 15 ans. A 21 ans, il gagne Guatemala Ciudad pour étoffer sa formation musicale et confirme, auprès de Pedro Visoni, ses dons remarquables : en moins de trois mois, il maîtrise parfaitement la flûte et gagne son premier concours musical moins d'un an après. Il s'essayera ensuite avec un égal bonheur à la guitare, au piano et au violon. La consécration intervient en 1897 lorsqu'il est choisi par le gouvernement guatemaltèque pour composer l'hymne national. Le jour de sa mort fut déclaré jour de deuil national, dernier hommage à cette figure incontournable de la musique guatemaltèque.

JACOBO ARBENZ GUZMAN (1913-1971)

Malgré son grade de colonel, son nom est lié à l'une des premières tentatives pour instaurer un réel pouvoir démocratique au Guatemala. Après de brillantes études à l'école polytechnique, il intègre l'armée. Fer de lance du mouvement de rébellion de 1944 qui renverse le général Ubico, il entre ainsi en politique, au poste de ministre de la défense du gouvernement Arévalo. Il succède à ce dernier en 1951 et poursuit sa politique de réforme (redistribution des terres notamment). Il se lance également dans des grands travaux pour relier Guatemala Ciudad à la mer Caraïbe et entamer ainsi le monopole de la compagnie américaine International Railways of Central America. Une bien mauvaise idée puisque la CIA vient au secours de cette dernière et soutient les grands propriétaires terriens lésés par le programme de redistribution des terres. La pression se fait trop forte et Arbenz est contraint de démissionner en juin 1954. Il meurt à Mexico en 1971.

JUAN JOSE AREVALO (né en 1904)

C'est le père des réformes de redistribution des terres, dans le cadre de son gouvernement mis en place après le renversement du général Ubico en 1944. Formé en Argentine, où il se marie et exerce en tant qu'instituteur, il se distingue en publiant plusieurs ouvrages. Il est rappelé au Guatemala par les instigateurs de la rébellion, qui le pousse à la présidence du pays. Il remporte les élections avec plus de 90 % des suffrages et ouvre ainsi la première époque réellement démocratique du Guatemala (il est à l'origine du multipartisme au Guatemala). Il entreprend de nombreuses réformes en faveur des couches les plus pauvres de la population (création d'écoles, d'une législation du travail, d'une sécurité sociale, etc) et doit en conséquence faire face à de nombreuses tentatives de renversement fomentées par les militaires et la haute bourgeoisie. Il parvient néanmoins au terme de son mandat de six ans et est remplacé par Jacobo Arbenz Guzman en 1951.

ANGEL MARIA ARROYO (1838-1893)

Brillant intellectuel (il est diplômé entre autres en philosophie, droit et théologie), Arroyo entre dans les ordres en 1857 et accède par ce biais à la politique, avec en 1867 un mandat de député à l'Assemblée nationale législative comme représentant du clergé. En 1868, il obtient un mandat à la Société économique des Amis du Pays et œuvre avec talent et intelligence pour le développement du Guatemala. Il se distingue par ses idées modernes et ses talents d'orateur, qui lui permettent de les mettre en pratique. Après une fructueuse carrière politique, il passe la fin de sa vie à voyager et meurt à Mexico.

MIGUEL ANGEL ASTURIAS (1899-1974)

Né à Guatemala Ciudad, métis et fier de l'être, il suit de brillantes études de droit, à la fin desquelles il se fait remarquer pour sa thèse sur « le problème social de l'Indien ». Il part ensuite compléter sa formation en Europe, et notamment à Paris, à la Sorbonne ; il crée alors une Ligue étudiante latino-américaine. De retour au Guatemala, il fonde le premier journal radiophonique, « le Journal de l'air », et subit rapidement les foudres de la censure dictatoriale. Contraint à la clandestinité, il s'engage dans le gouvernement démocratique d'Arevalo, puis d'Arbenz (1944-1954), pour lequel il exerce diverses fonctions diplomatiques. Après le retour de la dictature, il quitte le pays pour vivre à Buenos Aires, puis en Europe (France, Espagne) et défend ses convictions politiques dans ses livres. Citons notamment « El senor presidente », critique de la dictature, ou « Le pape vert », qui s'attaque aux gringos bananiers. Son œuvre lui vaut le prix Nobel de littérature 1967. Il meurt à Madrid.

BARTHOLOME DE LAS CASAS (1474-1566)

Né à Séville dans une famille aisée, il fait de brillantes études à Salamanque dans les domaines classiques de l'époque (théologie notamment) et effectue plusieurs missions en Amérique Centrale (Saint Domingue, Cuba, Nicaragua) avant d'être envoyé enfin au Guatemala par l'évêque Francisco Maroquin. Il se distingue par ses méthodes pacifistes et réussit ainsi à entrer sans violence dans Tezulutàr (future Vera Paz). Se plaçant en opposition totale avec les méthodes violentes des conquistadores, il met son humanisme au service des Indiens et déploie toute son intelligence à plaider leur cause face aux exactions des colonisateurs espagnols. On peut ainsi considérer qu'il est à l'origine des Ordonnances de Barcelone, adoptées en 1542 par Carlos V, et des recommandations de la célèbre Controverse de Valladolid. Celle-ci va édicter de nouvelles lois pour la gestion des Indes Occidentales dans un meilleur respect des Indiens. Il est nommé archevêque du Chiapas avant de rentrer en Espagne (il meurt à Madrid). Si l'Histoire a gardé le souvenir de son action en faveur des Indiens, il s'est aussi opposé aux encomenderos, les gros propriétaires terriens, pour réaffirmer le pouvoir de la Couronne espagnole sur le Guatemala. Sa lutte en faveur des Indiens a également été un moyen de déstabiliser leur puissance montante.

FRANCISCO CABRERA (1781-1845)

Né et mort à Guatemala Ciudad, Cabrera s'est distingué dans le domaine de la gravure de miniatures. Il est même considéré comme le meilleur miniaturiste d'Amérique Centrale. Formé dès 13 ans à la Maison des monnaies de Pedro Garci-Aguirre, il apprend la peinture et la gravure. Sa maîtrise technique lui permet d'accéder au poste de maître correcteur de l'Académie royale de dessin du Guatemala en 1797. Il a laissé de nombreuses miniatures de personnalités de son époque ou de blasons (celui du Collège des avocats est considéré comme une de ses pièces maîtresses), mais malgré son talent il meurt dans la misère la plus totale. Ce n'est que plus tard que viendra la reconnaissance : il est aujourd'hui considéré comme le plus grand de son pays et de son époque.

MANUEL ESTRADA CABRERA (1857-1924)

D'origine modeste, Cabrera accède à la reconnaissance grâce à un bon parcours universitaire (diplômé en droit), qui lui permet de devenir Ministre de l'intérieur et de la justice du gouvernement de José Maria Reina Barrios. Après l'assassinat de ce dernier en 1898, Cabrera prend le pouvoir et ne le lâchera qu'en 1920, suite à une révolte populaire. Il faut dire que le personnage n'a rien de sympathique : il a laissé le souvenir d'un véritable tyran et son gouvernement s'appuie sur la répression policière, la corruption et l'assassinat quasi-systématique des opposants politiques. Il organise pour son profit personnel la mise sous tutelle étrangère de l'économie guatemaltèque autour des International Railways of Central America et United Fruit Compagny. Il prend part à la récupération de la jeunesse par la création d'écoles primaires organisées sous une forme para-militaire. La devise de ces écoles est : « l'ordre pour le progrès ». Il est finalement renversé par un mouvement populaire en avril 1920 et meurt en prison quatre ans plus tard.

RAFAEL CARRERA (1814-1865)

D'origine populaire,Carrera est un simple ouvrier agricole lorsque le Guatemala prend son indépendance face à l'encombrante tutelle espagnole, en 1821. Le docteur Mariano Gàlvez, qui prend alors le pouvoir, lance un programme audacieux de réformes, notamment à l'encontre de l'Eglise (confiscation de ses biens, création du mariage civil, etc). Poussé par les prêtres, le peuple se soulève en 1837 et, « the right man in the right place », Carrera prend les commandes de la rébellion des régions de Santa Rosa, Junaytepe, Jalpatagua et Concuaco. et marche sur Guatemala Ciudad à la tête de son Armée du peuple. Il y entre victorieux en décembre 1838 et prend le pouvoir. Sous-estimé pour son inculture et ses décisions souvent réactionnaires (il redonne le contrôle de l'enseignement secondaire aux Jésuites), Carrera est néanmoins à l'origine de la République du Guatemala, fondée en 1841 (il en sera président de 1844 à 1848) et de la Société des Amis du pays, qui anime le développement économique (canalisation, expansion de la culture du coton, industrialisation). En proie à une guérilla perpétuelle (qui provoque son exil volontaire au Mexique en 1848), son régime est fragile et ne résiste pas à sa mort, en 1865.

BERNAL DUAZ DEL CASTILLO (1495-1584)

En tant que conquistador, les succès de Bernal sont mitigés puisque ce n'est qu'à sa troisième expédition (à chaque fois au départ de Cuba) qu'il obtient un minimum de succès. Sur cette lancée, il participe à de nombreuses batailles et reçoit en récompense quelques villages guatémaltèques sous le régime de l'encomienda. Mais alors, pourquoi en parler ? Tout simplement parce que ce bon Bernal eut la bonne idée de coucher sur le papier son expérience de conquistador et l'honnêteté intellectuelle de la faire avec objectivité. Sa remarquable relation de la découverte et de la conquête de la Nouvelle Espagne et du Guatemala est donc un témoignage remarquable de cette période agitée de l'histoire du Guatemala.

ALVARO ARZU IRIGOYEN (né en 1946)

C'est l'actuel président du Guatemala et co-signataire avec le leader de l'URNG Rolando Moran des accords de paix qui ont lancé le pays sur la voie de la réconciliation nationale. Son élection à la charge suprême est l'aboutissement pour lui d'un engagement politique de quinze ans. En 1985 il devient pour la seconde fois maire de Guatemala Ciudad, poste qu'il occupe de 1986 à 1990, luttant contre la corruption, l'un des grands maux du Guatemala. C'est à cette époque qu'il fonde le PAN (Partido de Avanzada Nacional) dont il devient le secrétaire général en 1991. Cette même année il est également ministre des Affaires Etrangères. Secrétaire général du PAN, il le reste jusqu'en 1995, date à laquelle il est institué fort logiquement par le parti, candidat officiel pour la course à la présidence, qu'il remporte en janvier 1996. Il va lancer alors le pays sur la voie du dialogue avec l'opposition armée et signe donc des accords de paix qui mettent fin à trente ans de guerre civile. Grand voyageur, il tente de sortir le pays de l'isolement dans lequel les années de guerre larvée l'ont maintenu. En juin 1996 il a rencontré le président Jacques Chirac au cours d'une visite officielle en France.

RAFAEL LANDIVAR Y CABALLERO (1731-1793)

Né au Guatemala d'une famille noble, sa santé fragile l'incite à se tourner vers les études (grec, latin, philosophie), puis la carrière écclésiastique. Il fait ses premières armes dans la prêtrise au Mexique puis revient au Guatemala en 1760 pour enseigner au collège jésuite de San Borja, dont il devient malgré son jeune âge recteur dès l'année suivante. Comme tous les Jésuites, il doit subir les foudres de Charles III qui n'apprécie pas leur influence dans le pays. Toute la communauté est expulsée du Guatemala en 1767 et Rafael ne pourra jamais, malgré ses efforts, revenir dans son pays. Il meurt à Bologne. Le gouvernement guatémaltèque exaucera son vœu par delà la mort, en faisant rapatrier ses cendres.

MARTIN MACHON (né en 1973)

Footballeur professionnel, milieu de terrain, Martin est LA vedette de l'équipe nationale guatémaltèque. Il commence sa carrière à Galcasa en 1991 et fait déjà, malgré son jeune âge, suffisamment d'étincelles pour être remarqué. Il intègre alors le Aurora FC Comucaciones, un des plus grands clubs du pays, que sa contribution efficace amène au titre dès la première saison. Comme beaucoup de footballeurs, la suite de sa carrière se fera en dehors de son pays natal : l'aventure commence modestement (en fait, c'est déjà pour lui une formidable opportunité) au club espagnol de seconde division de Badajoz. Après ce bref passage sur le vieux continent, il revient dans le nouveau monde, mais nettement plus au nord puisqu'il est recruté par le Galaxy Los Angeles, club phare de la Major League Soccer en février 1997. Son statut de joueur vedette (même si le soccer n'est toujours pas, pour un Américain, du football) ne l'empêche pas de revenir régulièrement défendre le Guatemala au sein de l'équipe nationale, dans laquelle il comptabilise 22 sélections officielles. Il a fait partie, entre autres, du collectif qui tint en échec (1-1) le Brésil lors du premier tour de la Gold Cup de la CONCACAF.

FRANCISCO MAROQUIN (1478-1563)

Issu d'une famille noble, rentré dans les ordres suite à la mort de sa femme, Francisco Maroquin va se consacrer au Guatemala après sa rencontre en 1528 à la Cour avec Pedro de Alvarado, le conquistador du pays. Il part avec lui en 1530 et obtient la charge de curé de la paroisse d'Antigua, puis de vicaire général du Guatemala. Comme Bartholomé de Las Casas (qu'il a lui-même envoyé au Guatemala), il s'engage pour le respect des Indiens et la réforme du système esclavagiste des encomenderos, à tel point que la Reine d'Espagne lui accorde le titre de « protecteur des Indiens ». De retour en Espagne, il ne se contente pas de belles paroles, et entame à distance de nombreuses actions en faveur des Indiens : l'organisation de l'Eglise guatémaltèque (il écrira un catéchisme en langue quiché), la fondation d'instituts de langues indigènes, du premier centre hospitalier pour les pauvres (1548) et de la première bibliothèque publique du pays.

ARTURO MARTINEZ (1912-1956)

Artiste précoce, il commence à peindre dès l'âge de treize ans et part se former à l'Ecole d'art de Guatemala Ciudad. Il y décroche un diplôme en peinture décorative. Ses premières œuvres, des portraits d'élèves ou d'Indiens, sont d'inspiration naturaliste, mais il évolue ensuite vers un traitement plus mystique, qui puise ses sources dans la mythologie indienne. De plus en plus épuré, son style évoque celui de Kandinski ou de Klee, notamment après 1944. En 1949, il quitte le Guatemala pour l'Europe et travaille entre Paris et Rome. Il meurt prématurément dans un accident d'avion.

RIGOBERTA MENCHU TUM (née en 1959)

Prix Nobel de la Paix 1992, Rigoberta Menchu s'est battue pour les droits des Indiens guatémaltèques contraints de s'exiler au Mexique. Originaire d'une famille pauvre d'Indiens Quiché, Rigoberta commence son engagement en faveur des réformes sociales au sein de l'Eglise, avant de la poursuivre avec le CUC, un comité d'unité paysanne, en 1979. La guerilla fait rage au Guatemala et l'armée y répond par une féroce répression. La famille de Rigoberta Menchu est durement touchée : son frère est torturé puis brûlé vif, son père exécuté lors d'une tentative pour occuper l'ambassade espagnole, et sa mère violée, torturée et assassinée. Rigoberta réagit en poursuivant le combat. Elle apprend l'espagnol et plusieurs dialectes mayas (chaque communauté indienne a le sien et cette désunion facilite leur contrôle par le gouvernement), prend une part active à différents mouvements de protestations. Elle rejoint le Front Populaire du 31 Janvier pour organiser la résistance à l'oppression militaire. En 1981, elle doit fuir au Mexique et entre ainsi dans une nouvelle phase de sa lutte. Elle est ainsi à l'origine en 1982 de la fondation d'un parti d'opposition unifié, la RUOG. Son combat éclate au grand jour grâce au livre qu'Elisabeth Burgos Debray lui consacre en 1983 (« Moi, Rigoberta Menchu ») et par lequel elle attire l'attention de la communauté internationale sur le sort des Indiens du Guatemala. Membre depuis 1986 du comité national d'organisation du CUC, Rigoberta Menchu est toujours menacée de mort au Guatemala et doit vivre en exil. Elle est une des plus grandes figures du mouvement de reconnaissance des droits des Indiens de tout le continent américain. Plusieurs fois récompensée à ce titre, elle a été en 1992, à 33 ans, le plus jeune prix Nobel de l'Histoire.

RODRIGO REY ROSA (né en 1958)

Cet écrivain guatemaltèque a acquis une renommée internationale grâce au soutien de l'Américain Paul Bowles. Personnalité curieuse, dilettante et rieur, il quitte le Guatemala en 1980, se retrouve un peu par hasard à New-York (un ami guatemaltèque lui a prêté un appartement là-bas), y découvre les ouvrages de Paul Bowles également par hasard (son ami en avait laissé quelques uns dans l'appartement) et s'inscrit à un cours de l'Américain sur la création littéraire donné à Tanger parce qu'il a envie de découvrir le Maroc. Les deux hommes se lient d'amitié, traduisent chacun des romans de l'autre et c'est ainsi que Rosa se fait connaître. Il écrit dans un style sec et dépouillé des récits fantastiques et satiriques, dénonçant les travers de son pays et la séparation profonde qui existe entre Indiens et non-Indiens. Bien que faisant partie des seconds, il préfère, lors de ses séjours au Guatemala, vivre parmi les Indiens, notamment les Kekchi dont il a appris la langue.

PEDRO DE SAN JOSE DE BETANCUR (1626-1667)

Profondément marqué par le mysticisme de son père (qui meurt des suites d'un jeûne expiatoire), Pedro débarque au Guatemala, via Cuba, en 1651. Malade, il s'adresse à l'hôpital de Saint Jean de Dieu et y rencontre Juan de Uceda. Cette rencontre et ses influences paternelles vont conditionner sa vocation et, malgré son inculture, il rejoint l'ordre des Franciscains. C'est dans cette logique qu'il fonde l'hôpital de Belem et l'ordre religieux qui y est attaché, celui des Bethlémites hospitaliers. Ce fut sa façon de lutter contre Calzillas, le démon, qui l'obséda toute sa vie.

RICARDO RAMIREZ DE LEON (né en 1929)

Plus connu sous le nom de Rolando Moran, nom qu'il porta durant la guerre civile en tant que commandant en chef de l'URNG (Union Révolutionnaire Nationale Guatémaltèque) ; son engagement politique remonte au début des années 50, où étudiant, il milite aux côtés des travailleurs guatémaltèques. A la chute du gouvernement Arbenz en 1954 il doit s'exiler. Il trouve alors refuge à Prague puis à Cuba. Il fonde en 1962 la FAR (Force Armée Rebelle), première organisation militaire destinée à combattre les dictateurs qui se succèdent à la tête du Guatemala. Au début des années 1970 il crée une seconde organisation militaire dont il prend le commandement. Dans un souci de cohésion il participe à la fondation de l'URNG qui regroupe tous les mouvements d'opposition armés au gouvernement « officiels » du pays. Dès 1991 il va participer avec les autres leaders de la guerila aux négociations de paix qui aboutissent en 1996 à la signature des accords de paix mettant fin pour Rolando Moran à plus de trente ans d'engagement armé contre les dictatures militaires.

TECUM UMÀN (mort en février 1524)

Ce chef indien mena ses troupes face aux conquistadors espagnols d'Alvarado, lors de la bataille d'El Pinal (vallée de Olintepeque). Malgré les exploits que lui prête la légende (il aurait été le détenteur d'une lance magique lui permettant de voler au-dessus de ses ennemis pour les foudroyer), l'incontestable supériorité technique de l'armée espagnole vint à bout de la résistance indienne, marquant le début de la domination espagnole sur la région. Tecum mourut lors des combats, des propres mains de Pedro de Alvarado selon la légende. A sa suite, près d'un millier de ses hommes furent massacrés auprès du fleuve qui garde depuis le nom de Xequijel, « teinté de sang ».

MANUEL TOT (XIXe siècle)

Indien originaire de la région d'Alta Verapaz, Manuel Tot passe sa jeunesse au service des missionnaires espagnols avant de prendre conscience de l'exploitation des Indiens par les Espagnols. Il rejoint en 1813 la conspiration patriote du couvent de Belem et projette d'attaquer Guatemala Ciudad à la tête de ses hommes (15 000 Indiens). La conspiration échoue et Manuel Tot échappe de justesse aux représailles du capitaine général de l'époque, José Bustamente y Guerra. Ralenti dans sa fuite par des fièvres tropicales, il est finalement rattrapé et emprisonné à Mexico, où il meurt sous la torture, sans doute vers 1825. C'est le premier héros des luttes d'indépendance des Guatémaltèques face à la couronne espagnole.

JORGES UBICO CASTANEDA (1878-1945)

Fils d'un riche Guatemaltèque, il reçoit les bases de son éducation en Espagne avant de revenir au pays et de se diriger rapidement vers une brillante carrière militaire. Il se distingue notamment dans la campagne de 1906 contre le Salvador. Il se lance ensuite en politique et, après une première tentative avortée, parvient à la présidence de la république en 1931. Il conserve le pouvoir de façon dictatoriale jusqu'en 1944, où la pression populaire le contraint à démissionner. En effet, outre ses méthodes brutales (arrestations et tortures sont monnaie courante), il prend des mesures pour favoriser l'exploitation des paysans par les grands propriétaires terriens. Ceux-ci peuvent ainsi abattre sans procès tout paysan surpris sur leurs terres, tandis que les paysans doivent accepter des salaires scandaleusement bas, une obligation de services publics pour la construction de routes et l'interdiction du syndicalisme. On comprend dans ces conditions la faible popularité d'Ubico. Exilé aux Etats-Unis, il meurt à la Nouvelle-Orléans un an après sa démission.

Ecrivez-nous sur internet : info@petitfute.com

SOCIETE

Elle est tout simplement le reflet de la société coloniale divisée en **castes** avec, au sommet de l'échelle sociale, les **blancs**. Héritiers et descendants des conquistadores espagnols, ils sont détenteurs d'une grande partie (pour ne pas dire la quasi totalité) du pouvoir économique et du pouvoir politique. Bien que minoritaires, ils sont encore à la tête de vastes exploitaions agricoles (fincas) où sont cultivés café, canne à sucre, bananes ou encore cardamome. Les tentatives de réformes agraires, qui causèrent dans l'histoire du pays la chute de nombreux gouvernements, n'ont presque rien changé à cet état de fait.

Juste en dessous, on trouve un groupe social composé des **ladinos**, métis issus du brassage séculaire des populations blanche et indienne. Ces ladinos cotoient un petit groupe d'Indiens ayant abandonné le genre de vie de leur communauté pour adopter les us et coutumes des blancs. Ils sont devenus au fil des générations **commerçants, artisans** et même **fonctionnaires**, et vivent presque exclusivement dans les villes et les autres petits centres urbains.

A la base de la société guatémaltèque enfin, on trouve les **Indiens**, descendants directs des Mayas. Nettement majoritaires, puisqu'ils semblent représenter entre 50 et 85 % des 11 millions de Guatémaltèques (les statistiques et les méthodes d'évaluation laissent à désirer), la communauté indienne ou « indigène » comme on dit ici, se compose de 23 groupes ethno-linguistiques dont les plus importants sont les Quichés, les Cakchiquels, les Mams et les K'ekchi. Comme au temps de la domination espagnole, ils sont encore presque exclusivement paysans, même si les années 1980 ont vu l'émergence d'une élite (avocats, médecin, etc.) issue de cette même communauté indienne et qui refusa de tourner le dos à ses racines pour s'engager dans la défense des droits des paysans.

Comme toute société scindée en castes, la société guatémaltèque est divisée en deux mondes distincts s'ignorant totalement, se haïssant même parfois ; il n'existe aucun lien entre les différents groupes.

POLITIQUE

Le Guatemala est une **république démocratique constitutionnelle**, avec un président et un vice-président (élus pour cinq ans au suffrage universel) au pouvoir exécutif, un Congrès de la République et un procureur des Droits de l'Homme au législatif et une Cour suprême de justice au judiciaire. Tous les outils d'une démocratie moderne, et pourtant le pays a connu la guerre civile pendant près de 36 ans. Celle-ci a favorisé les militaires, qui ont, en plusieurs occasions, accaparé une grande partie des pouvoirs réels. Les récents accords de paix (décembre 1996) ouvrent enfin la voie à une stabilisation et une modernisation du régime et du pays : les militaires devenant moins indispensables, la démocratie devrait s'imposer (voir histoire). La tâche s'annonce ardue, puisqu'il s'agit de moderniser un appareil d'état déficient.

De la Justice à la collecte des impôts, les chantiers nombreux interdisent une évolution rapide, mais le pays semble s'être engagé dans la bonne voie. L'objectif clairement avoué des réformes politiques est de fournir une base saine au développement économique. A ce titre, les efforts en matière de politique intérieure se doublent d'efforts vers l'extérieur, aussi bien par un travail en collaboration avec les instances internationales telles que l'ONU, le Haut Commisariat aux réfugiés et le FMI qu'avec les blocs économiques majeurs. Ainsi, le Guatemala est depuis 1996 membre de l'Organisation Mondiale du Commerce. Se considérant sans doute comme trop petit pour entamer directement des discussions avec le gigantesque bloc économique voisin de l'ALENA (Canada, USA, Mexique), le Guatemala s'est engagé dans la voie d'une union douanière avec ses voisins Honduras et Salvador pour négocier une baisse des tarifs douaniers avec le Mexique : l'union fait la force.

Quant à la vie politique proprement dite du Guatemala, elle a longtemps été dominée et ce même durant les années de dictature, par deux partis politiques qui ont d'ailleurs donné quelques dictateurs à la République.

Représentant une partie seulement de la population guatémaltèque, à savoir les communautés blanche et ladino, ces deux partis politiques, le **PAN** (Parti d'Avancée Nationale) et le **FRG** (Front Républicain Guatémaltèque) se sont affrontés dernièrement pour l'élection, en décembre 1996, du nouveau président de la République.

Le PAN, parti du président actuel Alvaro Arzu Irigoyen, est le parti des démocrates-chrétiens (libéraux) intensivement soutenus par l'Eglise Catholique, alors que le FRG de Alfonso Portillo est le parti des inconditionnels de la poursuite de la lutte contre l'URNG (Union Révolutionnaire Nationale Guatémaltèque) qui s'opposa aux dictateurs et à l'armée pendant près de 36 ans. Appuyés par les églises évangélistes qui se multiplient dans le pays et qui concurrencent gravement l'influence de l'Eglise Catholique auprès des différentes communautés indiennes, le FRG s'apparente pour beaucoup à un parti néo-fasciste, cultivant en effet les haines racistes entre les communautés indiennes et blanches. Un point commun à ces deux partis : la défense des droits et des privilèges des minorités blanche et métissée.

En 1996 un véritable pavé est lancé dans la mare de la vie politique du Guatemala, avec la création d'une troisième force politique de gauche. Répondant au nom de **FDNG**, autrement dit le Front démocratique pour le nouveau Guatemala, elle rassemble sous cette appellation un grand nombre d'organisations politiques qui défendent les plus démunis ainsi que les classes moyennes oubliées des deux grands partis de « droite ». Créée au cours de l'année 1996, cette formation politique emmenée par Antonio Mobil, va remporter un succès considérable au cours des élections municipales et législatives du mois de décembre se déroulant en parallèle à l'élection présidentielle. Elle conquiert près de 19 municipalités dont la deuxième ville du pays Quetzaltenango ainsi que deux autres grandes localités Santa Cruz del Quiché, chef du département du Quiché et Solola sur les hauteurs du lac Atitlan. Quant au scrutin législatif véritable, ce fut une petite révolution en soi avec la conquête au Congrès de huit sièges de députés dont deux occupés par deux indiennes.

ECONOMIE

L'économie du Guatemala est largement basée sur ses ressources naturelles, au travers de trois grands secteurs : l'**agriculture**, l'**énergie**… et le **tourisme**. Le pays, longtemps handicapé par la situation que l'on connaît (dictature, guérilla, répression militaire), reste encore aujourd'hui très pauvre, avec un taux de chômage très élevé et une grande partie de sa population, la majorité indienne, en dessous du seuil de pauvreté (le salaire moyen est de 500 F environ). Cependant les accords de paix de décembre 1996 laissent espérer une amélioration durable des conditions politiques, prélude nécessaire à la réforme de l'Etat et au développement économique. Au risque de se répéter, le chantier est énorme, mais nécessaire puisque la pauvreté des Indiens est une cause non négligeable de la guerre civile : seule une amélioration réelle de la situation économique semble pouvoir empêcher la reprise de celle-ci.

Pour cette région du monde, la situation, telle que la traduisent les chiffres officiels, est correcte, avec une inflation à peu près contenue (autour de 10 %) et surtout une dette extérieure des plus raisonnables (moins de 14 % du PIB). Tous les espoirs sont donc permis, mais un réel effort reste à faire dans le partage de cette richesse : le pays compte encore près de 40 % de chômeurs ou de personnes en situation de sous-emploi, tandis que plus de 80 % de la population indienne vit en dessous du seuil de pauvreté.

Aujourd'hui, l'économie du pays est encore largement agricole (50 % des exportations), grâce notamment au café qui génère près d'un tiers des rentrées de devises. D'autres productions agricoles, comme la banane, la canne à sucre ou les fleurs, complètent ce pan de l'économie, malheureusement soumis aux aléas des cours mondiaux très fluctuants.

Autres ressources naturelles importantes pour l'économie, l'énergie et le sous-sol réclament encore des investissements importants pour tourner à plein rendement : malgré sa richesse naturelle, notamment en pétrole, le pays n'est pas auto-suffisant. Un retour à la paix permettrait d'attirer les investisseurs étrangers, ceux qui ont déjà permis la modernisation des télécommunications. Le secteur est d'ailleurs en cours de privatisation.

Enfin, les Guatémaltèques comptent beaucoup sur le tourisme et ses apports de devises étrangères ; les atouts sont énormes (naturels et culturels) et les derniers freins liés à l'insécurité devraient bientôt être levés. D'ailleurs, le tourisme est d'ores et déjà la deuxième source de revenus du pays, après le café. L'avenir du pays est donc avant tout conditionné à la réussite du processus de paix. Le Guatemala espère également intensifier ses échanges avec l'ALENA, la zone de libre-échange formé par les Etats-Unis, le Canada et le Mexique. Un premier pas dans le sens d'une libéralisation des échanges a été fait avec une quasi-union douanière avec le Salvador et le Honduras, afin de former le Triangle du Nord. Le Guatemala espère transformer ces nombreuses perspectives en réalités concrètes.

MUSIQUE

Comme le prouvent toutes les fêtes, la musique et la danse ont une grande importance pour les Guatémaltèques. Bien que ces fêtes soient le plus souvent d'origine catholique, musique et danses sont largement inspirées de la culture indienne maya, ou plutôt des cultures indiennes car les différents groupes ont des aspects caractéristiques à ce niveau également. Les principales mélodies reposent sur les flûtes et les percussions (chirimia, tun, etc.). Aux influences mayas se sont mêlées quelques effluves de musique africaine, introduites par les esclaves noirs sur la côte caraïbe. C'est à eux que l'on doit la marimba, devenue instrument national : c'est une sorte de xylophone qui doit ses sonorités particulières aux tecomates, les fruits suspendus qui servent de caisse de résonance.

Le café

L'économie guatémaltèque est encore aujourd'hui fortement dépendante de son secteur agricole puisqu'il représente son premier secteur d'activité, avec, en fer de lance, la culture du café. Il fut seulement introduit vers le milieu du XVIIIe par des missionnaires jésuites. Culture secondaire durant le XIXe et une grande partie du XXe à côté de cultures dominantes, la culture du café a pris un essor certain depuis une trentaine d'années jusqu'à prendre sur le plan des exportations la place de la banane ou de la canne à sucre. Ainsi en 1994, le café avait-il rapporté à l'économie nationale près de 315 millions de dollars soit plus de 20 % des exportations totales.

Lavage et séchage du café

Dans le même temps, la canne à sucre et la banane rapportaient respectivement 160 et 115 millions de dollars et les exportations de pétrole et les produits issus de l'industrie chimique, 140 et 22 millions de dollars. Aujourd'hui le Guatemala est le troisième producteur mondial de café (3 % de la production planétaire) derrière la Colombie et le Mexique.

Le café est cultivé un peu partout au Guatemala. On discerne cependant des différences de qualité selon les altitudes et les régions. Ainsi les spécialistes voient-ils dans les cafés d'Antigua, de Coban, de Fraijnes, de Huehuetenango et enfin des villages du pourtour du lac Atitlan, les grands crus du café guatémaltèque. Les producteurs de café (ils sont plus de 40 000 recensés, toutes tailles d'exploitations confondues) sont regroupés au sein d'une organisation, la ANACAFE, chargée de promouvoir la culture du café et de défendre les droits de ses adhérents.

Quant aux conditions dans lesquelles s'effectuent les récoltes, rien ne semble avoir changé depuis l'époque coloniale. Au XIXe déjà, les autorités avaient restauré l'archaïque et arbitraire système de la mita, autrement dit du travail obligatoire, que les Espagnols avaient emprunté aux Incas. Officiellement, il a aujourd'hui totalement disparu mais des responsables d'organisation de défense des droits de l'homme continuent d'en dénoncer la pratique.

Parallèlement à ce système archaïque d'exploitation, les paysans peuvent vendre « librement » (ont-ils réellement le choix ?) leur force de travail dans les exploitations en échange d'un maigre salaire. Ils touchent en effet 4 à 5 dollars en moyenne pour environ une centaine de kilogrammes de grains de café récoltés. Juste de quoi survivre en fait !

SUR PLACE

Principaux numéros d'urgence

Police ✆ 137 ; 138 ou 120
Pompiers ✆ 123

Urgence médicale ✆ 332 9422
Croix Rouge ✆ 125

Ambassade de France ✆ 337 3639
Ambassade du Canada ✆ 333 6102

Ambassade de Belgique ✆ 337 0321
Ambassade de Suisse ✆ 331 3725

Numéros de téléphones, à Guatemala Ciudad, des succursales des différentes compagnies aériennes internationales desservant le Guatemala.

American Airlines ✆ 334 7379
KLM ✆ 337 1222

Aviateca ✆ 334 7722
Lacsa ✆ 334 7722

Continental Airlines ✆ 335 3341
Sam ✆ 3346801

Copa ✆ 331 8790
United Airlines ✆ 332 2995

Iberia ✆ 332 0911

ARGENT

Pour avoir une équivalence entre quetzal et franc français, le plus simple est d'adopter un rapport de 1 à 1 : le quetzal oscille, en fonction du cours du dollar, entre 0,9 et 1,1 FF. Pour le change, inutile d'espérer changer des francs, la seule monnaie étrangère que vous pourrez changer partout (et qui est même acceptée par la plupart des commerces) est le dollar américain. Les travellers chèques constituent une bonne solution, à condition donc qu'ils soient libellés en dollars. Les American Express sont les plus connus et vous ouvriront donc un maximun de portes, mais les Visa sont de plus en plus largement acceptés. Attention, les banques guatémaltèques sont très attentives aux risques de fraude sur le change de travellers et la procédure est donc un peu longue.

Quel que soit le moyen choisi, n'oubliez pas de vous renseigner avant de partir sur le numéro à appeler depuis le Guatemala en cas de perte ou de vol.

Banques

Pour le change, les taux peuvent varier de façon sensible d'une banque à l'autre ; renseignez-vous avant de faire l'opération. *Les horaires classiques d'ouverture des banques sont 9 h-15 h.* Si vous abordez le pays alors que les banques sont fermées, sachez que, dans la plupart des villes frontières, le **change dans la rue** est une pratique courante. Il présente dans ces villes peu de risques (contrairement à Guatemala Ciudad où il est dangereux de s'y livrer en plus des arnaques particulièrement courantes) et peut vous dépanner Les taux de change sont a priori moins intéressants que dans une banque, mais peuvent se négocier à la hausse avec le vendeur.

Distributeur automatique

Ils se multiplient actuellement au Guatemala. Dans la capitale, ils sont généralement ouvert 24 heures sur 24. Leurs portes ne fermant plus, il est courant de les trouver déjà occupé le soir venu où de bonne heure le matin par un sans-domicile-fixe se le réservant pour la nuit ou encore plongé le matin dans un profond sommeil. Ce qui ne pose par ailleurs aucun problème. Là encore, la carte American Express est la plus facilement acceptée, mais la carte Visa est de plus en plus présente.

ELECTRICITE

Ce sont les normes type américaine : 110 V et prise à broches plates. Cependant, certains hôtels haut de gamme proposent des prises 220 V.

EAU

La qualité de l'eau du robinet au Guatemala n'a rien à voir avec celle de nos pays où elle est préalablement traitée, conditionnée afin d'être consommée. Si l'organisme des Guatémaltèques semblent parfaitement être accoutumé, n'allez pas les imiter. Consommez uniquement de l'eau en bouteille capsulée que l'on décapsulera devant vous. Dans les hôtels, avant d'en consommer, demandez si les carafes d'eau mises à disposition dans les chambres contiennent bien de l'eau « purificada ». De même, malgré la chaleur humide qu peut sévir dans cette partie du pays (Petén, côte Caraïbe) refusez les glaçons faits avec de l'eau du robinet.

RECOMMANDATION

Gardez votre argent liquide en lieu sûr dans le coffre-fort de votre hôtel ou si il n'en est pas équipé dans votre ceinture porte-monnaie ou poche holster, mais ne le laissez jamais dans votre chambre, négligemment posé sur la table de nuit par exemple, au risque de vous le faire voler. Sachez qu'une petite somme d'argent pour vous peut représenter le salaire de plusieurs semaines voire d'un mois de travail pour un guatémaltèque (le salaire moyen est de 504 Q). La tentation peut alors être très forte. De même, que ce soit à la ville ou à la campagne, ne transportez pas une importante somme d'argent dans vos poches mais toujours dans votre poche holster ou ventrale. Gardez seulement de quoi régler votre trajet de bus si vous avez à vous déplacer ainsi que de quoi déjeuner.

TELEPHONE

La compagnie nationale du téléphone autrement dit **Guatel**, est implantée sans surprise dans tous les grands centres urbains mais aussi dans les moins importants du Guatemala. Les Guatémaltèques qui possèdent une ligne de téléphone privée étant rares, leurs agences sont grandement fréquentées par des Guatémaltèques venus donner ou même recevoir un coup de fil. Ils sont *ouverts tous les jours sans exception de 7 h à 20 h.* Le dimanche, certains bureaux de Guatel sont *ouverts exceptionnellement jusqu'à 21 h.*

Cet état de fait s'explique par des tarifs corrigés à la baisse le jour dominical, et l'affluence record qu'elle entraîne partout dans le pays. Cette baisse dominicale est également appliquée pour les communications longue distance et appels internationaux. On aura tout intérêt à s'y rendre ce jour-là malgré l'attente, car le tarif des appels internationaux est relativement élevé.

Sachez que pour joindre la France la première minute de communication coûte approximativement 31 Q et que toute minute supplémentaire coûte 10 Q.

Il est possible de demander préalablement à l'opérateur de couper la communication au bout de deux, trois ou quatre minutes. Sachez que toute minute commencée est dûe.

Pour joindre la France depuis le Guatemala, composez le 00 33 puis le numéro de votre correspondant sans le 0 initial.

Pour la Belgique, 00 32 plus numéro complet.

Pour le Canada, 001 plus numéro complet.

Pour la Suisse, 00 41 plus numéro de votre correspondant sans le 0 initial.

Assurez-vous avec GESA ASSISTANCE

Bon de souscription en pages 37-38

POSTE

La poste guatémaltèque n'a pas très bonne réputation, ce qui explique la multiplication des compagnies privées de transfert de courrier dans les principales villes du pays. Il faut certes prévoir large pour ne pas être rentré avant ses cartes postales (comptez trois bonnes semaines) et s'assurer au bureau de poste que le préposé a bien oblitéré le timbre. Il est beaucoup plus économique d'expédier des cartes postales (0,5 Q) plutôt que des lettres (3,5 Q). Les timbres ne sont disponibles que dans les bureaux de poste, qui sont *généralement ouverts du lundi au vendredi de 9 h à 17 h.* Encore une fois, ces horaires peuvent varier, surtout dans les petites villes. Les bureaux sont en outre fermés le jour principal des grandes fêtes (voir rubrique tourisme pour les dates).

QUELQUES RECOMMANDATIONS

Visite

Les sites les plus populaires sont globalement sans danger. Pour des achats importants, utilisez une carte de crédit ou un chèque de voyage.

Evitez de vous promener seul dans les rues, circulez dans les rues passantes et faites attention à votre portefeuille (jamais dans la poche arrière du pantalon), sac à main ou appareil-photo. Méfiez-vous si l'on vous bouscule.

Pour les visites de volcans, faites-vous encadrer par des professionnels compétents et informez-vous des prévisions sismiques et climatiques (✆ 231 4986).

Photo

Si vous ne possédez pas d'appareil photo c'est le moment d'en acquérir un. Vous trouverez en effet au pays de l'éternel printemps nombre d'occasions d'immortaliser à jamais une nature généreuse, des paysages somptueux, des scènes de vie villageoise particulièrement colorées etc. Aucune restriction n'est à constater à la douane guatémaltèque : on pourra emporter son ou ses appareils photos ainsi que son camescope dernier cri sans avoir à redouter, dans les faits, la moindre difficulté. Par prudence emportez avec vous la facture de chaque appareil ou leurs photocopies afin de prouver si besoin est que vous avez acquis votre matériel en France.

Quant à l'utilisation de votre appareil au quotidien, quelques précautions sont à prendre impérativement. A Guatemala Ciudad, les vols sont fréquents. Utilisez plutôt un jetable, mais de toute façon la capitale du pays offre assez peu d'occasion de prendre de beaux clichés. Au cas où un ladron (voleur) tenterait de vous dépouiller de votre dernier modèle d'une grande firme japonaise, ne résistez pas ! En plus du vol de votre bien vous risqueriez de voir votre situation s'aggraver considérablement ! La vie ici n'a pas beacoup de prix.

Ailleurs, dans les villages des Hautes Terres tout particulièrement, on évitera de prendre d'un peu trop près la population en photo. Les villageois sont en effet assez réfractaires à ce genre de pratique occidentale. Prenez -les discrètement, et, en cas de protestation rangez votre appareil sans insister. Certains villageois se laisseront photographier et ne tenteront rien pour vous en empêcher. Mais sachez qu'il vous sera alors demandé un ou deux quetzals en échange.

Pellicule

Profitez des promotions de l'été pour faire le plein de pellicules avant de partir. La denrée n'est pas chose rare dans le pays mais les prix pratiqués dans certaines villes sont assez dissuasifs. Si vous vous retrouvez en rupture de stock, vous n'aurez normalement aucun mal dans les grandes villes à trouver le film de votre choix. Lors de l'achat faites particulièrement attention à la qualité de la pellicule. Achetez-les chez les spécialistes et évitez systématiquement celles des étals des vendeurs ambulants chauffés à blanc, en journée, par le soleil. Vérifiez en plus la date de péremption. Enfin avant de partir sur un site maya ou un pittoresque village n'oubliez pas d'emporter une pellicule de rechange.

TRANSPORTS
INTERIEURS

ROUTE

Le Guatemala est équipé d'un important réseau routier s'étendant sur près de 15 000 kilomètres sur lesquels 3 500 environ sont asphaltés. Plutôt en bon état, ces 3 500 kilomètres de route se composent de grands axes vitaux pour l'économie et le transport des biens et des personnes, reliant entre elles les principales villes et destinations touristiques du pays. Parmi ces grandes artères on dénombre sept CentroAméricaines (ou CA), le reste étant composé de nationales comme celle reliant Chimaltenango à Antigua ou Los Encuentros à Solola. Les différents départements et régions du Guatemala accusent entre eux un fort déséquilibre : si les Hautes Terres sont très bien équipées en route asphaltées il n'en va pas de même pour le centre et le nord du pays, le Petén ne possédant en tout et pour tout qu'une seule route asphaltée entre Flores-Santa Elena et Tikal. Les 3/4 du réseau routier sont donc composés de pistes caillouteuses ou de pistes de terre dont l'état dépend étroitement des conditions climatiques.

VOITURE

C'est certainement le meilleur moyen pour partir à la découverte des curiosités naturelles et des richesses archéologiques du Guatemala, mais c'est aussi le plus onéreux (comptez autour de 300 - 350 Q). On pourra louer une voiture dans toutes les grandes villes touristiques du pays où les grands loueurs internationaux possèdent une ou plusieurs agences. Sachez que quelques mesures sont à impérativement respectées si vous devez circuler à Guatemala Ciudad (voir rubrique Quelques recommandations). Si pour certaines régions comme les Hautes Terres, la voiture est un moyen de transport pratique qui vous fera gagner un temps précieux, son utilisation ne paraît pas indispensable dans les régions où l'infrastructure routière n'est pas développée comme au Petén où la plupart des sites se trouvent perdus en pleine jungle (difficile voire impossible à rejoindre en véhicule même à quatre roues motrices). Pour louer une voiture, il faut avoir obligatoirement plus de 25 ans et présenter son permis de conduire. Un permis de conduire international vous sera demandé si la location excède un mois.

Recommandations

Dans les villes importantes (en fait, essentiellement à Guatemala Ciudad), circulez de préférence portes et vitres fermées, notamment aux feux. Ne laissez pas d'affaires en vue dans une voiture en stationnement et utilisez des parkings surveillés. Méfiez-vous du piège classique qui consiste à vous heurter par l'arrière pour vous amener à descendre de voiture. Ne circulez pas de nuit ou si vous avez fait le choix de rouler quand même, faites le avec prudence, les dangers de la route ne sont pas signalés et il n'est pas rare de rencontrer au détour d'un chemin un piéton ou du bétail au milieu de la route. Dans le Petén notamment, on croise régulièrement des chevaux ou des vaches couchées sur la chaussée. Attention à la fréquence des pompes à essence en dehors des grandes villes et sachez qu'il n'y a pas d'essence sans plomb.

TAXI

Les taxis agréés se reconnaissent à leur numéro d'identification peint sur la porte et à leur immatriculation commençant par la lettre A. Avant de monter dans l'un d'eux, vérifiez préalablement si le compteur fonctionne correctement. Si tel n'est pas le cas, fixez d'ores et déjà le prix de la course. Le mieux est bien évidemment de connaître les prix en vigueur. Demandez à la réception de votre hôtel.

PICK-UP

Moyen de transport pratique particulièrement adapté aux courtes distances, le pick up (4x4 ouvert à l'arrière) est en général beaucoup plus cher que le bus. Sachez qu'en général, parce que vous êtes touristes, vous paierez jusqu'à 2 ou 3 fois le prix initial pratiqué à l'égard des Guatémaltèques. Equipé de quatre roues motrices il a l'avantage de passer là où les bus ne le peuvent pas. On s'y entasse très souvent au delà de toute prudence.

Vue sur le volcan

BUS

C'est le principal moyen de transport au Guatemala, fréquemment utilisé par les Guatémaltèques eux-mêmes. On discerne trois catégories de bus, avec des caractéristiques de confort, de rapidité, de fréquence et de prix bien différentes.

Les bus express ou encore dit Pullman, représent le haut du pavé. Ils sont en général réservés par les grandes compagnies de bus pour effectuer de longs et éprouvants voyages. Sur un parcours comme Guatemala Ciudad - Flores, ils peuvent gagner environ deux heures par rapport à un bus 1re classe. Leur confort est important et va de l'air conditionné à la télévision en passant par les toilettes.

Les bus 1re classe sont en général d'anciens bus de ligne américains, d'une belle couleur argentée. Beaucoup moins confortables que les premiers, ils sont également réservés le plus souvent, à la longue distance. Leur prix est très inférieur à celui des bus express.

Enfin les bus locaux ou 2e classe représentent la dernière catégorie. Ce sont d'anciens bus scolaires américains qui parfois ont gardé leur couleur jaune originelle mais qui portent fréquemment de belles couleurs vives. Ils assurent de courts trajets, reliant des villes voisines entre elles comme Quetzaltenango à Huehuetenango (environ 80 km), ou plus modestement d'une grande ville à ses villages périphériques. Leur confort est rudimentaire et leur vitesse réduite (40 km/h de moyenne) puiqu'ils s'arrêtent dans tous les villages et aux moindres signes adressés depuis le bord de la route. Relativement modiques pour des occidentaux, ils ont également la faveur des Guatémaltèques. Il n'est pas rare d'y voyager à quatre sur une banquette prévue initialement pour deux, quand on ne voyage pas debout. Malgré ces petits désagréments c'est un moyen idéal d'approcher les Guatémaltèques dans leur vie quotidienne, d'échanger quelques mots ou quelques sourires.

Le parc de bus du Guatemala se répartit en un très grand nombre de compagnies privées qui desservent à partir de Guatemala Ciudad tous les départements et les grandes villes du pays. En général elles se concentrent en un seul et même terminal de bus mais il arrive parfois qu'elles possèdent leur propre local comme à Guatemala Ciudad, Santa Elena ou Esquipulas.

On discerne d'ailleurs deux types de terminaux: le terminal de bus longue distance à partir duquel une ou des compagnies relient une ville éloignée et le terminal de bus locaux (2ᵉ classe), qui, installé dans une ville, dessert les villages environnants.

Les bus 1ʳᵉ et 2ᵉ classe commencent en général très tôt leur rotation, vers 4 h 30 - 5 h du matin. Selon la distance qu'ils ont à parcourir, ils démarrent parfois de leurs terminaux beaucoup plus tôt encore. Dans l'ensemble, ils stoppent leur activité vers 17 h - 17 h 30.

Enfin les bus des différentes compagnies nationales n'arrêtent jamais leur rotation. La fréquence des départs est la même en semaine ou le week-end : le dimanche est un jour comme les autres au Guatemala.

AVION (lignes intérieures)

Son utilisation s'impose véritablement pour une seule destination, celle de Flores – Santa Elena, qui abrite à proximité le site de Tikal. Plusieurs compagnies aériennes guatémaltèques assurent depuis Guatemala Ciudad plusieurs fois par jour des liaisons avec Flores. Cette solution peu onéreuse (comptez environ 200 Q un aller simple, 400 Q un aller-retour) est vraiment très pratique et vous économisera temps et fatigue comparé à un voyage par la route.

BATEAU

Dans de nombreuses localités touristiques vous serez amenés à utiliser ce moyen de transport très agréable. Il prend des formes variées, de la vedette sur le lac Atitlán au ferry de Puerto Barrios en passant par la lancha sur les rivières du Petén ou sur la côte Caraïbe. Abordable dans les grands lieux touristiques, il peut devenir très onéreux dans les zones où il représente le seul moyen de transport comme sur le Rio de la Pasión ou sur le Rio Dulce.

VELO

C'est un moyen de transport très peu utilisé par les Guatémaltèques. On trouve quand même quelques loueurs dans les principales localités touristiques comme Panajachel ou encore Antigua pour s'y promener, mais hormis quelques lieux bien précis les contraintes sont beaucoup trop importantes (relief, chaleur, insécurité) pour ce qui pourrait être un moyen original de découvrir le pays.

Terminal de bus à Huehuetenango

TOURISME

HEBERGEMENT

Contrairement à l'idée communément répandue, le Guatemala dispose d'une infrastructure hôtelière importante et d'assez bonne qualité pour ce qui est des grandes villes touristiques. Il y est donc, en dehors des grandes fêtes populaires, relativement aisé de trouver une chambre hormis à Antigua où tout au long de l'année les visiteurs peuvent rencontrer quelques difficultés. Le nombre d'établissement y est pourtant plus important qu'ailleurs mais la ville attire à elle chaque année des touristes encore plus nombreux.

Pour les autres grandes étapes touristiques du pays (Panajachel, Chichicastenango, Esquipulas, Livingston…), il faudra particulièrement surveiller le calendrier des fêtes (elles sont nombreuses) et des marchés pour ne pas se faire surprendre au milieu d'une fête majeure, à Chichicastenango par exemple, durant la Semaine Sainte, et se voir refuser l'entrée d'hôtels bondés pour l'occasion.

Le parc hôtelier guatémaltèque comprend plusieurs catégories d'établissements de confort, de qualité et de bien sûr de prix différents. Si par le passé on pouvait à la simple vue du nom de l'établissement prendre connaissance immédiatement de la catégorie à laquelle on avait affaire, cela est loin d'être le cas aujourd'hui. Les établissements bon marché s'intitulant hospedaje, pension, ou encore hostal tendent à disparaître. Il est vrai qu'auprès de la clientèle de touristes étrangers le terme d'hospedaje ou de pension avait et a toujours une consonance péjorative. On retrouve donc aujourd'hui nombre d'anciens hospedajes avec l'appellation « hôtel » sans pour autant posséder le confort et les équipements qui caractérisent habituellement ce genre d'établissement. Un hôtel n'a donc pas obligatoirement l'eau chaude dans ses salles de bains, quand ses chambres en sont équipées !

Sachez qu'une personne voyageant seule paiera en général proportionnellement plus cher sa nuit que deux personnes dans une chambre double (supplément single). Certains hôtels cependant ne pratiquent pas les tarifs dégressifs. Ainsi que vous soyez deux, trois ou quatre vous paierez toujours le même prix par tête.

Hôtels bon marché

Les **hospedajes**, pensions et autres hôtels bons marchés représentent le gros de l'hôtellerie guatémaltèque. Les prix pour une chambre double (avec ou sans salle de bains) varient entre 35 et 50 quetzals environ. La qualité du confort proposé varie elle aussi énormément selon les établissements (faites jouer la concurrence) mais dans tous les cas n'espérez pas à ce prix un joli cadre, une jolie vue, ou encore la climatisation. Il existe cependant par localité une ou plusieurs adresses d'exception alliant qualité du confort, joli cadre et prix modiques (exemple Antigua, Panajachel ou encore Monterico).

Chaque ville possède donc son lot d'hôtels bon marché exception faite de Guatemala Ciudad, où ils n'ont pas les faveurs de la majorité des visiteurs de passage, constituée d'une clientèle d'affaires logeant exclusivement dans la Zona 10 (voir chapitre Guatemala Ciudad).

Charme et confort

La deuxième catégorie est un peu le ventre mou de l'infrastructure hôtelière du pays. Les prix varient dans l'ensemble entre 50-60 quetzals et 150 quetzals (soit 25 $). L'écart tant au niveau du confort, de l'équipement et du prix est pour le moins considérable. On y rencontre en effet des hôtels, pour la partie basse de la catégorie, offrant un confort médiocre, certaines chambres ne possédant pas leurs propres salles de bain. Alors que les établissements du haut de la catégorie offrent le confort d'un quatre étoiles.

Luxe

La troisième et dernière catégorie est bien évidemment constituée d'établissements luxueux au cadre enchanteur et à la qualité de confort et équipements irréprochable. Les prix sont élevés même pour les occidentaux. Une mention spéciale à ceux d'Antigua, occupant d'antiques demeures coloniales et qui valent assurément à eux seuls le détour, ainsi qu'à ceux de Flores.

Motel

On rencontre quelques motels au Guatemala principalement sur les grands axes du pays comme la carretera al Atlantico. Leurs prix varient eux aussi selon les endroits, mais comptez autour de 100 quetzals pour une chambre double.

Auberge de jeunesse

Cette formule d'hébergement en dortoir ou en chambrée n'est pas très répandue au Guatemala voire quasi inconnue en dehors de la capitale. L'auberge de jeunesse est installée dans cette même ville à proximité de l'aéroport La Aurora.

Camping

S'il est couramment pratiqué chez le voisin mexicain, il n'en va pas de même au Guatemala. Les terrains de camping sont tout d'abord rares et principalement concentrés dans des zones géographiques du pays particulièrement clémentes sur le plan climatique comme la côte Caraïbe, le Petén ou encore la côte Pacifique.

Le plus célèbre auprès des voyageurs est sans aucun doute celui du Parc National de Tikal. Installé auprès des ruines millénaires au milieu de la forêt tropicale, on y connait assurément des émotions fortes, les petites bêtes (et les plus grosses) pouvant entrer dans la tente et les bruits de la jungle pouvant effrayer le citadin.

Hamac

On pourra emporter son hamac ou en acheter un sur place. Il existe ainsi sur la côte caraïbe des « auberges » où les visiteurs accrochent leurs hamacs pour quelques quetzals seulement. Si ce genre d'hébergement vous tente, prévoyez une moustiquaire (elle est en général fournie mais on ne sait jamais) ainsi que les répulsifs adéquats pour éloigner la nuit nos amis les anophèles.

RESTAURANTS

Que vous soyez perdu dans un village en plein cœur des Hautes Terres ou confortablement installé dans l'une des cités les plus touristiques du pays, vous trouverez toujours à vous nourrir et – agréable surprise pour ceux voyageant avec de maigres ressources – toujours selon votre budget.

Les Guatémaltèques ont en effet l'étonnante habitude en comparaison du niveau vie générale, de manger assez souvent hors de chez eux, dans des établissements où, il est vrai, la propreté est relative et la nourriture bon marché. En dehors des grands itinéraires touristiques on trouvera donc toujours à se rassasier.

Dans les grandes villes touristiques le choix est très important. On pourra manger local dans de petits restaurants typiques fréquentés exclusivement par des Guatémaltèques ou bien dans des restaurants fréquentés par une clientèle composée de touristes internationaux mais proposant une cuisine locale améliorée.

Ce type d'établissement représente un bon compromis au niveau culinaire et prix entre les petites gargotes et le must des restaurants du pays au servive impeccable mimant celui des grands établissements occidentaux. On ne peut parler de ces petits établissements sans évoquer les **formules d'almuerzo** (déjeuner) et de **cena** (dîner) économiques qui leurs sont propres. Pour une dizaine de quetzals environ on mangera un repas complet constitué de plats basiques de la cuisine guatémaltèque (soupe, haricots ou poulet accompagné de riz).

Selon les régions quelques restaurants proposent des spécialités locales. Sur les côtes Caraïbe et Pacifique de très nombreux menus affichent fruits de mer et poissons à foison alors que du côté du Petén, les menus font une bonne place aux spécialités de gibiers des forêts, des rivières et des lacs de la selva.

Dans une gargote il ne vous en coûtera qu'une poignée de quetzals et à peine un peu plus dans un restaurant typique offrant une nourriture correcte (autour de 15 Q).

Dans les établissements fréquentés par la grande masse des touristes étrangers comptez pour un bon repas autour de 35-40 Q voire plus si vous choisissez une spécialité locale.

Quant aux restaurants de grand standing appartenant le plus souvent aux hôtels de luxe comptez autour de 80-100 Q pour un repas moyen et beaucoup plus si vous souhaitez goûter aux spécialités locales (un seul plat de camarones ou de gambas peut valoir jusqu'à 100 Q !).

MANIFESTATIONS FOLKLORIQUES

Attention, lors des fêtes religieuses, le jour principal est toujours férié. Les banques, la poste, Guatel, les offices du tourisme sont donc fermés.

PETIT LEXIQUE DES DANSES ET RITES GUATEMALTEQUES

Bailes. Ce sont des danses en trois parties, inspirées des rites religieux précolombiens.

Conquista. Cette danse évoque, comme son nom l'indique, la conquête espagnole.

Culebra. C'est une danse de la fertilité, centrée autour du personnage du serpent qui représente, non pas la tentation, mais la terre.

Los Gigantes. Ce spectacle retrace la lutte (et la victoire) du soleil sur la nuit.

Huastecos. Cette danse a lieu à l'occasion de la récolte du maïs.

Los Micos (Moros). Il rappelle un vieux mythe, celui des hommes du Popol Vuh changés en singes.

Malintzin. Inspirée d'un mythe mexicain, cette danse évoque la trahison de la Malinche, c'est-à-dire son mariage avec Cortès.

Municipios ladinos. Ce sont les fêtes traditionnelles dans les villages indigènes, qui conservent leur authenticité et leur exubérance (couleurs, sonorités, etc).

Palo volador. Cette manifestation retrace un mythe précolombien sur l'origine du monde.

Toros et Toritos. C'est une version locale des corridas, dans laquelle les taureaux portent des masques de bois décorés.

El Tun. Longtemps interdite (pour éviter les débordements ?), cette cérémonie mime les anciens sacrifices humains.

El Venados. Cette danse s'inspire des anciens rites de chasse indiens.

PRINCIPALES FETES GUATEMALTEQUES

(dates, fête principale entre parenthèses ; ville, département entre parenthèses)

Janvier

1er - 15 (15) . . . . Esquipulas (Chiquimula), célébration du Christ Noir, moros.

10 - 17 (15) . . . . Santa Maria Chiquimula (Totonicapàn), célébration du Christ Noir, toritos et conquista.

15 . . . . Taxisco (Santa Rosa), célébration du Christ Noir.

12 - 15 (15) . . . . El Progreso (El Progreso), célébration du Christ Noir.

12 - 15 (15) . . . . Ciutad Flores (El Petén), célébration du Christ Noir, moros.

14 - 19 (17) . . . . San Antonio Sacatepéquez (San Marco), célébration de San Antonio Abad, toritos, conquista.

20 . . . . San Antonio Aguas Calientes (Sacatepéquez), célébration du Doux Nom de Jésus, toritos, conquista, moros, gigantes.

22 - 26 (25) . . . . San Pablo La Laguna (Sololà), célébration de San Pablo, venados, toritos, conquista.

Février

28 janvier - 2 (2) . . . . Chiantla (Huehuetenango), célébration de la Vierge de Candelaria.

9 - 13 . . . . El Progreso (Jutiapa), célébration de la Vierge de Lourdes.

24 - 28 (26) . . . . Rio Hondo (Zacapa), célébration de la Vierge de Candelaria.

Mars

16 - 22 (19) . . . . San José (Escuintla), célébration de San José, moros.

Principales manifestations pendant la Semaine Sainte : à La Antigua (Sacatepéquez) et Jocotàn (Chiquimula).

Avril

22 - 28 (25) . . . . San Marcos (San Marcos), célébration de San Marcos, conquista, venados.

23 - 26 (25) . . . . San Marco La Laguna (Sololà), célébration de San Marcos, toritos, venados, conquista.

26 - 30 . . . . Poptùn (El Petén), célébration de San Pedro Martir de Berona, venados.

Mai

30 avril - 4 mai (3) . . Los Amates (Izabal), célébration de la Santa Cruz.

1er - 9 (3) . . . . San Benito (El Petèn), célébration de San Benito de Palermo.

8 - 10 (10) . . . . Santa Cruz La Laguna (Sololà), célébration de Santa Elena de la Cruz, conquista, venados, moros, toritos.

15 - 22 (22) . . . . Melchor de Mencos (El Petén), célébration de San Martin de Porres.

Juin

5 - 13 (13) . . . . Sayaxché (El Petèn), célébration de San Antonio de Padua.

12 - 14 (13) . . . . San Antonio Palopo (Sololà), célébration de San Antonio de Padua.

21 - 24 (24) . . . . San Juan Chamelco (Alta Verapaz), célébration de San Juan Bautista, moros, venados, toros, el cortès.

23 - 26 (24) . . . . San Juan La Laguna (Sololà), célébration de San Juan Bautista.

27 - 30 (29) . . . . San Pedro La Laguna, célébration de San Pedro, la conquista.

A date variable . . . . . San Antonio Aguas Calientes (Sacatepéquez), célébration du Corps du Christ.

Juillet

1er - 4 (2) . . . . Santa Maria Visitacion (Sololà), célébration de Notre Dame de La Visitation, conquista.

12 - 17 . . . . Huehuetenango (Huehuetenango), fêtes de juillet, moros.
12 - 22 (19) . . . . Puerto Barrios (Izabal), célébration de Sagrado Corazon de Jesus.
22 - 26 (25) . . . . Jocotàn (Chiquimula), célébration de Santiago Apostol, moros.
22 - 27 (25) . . . . San Cristobal Totonicapàn (Totonicapàn), célébration de Santiago Apostol.
21 - 27 (25) . . . . Esquipulas (Chiquimula), célébration de Santiago Apostol, moros.
23 - 27 (25) . . . . Santiago Atitlàn (Sololà), célébration de Santiago Apostol, conquista, toritos.
25 . . . . La Antigua (Sacatepéquez), célébration de Santiago Apostol, gigantes.

Août

21 juillet - 1er (1er) . . . Momostenango (Totonicapàn), célébration de Santiago Apostol, venados, conquista, tun.
31 juillet - 6 (4) . . . . . . Cobàn (Alta Verapaz), célébration de Santo Domingo de Guzmàn.
8 - 14 (12) . . . . Santa Clara La Laguna (Sololà), célébration de la Vierge de Santa Clara, conquista, toritos, moros, palo volador, venados.
11 - 17 (15) . . . . Sololà (Sololà), célébration de la Vierge de la Asuncion, conquista.
11 - 18 (15) . . . . Chiquimula (Chiquimula), célébration de la Vierge del Transito.
12 - 15 (15) . . . . Nebaj (El Quiché), célébration de la Vierge del Transito, toros, venados.
14 - 16 (15) . . . . Guatemala Ciudad (Guatemala), célébration de la Vierge de La Asuncion.
14 - 19 (18) . . . . Santa Cruz del Quiché (El Quiché), célébration de Santa Elena de la Cruz, conquista, toritos.

Septembre

9 - 17 (15) . . . . Quetzaltenango (Quetzaltenango), fête de l'Indépendance.
24 - 30 (29) . . . . Totonicapàn (Totonicapàn), célébration de San Miguel Arcàngel.

Octobre

1er - 6 (4) . . . . San Francisco El Alto (Totonicapàn), célébration de San Francisco de Asis, conquista, moros, vaqueros.
1er - 7 (4) . . . . Panajachel (Sololà), célébration de San Francisco de Asis.
15 - 20 (18) . . . . San Lucas Tolimàn (Sololà), célébration de San Lucas, toritos, venados, moros.

Novembre

21 octobre - 1er (1er) . Todos Santos Cuchumatàn (Huehuetenango), fête de la Toussaint, venados, toritos.
22 - 26 (25) . . . . Zunil (Quetzaltenango), célébration de Santa Catarina de Alejandria, conquista, toritos.
25 . . . . Santa Catarina Palopo (Sololà), Santa Catarina de Alejandria, conquista, toritos.
20 - 1er décembre (30) San Andrès Xecul (Totonicapàn), célébration de San Andrès, venados, toritos, conquista, moros.

Décembre

5 - 8 (8) . . . . Huehuetenango (Huehuetenango), célébration de la Vierge de Concepcion.
6 - 12 (8) . . . . Retalhuleu (Retalhuleu), célébration de la Vierge de Concepcion.
6 - 15 (8) . . . . Escuintla (Escuintla), célébration de la Vierge de Concepcion.
13 - 21 (21) . . . . Chichicastenango (El Quiché), célébration de San Tomàs, conquista, toritos, toros, palo volador, venados.
20 - 29 (25) . . . . Santa Lucia Cotzumalguapa (Escuintla), célébration de la Nativité.
24 - 31 (28) . . . . Livingston (Izabal), célébration de la Vierge del Rosario.

MARCHES PERMANENTS

Installés dans de grands bâtiments et divisés en « quartiers », on y trouve à peu près tout, pour se nourrir, s'habiller, ramener un souvenir, etc.

La plupart des grandes villes en ont un.

La Antigua (Sacatepéquez)

Chimaltenango (Chimaltenango)

Cobàn (Alta Verapaz)

Esquipulas (Chiquimula)

Huehuetenango (Huehuetenango)

Mixco (Guatemala)

Panajachel (Sololà)

Quetzaltenango (Quetzaltenango)

Santa Cruz del Quiché (El Quiché)

Santiago Atitlàn (Sololà)

San Juan Sacatepéquez (Guatemala)

San Pedro Sacatepéquez (Guatemala)

Sumpango (Sacapéquez)

Totonicapàn (Totonicapàn)

ARTISANAT

Etal de chapeaux à Panajachel © C.V.

D'une grande valeur artistique, l'artisanat guatémaltèque est incontestablement l'une des principales attractions du pays. Les artisans du Guatemala, en très grande majorité indiens, ont largement hérité du savoir faire de leurs ancêtres mayas que ce soit en matière de tissage, de poterie ou encore dans l'art du travail du bois. Pour ce qui est des motifs et des couleurs, ils s'inspirent directement du monde qui les entoure, des paysages de montagnes donc pour les communautés des Hautes Terres, de la selva et de son riche milieu naturel pour les artisans des régions de la Verapaz ou encore du Petén.

Chaque communauté ethnique possède en plus des motifs qui lui sont propres, transmis de génération en génération, véritable héritage culturel, puisque la plupart ont des significations magiques ancestrales, et symboles de la « nation » à laquelle ils appartiennent (la chauve-souris pour les indiens cakchiquels des rives du lac Atitlan). L'artisanat textile est dans une très large mesure une activité proprement féminine en opposition au travail du bois réservé aux hommes. Produits au départ pour les besoins de la famille ou de la communauté villageoise, l'artisanat guatémaltèque est aujourd'hui destiné aux touristes qui fréquentent assidûment chaque année les marchés touristiques du pays comme ceux de Chichicastenango, Solola ou encore Panajachel. Il représente en général une rentrée d'argent non négligeable pour les familles tirant de maigres revenus du travail de la terre. On trouvera ci-dessous une liste des principaux articles de l'artisanat guatémaltèques.

Les textiles

Les textiles du Guatemala sont le produit d'une longue tradition de tissage, il suffira pour s'en convaincre d'admirer quelques pièces ornées de fines broderies. Ils ont d'ailleurs largement la faveur des touristes occidentaux, qui craquent devant les couleurs, les motifs et les magnifiques broderies des huipiles. Ils ont de plus l'avantage de se glisser aisément dans un sac à dos ou une valise contrairement à un article en bois. Parmi donc les plus belles pièces de l'artisanat textile guatémaltèque on trouve le huipil, vêtement féminin couvrant le haut du corps et tissé à la main. Communs à toutes les nations indiennes et portés quotidiennement, les huipiles sont bariolés et couverts de motifs originaux, véritables signes de reconnaissance au niveau régional et ethnique. On les trouvera en nombre sur les marchés touristiques à côté d'autres pièces fabriquées sur les métiers à tisser mécanisés, qu'il conviendra de distinguer.

Portée également quotidiennement par les femmes des nations indiennes, la cinta est littéralement une bande d'étoffe richement ouvragée de motifs communs au village dont elles sont issues et dont elles se ceignent la tête. De longueur et de largeur variables, ce sont pour certaines, à l'image des huipiles, de véritables œuvres d'art. On citera en exemple les cintas rouges du village de Zunil près de Quetzaltenango ou encore celle si singulière des femmes de Santiago Atitlan en forme de galette ou plus illustré encore en forme de l'incendie enroulé.

On pourra compléter ses achats par des mantas (couvertures) aussi colorées. Attention à ces grandes pièces de tissu dont on vous affirme qu'elles furent faites artisanalement à l'aide de couleurs

Ruelle de Chichicastenango

naturelles. Les premiers lavages vous réserveront quelques surprises !

Dans une optique commerciale les couleurs et les motifs typiques des communautés guatémaltèques ont été adaptés à toutes sortes de produits destinés aux touristes occidentaux : porte-monnaie, bretelles, sac à dos etc.

Les marchés où acheter ces articles ne manquent pas dans l'ensemble du pays principalement sur les lieux touristiques comme Chichicastenango ou Panajachel. Pour ce qui est des pièces beaucoup plus authentiques, le marché (permanent) de Huehuetenango vaut assurément une visite pour ceux qui se découvriraient une passion pour les huipiles et les cintas. On y trouve des pièces de toute beauté. A Antigua (avenida del Arco) ou encore dans le village de Zunil on rencontre des coopératives recelant quelques trésors de broderies et de motifs.

Le bois

Le travail du bois témoigne également d'une longue tradition où se mêlent héritage ancestral maya et influence espagnole. En matière de mobilier, les artisans de Totonicapan ne sont pas passés maître. Sortent de leurs ateliers de magnifiques coffres décorés de motifs floraux et zoomorphes. Mais ils doivent principalement leur notoriété aux superbes **masques** couvrant les visages des danseurs lors des fêtes traditionnelles du pays (voir chapitre fêtes) et représentant entre autres quelques unes des grandes figures de la faune du pays, le jaguar, le singe, le toucan ou encore le cerf, ainsi que des caricatures de conquistadores portés tout particulièrement lors de la danse de la conquista qui singe l'arrivée des Espagnols.

Sur les marchés sont également en vente nombre d'objets communément employés par les ménagères indigènes comme des ustensiles culinaires et autres « petète » comme on les appelle au Chiapas, pour filer la laine. Enfin l'artisanat guatémaltèque produit des instruments destinés aux marchés touristiques du pays ainsi que des statues de saints, d'anges et autres guerriers, à ne pas confondre avec ceux exposés dans les galeries et chez les antiquaires de Guatemala Ciudad et d'Antigua, véritables œuvres d'art le plus souvent hors de prix.

La poterie

Le savoir-faire des artisans guatémaltèques en matière de poterie est millénaire. Les Mayas avaient en effet développé cet art à un haut niveau de technicité. La poterie destinée à un usage domestique est richement colorée (caractéristique de Totonicapan) et décorée de motifs inspirés des paysages et du milieu naturel ambiant. A Antigua on trouvera plus particulièrement des petites poteries d'oiseaux et de papillons.

Les thèmes religieux sont également une source d'inspiration pour les potiers d'où la présence des statuettes d'anges et des personnages clefs du catholicisme qui prennent place dans les crèches quand arrivent les festivités liées à la célébration de la nativité.

Enfin on ne peut pas parler de la poterie sans évoquer les **sifflets zoomorphes** (poisson, oiseau) en terre cuite vendus par les enfants dans les rues des villages et villes des Hautes Terres et d'ailleurs. Recouverts d'un léger émail vert, ils constituent un parfait souvenir et permettront sans aucun doute à ces enfants d'améliorer leur quotidien.

Le jade

La connaissance des artistes mayas était immense. Il suffit pour s'en convaincre d'admirer les magnifiques **masques mortuaires** qu'ils réalisèrent à l'occasion des funérailles des rois des grandes cités mayas du Petén.

Depuis la redécouverte des anciennes mines qu'exploitèrent les Mayas, le jade a pris une nouvelle dimension tout particulièrement dans le domaine de la joaillerie où il est associé à l'argent. On trouvera à profusion, et tout particulièrement à Antigua des bijoux (boucles d'oreille, pendentifs, bracelets) réhaussés de cette belle pierre fine d'un vert très profond. Attention toutefois aux arnaques. Il existe en effet plusieurs qualités de jade ainsi que des imitations.

L'argent

Destiné presque exclusivement à la joallerie, le travail de l'argent est lui aussi le résultat d'une longue tradition artisanale. Il est particulièrement travaillé dans les ateliers de **Coban** dans l'Alta Verapaz ainsi qu'à **Antigua**. Dans cette dernière ville, quelques boutiques proposent de belles pièces (pendentifs, bagues etc.) à des prix tout à fait raisonnables. Un conseil : vérifiez que le poinçon est bien en place et demandez un certificat d'authenticité.

DOUANES & DROITS INDIRECTS

Droits et formalités applicables aux voyageurs à leur retour d'un pays extérieur à la Communauté européenne (CE)

Vous pouvez importer des marchandises d'un pays tiers à la CE, sans payer de droits et taxes, si leur valeur n'excède pas *1 200 F* (ou *600 F* si vous avez moins de 15 ans), ainsi que des tabacs, alcools, parfums, cafés, thés, médicaments et carburants dans la limite de *seuils quantitatifs.*

Mais attention !

Des *formalités spécifiques* s'appliquent pour certains produits sensibles (animaux vivants, armes, biens culturels, espèces menacées d'extinction...) ou des *prohibitions* (pour les stupéfiants, contrefaçons...).

Enfin, vous devez déclarer vos sommes, titres ou valeurs lorsque leur montant est égal ou supérieur à 50 000 F.

Pour plus d'informations, vous trouverez les adresses des directions régionales et des centres de renseignements des douanes sur minitel 3615 Douanetel, ou sur Internet : http://www.finances.gouv.fr/douanes

ABECEDAIRE

ARMES A FEU

Le Guatemala n'ayant pas une réputation parfaite en matière de sécurité, il n'est pas rare d'apercevoir, sur le siège d'une voiture ou au hasard d'un pan de veste qui se soulève, un revolver. Dans les banques, des préposés désarment les entrants, de même qu'à l'entrée des boîtes de nuit ou les cafés branchés de Guatemala Ciudad et d'Antigua, où les videurs débarrassent les clients de leur 45 mm et les rangent dans des casiers aménagés à cet effet.

CHIENS

Les chiens errants sont véritablement légion dans l'ensemble du pays. Le plus souvent sales et faméliques ils n'ont vraiment pas la sympathie des Guatémaltèques qui dans les campagnes les chassent à coups de cailloux ou de pied. Couchés au milieu de la chaussée comme on peut les rencontrer à l'entrée des villages ils sont quelques fois victimes, pour les moins rapides, des bus rentrant dans les localités à tombeau ouvert. Si aucun cas n'est parvenu à notre connaissance, mieux vaut pour ceux voyageant en sac à dos et en dehors des grands itinéraires touristiques se faire vacciner contre la rage (voir chapitre santé).

FOOTBALL

C'est le sport pratiqué dans tout le pays. Il est surtout le fait des ladinos résidents dans les villes, les paysans guatémaltèques n'ayant que très peu l'occasion d'y consacrer ne serait-ce qu'un peu de temps. Un championnat professionnel existe déjà depuis de nombreuses années mais malheureusement pas assez relevé pour permettre au Guatemala de s'imposer sur le plen international (l'équipe nationale ne s'est jamais qualifiée pour une phase finale de Coupe du Monde). Le déroulement du championnat national est malgré tout suivi avec ferveur par la population et est largement relayé par la presse. Quelques footballeurs guatémaltèques ont choisi de poursuivre leur carrière à l'étranger en Amérique du Sud principalement et y ont trouvé de nombreuses satisfactions sportives et financières. Le plus célèbre de tous est Martin Machon qui évoluait encore la dernière saison dans le championnat professionnel des Etats-Unis (Major Soccer League).

GRINGO

Le terme de gringo est originaire du Mexique. A la suite des nombreuses interventions militaires nord-américaines dans ce vaste pays au cours du XIXᵉ et début du XXᵉ, les autorités mexicaines suivies des populations demandèrent le départ des troupes américaines alors toutes habillées de vert. Green go était scandé au passage de ces forces d'occupations. Le terme est resté au Mexique et s'est propagé à tous les pays de l'Amérique Latine pour désigner les habitants de leur puissant voisin ainsi que par extension tous les touristes blancs de passage.

KLAXON

Comme les pétards, c'est une véritable institution au Guatemala. Ils rythment abondamment la vie quotidienne des Guatémaltèques, qu'ils habitent en ville ou à la campagne. Les bus l'utilisent à chaque tentative de dépassement pour forcer le dépassé à ralentir et tout particulièrement dans les virages où bien sûr la visibilité est nulle (!), ou encore à chaque entrée de village pour signaler leur présence et éviter les bambins et les chiens dormant au milieu de la chaussée. En agglomération les bus urbains l'utilisent eux aussi exagérément ainsi que les chauffeurs de taxis.

MACHETTE

Utilisée à des fins agricoles pour la coupe des épis de maïs, la coupe du bois ou le fauchage des herbes sur les bords de routes, elle ne quitte jamais les mains ou la hanche des paysans guatémaltèques. La lame à nu ou bien glissée dans un fourreau de cuir tressé, c'est une constante, que l'on se trouve dans les Hautes Terres ou au fin fond du Petén. Dans les transports en commun de certaines régions des Hautes Terres (Huehuetenango par exemple), l'usage veut que des hommes en possession d'une machette non protégée de sa gaine de cuir, la déposent sous le fauteuil du conducteur. Outil agricole, on la retrouve également en ville sur les chantiers de construction, servant à aplanir une surface en ciment.

MARCHANDAGE

Il est inhérent à toute transaction au Guatemala (chambres d'hôtel, billets de bus etc.) excepté dans les restaurants où les prix affichés sont fixes. Pratiqué par l'ensemble des Guatémaltèques, un peu moins par la frange aisée de la population, c'est l'un des grands sports nationaux. Il faut savoir en effet que les prix tout particulièrement dans les villes et villages fréquentés par les touristes internationaux, sont relativement élevés et ne correspondent pas à la réalité. C'est sur les marchés artisanaux où l'on constate les plus grands excès tarifaires. Très rarement affichés les prix sont systématiquement augmentés quand, lors d'une transaction, l'acheteur est un étranger, et d'autant plus si il est blanc donc les poches pleines de dollars (c'est l'image que tous les touristes blancs – les gringos – véhiculent dans le pays).

Si vous désirez donc ramener quelques magnifiques souvenirs (voir rubrique artisanat) il conviendra donc de se soumettre à cette pratique fort ludique au demeurant. Pour votre gouverne, voici quelques conseils :

• si vous vous trouvez dans un marché artisanal faites-en le tour pour apprécier les prix en vigueur avant de vous lancer dans une quelconque transaction. Les prix entre les vendeurs varient souvent considérablement.

• marchandez avec le sourire, cela ne coûte rien et vous obtiendrez plus facilement un rabais (un descuento) important.

• marchandez de toute façon. C'est dans les us et coutumes. Ne vous comportez pas comme certains gringos (ils méritent là leur surnom) qui achètent sans discuter. Ils ne sont pas plus appréciés pour autant.

• à l'inverse, n'exigez pas l'impossible de votre interlocuteur qui ne pourra descendre son prix au-delà d'une certaine limite.

• si vous estimez avoir obtenu un descuento suffisant n'insistez pas lourdement pour gratter encore 1 ou 2 quetzals. Le niveau de vie est faible au Guatemala, il deviendrait alors indécent, en comparaison du vôtre, de tenter de gagner encore quelques centimes.

MARCHES

Pourvu que ça dure... Les marchés guatémaltèques restent dans leur grande majorité typiques et surtout fréquentés par les Guatémaltèques eux-mêmes. Pour profiter au mieux des meilleurs produits ainsi

Retour de marché a Zunil

que de l'ambiance, et ne pas être dérrangé par des hordes de touristes, il faut faire un petit effort et s'y rendre peu après l'ouverture, c'est-à-dire dès 7 h du matin.

MOUSTIQUES

Rares dans les Hautes Terres et dans les montagnes du Sud, ils pullulent littéralement dans les régions de basse altitude où sévit un climat chaud et humide comme dans le département du Petén, sur la côte Caraïbe ou encore sur la côte bordière du Pacifique. Quelques précautions sont à prendre (voir chapitre santé) pour s'en protéger afin de profiter pleinement de son séjour dans des endroits aussi merveilleux que Quirigua sur les rives du Motagua, Tikal et Uaxactun au cœur de la selva tropicale.

NOTION DE TEMPS ET DE SITUATION

Elle est pour le moins approximative dans les campagnes. Ne vous lancez donc pas dans une « petite randonnée de 30 minutes » sous les conseils d'un paysan autour du lac Atitlan par exemple, vous risqueriez de le regretter amèrement.

Quant aux noms de rues ou d'avenues, dans les petites bourgades ou villages, peu d'habitants en connaissent le nom officiel (6a avenida, 3a calle etc.). La population n'utilise que les noms usuels, coutumiers, à savoir la calle de 30 juno, le Pasaje del Invierno etc. Il arrive même que le gérant ou le propriétaire d'un hôtel ou d'un restaurant ne connaisse pas la « dirección » officielle de son établissement !

PETARDS

Ils rythment la vie des Guatémaltèques, tout particulièrement les jours de fêtes importantes où ils sont jetés sur la voie publique par centaines au passage des processions, à la sortie des églises ou encore, parfois, au beau milieu de la nuit. Véritable institution, ils sont très souvent accompagnés par des fusées qui éclatent dans le ciel dans un bruit assourdissant. Il n'est pas rare d'ailleurs d'en recevoir les débris cartonnés sur la tête.

TREMBLEMENTS DE TERRE

Ils sont fréquents au Guatemala. Les plus tragiques ont eu lieu en 1773, 1917 et 1976, avec des milliers de morts à chaque fois. La présence des nombreux volcans est là pour rappeler ce risque potentiel : certains sont toujours en activité comme la Pacaya qui dernièrement, au cours du premier semestre 1998 s'est manifesté avec violence recouvrant la ville de Guatemala Ciudad d'une importante couverture de cendre.

Chaque année donc l'ensemble du pays et plus particulièrement les Hautes Terres où sont concentrés les volcans, est réveillé la nuit par une secousse soudaine, par une manifestation d'humeur du Pacaya ou d'un autre de ses congénères.

Peu de villes à part Guatemala Ciudad sont pourvues de constructions anti-sismiques pouvant absorber des déformations en laissant le bâtiment intact.

SOURIRE

Celui des hommes et des femmes des Hautes Terres peut être parfois « étincelant ». Outre les classiques dents en argent et parfois en or, les Guatémaltèques enjolivent leur sourire en entourant leurs quenottes de fil d'argent, canon de beauté dans les montagnes. Certains même dans une recherche plus poussée d'esthétisme se plaquent sur les dents des étoiles et autres motifs pour le moins surprenants.

TSS-TSS

Ce petit bruit vous ne manquerez pas de l'entendre dans la rue, les marchés, les bus et où que vous vous trouviez au Guatemala. Il remplace le « Hé ! toi » de nos contrées. Tout le monde l'utilise, les commerçants, les chauffeurs de bus et de taxis, les vendeurs sur les marchés, les artisans ou les curieux, tout cela pour attirer votre attention.

GASTRONOMIE

La cuisine au Guatemala est le reflet des multiples influences du pays : plats indiens, espagnols, nord-américains cotoient des cuisines d'inspiration italienne, voire française. Dans tous les cas, compte tenu du niveau de vie du pays, l'addition reste raisonnable.

La cuisine locale traditionnelle reçoit une nette influence du milieu naturel : si le maïs est présent partout puisqu'il est l'élément de base de l'alimentation de la majorité des Guatémaltèques, on le trouve mêlé aux haricots noirs et au poulet sur le Haut-Plateau, aux poissons et aux fruits de mer (excellentes crevettes grillées) sur la côte caraïbe et à des viandes variées (grâce au gibier abondant) dans le Petén.

La base incontournable de l'alimentation est donc le **maïs** que l'on trouve presque exclusivement sous forme de galettes, les fameuses tortas ou tortillas, associées à tous les plats du pays. Des variantes de ses galettes existent et portent le nom d'**enchilada** (baignée de sauce) ou encore de **tamales**. Les premières, épaisses, sont fourrées d'une garniture abondante. Les secondes, beaucoup plus fines, servent à accompagner notamment les viandes de porc et de poulet ; elles sont alors garnies de différents condiments. Plus simples enfin, les **tortillas** sont des galettes sans levure ni sel au goût assez fort, mais nous vous laissons la liberté de juger par vous même.

Parmi les autres éléments notables de la cuisine guatémaltèque, on peut citer le **chirmol**, une sauce servie avec la viande et qui est à base de tomates, d'oignons et de piments. Le **guacamole** est une purée d'avocats. La viande est fréquemment servie grillée au feu de bois (barbacoa). Enfin, les légumes classiques d'accompagnement sont les **haricots noirs** et le **riz**.

Côté boisson, on trouve bien sûr des variétés de **bières locales**, ainsi que la **manzanilla**, une sorte d'infusion de camomille. Nettement plus forts, on trouve la **tequila**, des alcools de canne comme **levenado**, le **guaro** ou le **licor** et des alcools de maïs comme la **chicha**. Le cocktail margarita (tequila, citron vert et orange) est un classique des bars.

Cuisine garifuna. Rappelle énormément celle des Antilles mais avec les apports du Guatemala, des traditions culinaires indiennes.

Evitez les produits crus, quels qu'ils soient, et assurez-vous de la qualité de l'eau. Il est recommandé de boire de préférence de l'eau minérale en bouteille.

A Antigua

LEXIQUE

Dans cette ancienne possession de la Couronne d'Espagne, on parle bien sur l'**espagnol** (le castillano). Il est d'ailleurs la langue officielle parlée principalement par les ladinos des grandes cités du pays.

En fait près de **23 langues** coexistent dans ce petit pays, chaque ethnie ayant la sienne propre : la langue Quiché, Cackchiquel, Mam, celle particulièrement chantante des indiens de l'Alta Verapaz ou encore celle des habitants de Livingston, le garifuna, mélange d'espagnol, d'anglais et même de français, créole en quelque sorte d'Amérique Centrale.

L'espagnol s'apprend bien évidemment à l'école, et lorsqu'on connaît le taux d'alphabétisation des petits Guatémaltèques, on ne s'étonne plus de n'entendre parler que très rarement la langue officielle, celle des blancs, dans les villages de montagnes ou les plus reculés.

Exemples d'expressions purement guatémaltèques ou propres à l'Amérique Centrale.

« pisar al pie » = normalement marcher sur le pied, mais pour les guatémaltèques « pisar » veut également dire faire l'amour (eh ! rien que ça !).

« correr » un taxi ou un autobus = normalement signifie appeler un taxi ou un autobus, mais pour les guatémaltèques veut dire aussi faire l'amour.

« un coche » = voiture, mais ici signifie un porc.

« ahorita » = dans le sens de tout de suite. C'est plus fort que « ahora » = maintenant.

« estoy enfermo de goma » = j'ai la gueule de bois.

Mots courants

oui / non . . . . *si / no*	s'il vous plaît . . . . *por favor*
merci . . . . *gracias*	merci beaucoup . . . . . *muchas gracias*
bonjour . . *buenas dias, ou hola (salut)*	bon après-midi . . . . *buenas tardes*
bonsoir . . . . *buenas tardes*	bonne nuit . . . . *buenas noches*
pardon . . . . *perdon*	excusez-moi . . . *con permiso, disculpe*
au revoir . . . . *adios*	au revoir (à bientôt) . . . . . . *hasta luego*
monsieur . . . . *señor*	madáme . . . . *señora*
mademoiselle . . . . *señorita*	enchanté (de vous rencontrer) . . . .
	. . . . *mucho gusto*

Autres formules

je suis français(e) . . . . . *soy frances(a)*	je suis suisse . . . . *soy suizo(a)*
je suis belge . . . . *soy belga*	je suis canadien . . . . . *soy canadiense*
je suis québécois(e) *soy quebequese(a)*	prénom . . . . *nombre*
nom de famille . . . . *apellido*	madre . . . . *mère*
père . . . . *padre*	enfant . . . . *niño(a)*
frère . . . . *hermano*	sœur . . . . *hermana*

questions

comment t'appelles-tu ?	*como te llamas ?*
je m'appelle	*me llamo*
quel âge avez-vous ?	*cuantos años tiene ?*
j'ai 25 ans	*tengo veinticinco años*
parlez-vous français / anglais ?	*habla francés / inglés*
je ne comprends pas	*no entiendo*
pouvez-vous m'aider ?	*me puede ayudar ?*

Hôtel

hôtel . . . . *hotel*	auberge . . . . *hospedaje*
chambre(s) . . . . *habitacion(es)*	simple, double . . . . *sencilla, doble*
lit . . . . *cama*	lit deux personnes . . *cama matrimonial*
salle de bains . . . . *baños*	douche . . . . *ducha*
serviette de toilette . . . . *toalla*	clé . . . . *llave*

questions

je cherche un hôtel bon marché . . . . *busco un hotel barrato*
où est l'hôtel ?... . . . . *donde esta el hotel ?...*
je voudrais une chambre . . . . *quisiera una habitacion*
combien coûte-t-elle ? . . . . *cuanto cuesta ?*
à quelle heure devons-nous rendre la chambre ?
. . . . *a que hora debemos salir de la habitacion ?*

Manger

restaurant . . . . *restaurante*	serviette . . . . *servilleta*
déjeuner . . . . *almuerzo*	assiette . . . . *plato*
dîner . . . . *cena*	verre . . . . *vaso*
addition . . . . *cuenta*	fourchette . . . . *tenedor*
pourboire . . . . *propina*	couteau . . . . *cuchillo*
table . . . . *mesa*	cuillère . . . . *cuchara*

Viandes (carnes)

poulet . . . . *pollo*	poulet frit . . . . *pollo frito*
porc . . . . *cerdo*	agneau . . . . *cordero*
canard . . . . *pato*	côtelette de porc . . . . *chuleta de cerdo*
brochette . . . . *birria ou pincho*	steak . . . . *bistec*
steak pané . . . . *milanesa de res*	jambon . . . . *jamon*

Musicien traditionnel à Chichicastenango

Cuisson

grillé(e) . . . . . *asado (a) ou a la plancha*
grillé au barbecue . . . . . . *a la parrillada*
au four . . . . *al horno*

Poissons et fruits de mer

poisson . . . . *pescado*
truite . . . . *trucha*
dorade . . . . *pargo*
fruits de mer . . . . *mariscos*
crabe . . . . *cangrejo*
calamar . . . . *calamar*
langouste . . . . *langosta*

filet (de poisson) . . . *filete (de pescado)*
bar . . . . *robalo*
sole . . . . *lenguado*
crevettes . . . . *camarones*
poulpe . . . . *pulpo*
moules . . . . *mejillones*

Voyager

voiture . . . . *carro*
permis de conduire . . . . *licencia*
autobus urbain . . . . *bus*
gare routière . . . . *estacion, terminal de autobuses*
autobus longue distance de 1re classe . . . . *autobus de primera clase*
autobus longue distance de 2de classe . . . . *autobus de segunda clase*
billet, ticket . . . . *boleto*
départ . . . . *salida (signifie aussi sortie)*
sac . . . . *bolsa*
bagage . . . . *equipaje*
à droite . . . . *a la izquierda*
à gauche . . . . *a la derecha*

aéroport . . . . *aeropuerto*
avion . . . . *avion*
taxi . . . . *taxi*
billeterie, guichet . . . . *boleteria*
arrivée . . . . *llegada*
sac à dos . . . . *muchilla*
agence de voyage . . . *agencia de viaje*
tout droit . . . . *todo recto*

questions

je voudrais aller à... . . . . *quisiera ir a...*
est-ce près d'ici ? . . . . *esta cerca de aqui ?*
à combien de kilomètres ? . . . . *cuantos kilometros son ?*
à quelle heure part le bus ? . . . . *a que hora sale el bus ?*

Acheter

prix . . . . *precio*
cher . . . . *caro*
c'est trop cher . . . . *es demasiado caro*

questions

combien coûte-t-il ou elle ? . . . . *cuanto cuesta ?*

Argent

payer . . . . *pagar*
argent . . . . *dinero*
carte de crédit . . . . . . *tarjeta de credito*
distributeur automatique . . . . *caja automatica*
chèques de voyage . . . . *cheques de viajeros*

payer en espèces . . . *pagar en efectivo*
banque . . . . *banco*
monnaie . . . . *cambio*

questions

je voudrais changer des dollars . . . . *quisiera cambiar dollares*
combien de quetzals pour un dollar ? . . . . . *cuantos quetzales por un dollar ?*

Poste, téléphone

poste . . . . *correos*
carte postale . . . . *postal*
enveloppe . . . . *sobre*
téléphoner . . . . *llamar por telefono*

timbre . . . . *estampilla*
lettre . . . . *carta*
agence du téléphone . . . . *guatel*

Temps

hier	*ayer*	maintenant	*ahora*
aujourd'hui	*hoy*	mois	*mes*
ce matin	*esta mañana*	année	*año*
après-midi	*tarde*	semaine	*semana*
demain	*manaña*	semaine passée	*semana pasada*
demain matin	*mañana por la mañana*	semaine prochaine	*semana proxima*

question

quelle heure est-il ? . . . . *que hora es ?*
il est une heure de l'après-midi . . . . *es la una de la tarde*
il est huit heures du matin . . . . *son las ocho de la mañana*

Divers

police	*policia*	office du tourisme	*oficina de turismo*
médecin	*doctor*	hôpital	*hospital*
passeport	*pasaporte*		

Le calendrier

lundi	lunes	vendredi	viernes
mardi	martes	samedi	sabado
mercredi	miercoles	dimanche	domingo
jeudi	jueves		

janvier	enero	juillet	julio
février	febrero	août	agosto
mars	marzo	septembre	septiembre
avril	abril	octobre	octubre
mai	mayo	novembre	noviembre
juin	junio	décembre	diciembre

Les chiffres

un	uno	sept	siete
deux	dos	huit	ocho
trois	tres	neuf	nueve
quatre	cuatro	dix	diez
cinq	cinco	cent	cien
six	seis	mille	mil

Stèle à Tikal

LES CAPITALES

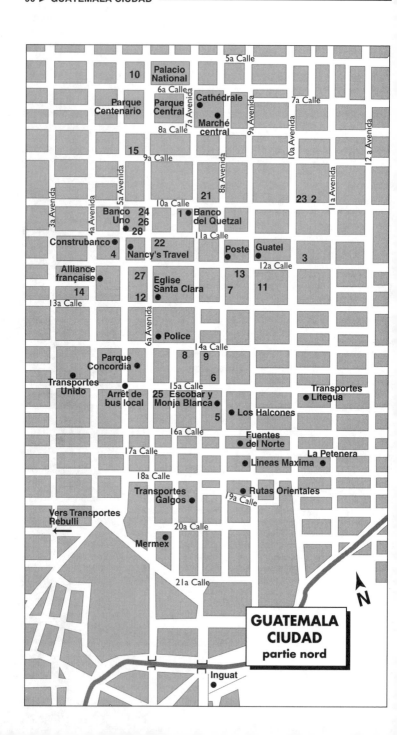

GUATEMALA
CIUDAD
partie nord

GUATEMALA CIUDAD

Capitale de la République du Guatemala, Guatemala Ciudad ou Guate comme l'appellent ses habitants, est une métropole tentaculaire forte aujourd'hui d'environ 2 millions d'habitants, située dans une région de hauts plateaux à 1500 mètres d'altitude. Capitale du pays depuis la fin du XVIIIᵉ siècle, les Espagnols la fondèrent en réponse à la destruction de l'ancien centre de la Capitainerie Générale du Guatemala, l'actuelle Antigua. De son vrai nom Nueva Guatemala de la Asunción, elle fut fondée en 1775 par le roi d'Espagne Charles III.

Guatemala Ciudad est équipée du seul aéroport d'envergure internationale du pays. C'est donc la première ville guatémaltèque où les visiteurs posent le pied, celle qu'en général ils s'empressent de quitter. En effet Guatemala Ciudad ne correspond pas tout à fait à l'image qu'on peut se faire du Guatemala à travers les écrits, les photos, et les reportages qui lui sont consacrés.

C'est une ville moderne, industrielle, à la circulation dense, aux constructions franchement laides et sales pour certaines zones. Ville de contrastes également, l'opulence la plus tapageuse y cotoie la pauvreté la plus criante. Enfin c'est une ville sur laquelle règne un climat d'insécurité pesant, le nombre des gardes armés dans les banques et les simples magasins suffisant à le confirmer. Elle ressemble à nombre de nos villes occidentales en proie aux mêmes maux, ce qui explique que les visiteurs lui préfèrent la belle Antigua distante de seulement quarante kilomètres.

Divisée en dix-neuf zones (nos arrondissements) Guatemala Ciudad recèle tout de même quelques intérêts touristiques concentrés presque exclusivement dans les zones 1 et 10. On trouvera là des monuments historiques, des musées, un marché, des commerces et des hôtels.

■ PRATIQUE

Offices du tourisme

Inguat. 7a avenida 1-17, Centro Civico Zona 4 & 3311333 / 3311347 - Fax 3318893 - E-mail : inguat@guate.net. *Ouvert de 8 h à 16 h. Attention vers 15 h 30 l'Inguat commence déjà à fermer ses portes.* Au sud de la Zona 1 l'Inguat se situe à l'entrée de la Zona 4 au cœur du Centro Civico où sont rassemblées les principales institutions du pays comme la Banque du Guatemala. Sur la 7a avenida passez le pont de chemin de fer qui enjambe l'avenue, l'Inguat se trouve juste après sur la gauche.

Inguat. Aeropuerto La Aurora Zona 13 ⓒ 3314256. Installé dans le hall de l'aéroport ce bureau d'inguat est *ouvert tous les jours, même le dimanche, de 6 h 30 à 21 h.*

Légende		
Hôtels	8. H. Chalet Suizo	**Restaurants**
1. Ritz Continental	9. H. Colonial	21. Mi Comedor
2. Pension Meza	10. H. Centenario	22. Picadilly
3. H. Alameda	11. H. Sevilla	23. Oswaldo House
4. Lessing House	12. H. del Centro	24. Senor Taco
Hotel	13. H. Fortuna	25. Pollo Campero
5. H. Ajau	Royal	26. Mc Donald
6. Posada Oslo	14. Apart Hotel	27. China Hilton
7. H. Spring	Sanmari	28. El Meson de Don
	15. H. Pan American	Quijote

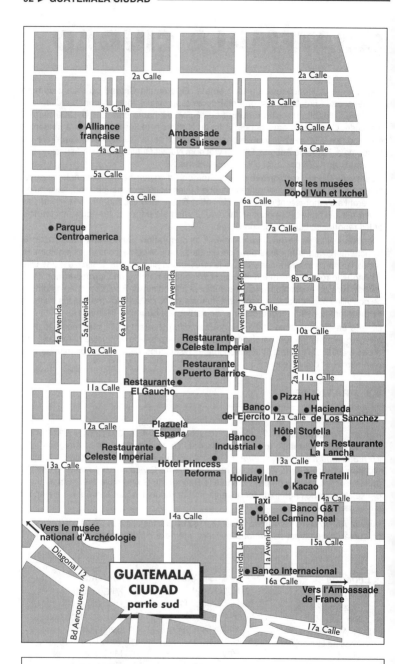

Téléphone

Guatel 8a avenida 12-39, Zona 1. *Ouvert tous les jours de 7 h à 21 h 30.* A l'angle de la 8a avenida et de la 12a calle, Guatel est installé dans ce bâtiment moderne aux parois de verre fumé.

Guatel 7a avenida Zona 9. *Ouvert tous les jours de 8 h à 22 h.* Elle se situe à l'entrée de la Zona 9, à l'angle de la 7a avenida et de la 1a calle.

Poste

7a avenida 12-11, Zona 1. *Ouvert du lundi au vendredi de 9 h à 17 h 30.* En remontant la 7a avenida vous ne pourrez pas manquer ce grand édifice aux couleurs vives qui détonne dans le quartier par son architecture baroque.

Adresses utiles

Ambassade et consulat de France. 16a calle 4-53, Edificio Marbella 11e étage, Zona 10 ✆ **3373639 / 3374080 - Fax 3373180.** *Ouvert de 9 h à 12 h.* Elle est située au sud de la Zona Viva. A partir de 12 h, l'ambassade ne reçoit plus que les ressortissants français connaissant des difficultés importantes (vol de papier, maladie grave etc.).

Ambassade du Canada. 13a calle 2-22, Edificio Edyma Plaza 8e étage, Zona 10 ✆ 3336102 / 3336104 - Fax 3336189.

Ambassade de Suisse. 4a calle 7-73, Edificio Seguros Universales 5e étage, Zona 9 ✆ 3340743 / 3340744 - Fax 3318524.

Alliance Française (Alianza Francesa) 4a avenida 12-39, Zona 1 ✆ **2324827 - Fax 3325332** et **5a avenida 3-18, Zona 9** ✆ **3343961 - Fax 3326766.** *Ouvert du lundi au vendredi de 8 h 30 à 12 h 30 et de 14 h à 19 h ; le samedi de 8 h 30 à 12 h 30.* La **bibliothèque** de l'Alliance de la Zona 1 o*uvre du lundi au vendredi de 14 h à 17 h.* On pourra y emprunter un livre après avoir préalablement déposé une caution de 100 Q. Même si vous ne souhaitez pas emprunter de livres à la bibliothèque, passez dire bonjour à ce petit coin de France installée à Guatemala Ciudad depuis 1920. Dirigée depuis août 1997 par Hervé Braneyre, elle offre un accueil particulièrement chaleureux.

Bureau de coopération belge. 14a calle A 13-39, Zona 10 Oakland ✆ - Fax 3681817 / 3370321.

Police. 20a calle 13-26, Zona 5 ✆ 3367096 / 3310203.

Santé

Médecin. Dr Rubén Mayorga Sagastume. 4a avenida 15-73 # 703, Zona 10 ✆ 3372885 ou à son domicile ✆ 2513146.

Dentiste. Dr Rafael Ganddini. Diagonal 6 10-01, Centro Gerencial Las Margaritas, Torre II 9e étage # 902 A, Zona 10 ✆ 3392859 / 3392862.

Farmacia. 14a calle 5-37, Zona 1. Elle est installée sur la plaza Concordia.

Change

Vous vous retrouvez en panne de quetzals et les banques sont fermées : vous arriverez toujours à changer quelques dollars à l'angle de le 7a avenida et de la 12a calle. C'est ici et dans les rues attenantes que se rassemblent les changeurs « au noir » de Guatemala Ciudad. Les taux ne sont évidemment pas avantageux mais la perte reste raisonnable (quelques francs). Sachez quand même que cette opération n'est pas sans risque pour vous et votre argent. Des *ladrones* auront tôt fait de repérer la transaction. A Guatemala Ciudad il vaut donc mieux s'abstenir.

Distributeur automatique

Credomatic. 5a avenida, 11a y 12a calle Zona 1. Accepte les cartes Mastercard et Cyrus.

Banques

Banco Credomático. 7a calle - 6a calle Zona 1. *Ouvert du lundi au vendredi de 8 h à 19 h ; le samedi de 9 h à 13 h.* Accepte les cartes Visa et Mastercard.

Construbanco. 5a avenida Zona 1 (entre la 11a calle et la 12a calle). *Ouvert du lundi au vendredi de 8 h 30 à 19 h, le samedi de 9 h à 13 h.* Elle change les travellers chèques American Express et accepte les cartes Visa et Mastercard jusqu'à 16 h (et même après en insistant avec votre plus beau sourire).

Banco Uno. 11a calle 5-01, Zona 1. Située à l'angle de 5a avenida, elle accepte les cartes Visa et Mastercard et change les chèques de voyage. A côté on trouve une billeterie Bancared 24 heures sur 24 (carte la carte Visa).

Banco del Quetzal. 10a calle 6-28, Zona 1. *Ouvert du lundi au vendredi 8 h 30 à 19 h ; le samedi de 9 h à 13 h.* Elle est installée à deux pas de l'hôtel Ritz.

Banco G & T. 15a calle 00-01, Zona 10. *Ouvert du lundi au vendredi de de 9 h à 19 h ; le samedi de 9 h à 13 h.* Elle change les chèques de voyage et accepte la carte Visa.

Banco G & T. 1a calle 7-69, Zona 9 ✆ *3315353. Ouvert du lundi au vendredi de de 9 h à 19 h ; le samedi de 9 h à 13 h.* Elle change les chèques de voyage et accepte la carte Visa.

Banco Internacional. Avenida La Reforma Zona 10. *Ouvert du lundi au vendredi de 9 h à 15 h 30.* Imposante contruction de verre à l'angle de La Reforma et de la 17a calle (100 mètres au sud du Camino Real), elle change les chèques de voyage et accepte la carte Visa.

Banco del Ejercito. 12a calle Centro Geminis Zona 10. *Ouvert du lundi au vendredi de 9 h à 20 h ; le samedi de 9 h à 14 h.* Elle est située au rez-de-chaussée du complexe Geminis. Elle change les chèques de voyage et accepte la carte Visa.

Banco Industrial. 1a avenida 12-46, Zona 10. *Ouvert du lundi au vendredi de 10 h à 17 h 30 ; le samedi de 10 h à 14 h.* Elle accepte les chèques de voyages. Elle est équipée d'un distributeur automatique (carte Visa). Elle est située au pied de l'hôtel Radisson.

Agences de voyages

Nancy's Travel. à l'angle de 11ᵉ rue et 5ᵉ avenue. Zona 1. *Ouvert du lundi au vendredi de 8 h à 17 h 30 ; le samedi de 9 h à 12 h.* Très bien située dans la Zona 1 ; les vols secs à destination de Flores n'y sont vraiment pas chers.

Aviasa. 20a calle 2-08, Zona 10 ✆ *3335307 / 3667106 - Fax 3667111.* Une grosse agence vendant aussi bien des « circuits », des séjours en hôtel quatre ou cinq étoiles ou simplement des vols secs.

Pratique pour ceux qui choisissent de résider dans les zones 9 et 10, cette agence l'est d'autant plus pour les francophones qui trouveront une interlocutrice de charme en la personne de Mme Miriam Bourda, native du Guatemala, qui pratique à la perfection la langue de Zinedine Zidane.

Organisateurs de voyage

Guyacan. 11a calle 3-49, Edificio Ibarra, Zona 1 ✆ *2515489 - Fax 2510981.* C'est un des nombreux spécialistes des séjours aventure sur le Guatemala.

Guatemala Verdadera. 7a avenida 1-20, Edificio Torre Cafe # 102, Zona 4 ✆ *3315304 - Fax 3316264.* Cette agence de voyage est tenue par Jean-Luc Fouillet, citoyen français installé depuis quelques temps déjà à Guatemala Ciudad.

Turismo Ek Chuah. 3a calle 6-24, Zona 2 ✆ *2320745 - Fax 2324375 - E-mail ekchuah@gol.pronet.net.gt.* Dirigée par Jean-Luc Braconnier, cette agence s'est spécialisée dans le tourisme d'aventure. A 2, 4, ou 6 personnes, on part découvrir de façon originale, en dehors des sentiers battus, une nature sauvage, des endroits insolites aussi bien autour du lac Atitlán que dans la jungle du Petén.

Atitlán Servicios Turísticos. Edificio Santa Clara II, Local 22, 13a calle, 1-51 Zona 10 Guatemala Ciudad ✆ **3318181 - Fax 3325788.** Atitlán dispose de son propre parc automobile. Il assure des liaisons quotidiennes avec les hauts lieux touristiques du pays au départ de Guatemala Ciudad, Antigua, Panajachel et Chichicastenango. Il organise également des excursions en direction du lago Atitlán (voir Panajachel) mais également en direction de Quirigua, Rio Dulce et Copán.

Turansa. Centro Molino Carretera Roosevelt Local 68-59, Zona 11 Guatemala Ciudad ✆ **5953574 / 5953575 - Fax 5953583.** Installé également à Antigua, Turansa offre une gamme variée d'excursions vers les grandes destinations guatémaltèques ainsi qu'un large éventail de services, du billet d'avion au transfert aéroport-hôtel en passant par la voiture avec chauffeur. C'est tout simplement pratique pour ceux qui ne disposent pas de beaucoup de temps.

Un seul problème pourtant : les prix sont rédhibitoires pour les bourses pas trop garnies. Renseignez-vous quand même.

■ TRANSPORTS

Avion

L'aéroport **La Aurora** se situe dans la Zona 13 au sud des zones 9 et 10 (Viva).

Il y a encore un an la taxe d'aéroport était seulement de 5 Q par personne. Au 1er janvier 1998 cette taxe est passée à 150 Q ! (soit 25 $). La plupart des compagnies aériennes y sont représentées. A l'intérieur de l'aéroport sont installés un distributeur automatique Credimatico (carte Visa) et une Banco de Quetzal. (ouvert du lundi au vendredi de 6 h 30 à 20 h ; le samedi, dimanche et fêtes de 6 h à 18 h).

Guatemala Ciudad - Flores. La compagnie nationale Aviatec assure plus de trente vols par semaine en direct de la capitale du Petén et jusqu'à 4 vols par jour les vendredis, samedis et dimanches (7 h 40, 8 h, 16 h 30 et 18 h 40). Comptez environ 33 $ par personne.

Location de voitures

Avis. Deux adresses à Guatemala Ciudad : 12a calle 2-73, Zona 9 ✆ 3312734 / 3312747 ; Aeropuerto La Aurora ✆ 3310017.

Budget. Deux adresses : Avenida la Reforma 15-00, Zona 9 ✆ 3316546 / 3312788 ; Aeropuerto La Aurora ✆ 3310273.

Dollar Rent a Car. Deux adresses : 6a avenida A 10-13, Zona 1 ✆ 232446 ; Aeropuerto ✆ 3317185.

Hertz. Quatre adresses : 7a avenida 14-76, Zona 9 ✆ 3315374 ; Hôtel Camino Real ✆ 3680107 ; Avenida la Reforma 14-01, Zona 10 ✆ 3334633 ; Aeropuerto La Aurora ✆ 3311711.

Ahorrent. Deux adresses à Guatemala Ciudad : Aeropuerto La Aurora ✆ 3326491 / 3326495 ; Estación Central Blvd Liberación, 4-83 Zona 9 ✆ 3615661. *Ouvert tous les jours de 7 h à 19 h.*

Taxi

Taxis Vista Hermosa. 18a avenida, 2a calle, Edificio Vista Hermosa II, Zona 15 ✆ 3691556.

Taxis Camino Real. Avenida la Reforma 14-01, Zona 10 ✆ 3374019 / 3335765.

Bus urbains

Ils sillonnent Guatemala Ciudad dans tous les sens dans un désordre qui n'est qu'apparent. Voici quelques lignes de bus dont vous serez peut-être amené à utiliser les services. La fréquence des rotations est d'environ vingt minutes. Comptez entre 1 et 1,5 Q pour un trajet de la Zona 1 à la Zona 10.

Ligne 70. Elle mène de la Zona 1 au Trebol, grand carrefour routier situé dans la Zona 3, au bout de l'avenida Bolivar. Le trajet dure environ 20 minutes. On pourra prendre les bus de cette ligne 70 dans la Zona 1 sur la 10a avenida, à l'angle de 10a calle (à côté de la Pension Meza) ou par exemple dans la 18a calle à l'angle des 4a et 5a avenues. Plusieurs compagnies (Cie Esmeralda) de bus possèdent leurs terminaux de bus au Trebol, desservant les villes et localités de la côte Pacifique.

Ligne 82. Elle relie la Zona 10 (Viva) à la Zona 1. Elle emprunte sur toute sa longueur l'avenida La Reforma. On y trouvera de nombreux arrêts. En arrivant sur la Zona 1 elle en évite le cœur et remonte cette zone par une de ses avenues périphériques (12a avenida).

Ligne 83. Elle relie le Parque Central (Zona 1) à l'aéroport La Aurora (Zona 13). On pourra prendre un de ces bus, soit sur le Parque, soit dans la 4a avenida à l'arrêt situé presque à l'angle de la 12a calle. Ils traversent la Zona 1, la Zona 4, la Zona 9 (6a avenida) puis entrent dans la Zona 13. Tarif 1 Q.

Ligne 101. Comme pour la ligne 82, les bus de la ligne 101 remontent l'avenida La Reforma en direction de la Zona 1 mais ils n'y rentrent pas. Descendez alors au niveau de la 20a calle, les bus y font un arrêt.

Ligne 202. Elle permet de la Zona 1 de rallier sans détour la Zona 9. On trouvera un arrêt dans la 4a avenida (peu après l'Alliance française en descendant vers la 12a calle). Les bus traversent successivement les zones 1, 4 et 9, empruntant pour ce faire la 6a avenida. Sur le retour les bus 202 passent par l'avenida La Reforma dans la Zona 10 et remontent en direction de la Zona 1. Ils en évitent le centre et empruntent pour cela la 9a avenida.

Bus inter-urbains

A l'inverse des grandes villes guatémaltèques, il n'y a pas un mais plusieurs « Terminales de buses » à Guatemala Ciudad, première ville nationale et premier nœud routier. On y rencontre les petites compagnies, équipées le plus souvent de bus scolaires américains, assurant de courtes liaisons entre la capitale et des destinations pas trop éloignées comme Antigua, le lac Amatitlán ou encore Escuintla.

Quant aux compagnies de bus longue distance elles possèdent toutes leurs propres terminaux, principalement installés autour de la 18a calle dans la Zona 1.

De la capitale il est théoriquement possible de rejoindre toutes les villes et contrées du pays, mêmes les plus éloignées comme les frontières du Mexique, du Salvador ou du Honduras. Une même ville peut être également desservie par plusieurs compagnies, courtes et longues distances. A vous alors de choisir le meilleur prix et surtout le meilleur matériel (bus de 1ʳᵉ et de 2ᵉ catégorie) si vous avez à effectuer un long trajet.

Terminaux de bus. Ils sont au nombre de trois. On distingue celui au cœur du Mercado Central de la Zona 4, celui du Trebol (Trèfle) à l'extrémité de l'avenida Bolivar dans la Zona 3, et enfin celui installé sur la 18a calle dans la Zona 1 entre la 4a et la 6a avenida.

Attention

Ce « terminal de bus » est l'endroit de prédilection des fameux *ladrones* et autres voleurs à l'arraché de Guatemala Ciudad. Chaque semaine, voire chaque jour, des touristes en sont la cible à la descente de leurs bus, encore émerveillés de la beauté et du charme des paysages des Hautes Terres. Ne posez donc pas votre sac à terre, installez-le vite sur votre dos et quittez la 18a calle en direction du Parque Central. Vous ne risquerez pas ainsi de tenter l'un de ces détrousseurs.

Voici une liste des principales destinations touristiques pouvant être ralliées depuis Guatemala Ciudad avec les petites compagnies ou les « longue distance ».

Antigua

Transportes Unidos. 15a calle entre la 3a et la 4a avenida Zona 1 ✆ **2324949 / 2536929.** Départ toutes les 30 minutes de 7 h à 18 h. Comptez environ 1 heure de route. Tarif 10 Q.

Terminal de bus. 18a calle. Là on trouvera une compagnie ralliant Antigua. Nombreux départs. Comptez entre 1 heure et 1 heure 30 de route. Tarif 3,5 Q.

Amatitlán

Terminal de bus Zona 4. Départ toutes les demi-heures environ de 6 h à 18 h.

Chichicastenango

Transportes Masheñita. 10a calle 10-03, Zona 7. Départ toutes les heures de 7 h à 17 h. Comptez environ 3 heures et demie de route. Tarif 15 Q.

Terminal de bus Zona 4. Cie Veloz Quichelense. Départ toutes les 30 minutes de 5 h à 18 h. Comptez entre 3 heures et demie et 4 heures de route. Tarif 14 Q.

Chiquimula

Rutas Orientales. 19a calle 8-18, Zona 1 ✆ **2537282 / 2512160.** Départ toutes les 30 minutes de 4 h à 18 h. Comptez entre 3 heures 30 et 4 heures de route. Tarif 18 Q.

Coban

Escobar y Monja Blanca. 8a avenida 15-16, Zona 1 ✆ **2381409.** Départ toutes les heures de 4 h à 17 h. Comptez environ 4 heures de route. Tarif 23 Q.

El Carmen

Transportes Galgos. 7a avenida 19-44, Zona 1 ✆ **2323661.** Départ à 6 h, 10 h, 13 h 30, 14 h 45, 16 h et 17 h 30. Comptez environ 5 heures de route. Tarif 32 Q.

El Salvador
(Valle Nuevo, frontière avec le Salvador)

Melva Internacional. 3a avenida 1-39, Zona 9 ✆ **3310874.** Départ toutes les heures de 5 h à 16 h 30. Comptez environ 5 heures de route. Tarif 40 et 55 Q.

Mermex. 20a calle 6-39, Zona 1. Départ à 9 h. Comptez environ 5 heures de route. Tarif 40 Q.

Pullmatur. Hôtel Radison Villa Magna, 1a avenida 12-46, Zona 10. Départ à 7 h et 15 h. Comptez environ 4 heures de route. Tarif 270 Q.

El Salvador
(San Cristobal, frontière avec le Salvador)

Mermex. 20a calle 6-39, Zona 1. Départ à 8 h. Comptez environ 4 heures de route. 32 Q.

Escuintla

Esmeralda. 8a avenida 38-41, Zona 3. Départ toutes les 10 minutes de 5 h à 18 h. Comptez environ 1 heure 30 de route. Tarif 4,5 Q.

Terminal de bus Trebol Zona 3. Nombreuses compagnies. Départ toutes les 10 minutes.

Esquipulas

Rutas Orientales. 19a calle 8-18, Zona 1 ✆ **2537282 / 2512160.** Départ toutes les 30 minutes de 4 h à 14 h. Comptez environ 5 heures de route. Tarif 24 Q.

Flores / Santa Elena

Líneas Máxima. 9a avenida 17-18, Zona 1 ✆ **2322495 / 2384032.** Départ à 16 h, 17 h 30, 18 h 30 et 20 h. Comptez entre 10 et 12 h. Tarif 50 Q pour les bus de 16 h et de 17 h 30 et 70 Q pour les bus de 18 et 20 h.

Fuentes del Norte. 17a calle 8-46, Zona 1 ✆ **2513817.**
• Bus 1ʳᵉ catégorie : départ à 3 h, 7 h 30, 10 h 30, 16 h 30 et 20 h. Comptez environ 12 heures de route (arrêt à El Rancho, Rio Dulce, San Luis, Poptún et Dolores). Tarif 60 Q.
• Bus Pullman : départ à 14 h 15, 18 h 15 et 20 h. Comptez environ 10 heures de route. Tarif 75 et 90 Q.

La Petenera. 16a calle 10-55, Zona 1. Départ à 19 h 30 (arrêt à El Rancho, Rio Dulce, San Luis, Poptún et Dolores). Comptez environ 10 heures de route. Tarif 115 Q.

Huehuetenango

Transportes Velásquez. 20a calle et 1a avenida, Zona 1. Départ toutes les heures de 8 h à 17 h. Comptez environ 5 heures de route. Tarif 25 Q.

Los Halcones. 7a avenida 15-27, Zona 1 ✆ **2381929.** Départ à 7 h et 14 h. Même durée de trajet. Tarif 23 Q.

Rápidos de Zaculeu. 9a calle 11-42, Zona 1. Départ à 6 h et 15 h. Tarif 24 Q.

La Mesilla
(frontière avec le Mexique)

Transportes Velásquez. 20a calle et 1a avenida, Zona 1. Départ toutes les heures de 8 h à 16 h. Comptez entre 6 heures et 7 heures de route. Tarif 35 Q.

Montericco

Transportes Cubanita. Terminal de bus Zona 4. Départ tous les jours à 10 h 30, 12 h 30 et 14 h 20. Comptez entre 4 heures et 5 heures de route. Tarif 11 Q.

Panajachel

Transportes Rebulli. 21a calle 1-34, Zona 1. Départ toutes les heures de 7 h à 16 h. Comptez entre 3 heures et 3 heures 30 de route. Tarif 12 Q.

Puerto Barrios

Litegua. 15a calle 10-42, Zona 1 ✆ **2538169.** Départ 7 h, 8 h 30, 9 h 30, 10 h 30, 11 h 30, 12 h, 13 h 30 et 15 h. Comptez environ 4 heures 30 de route. Tarif 35 Q.

Puerto San José

Transportes Esmeralda. 8a avenida 38-41, Zona 3. Départ toutes les 10 minutes de 5 h à 20 h. Comptez environ 2 heures 30 de route. Tarif 8 Q.

Terminal de bus Zona 4. Nombreux départs.

Quetzaltenango

Transportes Galgos. 7a avenida 19-44, Zona 1 ✆ **2323661.** Départ à 5 h30, 8 h 30, 11 h, 14 h 30, 17 h et 19 h. Comptez entre 4 heures et 4 heures 30 de route. Tarif 23 Q.

Retalhuleu

Transportes Galgos. 7a avenida 19-44, Zona 1 ✆ **2323661.** Départ à 5 h 30, 10 h, 13 h 30 et 16 h30. Comptez entre 3 heures 30 et 4 heures de route. Tarif 23 Q.

Rio Dulce

Litegua. 15a calle 10-42, Zona 1 ✆ **2538169.** Départ à 9 h, 11 h et 13 h 30. Comptez entre 4 heures et 5 heures de route. Tarif 28 Q.

**Tecun Uman
(frontière avec le Mexique)**

Transportes Fortaleza. 19a calle 8-70, Zona 1 ✆ **2323643 / 2517994.** Départ à 1 h 30, 3 h, 3 h 30 et 5 h 30. Comptez environ 5 heures de route. Tarif 26 et 30 Q.

Zacapa

Rutas Orientales. 19a calle 8-18, Zona 1. Départ toutes les 30 minutes de 6 h 30 à 20 h. Comptez environ 3 heures de route. Tarif 16 Q.

■ HEBERGEMENT

Ville capitale, Guatemala Ciudad est une cité en perpétuelle agitation qui contraste avec la relative quiétude des autres villes du pays. Particulièrement étendue, elle est sans cesse sillonnée par un très grand nombre de bus au bruit assourdissant. Une constante qui s'impose lorsqu'on prend une chambre d'hôtel est d'éviter impérativement celles donnant sur la rue. Quant au choix vous n'aurez normalement aucun problème pour trouver une chambre, le parc hôtelier de la capitale étant suffisamment développé et Guatemala Ciudad n'ayant, de plus, vraiment pas les faveurs des touristes. On trouvera une forte concentration d'hôtels bon marché au sud du Parque Central dans la Zona 1, dans un rectangle compris entre les 10a et 15a calles et les 4a et 9a avenidas. Quant aux hôtels de luxe, on les trouvera princiaplement dans la Zona 10 (Zona Viva) entre l'avenida La Reforma et la 2a avenida ainsi qu'autour du Parque Central dans la Zona 1.

Bien et pas cher

Hotel Bilbao. 15a calle 8-45, Zona 1 ✆ **2329203.** *20 chambres de 16 à 44 Q.* Voilà un établissement qui n'a d'hôtel que le nom. Il faut y voir plutôt une pension, pas très bien entretenue d'ailleurs, disposant de chambres dont certaines rappellent la taille de cellules monastiques. Leur confort est rudimentaire et elles n'ont pour unique attrait que leur prix modique, mais qui reste cependant trop élevé par rapport à la qualité du confort offert, et comparé à ce que proposent les concurrents de la même catégorie.

Pensión Meza. 10a calle 10-17, Zona 1 ✆ **2323177.** *18 chambres de 35 à 50 Q. 5 Q de caution pour un cadenas.* C'est le rendez-vous des petits budgets, voyageurs en sac à dos. Etablissement modeste, il y règne une ambiance conviviale. Les chambres s'organisent pour la plupart autour d'une petite cour ombragée où le soir les pensionnaires se retrouvent pour s'échanger leurs impressions de voyage aux rythmes de musiques latino-américaines ou de classiques du reggae. Leur confort est plutôt rudimentaire et elles ne possèdent pas d'autre ouverture que celle de la porte. La salle de bains est commune et très bien tenue. Il a, en plus de son prix, l'énorme avantage d'être encadré par deux comedors proposant une nourriture simple et bon marché. Prévoyez un cadenas. On peut laisser là son sac durant quelques jours afin de partir par exemple vers la côte Pacifique plus tranquillement.

Hotel Alameda. 12a calle 10-43, Zona 1 ✆ **2322848.** *14 chambres de 40 à 70 Q sans salle de bains ; de 55 à 75 Q avec salle de bains.* Installé entre la 10a et la 11a avenida, l'hôtel Alameda est un établissement tranquille du fait de sa situation en retrait du centre ville. Non loin de la Pensión Meza, il dispose sur plusieurs niveaux de grandes chambres, claires et relativement propres. Elles donnent pour la plupart sur une cour intérieure, gage d'un sommeil en toute quiétude. Possiblité de parking.

Lessing House Hôtel. 12a calle 4-35, Zona 1 ✆ **2381881.** *8 chambres de 48 à 120 Q.* Installé dans une artère peu passante comparée aux rues voisines, le Lessing House Hôtel est un établissement vieillot qui mériterait quelques travaux d'embellissement. Huit grandes chambres seulement y disposent d'un confort respectable. Elles sont toutes équipées de salles de bains qui ont, elles aussi, beaucoup vieilli.

Hotel Ajau. 8a avenida 15-62, Zona 1 ✆ **2320488 / 2513008 - Fax 2518097.** *38 chambres de 42 à 132 Q sans salle de bains ; de 84 à 132 Q avec salle de bains.* Grande et ancienne construction à plusieurs étages, l'hôtel Ajau possède un charme bien à lui avec ses multiples escaliers, son entrée aux allures de hall de gare et ses chambres hautes de plafond. Fréquenté plutôt par des familles guatémaltèques se rendant dans la capitale (il dispose de chambres pour 5 et même 6 personnes bien pratiques pour les groupes), il est actuellement en cours de rénovation. Ces chambres sont grandes, simples mais bien tenues. Évitez de préférence celles donnant sur l'avenue. Possibilité de parking (gratuit) de 19 h à 7 h.

Posada Oslo. 8a avenida 14-60, Zona 1. *10 chambres de 70 à 100 Q sans salle de bains ; de 100 à 130 Q avec salle de bains.* En retrait de la rue, la Posada Oslo occupe une vieille demeure au charme certain avec ses vieilles boiseries et ses fenêtres à persiennes. Pour plus de tranquillité on pourra choisir de loger dans les chambres de la cour situées derrière la maison. C'est un endroit qui détonne par sa fraîcheur en plein cœur de l'étouffante capitale.

Confort ou charme

Hotel Spring. 8a avenida 12-65, Zona 1 ✆**2302858 / 2302958 - Fax 2320107.** *40 chambres de 58 à 117 Q sans salle de bains ; de 87 à 204 Q avec salle de bains. Cartes Visa et Mastercard acceptées.* Situé à une cuadra au sud de Guatel, l'hôtel Spring est un grand établissement au cadre agréable, une valeur sûre du parc hôtelier de la capitale. Dans la partie plus ancienne de l'établissement les chambres s'articulent autour d'un charmant patio où l'on pourra prendre son petit déjeuner.

Les chambres avec « baño privado » sont toutes équipées de télévision. Demandez à voir la chambre avant de la louer car certaines sont un peu trop sombres. On préférera, à cause du bruit, les chambres de la partie plus récente, beaucoup plus calmes. L'hôtel met au service de sa clientèle un coffre où l'on pourra déposer ses valeurs (demander un reçu). Service de petit déjeuner, de téléphone et de fax.

Hotel Chalet Suizo. 14a calle 6-82, Zona 1 ✆ **2513786 - Fax 2320429.** *50 chambres de 80 à 120 Q sans salle de bains ; 140 à 220 Q avec salle de bains. Paiement en travellers chèques acceptés.* Situé entre la 6a avenida A et la 7a avenida, il doit son nom à son imitation de décor de chalet de montagne. En effet les murs sont, du sol au plafond, recouverts de lambris de pins. Sur plusieurs niveaux les chambres y sont grandes, confortables et aérées pour celles donnant sur la cour intérieure.

Demandez à visiter la chambre avant de la louer, certaines étant beaucoup trop sombres et bruyantes. On pourra déposer son argent dans le coffre de l'hôtel qui propose également à sa clientèle un service de petit déjeuner.

Hotel Colonial. 7a avenida 14-19, Zona 1 ✆ **2326722 / 2322955 - Fax 2328671.** *42 chambres de 144 à 295 Q (impuesto inclus).* Dans une construction moderne, l'hôtel Colonial dispose d'une quarantaine de chambres dont certaines, donnant sur l'avenue (l'une des plus passantes de la capitale), sont à éviter impérativement. Les chambres sont grandes et lumineuses et correctement équipées.

Attention cependant à quelques-unes dont l'état des literies laisse à désirer. On pourra prendre son petit déjeuner à l'hôtel, il est même inclus dans le prix pour les groupes de 5 à 6 personnes.

Hotel Centenario. 6a calle 5-33, Zona 1 ✆ **2380381 / 2380382 - Fax 2382039.** *43 chambres de 150 à 280 Q.* C'est un établissement confortable installé dans une construction moderne qui donne sur le Parque Central, « à 50 pas du Palacio Nacional » comme le vante le slogan de l'hôtel. Ouvrant sur la plaza, les chambres y sont donc lumineuses. Elles sont aussi spacieuses, très bien équipées (télévision, téléphone, mini-bar) et on n'y est pas trop incommodé par la circulation.

L'hôtel met à disposition de sa clientèle une laverie ainsi qu'un coffre-fort. A côté une cafétéria sert des petits déjeuners.

Hotel Sevilla. 9a avenida 12-29, Zona 1 ✆ **2382226 / 2300506 - Fax 2328431.** *80 chambres de 162,50 Q à 255 Q. + 17 % d'impuesto.* Pas très bien situé sur une grande artère extrêmement passante de la Zona 1, l'hôtel Sevilla met à la disposition de ses clients, en plus du couchage, toute une gamme de services allant de la location de voiture au coffre-fort en passant par la laverie et le service de fax. Ces chambres sont propres, simples, un peu trop peut-être pour le prix. Elles sont équipées de téléphone et de télévision et manquent de lumière. On y trouve un restaurant et une cafétéria donnant sur l'avenue.

Luxe

Hotel del Centro. 13a calle 4-55, Zona 1 ✆ **2325547 / 2325980 - Fax 2300208.** *57 chambres de 273 à 381 Q (impuesto inclu). Cartes Visa et Mastercard acceptées.* C'est un élégant hôtel bénéficiant comme son nom l'indique d'une situation privilégiée dans le centre de la capitale, à proximité des banques, de Guatel et de la poste. Malheureusement, à Guatemala Ciudad, le centre est extrêmement bruyant d'autant plus que la 5a avenida est l'une des artères les plus passagères de la ville. On choisira alors de préférence les chambres donnant sur la cour intérieure. Ses 57 chambres sont pour la plupart spacieuses, claires et équipées de tout le confort souhaité (salle de bains, télévision). On trouvera également un salon, un restaurant (menu du jour autour de 40 Q) et au sixième étage une terrasse avec vue sur le centre historique.

Hotel Fortuna Royal. 12a calle 8-42, Zona 1 ✆ **2303378 / 2382484 - Fax 2512215.** *20 chambres de 44 à 60 $.* Au cœur du centre ville dans une rue heureusement pas trop passante, le Fortuna Royal est installé dans un immeuble contemporain qu'occupent une vingtaine de chambres de grand confort, un peu sombres peut-être, équipées de la télévision et du téléphone. Il dispose également d'une laverie, d'un bar ainsi que d'un restaurant offrant une cuisine locale et surtout internationale en adéquation avec sa clientèle occidentale. L'hôtel propose également un service de location de voitures.

Apart - Hôtel Sanmari. 12a calle A 3-38, Zona 1 ✆ **2531474 / 2531537 - Fax 2320135.** *20 appartements de 48 à 54 $.* Au calme, cet établissement propose une formule originale de logement, d'hébergement dans la capitale, du mini - appartement à l'appartement type F3. Extrêmement confortables et fonctionnels, ils sont tous très bien équipés de la cuisine où ne manque aucun appareil électroménager au coffre-fort en passant par le radio-réveil. Le Sanmari dispose également d'un parking, d'une laverie et d'un service de fax. Voilà vraiment une très bonne adresse qui est de plus d'un excellent rapport qualité - prix.

Hotel Pan American. 9a calle 5-63, Zona 1 ✆ **2326807 / 2326809 - Fax 2518749.** *55 chambres de 45 à 55 $ (+20 % de taxes d'impuesto).* Dans un style tout à fait original par rapport aux autres hôtels de la capitale, le Pan American est très agréable et luxueux, avec salon, bar et un hall superbe. Les chambres sont grandes et correctement équipées (télévision, téléphone). Pour les enfants de moins de douze ans acompagnés de leurs parents, la nuit est gratuite. On pourra utiliser les services suivants : laverie, fax et parking. A une cuadra au sud du Parque Central, le Pan American est quotidiennement ravitaillé en journaux internationaux en langue anglaise exclusivement. Il dispose également d'un *restaurant ouvert de 6 h à 21 h.* On y sert une cuisine locale et internationale adaptée au contingent de touristes occidentaux qui fréquentent l'établissement.

Hotel Stofella. 2a avenida 12-28, Zona 10 ✆ **3346191 / 3391878 - Fax 3310823.** *28 chambres de 60 à 65 $. + 20 % d'impuesto.* Installé dans une construction moderne, l'hôtel Stofella est un élégant établissement joliment décoré de parquets, de boiseries et de vieux meubles. Ces chambres sont très bien équipées mais sont peut-être un peu trop sombres. Côté restauration il n'assure qu'un service de petit déjeuner compris dans le prix. Ses visiteurs peuvent goûter au calme de son discret salon ainsi qu'à ses installations sportives et relaxantes (salle de gym et sauna).

Holiday Inn. 1a avenida 13-22, Zona 10 ℂ **3322555 / 3322570 - Fax3322584.** *204 chambres à 75 $ ou 65 $ avec réservation. Les suites sont à 145 $ + 20 % d'impuesto.* Il occupe une grande tour de verre et de béton (17 étages) en retrait de l'avenida La Reforma. Très bien situé au cœur de la Zona Viva, il est entouré par des commerces et des restaurants. Ces chambres sont agréables, décorées sobrement et équipées de tout le confort nécessaire. L'hôtel dispose de trois restaurants, d'un piano-bar et d'équipements sportifs (piscine et gymnase). Dans son vaste hall d'entrée on trouve une agence de voyage et une agence de locations de voiture (Hertz).

Hotel Ritz Continental. 6a avenida A 10-13, Zona 1 ℂ **2381671 / 2381675 - Fax 2381684.** *186 chambres. De 27 à 79 $ par personne pour une chambre catégorie standard ; de 58 à 85 $ par personne pour une chambre catégorie luxe.* Installé à deux cuadras au sud du Parque Central, dans un quartier extrêmement commerçant, le Ritz occupe une tour de verre où l'on trouvera également une agence de voyage. Les chambres y sont bien évidemment luxueuses et équipées de tout le confort désiré. Outre la gamme étendue de ses services (taxi, piscine, discothèque…) il bénéficie d'une situation privilégiée, au calme à l'angle de la 10a calle et d'un petit tronçon de la 6a avenida A, vraiment peu passagère. Il dispose bien sûr d'un restaurant (*ouvert de 6 h à 23 h*), à la cuisine occidentale, pour les gros budgets.

Hotel Princess Reforma. 13a calle 7-65, Zona 9 ℂ **3344545 - Fax 3344546.** *103 chambres de 110 à 120 $. + 20 % d'impuesto.* Situé à deux pas de l'avenida La Reforma, c'est un établissement installé dans une construction discrète à la façade fleurie. A l'intérieur il y règne une chaude atmosphère due à l'omniprésence des boiseries et des parquets. Ces chambres sont agréablement décorées et disposent de tous les équipements coutumiers. Il abrite un restaurant, un bar ainsi que de bonnes installations sportives (piscine, tennis, salle de gym).

Camino Real. Avenida La Reforma y 14a calle, Zona 10 ℂ **3334633.** *380 chambres de 140 à 160 $. + 20 $ pour un lit supplémentaire.* C'est un vaste établissement moderne en forme d'arc de cercle situé à l'extrémité de la Zona Viva. Il est la référence ici en matière de luxe. Ces chambres sont luxueuses et équipées de tout le confort possible. Malheureusement toutes ne donnent pas sur les volcans Agua et Pacaya. Il dispose d'un bar, d'un restaurant, d'un gymnase et d'une belle piscine. Dans le hall on trouvera également une agence de voyages (de réservation) et un loueur de voiture.

■ RESTAURANTS

Bien et pas cher

Restaurant Mi Comedor. 10a calle 7-37, Zona 1. *Repas 10 Q.* A deux cuadras au sud du Parque Central, ce comedor est le rendez-vous pour le déjeuner des employés de bureaux des entreprises et administrations installées dans le quartier. Ce n'est pas de toute évidence à cause du cadre mais bien pour la nourriture simple, bien préparée et très bon marché. On trouve là une dizaine de tables où sont servis tous les jours deux menus au choix.

Picadilly. 6a avenida 11-01 Zona 1 ℂ **2514268.** C'est en fait une petite cafétéria fréquentée par les employés des bureaux voisins et par ses habitués qui chaque matin viennent se restaurer au rythme des chansons locales en vogue. Picadilly propose des formules de petits déjeuners entre 10 et 20 Q avec café à volonté (frijoles, huevos revueltos, pan + café pour 8 Q). Quant au déjeuner, on pourra jeter son dévolu sur ses formules d'« almuerzo economico » qui ne coûtent pas plus de 20 Q.

Restaurant Oswaldo's House. 10a calle 10-17, Zona 1. C'est l'un des deux comedors qui encadrent la Pension Meza. Fréquenté en journée par les collégiens et lycéens des différents établissements scolaires du quartier, le soir les voyageurs de la Pension Meza s'y rendent en nombre pour se restaurer. On y trouve une nourriture adaptée à cette clientèle internationale comme des pancakes, des crêpes, des patatas fritas ou encore des spaghettis.

On y sert également des plats typiquement guatémaltèques à un moindre prix. L'ambiance y est détendue sur fond de musiques anglo-saxonne ou latino-américaine. Comme il est équipé d'une télévision et du cable, on y vient également pour y voir des films en V.O.

Restaurant Señor Taco. 6a avenida Zona 1. Entre la 10a et la 11a calle, à deux pas du grand M jaune, el Señor Taco s'est fait le spécialiste de la cuisine mexicaine et tout particulièrement du plat national, le taco, décliné presque à toutes les sauces ; près de vingt sortes de tacos différents vous sont proposées. Servis par trois, ne comptez pas plus de 20 Q pour ceux comportant le plus d'ingrédients.

Pizza Hut. 12a calle Centro Geminis Zona 10. Installé au sous-sol du centro Geminis mais donnant sur la rue, un standard des pizzas que l'on peut accompagner de salades et d'une boisson. Une part de pizza coûte entre 9 et 12 Q environ. Une petite terrasse verdoyante s'avance à l'entrée de l'établissement.

Pollo Campero. 15a calle Zona 1. Situé à l'angle de la 15a calle et de la 6a avenida, il connaît à Guatemala Ciudad un certain succès, mais il semble qu'il y rencontre une forte concurrence de la chaîne de fast-food Mc Donald. Comme dans tous ses autres restaurants on y trouvera du poulet pané accompagné de patates frites et d'une boisson pour moins de 20 Q.

Mac Donald's. 6a avenida (entre la 10a et la 11a calle). Les mêmes spécialités que dans nos propres fast-food à quelques exceptions près. La surprise vient également des tarifs très inférieurs à ceux pratiqués en France.

Picadilly. 7a avenida 12-00 Zona 9 ✆ 3347442. Loin de l'agitation de la Zona 1 et de sa 6a avenida, l'autre restaurant Picadilly est idéalement installé sur la verdoyante plazuela de España, dans un quartier agréable en bordure de la Zona Viva. Comme son pendant de la Zona 1, on y bénéficie des mêmes formules économiques au petit déjeuner à partir de 8 Q et au déjeuner. La deuxième tasse de café est gratuite.

Bonne table

Café Restaurant China Hilton. 5a avenida 12-28, Zona 1. Installé à proximité de l'hôtel del Centro, le Café Restaurant China Hilton est un restaurant chinois simple, fréquenté par les gens du quartier et les employés des bureaux alentours. Sa carte est une liste interminable de mets extrêmement variés mais qui fait la part belle aux plats de poisson et de crevettes. Comptez entre 25 et 35 Q pour un plat.

El Mesón de Don Quijote. 11a calle Zona 1. Installé non loin du Picadilly, entre la 5a et la 6a avenida, el Mesón de Don Quijote est un restaurant pas comme les autres. Si en effet on y mange, on y vient surtout pour assister aux spectacles qui s'y produisent régulièrement le week-end. Les jours de fête, l'établissement se transforme à partir de 21 h et ce jusqu'à 2 h du matin, en une grande salle de danse. On pourra également venir y prendre un verre.

Restaurant Celeste Imperio. 7a avenida 9-99, Zona 9 ✆ 3310943 / 3310941. Comme son cadre et sa décoration le laissent penser, on mange chinois ici. Les prix des plats principaux ne sont pas excessifs et les assiettes sont bien garnies. La direction se rattrape sur les accompagnements (riz 30 Q). On y trouve un grand choix de mets, des soupes (de 17 à 22 Q) aux poissons (de 39 et 45 Q) en passant par les crevettes (de 55 à 65 Q). On y sert également des plats plus basiques comme du poulet, et un peu particulier comme le pigeon. Les spécialités de la maison sont le pato guisado en reversero (canard) et la carne asada (cha siu). Le Celeste Imperio est installé à l'angle de la 7a avenida et de la 10a calle.

Restaurant El Gaucho. 7a avenida 10-65, Zona 9 ✆ 3348374. Situé à proximité immédiate du restaurant Puerto Barrios, El Gaucho a fait de la viande sa spécialité. Pour un restaurant argentin, rien malheureusement dans le cadre (impersonnel) ne rappelle la pampa et ses célèbres cavaliers. Les plats de viande, et c'est le principal, sont bien garnis et la viande de bonne facture. Comptez environ 80 Q pour un repas, les plats se situant pour la plupart autour de 50 Q.

Tre Fratelli. 2a avenida 13a y 14a calle, Zona 10 ✆ **3668041 / 3668045.** Au cœur de la Zona Viva, Tre Fratelli est un restaurant italien très fréquenté à midi où l'on sert les spécialités coutumières de la cuisine italienne, pâtes et pizzas se taillant la part du lion. On goûtera aux pizzas bien préparées entre 30 et 40 Q ainsi qu'aux pâtes entre 45 et 55 Q, que l'on pourra accompagner de l'un des nombreux vins de la carte, de Toscane (Chianti Classico de 1993 à 269 Q), des Marches ou encore des Abruzzes (Montepulciano d'Abruzzo de 1994 à 99 Q). Sur le devant on trouve une petite terrasse pour profiter du soleil et pour être vu.

Luxe

Kacao. 2a avenida 13-44, Zona 10 ✆ **3374188 / 3374189.** Outre sa cuisine on vient chez Kacao pour son cadre exotique, une grande paillote de bois agrémentée de fougères géantes et de bananiers, et les serveurs habillés de jolis costumes. Côté cuisine on a remis au goût du jour les plats typiques de la cuisine des différentes nations indiennes du pays. En entrée le restaurant propose un bon choix de soupes et d'antojitos et de tacos (18 Q). On pourra manger une soupe kack-ick (de Cobán) ou un pepian (tomate, piment, blanc de poulet…) plat typique de l'ouest du pays pour 52 Q. Quant aux plats de viande et de poisson, les premiers coûtent entre 72 et 80 Q, les seconds entre 70 à 105 Q.

Restaurant La Lancha. 13a calle 7-98, Zona 10 ✆ **3374029.** Dans la zone vive de Guatemala, voilà un restaurant où l'on retrouvera le plaisir de manger. Tenu par un français, Eric Malbrun, on y prépare effectivement une très bonne cuisine française à un prix raisonnable. On goûtera par exemple à son excellent lapin à la moutarde. Fréquenté entre autres par les représentants de la petite communauté française de Guatemala Ciudad, il est ouvert du lundi au vendredi uniquement pour le déjeuner et également le vendredi soir. Fermé les samedis et dimanches.

Restaurant Puerto Barrios. 7a avenida 10-65, Zona 9 ✆ **3341302.** Restaurant de poissons et de fruits de mer, le Puerto Barrios vaut autant pour sa nourriture que pour son cadre tout à fait original. Il occupe en effet une copie d'un bateau aux allures de caravelle surmonté de mâts et de cordages. Ses flancs ont été percés de fenêtres qui laissent entrer la lumière. L'intérieur est décoré dans le même style avec barriques et lampes à pétrole. Il jouit d'une très bonne réputation sur Guatemala Ciudad. Sa carte est une longue et plaisante liste. On y trouve des poissons grillés, des crevettes, des langoustines etc. Comptez pour un repas autour de 100 Q.

Hacienda de los Sanchez. 12a calle 2-25, Zona 10 ✆ **3316240 / 3348448.** En bordure de rue dans un endroit paisible de la Zona 10, il jouit d'un cadre vraiment très agréable (fermette façon ranch) au milieu des pins, fréquenté par la partie privilégiée de la population de la capitale. La viande est ici reine. Dans une liste interminable de spécialités on pourra goûter en terrasse au steak au barbacoa, au filet, grillé ou au poivre, ou encore à sa viande au beurre aillé. Pour les non-carnivores accompagnant leurs amis on trouvera à se rassasier avec une pièce de saumon (99 Q). Comptez pour un repas autour de 100-120 Q. Les spécialités de viandes coûtent environ 70 Q. L'endroit est équipé d'un vaste parking.

Pastelleria Santander. 9a avenida 11-28, Zona 1 ✆ **2302326.** Pas très loin de Guatel et de la pension Meza ; on aura le plaisir de goûter dans cette pâtisserie quelques excellents gâteaux parmi lesquels de fameux éclairs au chocolat.

■ HISTOIRE

Nueva Guatemala de la Asunción est fondée très officiellement par décret du roi d'Espagne Charles III le 27 septembre 1775. Sa fondation survient après la destruction en décembre 1773 de Santiago de los Caballeros de Guatemala, la capitale de la Capitainerie Générale du Guatemala, qui prend alors le nom de La Antigua Guatemala, l'actuelle Antigua.

Quelques mois à peine après le terrible tremblement de terre qui ravage Santiago de los Caballeros, soit près de deux ans avant sa fondation officielle, les premiers travaux sont lancés dans cette vallée de l'Ermita, à quarante kilomètres de l'ancienne capitale, là où l'on pense qu'elle sera à l'abri des humeurs de la chaîne volcanique. Les autorités transfèrent de belles façades de l'ancienne capitale pour agrémenter les nouveaux palais de la jeune capitale. Après avoir été officiellement fondée en septembre, elle est inaugurée le 1er janvier 1776. Capitale politique de la Capitainerie Générale, Guatemala Ciudad est boudée par une partie de l'aristocratie et des grandes familles de commerçants et d'officiers qui s'accrochent à leurs demeures dans La Antigua détruite, ou qui émigrent vers d'autres cités comme Quetzaltenango.

Vers 1800, Guatemala Ciudad ne possède environ que 20 000 habitants alors qu'Antigua comptait avant sa destruction près de 50 000 âmes. Cette situation de sous-peuplement va perdurer tout au long du XIXe siècle. Mais au début du XXe de nouveaux tremblements de terre secouent à plusieurs reprises Antigua et Quetzaltenango, causant d'importants dégâts. De riches familles décident alors de rejoindre la capitale que certains écrits et journaux décrivent comme ayant des allures de gros bourg agricole. En 1917, Guatemala Ciudad est à son tour atteinte par une forte secousse sismique, qui met à bas une grande partie des constructions. La dernière grande secousse remonte à 1976, endommageant nombre d'immeubles dont on peut encore voir les traces et les vestiges dans la ville. Guatemala Ciudad est aujourd'hui la capitale politique et administrative incontestée du Guatemala. Métropole moderne, elle est en proie actuellement à de graves problème de pollution, de pauvreté et de violence.

■ VISITE

Capitale de la Capitainerie générale du Guatemala à partir de 1775, Guatemala Ciudad n'est pas une ville constituée de riches et belles demeures coloniales à l'image d'Antigua. C'est une capitale surpeuplée, moderne, où les curiosités historiques sont plutôt rares et principalement concentrées dans la Zona 1 autour du Parque Central et dans ses rues adjacentes, le centre historique de la ville. On y dénombre quelques jardins et parcs agréables dans les zones 2 et 9 ainsi que d'intéressants musées (Ixchel et Popol Vuh) dans la Zona 10, la zone la plus agréable de Guatemala Ciudad, avec ses vertes et larges avenues, qui concentrent nombre de commerces, de cafés et d'hôtels plus luxueux les uns que les autres.

ZONA 1

Le Parque Central est le cœur de l'ancien centre historique de la capitale. Il est entouré des monuments symboles du pouvoir au Guatemala, rares vestiges également du passé historique de la ville :

Palacio Nacional

Imposante construction située sur le côté nord de la place, le Palacio Nacional fut érigé à l'initiative du général Jorge Ubico, du temps où celui-ci était président du Guatemala (de 1931 à 1944). Depuis 1775, un palais, celui du gouverneur, occupait les lieux. Après qu'il eut été plusieurs fois ravagé par des incendies (le dernier en 1925) et des tremblements de terre, on décida la construction d'un tout nouveau bâtiment. Commencé en 1939, le palais fut terminé en 1943. Ses extérieurs, où se mêlent influences architecturales néo-classiques et françaises, ne comportent que peu d'intérêt. Par contre l'intérieur possède de réelles qualités esthétiques. On y découvrira des peintures, des fresques, en bref une riche décoration exécutée par des artistes guatémaltèques contemporains de la construction comme Julio Urruela Vásquez, Rodolfo Galeotti Torres ou encore Alfredo Gálvez Suárez. Le Palacio Nacional est ouvert tous les jours de 8 h à 16 h. *L'entrée est gratuite.*

A voir également, sur le devant du Palacio Nacional, la relève de la garde, qui n'est pas des plus rigoureuses. Ne tentez pas d'y reconnaître une similitude avec celle de Buckingham Place. En effet elle se déroule ici dans un désordre presque comique.

Cathédrale

Ouverte de 8 h à 18 h. La catedral metropolitana occupe le côté est du Parque Central. C'est une construction de grande taille séparée de la place par une grille en fer forgé. Erigée tardivement entre 1782 et 1809 pour les travaux les plus importants, elle arbore une architecture coloniale fortement influencée par les styles néo-classiques et français. Sa façade est agrémentée de colonnades et entourée de deux tours surmontées de clochetons recouverts de carreaux d'émail.

En prenant du recul on découvrira qu'un joli **dôme bleuté** domine l'édifice au niveau du chœur. Elle vaut surtout une visite pour la population qui s'y presse le dimanche et les jours de fête et pour les quelques œuvres du XVIIIᵉ qu'elle renferme.

Mercado Central

Le marché est ouvert tous les jours même le dimanche de 6 h à 18 h. Au niveau du Parque Central, coincé entre la cathédrale et la 9a avenida, le Mercado Central est un endroit extrêmement vivant où l'on trouvera un grand choix de produits destinés à la vie courante des habitants de la capitale ainsi que nombre d'échoppes et d'étals vendant des articles sortis tout droit des ateliers artisanaux des villages du pays. Là sont proposés en effet une grande variété de tissus, des poteries, des articles de cuir et de bois.

Sachez aussi que les prix sont un peu plus élevés que dans les villes et villages où sont confectionnées ces pièces d'artisanat.

ZONA 2

Carte en relief (Mapa en relieve)

A l'origine de cette œuvre pour le moins originale, on trouve deux ingénieurs guatémaltèques, Francisco Vela et Claudio Urrutia. En 1904, ils eurent l'idée de réaliser une carte en relief géante qui représentait la géographie du pays. Commencée la même année, elle fut terminée en 1905 et inaugurée très officiellement le 29 octobre.

Rien d'exceptionnel à vrai dire mais, installée au cœur du **Parque Minerva**, elle n'en constitue pas moins un agréable but de promenade. On pourra se rendre compte du relief particulièrement tourmenté du Guatemala grâce à de petites plates-formes surélevées qui dominent l'œuvre.

Pour découvrir cette curiosité de la capitale, il faut se rendre dans la Zona 2 (au nord du Parque Central), dans le très calme Parque Minerva, du nom de la déesse aimée du président Cabrera, planté de nombreux eucalyptus. Autour du Parque on trouvera de quoi se restaurer dans diiférents comedores.

ZONA 10

Musée Popol Vuh

6a calle Final Zona 10 © 3347121. *Ouvert du lundi au samedi de 9 h à 12 h et de 14 h à 17 h 30.* Anciennement sur l'avenida la Reforma, il est installé aujourd'hui au cœur de l'**université Francisco Marroquin**. Il tire son nom du grand récit mythique de la civilisation maya que Miguel Angel Asturias s'attacha à traduire en espagnol.

On y dénombre trois sections aux thèmes différents. La première renferme une très intéressante collection de pièces représentatives de l'**art des anciens mayas**, principalement des sculptures (statuettes) en céramique et en pierre. Dans la seconde consacrée au **folklore**, on pourra admirer entre autres des costumes des différentes ethnies indiennes du pays ainsi qu'une variété de ces masques que portent encore les villageois guatémaltèques à l'occasion des danses traditionnelles des grandes fêtes religieuses patronales. Enfin la troisième et dernière section abrite une collection artistique propre à l'**époque coloniale**.

Musée Ixchel del traje indigena

6a calle Final Zona 10 ℗ *3313739 / 3313634. Ouvert du lundi au samedi de 9 h à 17 h 30.* Il est situé lui aussi sur le Campo de la Universidad Francisco Maroquin. Comme son nom l'indique il a pour sujet principal les splendides **vêtements** portés par les différentes ethnies indiennes du Guatemala. Ceux qui ont déjà traversé les hauts plateaux de Huehuetanango à Antigua pour se rendre dans la capitale reconnaîtront les magnifiques parures des femmes Mam, Quiché ou encore Cakchiquel de la région du lac Atitlán. Cette exposition riche en costumes est agrémentée de photos et de quelques pièces de poteries et de bijoux. D'autres tenues vestimentaires indiennes sont à admirer au musée Popol Vuh.

Pour s'y rendre, prendre le bus n° 1 ou n° 2 dans la 4a avenida par exemple, presque en face de l'Alliance Française à l'angle de la 12a calle. Demandez au chauffeur de vous arrêter au Campo de Marte. Là, demandez votre route, l'université n'est plus très loin. On pourra prendre également le bus n° 101 dans la même avenida et descendre au niveau de l'ambassade des Etats-Unis, puis prendre un bus marqué « Terminal » qui vous emmènera en direction du Théâtre National c'est à dire vers l'Université Francisco Maroquin.

ZONA 13

Musée National d'archéologie et d'ethnologie

Local 5, La Aurora Zona 13 ℗ *2720489. Ouvert du mardi au vendredi de 9 h à 16 h ; le samedi et le dimanche de 9 h à 12 h et de 14 h à 16 h.* Situé un peu loin du centre-ville, ce musée renferme quelques belles **pièces archéologiques** tirées des principaux sites de la civilisation maya. Voir les sculptures, céramiques et les étonnants masques cérémoniels et mortuaires. Parmi ces pièces on s'arrêtera tout particulièrement pour admirer la riche collection de jade provenant des tombeaux des rois des cités-états des hauts-plateaux et du Petén.

ZONA 7

Kaminaljuyú

Ouvert tous les jours de 8 h à 16 h. Méconnu, ce site archéologique se situe dans l'agglomération de Guatemala Ciudad, plus exactement dans la Zona 7 à quelques kilomètres du Parque Central.

Kaminaljuyú fut l'une des grandes cités des hauts-plateaux guatémaltèques. Indépendante tout d'abord, elle fut conquise à l'époque classique par les armées aztèques de la fabuleuse cité de Teotihuacan près de Mexico, venues avec leurs propres techniques et leur art.

De cette rencontre entre deux cultures va naître une civilisation brillante plus connue sous le nom de **civilisation Esperanza** qui va rayonner sur les Hautes Terres durant toute la période classique, soit jusque 600 ap. J.-C. environ. Il ne reste aujourd'hui plus grand chose d'exaltant de la prestigieuse cité : quelques structures et des pièces exposées comme ses sculptures et autres céramiques.

Des bus urbains assurent la liaison avec Kaminaljuyú depuis le centre-ville. Vous pourrez les prendre dans la 5a avenida (Zona 1) au niveau de l'agence de voyages Nancy's Travel ou encore à l'arrêt de bus situé sur le côté ouest du Parque Central. La direction Kaminaljuyú est clairement indiquée au-dessus du pare-brise du bus.

■■ BALADE

ZONA 1

Elle commence par le **Parque Central**, cœur historique de l'antique Guatemala Ciudad, bordé au nord par le Palacio Nacional et à l'est par la cathédrale. Au centre de la place un mât sur lequel flotte un imposant drapeau aux couleurs de la République du Guatemala. Antique Champ de Mars du temps de la colonie, il n'y est plus fréquenté que par des badauds, des personnes âgées, des mères de familles promenant leur progéniture à l'ombre de grands arbres. On trouve là également, dominé par l'immense drapeau national, un jardinet, petit îlot de verdure qui tranche avec le gris de la place ainsi qu'une fontaine. Au milieu (15 h) et en fin d'après-midi, aux pieds du Palacio Nacional, on y relève la garde. Sur le côté est du Parque Central, une autre place, le Parque Centanario. C'est un petit parc verdoyant bordé par une importante station de bus.

Du **Parque Centenario** on descend la **6a avenida** en direction du Sud. C'est un axe majeur de la capitale si ce n'est le plus important. Comme dans toutes les avenues du centre, la circulation y est dense, le bruit assourdissant et l'atmosphère irrespirable à chaque passage d'un bus urbain. A une cuadra de distance dans une rue latérale (9a calle) on jettera un œil sur une des anciennes figures de la fastueuse Guatemala Ciudad, l'**hôtel Pan American**, un tantinet rétro avec ses belles boiseries, et fréquenté par de riches Guatémaltèques. On continue la route sur la 6a avenida. Au niveau de la 11a calle, sur la gauche, on rencontre le **restaurant Picadilly** à l'atmosphère détendue et aux petits déjeuners et menus économiques. En face, de l'autre côté de l'avenue, se situe un **cinéma**. Stallone, Van Damme et Schwarzy font un tabac. On tourne à droite dans la 11a calle. A l'angle de la rue et de la 5a avenida on trouve une banque et son distributeur automatique 24 heures sur 24 ainsi qu'une cafétéria (sur la gauche) où l'on peut voir les grands événements sportifs mondiaux en direct.

On descend vers le sud la 5a avenida. A l'angle de la 12a calle on trouve l'**Edificio Herrera**. A lui seul il concentre plusieurs agences de voyages (Viajes Atlas, S.H. Liang Travel). Les billets pour Tikal au départ de l'aéroport La Aurora y sont très abordables. En face il y le magasin d'antiquités Estoril et ses superbes masques utilisés lors des fêtes religieuses. On emprunte la 12a calle et au niveau de la 4a avenida on tourne à gauche. On entre dans le quartier d'activité des « **clinicas del pie** », des podologues. Là, annoncée par une grande enseigne, est également installée l'**Alliance Française** (horaire : voir informations pratiques). L'accueil y est des plus chaleureux. Les Guatémaltèques qui y travaillent parlent parfaitement le français. Outre les cours dispensés, on assiste également à des soirées cinéma. Demandez le programme.

On revient sur la 5a avenida par la 13a calle. A l'angle est installé dans une construction moderne l'**hôtel del Centro**. On poursuit la 13a calle pour rejoindre la 6a avenida et ses deux églises. A gauche l'**église Santa Clara** et à droite, un peu plus bas sur l'avenida, l'**église San Francisco** qui abrite des peintures du XVIIIᵉ. A côté de l'église se situe le bureau central de la Policia Nacional. Il occupe un angle du joli **parc Concordia**, beaucoup plus paisible que celui du Parque Central (Centenario). C'est un parc arboré bordé de boutiques. On rejoint la 8a avenida située à deux cuadras de là. Elle possède un intérêt certain pour les voyageurs à faible budget puisqu'elle concentre quelques hôtels bon marché de la capitale. On la remonte, direction le Parque Central. Arrivé au niveau de la 12a calle (Guatel se trouve à droite) on tourne à gauche pour rejoindre la **poste** située à l'angle de la 12a calle et de la 7a avenida. C'est un imposant bâtiment qui vaut effectivement le coup d'œil pour son style qui tranche avec les mornes constructions alentour, d'autant plus qu'il est entièrement peint de rose. C'est là également que les changeurs au noir tiennent commerce. On revient sur la 8a avenida qu'on remonte vers le nord jusqu'à la 10a calle. Sur la droite, on rencontre une église d'un blanc immaculé construite dans un style baroque.

On tourne à gauche dans la 10a calle. Sur le trottoir d'en face se situe une adresse authentique de Guatemala Ciudad, **Mi Comedor**, un petit restaurant préparant une cuisine simple mais bonne : il est fréquenté exclusivement par des Guatémaltèques.

ZONA 9 ET 10

Le **Parque Centramérica** est le poumon de la Zona 9. Lui aussi très fréquenté dans la journée, il procure une agréable promenade à l'ombre des grands arbres. On sort du Parque par la 8a calle en direction de la 6a avenida (Zona 9). Le décor est déjà très différent de la Zona 1. Ici les rues sont beaucoup plus larges, aérées, plantées de pins ou d'eucalyptus, l'atmosphère moins enfumée par les rejets de gaz d'échappement. On a cette agréable impression de respirer beaucoup mieux.

Cette avenue est l'une des artères principales de la zone et de la capitale, large double voie en sens unique, reliant les zones 1, 9 et 13 ensemble. Les bus (202, 83) l'empruntent dans le sens nord-sud. Sur cette même 6a avenida entre les 6a et 12a calle, de nombreuses banques ont élu domicile, équipées pour la plupart de **distributeurs automatiques**. On trouve également quelques hôtels (Apart Hôtel Alamo), des restaurants (André Buffet, 6a avenida et 10a calle) et de nombreux commerces et centres commerciaux. Par la 10a calle on rejoint la 6a avenida A, puis la 7a avenida. A l'angle est installé un **Pollo Campero** équipé d'une terrasse et d'un jardin d'enfant. De l'autre côté de l'avenue se tient un restaurant chinois, le Celeste Imperio. En descendant la 7a avenida on ne peut pas rater, sur la gauche, le restaurant Puerto Barrios, très originale caravelle en bois dont la cale renferme la salle de restaurant. On mange au milieu des barriques et des trophées. Une cuadra plus loin on entre sur la **plazuela España**. Plaisante, elle est ronde et entourée d'une contre-allée plantée de pins et d'eucalyptus. Au centre de la placette est installé un monument entouré de quatre chevaux et de lampadaires. En arrivant sur la place on trouve sur la gauche une Banco Inmobiliario. Au sud de la plazuela la pastelleria-cafeteria Jensen calera une petite faim avec ses viennoiseries. On rejoint l'**avenida La Reforma**. Grande et large avenue plantée de grands arbres, le contraste est tout simplement saisissant avec le cadre de la Zona 1. Tout y est vert, propre, bien entretenu. Malgré la densité du trafic automobile, il est relativement agréable de s'y promener à l'ombre des grands pins bordant ses quatre voies.

Passée l'avenue on entre dans la Zona 10 appelée encore **Zona Viva** où vit une petite partie de la population de Guatemala Ciudad, la plus riche, et où sont concentrés les hôtels et restaurants luxueux de la capitale. La 12a calle (Zona 10) conduit aux deux tours jumelles du **centre Geminis**. En chemin on croise un petit restaurant chinois sur la droite de la rue où l'on peut emporter son repas. Le centre Geminis abrite des établissements de restauration rapide (Pizza Hut), des boutiques de luxe ainsi qu'une banque. Plus loin on rencontre le restaurant Hacienda de los Sanchez. La 2a avenida est bordée d'hôtels et de restaurants. Sur la gauche se tient Tre Fratelli, restaurant italien devancé par une petite terrasse où l'on pourra goûter, outre les spécialités coutumières de ce genre d'établissement, l'un de ses nombreux vins. Presque en face, se situe dans un très joli cadre, le restaurant Kacao, haut lieu de la cuisine guatémaltèque comme le vante la carte de la maison. Le quartier est en pleine restructuration, les bâtiments des années 60 et 70 faisant peau neuve ou laissant leur place à de nouvelles constructions modernes et luxueuses. Au niveau de la 14a calle on tourne à droite. A l'angle est installé le restaurant Los Rancheros aux chaudes couleurs pastels. A deux pas, sur le même trottoir, on trouve la discothèque la Casbah, endroit branché de la capitale au fond d'une petite place. Plus loin, juste avant d'arriver sur l'avenida La Reforma, l'hôtel Camino Real dresse son imposante tour face aux volcans Pacaya, Agua et Fuego. Il compte parmi les établissements les plus luxueux de la capitale. On pourra terminer la découverte des zones 9 et 10 par une pause rafraîchissante sur l'une des nombreuses terrasses de bar et de café que compte la Zona Viva.

■ SHOPPING

Librairie

Artémis. 5a avenida Zona 1. Quasiment à l'angle de la 12a calle, cette librairie, on s'en doute, ne propose quasiment que des livres en espagnol. Quelques ouvrages sur Guatemala Ciudad et le pays restent malgré tout intéressants car très illustrés. On trouve quelques livres en français et des dictionnaires bilingues français / espagnol.

El Tecolote. 13a calle 8-61, Zona 1 ✆ 2381055. Fréquenté par les étudiants et lycéens de la capitale, il dispose d'un choix très limité de livres en anglais. En revanche on pourra trouver pour ceux qui manient avec talent la langue de Cervantès quelques livres sur l'histoire de Guatemala Ciudad et du pays. A l'intérieur un cadre banal de librairie mais les livres dans leurs rayonnages sont ici protégés par un voile plastique sous lequel le personnel doit se glisser à chaque fois pour prendre un livre. Original.

Antiquité

Estoril. 12a calle 4-64 Zona 1 ✆ 2537195. Presque à l'angle de la 12a calle et de la 5a avenida, en face de l'edificio Herrera, cet antiquaire est installé dans un magasin d'apparence abandonné. Il recèle quelques belles pièces de mobilier de toute façon assez chères et peu pratiques, on en conviendra, à ramener dans ses bagages. On y trouve aussi de plus petits objets comme ces santons ou encore ces beaux masques de bois, typiques des fêtes patronales guatémaltèques, et dont on rencontrera d'abondantes reproductions sur le marché de Chichicastenango. Certains objets ne peuvent être sortis du territoire national.

Barrientos. 19a calle 2-75, Zona 10 ✆ 3335320.

El Patio. 14a calle 0-25, Zona 10 ✆ 3680690.

▓▓ LOISIRS

Billard

Casa del billar. 15a calle A 12-08, Zona 1 ✆ 2322113.

Cinémas

Les cinémas sont autant représentés dans la Zona 1 que les zones 9 et 10. Pour connaître leurs programmes et l'heure des séances regarder dans le quotidien la Premsa Libre.

Cine Plaza. 7a avenida 6-26 Centro Comercial El Roble, Zona 9 ✆ 3314827.

Cine la Cupula. 7a avenida y 13a calle, Zona 9 ✆ 3325055.

Cine Lux. 6a avenida y 11a calle, Zona 1. Equipé de trois salles, il est installé en face du Picadilly.

Cine Capitol. 6a avenida y 12a calle, Zona 1. C'est l'un des plus grands de la capitale avec six salles.

Discothèques

Casbah. 14a calle 1-42, Zona 10. *Ouvert de 21 h à 5 h du matin. Fermé le dimanche. Entrée gratuite (seules les boissons sont payantes).* Joliment décoré (on se croirait dans une vieille demeure d'Antigua), c'est l'endroit à la mode à Guatemala Ciudad. On y passe de la musique anglo-saxonne et, comme son pendant d'Antigua, elle est équipée à la réception des mêmes petits coffres où les clients doivent obligatoirement déposer leurs armes.

Salambo. 1a avenida, 13a y 14a calle, Zona 10. Le Salambo se situe à côté de l'hôtel Holiday Inn.

Sports

Cabaña Camino Real. Avenida la Reforma 14-01, Zona 10 ✆ 3334633 / 3312020. Club sportif de l'hôtel Camino Real, l'un des plus luxueux établissements de Guatemala Ciudad, la Cabaña Camino Real dispose d'une piscine, de terrains de tennis et d'installations de remise en forme.

Fitness Club. 17a calle A 18-17, Zona 10 3630832.

Primera Raqueta. 3a avenida 9-33, Zona 9 ✆ 3343624. Les accros pourront venir taper dans la petite balle jaune dans ce club de tennis situé en plein cœur de la Zona 9, au sud du Parque Centroamérica.

LA ANTIGUA
GUATEMALA

Distante de seulement une quarantaine de kilomètres de Guatemala Ciudad, La Antigua Guatemala, plus communément appelée Antigua, occupe un site extraordinaire, au pied de l'imposant volcan Agua, haut de 3 766 mètres, qui domine majestueusement la ville.

Comme le Vésuve a « sauvé » Pompéi et Herculanum, le tremblement de terre de 1773 a sauvé Antigua la monumentale. Abandonnée, puis réoccupée timidement, elle est restée telle qu'elle était à la fin du XVIIIᵉ, belle ville coloniale jalonnée de nombreux vestiges architecturaux et de belles maisons de maîtres qui font d'elle une des plus belles villes du Nouveau Monde. Ces trésors lui ont valu d'être classée par l'Unesco « patrimoine culturel de l'Humanité ».

Ancienne capitale politique du Guatemala au temps de la colonie, elle en est aujourd'hui en quelque sorte, à côté de Guatemala Ciudad, la capitale religieuse et culturelle. Elle abrite en effet une rare concentration de monuments historiques, de maisons coloniales, de musées auxquels s'ajoutent les nombreuses manifestations. Parmi celles-ci la Semana Santa, grande fête religieuse, en est le plus célèbre témoignage, les rues de la ville se couvrant alors de tapis de fleurs.

A peine à une heure en minibus de Guatemala Ciudad, sa proximité de la capitale politique du pays ne lui nuit aucunement. Au contraire, chaque jour des voyageurs à peine arrivés sur le sol guatémaltèque la préfèrent à l'oppressante Guatemala Ciudad, imités en cela chaque fin de semaine par les habitants les plus fortunés de la métropole, fuyant les problèmes de circulation pour mieux les retrouver à Antigua, les rues pavées de l'ancienne capitale ne pouvant absorber une telle augmentation du parc automobile.

A partir d'Antigua les possibilités sont nombreuses. On peut essaimer vers ses villages voisins chargés d'histoire comme Ciudad Vieja, San Antonio Aguas Calientes et son activité artisanale, ou vers l'impressionnant volcan Agua, ou plus loin encore, vers les villes et villages des Hautes Terres.

Le volcan Agua qui domine Antigua

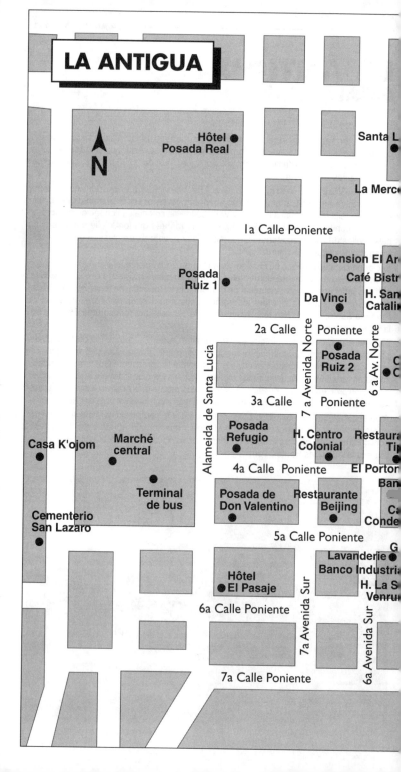

LA ANTIGUA

N

Hôtel Posada Real

Santa L

La Merce

1a Calle Poniente

Posada Ruiz 1

Pension El Ar

Café Bistr

Da Vinci

H. San Catali

2a Calle Poniente

7 a Avenida Norte

6 a Av. Norte

Posada Ruiz 2

C C

3a Calle Poniente

Alameida de Santa Lucia

Casa K'ojom

Marché central

Posada Refugio

H. Centro Colonial

Restaura Ti

4a Calle Poniente

El Porton

Terminal de bus

Ban

Cementerio San Lazaro

Posada de Don Valentino

Restaurante Beijing

Ca Conde

5a Calle Poniente

G

Lavanderie

Banco Industri

Hôtel El Pasaje

7a Avenida Sur

H. La S Venru

6a Calle Poniente

6a Avenida Sur

7a Calle Poniente

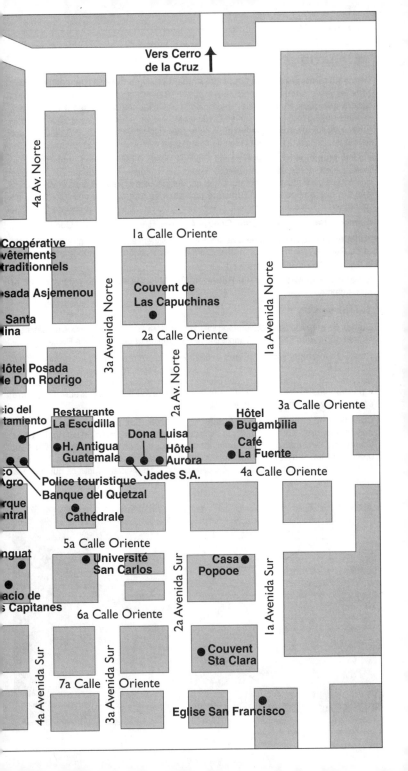

Vers Cerro de la Cruz ↑

4a Av. Norte

1a Calle Oriente

Coopérative vêtements traditionnels

•sada Asjemenou

Santa •lina

3a Avenida Norte

Couvent de Las Capuchinas ●

1a Avenida Norte

2a Calle Oriente

•ôtel Posada •e Don Rodrigo

2a Av. Norte

3a Calle Oriente

•io del •tamiento ●

Restaurante La Escudilla ●

H. Antigua Guatemala ●

Dona Luisa ●

Hôtel Aurora ●

Hôtel Bugambilia ●

Café La Fuente ●

•o •gro ●●

Police touristique Banque del Quetzal

Jades S.A. ●

4a Calle Oriente

•rque •ntral

Cathédrale ●

5a Calle Oriente

2a Avenida Sur

•nguat ●

•acio de •s Capitanes ●

Université San Carlos ●

Casa Popooe ●●

1a Avenida Sur

6a Calle Oriente

4a Avenida Sur

3a Avenida Sur

Couvent Sta Clara ●

7a Calle Oriente

Eglise San Francisco ●

■ PRATIQUE

Office du tourisme. INGUAT. 5a calle Poniente Parque Central ✆ **8320763.** *Ouvert tous les jours (théoriquement) de 8 h à 17 h.* Responsable de l'INGUAT à Antigua depuis quelques années déjà, Héctor Solis travaillait dans le passé à Panajachel. Si vous devez vous rendre sur les bords du lac Atitlán, n'hésitez pas à vous informer auprès de lui, c'est une véritable mine de renseignements. Quant à Antigua et ses alentours, ils n'ont également plus de secret pour lui.

Policia Municipale del Tursimo. 4a avenida Norte. Situé entre le Parque central et la 4a calle Oriente dans une aile du Palais de la Mairie, cette section de la police municipale gère tous les problèmes que génère l'afflux de touristes dans la ville, du vol à la tire aux embouteillages. Vous ne tarderez pas à remarquer ses agents qui ne manquent pas d'assurance.

Farmacia Santa Maria. Parque Central Antigua. Elle jouxte la Casa Condesa.

Toilettes publiques. 4a calle Oriente. Situé quasiment à l'angle de la 4a calle Oriente et du Parque Central, elles sont tenues par une autochtone pas toujours aimable. N'oubliez pas vos 50 centavos.

Lavanderia central. 5a calle Poniente, 7b. Munissez-vous de pièces de 25 et 50 centavos.

Téléphone

Guatel. 6a avenida Sur. *Ouvert tous les jours de 7 h à 20 h.* Guatel occupe un bâtiment au sud du Parque Central, à l'angle de de 6a avenida et de la 5a calle Poniente.

Caniz. 4a avenida Sur, 1 Antigua ✆ **8323580.** *Ouvert du lundi au vendredi de 8 h à 20 h.* Installé au sud du Parque Central, Caniz s'est spécialisé dans le courrier postal et les télécommunications. Là vous pourrez envoyer votre carte postale ou téléphoner à un prix plus élevé que chez Guatel mais sans avoir à faire la queue. On pourra également venir y faire des photocopies.

Conexion. 4a calle Oriente, 14 Antigua ✆ **8323768 - Fax 8320082.** *Ouvert du lundi au vendredi de 8 h 30 à 18 h 30 ; le samedi et le dimanche de 9 h 30 à 17 h 30.* Chez Conexion vous pourrez téléphoner, envoyer vos fax et autres e-mails. On peut également louer une boîte aux lettres électronique disponible. Les prix ? Ils sont étonnamment bon marché comparé à ceux pratiqués par Guatel (pour ce qui est de la téléphonie).

Les vieilles rues pavées

Adresses utiles

Alliance Française (Alianza Francesa). 3a calle Oriente 19a, Antigua ℐ **8320223.** *Ouvert du lundi au vendredi de 8 h à 12 h et de 14 h à 18 h.* Outre les cours de français qu'elle dispense tout au long de l'année aux habitants d'Antigua, l'Alliance Française met à disposition des touristes francophones de passage une bibliothèque de prêt. Elle organise également des projections de films français bien évidemment et des soirées à thèmes. On pourra venir y consulter le panneau d'informations. Assez souvent des Français résidant dans la ville ou des Guatémaltèques y proposent des chambres en bed and breakfast.

Porte de la ville

Banques

Banco del Agro. Parque Central Antigua. Ouverte du lundi au vendredi de 9 h à 20 h ; le samedi de 9 h à 18 h.

Banco del Quetzal. Parque Central Antigua. *Ouverte du lundi au vendredi de 8 h 30 à 19 h ; le samedi de 9 h à 13 h.* Elle dispose d'un distributeur automatique, mais il n'accepte que la carte Master Card.

Banco G & T. Parque Central Antigua. Ouverte du lundi au vendredi de 9 h à 20 h ; le samedi de 9 h à 13 h.

Banco Industrial. 5a avenida Sur Antigua. Distributeur automatique (cajo automatico) 24 heures sur 24. Carte Visa acceptée.

Agences de voyages

Atitlán Servicios Turisticos. 6a avenida Sur, 7 Antigua ℐ **8320648.** *Ouvert du lundi au samedi de 7 h à 20 h ; le dimanche de 8 h à 20 h.* Egalement installée à Panajachel, l'agence Atitlán propose au départ d'Antigua des excursions sur deux jours vers Quirigua, le Rio Dulce et même vers Copán au Honduras. Départ les mercredis et les samedis matins. Tarif : 125 $.

Turansa. 5a calle Poniente, 11b Antigua ℐ **8323316 ou 4a calle Poniente, 10** ℐ **8320548.** Au départ d'Antigua ou de Guatemala Ciudad, Turansa organise des visites vers les principaux lieux et villes touristiques du pays (Panajachel, Xela, Chichicastenango, Tikal...). Elle dispose pour cela de son propre parc automobile (minibus, car...). Ici on se chargera également de réserver votre billet pour Tikal si vous souhaitez vous y rendre en avion.

Aviatur. 5a avenida Norte Antigua. 5a avenida Norte, 35 Antigua ℐ **- Fax 8322642.** Cette agence de voyages dispose d'un large éventail d'excursions au départ d'Antigua, comme celles organisées vers Panajachel ou les villages des environs d'Antigua. Aviatur s'est spécialisée dans des séjours de 2 ou 3 jours vers Tikal, toujours au départ d'Antigua à des prix assez élevés (entre 110 et 180 $ par personne).

■ TRANSPORTS

Ville éminemment touristique, Antigua est très bien reliée au reste du pays et à sa voisine Guatemala Ciudad distante d'une cinquantaine de kilomètres seulement par la

CA-10, puis par un tronçon de la CA-1. Malheureusement, depuis les villes des Hautes Terres (Panajachel, Quetzaltenango) le voyage est rarement direct. Les bus continuent en effet leur route vers Guatemala Ciudad, vous déposant à Chimaltenengo, à l'intersection de la CA-1 et de la CA-14 qui court vers Antigua.

Terminal de bus

Tous les bus à Antigua arrivent ou sont à prendre au

Antigua

« Terminal de buses » situé sur la Alameda Santa Lucia à l'arrière du marché d'Antigua. L'entrée se situe à l'angle de l'Alameda et la 4a calle Poniente.

Chimaltenango. Départ toutes les 20 minutes environ. Comptez 2 Q.

Ciudad Vieja. Départ toutes les 30 minutes de 7 h à 18 h. Comptez 0,5 Q.

Guatemala Ciudad. Départ toutes les 20 minutes de 6 h à 18 h. Comptez environ 1 h de voyage pour approximativement 4 Q.

Panajachel. Départ à 7 h (Cie Rebuli). Comptez entre 2 h 30 et 3 h de trajet pour 20 Q.

San Antonio Aguas Calientes. Départ toutes les 30 minutes de 7 h à 18 h. Comptez environ 1,5 Q.

Compagnies de bus

Atitrans Transportes Turisticos. 6a avenida Sur, 8 Antigua ✆ 8320644 / 8323371. *Ouvert du lundi au samedi de 6 h à 18 h ; le dimanche de 6 h à 20 h.* Entreprise privée de transport de passagers, Atitrans assure des liaisons quotidiennes (2 à 3 fois par jour) avec les principales villes touristiques des Hautes Terres, à savoir Chichicastenango, Guatemala Ciudad et Panajachel.

Santa Lucia Transportes Turisticos. 8a avenida Sur, 5 Antigua. *Ouvert tous les jours de 8 h à 18 h.* Dépendante des hôtels du même nom, cette petite compagnie assure également des liaisons (en minibus ou en car) avec les principaux sites touristiques des Hautes Terres (Guatemala Ciudad, Panajachel, Chichicastenango) et ce plusieurs fois par jour, au départ d'Antigua et Guatemala Ciudad. Bien évidemment les prix sont beaucoup plus élevés comparés à ceux pratiqués par les bus guatémaltèques.

Location de voitures

Ahorrent. 5a calle Oirente, 11b Antigua ✆ 8320787. *Ouvert tous les jours de 7 h à 19 h.* On peut y louer des voitures, des 4x4 et des minibus.

Avis. 5a avenida Norte, 24 Antigua.

■■ HEBERGEMENT

Antigua dispose de l'une des meilleures infrastructures hôtelières du pays. Les hospedaje, pensions et autres hôtels y sont nombreux et offrent un confort au-dessus de la moyenne nationale pour un prix peut-être un petit peu plus élevé. Malgré la forte densité des structures d'accueil, il peut être parfois extrêmement difficile de trouver une chambre libre à Antigua, et tout simplement impossible lors des grandes fêtes religieuses, tout particulièrement lors de la Semana Santa. Alors un conseil : arrivez tôt dans la matinée, vous n'aurez pas à faire la fastidieuse tournée des hôtels, l'autre solution consistant à réserver.

Quant aux hôtels de haut standing de la ville, même s'ils ne rentrent pas tout à fait dans vos projets d'y loger, poussez leurs portes, ils sont pour la plupart tout simplement superbes. Installés dans de vieilles bâtisses coloniales construites autour de magnifiques jardins, ils constituent l'une des très belles attractions d'Antigua.

Bien et pas cher

Posada Ruiz 1. 8a avenida Norte, 17 Antigua. *16 chambres de 17 à 45 Q toutes sans salle de bains.* Une façade toute blanche barrée d'un important portail en fer forgé, voilà de quoi mettre en confiance. A l'intérieur plutôt austère, une quinzaine de chambres s'agencent le long d'un grand couloir. Au confort plutôt rudimentaire, elles sont sombres et petites. A deux pas de la gare routière, ses prix intéresseront sans aucun doute les voyageurs à petit budget.

Posada Ruiz 2. 2a calle Poninte, 25 Antigua. *26 chambres de 17 à 45 Q toutes sans salle de bains.* Beaucoup plus agréable que son aînée, sa cour ensoleillée, autour de laquelle on trouvera la vingtaine de chambres, connaît un franc succès auprès des touristes de passage. Là, à côté des chaises longues, un coin cuisine est mis à la disposition des occupants de la posada. Les chambres, elles, offrent un confort rudimentaire. Petites, certaines ne disposent pas de fenêtres. Demandez de préférence une chambre donnant directement sur la cour.

Hotel El Pasaje. 8a avenida Sur, 3 (Alameda Santa Lucia) Antigua. *Chambres de 20 à 60 Q sans salle de bains ; de 40 à 80 Q avec salle de bains.* Bien situé à trois cuadras à l'ouest du Parque Central et à quelques pas seulement du terminal de bus, c'est un hôtel au confort rudimentaire. Les chambres sont exiguës en particulier celles destinées aux personnes voyageant seules. Salle de bains commune à l'équipement réduit à sa plus simple expression, mais propre. Terrasse. La direction met au service de ses pensionnaires une laverie (coût modique).

Posada Refugio. 4a calle Poniente, 30 Antigua. *40 chambres de 20 à 50 Q sans salle de bains ; de 25 à 75 Q avec salle de bains.* Un établissement sans prétention, clairement destiné aux petits budgets. Les chambres sont simples, propres et ont également beaucoup vieilli (murs abîmés, peintures passées…). Les literies ne sont pas à l'évidence de l'année dernière et, quant au mobilier, il est rudimentaire. Service de petit déjeuner. Pratique, mais finalement pas si bon marché.

Pensión El Arco. 5a avenida Norte 32, Antigua. *12 chambres de 25 à 60 Q.* Clairement indiquée par une enseigne, la pension El Arco se cache derrière une petite porte « blindée » noire, à deux pas de l'Arco Santa Catalina en remontant l'avenida vers la Merced. Les chambres y sont relativement étroites et ne sont pas équipées de salle de bains. Malgré la situation, les prix sont excessifs quant au confort proposé.

Hotel Santa Lucia 3. 6a avenida Norte, 43a Antigua. *12 chambres de 40 à 80 Q.* C'est le dernier né des hôtels Santa Lucia et sans aucun doute le meilleur. Idéalement situé au calme, au nord de la ville, à deux pas de la Merced, il occupe une ancienne demeure restaurée avec goût. Ses chambres, aux fenêtres barrées de belles grilles en fer forgé, sont grandes, claires et joliment arrangées. Toutes sont équipées de salles de bains d'une propreté irréprochable et donnent sur la Merced et sur le volcan Agua. L'hôtel est surveillé par un gardien très attentionné. Demandez de préférence les chambres à l'étage.

Confort ou charme

Hotel Bugambilia. 3a calle Oriente, 19 Antigua ✆ 8325780 / 8325483. *20 chambres de 60 à 70 Q sans salle de bains ; de 70 à 84 Q avec salle de bains. 12 Q pour tout lit supplémentaire.* Anciennement prénommé posada San Francisco, l'Hôtel Bugambilia dispose au fond d'une grande salle de restaurant, d'une vingtaine de chambres peu soignées. Sombres mais grandes, ces chambres montrent un équipement et un confort plutôt rudimentaires. Certaines « habitaciónes » ne disposent même pas de séparation avec salle de bains. En bref, pas l'un des meilleurs rapports qualité-prix de la ville même si le petit déjeuner est inclus. Dans la salle de restaurant on aura très vite fait de remarquer le superbe volatile, un toucan, dont les cris mettront vos tympans à rude épreuve.

Posada de Don Valentino. 5a calle Poniente 28, Antigua ✆ 8320384. *12 chambres de 65 à 95 Q sans salle de bains ; de 95 à 155 Q avec salle de bains.* Etablissement installé dans une structure moderne, à deux « cuadras » et demi du Parque Central. Sans grand charme, les chambres manquent de clarté, mais sont grandes et décorées comme les parties communes de vieux meubles. La maison assure un service de petits déjeuners.

Hotel La Sin Ventura. 5a avenida Sur, 8 Antigua ✆ 8320581. *21 chambres de 90 à 300 Q. Paiement par carte + 10 %.* C'est un tout nouveau venu dans le parc hôtelier d'Antigua, encore en travaux lors de notre visite. Neuf, il dispose bien évidemment de tout le confort désiré. Les chambres sont propres, claires, bien équipées et donnent toutes sur un long couloir. Respectant le style en cours dans la ville, les murs sont habillés de chaudes couleurs et la décoration est particulièrement soignée.

Posada Asjemenou. 5a avenida Norte (calle del Arco), 31 Antigua ✆ 8322670. *3 chambres de 108 à 144 Q sans salle de bains ; 9 chambres de 144 à 230 Q avec salle de bains.* Situé juste après l'Arco Santa Catalina en remontant la calle du même nom (5a avenida Norte), c'est une posada au charme d'antan. Discret, calme, l'hôtel dispose de quelques chambres qui s'articulent autour d'une courette où est servi chaque matin le petit déjeuner. Agréables quoiqu'un peu sombres, les chambres disposent de tout le confort souhaité. Une adresse singulière qui contraste par son cadre et son charme tranquille avec les autres établissements de même catégorie.

Hotel Posada Real. 8a avenida, 24 Antigua ✆ - Fax 8323396. Installé au nord des vestiges de San Jerinimo, la Posada Real occupe une jolie demeure coloniale dont la façade réhaussée de jaune est percée d'un élégant portail fermé par une grille en fer forgé. A l'intérieur, on trouvera une architecture résolument coloniale : meubles anciens, fenêtres de pierre savamment sculptées etc. Les chambres sont calmes, agréables, décorées avec goût et certaines sont équipées de cheminées.

Luxe

Hotel Santa Catalina. 5a avenida Norte, 28 Antigua ✆ 8323080 - Fax 8323079. *Chambres de 35 à 45 $.* A deux pas de l'Arco Santa Catalina, cet établissement est installé dans l'ancien couvent de l'abbaye Santa Catalina. Construit entre 1613 et 1647, il fut détruit en même temps que l'Eglise lors du tremblement de terre de 1773. Au centre de l'hôtel, on trouve encore le jardin du couvent bordé de colonnades, un jardin sur lequel s'ouvrent une dizaine de chambres bien aménagées, très confortables. A l'ombre des portiques, la direction a installé quelques tables où l'on pourra prendre son petit déjeuner. Service de laverie. Parking. Un joli cadre, mais les services proposés et les chambres sont décevants pour sa catégorie.

Hotel Aurora.4a calle Oriente, 16 Antigua ✆ 8320217 / 8325155. *16 chambres de 38 à 51 $ (les 20% de l'impuesto sont inclus).* Situé à proximité de Doña Luisa, l'hôtel Aurora est tenu par une charmante vieille dame qui tient à l'évidence à la qualité de son établissement . Rien à voir avec les autres hôtels d'Antigua. Ici on se croirait dans une vieille demeure coloniale anglaise du début du XXᵉ siècle. Autour d'un patio central où coule une fontaine sont agencées une quinzaine de chambres décorées de boiseries et de meubles anciens. Grandes, calmes elles sont tout simplement charmantes. On pourra prendre son petit déjeuner dans le patio. Parking.

Hotel Antigua-Guatemala. 4a avenida Norte, 5 Antigua ℗ **8320961 / 8320962 - Fax 8320944.** *10 chambres de 50 à 60 $ du 01/09 au 30/06 ; de 60 à 70 $ du 1er juillet au 31 août ; à 90 $ lors de la Semana Santa et fêtes de fin d'année.* Tout récent, cet hôtel de haut standing est une merveille esthétique. Ses murs marbrés de bleu, ses grandes baies vitrées, ses demi-niveaux s'étageant en gradins, ses plantes tropicales, forment un cadre idyllique. Sur deux étages, les chambres débordent d'équipements et de luxe. Magnifiquement décorées, elles s'ouvrent sur un charmant patio au milieu duquel trône une petite piscine. Au premier étage une terrasse d'où l'on pourra jouir d'une vue imprenable sur le volcan Agua. On trouvera également un sauna, le restaurant devant suivre.

Hotel Centro Colonial. 4a calle Poniente, 22 Antigua ℗ **- Fax 8320657.** *10 chambres de 270 à 420 Q.* A une demi cuadra du Parque Central, l'hôtel occupe une jolie bâtisse à laquelle on accède par un monumental escalier. Le cadre est également idyllique : un charmant patio pavé de belles faïences au milieu duquel coule une fontaine. Les

Avenida à Antigua

chambres, au confort luxueux, sont spacieuses et donnent toutes sur le patio qu'agrémentent çà et là quelques plantes luxuriantes ainsi qu'une colonie d'oiseaux tropicaux.

Hôtel Posada de Don Rodrigo. 5a avenida Norte, 17 Antigua ℗ **8320291 / 8320387.** *35 chambres de 60 à 76 $ (à ajouter les 20 % de l'impuesto).* C'est peut-être l'un des plus beaux hôtels d'Antigua. Il occupe une maison coloniale vieille de 270 ans, qui appartint à l'une des puissantes familles aristocratiques de la ville. Autour de charmants patios, sont agencées de jolies chambres richement décorées de tentures, de peintures, de tapis et de meubles anciens. Si vous le pouvez, demandez la chambre n°105. Elle possède une décoration magnifique mais surtout une surprenante mezzanine ouvrant sur le reste de la chambre par un très joli balcon intérieur. Restaurant. Parking.

■■ RESTAURANTS

Restaurante Tipico. 4a calle Poniente Antigua. Typique est bien le mot pour cet établissement à deux pas du Parque Central et dont votre première vision sera pour la cuisine installée dans l'entrée. Quelques tables seulement où l'on sert, fait relativement rare à Antigua, des plats traditionnels pour une somme fort raisonnable. Variété de petits déjeuners. Important : il est l'unique établissement *ouvert le dimanche matin avant 8 h.*

Restaurante Beijing. 5a calle Poniente, 11b Antigua. *Repas autour de 40 Q.* Installé à l'angle de la 6a avenida Norte et de la 5a calle Poniente, le Beijing, comme son nom l'indique, propose une nourriture orientale à des prix corrects. L'après-midi il se transforme en salon de thé. Pratique pour ceux que les tacos, enchiladas et autres pollos grillés commencent à lasser.

Da Vinci. 7a avenida Norte, 18b Antigua. *Ouvert de 9 h à 15 h et de 18 h à 21 h 30.* En mal d'un petit déjeuner à l'occidentale ? Alors rendez-vous au Da Vinci, un restaurant qui, on l'aura compris, s'est spécialisé dans l'accueil des touristes étrangers. Outre ces « breakfasts » plutôt copieux, il propose pour le déjeuner et le dîner une grande variété de spécialités et de plats internationaux, des pâtes au steak grillé. Pour les petites faims, des soupes et des salades sont à disposition.

El Porton. 4a calle Poniente. *Repas autour de 30 Q.* Installé entre les 5a et 6a avenidas Norte, à une demi cuadra à l'ouest du Parque Central, ce restaurant propose des menus du jour à l'attention des touristes entre 26 et 30 Q. On y mange de tout, des spécialités culinaires transalpines (escalope milanaise, spaghettis…) aux poissons provenant des eaux du lac Atitlán (bar noir). Il propose également un choix assez important de pizzas (4 tailles).

Restaurant La Escudilla. 4a avenida Norte. *Repas autour de 20 Q.* A deux pas du Parque Central, La Escudilla occupe, en compagnie d'un des nombreux bars branchés d'Antigua, une jolie demeure coloniale récemment restaurée. On mange sous des portiques entourant un agréable patio, couvert de plantes luxuriantes au milieu desquelles coule une fontaine. Côté cuisine, la carte est à prédominance internationale. Des repas du jour économiques vous seront proposés à 18 Q. Ils comprennent en général une soupe, un plat principal léger, un dessert et un café. L'inconvénient des lieux réside dans la lenteur du service. Une jeune fille se débat seule en salle et au bar !

Doña Luisa. 4a calle Oriente 12, Antigua. *Repas autour de 20 Q.* Il bénéficie à Antigua de la préférence des touristes et étudiants étrangers des écoles linguistiques. Doña Luisa occupe une typique demeure coloniale plusieurs fois détruite, la dernière fois en 1976 lors du terrible tremblement de terre qui dévasta la ville à plus de 50 %. Une exposition photos à l'entrée retrace l'histoire de ces sombres jours. Installé à l'une des tables du patio ou à l'une des trois grandes salles de l'étage, on y mange une excellente nourriture locale ou internationale. On y sert également quantité de sandwichs à des prix raisonnables. Quant à ces spécialités tex-mex (chili con carne, « toast »…) copieusement servies, comptez environ 16 Q. Une limonada coûte 5 Q.

Lieu de rassemblement et de passage obligé des étrangers d'Antigua, elle comporte à l'entrée un panneau très riche en informations pratiques.

Doña Luisa

Figure méconnue de l'histoire du Guatemala, c'est sous ce nom espagnol que cette princesse indienne (Xicotencatl), originaire du Mexique, termina sa vie. Elle naquit en effet à Tlaxcala vers le début du XVIᵉ siècle et fut, durant la conquête espagnole de l'empire Aztèque, donnée en cadeau par son père, Xicotengo, allié des Espagnols, à Pedro de Alvarado, lieutenant d'Herman Cortès. Du statut de captive elle passa assez rapidement à celui de compagne de Pedro de Alvarado qui se lança dans la conquête de l'actuel Guatemala. Elle se convertit à la foi chrétienne et devint alors Doña Luisa. La région alors seulement partiellement conquise, elle s'installa avec le conquistador dans la capitale Villa de Santiago de los Caballeros qu'il avait fondé en 1524. Puis elle vint, à partir de 1527, s'installer dans la nouvelle capitale (aujourd'hui Ciudad Vieja) fondée dans la vallée d'Almolonga. La même année que celle de la fondation de la première capitale de la Capitainerie Générale du Guatemala, Doña Luisa donna naissance à une fille, Leonor. Toutes deux suivirent le conquistador dans ses déplacements, au Pérou en particulier. Peu de temps après leur retour de ce périlleux voyage, Doña Luisa tomba malade et mourut (1535). Elle fut enterrée dans l'église-cathédrale de Santiago de los Caballeros.

SALONS DE THE, PASTELERIA

Café Condesa. Casa Condesa, Parque Central Antigua. Dans une galerie commerciale décorée avec goût, c'est un établissement plutôt raffiné, agrémenté de vieux meubles et que fréquente la frange aisée de la population d'Antigua. Ouvrant sur un très joli patio, c'est un endroit au calme, loin du brouhaha de la rue, idéal pour déguster un café accompagné d'une pâtisserie.

Café La Fuente. Centro La Fuente 4a calle Oriente Antigua. Installé dans un petit complexe commercial à proximité de Doña Luisa, sa douzaine de tables occupe les galeries d'un agréable jardin. Le Café La Fuente a pour spécialités des pâtisseries-maison particulièrement délicieuses. Elles pourront être accompagnées d'un licuado ou d'un café, peut-être l'un des meilleurs de la ville.

La Cenicienta. 5a avenida Norte 7, Antigua. La Cenicienta est une pasteleria de qualité à deux pas du Parque Central. Après achat, on pourra soit emporter les pâtisseries, soit les déguster sur place autour d'un bon café d'Antigua. Copieuses, les parts de gâteau vous coûteront autour de 8 Q.

■■■ HISTOIRE

Son histoire est intimement liée à celles des volcans et à leurs colères dévastatrices. Elle ne fut pas la capitale initiale de la Capitainerie Générale du Guatemala. En 1524, Pedro de Alvarado fonde Santiago de los Caballeros. Mais en 1527 à cause des révoltes indiennes qui menacent la jeune capitale, il doit la déménager. Il choisit alors de l'installer au pied du volcan Agua dans la fertile vallée d'Almolonga, sur le site actuel de Ciudad Vieja. Le choix ne se révèle pas judicieux puisqu'en 1541 une énorme coulée d'eau et de boue dévalant du sommet du volcan Agua engloutit la ville. On dénombrera quelques survivants seulement. Les rares survivants, dont Leonor, la fille de Pedro de Alvarado abandonnent le site. Les autorités espagnoles choisissent alors de reconstruire une capitale à quelques kilomètres de là dans la vallée de Panchoy, à l'abri des colères du volcan Agua. En 1543, La Antigua est officiellement fondée et les premières constructions symboliques, comme le palais des Capitaines Généraux du Guatemala ou l'église-cathédrale Santiago, sont élevées.

Au fil des années, Villa de Guatemala va s'embellir de riches constructions, d'églises, de couvents et de palais commandés par les puissants de la société coloniale, les archevêques, les différents ordres monastiques masculins et féminins (c'était l'une des grandes originalités de Villa de Guatemala) venus s'implanter dans la ville, les officiers de la couronne et les commerçants attirés par les puissants et leurs richesses. Ces palais et sompteuses demeures ne seront pas élevées comme en Espagne. Les constructeurs, dès le XVIe, siècle tiennent compte en effet des risques de tremblement de terre qui ont déjà secoué la ville et détruit les édifices. Les constructions sont basses sans premier étage.

Capitale d'un vaste territoire s'étendant du Chiapas et du Yucatán au nord jusqu'aux portes de l'ancien royaume des Incas au sud, Villa de Guatemala s'enrichit, se développe tellement que vers le milieu du XVIIIe siècle, sa population compte environ 60 000 âmes. Elle est alors à son apogée. Sa fin viendra des circonstances qui ont amené à sa création. Victime déjà plusieurs fois de tremblements de terre dont celui de 1717 particulièrement destructeur, elle connait en 1773 deux énormes secousses sismiques qui ravagent complètement la ville. La couronne d'Espagne décide alors un nouveau déménagement de la capitale de la Capitainerie Générale qui est alors fondée sous le nom de Ciudad de Guatemala (l'actuelle Guatemala Ciudad) à une quarantaine de kilomètres de là. Villa de Guatemala est purement et simplement abandonnée. Elle perd même son nom et devient La Antigua Guatemala. Pour forcer les survivants à quitter leurs maisons, les autorités font de La Antigua une ville interdite. Pendant sept ans elle n'est théoriquement plus occupée mais une partie non négligeable de la population s'accroche à ses antiques demeures, et en 1780 on procède à une première réoccupation officielle du site, et aux premières restaurations des édifices symboliques de la ville.

La Antigua va alors se remettre doucement du désastre, aidée au XXᵉ par son classement comme monument national. Mais en 1976 un autre terrible tremblement de terre met à bas les efforts entrepris pour relever la ville de ses ruines. La ville a ressuscité, mais de nombreux édifices historiques restent à restaurer. En 1979, l'Unesco a classé La Antigua patrimoine mondial de l'Humanité.

En 1997, on comptait approximativement 40 000 habitants, soit quasiment autant qu'aux heures les plus fastueuses de la colonie.

> ### *Le dimanche matin à Antigua*
>
> Chaque week-end les rues d'Antigua sont envahies par les voitures des Guatémaltèques venus de la capitale pour profiter « du calme » de la provinciale Antigua qui n'est plus alors ce qu'on pourrait appeler une ville tranquille.
>
> Le samedi et le dimanche soir, les rues du Parque Central ne désemplissent pas malgré les efforts répétés des charmants agents de la Policia del Turismo. La fièvre semblent s'être emparée des habitants d'Antigua et de ses hôtes, une agitation qui contraste avec le calme et la torpeur des autres jours de la semaine. Avalanches de coups de klaxons, vrombissements de moteurs, cris des camelots… Mais à partir de 19 h la fièvre commence à retomber. Ceux de Guatemala Cuidad ont déjà repris la route. Ne restent que les familles endimanchées arpentent les allées du Parque, autant d'images d'Epinal de familles unies marchant bras dessus, bras dessous, venues là comme chaque dimanche, marcher, rencontrer ou simplement saluer leurs connaissances. se promener avec insouciance et grignoter quelques morceaux de poulets et autres tacos auprès des vendeurs ambulants. Le Parque Central c'est aussi le territoire des vendeurs de ballons, de friandises destinés aux familles de ladinos.

■ VISITE

Capitale administrative du Guatemala pendant près de deux siècles et demi, Antigua en fut également la capitale monumentale. Aucune localité, aucune ville du pays ne pouvait rivaliser avec ses beaux palais, sa myriade d'églises et de couvents, ses demeures aristocratiques somptueuses. Dévastée à plusieurs reprises par des tremblements de terre, Antigua n'a gardé que peu de choses en bon état de son passé. Ce qui subsiste a fait l'objet de profonds remaniements ou se trouve à l'état de vestiges.

PARQUE CENTRAL

Centre de la vie administrative, publique et récréative d'Antigua, le Parque Central rassemble sur son pourtour d'importants monuments historiques.

Palacio de los Capitanes

Comme son nom l'indique, c'est là que siégèrent, à partir de 1543, les différents gouverneurs ou capitaines de la Capitainerie Générale du Guatemala du temps où Antigua en était la capitale (1541-1773). Installé sur le côté sud du Parque, c'est un magnifique bâtiment en pierre de taille de deux étages, qui affiche en façade deux élégantes séries d'arcades (une par niveau). En partie épargné par les tremblements de terre particulièrement dévastateurs de 1773 et de 1976, il abrite aujourd'hui les bureaux de l'administration départementale, ceux de la police et au rez-de-chaussée, l'officine de l'Inguat d'Antigua.

Palacio del Ayuntamiento (Palais de la Mairie)

Imposant édifice qui borde au nord le Parque Central, il abrite depuis sa construction dans les années 1740, et encore à ce jour, le siège de la Municipalité d'Antigua. En façade, il arbore une double galerie bordée d'arcades ouvrant sur le Parque Central. Vaste construction, le Palacio est également occupé par le musée de Santiago et celui du Livre.

Museo de Santiago

Palacio del Ayuntamiento parque Central Antigua. *Ouvert du mardi au vendredi de 9 h à 16 h ; le samedi et le dimanche de 9 h à 12 h et de 14 h à 16 h.* Du nom du saint patron de la ville, ce musée a recueilli une intéressante collection d'armes, mayas et espagnoles, utilisées par les différents belligérants durant la Conquista. On pourra également admirer quelques pièces de mobilier et autres objets de la vie quotidienne des habitants d'Antigua de l'époque coloniale.

Museo del Libro

Palacio del Ayuntamiento Parque Central Antigua. *Ouvert du mardi au dimanche de 9 h à 17 h.* Installé dans l'Hôtel de Ville, il est consacré aux ouvrages et écrits officiels ou non, produits au Guatemala durant la colonie. Le plus vieux document édité dans le pays remonte à 1660.

Cathédrale Santiago

Grand et large édifice, la cathédrale Santiago occupe le côté est du Parque Central. Construite à partir de l'année 1543, dans un style Renaissance sous la direction de l'architecte Joseph de Porres, son histoire est marquée de nombreuses reconstructions consécutives aux dévastations provoquées par les tremblements de terre. Le dernier grand séisme de 1976 n'endommagea que partiellement la construction séculaire. Elle eut moins de chance lors du terrible « terremoto » de 1773 où comme le reste de la ville, elle fut entièrement ravagée. Du Parque Central, on y accède, passée une grille en fer forgé, par une modeste volée de marches. Sur sa façade, on remarquera, outre les colonnes si caractéristiques des églises guatémaltèques, des éléments décoratifs en stuc qui remonteraient à la fin du XVIIᵉ siècle. L'intérieur de la cathédrale, divisé en cinq nefs, abrite quelques tableaux et sculptures sans grande valeur artistique, ainsi que les dépouilles de trois personnages qui ont marqué l'histoire d'Antigua, à savoir Bernal Diaz del Castillo, Pedro de Alvarado et Doña Beatriz de la Cueva, la seconde femme du célèbre conquistador.

Arco Santa Catalina

C'est une belle arche située dans la 5a avenida Norte à qui d'ailleurs elle a donné son nom (calle del Arco Santa Catalina). Elle enjambe l'avenue d'un bel arc en plein cintre surmonté d'un joli clocheton ouvragé au centre duquel on peut voir une horloge. Construit en 1694, il fut gravement endommagé par les tremblements de terre successifs qu'eut à subir Antigua dont celui de 1976 qui le laissa miraculeusement debout mais pas intact. Il a depuis été restauré et ces dernières années revêtu d'une nouvelle couche de peinture. C'est le monument le plus symbolique d'Antigua.

Arco Santa Catalina

Universidad San Carlos

Fondée au XVIIe (1676), la Royale et Pontificale Université San Carlos occupait jusqu'en 1751 un tout autre édifice que celui situé à l'angle de la 5a calle Oriente et de la 3a avenida Norte. Mais, à cette date, un tremblement de terre abattit le bâtiment, et l'université dut attendre près de douze ans avant de se voir relogée en 1763 dans cet édifice que les habitants appellent communément l'Universidad San Carlos. Il est occupé aujourd'hui par le Museo Colonial.

Museo Colonial

5a callle Oriente, 5 Antigua. *Ouvert du mardi au dimanche de 9 h à 17 h.* Il renferme une importante collection d'œuvres d'art de la période coloniale (XVIe-XVIIe). On y trouvera donc des sculptures et des peintures dont une particulièrement intéressante représentant le vainqueur des Mayas du Guatemala, Pedro de Alvarado.

La Merced

Située sur la 6a avenida Norte, un peu en retrait de la rue, au fond d'une petite place fort fréquentée le dimanche (voir balade en ville), la Merced est une très belle église de style baroque dont les extérieurs ont été très récemment restaurés (été 1997). On attachera une importance toute particulière à sa façade construite à l'image d'un retable. Toute de blanc et de jaune vêtue elle est joliment décorée de colonnes torsadées, de frises florales et de niches qu'occupent des statuettes.

L'intérieur, auquel on accède par un large portail, est composé de trois nefs soutenues par de bas et larges piliers. Jouxtant l'édifice, se trouve l'ancien couvent de la Merced. Au centre de son cloître on découvrira une élégante fontaine datant du XVIIIe, une des rares rescapées des nombreuses fontaines qui peuplaient les cours des maisons et les places d'Antigua.

Eglise San Francisco

Installée au sud-est du Parque Central, **à l'angle de la Calle de los Pasos et de la 7a calle Oriente**. En fait d'une église c'est un véritable complexe monastique franciscain qui fut érigé là au XVIe siècle à l'initiative de Pedro de Betancur (Pierre de Béthancourt). Plusieurs fois reconstruite elle arbore un style baroque original, sa ligne étant entrecoupée çà et là d'imposants renforts de béton. Epargnée par le tremblement de terre de 1976, l'église San Francisco abrite encore quelques éléments de la construction originelle, en particulier la chapelle de Pedro de Betancur, particulièrement fréquentée par les habitants d'Antigua qui vouent au franciscain une grande dévotion. En effet ce dernier fondateur d'un hôpital reçoit encore aujourd'hui la visite de malades venus chercher réconfort auprès du saint homme.

Antigua

Convento de las Capuchinas

Capitale de la Capitainerie Générale du Guatemala, Antigua a vu s'installer à l'intérieur de ses murs de nombreux ordres monastiques et, au XVIIIe, plusieurs ordres féminins dont celui des Capuchinas (Capucines). Installé **à l'angle de la 2a calle Oriente et de la 2a avenida Norte**, gravement endommagé par les tremblements de terre successifs, il ne garde que quelques vestiges. On pourra, en compagnie du gardien, en faire une petite visite guidée (contre espèces sonnantes et trébuchantes). Le couvent accueille régulièrement des expositions sur Antigua au temps de la colonie.

Convento Santa Clara

Installé **au sud-est du Parque Central**, voilà un autre exemple de complexe monastique féminin qui fut érigé également au XVIIIe. Il n'en subsiste malheureusement que peu de choses si ce n'est quelques arcatures qui vraisemblablement soutenaient les voûtes des nefs, ainsi que la façade de l'église qui comporte de nombreux ornements décoratifs, en stuc principalement.

Casa Popenœ

1a avenida Sur. *Ouverte du lundi au samedi de 15 h à 17 h.* Elle porte le nom de Wilson Popenœ, médecin de son état, qui au début des années 1930 en fit l'acquisition pour une somme dérisoire alors qu'elle n'était que ruines. Construite dans la première moitié du XVIIe, en1636 semble-t-il, elle appartint à l'une des grandes familles aristocratiques d'Antigua, celle de Don Luis de las Infantes Mendoza, officier de la couronne espagnole, en service à Antigua. En 1773, comme nombre des maisons voisines, elle fut entièrement détruite et laissée en l'état pendant approximativement 260 ans. A force d'un long et rigoureux travail de reconstitution, elle est aujourd'hui l'un des plus beaux vestiges coloniaux d'Antigua. L'intérieur abrite une riche collection d'objets d'époque. On ne manquera pas de s'intéresser à quelques meubles anciens et tableaux représentant, entre autres, l'évêque Francisco Maroquin et Pedro de Alvarado, ainsi qu'à une surprenante cuisine reconstituée avec la plus grande rigueur.

Casa K'ojom

Avenida de la Recolección 55, Antigua. *Ouvert du lundi au vendredi de 9 h à 12 h 30 et de 14 h à 17 h ; le samedi fermeture à 16 h (au lieu de 17 h). Entrée : 5 Q.* Située à l'écart du centre ville derrière le terminal de bus, à côté du cimetière san Lazaro, la Casa K'ojom est entièrement vouée à la musique traditionnelle du Guatemala, née de la rencontre de la musique indienne et de celle des conquérants. Fondée en 1987, la Casa K'ojom rassemble une importante collection d'instruments traditionnels encore grandement usités dans les villages et villes du Guatemala. A droite en entrant, une exposition met en scène justement une grande variété d'instruments. On différencie ceux dits « classiques » (avant la conquête) comme les marimbas ou les matracas, sortes de crécelles, et de ceux dits « post-classiques » (après la conquête) comme les trompettes et autres trombones. La visite de l'expo est guidée, en espagnol ou en anglais.

Là on pourra apprendre que les instruments à cordes, pourtant souvent utilisés lors des processions des fêtes religieuses, ne furent introduits au Guatemala par les Dominicains qu'au cours du XVIIIe. En complément de l'exposition, la direction organise une projection de diapositives (d'environ 20 mn) sur les fêtes religieuses guatémaltèques et la place très importante tenue par l'accompagnement musical dans la vie des confréries religieuses.

Conseil. Attention l'endroit regorge de moustiques. Afin de ne pas gâcher votre découverte de la Casa K'ojom, pensez à vous équiper d'un pantalon.

Cimetière San Lazaro

Au bout de la 5a calle Poniente, à proximité de la Casa K'ojom, c'est, on s'en doute, un endroit d'une grande tranquillité, quadrillé à l'image des villes coloniales issues de la Conquista, d'allées se coupant à angle droit. C'est ici, depuis des générations, la dernière demeure des habitants ladinos et des grandes familles d'Antigua qui s'y sont fait construire des mausolées au blanc éclatant. Planté d'épineux et de cyprès, c'est un endroit fort singulier, auquel on pourra venir jeter un œil sur la route de la Casa K'ojom.

Cerro de la Cruz

Relief d'origine volcanique, le Cerro de la Cruz se situe au nord d'Antigua face à l'impressionnant volcan Agua. De la 1a avenida Norte, un sentier mène à son sommet où s'élève une croix. De là on a une très belle vue d'ensemble sur Antigua et le volcan Agua qui la domine. L'endroit est devenu particulièrement apprécié des photographes amateurs et professionnels ainsi que des « ladrones » qui y sévissent endémiquement. Pour votre sécurité et celle de votre appareil photo renseignez-vous auprès d'INGUAT quant à la pertinence d'une balade bucolique sur le Cerro de la Cruz.

Antigua Tours

3a callle Oriente, 28 Antigua ✆ 8320228. Historiographe de l'histoire d'Antigua, Elizabeth Bell s'est depuis faite guide et anime du lundi au samedi une visite d'Antigua, guidée et commentée en anglais. Le lundi et le jeudi départ du Parque Central à 14 h ; les autres jours de la semaine (sauf le dimanche) départ du même endroit à 9 h 30.

▦ BALADE

La Antigua est une ville très agréable qu'on visite au hasard des curiosités aperçues à l'angle d'une rue ou d'une placette. Ses rues pavées sont bordées de **vestiges d'églises et de couvents** (il y en avait 26 au total !) ainsi que de somptueuses demeures aux façades colorées qui participent incontestablement au charme que dégage cette très belle cité. Voilà une idée d'itinéraire mais il en existe beaucoup d'autres recélant tout autant de surprises.

On commencera logiquement par le **Parque Central**. C'est un endroit très agréable bordé par les monuments majeurs d'Antigua que sont au sud le **palais des Capitaines** avec sa double galerie en façade, à l'est la **cathédrale Santo Domingo** et enfin au nord le **palais de l'Ayuntamiento**. Cœur séculaire de la cité, il est occupé par un joli parc arboré très fréquenté en fin d'après-midi et en début de soirée par les habitants d'Antigua. On vient pour se promener en famille, saluer des voisins ou encore manger des tacos auprès des marchands ambulants. Au centre de la place est installée la **fontaine de la Sirène**, réalisée en 1739 par l'architecte Diego de Porre. Du Parque Central on s'engage dans la très commerçante **4a calle Poniente**. En sortant de la place sur la droite au trouve le **restaurant Tipico**. Il porte bien son nom et a l'énorme avantage d'être ouvert tôt le matin. A l'angle de la 4a calle Poniente et de la 6a avenida Norte, se tient un **marché « artisanal »** installé là où s'élevait dans le passé le couvent de l'ordre des Jésuites. Donnant sur la 4a calle Poniente on peut encore en voir l'**église**.

Femmes aux tissus à Antigua

La **6a avenida Norte** est une belle avenue bordée de typiques et belles demeures d'Antigua, peintes de chaudes couleurs ocre et vermeil. En la remontant sur la droite on passe devant le **Caffè Opéra** aux murs recouverts d'affiches d'opéras et de spectacles. Au niveau de la 1a calle Poniente, on trouve une jolie **place** ombragée par de grands arbres centenaires. Le dimanche, elle est le rendez-vous des familles qui y viennent pique-niquer. Elle est bordée au nord par la resplendissante **église de la Merced** à la façade ouvragée. Elle a été récemment repeinte, les sculptures soulignées de blanc. On longe la place de la Merced sur la droite pour arriver dans la 5a avenida Norte. C'est celle de l'**Arco Santa Catalina**. A l'entrée de l'avenue la perspective est particulièrement belle avec en toile de fond le **volcan Agua** dominant la ville. On y rencontre nombres de belles maisons abritant des restaurants et de luxueux hôtels. Leurs patios sont des havres de paix et de fraîcheur. Sur la droite de l'avenue peu après l'Arco, on trouve l'entrée de l'**hôtel Santa Catalina**. Il occupe le cloître de l'ancien couvent de femmes dédié à la sainte. Sur la gauche juste avant la 2a calle Poniente, on entre dans la **Posada de Don Rodrigo**. Vieille demeure presque trois fois centenaire, son cadre est magnifique. La calle del Arco de Santa Catalina se poursuit en une succession de maisons, de commerces et de restaurants en approchant du Parque Central. On passe dans la 2a calle Poniente qui devient la 2a calle Oriente au niveau de la 4a avenida Norte, le côté est du Parque Central et la cathédrale servant de limite entre Poniente et Oriente. On pousse alors jusqu'au **couvent des Capuchinas**. L'entrée y est payante, mais il n'y a malheureusement plus grand chose à voir.

La **2a avenida Norte** sur deux cuadras est bordée presque exclusivement de maisons particulières. Au niveau de la 4a calle Oriente on tourne à droite en direction du Parque Central. Elle abrite de belles maisons arborant en façade de jolies grilles en fer forgé et quelques très bonnes adresses dont le **Café La Fuente** et le **restaurant Doña Luisa**, une institution. La 2a avenida Norte devient la 2a avenida Sur et à l'angle de la 6a calle Oriente on tombe sur l'**église Santa Clara**, à la façade ornée de sculptures de stuc, témoignage de l'art religieux du XVIIIe. On revient vers le Parque Central par la 5a calle Oriente. Passé la 3a avenida Sur, on admire sur la gauche la façade de l'**ancienne Université Royale de San Carlos**. Le bâtiment renferme aujourd'hui le **Museo colonial**.

■ SHOPPING

Joaillerie

Jades S.A. 4a calle Oriente, 12 Antigua ✆ **8322613.** Situé juste à côté du restaurant Dona Luisa, c'est l'une des nombreuses boutiques spécialisées dans la vente de jade, dont la capitale au Guatemala, vous l'aurez deviné, est Antigua. On la trouve sous toutes les formes, en bijoux, principalement accompagnée de pierres précieuses, ou seule. On discerne différentes qualités de jade (néphrite, jadéite, jade de Oro...) : demandez alors à Juan Luis Cox, le propriétaire du magasin, de vous initier. Il vous montrera peut-être ses plus belles pièces réalisées à l'aide de jade de Oro d'un vert inimitable.

El Reino del Jade. 4a avenida Norte, 10 Antigua ✆ **8320397.** Voilà un autre magasin spécialisé dans la vente de jade. Vous y trouverez conseil et écoute. Les pierres ont fait l'objet d'une expertise. Lors d'un achat un certificat vous sera remis en bonne et dûe forme. Les prix sont sensiblement les mêmes que ceux pratiqués par la concurrence.

Vêtements traditionnels

Dans la **5a avenida Norte**, juste après l'Arco Santa Catalina en remontant vers La Merced, entre le restaurant Frida et la Libreria del Pensativo, une association de promotion de la culture indienne occupe un hangar où sont exposés des photos, des vêtements et d'autres produits de l'artisanat « indigène » comme des instruments de musique, des bijoux etc. La plupart des articles sont à la vente.

Les rues à angle droit d'Antigua

Librairies

La Casa del Conde. 5a avenida Norte, 4 Parque Central Antigua. Située dans le petit mais beau « centre commercial » Casa Condesa sur le Parque Central, elle offre un grand choix d'ouvrages en espagnol bien sûr, adaptés aux cours des étudiants des écoles de langues de la ville, et également quelques livres en anglais.

Casa Andinista. 4a calle Oriente, 5 Antigua. Installée en face de Dona Luisa, cette petite librairie propose des ouvrages en espagnol (histoire d'Antigua, biographie…) et quelques ouvrages en anglais ainsi qu'en français, fait extrêmement rare au Guatemala. On pourra également s'y procurer de très belles affiches et autres photos éditées par l'INGUAT voici quelques années déjà et aujourd'hui introuvables. Pour la modique somme de 10 Q vous repartirez avec l'église Santo Tomás de Chichi ou une stèle de Ceibal soigneusement roulée sous le bras.

El Pensativo. 5a avenida Norte 29, Antigua. Située juste après l'Arco Santa Catalina en remontant la 5a avenida, c'est la grande librairie d'Antigua, pourvue principalement d'ouvrages en espagnol et en anglais ; c'est là que viennent faire leurs achats les étudiants locaux et étrangers des écoles linguistiques. Outre des ouvrages universitaires, sont également à la vente des livres de poche (policiers…) et pour les amateurs, des ouvrages sur la riche histoire d'Antigua.

Rainbow Reading Café. 7a avenida Sur 1, Antigua. *Ouvert de 9 h à 23 h 15.* Très fréquenté par les étudiants et touristes anglo-saxons, le Rainbow Reading Café dispose d'un grand choix de livres neufs mais surtout d'occasions presque exclusivement en anglais. Comme son nom l'indique on pourra aussi s'y rafraîchir à l'ombre d'un patio sur des airs musicaux d'outre-Atlantique. Le Rainbow est aussi depuis peu une agence de voyage. Il organise entre autres des excursions vers les villages des environs d'Antigua.

■■ LOISIRS

Sortir

Café Restaurant Bistrot. 5a avenida Norte 28, Antigua. *Ouvert de 7 h 30 à 21 h.* Un établissement original installé quasiment sous l'Arco Santa Catarina, où est servie une nourriture internationale. Son originalité est due à la petite salle de cinéma qu'il abrite. Il présente en général 3 scéances par jour en semaine, et 4 par jour le weekend. Quant aux horaires des séances, elles sont indiquées sur la porte.

Bar Macondo. 5a avenida Norte, Antigua. Un endroit branché où se retrouve la communauté étudiante étrangère d'Antigua qui dans la journée fréquente les cours des nombreuses écoles linguistiques de la ville.

La décoration respecte le style propre au centre-ville : de jolis murs peints de rouge et d'orange marbrés, des poutres apparentes. Il y règne à partir de 21 h 30, 22 h une chaleureuse ambiance couverte par les nombreuses commandes de « litros de cerveza » (c'est la formule économique de la maison) et par les décibels d'une musique presque exclusivement anglo-saxonne, difficilement supportable pour les clients venus là pour converser.

Caffè Opéra. 5a ou 6a avenida Norte. Tenu par deux italiennes, le Caffè Opéra est comme son nom l'indique, entièrement dédié à l'art lyrique. Les affiches, les photos, la musique, tout rappelle ici la passion des deux propriétaires pour l'opéra.

Ouvert tard le soir, décoré avec goût, il est fort apprécié des touristes étrangers noctambules pour son calme et sa carte des bières. Il propose également quelques spécialités culinaires transalpines (pâtes…) que l'on pourra accompagner d'un verre de vin (comptez 40 Q).

Direction italienne oblige, on y sert un excellent café. Au comptoir, une pile de journaux est à la disposition des clients : des hebdomadaires gratuits d'informations, style Weekly, aux magazines et périodiques internationaux (Herald Tribune, etc.).

Ecoles linguistiques

Centre estival d'étude linguistique, Antigua accueille chaque année un nombre croissant d'étudiants du monde entier (principalement d'Amérique du Nord) dans ces écoles de langue espagnole.

Elles sont au nombre de 23, auxquelles il faut ajouter les deux écoles fondées pour l'apprentissage de la langue Quiché pour l'une et maya pour l'autre ; on y apprend l'espagnol bien sûr selon des modalités variables (durée, niveau, vitesse, etc.).

Elles ne sont bien évidemment pas gratuites. Renseignez-vous auprès de l'office du tourisme. Voici les adresses de quelques écoles :

Academia de español Guatemala. 3a avenida Sur, 13 Antigua ✆ 8320344.

Academia latinoamericana mayanse internaciónal. 2a calle Oriente, 2 Antigua ✆ 8320748.

Landivan. 2a calle Oriente, 4 Antigua ✆ 8320445.

Choix d'une école linguistique

Avant de vous engager pour un, deux ou trois mois, il est préférable de tester pendant une semaine votre future école linguistique. Vous saurez alors si l'enseignement, la vitesse, les professeurs vous conviennent. Signez prématurément se révélera peut-être catastrophique. En effet, si vous êtes déçu par votre école, il vous sera alors extrêmement difficile de vous faire rembourser. Demandez donc impérativement cet essai préalable.

La Semana Santa

La Semaine Sainte à Antigua est un, si ce n'est le premier, évènement religieux majeur au Guatemala. Célébrée dans tout le pays, la Semaine Sainte prend ici des proportions inégalées. Toute la ville et ses habitants ne vivent qu'au rythme des festivités. Les jours de liesse, le Dimanche des Rameaux, le Jeudi saint et le Vendredi saint, la population participe aux processions, richement costumée de tuniques violettes et blanches, portant pour certains des hallebardes pour les autres des piques dont les conquistadores se servaient pour poser les armes à feu. Ainsi vêtue les « Antigüenos » (habitants d'Antigua) accompagnent le long des rues couvertes de de beaux tapis colorés, ces énormes chars et plateformes portés à épaule d'hommes (certaines nécessitent jusqu'à une centaine de porteurs). Sur ces chars et plateformes sont transportées les statues et reliques des grandes églises paroissiales de la ville.

Quant aux magnifiques tapis recouvrant les pavés d'Antigua, leur vie est pour le moins éphémère. Composés de pétales de fleurs et de sciure de bois, ils se trouvent piétinés au passage des acteurs des différentes processions. Les processions partent de la Merced mais aussi de la cathédrale. Pour en avoir le programme, renseignez-vous auprès du bureau d'Inguat.

Fête mobile, elle peut se tenir en mars ou en avril ou à cheval sur les deux mois.

Fête de Santiago Apostól

Fête patronale en l'honneur de saint Jacques l'Apostolique, elle se déroule tous les ans entre le 20 et le 25 juillet avec pour jour principal le 25. Outre les activités culturelles coutumières de ce genre de festivités, on peut assister à des expositions de produits artisanaux des villages entourant Antigua ainsi qu'à des danses folkloriques Enmascarados et Cabezudos par exemple.

Mercado central

Femme à Antigua

Il est installé à l'ouest d'Antigua, **en bordure de l'Alameda Santa Lucia**, entre cette même Alameda et le terminal de bus. On trouve là principalement des produits de première nécessité, des fruits, des légumes, etc. A la différence d'autres marchés urbains, le Mercado central n'est pas confiné dans un petit espace. On peut donc y circuler relativement tranquillement sans être obligé de slalomer sans cesse entre les échoppes et les étals. Il est particulièrement animé par des vendeurs ambulants captant l'attention des badauds à l'aide de serpents très agressifs. Spectaculaire.

Marché annexe

Il s'en situe un **à l'angle de la 6a avenida Norte et de la 4a calle Poniente**. On y trouve exclusivement des articles destinés aux touristes, des étoffes, des huipils, des articles de souvenirs, tous issus (on vous l'affirmera) des ateliers artisanaux des villages des Hautes Terres.

■■ DANS LES ENVIRONS

San Antonio Aguas Calientes

Installé à seulement 8 km d'Antigua, San Antonio Aguas Calientes n'est pas comme son nom pourrait le faire croire, un village réputé pour son thermalisme. Il n'y a ici aucune source thermale, mais on y trouve une intense activité artisanale principalement de confection de huipils, de couvertures et autres textiles qui font la réputation du village. Dans la plus pure tradition indienne, les vêtements y sont fabriqués à la main selon une technique ancienne.

Ciudad Vieja

Petit village d'agriculteurs et d'artisans, Ciudad Vieja fut pourtant, au temps de la colonie, capitale de la Capitainerie Générale du Guatemala. Entre 1526 et 1541, c'est là que les autorités espagnoles décidèrent d'implanter le siège du gouvernement. Une ville naquit, mais n'eut pas le temps de se développer. En 1541, le lac qui s'était formé dans le cratère du volcan se déversa brutalement sur les pentes, submergeant la jeune capitale sous la forme d'un torrent d'eau et de boue. Complétement détruite, sa population anéantie, Ciudad Vieja fut abandonnée au profit d'Antigua. Aujourd'hui, il n'y a évidemment plus grand chose à voir dans le petit village, si ce n'est l'église.

San Juan del Obispo

Vieux village historique, San Juan del Obispo date des premiers temps de la colonisation espagnole. Son principal attrait réside dans ses structures monumentales, son église, son palais épiscopal et ses vieilles rues bordées d'antiques demeures coloniales.

Volcan Agua

Sa silhouette majestueuse domine Antigua. Craint pour ses humeurs dévastatrices qui réduisirent déjà par deux fois la plus belle ville des Amériques (1773 et 1976) en un vaste champ de désolation, le volcan Agua est aujourd'hui l'objet d'une curiosité dévorante de la part des touristes étrangers se rendant à Antigua. Si la ville a elle seule vaut assurément le détour, nombre de touristes en profitent pour effectuer l'ascension. Superbe balade au milieu d'un décor lui aussi splendide, l'ascension est proposée par de nombreuses agences de voyage d'Antigua. Vous pouvez également tenter la promenade seul.

Si vous choisissez cette dernière solution (comptez en tout et pour tout une seule journée) sachez que quelques précautions sont à prendre. Tout d'abord renseignez-vous auprès des autorités locales (Policia turistica) si l'excursion n'est pas dangeureuse. Depuis le début des années 1990 les volcans autour des grands sites sont l'objet d'une attention toute particulière de la part de groupes de voleurs qui rançonnent les touristes, les délestant de leurs valeurs et même de leurs vêtements, poussant même la malice jusqu'à l'agression sexuelle.

Si la policia turistica vous donne son aval renseignez-vous quant aux conditions météorologiques. Ne l'oublions pas, le sommet du volcan se situe à plus de 3 700 mètres d'altitude. La température est donc, sur ces pentes, inférieure à celle de la vallée. Dans tous les cas emportez toujours avec vous des vêtements chauds et imperméables, et de quoi vous restaurer.

Pour réaliser cette ascension, la prudence est de mise. Equipez vous d'une bonne paire de chaussures et ne présumez pas de vos forces. A la difficulté du dénivelé il faut ajouter celle de l'altitude. L'air se raréfiant au fur et à mesure de la montée, chaque pas demande toujours plus d' efforts. Pour accomplir l'ascension, il faut se rendre (de bonne heure de préférence) au village de Santa Maria de Jesus situé à 10 km d'Antigua. Installé véritablement au pied du volcan Agua c'est un parfait point de départ pour réaliser cette belle balade. La récompense est au sommet, à 3 766 mètres d'où vous pourrez admirer de magnifiques paysages et profiter d'une vue unique sur Antigua et les Volcans Fuego et Acatenango.

Portail de La Merced

HAUTES TERRES

LES HAUTES TERRES

Les Hautes Terres englobent une vaste région montagneuse et volcanique constituée de hauts plateaux et des chaînes de la **Sierra Madre** et de la **Sierra de los Cuchumatanes**. Couvrant la quasi totalité de l'Ouest du Guatemala, elles commencent au delà du département de Sacatepéquez (La Antigua), et courent le long et de chaque côté de la **Centroamericana n°1** (CA-1), la célèbre **Panaméricaine** jusqu'à la frontière du Mexique. Montagneuses et volcaniques, les Hautes Terres n'en sont pas pour autant faiblement peuplées. Elles affichent en effet dans les différents départements qui les composent des taux de densité par habitant et au km^2 largement supérieures à 200, exception faite des départements d'El Quiché et de Huehuetenango. Elles se caractérisent bien entendu par une altitude élevée, entre 1 900 et 2 500 mètres pour les villes et les villages (la ville la plus élevée des Hautes Terres et donc du Guatemala étant Quetzaltenango avec ses 2 495 mètres d'altitude), dépassant largement les 3 000 mètres d'altitude pour les plus hauts sommets montagneux et les plus grands volcans, et même 4 000 mètres pour deux d'entre eux, le Tacana (4 093 m) et le Tajamulco (4 220 m), tous deux dans le département de San Marcos.

On l'aura compris, les Hautes Terres sont soumises à une forte activité sismique. On compte en effet plus de trente volcans, marquant profondément le paysage, dont deux sont encore en activité, le Santiaguito à proximité de Quetzaltenango et le Fuego dans les environs d'Antigua. Un troisième volcan, beaucoup plus actif, est également toujours en activité mais il se trouve au sud de Guatemala Ciudad. Il s'agit du volcan Pacaya. Ses coulées de laves et ses éruptions attirent à lui de nombreux touristes. Mais l'activité de ces volcans n'est rien à côté des forts tremblements de terre qui secouent la région de façon sporadique. Le dernier en date remonte à janvier 1998 et a gravement endommagé Quetzaltenango, faisant des dizaines de blessés et détruisant de nombreuses maisons.

Malgré le danger, les Hautes Terres constituent une belle région hospitalière, parsemée de lacs et de rivières. Il y règne un climat tempéré marqué par des températures modérées du fait de l'altitude, plutôt fraîches en hiver, qui peuvent la nuit descendre en dessous des 10 °C et approcher les 0 °C dans la Sierra de los Cuchumatanes. Le caractère tempéré de ce climat est accentué par les fortes pluies qui s'abattent sur l'ensemble de la région, essentiellement durant l'hiver (de mai à octobre). Les Hautes Terres présentent alors de beaux paysages verdoyants, dominés par les forêts de pins et de cèdres, au milieu desquelles s'intercalent à flanc de montagnes les milpas, les champs de maïs, incontournables éléments du paysage des Hautes Terres. Les différentes nations indiennes y font pousser également du froment, du blé, des pommes de terre ainsi que du tabac autour du lac Atitlán et des fruits (pommes, poires, etc...) adaptés à l'altitude et aux conditions climatiques. A l'abri dans leurs cités fortifiées au milieu de ces montagnes, les indiens Mams, Quichés, Cackchiquels n'en connurent pas moins le joug des conquistadores emmenés par Pedro de Alvarado. C'est ici, dans ces Hautes Terres, qu'ils soumirent une à une les nations indiennes et fondèrent la première capitale espagnole du Guatemala sur les restes de l'antique capitale des Cakchiquels. Les descendants de ces indiens vivent toujours au cœur des Hautes Terres, dans de pittoresques villages, les villes étant principalement habitées par les ladinos et metizos.

Les centres d'intérêt touristique ne manquent pas dans les Hautes Terres en particulier dans le département de Solola : le très beau lac Atitlán entouré d'imposants volcans et des pittoresques villages Tzutuhils et Cakchiquels. Plus au nord, en retrait de la Panaméricaine, s'étend le pays Quiché et la ville de Chichicastenango, célèbre pour son marché bi-hebdomadaire et son église où se pratiquent encore des rites des anciens mayas. Plus à l'Ouest encore on trouve Quetzaltenango, deuxième ville du pays, entourée de villages aux marchés bariolés. Enfin, Huehuetenango que traverse la Panaméricaine et son site de Zaculeu, première étape guatémaltèque pour les voyageurs venant du Mexique.

LE LAC ATITLÁN

Solola
Santa Cruz la Laguna
Panajachel
San Marcos la Laguna
Santa Catarina Palopo
San Pablo la Laguna
Lago Atitlan 1562 m
San Pedro la Laguna
San Antonio Palopo
Volcan San Pedro 2995 m
Santiago Atitlan
San Lucas Toliman
Volcan Toliman 3158 m
N
Volcan Atitlan 3357 m
0 1 km

LOS ENCUENTROS

Los Encuentros est le gros carrefour routier de la région. Il n'est pas intéressant en lui-même, mais il permet de se rendre en bus ou en voiture dans la plupart des sites.

SOLOLÁ

Chef-lieu du département du même nom, Sololá est à l'égal de Huehuetanango une des grandes « métropoles » des Hautes Terres. A 12 km de la CA-1 et de Los Encuentros elle est relativement bien reliée aux autres grandes villes du pays Antigua, Guatemala Ciudad et Quetzaltenango, succès touristique de Panajachel oblige. A 8 km seulement de « Gringotenango » comme les gens de la région appellent Panajachel, Sololá en est le passage obligé.

PANAJACHEL

A l'origine petit village cackchiquel, Panajachel est aujourd'hui une, voire la grande station touristique du Guatemala. Au débouché d'une petite rivière, elle bénéficie d'un cadre rare puisqu'elle est installée sur les bords du lago Atitlán face aux trois formidables volcans que sont le **Tolimán**, l'**Atitlán** et le **San Pedro**. Incontournable, elle l'est quant à l'accueil des touristes de passage sur les rives du lac.

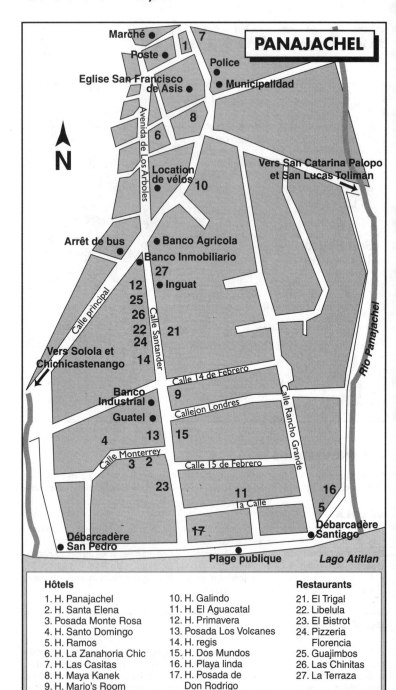

PANAJACHEL

Marché
Poste
Police
Eglise San Francisco de Asis
Municipalidad
7
1
8
6
N
Location de vélos
10
Vers San Catarina Palopo et San Lucas Toliman
Arrêt de bus
Banco Agricola
Banco Inmobiliario
27
12
Inguat
25
26
22
24
14
21
Calle Santander
Calle principal
Vers Solola et Chichicastenango
Avenida de Los Arboles
Calle 14 de Febrero
Banco Industrial
9
Guatel
Callejon Londres
4
13
15
Calle Monterrey
3 2
23
Calle 15 de Febrero
Calle Rancho Grande
11
1a Calle
16
5
Débarcadère San Pedro
17
Débarcadère Santiago
Plage publique
Lago Atitlan
Rio Panajachel

Hôtels

1. H. Panajachel
2. H. Santa Elena
3. Posada Monte Rosa
4. H. Santo Domingo
5. H. Ramos
6. H. La Zanahoria Chic
7. H. Las Casitas
8. H. Maya Kanek
9. H. Mario's Room
10. H. Galindo
11. H. El Aguacatal
12. H. Primavera
13. Posada Los Volcanes
14. H. regis
15. H. Dos Mundos
16. H. Playa linda
17. H. Posada de Don Rodrigo

Restaurants

21. El Trigal
22. Libelula
23. El Bistrot
24. Pizzeria Florencia
25. Guajimbos
26. Las Chinitas
27. La Terraza

Ici se concentrent la quasi totalité des hôtels (une cinquantaine !), des restaurants et autres services que comptent le lac. Une conséquence de cette formidable infrastructure hôtelière est la nuée de touristes qui en toute saison se rend à Panajachel.

La bourgade s'est peu à peu transformée en une petite station balnéaire où l'on parle toutes les langues, ce qui lui vaut depuis le début des années soixante-dix et l'afflux des hippies le surnom de Gringotenango. Village occidentalisé en terre cakchiquel, on y vit au son des Rolling Stones et des pizzas et autres « spécialités » culinaires possibles et imaginables, sauf peut-être celles du pays d'accueil !

Que faire à Panajachel à part dormir et se rassasier ? Pas grand chose à vrai dire. La localité dispose d'une plage publique récemment aménagée sur le modèle de celles que l'on peut fréquenter dans nos contrées (on y pratique théoriquement activités et sports nautiques, en fait plutôt rares), et également d'une église sans grande valeur. Car l'attrait, l'intérêt, de Panajachel est ailleurs, d'une part sur le lago Atitlán parcouru de pirogues de pêcheurs et que dominent les impressionnantes silhouettes des volcans Tolimán, Atitlán et San Pedro, et d'autre part sur les contreforts de la couronne montagneuse qui l'enserre, ponctués çà et là de surprenant svillages cackchiquels et tzutuhils. Certains disposent d'une petite infrastructure hôtelière, idéale pour profiter pleinement des beautés du lac. Ils ne sont accessibles qu'au départ de Panajachel.

■ PRATIQUE

Office du tourisme. INGUAT. Calle Santander 1-30, Zona 2 ℂ 7621392. Installé dans le « complexe commercial » Rincon Sai au début de la calle Santander quasiment en face de l'hôtel Primavera, il est *ouvert théoriquement du lundi au vendredi de 8 h 30 à 12 h et de 14 h à 17 h. Fermé le dimanche et le mardi. Le samedi ces horaires sont différents.*

Poste. Correos y telegrafos. *Ouverte du lundi au vendredi de 9 h à 17 h 30.* Installée juste à côté de l'église dans une vieille bâtisse, elle mérite le coup d'œil avec ses deux employés, deux vieux monsieurs, qui semblent s'ennuyer ferme.

Téléphone. Guatel. Calle Santander. Au débouché de la calle Londres, elle est ouverte de 7 h à 22 h.

Farmacia La Union. Calle Santander 2-19, Panajachel.

Banque

Banco Inmobiliario. Calle Santander Panajachel. *Ouverte du lundi au vendredi de 9 h à 20 h ; le samedi de 9 h à 13 h.* Change travellers et dollars de 9 h à 12 h. Attention le samedi il y a foule, la banque n'assure plus les opérations de change après 11 h.

Banco Industrial. Calle Santander Panajachel. *Ouverte du lundi au vendredi de 9 h à 16 h, le samedi de 9 h à 13 h.* Juste à côté de Guatel on y change les Travellers chèques. Elle dispose surtout d'une billeterie Visa 24 heures sur 24. Pratique, cette billeterie connaît un grand succès auprès des touristes occidentaux. Elle est donc régulièrement en rupture de stock.

Banco Agricola Mercantil. Calle Santander Panajachel. Ouverte du lundi au vendredi de 9 h à 18 h ; le samedi de 9 h à 13 h.

Agences de voyages

Quick Shipping. Calle Santander. Situé juste à côté de l'INGUAT, elle propose les classiques tours en bateau ainsi des billets de bus pour les différentes destinations du pays et autres billets d'avion pour Tikal via Antigua et Guatemala Ciudad.

Servicios Turisticos Atitlán. Callle Santander ℂ 762-2075 - Fax 762-2246. Cette grande agence de voyages installée dans les grandes villes du pays propose outre le tour du lac Atitlán, la visite de ses différents villages, la montée du volcan San Pedro ou encore l'acheminement vers Antigua et Guatemala Ciudad à des prix relativement élevés et en dollars bien sûr. On peut aussi réserver son billet d'avion vers Tikal (avec seulement 2 à 3 $ de commission sur le billet !).

Tolimán Excursions. Calle Santander Panajachel. A proximité de la farmacia La Union, cette agence de voyages propose comme ses concurrentes des excursions en bateau sur le pourtour du lac, des randonnées sur le volcan San Pedro ainsi que des transferts en minibus à destination d'Antigua, et de Guatemala Ciudad.

Conseil. Pour les personnes ne disposant que de très peu de jours chômés et ne regardant pas à la dépense, ces formules bien qu'onéreuses ont le mérite de vous faire gagner du temps. Pour les petits budgets, toutes ces sorties dans les différents villages, à Sololá (sauf peut-être le volcan San Pedro) sont réalisables seul et à moindre frais.

■ TRANSPORTS

Bus

Haut lieu du tourisme guatémaltèque, Panajachel est très bien reliée (plusieurs fois par jour) aux grandes villes des Hautes Terres. Malgré cela elle ne dispose pas d'un terminal routier. Les bus de 1re et 2e classes se prennent près de l'intersection de la calle Santander et de la calle Principale (Calle Real), à une trentaine de mètres de la Banco, en face du restaurant Las Cascadas.

Antigua. Pas de liaison directe. Prendre un bus pour Guatemala Ciudad et changer à Chimaltenango, direction Antigua. Comptez environ 3 h de route. Tarif : entre 8 et 9 Q (prix pour touristes).

Chichicastenango. Départs à 7 h, 7 h 45, 8 h 45, 9 h 30, 10 h 30, 12 h 50, 14 h, 15 h et 16 h. Les jeudis et dimanches seulement, départ supplémentaire à 6 h 45 (environ 1 h 30 ; 6 Q).

El Carmen. Voir horaire de Xela ou prendre n'importe quel bus pour Los Encuentros, puis prendre un bus direction Xela. Là, des bus 1re classe et 2e classes assurent la liaison avec El Carmen (environ 7 h).

Guatemala Ciudad. Départ à 5 h, 5 h 30, 6 h 30, 7 h, 9 h 30, 11 h 45, 13 h 30 et 14 h 30. Bus directs. Ou prendre n'importe quel bus pour Los Encuentros et changer pour Guatemala.

Huehuetenango. Voir horaire de Xela. Pas de liaison directe. Prendre n'importe quel bus en direction de Los Encuentros. Là changer, direction Cuatros Caminos-Xela où vous trouverez alors facilement un bus pour Huehue.

La Mesilla - Frontière mexicaine. Prendre n'importe quel bus pour Los Encuentros puis prendre un bus El Condor en direction de La Mesilla. Comptez environ 7 h.

Sololá. Départ toutes les demi-heures environ dès 6 h du matin. Comptez entre 20 et 30 minutes pour faire les 8 km d'une route au fort dénivelé et particulièrement sinueuse.

Quetzaltenango (Xela). Départ à 5 h 30, 6 h 15, 7 h 30 et 14 h (environ 2 h 30 ; 8 à 9 Q).

Lac Atitlan

Bateau

A partir de Panajachel on peut relier quasiment tous les villages du pourtour du Lago Atitlán sauf ceux de Santa Catarina Palopó, San Antonio Palopó et San Lucas Tolimán. Des liaisons directes sont assurées presque exclusivement avec la ville de Santiago Atitlán. San Pedro la Laguna est rejoint via les villages de Santa Cruz la Laguna, de Tzununá, de San Marcos la Laguna, de San Pablo la Laguna et de San Juan la Laguna.

Une formule existe, intégrant au voyage les visites de San Pedro la Laguna, de Santiago Atitlán et de San Antonio Palopó avec des arrêts de 1 h à 1 h 30 à chaque village. Départs à 8 h 30 et 10 h 30 toutes compagnies confondues. Retour à 15 h 30 et 17 h. Comptez 40 Q. Pour plus d'informations, renseignez-vous à l'INGUAT où directement sur le molle municipal.

Deux embarcadères sur la playa publica :

Du premier, compris entre les calles Rancho Grande et del Rio, partent des bateaux pour Santiago Atitlán (liaison directe) et pour la formule « 3 villages » commençant par San Pedro la Laguna :

Cie Santa Fé. Départ à 5 h 45, 9 h 30 et 15 h. Comptez 1 h de traversée pour 20 Q.

Cie Santiago. Départ à 8 h 35, 10 h 30, 12 h 45 et 16 h. Idem.

Du second, situé à l'extrémité de la calle del Embarcadero, partent des bateaux pour San Pedro la Laguna via les villages de la rive nord du Lago Atitlán :

Cie Chavajay. Départ à 9 h 30, 11 h 30, 14 h 45 et 17 h 30.

Location de vélos, motos

A côté du restaurant El porque no dans l'avenida los Arboles, on trouvera un loueur de motos, de scooters et accessoirement de vélos. Location à l'heure, à la demi-journée et à la journée.

Deux autres loueurs de vélos et scooters : le premier presque en face de la Banco Agricola Mercantil dans la calle Real, le second dans la calle Santander au niveau de la grande antenne Guatel.

■ HEBERGEMENT

L'infrastructure hôtelière de Panajachel est à la mesure de son succès touristique, très importante. On y compte une quarantaine d'établissements où toutes les gammes de confort et de prix sont représentées, du petits budget au grand luxe. On les trouvera principalement dans la calle Santander et dans ses ruelles et impasses adjacentes, ainsi que dans la rue qui borde le lac.

Attention, s'il est parfois difficile au cours des mois de juillet et août de trouver une chambre dans une gamme de petits prix, cela devient franchement impossible lors de la Semana Santa, de la fête patronale et des fêtes de fin d'année, les hôtels étant pris d'assaut par les Guatemaltèques qui apprécient particulièrement le paysage et le climat de l'endroit. Mieux vaut alors téléphoner 8 jours avant minimum pour réserver.

Hotel Panajachel. Calle Real Panajachel. *10 chambres de 25 à 75 Q.* En face de Las Casitas, dans une vieille bâtisse mal entretenue, une dizaine de chambres des plus spartiates. Salle de bains et sanitaires communs. Cher pour la qualité du confort offert, à ne fréquenter que par contraint et forcé. Son seul attrait, la petite épicerie attenante et son café à 1 Q (mais si c'est possible !).

Hospedaje Santa Elena. Calle Monterrey Panajachel. *20 chambres de 18 à 25 Q.* Il occupe une vieille bâtisse construite toute en longueur. Les chambres y sont peu confortables. Salle de bains (eau chaude à certaines heures seulement). Pratique pour les petits budgets mais on lui préférera d'autres hospedajes pas beaucoup plus cher, et certainement plus agréables.

Posada Monte Rosa. Calle Monterrey Panajachel ✆ **762-0055.** *5 chambres de 60 à 150 Q.* Un nouveau venu dans le parc hôtelier de Panajachel. Situé à une cinquantaine de mètres de l'hospedaje Santo Domingo les chambres y sont bien sûr récentes, confortables, d'une propreté irréprochable. Toutes sont avec salle de bains. Parking. La posada devrait s'agrandir encore un peu.

Hospedaje Santo Domingo. Calle Monterey Panajachel. *12 chambres de 27 à 40 Q.* Une douzaine de chambres pour moitié dans des maisonnettes en bois et pour moitié dans des structures en dur toutes récentes s'articulent autour d'un joli jardin fleuri et ombragé. A l'écart de la calle Santander, c'est un petit hôtel charmant offrant un confort modeste (salle de bains commune, douche chaude 3 Q). Ses atouts : son prix et son calme à quelques minutes à pied du centre névralgique de Panajachel et de la rive du lac.

Hospedaje Ramos. Frente al Lago Panajachel ✆ **762-0413.** *13 chambres de 35 à 100 Q.* Une petite structure bien arrangée située un peu en retrait de la plage publique, pas très loin de l'hôtel Playa Linda. Les chambres y sont propres, agréables et possèdent toutes une salle de bains. S'il est complet adressez-vous à son annexe, l'hospedaje Ramos 2.

Hospedaje La Zanahoria Chic. Avenida los Arboles Panajachel ✆ **762-1249.** *7 chambres de 25 à 75 Q.* Un établissement honnête aux chambres sans salle de bains, propres, grandes, pouvant compter jusqu'à trois lits. Petit inconvénient, le bruit, l'avenida étant fort passante. Il dispose d'un restaurant, le Carrot Chic. Carte Visa acceptée.

Hotel Las Casitas. Calle Real 1-90, Panajachel ✆ **762-1224.** *20 chambres de 25 à 60 Q sans salle de bains ; de 40 à 100 Q avec salle de bains.* Installé à proximité du marché dans le vieux Panajachel, c'est un charmant petit hôtel tenu par la non moins délicieuse Leslie Gutierrez. Les chambres sont simples, propres et toutes équipées d'une nouvelle literie. Demandez de préférence celles du fond, plus calmes. Restaurant. Carte Visa acceptée.

Hotel Maya Kanek. Calle Real Panajachel ✆ **762-1104.** *30 chambres de 60 à 102 Q.* Au dessus de l'hôtel Galindo en remontant la calle Real, un établissement aux chambres propres sans grand confort, ouvrant sur une courette. Possibilité de chambre double sans salle de bains (66 Q). Cher pour le niveau de confort. Parking.

Lac Atitlan, baie de Santiago

Hospedaje Mario's Rooms. Calle Santander Panajachel ✆ 762-1313. *20 chambres de 32 à 45 Q sans salle de bains ; de 66 à 102 Q avec salle de bains.* Un établissement sympathique installé dans une structure moderne et fréquenté par une clientèle plutôt petit budget. Les chambres y sont bien tenues. Celles avec salle de bains ne bénéficient que d'eau froide. Pour prendre une douche chaude : direction la salle de bains commune (2 Q). Restaurant attenant.

Hotel Galindo. Calle Real Panajachel ✆ 762-1168. *12 chambres de 70 à 140 Q.* Ce qui fut certainement il y quelques temps un hôtel de standing, mais il a beaucoup vieilli. En remontant la calle Real, à mi-chemin de la Banco Agricola, l'hôtel Galindo dispose d'une douzaine de chambres agencées autour d'un très joli jardin peuplé de plantes tropicales et d'arbres qui apportent de la fraîcheur à l'ensemble. Les chambres sont sombres, toutes avec salle de bains et la literie mériterait d'être changée. Attention, il est interdit de laver son linge dans les lavabos et douches : les contrevenants encourent une amende de 50 Q ! Parking.

Hotel El Aguacatal. Calle Buenas Nuevas Panajachel ✆ 762-1482. *9 bungalows de 60 à 240 Q sans équipement ; à 308 Q avec cuisine équipée.* Situé en retrait de la calle Santander et de la playa publica, un endroit idéal pour venir passer quelques jours à plusieurs (60 Q par personne). Installés au milieu d'un grand jardin arboré, les bungalows bénéficient d'un calme remarquable. Parking gardé.

Hotel Primavera. Calle Santander Panajachel ✆ 762-2052. *10 chambres de 95 à 170 Q (+ 20 % d'impuesto).* Une bâtisse moderne bien aménagée sur deux niveaux. Les chambres y sont claires, propres et agréablement meublées. Demandez de préférence une des chambres donnant sur l'arrière de l'hôtel, celles sur la calle Santander étant un peu trop bruyantes. Au rez-de-chaussée, on trouvera un restaurant et un bar ainsi qu'une laverie bien pratique.

Posada Los Volcanes. Calle Santander 5-51, Panajachel ✆ 762-2367. *6 chambres de 150 à 200 Q.* Un tout nouveau venu sur la scène hôtelière de Panajachel. 6 chambres seulement, grandes, propres, claires toutes avec salle de bains. Une très bonne adresse. Elle se situe à la même adresse que l'agence de « servicios turisticos » Los Volcanes. Les deux appartiennent en fait à une seule et même personne.

Hotel Regis. Calle Santander 3-47, Panajachel ✆ 762-1149 - Fax 762-1152. *20 chambres de 150 à 300 Q.* Idéalement situé en face de la grande antenne de Guatel mais suffisament en retrait de la calle pour éviter le bruit et l'agitation des soirées, les chambres y sont spacieuses, équipées de télévision et entourées d'un mini-parc arboré. Bons équipements avec piscine, parking interne.

Hotel Dos Mundos. Calle Santander 4-72, Panajachel ✆ 762-2078 / 762-2140. *14 chambres de 180 à 310 Q.* Sis dans une des portions les plus calmes de la calle Santander, cet établissement est installé au milieu d'un jardin tropical. Au centre une piscine autour de laquelle sont agencées de grandes et lumineuses chambres, agréablement décorées, aux murs d'un blanc éclatant. Restaurant La Lanterna. Spécialités italiennes (le propriétaire est transalpin).

Hotel Playa Linda. Frente al Lago Panajachel ✆ 762-1159. *18 chambres de 240 à 360 Q avec vue ; de 180 à 270 Q sans la vue.* Installé face au lac tout au bout de la plage publique, c'est un établissement moderne au confort haut de gamme. Les chambres sont spacieuses, décorées à l'aide de tissus aux couleurs locales. Cadre vraiment agréable bonifié par une vue imprenable sur le Lago Atitlán ; encore faut-il avoir une chambre donnant sur la plage publique. Restaurant.

Hotel Posada de Don Rodrigo. Final calle Santander Panajachel ✆ 762-2326 / 762-2329. *28 chambres de 70 à 86 $ (+ 20 % d'impuesto).* Idéalement installée en bordure de la playa publica, au milieu d'un parc arboré, la Posada de Don Rodrigo offre une qualité de confort maximale servi par de très bons équipements. On y trouve une piscine avec toboggan, un sauna, un terrain de squash, une salle de jeux etc. Restaurant. Boutiques de souvenirs. Pas de surprise, le grand luxe en bordure du lago dominé par ses trois volcans.

■ RESTAURANTS

En nombre suffisant chaque année pour nourrir la forte communauté étrangère, on les retrouve eux aussi le long de la calle Santander et à proximité du lac disputant la vue aux hôtels et autres hospedajes.

El Trigal. Calle Santander Panajachel. Installé en face de l'école primaire mixte, il propose comme ses concurrents une carte bien garnie adaptée à une clientèle internationale. Si le choix est important, la qualité n'est pas au rendez-vous. A éviter si vous êtes pressés, le service traînant en longueur. Sandwichs entre 7 et 10 Q. Plats autour de 25 Q. Menu del dia à base de poulet à 16 Q.

La Libelula. Calle Santander Panajachel. Etablissement discret ne disposant que de quelques tables. Terrasse donnant sur la calle Santander où l'on vous servira une cuisine aussi bien locale qu'internationale. Plats végétariens. On y goûte de délicieuses tartes aux pommes (10 Q) maison que vous pourrez napper de glace ou de crème fraîche. Et quand il n'y en a plus il y en a encore ! La petite dame derrière son comptoir ira vous en chercher au cas où vous en manqueriez.

El Bistrot. Calle Santander Panajachel. Situé dans cette portion de la calle Santander comprise entre la calle Monterrey et la 1a calle, ce petit restaurant offre aux visiteurs une cuisine internationale dans le cadre d'un charmant jardin fleuri et au calme. Grand choix de petits déjeuners copieux entre 12 et 20 Q (omelette, pain grillé, beurre, café : 12 Q) servis eux aussi dans le jardin au rythme d'un paisible morceau de musique classique. Rien de réellement typique il faut le dire, jusqu'au serveur revêtu de la panoplie parfaite de la profession (gilet, chemise blanche...), mais le cadre et la nourriture valent le détour.

Pizzeria Florencia. Calle Santander Panajachel. En remontant la calle Santander depuis le lac juste après l'école mixte, on tombera sur cette pizzeria pas tout à fait typique, mais qui l'est à Panajachel. Cinq à six tables seulement où l'on vous servira des pizzas medianas entre 28 et 36 Q et des grandes de 32 à 42 Q. Assez cher pour le niveau de vie du pays, cet établissement s'adresse bien évidemment aux touristes occidentaux.

Restaurante Guajimbos. Calle Santander Panajachel. Juste à côté de la pizzeria Florencia, quelques tables seulement pour ce petit restaurant végétarien. On y mange une grande variété de plats entre 12 et 25 Q composés de tofu, d'avocat, de riz, mais aussi de poisson... Très bien servie, la nourriture est de qualité. On pourra également goûter aux spécialités de barbecue (poissons grillés, crustacés...).

Lac Atitlan, volcan San Pedro

Restaurante Las Chinitas. Plaza los Patios Panajachel. Etablissement chinois comme son nom le laisse présager, tenu par une dynamique jeune femme d'origine chinoise parlant un peu le français, émigrée tout d'abord en Malaisie puis au Guatemala. On y mangera donc chinois, des nouilles, du riz, du canard laqué. Comptez entre 35 et 50 Q pour un repas auquel il faudra ajouter les 10 % du service. Bières chinoises.

La plaza los Patios se situe avant l'école primaire mixte lorsqu'on descend la calle Santander vers le lac. C'est en fait juste un renfoncement de la rue sur lequel on a construit un « complexe » de quatre restaurants proposant une cuisine internationale servie sous « un patio » commun.

La Terraza. Calle Santander Panajachel. Un autre restaurant offrant une nourriture exclusivement internationale. Pour les gourmets on pourra y déguster quelques spécialités occidentales et plus particulièrement françaises : des escargots (la demi-douzaine à 45 Q) ainsi que des champignons frais flambés au cognac (40 Q).

Comme tous ces établissements spécialement adaptés à une clientèle étrangère, la nourriture y est relativement chère par rapport au niveau de vie du pays.

■ VISITE

Du petit village cackchiquel à l'origine de la moderne Panajachel, il ne reste bien sûr plus grand chose. De son passé de ville coloniale, subsistent malgré tout quelques témoignages, de rares et vieilles demeures et l'église San Francisco de Asis, surprenant édifice sans réelle beauté, esseulé au milieu d'une place pavée de pierres grossièrement taillées. L'intérieur, sans grand relief, renferme une statue du saint patron de la ville, saint François d'Assise à qui l'église est dédiée.

Ville dortoir, ville service, elle n'a pour fonctions que d'accueillir, de rassasier les touristes de passage. La visite est ailleurs, dans les villages autour du lago Atitlán, dans ces somptueux paysages où se découpent les imposantes silhouettes des incontournables volcans Tolimán, Atitlán et San Pedro.

■ BALADE

Commencez votre découverte de Panajachel par l'**intersection des calles Real et Santander** d'où partent et arrivent les bus qui relient la Gringotenango aux grandes villes des Hautes Terres. On dépasse sur la droite **La Banco Agricola Mercantil**. Juste après, un charmant bar-restaurant à l'agréable terrasse ombragée puis le **Galindo**, ancien grand hôtel au superbe jardin tropical. Quelques dizaines de mètres plus loin, on trouve la route qui sur la droite file vers Santa Catarina et San Antonio Palopó. Continuez jusqu'à l'**église San Francisco de Asis** entourée d'un vaste parvis, terrain de jeu favori des bambins du quartier qui y pratiquent le football.

On contournera le monument par la rue où est installée la Poste, puis on empruntera l'avenida de los Arboles, parallèle à la calle Real (Principal). Pentue, relativement peu fréquentée par les touristes qui lui préfèrent la calle Santander ou encore la rive du lac, elle est pourtant bordée de nombreux commerces.

Au départ de la place de l'église on passera d'abord devant l'**hospedaje La Zanahoria Chic**, grand édifice surplombant la rue, et au restaurant panoramique. Quasiment en face, un restaurant végétarien, et une ruelle, celle de l'**hospedaje Pana** qui, outre ses petites chambres au confort rudimentaire, accueille en ses murs le « boxing club » de Panajachel. Un sac d'entraînement, des haltères, des cordes à sauter, le tout installé dans la courette de la pension !

Revenant sur ses pas on continuera à descendre l'avenida de los Arboles. Là, on rencontrera quelques restaurants dont **El porque no**, chantre de la cuisine internationale. A côté un loueur de motos et scooters. Plus loin un loueur de vélos presque à l'angle de l'avenida de los Arboles et de la calle Real. Là, on s'engagera enfin dans la **calle Santander**, axe vital de Panajachel où se trouve rassemblés la grande majorité des hôtels, des restaurants et des boutiques et autres services ayant trait au tourisme. Et il y a le choix !

S'intercalant entre les constructions ou s'installant même directement contre, des étals parfois en dur, abritant les vêtements et autres tissus que vous avez peut-être déjà découverts à Chichicastenango, produits de « l'artisanat local » comme les vendeurs l'affirment. Parmi ces étals, certains sont tenus par des gringos, baba-cools de passage dans les années 70 et 80 et qui depuis, n'ont toujours pas quitté les lieux. Là on trouvera également l'**école primaire mixte** de Panajachel aux élèves habillés non pas de costumes traditionnels mais d'uniformes blancs et bleus propres aux enfants des villes. En face la **librairie Tikalito** propose des ouvrages en espagnol principalement mais également quelques livres en anglais. Après la calle 14 de Febrero, on longe **Guatel** puis après la calle Monterrey, le charmant restaurant **El Bistrot**, au jardin si tranquille et si agréable le matin.

Lavandières à Panajachel

Enfin au crépuscule de la calle Santander, la **playa publica** et le **Sunset Café**, fief de la communauté occidentale de Pana d'où elle observe chaque soir le coucher du soleil. Agréablement aménagée la playa publica accueille en fin d'après-midi une foule de badauds, promeneurs et autres amoureux enlacés venus goûter aux derniers rayons du soleil. De la Posada de Don Rodrigo à l'hôtel Playa Linda, au **Molle Municipal**, la playa publica est une suite d'hôtels et de restaurants, cédant la place de-ci de-là à quelques boutiques. En contrebas la plage proprement dite où, en plus de se baigner, il est possible de pratiquer des sports nautiques comme le ski (nautique !). Au fond, le Molle Municipal d'où partent les navettes pour Santiago Atitlán et San Pedro la Laguna. Revenant sur ses pas on empruntera la calle Rancho Grande. L'agitation y est moindre, le cadre plus champêtre avec ses hôtels et résidences installés au milieu de jardins et de parcs arborés. Par la calle 15 de Febrero ou bien par le caliejón Londres on rejoindra alors la fièvre de la calle Santander.

■ LOISIRS

Sortir

Sunset Café. Final Calle Santader Panajachel. Là où débouche la calle Santander sur la playa publica, s'est installé un bar à l'ambiance très occidentale : forte musique anglo-saxonne, atmosphère alcoolisée, discussions animées, exclusivement fréquenté par des touristes étrangers. Quecques tabourets et tables le long d'un comptoir mais surtout une terrasse des plus agréables face au lago Atitlán et à la silhouette de ses trois volcans. Comme son nom le laisse présager on y vient en masse en fin d'après-midi pour assister au coucher du soleil sur le lac et le merveilleux décor qui l'entoure.

Fête

Fête de San Francisco d'Asis. Fête patronale en l'honneur de saint François d'Assise se tenant chaque année entre le 1er et 7 octobre avec pour jour principal le 4, jour du saint.

Marché

Panajachel est l'une des quatorze villes guatemaltèques au marché permanent. Il se situe à l'écart du centre ville, dans le vieux Panajachel, à proximité de la poste. Il est relativement fréquenté par les indiens des villages du lac Atitlan.

Shopping

La calle Santander est l'endroit à Panajachel où faire ses achats, les boutiques et les étals disputant la place aux hôtels, aux restaurants et aux agences de voyages. Vous y trouverez presque exclusivement des vêtements et beaucoup d'autres articles de souvenirs, comme des sacs, des masques etc. A noter à proximité de l'école mixte une boutique vendant, comme à Zunil ou encore à Chichicastenango, du tissu au yard dont les prix sont relativement raisonnables.

▰ DANS LES ENVIRONS

Santa Catarina Palopó

Avec Santa Cruz la Laguna, c'est le village le plus proche de Panajachel, mais à la différence du premier nommé, Santa Catarina Palopó peut être rejoint à pied de Panajachel, à l'occasion d'une belle balade le long des rives du lac. Petit village de quelques centaines d'âmes, Santa Catarina Palopó est célèbre pour ses magnifiques tenues vestimentaires sorties tout droit de ses ateliers artisanaux. Colorés, aux motifs géométriques originaux, ils sont la fierté des villageois. Porté par les femmes (huipil, jupe constituée de 3 morceaux d'étoffe bien distincts) il est aussi l'apanage des hommes (veste, pantalon riche en broderie et couleurs). Si vous tombez sous le charme de ces superbes vêtements qui n'ont rien de tenues d'apparat mais sont tout bonnement ce que portent quotidiennement les indiens Cackchiquel de Santa Catarina, vous pourrez tenter (facilement) d'en acquérir un exemplaire, les ateliers de tissage de la bourgade produisant dans ce but des costumes vendus sur de nombreux marchés des Hautes Terres. Renseignez-vous à Panajachel avant de partir sur les prix pratiqués par les artisans. Bien sûr le marchandage est de rigueur.

Pour rejoindre à pied Santa Catarina Palopó par le Lago Atitlán, comptez environ 1 h 30 de trajet. Il vous faudra à un moment rejoindre la route à très peu de distance du village, les obstacles sur la rive devenant infranchissables. Une autre solution consiste à prendre un bus en face du marché permanent de Panajachel, à proximité de l'hôtel Las Casitas.

SANTA CRUZ LA LAGUNA

Le plus proche village de Panajachel avec Santa Catarina Palopó. A quelques minutes seulement, il a la particularité de pas être raccordé au réseau électrique et encore moins au réseau téléphonique. Pour un si petit village, il possède une remarquable infrastructure hôtelière avec trois hôtels et une pension qui accueillent chaque année une population de touristes venus en quête de plaisirs simples, d'authenticité au milieu d'une communauté villageoise sympathique. Pas d'électricité donc, pas de voiture non plus à l'exception d'une seule qui chaque jour fait la navette entre le bas et le haut du village. En somme des conditions exceptionnelles pour goûter en toute quiétude à la beauté des lieux.

▰ TRANSPORTS

Une seule solution pour relier Santa Cruz la Laguna, le bateau. Plusieurs fois par jour au départ de Panajachel, le bateau à destination de San Pedro s'arrête à Santa Cruz. La traversée dure environ 15 mn. Comptez 7,5 Q par pers, mais les locaux payent 5 Q.

▰ HEBERGEMENT

Le choix à Santa Cruz est relativement restreint. Une poignée d'hôtels seulement mais représentant toutes les catégories de prix et de confort. Il est relativement facile de les trouver. Ils sont tous en effet, concentrés aux abords du village. Pour faciliter votre progression dans le village, tous les établissements y sont allés, depuis le débarcadère, de leurs parcours fléchés et larges pancartes pour attirer le regard du visiteur.

Quant à la restauration, elle se résume aux seuls restaurants des hôtels. Un petit conseil : aucun hôtel comme le reste du village n'est relié au réseau électrique, pensez à emporter votre lampe de poche ou à acheter des bougies à Panajachel avant de venir dans ce petit coin bien charmant.

Hospedaje l'Iguana perdida. Santa Cruz la Laguna. *15 Q par personne.* Voilà un sympathique établissement relativement bien tenu. Il se compose uniquement d'un dortoir d'une douzaine de lits, adapté à une clientèle petit budget. Il dispose d'une salle de bains commune où seule l'eau froide est de mise. Rien de tel pour démarrer la journée ! On y veille à la lumière des bougies et, bien sûr, la vue y est spectaculaire sur le lac et sur le volcan San Pedro.

Hotel Abaj. Santa Cruz la Laguna. *10 chambres de 50 à 90 Q.* C'est un charmant établissement à l'ambiance familiale tenu par une Guatémaltèque qui a vécu près de 20 ans en Allemagne. Simples, les chambres possèdent un charme désuet à la lumière des bougies. Pour se restaurer (d'ailleurs vous n'aurez que peu de choix, le village étant tout petit et n'offrant pas de quoi se remplir le ventre en dehors des restaurants des hôtels !) on pourra s'installer en compagnie des propriétaires à la longue table commune. En bordure de la rive, on y a vraiment une très jolie vue sur le lac et ses impressionnantes cheminées éteintes.

Hotel El Arca de Noë. Santa Cruz la Laguna. *9 chambres de 65 à 140 Q.* Situé lui aussi à deux pas de la rive, il a la préférence des touristes de passage. Dirigé par un couple venu d'Autriche, l'Arca de Noë est effectivement un charmant établissement, très bien tenu disposant de 9 chambres au confort et au prix très différents. Les chambres avec des lits superposés sont bien sûr moins chères, mais bien arrangées et l'on s'en satisfera aisément. On demandera de préférence les chambres situées dans les petits bungalows du jardin. On pourra en toute liberté goûter au plaisir d'un lever du soleil sans avoir à déranger toute la maisonnée.

■ BALADE

On partira à la découverte de Santa Cruz la Laguna de préférence avant le dîner, juste avant la tombée de la nuit, question de s'ouvrir l'appétit. Accrochée à flanc de montagne, Santa Cruz la Laguna se divise en un village haut et un village bas. Celui d'en bas c'est avant tout le lac et son débarcadère vivant au rythme des navettes qui y accostent. Plusieurs fois par jour, elles y déchargent leurs marchandises et leur lot de touristes. A côté la voiture dont la seule utilité est de monter les produits venus de Panajachel.

On ne peut pas rater là les pancartes et écriteaux des hôtels du village. Plusieurs chemins y conduisent. On s'engage alors sur la grande côte qui mène au sommet de Santa Cruz la Laguna, au village d'en haut. Une place à son débouché rassemble en fin d'après-midi jusqu'à la tombée de la nuit des enfants joueurs et quelques anciens dont on pourra tirer quelques mots ou un bonsoir poli. Perché là, la vue sur la lac Atitlán et ses trois sentinelles est imprenable.

■ LOISIRS

Fête de Santa Clara. Fête patronale du 8 au 18 août en l'honneur de la Virgen Santa Clara. Le 12, jour principal, on pourra assister à des danses folkloriques (Conquista, Palo Volador, Venados…).

➡ DE SAN JUAN LA LAGUNA A SAN PEDRO

Pour rejoindre San Pedro la Laguna on pourra introduire une petite touche d'originalité, de découverte et d'effort aussi en descendant du bateau à San Pablo la Laguna ou bien à San Juan la Laguna, un peu plus près de votre but final. Une randonnée de 2 h depuis San Pablo et de seulement 45 minutes depuis San Juan que l'on effectue au milieu des caféiers, mais malheureusement sur une piste poussiéreuse entre San Pablo et San Juan ; entre ces deux villages il est impossible de jouir du paysage, la piste cheminant en retrait du rivage.

A partir de San Juan, la piste est meilleure, toujours bordée, mais d'un seul côté , de caféiers, et grimpe sur les hauteurs dominant le village. La vue sur la baie de San Juan la Laguna y est magnifique. Fréquemment utilisée par la population on y croise nombre de paysans transportant sur leurs dos ou sur celui de leur âne, si ils sont assez riches pour pouvoir s'en offrir un, des charges colossales faites de bois de chauffage ou d'épis de maïs. Puis la route redescend et remonte à nouveau jusqu'à San Pedro la Laguna.

SAN PEDRO LA LAGUNA

C'est l'autre gros village du lago Atitlán avec Santiago Atitlán. Pour les voyageurs invétérés voilà où s'arrête la similitude entre les deux bourgades. Rien à voir en effet entre la petite ville quotidiennement visitée par des nuées de touristes, en l'occurence Santiago Atitlán, au riche patrimoine culturel et qui a la préférence de l'INGUAT, et la petite localité de San Pedro la Laguna, authentique village d'origine cackchiquel.

Epargnée encore par la fièvre de Panajachel, par cette chasse aux touristes (à leurs porte-monnaie) qui a déjà contaminé Santiago, San Pedro la Laguna a la faveur des voyageurs en quête d'authenticité, de paix et de rapport privilégiés, d'échanges avec la population locale. Construit lui aussi sur une colline que domine le volcan du même nom, San Pedro est un charmant village tout en dénivelé et en degrés, et qu'une rue sépare en deux, reliant les deux « molle municipales ».

On y vient comme vers les autres villages du lago par bateau depuis Panajachel ou Santiago Atitlán. Vous pourrez toutefois apporter une variante à votre voyage en descendant une escale plus tôt sur la route de San Pedro.

■ TRANSPORTS

Santiago Atitlán

Deux compagnies assurent la liaison San Pedro la Laguna-Santiago Atitlán :

Cie Chavajay. Départ à 6 h 30, 7 h, 8 h, 11 h et 14 h. Comptez environ 45 minutes de trajet et 10 Q par personne

Cie San Pedro. Départ à 6 h, 10 h, 12 h et 15 h. Idem.

Panajachel

Une seule compagnie aujourd'hui relie San Pedro à la métropole du lac :

Cie Chavajay. Départ à 5 h 30, 8 h 30, 12 h 30 et 15 h 30. Comptez 1 h 15 de voyage et 10 Q par personne

■ HEBERGEMENT

San Pedro la Laguna est équipée de quelques hospedajes bon marché et d'hôtels confortables, au bon rapport qualité-prix. Peu fréquenté, comparé à Panajachel, le village connaît aujourd'hui un certain succès. Les hôtels ne possédant pas le téléphone, il est conseillé de se rendre le matin à San Pedro afin d'avoir le choix quant au logement.

Hospedaje Porto Bello. Muelle Municipal. *15 chambres de 10 à 18 Q.* Un peu dans le style auberge de jeunesse, cet hospedaje propose des chambrettes honnêtes et relativement claires, installées au premier étage d'une structure moderne. La salle de bains est commune. Propre, sympathique, c'est un parfait endroit pour passer quelques nuits sans se ruiner, l'adresse idéale pour les petits budgets. On le trouve dans le petit chemin à gauche juste en sortant du débarcadère.

Hotel Ti-Kaaj. 1a calle San Pedro la Laguna. *Chambres de 10 à 18 Q.* A deux pas de l'hôtel Villa Sol, c'est un modeste établissement offrant un confort simple et bon marché. Les chambres sont propres et ne disposent pas de salle de bains. Au centre, on trouve une cour très agréable, ombragée, où l'on peut suspendre son hamac pour 6 Q seulement. Parfait pour les petits budgets.

Hotel San Pedro. 1a calle San Pedro la Laguna. *20 chambres de 20 à 45 Q.* Installé dans une grande bâtisse construite de façon un peu anarchique, il dispose d'une vingtaine de chambres organisées sur deux niveaux autour d'un hall central. Sans grand charme, elles ont le mérite d'être claires et aérées à l'aide de larges persiennes. Seules 5 chambres sont équipées d'une salle de bains privée. De certaines on a une jolie vue du volcan San Pedro, qui domine tant le paysage qu'il semblerait que l'on puisse presque le toucher. On trouve également un parking. Pas de téléphone.

Hotel Villa Sol. 1a calle San Pedro la Laguna. *10 chambres de 30 à 45 Q.* Installées dans des maisonnettes autour d'un jardin ensoleillé, les chambres sont relativement confortables, grandes mais un peu sombres. Il dispose d'un restaurant et d'un parking. Lui aussi bénéficie d'une très jolie vue sur le volcan San Pedro.

■ RESTAURANTS

El Meson. Muelle Municipal San Pedro la Laguna. Situé dans la première sente à droite en montant, 25 mètres après le débarcadère, le restaurant El Meson jouit d'une situation rare, en surplomb par rapport au lac. La vue sur le Lago Atitlán est imprenable. Une pelouse étagée en gradins, de petites tables agrémentées de chaises longues, idéal pour profiter du décor. Plus calme que ses concurrents installés dès la sortie du débarcadère, on y sert une nourriture simple, peu chère, adaptée à une clientèle occidentale. Un sandwich *made in Guatemala*, des papas fritas, un coca-cola, vous coûteront environ 20 Q. On pourra également goûter aux poissons. Le service n'est pas rapide, ce qui vous laisse le temps d'admirer le paysage.

A côté, un autre restaurant, **El Fondeadero**, aux prestations quasi-similaires quant à la vue et à la nourriture internationale.

Le Nick's Place. Muelle Municipal San Pedro la Laguna. Tenue par un Américain tombé amoureux du Lago Atitlán, ou venu s'échouer là, l'endroit est très fréquenté par les touristes de passage, principalement anglo-saxons. C'est un lieu où la bière coule à flots, ouvert sur le lac et le Muelle Municipal. On y sert des sandwichs et des tapas. La musique, des années 60 et 70, y est plutôt forte. Il est idéalement situé à la sortie du débarcadère et reçoit quasiment à chaque arrivée de navette, son lot de touristes.

Chez Michel. San Pedro la Laguna. Ce petit restaurant propose une solide nourriture traditionnelle et internationale. On ne lésine pas ici sur la quantité de riz, de papas fritas ou d'excellentes brochettes (10 Q). Comptez pour un repas de brochettes, papas fritas et boisson environ 17 Q. Un endroit très calme, authentique, géré, quand Michel n'est pas là, par une cuisinière enjouée. Perdu au milieu d'un dédale de ruelles champêtres, le restaurant n'est pas facile à trouver. Demandez aux enfants que vous croiserez inévitablement par là. Pour repartir vers l'embarcadère, pas de problème, la cuisinière vous proposera peut-être de vous faire ouvrir le chemin par l'un de ces enfants.

Brenda. Fréquentée par une clientèle d'habitués guatémaltèques et occidentaux, c'est une petite gargote tenue par deux femmes dont vous pourrez goûter les évidents talents de cuisinières. La nourriture y est simple, abondante et très bon marché. On y sert des plats typiquement guatémaltèques mais également une nourriture adaptée à la clientèle occidentale. Essayez ses pancakes à 5 Q et ses excellentes pizzas géantes pour quelques quetzals seulement.

■ BALADE

Perché au sommet et sur les pentes d'une petite colline d'origine volcanique, San Pedro est traversé par une rue principale (Calle Real) qui relie entre eux les deux débarcadères du village. A partir du débarcadère ouest qui regarde vers le village voisin de San Juan la Laguna, on a une vue d'ensemble du petit bourg et de son imposant volcan. Sur la gauche du Muelle, juste après le Nick's Place, rendez-vous des touristes anglo-saxons résidents et de passage, un chemin de terre longe la rive du lac. On y rencontre quelques hospedajes (Porto Bello).

Sur la droite du muelle, on trouve des restaurants aux belles pelouses. Ils proposent une nourriture simple de bonne qualité et bon marché.

A partir du débarcadère la Calle Real grimpe jusqu'à la place du village. Son ascension est particulièrement éprouvante. Pavée de blocs de pierre grossièrement taillés, elle est bordée de petits commerces (épiceries etc.), de modestes comedors.

Sur la place, une rue (1a calle) part sur la droite. Elle descend vers le second débarcadère. En l'empruntant, on trouve sur la gauche les hôtels Villa Sol et San Pedro. Au niveau des deux établissements un petit chemin s'enfonce dans un dédale de ruelles où se cachent quelques comedors dont le fameux Chez Michel. On traverse ce quartier sans trop de difficultés (demandez votre route) pour aboutir en bordure du lac pas très loin du Nick's Place et du Muelle Municipal.

■ LOISIRS

Fête

Fête de San Pedro Apostól. Fête patronale en l'honneur de saint Pierre l'Apostolique. Elle a lieu entre le 27 et le 30 juin avec pour jour principal le 29, fête proprement dite de l'apôtre. On pourra assister bien évidemment à quelques manifestations folkloriques dont les danses de la Conquista et des Mejicanos.

Randonnée

Volcan San Pedro. Il domine de ses 3 020 mètres le village de San Pedro à qui il doit son nom. On peut en effectuer l'ascension depuis Santiago Atitlán mais également de San Pedro la Laguna. Il est franchement conseillé de partir accompagné d'un guide qu'on n'a aucune difficulté à trouver dans le village. Demandez Pedro, il emmène les touristes pour 20 Q par personne. L'ascension dure environ 4 heures.

■ DANS LES ENVIRONS

San Marcos la Laguna

Village de la rive nord du lac Atitlán, San Marcos la Laguna est l'une des étapes des navettes qui relient plusieurs fois par jour Panajachel à San Pedro. Coincé entre les villages de Tzununá et de San Pablo la Laguna, il se situe à environ 8 km de San Pedro la Laguna. Peu d'attraits à San Marcos, si ce n'est le calme, et surtout ses trois hôtels, pour profiter des charmes de ce petit village authentique d'origine cackchiquel.

Dès le débarcadère, ces établissements, les hôtel La Paz et San Marcos, la Posada Schuman, sont clairement indiqués. Vous les trouverez sans problème, le village étant de dimension réduite.

SANTIAGO ATITLÁN

Avec Panajachel c'est l'autre grande ville du lago Atitlán. Située à 1 592 m d'altitude, elle est peuplée environ de 28 000 habitants à très forte composante Tzutuhil, cette ethnie indienne qui, avec celle des Cackchiquels, peuple la région du lac et le département de Sololá. Divisée en cantons, c'est une bourgade construite sur une petite colline dominant la magnifique baie qui porte son nom, colline elle-même dominée par les volcans Atitlán, Tolimán et San Pedro. Reliée quotidiennement à Panajachel par un service de navettes, elle n'a pas grand chose à voir avec son aînée. Peu de ladinos, une population non pas accueillante mais à qui il est possible de tirer des sourires et quelques mots, en bref un gros bourg authentique, quadrillé de ruelles étroites et irrégulières, au sommet duquel trône sa blanche église. Une faible infrastructure touristique mais un cadre exceptionnel, un marché, une église, des fêtes religieuses authentiques, voilà les atouts de Santiago Atitlán où commencent déjà à poindre malheureusement les effets pervers du tourisme.

■ PRATIQUE

Office du tourisme. L'INGUAT se situe juste à la sortie du débarcadère. On vous renseignera avec parcimonie sur Santiago. Un petit fascicule de présentation a été édité voilà déjà quelques années par l'INGUAT, on tentera de vous en tirer quelques quetzals.

Banco G & T. Plaza Principale Santiago Atitlán. *Ouverte du lundi au vendredi de 9 h à 18 h ; le samedi de 9 h à 13 h.* Change théoriquement les chèques de voyage. Mieux vaut quand même prévoir quelques liquidités lors de votre visite à Santiago.

■ TRANSPORTS

Panajachel

Deux solutions pour relier Panajachel : la **route** bien sûr si vous êtes motorisé. Vous pouvez également prendre le bus moins onéreux que le bateau mais beaucoup plus lent et fatigant, la route étant en fait une piste ; le **bateau** permet de profiter des magnifiques paysages du Lago Atitlán. Deux compagnies assurent la liaison avec Pana :

Cie Santa Fé. Départ à 7 h, 12 h 30 et 16

Cie Santiago. Départ à 6 h, 11 h 45, 14 h et 15 h. Comptez entre 1 h 15 et 1 h 45 de traversée.

San Pedro la Laguna

Deux compagnies assurent la liaison Santiago Atitlán-San Pedro la Laguna :

Cie Chavajay. Départ à 7 h, 10 h 30, 12 h, 13 h,15 h 30 et 17 h 00. Comptez environ 45 minutes de trajet.

Cie San Pedro. Départ à 9 h, 11 h, 14 h et 16 h. Idem.

■ HEBERGEMENT

Même si en général les touristes de passage préfèrent résider à Panajachel, on pourra tenter l'expérience de loger à Santiago Atitlán. Peu de choix mais suffisant pour une nuit ou deux. Quant à la restauration, un grand nombre de petits comedores et autres restaurants de poisson sont installés dans les rues menant du débarcadère à la plaza principal.

Hospedaje Rosita. Santiago Atitlán. *4 chambres de 15 à 60 Q.* Des chambres austères pouvant contenir jusqu'à 4 personnes chacune, soit 15 Q par personne. Salle de bains commune avec eau froide exclusivement. On le trouvera derrière l'école primaire qui jouxte la plaza Principale sur la rue qui mène en la prolongeant vers le mirador del Rey Tepepul.

Hotel Chi-Nim-Yá. Santiago Atitlán. *12 chambres de 20 à 60 Q sans salle de bains ; de 60 à 90 Q avec salle de bains.* Dans une rue adjacente à la rue principale à 300 mètres environ du débarcadère, sur la gauche, l'hôtel Chi-Nim-Yá propose sur deux niveaux quelques chambres, certaines petites mais claires, d'autres un peu plus grandes donnant sur le lac (les meilleures évidemment).

Hotel Bamboo. Santiago Atitlán. *2 bungalows et 3 mini-appartements de 175 à 225 Q.* Un établissement nouvellement créé, situé à l'entrée de la baie de Santiago Atitlán dans une position fort avantageuse entouré par les eaux du lac, au pied du volcan de San Pedro. Outre sa merveilleuse vue sur le décor qui l'entoure, les bungalows et appartements sont installés dans un grand jardin tropical en bordure de la laguna, un jardin peuplé d'arbres fruitiers, des orangers et des citronniers, et par de colossaux avocatiers. Petit inconvénient pourtant, un des bungalows au fond du jardin est situé un peu trop près de la route qui relie Panajachel à Santiago Atitlán, qu'empruntent quotidiennement camions et bus. Restaurant.

Posada Santiago. Santiago Atitlán ✆ **762-7167.** *8 bungalows de 150 à 400 Q.* Cet hôtel représentait le must à Santiago avant l'implantation de l'hôtel Bamboo. Toujours aussi agréable, jouissant d'une vue et d'une situation eux aussi superbes, il se situe à l'écart du centre de la bourgade entre 1,5 et 2 km du débarcadère ce qui n'en fait pas un établissement pratique pour qui veut profiter de la vie villageoise si intense à Santiago, mais une étape idéale pour qui souhaite goûter en toute tranquillité aux charmes du paysage.

Lac Atitlan, baie de Santiago

■ VISITE

Eglise Santiago Apostól

Point culminant de Santiago, c'est une église monumentale aux murs cyclopéens fondée en 1547, surmontée d'une toiture de fortune en tôle, qui, à l'évidence n'est pas d'époque et gâche un tantinet la beauté de l'édifice. Malgré tout il dégage une forte impression d'ensemble, vaste vaisseau à nef unique d'une blancheur éclatante.

A l'intérieur, agencées le long des parois, des **statues colorées** de saints traditionnels et locaux, des bénitiers, des cuves baptismales en granit. En se rapprochant du chœur, on remarquera la **chaire** d'où prêche le prêtre de la paroisse, décorée de motifs pour le moins surprenants comme la représentation du dieu maya de la fertilité et du maïs, et celle d'un quetzal ceint d'une auréole, plongé dans la lecture d'un ouvrage que lui tient ouvert un ange également auréolé. Etrange association religieuse, mais miroir des manifestations rites mayas et catholiques qui se déroulent dans l'église tout au long de l'année et principalement au cours des grandes fêtes de la Semaine Sainte et de saint Jacques l'Apostolique. On remarquera également la **plaque commémorative** en l'honneur de Stanley Francis Rother, prêtre de Santiago Atitlán, défenseur des droits de l'homme, considéré persona non grata par le pouvoir en place à l'époque, et sauvagement assassiné durant les évènements du début des années 80.

Devant, on aura remarqué l'**escalier monumental** qui conduit au porche de l'église, à l'identique, comme celui de l'église Santo Tomás de Chichicastenago, des marches d'un temple maya. A son sommet on profite d'une magnifique vue d'ensemble sur Santiago, le volcan San Pedro et une partie de la baie.

El Senor Maximón

Mi-homme mi-dieu ou mi-dieu mi-démon, on ne sait plus trop, c'est en fait une statue de bois aux traits humains, habillés d'un chapeau (de grigo ou de vaquero), d'un pantalon et d'un amas de foulards qui lui recouvrent totalement le buste. Un détail d'importance à ne pas oublier, le cigare coincé entre ses lèvres. Objet d'un véritable culte de la part de la population Tzutuhil (ou Tz'tujil) de Santiago Atitlán, en qui elle voit un être doué de grands pouvoirs, il possède son propre sanctuaire et on lui consacre chaque année une procession au cours de la Semana Santa.

Des gardiens se relaient régulièrement à la garde de son sanctuaire qui n'est pas un jour sans recevoir la visite de fidèles venus lui offrir du maïs, du coca-cola, des cierges ainsi que des cigarettes et des flacons de liqueurs auxquels les gardiens ne résistent pas longtemps, semble-t-il, à la vue de leur triste état. A l'intérieur du sanctuaire sur la gauche on trouvera un étonnant cercueil renfermant une très étrange sainte.

A partir du débarcadère, pour rendre une visite au Maximón, remontez la rue qui mène vers le centre du village (sens contraire de la balade). Au niveau du restaurant El Pescador tournez à droite puis prenez la première à gauche. Là, suivez sur 150-170 mètres environ un chemin bordé de murets de pierres et d'habitations, jusqu'à un poteau électrique et une affiche Cresh Orange (une pancarte publicitaire). Juste après sur la gauche vous trouverez l'entrée d'une maison, une courette avec au fond le sanctuaire de Maximón.

Une autre solution consiste, si vous craignez de vous perdre, d'engager les services des enfants du village (d'ailleurs ils vous le proposeront dès votre descente du bateau !) en échange bien sûr de quelques quetzals.

Mirador del Rey Tepepul

Sur la route de la Posada Santiago, il est l'occasion d'une brève balade à travers d'abord les ruelles du village puis ensuite sur les hauteurs qui le bordent au sud. Là, on domine une des anses de la baie de Santiago,la rive obstruée de pirogues abandonnées là par les pêcheurs.

Conseil. Très souvent emprunté par les groupes touristiques des agences de voyages de Panajachel, cet itinéraire pédestre n'est pas le plus beau, loin de là. D'autres plus intéressants et beaucoup moins fréquentés vous attendent à Santiago même (voir Balade en ville) et dans les différents villages du pourtour du lac.

■ BALADE

Du débarcadère deux itinéraires permettent de rejoindre la plaza principale lieu du marché de Santiago. On choisira la solution de gauche. Dépassant l'INGUAT, on empruntera la rue qui, parallèle au lac, débouche sur l'une des deux artères principales du bourg. Pentue, bordée d'étals et de boutiques (voir Shopping) elle mène tout droit au marché auquel on accèdera par son angle sud-ouest. Couvert de bâches, la plaza fourmille d'étals, d'articles ou de chargements posés à même le sol. Au dessus de la plaza, coiffant la colline sur laquelle est construite le village, l'imposante église de Santiago et son délicieux jardin attenant.

Juste devant, on aura remarqué le grand et large parvis pavé de pierres grossières, froide place entourée de quelques bâtiments à arcades que domine la massive église, théâtre de douleureux événements. On repassera en contrebas par la place du village continuellement occupée par les étals du marché, dominée par de fortes odeurs de poissons séchés. Attenant au marché, l'école primaire. Dans la cour vous pourrez assister aux jeux des écoliers habillés non pas comme ceux de Panajachel de coquets uniformes bleus et blancs propres aux enfants des villes, mais de beaux vêtements traditionnels réhaussés de broderies et de couleurs chatoyantes. Longeant la place sur son côté sud (on passera devant la Banco G & T) on s'engagera dans la première rue à gauche. Là, on trouvera des comedores et la poste. Puis à droite on s'engouffrera dans l'artère qui directement conduit au débarcadère, longeant au passage le sanctuaire du Senor Maximón (voir Visite).

Si on dispose d'assez de temps avant de reprendre le bateau, on pourra, du débarcadère, pousser jusqu'à l'hôtel Bamboo. Le sentier qui y mène longe le lac et un court instant longe le « **lavoir** » que les femmes de Santiago ont improvisé à quelques mètres de la rive, les pieds dans l'eau, sur de grosses pierres plates. Certaines battant vigoureusement des monceaux de tissus colorés en compagnies de leurs plus jeunes enfants, d'autres un peu plus loin se lavant les cheveux ; cette scène de vie quotidienne vaut à elle seule cette petite excursion pédestre jusqu'au Bamboo que l'on atteint au bout de 10 minutes environ. L'endroit est tout simplement superbe, d'une grande quiétude.

Les enfants de Santiago

Là vous serez accueillis par des hordes d'enfants souhaitant vous vendre des sifflets zoomorphes recouverts d'un bel émail vert, des balles de jonglage, des bracelets tissés, des cordons pour lunettes de soleil et parfois quelques cartes postales. Ces enfants vous proposeront certainement également de vous emmener voir le fameux Maximón contre quelques quetzals. Talentueux, ils sauront reconnaître votre nationalité et échanger avec vous quelques mots et des phrases entières dans le seul but bien évidemment de vous faire acheter bracelets et autres souvenirs *made in Santiago*. Une démonstration linguistique vraiment très impressionnante pour des enfants qui n'ont peut-être jamais connu l'école, aidant la famille à subvenir à ses besoins.

■ LOISIRS

Fêtes

Fête de Santiago Apostól. Fête patronale en l'honneur de saint Jacques l'Apostolique se tenant chaque année entre le 23 et 27 juillet. Le 25, jour principal du saint, on pourra assister aux nombreuses manifestations religieuses et folkloriques du village : messe, processions, danses (la Conquista, los Toritos, los Mejicanos, etc.). Particulièrement réussies, ces festivités en l'honneur du saint patron du village sont l'occasion d'apprécier les magnifiques tenues vestimentaires d'apparat des habitants Cackchiquel dont la fameuse coiffe portée par les femmes en forme de lance à incendie enroulée sur elle-même.

Semana Santa. Les festivités de la Semaine Sainte à Santiago sont peut-être avec celles de Chichicastenango, parmi les plus originales qui soient au Guatemala, parfait symbole du syncrétisme religieux du monde maya.

Outre la procession en l'honneur du Christ (Vendredi Saint) et la représentation dans l'église de la Passion du Christ, on honore, dans une chapelle attenante à l'église paroissiale, le **Senor Maximón**, mi-dieu mi-démon, objet d'un fervent culte de la part des villageois.

Les Mercredi (à l'aller) et Jeudi Saints (au retour), sur une sorte de brancard suivi par la foule des croyants, Maximón est transporté dans les rues de Santiago, de son « sanctuaire » jusqu'au parvis de l'église.

Shopping

Dans les deux rues qui, du débarcadère, montent vers la plaza principale, sont concentrés les éternels étals proposant articles de souvenirs et autres vêtements et tissus traditionnels identiques à ceux vendus à Panajachel ou encore à Chichicastenango. Quelques boutiques sont également installées là exposant les produits d'artistes « atitecos » (c'est ainsi que se nomment eux même les habitants de Santiago Atitlán), principalement des sculptures sur bois.

Quant aux sifflets de terre cuite vernis d'un émail vert, ils viendront à vous dans de petits sacs ou paniers portés par les bambins du village.

Marché

Santiago Atitlán dispose lui aussi de son marché permanent. Il accueille relativement peu de touristes le matin de bonne heure, comparé au flot ininterrompu des rues de Panajachel. Un marché authentique comme on les aime où il se vend principalement tout ce dont une ménagère Tzutuhil a besoin : fruits, légumes, viandes, etc.

■■■ DANS LES ENVIRONS

Volcan San Pedro

Le plus accessible des trois volcans du lago Atitlán : il domine les villages de Santiago Atitlán et de San Pedro du haut de ses 3 020 mètres. Merveille naturelle, son ascension réclame efforts et temps. Une bonne condition physique est exigée ainsi que de bonnes chaussures montantes de préférence. De Santiago Atitlán on vous demandera (via l'officine INGUAT à la sortie du débarcadère) 100 Q par personne. A partir de quatre, le prix de revient par personne diminue.

Les agences de voyages de Panajachel organisent cette ascension. Renseignez-vous. Sachez tout de même que la montée prend 3 h 30 et la descente entre 2 h 30 et 3 h.

LE PAYS QUICHE

Situé dans le nord-ouest du pays le département du Quiché ne couvre qu'une partie de l'antique territoire qu'occupait les indiens Quiché avant l'arrivée des conquistadores. Leur influence s'étendait en effet largement sur les terres limitrophes de l'actuel département du Quiché, où ils s'opposaient à d'autres peuples comme les Mams dans la Sierra de los Cuchumatanes, les Cakchiquels du côté du lac Atitlán et les indiens Rabinals encore aujourd'hui installés dans l'Alta et le Baja Verapaz autour de Salama et de Cobán. Outre les Quichés largement majoritaires dans le département, les villages reçoivent également la communauté Ixil (Nebaj). Montagneux, il offre comme les départements voisins de très beaux paysages composés de belles forêts de pins, de milpas de maïs et dans le sud de vastes vergers de pommiers et autres arbres fruitiers. On y vient également pour ses authentiques villages (Nebaj...), pour son chef-lieu départemental Santa Cruz del Quiché et son site archéologique, mais on y vient principalement pour la célèbre Chichicastenango (marchés, église Santo Tomás) qui, chaque année attire à elle seule des milliers de touristes occidentaux.

CHICHICASTENANGO

Principale bourgade du Quiché, Chichicastenango, de son vrai nom Santo Tomás Chichicastenango, n'en est pas pour autant le chef-lieu départemental, les gouvernements successifs ayant jetés leur dévolu sur Santa Cruz del Quiché pour des raisons évidentes d'équilibre régional. A 270 km de Guatemala et à seulement 87 km de Quetzaltenango, « Chichi » comme l'appellent les Guatemaltèques est l'un des ténors du tourisme national. Ce sont chaque année des milliers de visiteurs nationaux et étrangers qui se pressent dans ces ruelles venus découvrir le « charme » de son typique marché bi-hebdomadaire et les mystérieux rites de l'église Santo Tomás, exemple tout à fait parlant d'œcuménisme.

L'endroit était connu par les Quichés sous le nom de Chiguila aujourd'hui repris par quelques commerces et autres hôtels et restaurants de la région. Au début du XVIᵉ siècle, à la suite de Pedro de Alvarado, les Espagnols occupèrent le site que les indiens Tlascala du Mexique venus en tant que troupes auxiliaires des conquistadores rebaptisèrent Chichicastenango, littéralement « lieu des orties ». Centre religieux Quiché, le père Fray Francisco Ximenez y découvrit à la fin du XVIIᵉ siècle le désormais célèbre **Popol-Vuh ou Livre des Evénements**, livre sacré des Mayas Quichés servant à guider le croyant quotidiennement, et dont le dominicain entreprit la traduction.

Au milieu des montagnes à 2 000 m d'altitude, la découverte et les émotions fortes sont au rendez-vous dès avant l'arrivée à Chichi. Les paysages sont magnifiques et la route à partir de Los Encuentros ne vous laissera pas indifférent : un pourcentage de pente et des lacets des plus impressionnants que les chauffeurs guatemaltèques (on connaît pourtant leur grande témérité au volant !) abordent avec la plus extrême prudence. Il faut dire que les petites croix blanches sur les talus bordant la chaussée côté ravin leurs rappellent quotidiennement les dangers que les bus ont à l'emprunter, bus de 2ᵉ classe bondés au mépris de toutes règles de sécurité.

■ PRATIQUE

Office du tourisme. Comme dans beaucoup d'autres villes touristiques guatémaltèques, Chichicastenango ne possède pas de bureau d'informations touristiques. Pour le moins, vous pourrez peut-être tirer quelques renseignements utiles (malheureusement contre espèces sonnantes et trébuchantes !) auprès de l'administrateur du musée situé sur la plaza centrale, si vous ne trouvez pas porte close.

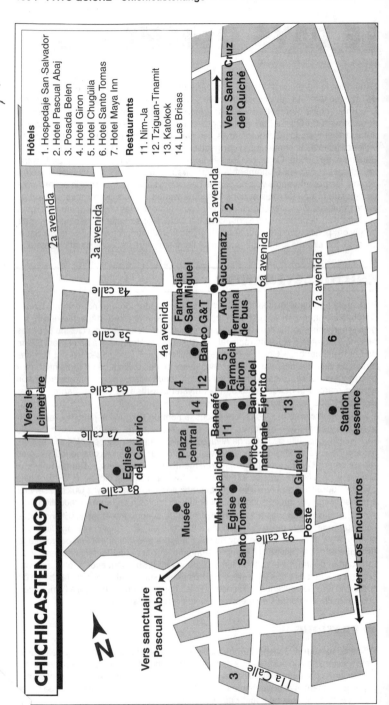

CHICHICASTENANGO

Hôtels
1. Hospedaje San Salvador
2. Hotel Pascual Abaj
3. Posada Belen
4. Hotel Giron
5. Hotel Chugüila
6. Hotel Santo Tomas
7. Hotel Maya Inn

Restaurants
11. Nim-Ja
12. Tziguan-Tinamit
13. Katokok
14. Las Brisas

Vers Santa Cruz del Quiché

2a avenida
3a avenida
5a avenida
6a avenida
7a avenida

4a calle
5a calle
6a calle
7a calle
8a calle
9a calle
11a Calle

4a avenida

Vers le cimetière

Eglise del Calvario

Musée

Vers sanctuaire Pascual Abaj

Plaza central

Municipalidad

Eglise Santo Tomas

Poste

Guatel

Police nationale

Banco del Ejercito

Bancafé

Farmacia Giron

Farmacia San Miguel

Banco G&T

Arco Gucumatz

Terminal de bus

Station essence

Vers Los Encuentros

La meilleure solution consiste à vous adresser à la réception des deux grands hôtels de Chichicastenango que sont le Maya Inn et le Santo Tomás, notre préférence revenant sans hésitation à ce dernier où l'on vous recevra chaleureusement et où l'on tentera de vous renseigner dans la mesure du possible. De plus il est doté d'un large éventail de fascicules et autres livres sur le département du Quiché dont Chichicastenango est en quelque sorte la sous-préfecture et Santa Cruz del Quiché le chef-lieu.

Polizia Nacional. 8a calle. La 8a calle est cette rue qui longe le flanc nord de l'église Santo Tomás.

Farmacia San Miguel. 5a calle (entre les 4a et 5a avenida).

Farmacia Giron. 5a avenida (à l'angle de la 5a avenida et de la 6a calle).

Poste. 7a avenida 8-47. Ouvert du lundi au vendredi de 9 h à 17 h 30.

Guatel. 7a avenida 8-21. Ouvert du lundi au vendredi de 7 h à 20 h.

Station essence. 7a avenida. On la trouve juste avant l'hôtel Santo Tomás au débouché de la 6a calle sur la 7a avenida.

Banques

Malgré sa petite taille et son relatif isolement, Chichi dispose d'une infrastructure bancaire suffisante, tourisme oblige. De plus toutes les banques sont ouvertes le dimanche (sauf une) pour cause de jour de marché.

Bancafé. 5a avenida (à l'angle de la 6a calle). *Ouverte du lundi au dimanche de 9 h à 17 h 30, exceptée le samedi de 9 h à 13 h.* Change les travellers chèques. Accepte également la carte Visa au comptoir.

Banco del Ejercito. 6a calle (entre les 5a et 6a avenida). *Ouverte du lundi au vendredi de 9 h à 12 h et de 14 h à 17 h ; le samedi de 10 h à 13 h. Fermée le dimanche.* Change les travellers chèques. Accepte les cartes Visa, Mastercard et American Express.

Banco G & T. 5a avenida (entre les 5a et 6a calle). Ouverte du lundi au vendredi de 9 h à 18 h ; le samedi de 10 h à 14 h et le dimanche de 9 h à 14 h. Fermé le mardi.

■ TRANSPORTS

Affluence touristique oblige, Chichi est relativement bien reliée aux autres grandes villes des Hautes Terres soit par des liaisons directes (rares sauf d'Antigua en faisant appel aux services d'un « voyagiste », et de Guatemala par une compagnie de bus 1re classe), soit avec une étape à Los Encuentros, village carrefour sur la CA-1, d'où des bus partent (toutes les demi-heures environ ; 2,5 Q) couvrant les derniers kilomètres vous séparant de Chichi.

Pas de terminal de bus à Chichi. Tous les bus se prennent à l'arrêt improvisé situé à l'angle de la 5a avenida et de la 5a calle, une intersection avant l'Arco Gucumatz en venant du centre ville.

Chichicastenango

Quetzaltenango. Départs de 5 h à 14 h environ. Comptez de 2 h 30 à 3 h de route. Tarif : 10 Q (pour les touristes).

Panajachel. Départs à 5 h, 6 h, 7 h 30, 11 h, 13 h et 14 h 30 (de 1 h 30 à 2 h ; entre 5 et 7 Q).

Ou alors prendre n'importe quel bus pour Los Encuentros, puis là en prendre un nouveau pour Panajachel via Sololá (entre 40 et 50 minutes ; 2,5 Q également).

Antigua. Prendre n'importe quel bus pour Los Encuentros, puis monter dans celui qui de Panajachel mène à Chimaltenango sur la CA-1. Là un dernier changement de bus, direction Antigua.

Il est possible également de Guatemala Ciudad de rejoindre la ville rapidement en empruntant les bus de 1ʳᵉ classe des compagnies suivantes :

Veloz Quichelense. Terminal de buses Zona 4 Guatemala Ciudad. Départs toutes les 30 minutes de 5 h à 17 h.

Transportes Mashenita. 10a calle 10-03, Zona 7 Guatemala Ciudad. Départs toutes les heures de 7 h à 17 h.

Ces deux compagnies ne possèdent pas leur propre terminal à Chichi. Comme leurs homologues de 2ᵉ classe, ils se prennent à l'angle de la 5a avenida et de la 5a calle.

■ HEBERGEMENT

Malgré son franc succès touristique, Chichicastenango ne dispose pas d'une infrastructure hôtelière conséquente. Les veilles de marchés et durant les fêtes religieuses de la Semaine Sainte et de Santo Tomás, les établissements de la ville sont ainsi trop souvent complets, prenant au dépourvu nombre de visiteurs. Il est plus sage de réserver ou d'arriver la veille au matin.

Bien et pas cher

Hospedaje San Salvador. 5a avenida Arco Gucumatz 10-09, Barrio Santiaguito Chichicastenango. *20 chambres de 24 à 40 Q avec ou sans salle de bains.* Vaste établissement installé sur les hauteurs de Chichi organisé autour d'une cour. Il propose des chambres claires et relativement propres. Anecdote : l'une des salles de bains communes du 1ᵉʳ étage est ouverte à tout vent. Le moins cher de la ville.

Hotel Pascual Abaj. 5a avenida Arco Gucumatz 3-38, Zona 1 Chichicastenango ✆ **756-1055.** *10 chambres de 50 à 65 Q avec salle de bains.* Au delà de l'Arco Gucumatz, sur la route de Santa Cruz del Quiché, c'est un établissement correctement tenu offrant une honnête qualité de confort. On évitera si possible les chambres installées côté rue. L'avenida Gucumatz est en effet relativement bruyante car empruntée très tôt le matin par les bus reliant Chichi à Santa Cruz et inversement.

Confort ou charme

Posada Belén. 12a calle 5-55, Barrio Santiaguito Chichicastenango ✆ **756-1134.** *24 chambres de 30 à 75 Q sans salle de bains ; de 70 à 100 Q avec salle de bains.* Dominant la ville, il est installé dans une agréable construction agrémentée d'un joli jardin en bordure des collines boisées de Chichicastenango. Au calme les chambres y sont spacieuses, lumineuses, propres et possèdent presque toutes un balcon duquel la vue sur Chichi et plus loin sur la vallée de Santa Cruz del Quiché est imprenable. Un établissement vraiment charmant.

Hotel Casa de Huespedes Giron. 6a calle 4-52, Zona 1 Chichicastenango ✆ **756-1156.** *19 chambres de 35 à 60 Q sans salle de bains ; de 55 à 115 Q avec salle de bains.* Construit autour d'une grande cour servant de parking, c'est un hôtel au confort correct et aux chambres accueillantes, même si certaines ne disposent pas de fenêtres. Demandez de préférence les chambres à l'étage, plus lumineuses que celles du rez-de-chaussée.

Hotel Chugüila. 5a avenida 5-24, Zona 1 Chichicastenango ℰ **756-1134 - Fax 756-1279.** *33 chambres de 60 à 120 Q sans salle de bains ; de 187 à 245 Q avec salle de bains.* Situé au cœur de Chichicastenango, il est installé dans une belle demeure coloniale articulée autour d'un joli patio. Les chambres sont honnêtes, bien équipées, calmes pour ce qui est de celles au fond du petit jardin, plus bruyantes pour celles donnant sur la rue principale. Restaurant de bonne qualité. Conseil : ne vous fiez pas aux prix en dollars indiqués à l'accueil, sachez qu'à votre départ une taxe de 20% leur sera ajoutée (le fameux impuesto !).

Hotel Santo Tomás. 7a avenida 5-32, Zona 1 Chichicastenango ℰ **756-1061 / 756-1316 - Fax 756-1306.** *43 chambres de 66 $ à 96 $ (taxe de 20% incluse).* Une très belle construction coloniale de pierre et de bois, derrière laquelle se cachent de très jolies chambres somptueusement aménagées ainsi qu'un élégant patio à la végétation luxuriante où il est fort agréable de déguster un rafraîchissement lors des fortes chaleurs. Au contraire en hiver, les cheminées dans les chambres ne sont pas factices et sont prêtes à l'emploi. L'hôtel dispose d'un restaurant et d'un charmant salon de thé donnant tous deux sur le jardin. On trouve enfin une piscine, un sauna et un parking pour les motorisés.

Hotel Maya Inn. 8a calle Zona 1 Chichicastenango ℰ **756-1202 / 756-1176 - Fax 756-1212.** *30 chambres de 468 à 648 Q (taxe de 20 % inclue).* C'est l'incontournable hôtel de Chichicastenango, assuré d'un éternel succès (un peu trop peut-être, l'accueil n'y étant pas des plus chaleureux). Situé à l'ouest de la plaza principal, entre cette dernière et les 7a et 8a calle, il occupe divers bâtiments jaune ocre à l'architecture coloniale dont les fenêtres sont par endroits fermées par de lourdes grilles en fer forgé. Luxueuses, les chambres offrent bien sûr tout le confort souhaité, certaines aménagées de très jolis meubles de valeur. Piscine, parking.

Marchandage   *Sur les marches de l'église*

■ RESTAURANTS

Restaurante Nim-Ja. 5a avenida 6-30, Zona 1 Chichicastenango. *Repas de 25 à 30 Q.* Une grande salle joliment décorée de produits de l'artisanat local : poteries, masques et autres sculptures en bois. Pas d'interruption de service, on y mange à n'importe quelle heure de la journée, des soupes aux desserts en passant par des plats plus typiques pour une vingtaine de quetzals seulement. Un bon rapport qualité-prix.

Restaurante Tziguan Tinamit. 5a avenida, Zona 1 Chichicastenango. Idéalement installé à proximité de l'intersection d'où partent les bus pour Los Encuentros, un restaurant fréquenté par de nombreux locaux, preuve qu'on y sert une nourriture de qualité. Grand choix de petits déjeuners entre 11 et 15 Q. Le service est assuré par un vieil homme digne au gilet défraîchi.

Restaurante Katokok. 6a calle 6-45, Zona 1 Chichicastenango ✆ **756-1221.** *Menu du jour à 25 Q. Plats entre 15 et 35 Q.* On le trouvera au premier étage d'un petit centre commercial moderne façon Oncle Sam, qui détonne dans cette bourgade de Chichi aux constructions vieillottes et autres bâtisses coloniales. L'accueil y est particulièrement chaleureux. Anecdote : le nom Katokok veut dire « pase adelante ! » en langue Quiché, autrement dit entrez ! Peu de monde en semaine : on pourra y manger aussi bien des plats traditionnels qu'une cuisine internationale.

Las Brasas Steack House. 5a avenida, Zona 1 Chichicastenango ✆ **756-1006.** Halte culinaire fréquentée par les touristes de passage, il offre un assez grand choix de sandwichs (autour de 10 Q) et de plats typiques de la région oscillant entre 25 et 40 Q.

■ VISITE

Eglise Santo Tomás

Installée à un angle de la plaza central, elle est immanquable, surplombant le marché, impressionnant édifice d'un blanc immaculé à l'architecture coloniale. Sobre, sa façade est agrémentée de quatre colonnes doriques et percée de trois petites lucarnes apportant un peu de lumière à l'intérieur. Là, trônant en quelque sorte ni à droite ni à gauche mais en lieu et place du Christ, comme saint Jean Baptiste dans le village de San Juan de Chamula au Chiapas (Mexique), Santo Tomás est objet d'une vénération qui se manifeste fièvreusement chaque jour en des rites (aussi bien à l'intérieur qu'à l'extérieur de l'église sur la terrasse et les marches du perron) qui n'ont plus grand chose à voir avec ceux de l'Eglise catholique. Sur un sol recouvert d'un lit d'épines de pin et de pétales de fleurs, les fidèles au milieu d'une forêt de cierges, se livrent à des prières incantatoires et déposent des offrandes (liqueurs, haricots rouges...) pour s'attirer les bonnes grâces du saint. Malheureusement même s'il n'est pas formellement interdit aux touristes de pénétrer dans l'église, il est recommandé (les regards des villageois sont assez parlants) de ne pas s'y aventurer. On pourra toutefois jeter un coup d'œil par une porte latérale au niveau du chevet de l'église située dans la 8a calle qui longe l'édifice.

Autre lieu de la vénération et des pratiques religieuses Quiché, l'imposant escalier de 18 marches face à l'église, telle la volée de marches d'un temple maya. Sacré pour les Indiens, il se termine par une petite terrasse d'où le « tzajorin » en langue quiché, purifie l'air à l'aide d'un encensoir, simple boîte en fer pendue au bout d'une corde. Quotidiennement ou pendant les jours de fête, dans une atmosphère chargée de fumée d'encens, les marches sont le théâtre de rites religieux. Sacré donc, il est interdit aux non-initiés, autrement dit à tous ceux qui manient pitoyablement la langue de Cervantès, portent un short ou un pantalon d'ailleurs, des sandalettes, un appareil photo, ou encore des lunettes de soleil. En bref, il convient, et on le comprendra facilement, de ne pas transgresser cet interdit au risque de heurter la sensibilité de la communauté quiché.

La Municipalidad Quiché

Aujourd'hui Chichi dénombre environ 35 000 habitants en comptant les villages alentours dont 90 % sont descendants ou sont eux-mêmes Mayas Quichés. Mais à une écrasante majorité, les affaires et commerces de la ville sont aux mains des ladinos représentant seulement environ 10 % de la population. Donc une forte communauté « indigène » comme sont appelés les Indiens ici, qui possède sa propre Municipalidad parallèle à celle « élue », reconnue officiellement par l'Etat guatémaltèque. Elle a son propre maire, son conseil municipal et sa propre cour de justice qui se réserve le droit de statuer sur toute infraction mêlant un ou des Indiens Quiché, court-circuitant l'autre tribunal.

Marché

C'est l'autre grande attraction de Chichicastenango. Il se tient deux fois par semaine le jeudi et le dimanche sur la plaza centrale, Chichicastenango se métamorphosant alors en une cité dynamique et colorée. Durant la Semana Santa, à cause des festivités, le marché du jeudi est déplacé au mercredi.

Installé sur le vaste quadrilatère de la plaza Central, c'est peut-être l'un des marchés les plus animés du Guatemala, où se vend de tout mais principalement des tissus (couvertures, cintas huipils ...) et des articles souvenirs clairement destinés aux touristes qui depuis Guatemala, Antigua, Panajachel ou encore Xela, arrivent par cars entiers. En s'enfonçant à travers les ruelles improvisées on découvrira d'autres articles, d'autres produits que les paysans Quichés ont si durement arrachés à la terre, dont des quantités impressionnantes de pommes (on traverse en venant de Xela de vastes vergers de pommiers), des avocats et encore bien d'autres légumes et fruits. Ces paysans, pour les apporter, ont dû parfois parcourir des dizaines de kilomètres, à pied puis en bus, pour arriver à Chichi suffisamment tôt, remplissant les rues de la bourgade dès les premières heures de la journée, saisissant contraste avec le calme des autres jours de la semaine.

Devant le marché

L'authentique à Chichicastenango

Le succès du marché a largement dépassé le cadre géographique des Hautes Terres et les touristes viennent aujourd'hui de loin, à la recherche de scènes de vie quotidienne à photographier et de bonnes affaires. Des milliers de touristes chaque année épinglent Chichi à leur itinéraire, encouragés en cela par des voyagistes et autres guides de voyage. Les paysans, artisans et autres commerçants de la ville ne s'en plaindront pas, (le marché attirant chaque année encore plus d'étrangers !), le flot ininterrompu de touristes étant pour eux une source de revenus non négligeable. Mais il est vrai que pour le touriste en quête d'authenticité, Chichicastenango ne représente plus ce havre qui, il y a encore 10 ans, avait gardé toute sa fraîcheur.

Aujourd'hui des cars entiers, venus d'Antigua et de Guatemala Ciudad principalement, débarquent les touristes le matin, à tel point qu'on entend davantage parler italien, français, anglais et allemand qu'espagnol ou quiché ! Les étals eux ne sont plus démontés depuis belle lurette et la grande majorité des tissus et autres vêtements proposés proviennent des grandes surfaces d'« articulos tipicos » installées à proximité de la plaza, dans la 4a avenida. On préférera donc de plus modestes marchés de village, plus authentiques, riches en couleur et dont la fraîcheur ne s'est pas altérée, comme ceux de Zunil, de Santiago Atitlan, de Sololá, de San Francesco el Alto ou encore celui de Xela pour ne parler que des plus proches.

Chichi mérite à n'en pas douter que vous la comptiez sur votre itinéraire, mais assurément en dehors des grands flots touristiques. Vous serez presque seul et profiterez de la ville et de ces habitants sans inconvénient.

Musée régional

Plaza central. *Ouvert de 8 h à 12 h et de 13 h à 16 h. Entrée 1 Q.* Installé dans une bâtisse à la piètre allure, il borde le côté sud de la place du marché, caché derrière les étals du marché que l'on ne démonte plus depuis longtemps ; demandez votre chemin car rien n'indique sa présence et encore moins son entrée. Il abrite la collection de jade Rossbach du nom de ce collectionneur dont a hérité le musée.

Dans un état de délabrement avancé, le musée semble abandonné (son état aura peut-être depuis beaucoup changé !). Rien d'exceptionnel, mais votre passage aura au moins le mérite de surprendre le « conservateur » peu habitué, semble-t-il, à recevoir des visiteurs.

Sanctuaire de Pascual Abaj

Situé à l'écart du centre ville sur une colline dominant Chichi répondant au nom de Turcaj, il comporte une étrange pierre sculptée représentant Pascual Abaj, dieu de la Terre pour lequel tout au long de l'année mais plus particulièrement au moment des labours et des récoltes, les paysans Quichés viennent accomplir des rites d'offande et de sacrifice.

En vous rendant sur les lieux vous pourrez peut-être assister à l'une de ces manifestations au cours desquelles du maïs, de la liqueur et même du coca-cola sont offerts au dieu, des cierges allumés et parfois un animal sacrifié, le tout dans une atmosphère de grande vénération et lourdement chargée d'encens.

Pour se rendre au sanctuaire de Pascual Abaj remonter la 5a avenida à partir de la plaza Central et au niveau de la 9a calle tournez dans celle-ci. La rue descend nettement au fond de la ravine qui borde à l'est Chichi. Là, vous trouverez facilement le chemin qui serpente au milieu des pins et mène à Pascual Abaj. Sinon, demandez votre route aux habitants des maisons longeant le sentier.

■■ BALADE

Nichée au milieu des montagnes au plan en damier irrégulier, Chichi, c'est d'abord une plaza Central bordée à l'est par sa célèbre et imposante église dédiée à Santo Tomás et le bâtiment de la Municipalidad, et à l'ouest par l'église del Calvario. Un rapide tour pour appréhender les lieux puis on prendra la 7a calle qui, à partir de la plaza, descend vers la ravine où est implanté le très joli cimetière de Chichi. On tourne ensuite dans la 3a avenida, longée sur toute sa longueur par une des ailes de l'hôtel Maya Inn, bel édifice colonial orné de surprenantes grilles en fer forgé. Puis on remonte la 8a calle en direction de la plaza où on longe le Musée municipal aujourd'hui en permanence caché par les étals du marché. La 8a calle, au-delà de la plaza continue sa course. Petite ruelle bordant l'église Santo Tomás, elle débouche sur la 7a avenida au faible intérêt, extrêmement bruyante et passante (les bus l'empruntent pour rejoindre Los Encuentros). En descendant la 7a avenida on rencontre l'hôtel Santo Tomás, aux belles pièces boisées et au charmant jardin tropical. Revenant légèrement sur ses pas, on s'engouffre dans la 6a calle, bordée de petites échoppes où la population se montre étonnée de croiser des touristes. On descend ensuite la 5a avenida, artère principale de Chichi jusqu'à l'Arco Gucumatz d'où l'on a un petit aperçu de la vallée en contrebas qui mène jusqu'à Santa Cruz del Quiché. Puis, quittant le centre-ville on peut rejoindre la colline qui abrite le Pascual Abaj ; le sentier y conduisant serpente au milieu des pins. Le soir, rien à voir ou à faire ou presque, si ce n'est se restaurer. A 20 h la vie semble avoir déserté les rues de Chichi.

■■ SHOPPING

Almacén Variedades. 6a avenida (entre les 6a et 7a calle). Boutique spécialisée dans la vente de tissus au mètre, au yard plus exactement. Le prix varie selon les modèles et les genres de tissu.

Marchés du jeudi et dimanche. Vous y trouverez tous les produits traditionnels de l'artisanat guatemaltèque : huipils, cintas, et autres vêtements et accessoires comme ces bretelles par exemple aux chaudes couleurs locales ; mais également des masques, des meubles de Totonicapan etc. En semaine vous trouverez encore des étals sur la plaza Central, et de quoi ramener quelques souvenirs.

Magasins d'« articulos tipicos ». 4a avenida (entre les 5a et 7a calle). En dehors des jours de marché, il reste possible malgré tout d'acheter les produits classiques de l'artisanat local à ces grandes surfaces du produit artisanal, boutiques de souvenirs locales proposant dans leur grande majorité les mêmes articles que ceux du jeudi et du dimanche. Là aussi bien sûr le marchandage est de règle.

© C. Vionnet

Cimetière de Chichi

■ LOISIRS

Fête de Santo Tomás

Fête patronale dédiée à saint Thomas, elle se tient chaque année du 13 au 21 décembre avec pour jour principal le 21, jour de la saint Thomas, patron de la ville. Elle est le cadre de nombreuses manifestations centrées principalement sur l'église trônant sur la plaza et sur la volée de marches qui la devance. De ses manifestations on retiendra surtout les processions, celles des différentes confréries « religieuses » de Chichi (si tant est qu'on puisse encore parler de religion à propos de Santo Tomás, mi-saint mi-dieu) qui convergent vers l'église, et celles qui au départ de la plaza, promènent les images du saint à travers la ville au milieu d'une ferveur populaire, d'une liesse incommensurable, pour les ramener ensuite dans l'église d'où elles sont tout spécialement sorties le jour de la fête. Toutes ces processions sont animées de danses folkloriques, les danseurs masqués à l'identique de la danse de la Conquista, accompagnées musicalement par des orchestres où trompettes, grosses caisses et bien sûr marimbas se taillent la part du lion.

La ferveur, le caractère quasi sacré de la fête, les rituels, les couleurs, la mobilisation d'une population en très grande majorité indienne (Quiché) de Chichi et descenduées des villages voisins, tout cela fait de la fête de Santo Tomás un évènement de tout premier plan, superbe de dépaysement et riche en enseignements. Malheureusement, il est extrêmement difficile de se loger à Chichi durant cette période festive comme durant la Semana Santa d'ailleurs. Pensez à réserver votre chambre (cela peut être fait de France !) ou choisissez de loger beaucoup plus loin à Sololá par exemple ou encore à Panajachel, le trajet les séparant de Chichi étant relativement court.

La Semana Santa

Au Guatemala, qui évoque la Semana Santa pense automatiquement Antigua et à ses merveilleuses festivités. A Chichicastenango elles sont assez différentes de l'ancienne capitale guatemaltèque. Plus traditionnelles, elles allient rites indigènes et rites catholiques, ces derniers parfois totalement occultés par le rituel Quiché à l'image des messes dominicales et des visites quotidiennes des villageois à Santo Tomás. Les festivités à Chichi commencent dès le mercredi précédent le début de la Semaine Sainte. On assiste alors à la célèbre procession des saints indigènes porteurs de miroirs et drapés de riches parures. S'enchaînent ensuite processions et danses, véritable plaisir pour les yeux. Une constante, l'omniprésence de l'encens qui brûle perpétuellement sur les 18 marches de l'église Santo Tomás (comme le reste de l'année d'ailleurs mais là en des quantités folles !) parfumant l'ensemble de la ville.

Sur les marches de l'église

SANTA CRUZ DEL QUICHE

Chef-lieu du département du Quiché, Santa Cruz del Quiché est installée sur la route nationale 15 à 33 km environ au nord de Chichicastenango. Deux fois plus importante que Chichicastenango, c'est une authentique petite ville agricole située à près de 2000 mètres d'altitude vers laquelle convergent en semaine et principalement les jours de marché les produits de l'activité des paysans des villages environnants. Peu fréquentée par les touristes occidentaux qui limitent généralement leur connaissance du Quiché à Chichicastenango, c'est une ville attachante loin des clichés proposés par certaines villes des Hautes Terres. On y vient donc pour son authenticité et pour les amateurs de vieilles pierres, pour son site archéologique. Santa Cruz del Quiché est également un parfait point de départ vers les villages Quiché et Ixil des montagnes des alentours comme celui de Nebaj.

▩ PRATIQUE

Banques

Banco G & T. 3a avenida 6-00, Zona 1 ✆ 955-1650. *Ouvert du lundi au vendredi de 8 h 30 à 18 h ; le samedi de 9 h à 12 h.* Elle change les chèques de voyages et accepte les cartes bancaires au comptoir (Visa).

Banco de Guatemala. Parque Central. Ouvert du lundi au vendredi de 8 h 30 à 14 h 30.

Transports

Un seul terminal de bus à Santa Cruz del Quiché depuis lequel il est possible de rejoindre la plupart des grandes destinations des Hautes Terres via Chichicastenango et le carrefour routier de Los Encuentros. On pourra également rallier Huehuetenango par les montagnes mais c'est là un long et fatigant voyage sur des routes montagneuses en très mauvais état.

Chichicastenango. Départ tous les jours, toutes les demi-heures environ. Comptez environ 40 minutes de route. Tarif 3 Q.

Nebaj. Départ tous les jours à 9 h, 10 h 30 et 12 h 30. Comptez environ 4 heures de route. Tarif 8 Q.

Guatemala Ciudad. Compagnie Veloz Quichelense. Départs tous les jours, toutes les heures de 5 h à 17 h. C'est une compagnie de bus 1re classe basée à Guatemala Ciudad dans la Zona 4.

Quetzaltenango, La Antigua, Panajachel. Prenez n'importe quel bus en direction de Chichicastenango ou de Los Encuentros et changez . De Chichicastenango, des bus assurent des liaisons quotidiennes avec Panajachel. Perdue elle aussi au milieu des montagnes, Santa Cruz del Quiché est accessible, soit de Chichicastenango, soit de Totonicapán, mais là un voyage long et inconfortable vous attend sur des routes montagneuses en mauvais état (à éviter donc !).

▩ HEBERGEMENT

Peu fréquenté par les touristes, Santa Cruz del Quiché n'en est pas moins équipée de quelques établissements. La majorité est constituée d'hospedajes bon marché (hospedaje Hermano Pedro, hospedaje Tropical) concentrés à proximité du terminal de bus, pas très bien tenus et au confort plutôt rudimentaire. Le reste des établissements (ils sont peu nombreux) offrent une qualité d'accueil et de confort supérieur.

Hotel San Pascual. 7a calle 02-43, Zona 1 Santa Cruz del Quiché ✆ 756-1107. *34 chambres de 40 à 60 Q.* C'est la référence à Santa Cruz del Quiché. Situé dans le centre ville, à deux pas du Parque Central, c'est un grand établissement très bien tenu. Les chambres sont simples mais le confort y est correct. Certaines sont équipées de la télévision. Pour les motorisés, un parking est mis à la disposition de la clientèle.

Hotel Gumarkaah. 3a calle 8-05, Zona 3 Santa Cruz del Quiché ✆ **755-1649.** *17 chambres de 55 à 95 Q.* Il fait partie des hôtels proposant un bon niveau de confort. Installé en retrait du Parque Central, il fait figure d'hôtel de « luxe » à Santa Cruz del Quiché. Ces chambres sont correctement tenues et équipées de salle de bains avec eau chaude ce qui n'est pas si courant dans la ville. Il ne dispose pas de restaurant mais on trouvera dans la rue et dans celle d'à côté de quoi se sustenter.

■ RESTAURANTS

Santa Cruz del Quiché est pourvue d'une foule de petits établissements, de comedors et cafétérias bons marchés. Il n'y a pas véritablement de restaurants se démarquant des autres. On les trouve principalement sur le Parque Central et dans les rues adjacentes. On peut citer tout de même le **Restaurant Video 2000**. Le nom n'est pas tout ce qu'il y a de plus Quiché mais il propose une nourriture simple, composées de quelques plats typiques (tacos, antojitos, enchiladas) et de plats occidentaux où les pizzas se taillent la part du loin. Le soir on y passe des vidéos, mélange de films et de clips.

■ VISITE

Eglise

Plantée sur la place qui forme le cœur du Parque Central, c'est une belle église de style colonial. Construite dans les premières années de la domination espagnole, elle le fut à l'initiative des missionaires dominicains qui suivaient dans les bagages des conquistadores. K'umarcaaj détruite à la suite du siège de 1524 qui marquait la chute du puissant royaume Quiché, on utilisa alors les belles pierres de taille des temples de l'ancienne capitale. Sur la place, se trouve la célèbre statue de pierre de Tecum Uman (on la retrouve dans de nombreux prospectus distribués par Inguat) vaincu par Pedro de Alvarado dans un combat singulier.

Ruinas Kumarkaj

Un peu à l'écart de Santa Cruz (4 km), le site de Kumarkaj (ou K'umarcaaj) appelé aussi Utatlán n'est à l'évidence pas l'un des sites monumentaux majeurs de la civilisation maya, mais c'est peut-être l'un des plus riches par son histoire. En effet il accueillit jusqu'au début du XVIe la capitale du royaume Quiché. En 1524, les troupes espagnoles prirent d'assaut le site et le dévastèrent. Pas de grande structure monumentale à découvrir à Kumarkaj mais une vaste zone riche en fondations qui donne un certaine idée de la puissance de la cité quiché qui rayonnait jusqu'à Zaculeu, l'antique Huehuetenango. Malheureusement, l'équipe en charge des ruinas manque à l'évidence de moyens, le site n'étant pas suffisamment entretenu (chemins pas dégagés etc.).

Si vous êtes motorisés : pour se rendre à Kumarkaj du centre de Santa Cruz del Quiché suivez les panneaux indicateurs marqués « las Ruinas ». La route est celle qui mène au village de San Antonio Ilotenango. Parcourez 4 km vous trouverez alors l'entrée du site.

Si vous êtes à pied, deux solutions :

- la marche, mais les gens du pays vous le déconseilleront fortement, des « ladrones » ayant sévi et sévissant encore sur cette faible portion de route.
- le bus, bien pratique et peu onéreux qui, du centre de Santa Cruz, vous conduira en moins de 15 minutes à l'entrée des ruines.

■ LOISIRS

Fête de Santa Elena de la Cruz

Fête patronale en l'honneur donc de Santa Elena de la Croix, elle se déroule chaque année du 14 au 19 août avec pour jour principal le 18. On pourra alors assister de nombreuses manifestations culturelles dont les fameuses danses folkloriques de Los Diablos, Convite, Emascarados ou encore la célèbre Conquista aux masques particulièrement ouvragés.

Marché

Il est théoriquement permanent à Santa Cruz del Quiché mais il connaît surtout deux jours de forte activité, le dimanche et le jeudi, jours où les touristes se pressent le long des étals en quête d'une pièce de tissu rare. Complètement occulté par le marché bi-hebdomadaire de Chichi, celui de Santa Cruz est encore un de ces marchés authentiques où il est un régal de se promener, entouré des tenues colorées des femmes Quiché et Ixil.

NEBAJ

Petit village du département du Quiché, perdu en pleine Sierra des Cuchumatanes, Nebaj n'attire pas le tourisme par ses bars ou ses curiosités archéologiques mais par son calme, sa population, son authenticité et surtout ses paysages alpestres magnifiques, à découvrir facilement au cours de balades et autres excursions pédestres. Village Ixil, c'est l'un des principaux centres avec Chajul situé plus au nord de la partie orientale de la Sierra de los Cuchumatanes.

Population rurale, les habitants de Nebaj sont peu habitués aux touristes et encore moins à être visés par les objectifs de leurs appareils photo. La modération, voire l'abstinence, sont donc de mise.

Transports

Village montagnard, Nebaj est difficilement accessible à partir d'une grande ville. Il vous en coûtera alors un long et pénible voyage.

De Huehuetanango. Terminal de bus. Comptez environ 6 h de route avec une pause de 30 minutes au milieu. Elle passe par Aguacatán et par Sacapulas. Route puis piste en très mauvais état, poussiéreuse en été, boueuse en hiver.

De Chichicastenango. Comptez entre 4 h et 4 h 30.

De Santa Cruz del Quiché. Comptez entre 3 h 30 et 4 h.

Hébergement

Nebaj ne dispose que de quelques « hospedaje » et autres « casa de huespedes » ce qui est déjà beaucoup pour une si petite bourgade. Nous vous conseillons la Pension de las Très Hermanas, une douzaine de chambres au confort très rudimentaire. Pas de douche. De l'eau tout de même mais froide. De quoi survivre en somme.

Conseil

Montagne oblige, le climat, même en été, est particulièrement frais dès la fin de l'après-midi (on est proche des 3 000 m d'altitude). Pensez donc à emporter des vêtements chauds et de pluie si vous avez décidé de laisser le plus gros de vos bagages à l'hôtel à Huehuetanango, à Chichicastenango ou encore à Santa Cruz del Quiché.

Fête

Fête de la Virgen del Transito. Fête patronale qui se tient chaque année entre le 12 et le 15 août avec pour jour principal le 15. Authentique fête traditionnelle mêlant rites chrétiens et païens au cours de laquelle on assistera aux danses des Toros et des Venados (cerfs).

TOTONICAPÁN

TOTONICAPAN

Chef-lieu du département du même nom, Totonicapán, de son vrai nom San Miguel Totonicapán, est sise à seulement 11 km de la CA-1 et de Cuatros Caminos, facilement accessible des grands centres urbains des Hautes Terres dont sa voisine Xela (22 km) et plus loin d'Antigua et de Guatemala Ciudad, distante de 206 km. Charmante petite ville peu fréquentée par les touristes qui lui préfèrent Quetzaltenango ou Chichicastenango, c'est un important centre artisanal du Guatemala aux nombreux ateliers spécialisés dans la fabrication de céramiques, de tissus ou encore de meubles en bois.

■ TRANSPORTS

Totonicapán est reliée à toutes les grandes destinations des Hautes Terres via Cuatros Caminos (à 11 km). Situé sur la CA-1 au carrefour, comme son nom l'indique, de quatre routes, la liaison à partir Totonicapán est assurée quotidiennement par un service de bus. Il vous en coûtera entre 1 et 2 Q et environ 20 minutes de trajet.

■ HEBERGEMENT

Une faible infrastructure hôtelière mais satisfaisante pour le faible contingent de touristes qui décident de séjourner à Totonicapán ou dans sa région. En général, ces touristes, occidentaux il s'entend, font plutôt le choix de prendre une chambre à Quetzaltenango distante d'une vingtaine de kilomètres seulement et de venir passer la journée à Totonicapán.

Casa de Huespedes Paclom. Momostenango. *Une douzaine de chambres de 20 à 40 Q.* Rudimentaire, l'hôtel offre un confort minimum : propreté douteuse, pas de salle de bains même commune.

Hotel Nuevo Reforma. Barrio la Reforma San Cristóbal Totonicapán ℭ **766-1051.** 12 chambres toutes avec salles de bains de 70 à 100 Q.

Pension Reforma. Barrio Reforma San Cristóbal Totonicapán ℭ **766-1438.** 15 chambres de 35 à 60 Q avec ou sans salle de bains.

Hotel Vista Hermosa. 3a avenida 2-22, Zona 1 San Francisco el Alto ℭ **766-1030.** *19 chambres de 25 à 35 Q sans salle de bains ; de 35 à 55 Q avec salle de bains.* Chambres au confort spartiate, sans grand charme. Pratiques tout simplement pour ceux souhaitant arriver la veille du marché pour ne rien louper du spectacle. Demander de préférence les chambres avec vue. Restaurant.

Hospedaje San Miguel. 3a calle 7-49, Zona 1 Totonicapán ℭ **766-1452.** *22 chambres de 30 à 40 Q avec ou sans salle de bains.* Confort et décoration rustique pour cet hospedaje situé à quelques pas seulement du Parque Central. Idéal pour les petits budgets peu soucieux de confort et souhaitant se rapprocher de San Francisco el Alto.

■ VISITE

Casa de la Cultura. 8a avenida 2-17, Zona 1 Totonicapán ℭ **766 1575.** En quelque sorte musée municipal, elle abrite une exposition présentant la tradition artisanale qui fait la renommée de Totonicapán. On y trouvera également quelques spécimens d'art précolombien et des œuvres du XIXe siècle.

Ateliers artisanaux. Il en existe plus d'une quarantaine à Totonicapán même. On peut facilement les visiter et regarder travailler les tisseuses, les potiers ou encore les ébénistes, ces-derniers couvrant leur travail (coffres, buffets…) de motifs naïfs et colorés empruntés à la flore et à la faune guatemaltèque.

Marché. Totonicapán est l'une des quatorze localités pourvues d'un marché permanent en plus de son jour de marché hebdomadaire (le mardi). On y trouve à profusion de nombreux articles sortis des ateliers artisanaux de la ville.

Fête de San Miguel Archangel. Fête patronale qui a lieu tous les ans en l'honneur de l'Archange saint Michel, saint patron de la ville, du 24 au 30 septembre avec pour jour principal le 29 (jour férié). De nombreuses festivités dont des chants et des représentations folkloriques comme celles des Pascarines et les Mejicanos.

■■ DANS LES ENVIRONS

On peut depuis Totonicapán soit aller à San Cristobal, puis San Andres Xecul, soit prendre un autre chemin et aller à San Francisco el Alto et Momostenango.

San Cristóbal Totonicapán

Fête de Santiago Apóstol. Fête religieuse dite patronale (« titular ») ayant lieu chaque année entre le 22 et le 27 juillet avec pour jour principal le 25, en l'honneur de saint Jacques Apostolique.

San Andres Xecul

Localisé dans le département de Totonicapán, le petit village de San Andres Xecul ne se trouve seulement qu'à environ 8 km de Quetzaltenango en bordure de la route menant vers Cuatros Caminos. On y vient exclusivement pour sa **célèbre église** colorée de jaune dont la photo a agrémenté plus d'un magazine et autres ouvrages spécialisés sur l'Amérique Centrale. Erigée selon une architecture coloniale classique, elle affiche une pittoresque façade polychrome richement décorée de statuettes, de peintures et autres dessins religieux et naïfs, qui rappelle par sa forme, ses couleurs et ses motifs décoratifs, les huipils des femmes de la région. Situé dans le département de Totonicapán, il semble pourtant plus aisé de rallier San Andres Xecul à partir de Xela.

Transports. Deux solutions : si vous êtes motorisé, suivez la route nationale 1 qui de Quetzaltenango mène à Cuatros Caminos. A hauteur de Salcajá, prendre la route de terre de San Andres Xecul. Sinon prenez un bus au Terminal Minerva à Xela. Il vous en coûtera environ 2,5 Q par personnepour approximativement 30 à 45 minutes de route.

Comment retrouver les articles du sur le Guatemala ? **Le Monde**

Par minitel, sur le 3617 LMDOC, vous en aurez les références en tapant le nom du pays en sujet. Le 08 36 29 04 56 vous permettra de lire le texte de l'article. Dans les deux cas, vous avez la possibilité de recevoir les articles par courrier ou par fax.

Sur nos serveurs en ligne, si vous êtes abonné à l'Européenne de données ou Questel, Lexis Nexis, DataStar. Egalement sur Compuserve.

Grâce au Monde sur CDRom, en bibliothèque ou chez vous si vous êtes équipé.

SAN FRANCISCO EL ALTO

Accroché à la montagne dans le département de Totonicapán à une altitude de 2 600 m d'altitude, il se trouve approximativement à égale distance (environ 18 km) de Quetzalrenango et de Totonicapán, chef-lieu du département du même nom. C'est semble-t-il l'un des villages les plus pittoresques de l'altiplano guatemaltèque avec son imposante église coloniale et surtout avec son spectaculaire marché agricole et aux bestiaux, le plus important d'Amérique Centrale.

Une étape importante quant à la connaissance de la société agricole des Hautes Terres.

■ TRANSPORTS

Quetzaltenango-San Francisco el Alto

Terminal Minerva. 6a calle Zona 3. Prendre n'importe quel bus pour Huehue, Antigua ou encore Guatemala Ciudad et descendre à Cuatros Caminos sur la CA-1. Là prendre un bus pour San Francisco el Alto via San Cristóbal Totonicapán, ou un collectivo qui vous coûtera un peu plus cher.

Terminal local. Avenida Jesus Castillo-1a calle Zona 4. Un départ toutes les heures pour San Francisco el Alto. Comptez entre 2 et 4 Q.

■ VISITE

Eglise

De dimension importante elle abrite à l'intérieur de nombreux tableaux ainsi que des murs couverts de fresques multicolores. On accède à son sommet par un escalier après s'être acquitté d'un droit d'accès plus ou moins officiel de 1 Q. Là, la vue sur les alentours est particulièrement belle en particulier sur le volcan Santa Maria et celui du Cerro Quemado.

Marché

Hebdomadaire, le jour du marché de San Francisco el Alto est fixé au vendredi sur la place centrale du village. Moment majeur de la semaine, l'accueil de nombreux les paysans des Hautes Terres venus vendre ou échanger leurs vaches, leurs moutons ou bien encore leurs chevaux de traits, principale force motrice dans la région quand on peut les utiliser sur les milpas pas trop pentus. Ce sont donc des milliers de bêtes, d'hommes et de femmes aux costumes multicolores qui se rassemblent ici chaque vendredi dans une cacophonie de bruits, de beuglements et de cris. La cohue est indescriptible, les ruelles improvisées entre les étals étant insuffisamment larges pour l'écoulement du flot de visiteurs. Parallèlement il s'y vend également les produits artisanaux classiques (tissus, huipils…) dont ces couvertures de laines du village de Momostenango, les fameuses « chamarras », idéales pour les longues nuits d'hiver de nos climats tempérés.

Les paysans et artisans arrivent très tôt à San Francisco el Alto, le marché étant en place pour la journée dès 6 h du matin. Il bat alors son plein jusqu'à 14 h environ pour ensuite perdre en intensité. Mieux vaut alors arriver tôt le matin.

Conseil. Le marché attirant nombre de touristes nationaux ou étrangers, des pick-pockets ont « élu domicile » à San Francisco et sévissent chaque vendredi. Attention donc à vos biens. Evitez de garder votre monnaie dans vos poches ainsi que les bananes « extérieures » autour de la taille. Même bien avisés, les habitants de Quetzaltenango se font régulièrement délester. Si ces pickpockets excellent dans leur art, leur forfait est grandement facilité par la foule qui se presse ici chaque vendredi.

Fête de San Francisco de Asis (saint François d'Assise)

Fête religieuse, elle se déroule chaque année du 1er au 6 octobre avec pour jour principal le 4 (fête du saint) : il est alors possible d'assister aux traditionnelles danses folkloriques telles que los Mejicanos, los Vaqueros et la célèbre Conquista qui parodie l'arrivée des Espagnols.

MOMOSTENANGO

A moins de 30 km de Totonicapán et à peu près autant de Quetzaltenango, Momostenango est une bourgade rurale célèbre pour sa tradition artisanale de tissage, plus particulièrement pour sa production de belles couvertures de laine appelées ici chamarras. C'est également l'un des derniers villages où survit encore le calendrier maya. Le dimanche, jour de marché, les paysans des villages alentour s'y pressent pour y vendre leurs produits. Situées à quelque distance de Momostenango, au cœur d'un joli cadre alpestre, d'étranges formes taillées dans le rocher, los Ricos, que l'on doit à un long processus d'érosion.

■ TRANSPORTS

Cuatros Caminos. Chaque jour des bus assurent la liaison aller / retour avec Cuatros Caminos au départ de Momostenango. Comptez entre 1 et 2 Q. Renseignez-vous quant à l'heure du dernier bus partant vers la CA-1.

Quetzaltenango. Plusieurs bus par jour au départ de Momostenango. Comptez entre 3 et 4 Q.

■ VISITE

Marché. Il se tient chaque dimanche sur la Plaza au centre du village. Là sont vendues les célèbres couvertures de laine qui font la renommée de Momostenango et son succès touristique. Epaisses, lourdes, ces chamarras sont tissées sur d'importants (par la taille) métiers à tisser qu'il est possible en semaine de voir fonctionner, le plus souvent contre quelques quetzals. Un autre article typique de Momostenango que vous trouverez sur le marché, le poncho, lui aussi fait de laine, couvert de motifs colorés. On reconnaîtra également des produits sortis des ateliers des localités voisines de San Cristobal Totonicapán et de Totonicapán, et tout particulièrement ces coffres, boîtes et autres pièces de mobilier multicolores qui font de très beaux souvenirs.

Fête de Santiago Apóstol. Fête patronale dédiée à saint Jacques l'Apostolique qui se déroule chaque année du 21 juillet au 1er août. Le jour même de la célébration du saint, le 1er août, ont lieu bien sûr des manifestations folkloriques. Au programme, des processions et des danses dont les Vaqueros, la Conquista, les Moros del Tún.

HUEHUETENANGO

HUEHUETENANGO

Chef-lieu du département du même nom, Huehuetenango est peuplée de 70 000 habitants environ dont 65 % de « ladinos » (issus du métissage entre Espagnols et Indiens) et 35 % d'Indiens, ce qui explique le peu de tenues traditionnelles rencontrées dans le centre, à part celles portées par les Indiens des villages du département descendus en ville. Enfin, appelée familièrement « Huehue » (prononcer « huéhué ») elle se situe sur la Route Panaméricaine (CA-1) à 270 km de Guatemala Ciudad et à 80 km aproximativement de La Mesilla (frontière mexicaine).

Aujourd'hui Huehuetenango est avant tout, de par sa situation géographique, à peine à 80 km de la frontière mexicaine (La Mesilla), une halte bien pratique pour les voyageurs qui se rendent ou qui viennent des villes mexicaines de Comitan ou de San Cristobal. Son infrastructure hôtelière est donc conséquente sans pour autant être au niveau de celle de Xela. Huehue en dehors de son rôle d'étape est un point de départ idéal pour découvrir les paysages et les villages de la Sierra des Cuchumatanes, en particulier celui de Todos Santos de Cuchumatan, ainsi que pour visiter le site archéologique de Zaculeu où s'est écrite une grande page de la résistance des Indiens Mam face aux Conquistadores.

■ PRATIQUE

Office du tourisme. Il n'existe pas à proprement parler d'office du tourisme à Huehuetenango, l'INGUAT n'y étant pas implanté. Ainsi des initiatives privées ont-elles vu le jour et fonctionnent avec les moyens du bord (à l'heure actuelle, un petit bureau d'informations touristiques a déjà dû fermer ses portes). La seule et unique source d'informations restante se situe dans le magasin «Artesanias y Tipicos Ixqui» 5a avenida, 1-56, Zona 1, à proximité de l'Hôtel Zaculeu. Le magasin est ouvert 6 jours sur 7 (fermé le dimanche). L'accueil y est particulièrement chaleureux.

Poste. Correos y telegrafos. 2a calle Zona 1. *Ouverte du lundi au vendredi de 9 h à 17 h. Fermée samedi et dimanche.* Placée en face de l'Hôtel Mary, à côté de Guatel.

Téléphone. Guatel. 2a calle Zona 1. *Ouvert tous les jours de 8 h à 20 h.* La compagnie du téléphone Guatel est située dans la 2a calle à côté de la Poste. Le dimanche comme ailleurs, les communications sont moins chères. Vous aurez certainement à attendre un peu plus que d'habitude si vous choisissez de téléphoner ce jour là, les Guatémaltèques s'y rendant en masse.

Banques

Les principales banques du pays sont représentées sur le Parque Central et dans la 2a calle qui le borde au nord.

Banco G & T. 2a calle Zona 1. *Ouverture du lundi au vendredi de 9 h à 20 h ; le samedi de 9 h à 13 h.* Elle est installée à l'angle du Parque Central et de la 2a calle. Le change de chèques de voyage y est possible mais seulement entre 9 h et 12 h en semaine, et de 9 h à 12 h le samedi.

Banco del Quetzal. 2a calle Zona 1. *Ouverture du lundi au vendredi de 8 h 30 à 19 h, le samedi de 9 h à 13 h.* Située à l'angle de la 2a calle et de la 4a avenida, elle accepte également les chèques de voyage.

Banco Industrial. 6a avenida Zona 1. *Ouverture du lundi au vendredi de 9 h à 20 h et le samedi de 10 h à 14 h.* Entre la 1a et la 2a calle, elle possède un distributeur automatique ouvert 24 heures sur 24. Carte VISA acceptée.

Multibanco. 4a calle Zona 1 (entre la 6a et la 7a avenida). Elle dispose d'un distributeur automatique qui accepte la carte VISA.

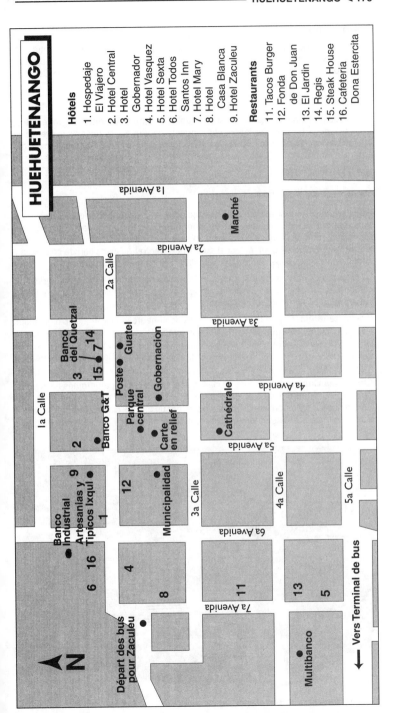

HUEHUETENANGO

N

Hôtels

1. Hospedaje
   El Viajero
2. Hotel Central
3. Hotel
   Gobernador
4. Hotel Vasquez
5. Hotel Sexta
6. Hotel Todos
   Santos Inn
7. Hotel Mary
8. Hotel
   Casa Blanca
9. Hotel Zaculeu

Restaurants

11. Tacos Burger
12. Fonda
    de Don Juan
13. El Jardin
14. Regis
15. Steak House
16. Cafeteria
    Dona Estercita

1a Avenida

2a Avenida

2a Calle

3a Avenida

Banco
del Quetzal

Guatel

Poste

Gobernacion

4a Avenida

Marché

Parque
central

Carte
en relief

Cathédrale

5a Avenida

la Calle

Banco G&T

Banco
Industrial

Artesanias y
Tipicos Ixqul

Municipalidad

3a Calle

4a Calle

5a Calle

6a Avenida

7a Avenida

Départ des bus
pour Zaculeu

Multibanco

← Vers Terminal de bus

Pharmacies

De nombreuses pharmacies sont concentrées à proximité du Parque Central. On signalera celle située à l'angle de la 4a calle et de la 6a avenida (en face du restaurant « el Jardin ») et l'autre toujours dans la 4a calle en allant vers le Mercado Central à l'angle formé avec la 3a avenida.

Hôpital

En cas de problèmes sérieux adressez-vous à l'**Hospital Nacional**, excentré, qui se trouve dans la 6a calle (en allant vers l'ouest) juste avant l'intersection avec la 8a avenida, ou au **Sanatorio Lopez** situé dans la 4a calle entre la 6a et la 7a avenida.

■ TRANSPORTS

Terminal de bus (Gare routière)

De Huehuetenango il est possible de rejoindre la ville frontière de La Mesilla, les principales villes des Hautes Terres ainsi que Guatemala Ciudad. Tous les bus (principalement de 2e classe) partent d'une seule et même gare routière située dans la Zona 4 à environ 2,5 km à l'ouest du Parque Central à l'exception de ceux reliant quotidiennement Todos Santos Cuchumatan (voir en fin de rubrique).

La Mesilla. Départ toutes les heures environ dès 6 h du matin (toutes compagnies confondues). Comptez 2 h à 2 h 30 de route pour effectuer les 80 km qui vous séparent du poste frontière. Le prix est de 7 Q par personne.

Quetzaltenango. Départ théorique toute les demi-heures environ (dès 6 h du matin) mais les bus ne partent le plus souvent que lorsqu'ils sont pleins. Comptez 2 heures de voyage pour 7 Q par personne. Sinon prendre n'importe quel bus à destination de Panajachel ou de Guatemala Ciudad puis changer à Cuatros Caminos. De là, des bus assurent la liaison jusqu'à Xela.

Guatemala Ciudad. Les bus de 2e classe sont prévus pour partir toutes les heures. Comptez au moins 6 heures de voyage (voire 7 h) pour rejoindre la capitale. Il est donc judicieux, pour s'y rendre directement, de prendre un bus 1re classe. Cela vous coûtera plus cher mais vous épargnera du temps et de la fatigue !

Terminal de bus à Huehuetenango

Panajachel. Des départs toutes les heures dès 6 h du matin et cela jusqu'à 16 h environ; ou monter dans n'importe quel bus en partance pour la capitale et descendre à Los Encuentros. De là, des bus descendent vers Solola et Panajachel. Le voyage coûte entre 15 et 20 Q (pour les touristes). Il faut compter entre 3 h 30 et 4 h de trajet (sans les aléas!) pour rejoindre les bords du lac. Il est donc conseillé de ne pas partir après 15 h. Vous éviterez ainsi de terminer le voyage de nuit et ensuite de passer la nuit dehors, car à Panajachel l'affluence est telle qu'il devient difficile de trouver une chambre en fin d'après-midi (à moins d'y mettre le prix).

Todos Santos « Cuchumatan »

Les bus reliant Huehuetenango à Todos Santos ne sont pas à prendre au terminal de bus mais dans le centre-ville même de Huehuetenango, à proximité du mercado, à l'angle de la 4a calle et de la 1a avenida. Là, tous les jours, un bus part à 4 h et à 10 h 30 du matin. Comptez de 1 heure et demie à deux heures de route (40 km). Tarif 4 Q.

Bus urbain

Deux lignes seulement offrent un certain intérêt pour les touristes :
La première assure la liaison entre le Terminal de bus et le centre ville. Au sortir du car, traversez les bâtiments le long desquels les bus se garent. Devant vous un autre édifice tout en longueur barre l'horizon; les collectivos qui vous emmèneront vers le centre se trouvent juste derrière (50 centavos par personne). L'arrêt le plus proche du Parque Central se situe à l'angle de la 4a calle et de la 4a avenida. Demandez au chauffeur de vous y arrêter. Pour rejoindre la gare routière, prenez un collectivo (direction « Terminal » sur le pare-brise) au même arrêt : un passage toutes les 20 mn.
La seconde relie le centre-ville au site archéologique de Zaculeu. Les bus se prennent à l'angle de la 2a calle et de la 7a avenida et ne partent que lorsqu'ils sont pleins. Demandez à descendre à « las ruinas ». Comptez 15 mn de trajet. Environ 1,5 Q par personne. Pour repartir des ruines il suffit à l'entrée d'attendre le passage d'un bus dans l'autre sens.

Taxi

La tête de station se trouve à l'extrémité sud du Parque Central presque en face de la Cathédrale.

■ HEBERGEMENT

Huehuetenango est une petite ville touristique, simple étape pour la plupart des voyageurs allant vers le Mexique ou vers les Hautes Terres guatémaltèques. Elle dispose donc d'une petite infrastructure hôtelière suffisamment développée aujourd'hui, adaptée à tous les budgets.

Hospedaje El Viajero. 2a calle Zona 1 (entre la 5a et la 6a avenida). En travaux lors de notre visite, cet établissement possède à peine une dizaine de chambres au confort spartiate et à la propreté douteuse. Vraiment pas fait pour plaire même si les travaux entrepris apporteront sans doute quelques améliorations. Son seul atout est son prix : 20 Q pour une « cellule » de 2 personnes. A choisir seulement en cas d'extrême nécessité.

Bien et pas cher

Hotel Central. 5a avenida 1-33, Zona 1. *Chambres de 2, 3 ou 4 personnes valant respectivement 44,45 ou 60 Q. (à partir de 3 c'est 15 Q par personne).* Vieux, au confort également spartiate, donnant sur une avenue très fréquentée, cet hôtel n'en reste pas moins une adresse pratique pour ceux qui voyagent en groupe. En effet il ne possède que 2 chambres de 2 personnes, les autres étant pour 3 ou 4 personnes Toutes sont sans salle de bains (salle de bains commune près des cuisines). Restaurant pas cher. Petit-déjeuner copieux.

Hotel Gobernador. 4a avenida 1-45, Zona 1 ℰ **764-1197.** *Chambres sans salle de bains de 24 à 36 Q.* Pension familiale sympa construite autour d'une petite cour agréable (qui sert malheureusement aussi de parking et donc à l'origine de nuisances sonores).

Hotel Vasquez. 2a calle 6-67, Zona 1. *Chambres sans salle de bains de 21 à 56 Q. Chambres avec salle de bains de 30 à 66 Q.* Situé à juste une cuadra à l'ouest du Parque Central cet établissement est construit à la façon d'un motel américain. Il dispose d'une vingtaine de chambres avec autant de places de parking. Un côté très pratique pour les gens motorisés. Attention ! Les prix qui nous ont été donnés ne nous semblent pas très sérieux. Vérifiez donc avant de prendre une chambre !

Confort ou charme

Hotel Sexta. 6a avenida 4-29, Zona 1. *Chambres sans salle de bains de 25 à 75 Q. Chambres double avec salle de bains 60 Q. Accepte la carte VISA.* C'est un nouveau venu dans le parc hôtelier de Huehuetenango. A quelques mètres seulement du restaurant El Jardin, l'endroit possède un charme indéniable avec sa petite cour rustique autour de laquelle sont agencées une dizaine de chambres. Certaines malheureusement sont trop sombres et exiguës.

Hotel Todos Santos Inn. 2a calle 6-74, Zona 1 ℰ **764-1241.** *Chambres sans salle de bains de 25 à 75 Q. Chambres avec salle de bains de 40 à 100 Q.* Hôtel récent qui dispose d'une douzaine de chambres, claires et propres, avec ou sans salle de bains, dont certaines aux 1er et 2e étages ont une vue sur la campagne environnante. Demandez de préférence à vous installer au 2e étage pour profiter de la vue. Un petit restaurant assure les trois services quotidiens. Une bonne adresse à l'accueil chaleureux.

Hotel Mary. 2a calle 3-52, Zona 1 ℰ **764-1618 / 764-1228.** *Chambres sans salle de bains de 35 à 70 Q. Chambres avec salle de bains de 45 à 85 Q.* Un ton au-dessus des deux précédents ; les chambres y sont grandes, claires et propres. Peut-être le meilleur rapport qualité-prix de la ville ! Une très bonne adresse donc à deux pas du Parque Central, de la Poste et des principaux restaurants.

Luxe

Hotel Casa Blanca. 7a avenida 3-41, Zona 1 ℰ **764-2586.** *Chambres simple ou double de 132 à 189 Q. Compter 40 Q pour un lit supplémentaire.* D'une blancheur éclatante, le Casa Blanca est implanté un peu à l'écart du centre-ville, et dispose d'une dizaine de chambres donnant sur un petit jardin bien agréable où l'on peut prendre prendre son petit déjeuner.

Hotel Zaculeu. 5a avenida 1-14, Zona 1 ℰ **764-1086.** *Au 1er étage les chambres simple ou double valent 78 et 120 Q ; au 2e étage les chambres simple ou double (avec télévision) coûtent 168 et 216 Q.* Situé à quelques mètres au nord du Parque Central en face de l'hôtel Central, il occupe une vieille bâtisse coloniale au charme incontestable avec son patio à la végétation luxuriante et aux petits bancs de bois. Un lieu idéal pour la lecture et la rêverie ! L'hôtel dispose d'une vingtaine de chambres sur deux niveaux ; toutes sont avec salle de bains. Décorées avec goût elles sont tout simplement superbes. Le restaurant donne sur le patio.

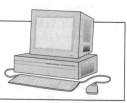

Ecrivez-nous sur Internet

info@petitfute.com

■ RESTAURANTS

Huehuetenango n'offre pas encore un grand choix d'endroits où se restaurer. Elle dispose principalement de petits restaurants bon marché et, depuis peu, de quelques établissements proposant une cuisine internationale. Il est interdit, dans certains d'entre eux, de servir plus de deux bières par personne.

Restaurante Tacos Burger. 6a avenida Zona 1 (entre la 3a et la 4a calle). Gargote essentiellement fréquentée par les habitants de la ville. On y sert (on s'en douterait !) des tacos et des hamburgers maison. 4 menus rapides, à 12, 13, 14 et 15 Q l'unité, à base de tacos ou de hamburgers accompagnés de « papas fritas » (frites) et d'une boisson.

Pizzeria La Fonda de Don Juan. 2a calle Zona 1. (entre la 5a et la 6a avenida). Comme son nom l'indique, on y sert principalement des pizzas : la petite coûte de 20 à 30 Q, la médiane entre 34 et 54 Q, et la grande (4 personnes) entre 44 et 64 Q. Vous trouverez également des spécialités mexicaines et guatémaltèques pour un prix oscillant entre 22 et 30 Q. Des marimbas agrémentent en soirée le repas des convives.

Restaurante El Jardin. (à l'angle de la 4a calle et de la 6a avenida). Cet établissement s'adresse à l'évidence à une clientèle occidentale. On y propose de nombreuses spécialités mexicaines, centroaméricaines et huehuetèques (de Huehuetenango) entre 20 et 30 Q. Pour les bourses moins fournies, il existe des formules économiques comprenant un repas complet avec boisson pour 14 Q seulement. Une bonne adresse où se retrouvent de nombreux occidentaux comme le personnel de la Minuar.

Restaurante Regis. 2a calle 3-52, Zona 1. C'est le restaurant de l'hôtel Mary. Cadre sans grand relief, on y sert une cuisine internationale. Un peu cher.

Restaurante Steack House. Cette bonne adresse située à l'angle de la 2a calle et de la 4a avenida propose des spécialités de viande (poblano, barbacao, asado...) à des prix relativement élevés. On peut également y manger du poisson ainsi que des plats de cuisine chinoise. Accepte les cartes Master Card et VISA.

Especialidades Dona Estercita Cafeteria y Pasteleria. 2a calle 6-40, Zona 1. C'est un endroit très discret où l'on peut déguster une grande variété de pâtisseries (aux pommes, à l'ananas...) et de gâteaux pour le moins excellents. Ressemblant un peu à nos salons de thé, on peut venir s'y restaurer à toute heure. Le lieu est très fréquenté, quand vers 17 h, après leur journée de travail, les habitants viennent y chercher leur dessert du soir ou leur gâteau d'anniversaire. C'est alors un défilé de pièces montées, de pâtisseries de toutes sortes et de toutes formes. Un régal pour les yeux !

■ HISTOIRE

L'occupation humaine de la vallée de Huehue est attestée dès le classique ancien (vers 400 ap. J.-C.). La région vit ensuite l'émergence de la puissance Mam au début de l'époque post-classique (vers 1200 ap. J.-C.) qui soumit les différentes ethnies alors présentes et y fondèrent leur capitale politique, Chinabajul, sur l'emplacement actuel de Huehuetenango.

La domination Mam se trouva concurrencée au début du XVᵉ siècle par les Quichés qui, sous l'impulsion de leur roi Gucumatz, étendirent leur domination sur les régions et les villes voisines. Son fils Quicab (1425-1475), à partir de sa capitale Kumarcaaj, repoussa les frontières du royaume Quiché jusqu'à royaume Mam et conquit Chinabajul.

Les Quichés furent à leur tour soumis en 1525 par le conquistador Gonzalo de Alvarado (prise de Chinabajul et de Zaculeu). Les Espagnols établirent alors leur domination sur la zone montagneuse des Cuchumatanes.

■ VISITE

Peu de choses à découvrir et sur lesquelles s'émerveiller à Huehuetenango. En effet la ville ne possède, comparée à d'autres, très peu de témoignages architecturaux ou artistiques de son passé colonial. A peu près tout ce qui mérite d'être vu est situé sur le Parque Central. Le marché couvert à deux pas du cœur de la cité est lui aussi un motif de découverte. Mais c'est sans aucun doute le site archéologique de Zaculeu qui mérite le plus qu'on s'y attarde.

Le Parque Central. C'est également le lieu de sociabilité par excellence de Huehue. La population s'y retrouve quotidiennement pour s'y promener mais surtout pour y discuter et apprendre les dernières nouvelles. Il est entouré par les principaux édifices de la cité.

On trouve, sur le côté Est de la place, l'édifice de la « **Gobernación** » départementale (la préfecture) qui occupe une belle bâtisse à arcades. Au sud on ne pourra pas manquer l'élégante façade de l'église **cathédrale de « la Inmaculada Concepción »**. En revenant sur ses pas on ira flâner du côté de l'autre curiosité du Parque Central, la fameuse **carte en relief du département**, fierté de la ville. Malheureusement la population l'utilise comme poubelle.

■ BALADE

A Huehue comme dans l'ensemble du Guatemala le lieu de rencontre par excellence reste le Parque Central autour duquel se concentrent les principaux monuments et services administratifs de la ville comme l'église la Inmaculada Concepción et la Municipalidad. Cette grande place sans réel charme voit le dimanche se promener les familles de retour de la messe et plus tard dans la journée de retour du marché. Là, quotidiennement, les anciens se retrouvent pour discuter, pour commenter les résultats sportifs (du foot presque exclusivement), à l'ombre des grands arbres.

En parcourant le Parque au milieu des vendeurs à la sauvette on pourra assister au défilé des villageois descendus de la Sierra de los Cuchumatanes pour résoudre à l'hôtel de la Gobernación un problème administratif. Endimanchés, ils portent tous fièrement les couleurs et le nom de leurs villages (ex : Santa Eulalia).

En longeant le Parque Central, on passera devant l'église de la Inmacula Concepción puis on s'engagera dans la 4a calle qui borde au sud le Parque. Elle abrite de nombreux commerces (pharmacies, quincailleries etc.) et mène au Mercado Central à l'angle de la 2a avenida que l'on remontera jusqu'au niveau de la 2a calle. On trouve dans cette rue quelques restaurants, des hôtels (Mary), des banques ainsi que la poste et Guatel.

Le soir on se dirigera vers la 6a avenida à l'ouest du Parque. Y sont installés nombre de restaurants offrant une nourriture internationale. Après 20 h avec la fermeture des dernières banques, la vie semble quitter le cœur de Huehue, le Parque Central abandonné déjà depuis longtemps par ses habitués. On pourra alors choisir d'aller se coucher où aller boire un verre à la Fonda de Don Juan dans la 2a calle (entre la 5a et la 6a avenida).

Conseil

Les tissus, les broderies, vendus à Huehuetenango sont d'une grande qualité et d'une grande originalité (motifs et couleurs) car produits presque exclusivement dans les villages qui entourent le chef-lieu départemental. Si vous hésitez sur l'opportunité d'un achat, d'un huipil par exemple, sachez que vous avez peu de chance de retrouver le même ailleurs (même motifs, même couleurs).

■ LOISIRS

Marché

Huehuetenango fait partie de la quinzaine de villes qui possèdent un marché permanent. On trouve le Mercado Central à l'angle de la 2a avenida et de la 4a calle dans la Zona 1, à peine à 200 mètres à l'est du Parque Central. C'est un bâtiment en dur de couleur verte. Les commerçants n'y ont pas tous une boutique, les étals en débordent donc pour se répandre dans les rues adjacentes. Le marché est ouvert au public tous les jours de 8 h à 17 h.

Shopping

Marché. Situé à deux cuadras à l'est du Parque Central, c'est une des curiosités majeures de Huehue. Animé, coloré, il est quadrillé par de nombreuses ruelles le long desquelles les commerçants tiennent boutique. Il s'y vend de tout, des fruits et légumes à la quincaillerie. Il déborde d'ailleurs largement sur les trottoirs des rues adjacentes, domaine alors d'une multitude d'échoppes, d'étals improvisés. Mais si ce marché mérite une visite, c'est aussi parce qu'on y vend à des prix intéressants de très beaux articles textiles produits dans les différents villages du département : des huipils, des pantalons rouges et blancs provenant des métiers à tisser de Todos Santos Cuchumatan, des « cintas » de Ixtahuacan, des sacs de Santa Eulalia etc. Bien sûr le marchandage est obligatoire. N'hésitez pas à baisser de moitié le prix qu'on vous proposera ! Une adresse en particulier dans ce dédale : Napoléon Agustin H. qui tient boutique au local 291. Spécialisé dans les « articulos tipicos », il répondra sans problème aux questions que vous pourrez lui poser sur son activité.

Fêtes

La « Semana Santa ». Cette grande fête religieuse donne également lieu à Huehuetenango à des festivités colorées mais elles n'ont ni l'aura, ni le faste de celles qui se déroulent à Antigua. Malgré tout Huehue voit affluer chaque année nombre de touristes étrangers et guatémaltèques venus assister sur le Parque Central à diverses manifestations artistiques et culturelles. C'est ainsi que l'on peut voir des groupes venus des quatre coins du pays entonner des chants traditionnels de leur région.

Pour les joueurs de marimbas des villages du département, c'est aussi l'occasion de montrer leur dextérité.

Les Fiestas Julianas. Cette fête se déroule chaque année au mois de juillet entre le 12 et 18 (jour principal le 16) en l'honneur de la Vierge del Carmen. Nombreuses manifestations culturelles dont la danse folklorique de Los Moros.

Fête de la Vierge de la Concepción. Elle a lieu tous les ans au mois de décembre entre le 5 et le 8 (jour principal le 8). Des jeux pyrotechniques et mécaniques ponctuent les réjouissances.

■ DANS LES ENVIRONS

ZACULEU

Occupée dès l'époque classique (vers 500 ap. J.-C.), le site de Zaculeu (qui signifie « Terre Blanche » en langue Quiché) devint sous la domination des Indiens **Mams** un centre religieux des plus actifs à quelques kilomètres seulement de son pendant politique, Chinabajul, situé sur l'emplacement actuel de Huehuetenango.

Construit sur un promontoire rocheux, protégé par des obstacles naturels, Zaculeu garda son statut de capitale jusqu'à l'effondrement de la puissance Mam et l'avènement de la domination Quiché sur les Hautes Terres au début du XVe siècle au cours des règnes de Gucumatz et de son fils Quicab le Grand. La suprématie Quiché prit fin à son tour en juillet 1525 avec l'arrivée du conquistador Gonzalo de Alvarado (le frère de l'autre). Aidé par des Indiens alliés, il mit le siège à la forteresse de Zaculeu qui ne résista qu'un mois et demi.

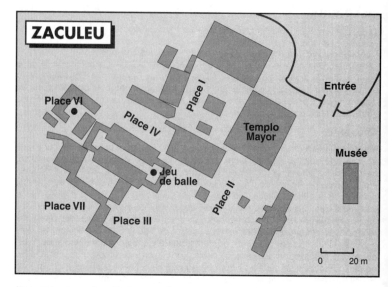

Il ne reste plus aujourd'hui que quelques monuments de l'antique capitale religieuse des Mams reconstruits lors des travaux de sauvetage. Ne vous attendez donc pas à la visite d'un site extraordinaire de la qualité de ceux du Peten. Malgré tout Zaculeu reste, pour son histoire, pour sa vue sur les « **milpas** » des collines environnantes et surtout pour l'étrange spectacle de ses ruines recouvertes de plâtre, une étape importante des Hauts Plateaux.

En effet, pas de pierre brute à Zaculeu : les monuments (pyramides, autels, jeu de balle) ont été enduits lors de la campagne de restauration au début du XXᵉ siècle. C'est le seul et unique exemple de ce type de restauration. A première vue, le résultat n'est pas franchement enthousiasmant, mais il a le mérite de nous donner une idée plus précise de l'état des structures telles qu'elles pouvaient apparaître à l'époque post-classique, les peintures polychromes en moins bien sûr.

Le site archéologique est situé à 4 km à l'ouest du Parque Central. Il est *ouvert tous les jours de 8 h à 17 h.* Comptez 1 Q   par personne pour entrer même s'il arrive qu'aucun droit ne vous soit réclamé ! Rafraîchissements en vente à l'entrée.

Transports

Même s'il est possible de se rendre à Zaculeu à pied (comptez environ 50 minutes) nous vous conseillons de prendre le bus. Pour cela il faut attendre à l'angle de la 7a avenida et de la 2a calle où des collectivos rejoignent le site en 15 minutes. Départ toutes les demi-heures environ. Le trajet coûte 1,5 Q.

CHIANTLA

Installé à peine à 4 km de Huehuetenango, Chiantla est un petit village au riche passé historique. Durant la période coloniale, en effet, Chiantla fut avant Huehue le centre économique de cette partie des Hautes Terres, grâce essentiellement à l'activité de ses mines d'argent et de ses riches domaines latifundiaires.

A la fin du XIXᵉ, Chiantla devint même au cours d'une brève période (1881-1885) le chef-lieu du département de Huehuetenango, la ville du même nom perdant à cette occasion son statut de capitale régionale, qui lui revint cependant 5 ans plus tard. Sa principale attraction réside en son église qui renferme une très belle vierge en argent, la Virgen de la Candelaria.

TODOS SANTOS « CUCHUMATAN »

C'est un petit village de la nation Mam isolé au cœur de la Sierra de los Cuchumatanes, la plus haute chaîne montagneuse d'Amérique Centrale avec trois sommets à plus de de 3 600 mètres d'altitude. A cette altitude, le climat est relativement rude. La nuit, les températures descendent couramment en-dessous de zéro, et les cimes des montagnes sont très souvent perdues au milieu des nuages.

Cela n'enlève rien à la beauté sauvage des paysages montagnards où les pins cotoient plus le rocher que le sapotillier et le fromager, totalement inadaptés à ce climat qui en plus de l'altitude, n'épargne pas les hommes.

Outre les paysages qui, à eux seuls, valent ce long et éreintant déplacement, Todos Santos Cuchumatan possède les plus beaux costumes traditionnels du Guatemala, pour une population qui a su conserver ses traditions ancestrales, dont la plus fameuse est sans conteste la fête des Morts le 1er novembre de chaque année.

■■ TRANSPORTS

Des bus relient quotidiennement Todos Santos à Huehuetenango. Les départs sont prévus à 5 h 30, 11 h et 13 h. Attention, certains départs sont parfois avancés de quelques minutes. Comptez entre 1 heure et demie et deux heures de route (40 km environ). Tarif 4 Q.

■■ HEBERGEMENT

L'infrastructure hôtelière de Todos Santos Cuchumatan est modeste et se compose d'une poignée d'hospedajes et de pensions auxquels il faut ajouter les chambres que l'on peut louer au besoin chez l'habitant. Leur confort est rudimentaire (Hospedaje La Paz et Las Olguitas) mais conviendra aisément pour une ou deux nuits. Lors des fêtes du village fin octobre - début novembre, il est très difficile de trouver une chambre libre. Vous serez alors peut-être amenés à coucher à Huehuetenango et de vous lever tôt pour rejoindre Todos Santos avant le début des festivités (1er novembre). Côté restauration le choix est restreint. Le village abrite en effet quelques comedors seulement dont le Comedor installé à l'entrée du Parque Central semble avoir la faveur des touristes. On y sert une cuisine simple et bon marché.

Hospedaje Casa Familiar. Calle Real. *Une dizaine de chambres de 15 à 45 Q.* C'est peut-être l'une des plus confortables structures d'accueil de Todos Santos. Tenue par la souriante Santiaga Mendoza Pablo, celle-ci offre des chambres au confort plutôt rudimentaire. La salle de bains commune est équipée de l'eau chaude ce qui est pour le village déjà un luxe, et d'un sauna. On y vend des articles de l'artisanat local, des tissus principalement. On peut apprendre ici le tissage et sa technique si particulière. L'hospedaje Casa Familiar est situé à une trentaine de mètres au sud du Parque Central dans la calle Real.

■■ LOISIRS

Fête de Todos Santos

Fête patronale en l'honneur de tous les saints (la Toussaint), elle se déroule tous les ans entre le 21 octobre et le 1er novembre avec pour jour principal le 1er. Ces douze jours sont l'occasion de festivités religieuses et d'événements culturels parmi les plus beaux et les plus authentiques du Guatemala. Habillés de leurs costumes traditionnels – les hommes portent leurs chemises rouges et leurs pantalons multicolores faits de bandes rouges et blanches – les habitants de Todos Santos Cuchumatan emplissent les rues du petit village et participent activement aux festivités revêtus de ces superbes vêtements tissés maison.

Le 31 octobre tous les habitants se réunissent dans le cimetière villageois pour veiller leurs morts. La cérémonie est ponctuée de prières et de rites où se mêlent les apports des croyances catholiques et mayas. On joue des marimbas, on danse, on boit beaucoup en l'honneur des disparus.

Mais le temps fort de la fête de Todos Santos Cuchumatan reste la **folle course de chevaux** du 1er novembre, à laquelle s'adonnent les hommes du village. La tête coiffée de leurs traditionnelles écharpes rouges recouvertes d'un chapeau de paille, le plus souvent ivres, ils se lancent dans une course effrénée, leur cape rose au vent, à travers les rues et ruelles de la bourgade selon un parcours pré-établi, bravant la vitesse, les glissades et les obstacles qui peuvent se présenter devant eux.

La fatigue ajoutée à l'ébriété, les coureurs sont amenés à faire de nombreuses pauses durant la course, des arrêts durant lesquels ils en profitent pour goûter une nouvelle fois à l'alcool local, boisson reine durant les festivités. Pour le moins singulière, cette course peut durer plusieurs heures et s'achève généralement avec l'épuisement des hommes et des montures. Aucun vainqueur n'est déclaré et il n'y a pas non plus de perdant.

Après la course tous les habitants de Todos Santos se réunissent dans les rues du village et dansent au rythme des marimbas les danses du jour, El Venado, El torito, Ixcampores et bien sûr la Conquista.

Marché

Il se tient tous les samedis sur la place principale de Todos Santos. Avec les festivités liées à la Toussaint, et les paysages autour du village, c'est l'une des principales attractions du lieu. Centre artisanal important, aux beaux tissus colorés.

Randonnée

Au cœur de la Sierra de los Cuchumatanes, Todos Santos est le point de départ idéal pour partir à la découverte. Tout autour du village on trouve des forêts, des pâturages où les enfants font paître leurs troupeaux de moutons, ainsi que des petits hameaux disséminés qui feront d'excellents buts d'excursion. N'oubliez pas que le village se situe à 2 500 mètres d'altitude et qu'une simple balade de quelques heures peut se révéler épuisante pour les marcheurs occasionnels.

➥ DE HUEHUETENANGO A LA MESILLA

Tout comme Quetzaltenango dont elle est distante de 90 km environ, Huehuetenango occupe une vallée à 1902 m d'altitude dans l'altiplano guatemaltèque. Ville de montagne donc, elle est dominée par la Sierra des Cuchumatanes, le massif montagneux le plus haut d'Amérique Centrale, avec ses plateaux à plus de 3 600 m.

La route serpente au milieu des montagnes le plus souvent au fond d'une vallée encaissée où coule une rivière asséchée en été et au contraire en crue en hiver, alimentée par les fortes pluies qui caractérisent cette saison. On peut voir d'ailleurs les ravages causés par ces crues successives : routes coupées, ponts emportés. Le paysage est par endroit tout simplement magnifique et donne déjà une petite idée de la Sierra de los Cuchumatanes que l'on longe sur la droite sur près des deux tiers du parcours, avec des champs de maïs accrochés, on ne sait comment, à flanc de montagnes et de petites maisons de briques de terre séchée.

Faites-nous part de vos coups de cœur

Envoyez-nous vos bonnes adresses, elles seront utiles aux futurs voyageurs. Voyez le questionnaire à la fin du guide.

LA MESILLA

Petite cité d'à peine 1 500 âmes, La Mesilla est en quelque sorte le terminus de la Centroamericana 1 (CA-1). Située à 84 kilomètres de Huehuetenango, le village ne doit son existence qu'à la frontière guatémaltèco - mexicaine et à la présence d'un poste frontière guatémaltèque. De l'autre côté de la frontière on trouve un no man's land d'une largeur de trois kilomètres que des taxis traversent depuis le Mexique et le poste frontière de Ciudad Cuauhtémoc pour quelques pesos seulement ou depuis le Guatemala à l'aide de bus collectifs. La Mesilla n'est pas ce qu'on peut appeler une étape. Il n'y a ici ni hôtels ni distractions. Les voyageurs en provenance du Mexique en partent le plus rapidement possible, direction Huehuetenango où l'on peut trouver à se loger.

■ PRATIQUE

Banque

Bancafé. Carretera CA-1. *Ouvert du lundi au vendredi de 9 h à 16 h ; le samedi et le dimanche de 9 h à 13 h.* Elle se situe 250 mètres environ après le poste de douane. Les changeurs au noir affirment qu'il n'existe pas de banque à La Mesilla, mais la Bancafé est bien réelle.

Change

Sitôt le premier bureau de douane passé, les changeurs au noir de La Mesilla vous proposent si vous arrivez du Mexique de changer vos derniers pesos contre des quetzals et inversement si vous quittez le Guatemala pour le Mexique. Sachez que pour environ 100 pesos on vous propose en général 60 quetzals. Il est bien sûr possible de négocier.

Si vous quittez le Guatemala, attendez d'avoir passé la douane guatémaltèque pour changer vos derniers quetzals. Vous aurez certainement à payer la fameuse « morbida ». Payez la de préférence en quetzal et garder vos dollars.

Douanes

Les formalités sont assez rapides. Bien sûr on vous demandera votre passeport et en plus de la taxe de sortie officielle celle-ci, une taxe spéciale d'environ 20 Q, la fameuse morbida, qui passera directement dans la poche du douanier. A La Mesilla, poste frontière important, il semble que les douaniers soient particulièrement gourmands. Ne vous étonnez donc pas de cette taxe.

Du côté mexicain, on vous fera payer en revanche une taxe officielle relativement modique.

■ TRANSPORTS

Selon l'heure des bus longue distance ou des bus locaux assurent des liaisons plusieurs fois par jour depuis La Mesilla vers Guatemala Ciudad (Transportes Velásquez) ou vers Huehuetenango qui en fait la ville la plus proche de la frontière.

La Mesilla - Guatemala Ciudad

Transportes Velásquez. Quelques départs seulement dans la matinée. Comptez entre 6 heures et 7 heures de route. Tarif 35 Q.

La Mesilla - Huehuetenango

Plusieurs compagnies de bus locaux assurent le trajet jusqu'à Huehuetenango. Les départs se font environ toutes les heures dès 6 h du matin. Comptez de 2 h à 2 h 30 de route pour effectuer les 80 km qui vous sépare de Huehuetenango. Tarif 7 Q.

Attention à partir de 16 h - 16 h 30 plus aucun départ ne se fait en direction de Huehuetenango.

QUETZALTENANGO

La ville de Quetzaltenango est localisée au sud-ouest du pays dans le département du même nom, que couvrent principalement de froids hauts plateaux. Chef-lieu départemental, Quetzaltenango est appelée par ses habitants XELA (prononcer sheila). Elle occupe une vaste vallée à 2 335 m d'altitude, entourée de collines et de montages d'origine volcanique. En effet, de nombreuses élévations volcaniques et près de six volcans (dont certains encore en activité) se trouvent à proximité de la ville. Ils constituent un des grands attraits de Xela. Située à 200 km par la Route Panaméricaine (CA-1) ou à 250 km par la Route Internationale du Pacifique (CA-2) de la capitale Guatemala Ciudad, elle est la deuxième ville d'importance du pays par sa population (plus de 400 000). C'est enfin la capitale d'une région où les Indiens Mayas Quichés et Mayas Mam, leurs coutumes et traditions, sont fortement représentés.

■ PRATIQUE

Office du tourisme. INGUAT. Casa de la Cultura, Parque Centroamerica Zona 1. *Ouvert du lundi au vendredi de 8 h à 12 h 30 et le samedi de 8 h à 12 h.* Ses horaires sont « flexibles », inutile donc de se précipiter dès 8 h vous risquez de trouver porte close ! L'Inguat est situé dans le même bâtiment que la Casa de la Cultura (à droite de l'entrée principale) au sud du Parque Centroamerica.

Poste. Correos y Telegrafos. 4a calle Zona 1. *Ouverte du lundi au vendredi de 9 h à 17 h. Fermée le samedi et le dimanche.* On la trouve à l'angle de 15a avenida et de la 4a avenida.

Télecommunications. Guatel. 15a avenida Zona 1. *Ouvert tous les jours de 8 h à 20 h.* La compagnie du téléphone Guatel (ou Telgua) se situe à proximité de la 4a calle presque en face de la Poste.

Farmacia Moreno. Sur le côté Ouest du Parque Centroamerica à proximité de la Bancafé.

Hopital San Rafael. Il se situe derrière la Casa de la Cultura. Pour tous problèmes gastriques (ou autres) qui ne se règleraient pas avec votre trousse de médicaments personnelle, vous pouvez vous y rendre pour consulter. Un médecin (au rez-de-chaussée) parle l'anglais si vous éprouvez quelques difficultés à vous faire comprendre en espagnol.

Adresses utiles

L'Alliance Française. 15a avenida Zona 1. Presque en face de GUATEL.

Consulat de France. Mme Monique Peretiako de Yllescas ℅ 761-2122.

Banques

Quasiment toutes les banques nationales sont représentées à Xela principalement sur le Parque Centroamerica dont les trois suivantes :

Banco Industrial. 11a avenida Zona 1. *Ouverte du lundi au vendredi de 9 h 30 à 19 h 30, le samedi de 9 h 30 à 13 h 30.* Elle possède un distributeur automatique (caja automatico) ouvert 24 heures sur 24 : cartes Visa et Mastercard acceptées.

Bancafé. 12a avenida (à l'angle de la 6 calle) Zona 1. *Ouverte du lundi au vendredi de 9 h à 20 h, le samedi de 10 h à 14 h.* Possibilité de changer les travellers chèques. La carte VISA est également acceptée mais au comptoir.

Banco Inmobiliario. 12a avenida (à l'angle de la 4a calle) Zona 1. Elle accepte les travellers chèques.

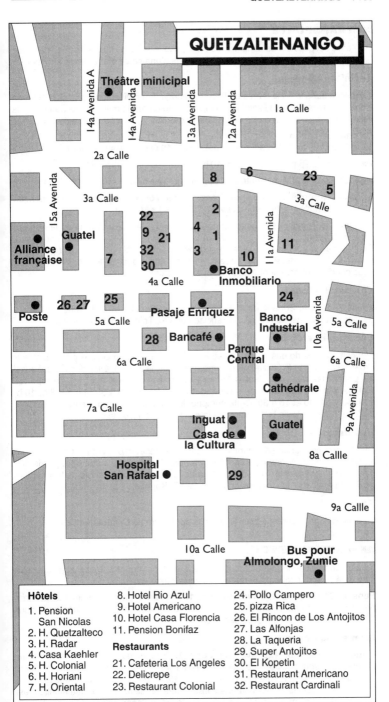

QUETZALTENANGO

Théâtre minicipal

14a Avenida A
14a Avenida
14a Avenida
13a Avenida
12a Avenida
1a Calle

2a Calle

15a Avenida
3a Calle

8

6

23

5

3a Calle

2

4
1

22
9 **21**
32
30

11a Avenida

10

11

7

4a Calle

Guatel

Alliance française

Banco Inmobiliario

24

26 27 **25**

Poste

5a Calle

Pasaje Enriquez

Banco Industrial

10a Avenida

5a Calle

28 **Bancafé**

Parque Central

6a Calle

6a Calle

Cathédrale

9a Avenida

7a Calle

Inguat
Casa de la Cultura

Guatel

8a Callle

Hospital San Rafael

29

9a Callle

10a Calle

Bus pour Almolongo, Zumie

Hôtels

1. Pension San Nicolas
2. H. Quetzalteco
3. H. Radar
4. Casa Kaehler
5. H. Colonial
6. H. Horiani
7. H. Oriental

8. Hotel Rio Azul
9. Hotel Americano
10. Hotel Casa Florencia
11. Pension Bonifaz

Restaurants

21. Cafeteria Los Angeles
22. Delicrepe
23. Restaurant Colonial

24. Pollo Campero
25. pizza Rica
26. El Rincon de Los Antojitos
27. Las Alfonjas
28. La Taqueria
29. Super Antojitos
30. El Kopetin
31. Restaurant Americano
32. Restaurant Cardinali

■ TRANSPORTS

De Xela il est possible de rejoindre les principales villes des Hautes Terres, mais tous les bus (de 1re ou de 2e classe) ne partent pas d'une seule et même gare routière.

Terminal Minerva

Il est situé dans la Zona 3 près du Parque Minerva (au croisement de la calle Rodolfo Robles et de la Calzada Revolucion) juste à côté du grand marché « el Campo de la Feria ». Gare routière des bus de 2e classe, des bus y partent à destination de :

Chichicastenango. Départ (théorique) à 5 h, 6 h, 9 h 30, 10 h 45, 11 h, 13 h, 14 h et 15 h. Comptez de 2 h 30 à 3 h de route. Tarif : 10 Q (pour les touristes).

Panajachel. Départ à 5 h, 6 h, 8 h, 10 h, 12 h et 15 h. (2 h 30 ; 12Q).

Huehuetenango. Départ toutes les demi-heures de 5 h à 17 h 30. (2 h ; 7 Q).

La Mesilla (Frontière mexicaine). Prendre un bus pour Huehuetenango puis changer. (4 h ; 7 Q jusqu'à Huehue et à nouveau 7 Q vers La Mesilla).

Conseil. Le Terminal se trouve au nord du grand marché el Campo de la Feria et les bus urbains qui vous emmènent dans le centre de Xela se situent coté sud. Pour ne pas le traverser (la foule y est dense et vous serez peut-être chargé !) il est possible de le contourner par l'ouest, en empruntant une ruelle (sans danger) qui vous conduira directement à des bus et à des taxis.

Terminal « local »

Localisé dans la Zona 4 entre l'avenida Jesus Castillo et la 1 calle : les bus y desservent Momostenango, San Francisco el Alto, Totonicapán et Salcaja.

Compagnies de bus

Les compagnies de bus de 1re classe Ruta Lima, America et Galgos possèdent leur propre terminal sur la Calzada Independencia dans la Zona 4. Elles desservent aussi les principales villes des Hautes Terres y compris la capitale. Avec les Transportes Galgos départ pour Guatemala Ciudad (bus Pullman) à 3 h 30, 4 h 30, 8 h, 10 h, 11 h 30, 14 h 30 et 16 h 30. Cette compagnie a une autre gare routière située dans la Zona 1, à l'angle de la 1 calle et de la calle Rodolfo Robles.

Bus urbains

De nombreuses lignes sillonnent la ville. La Ruta n° 2 et n° 6 (c'est écrit dessus) vont jusqu'au Terminal Minerva. On peut les prendre dans la Zona 1 soit à l'angle de la 8 calle et de la 9a avenida derrière la Casa de la Cultura, soit à l'angle de la 4 calle et de la 14a avenida (en-dessous du restaurant El Kopetin).

Taxis

La station dans le centre (Zona 1) se situe sur le Parque Centroamerica.

■ HEBERGEMENT

Xela dispose d'une infrastructure hôtelière importante pour tous les budgets. Il vous sera aisé par conséquent, de trouver où vous loger.

Pension San Nicolas. 12a avenida Zona 1. Chambres spartiates, sombres, pas très propres, salle de bains commune, une chambre double pour 24 Q, une triple pour 30 Q. A prendre si vous n'avez pas le choix.

Bien et pas cher

Hotel Quetzalteco. 12a avenida Zona 1. *Seules quelques chambres pour 2 personnes sont équipées de salle de bains, elles valent 70 Q. Les chambres, sans salle de bains, de 2, 3 ou 4 personnes sont à 40, 60 ou 70 Q.* Juste au-dessus de la Pension San Nicolas. Pension familiale fréquentée par de nombreux Guatémaltèques. Les peintures des murs sont un peu défraîchies mais l'ensemble reste sympathique.

Hotel Radar 99. 13a avenida Zona 1. *Chambres sans salle de bains de 1, 2 ou 3 personnes sont à 18, 24 ou 30 Q. Les chambres de 1 et 2 personnes avec salle de bains valent respectivement 25 et 30 Q.* Un des établissements les moins chers de la ville. Modeste, agréable, il sied parfaitement à un séjour de courte durée. Fréquenté par nombre de voyageurs à petit budget.

Hotel Horiani. 2a calle Zona 1. *Huit petites chambres seulement 30 à 35 Q (pour deux personnes). Deux salles de bains communes.* Installées dans la maison familiale d'un cordonnier, ces quelques chambres offrent un confort modeste mais suffisant. Ambiance agréable. La famille a parfois la fâcheuse tendance à oublier la présence de ses pensionnaires d'où parfois un réveil pour le moins matinal.

Hotel Colonial. 3a calle 9-48, Zona 1 ✆ **761-2488.** *Chambres de 20 Q pour 1 personne 35 Q pour une chambre double, 65 Q pour une triple.* Un peu éloigné du centre, possède des chambres au confort rudimentaire mais propres. Salles de bains communes. Service de petit déjeuner. Son principal attrait réside en sa magnifique vue sur Xela et sa campagne toute proche.

Casa Kaehler. 13a avenida 3-33, Zona 1 ✆ **761-2091.** *7 chambres avec salle de bains de 48 à 60 Q ; sans salle de bains de 42 Q à 54 Q.* Charmante petite pension d'à peine une dizaine de chambres (certaines n'ont pas de fenêtres) donnant sur un patio verdoyant. Choisir de préférence les chambres du 1er étage. Une bonne adresse d'un bon rapport qualité-prix.

Confort ou charme

Hotel Oriental. 14a avenida 3-36, Zona 1 ✆ **703-0245.** *Chambres sans salle de bains. de 35 Q à 85 Q ; avec salle de bains. de 50 Q à 100 Q.* Construit dans un ancien garage automobile, il propose une quinzaine de chambres toutes équipées de télévision couleur. Service de petit déjeuner. Demandez de préférence celles qui occupent les anciens bureaux semi-circulaires. Parking.

Hotel Rio Azul. 2a calle 12-15, Zona 1 ✆ **763-0654.** *19 chambres pour 1, 2 ou 3 personnes valent 65, 80 ou 95 Q.* Situé au-dessus du Parque Centroamerica, il dispose d'une vingtaine de chambres d'un bon niveau de confort (toutes sont équipées de salles de bains) mais somme toute assez bruyantes. Service de petit déjeuner. Accepte carte de crédit VISA et Master Card.

Hotel Americano. 14a avenida 3-47, Zona 1 ✆ **761-8219.** *Chambres pour 1, 2 ou 3personnes coûtent 60, 80 ou 100 Q.* Un grand hôtel bien situé à proximité du Parque Centroamerica, mais sur une grande artère. Master Card. Restaurant.

Hotel Casa Florencia. 12a avenida 3-61, Zona 1 ✆ **761-2326.** *9 chambres (avec télévision et salle de bains.) pour 1, 2, 3 ou 4 personnes valent 125, 149, 180 ou 240 Q.* Calme malgré sa situation sur une voie très passante. Du grand confort ! Service de petit déjeuner. Parking. Master Card.

Luxe

Hotel Modelo. 14a avenida A 2-31, Zona 1 ✆ **761-2715.** *22 chambres de 170 à 250 Q.* L'hôtel possède une annexe où il est possible de se loger à deux pour 130 Q. Un des grands établissements de Xela. Cartes de paiement acceptées.

La Pension Bonifaz.4a calle 10-50, Zona 1 ✆ **761-2182 / 761-2279 - Fax 761-2850.** *75 chambres pour 1, 2 ou 3 personnes sont de 210, 246 ou 306 Q. Une chambre avec lit matrimonial coûte 36 USD.* Le grand hôtel de la cité. Bar, restaurant, boutique, piscine. Cartes de crédit VISA et Master Card.

■ RESTAURANTS

Bien et pas cher

Le marché de Xela. C'est là que vous trouverez les meilleurs prix pour vous restaurer. Comptez entre 4 et 6 Q pour une soupe et un plat.

Caféteria Los Angeles. 13a avenida 3-32, Zona 1. En face de l'hôtel Radar 99 et de la Casa Kaelher : petit restaurant de 4 tables où le petit déjeuner n'est vraiment pas cher. Pratique pour les locataires de ces hôtels.

Restaurante Delicrêpe. 14a avenida Zona 1. Installé à l'angle formé par la 14a av. et la 3a calle, cet établissement propose une restauration rapide. Grande variété de hamburguesas et de tacos dont ceux, excellents, aux crevettes (camarones) pour moins de 9 Q.

Restaurante Colonial. 3a avenida 9-48, Zona 1 ✆ 761-2488. Dans l'hôtel du même nom. On y mange pour 8 Q le midi (almuerzo) comme le soir (cena).

Le Pollo Campero. 5a calle Zona 1. Fast-food guatemaltèque où bien sûr le poulet est roi. Le premier dimanche du mois les nombreux exposants du marché y viennent en masse. Les deux morceaux du volatile accompagnés de frites et d'une boisson vous coûteront environ 18 Q.

Pizza Rica. 14a avenida 2-52, Zona 1 ✆ 761-8162. Une bonne adresse pour ceux qui ne supportent plus les tacos. Grande variété de pizzas à tous les prix (entre 15 et 30 Q).

Restaurante El Rincon de los Antojitos. 15a avenida Zona 1. A l'angle formé avec la 5a calle, il ne dispose que de quelques tables seulement (6). Il faut y arriver tôt pour espérer trouver une place. Cuisine guatemaltèque et internationale. Fréquenté assidûment par les touristes. Une bonne adresse !

Restaurante Las Alforjas. 14a Avenida 4-41, Zona 1. Ce restaurant situé un plus loin que le précédent dans la 5a calle ne semble pas connaître un grand succès auprès des touristes, son cadre de salle des fêtes y étant certainement pour quelque chose. Tentez l'expérience. L'accueil y est chaleureux, la nourriture bonne. Vous pourrez parmi un choix important goûter au « pollo barbacao », un gallinacé servi avec une sauce aigre-douce à base de tomate.

Bonne table

Restaurante La Taqueria. 13a avenida Zona 1. Situé dans le petit centre commercial El Portal à l'angle formé avec la 5a calle, c'est un petit restaurant propre, lumineux, offrant une nourriture variée allant des sandwichs au mole poblano. Carte VISA et Master Card acceptées.

Super Antojitos Restaurante. 9a calle Zona 1. A l'angle de la 9a calle et de la 11a avenida, un établissement surprenant avec sa salle au décor rappelant celui de nos chalets d'altitude. Les plats proposés sont d'un bon rapport qualité prix. Cuisine traditionnelle et internationale. Spécialités d'hamburguesas à moins de 10 Q, filet mignon autour de 25 Q. Attention à votre monnaie ! ,

El Kopetin. 14a avenida 3-31 Zona 1 ✆ 761-2401. Dans un cadre agréable, ce restaurant qui s'adresse en particulier aux touristes de passage (cuisine et musique occidentales) a pour spécialités des plats de viande (autour de 30 Q) et de crevettes (autour de 40 Q). Les prix y sont plus élevés qu'ailleurs. Carte VISA et Master Card acceptées.

Luxe

Restaurant Americano. 14a avenida 3-47 Zona 1. Installé au rez-de-chaussée de l'hôtel du même nom, il assure la restauration, avec la particularité d'être quasiment le dimanche le seul restaurant ouvert de bonne heure (avant 8 h) pour le petit déjeuner. Plats autour de 30 Q.

Restaurante Albamar. 12a avenida Zona 1. Dans un joli cadre, ce restaurant offre un grande variété de plats allant des pizzas de 33 à 39 Q pour les médianes et de 41 à 46 Q pour les grandes, au filet mignon (40 Q) en passant par les comidas tipicas (autour de 30 Q).

Restaurante Cardinali. 14a avenida 3-41 Zona 1 ℂ 761-8315. C'est le restaurant italien de la ville dans un cadre rappelant résolument la patrie de Gianni Rivera et Léonard de Vinci. Il possède une carte impressionnante de pizzas (31 au choix) et de pastas. Les prix sont assez élevés : de 35 à 70 Q pour une pizza suivant la taille et les garnitures. La carte des vins est également de grande consistance, mais d'une qualité douteuse, les bouteilles sur les tables n'étant là que pour la décoration ! Possibilité de payer avec la carte VISA ou Master Card mais vous aurez alors la désagréable surprise de vous voir réclamer le pourboire qu'il vous faudra indiquer sur le reçu de votre carte ! Refusez ou expliquez que vous paierez le pourboire avec de la monnaie. Cet établissement reste malgré tout une bonne adresse.

▄▄ HISTOIRE

Les Mayas Mams dominèrent tout d'abord la région et y créèrent une ville, **Kulaha**. Les Quichés envahirent à leur tour ses confins fondant Xelaju située à l'époque au pied du volcan Santa Maria, mais dont l'emplacement se déplaça dans la vallée actuelle. La domination Quiché sur la région prit fin avec l'arrivée des Espagnols en 1523 et de leur chef Pedro de Alvarado qui au bout d'un an de guerre défit les Quichés et leur chef Tecum Uman. La prise de Xelaju (1524) marque la soumission de l'ensemble du Guatemala. Les Indiens Nahuas, qui accompagnaient les Espagnols rebaptisèrent la cité pour lui donner son nom actuel (Quetzaltenango : « lieu du Quetzal »). Siège des autorités du « Corregimiento de Quetzaltenango » pendant la période coloniale, la ville décida, à l'indépendance (en 1821), de se rattacher au Chiapas mexicain. Faisant suite à la désunion avec le Mexique, la ville devint la capitale durant un certain temps seulement, du « Sixième Etat de Confédération Centroamericaine » appelé aussi « Etat des Hauteurs ». Le département et la ville furent enfin intégrés à l'Etat guatémaltèque en 1840.

Aujourd'hui Xela, de par sa situation géographique au carrefour des routes venant de la côte pacifique, du Mexique et de Guatemala Ciudad est un centre économique important et un foyer culturel et touristique de tout premier plan avec ses nombreuses fêtes (les Jeux Floraux), attraits et monuments architecturaux néo-classiques en tézontle qui lui donnent cet aspect austère. C'est aussi un point de départ idéal pour découvrir les nombreux villages, volcans et curiosités situés aux alentours.

▄▄ VISITE

Le Parque Centroamerica

Situé au cœur de la ville c'est aussi le centre de la vie culturelle et récréative des Quetzaltèques qui aiment s'y retrouver le dimanche. Des colonnades, des statues, des kiosques dans un style néo-classique en couvrent la surface. Il est entouré d'un ensemble monumental composé de plusieurs éléments dont la nouvelle cathédrale du Diocèse « de los Altos » (1899) et de la Casa de la Cultura.

Cathédrale

Elle se trouve sur le côté est du Parque Centroamerica et est en fait composée de deux éléments :

• l'ancienne façade baroque de la Paroisse « del Espiritu Santo » (en ruine) construite à partir de 1535 et qui fut détruite dans un incendie en 1898 (on peut encore en voir les traces).

• la nouvelle cathédrale du Diocèse « de los Altos » (des Hauteurs) juste à côté de la première, dont le début de la construction date de 1899.

Casa de la Cultura de Occidente

Elle se situe au sud du Parque dans un grand bâtiment néo-classique. Elle abrite :

• le Museo de historia natural. Ouvert du mardi au samedi de 9 h à 12 h et de 14 h à 17 h. Vous pourrez y voir des céramiques et des jades précolombiens, des vasijas del aera baja del Pacifico ainsi que des vêtements traditionnels.

• l'Institut Guatemaltèque du Tourisme-INGUAT- est confiné dans son aile droite.

Palais Municipal

Au nord du Parque Centroamerica, il renferme les six écus de la Fédération des Etats d'Amérique Centrale (1830-1840) gravés dans le stuc du plafond du Salon d'Honneur. On peut y voir également la Galerie des Hommes Illustres.

Pasaje Enriquez (Passage Enrique)

A l'angle du Parque et de la 4a calle. Antique galerie commerciale construite en 1901 par l'architecte Alberto Porta, qui, malgré les ans et son mauvais état possède encore un certain charme.

Théâtre municipal

1a calle Zona 1. (entre la 14a avenida A et la 14a avenida). Imposant monument néoclassique qui peut contenir environ 1 000 spectateurs. Dans le cadre des Jeux Floraux qui ont lieu chaque année au cours du mois de septembre, il accueille les gagnants qui sont récompensés.

■■ BALADE

Comme dans beaucoup d'autres villes d'origine coloniale, le **Parque Centroamerica**, autour duquel s'articule la cité, est le cœur, l'âme de Xela. La population s'y retrouve le dimanche en famille mais aussi le soir après le travail, même si en juillet et en août par exemple, saison hautement touristique, le temps ne s'y prête pas. Vous verrez également les nombreux étudiants occidentaux des écoles d'espagnol s'y rencontrer. Plus au sud, en dépassant la **Casa de la Cultura**, le **marché**, avec ses bruits, ses odeurs et ses couleurs est un excellent avant-goût de ce qui vous attend dans les villages voisins.

Le **tronçon Est de la 4a calle** qui part du Parque possède de magnifiques demeures coloniales avec leurs grilles en fer forgé et leurs portes de bois sculpté, témoignages d'un passé fastueux. Ses ruelles adjacentes, dont certaines gravissent la colline sur laquelle est bâtie la cité, constituent un belvédère idéal pour admirer les paysages champêtres de la campagne toute proche.

On pourra se rendre dans la **boulangerie « Xelapan »** située dans la 5a calle à côté du Pollo Campero. Les effluves du magasin arrivent jusque sur le trottoir. Grande variété de pains et de brioche. Délicieux ! Traversant le Parque Central, on empruntera la 4a calle puis la 14a avenida. Elle concentre avec les rues et les avenues voisines une grande partie de l'activité commerçante de la ville. Là, on n'aura aucun mal à trouver un restaurant proposant une cuisine internationale.

■■ LOISIRS

Sortir

Salon Tecun. Pasaje Enriquez. (entre la 13a avenida et le Parque Centroamerica). Un endroit sympathique où l'on peut se désaltérer et manger, très fréquenté des étudiants occidentaux des écoles d'espagnol de la ville. La musique anglo-saxonne y est de règle. On y trouve de nombreux renseignements laissés par ces mêmes étudiants linguistes ainsi que par les touristes de passage. Vous y trouverez également des offres d'excursions vers le volcan Santa Maria ou vers la Laguna de Chicabal. Elles sont proposées en général par des étudiants du cru ou des guides rompus à cet exercice. Ces formules ne sont pas très chères (comptez 7 ou 8 USD par personne pour le volcan Santa Maria) et vous feront assurément gagner du temps.

Restaurant-Bar Baviera. 13a avenida Zona 1. A l'angle formé avec la 5a calle et la 13a avenida, c'est un établissement joliment décoré de vieilles photos de la ville et de héros illustres ou inconnus. A l'intérieur de ces murs couverts de lambris règne une ambiance feutrée qui pourrait rappeler celui des salons de thé. Il est très fréquenté aussi par les étudiants et touristes étrangers : on peut y boire un café ou un thé en toute tranquillité accompagné par d'exquises pâtisseries maison.

Marché

On le trouve sous deux formes à Xela :

Permanente : il se situe à l'extrémité sud du Parque Centroamericano, en-dessous de la Casa de la Cultura à l'angle de la 8a calle et de la 11a avenida, et il s'étend dans les rues adjacentes.

Ponctuelle : le 1er dimanche de chaque mois sur le Parque Centroamerica. Il est inutile de vous lever très tôt (avant 7 h) pour profiter des premiers instants du marché. Les étals à 8 h du matin sont rarement installés, les commerçants et les paysans venant parfois de très loin à cette occasion (même de Santa Catarina de la Laguna sur le Lac Atitlan) ; l'état des routes et les conditions de circulation étant ce quelles sont, il leur faut un certain temps pour parvenir jusqu'à Xela. Le marché est installé pour la journée sauf en cas de précipitations où il se trouve alors écourté.

La grande majorité des produits vendus sont artisanaux, des tapis de laine et de coton aux vêtements richement brodés (huipils, « cinta ») en passant par les poteries et les sacs. Tout confère à donner à l'événement une ambiance de fête : les très nombreux badauds, les enfants endimanchés, les petites gargotes aux odeurs alléchantes, la musique exagérément forte ainsi que l'orchestre qui normalement prend place dans le kiosque situé au centre du Parque Centroamericano. C'est un événement majeur de la vie de Xela qu'il ne faut pas manquer si on se trouve en début de mois dans la région !

Fête

Les Jeux Floraux d'Amérique Centrale. Ils ont lieu chaque année du 9 au 17 septembre avec pour date principale le 15, fête de l'Indépendance Nationale (jour férié). Au cours de ses festivités, des musiciens, des écrivains et des peintres présentent des chansons, des poèmes et des tableaux. Les lauréats sont récompensés depuis 1916 dans le Théâtre Municipal. Le Parque Centroamerica et les différents édifices publics et religieux de la ville sont le cadre d'expositions et de manifestations colorées (dont une procession de femmes en costume traditionnel à la cathédrale du Diocèse de los Altos).

■ DANS LES ENVIRONS

EL CERRO DEL BAÙL

C'est une des petites élévations volcaniques qui dominent Quetzaltenango d'où on peut apprécier une très jolie vue de la vallée. Une route monte au sommet. En taxi à partir de la Place Centrale il faut compter 15 mn (négocier la course), mais la balade à pied au milieu des pins est vraiment superbe.

Double avertissement. 1) Faites-vous de préférence accompagner d'un guide, même si on ne nous a pas rapporté d'incident sur ce parcours. 2) la dénivellation n'est pas très importante mais la pente est forte. L'effort que vous demandera cette ascension sera donc important d'autant plus que l'altitude de départ est déjà de 2300 m ! Pensez à emporter de quoi vous restaurer et de quoi vous protéger de la pluie (les orages sont fréquents en hiver).Comptez environ 1 h 30 d'ascension (il faut partir de préférence en début de matinée).

Table des distances page 11

LOS VAHOS

Conséquence de l'activité volcanique de la région, les Bains de Vapeur ou Vahos, situés à peine à 3 km du centre-ville, sont fort appréciés de la population de Xela. Le prix d'entrée est modique mais risque d'être gonflé à votre arrivée (prix pour touriste). Pour s'y rendre, mieux vaut prendre dans un premier temps le bus (direction Almolonga-Zunil). L'arrêt se situe à Xela à l'angle de la 10a Calle et de la 9a avenida (Zona 1), au niveau de la station Shell (entre 0,25 et 0,50 Q par personne). La bifurcation pour Los Vahos est à environ 1,2 km de la station essence. Demandez au chauffeur de vous y arrêter. Il vous reste ensuite 2 km à parcourir à pied (si vous ne pouvez pas faire autrement !). La balade n'est pas désagréable. Pensez à la double récompense qui vous attend à l'arrivée : les Bains de Vapeur et la vue sur Xela.

ALMOLONGA

A 5 km de Xela sur la route de Zunil, dans une étroite vallée creusée par la rivière Salama, se trouve le petit village d'Almolonga aux maisons de briques de terre cuite. Sa priincipale activité reste agricole. En effet, Almolonga est connu pour sa production de fruits et légumes (oignons, carottes…) cultivés sur une multitudes de micro-parcelles qui marquent profondément le paysage. L'autre curiosité du village se rencontre sous la forme de ses sources thermales. Les eaux chaudes et sulfureuses ont été captées par la population pour en faire des établissements de bains. Vous en trouverez de nombreux dont les plus populaires sont les « Aguas Amargas » et « El Rosario ».

Transports. Pour se rendre à Almolonga il faut prendre le bus qui va à Zunil. L'arrêt se situe donc à l'angle de la 10a calle et de la 9a avenida au niveau de la station Shell. Comptez entre 0,50 Q et 1 Q pour un trajet d'environ 10 à 15 minutes. Vous pouvez donc décider de faire une halte à Almolonga et d'en découvrir les curiosités mais le village de Zunil reste sans aucun doute plus intéressant encore.

Marché. Les jours de marché sont fixés au mercredi et au samedi.

Fête. La fête du village est en l'honneur de San Pedro et de San Pablo. Elle se déroule à la fin du mois de juin, entre le 27 et le 30 avec comme « jour principal » le 29 (jour férié).

ZUNIL

Le village pittoresque de Zunil arrosé lui aussi par la rivière Salama se trouve à 9 km de Quetzaltenango. Tout comme à Almolonga, la population est presque exclusivement composée d'Indiens Quiché qui portent donc quotidiennement (cela n'est pas fait dans un but touristique) leurs magnifiques vêtements traditionnels multicolores. Le dimanche et le lundi, jours de marché à Zunil, le voyage en bus à partir de Xela est déjà, à lui tout seul, un

Femmes à Zunil

spectacle avec toutes ces femmes aux nattes et aux huipils colorés. Elles se rendent au marché accompagnées de leurs filles essentiellement (et des garçons en très bas âge) et rivalisent, comme on pourrait s'en douter, de richesse de broderies et de motifs de tout genre.

Transports

Tout comme Almolonga, pour rejoindre Zunil, il suffit de prendre un bus ou un pick-up à l'angle de la 10a calle et de la 9a avenida dans la Zona 1, à proximité de la station essence Shell. Les bus passent environ tous les quarts d'heure. Comptez 1,5 Q par personne et entre 20 et 30 minutes de trajet.

Visite

Eglise. Avec le marché, le principal attrait de Zunil réside dans son imposante église coloniale installée sur la place du village. D'un blanc immaculé, elle présente une façade percée de niches et agrémentée de colonnes torsadées. A l'intérieur on découvrira un singulier plafond en forme de coque de bateau renversée et un bel autel en argent. Comme nombre de ses consœurs il y règne une ambiance toute particulière, voire mystique avec ses cierges brûlant sur le sol et ses femmes psalmodiant tout bas des prières à genoux devant l'autel.

Marché. Traditionnellement, il se tenait sur la place de l'église mais depuis quelques temps déjà, il a été déménagé dans un hangar sans charme, situé en contrebas du village. Le joli cadre de la place communale en moins, le marché n'a pourtant rien perdu de son attrait, ni

Eglise de Zunil

le spectacle de sa force et de son intensité. Vous aurez l'occasion de voir de nombreux marchés au Guatemala, mais celui de Zunil est peut-être l'un des plus authentiques, épargné qu'il est par l'afflux touristique, avec ses étals riches et ne proposant principalement que les produits nécessaires à la subsistance quotidienne des villageois.

Fixé au **lundi**, le marché attire la grande foule à Zunil, composée presque exclusivement des paysans Quichés descendus des montagnes et de ceux de la vallée de la Salama. Prévu pour durer toute la journée, son activité y est surtout dense le matin, baissant déjà en intensité vers midi (des paysans ayant écoulé leurs marchandises plient alors bagages). Mieux vaut y arriver assez tôt pour pouvoir admirer l'essentiel (fruits, légumes, viandes, tissus, quincaillerie…), et assister aux marchandages et au défilé des femmes parées de leurs somptueux huipils. Vous pourrez en toute simplicité déambuler entre les étals et tenter d'échanger quelques mots avec les villageois.

N'oubliez pas d'emporter votre appareil photo même si, encore une fois, discrétion et modération sont de mises, les réactions de la population étant imprévisibles face au syndrome japonais.

Le dimanche (après-midi) c'est aussi jour marché à Zunil. Installé juste devant le marché couvert, il s'y vend presque exclusivement des légumes (oignons, choux, carottes).

Shopping

Coopérative artisanale. Installée dans une petite rue juste en dessous de la place du village, elle est spécialisée dans la vente de tissus et autres éléments de la tenue vestimentaire traditionnelle des femmes de la région de Zunil, comme ces cintas qu'elles arborent dans leurs cheveux afin de les maintenir. On trouvera également du tissu vendu non pas au mètre mais au yard, environ 80 Q le yard, ce qui est un peu cher comparativement aux prix pratiqués ailleurs comme à Salcajà en particulier.

Fête

Fête de Santa Catarina Alejandra. Fête religieuse se déroulant chaque année en novembre entre le 22 et le 26 avec pour jour principal le 25, ponctuée des danses folkloriques suivantes : « el Torito » et « los Venados ».

LAS FUENTES GEORGINAS

Cette source thermale, ou les « Fontaines » Georginas comme on les appelle ici, se situent à environ 8 km de Zunil. Jaillissant du volcan éteint le Pico de Zunil, elles ont été l'objet d'aménagements dès la première moitié du XXe sous la présidence du général Ubico (1931-1944), des piscines étant construites afin d'en recevoir les eaux à la forte odeur de soufre. D'une grande valeur touristique, elles ont été récemment restaurées et le site a été équipé de quelques bungalows afin de pouvoir accueillir les touristes de passage à Quetzaltenango. Une route part donc de Zunil tout d'abord asphaltée puis simple chemin de terre à peine carrossable, et serpente sur les pentes du volcan éteint jusqu'aux fontaines, traversant un paysage montagneux constitué de forêts de pins et de champs de maïs accrochés par endroits comme par magie. Durant la saison des pluies, le trajet s'effectue le plus souvent au milieu des nuages, amputant à la balade de magnifiques vues sur la montagne environnante et les vallées en contrebas, lui apportant au contraire un brin de mystère. Au bord de la route, vous pourrez découvrir le travail quotidien des paysans Quichés, la houe à la main, cultivant leurs milpas et vous saluant à votre passage.

C'est au bout d'une trentaine de minutes de voyage que l'on atteint les Fuentes Georginas, mais l'odeur de soufre qui emplit l'air suffit à renseigner le visiteur.

Là, au fond d'une sorte de combe aux parois couvertes d'une épaisse végétation luxuriante, se cachent les deux piscines des Fuentes Georginas. La première se situe à quelques mètres seulement juste après l'entrée. Pas idéalement située au niveau du chemin d'accès emprunté par de nombreux pick-up, elle est plus profonde que la seconde et vous pourrez par conséquent y faire quelques brasses. La deuxième piscine, vous la découvrirez au bout du chemin qui serpente au milieu des bungalows conçus pour accueillir des visiteurs pour la nuit (voir plus loin). Construite au fond de la gorge, la végétation l'entoure totalement. Elle est chaude à souhait et la baignade y est vraiment relaxante. A côté, des cabines rudimentaires permettent de se changer. Surplombant la piscine, un snack propose quelques plats de restauration rapide, bien pratique à la sortie du bain. Réellement enchanteur, l'endroit dispose de 7 bungalows tous équipés d'une cheminée (les nuits sont fraîches à cette altitude). Comptez 42 Q pour une personne, 54 Q pour deux et 66 Q pour trois. Prévoyez de quoi vous nourrir même si le petit snack-restaurant peut vous dépanner.

Conseil. La découverte des Fuentes Georginas est à faire de préférence en semaine, là où l'affluence est minimale. Le week-end, les habitants de Xela y viennent en famille ; il devient alors difficile alors de se baigner.

Transports

Pour se rendre aux Fuentes Georginas, il existe peu de solutions. Soit on se renseigne directement à Xela auprès par exemple d'une école linguistique organisatrice d'excursion comme celle de Jean Balivet (voir encadré), soit on prend un pick-up sur la place de l'église ou du maché couvert à Zunil. Les chauffeurs des pick-up demandent en général 25 Q pour un voyage, que vous soyez seul ou un groupe de 5 personnes. Le marchandage reste bien sûr possible. Pour redescendre il vous en coûtera environ 15 Q.

LAGUNA DE CHICABAL

La laguna de Chicabal est en fait un volcan dont le cratère s'est trouvé inondé par les eaux de pluie. Installée à plus de 2 400 m d'altitude, elle offre une vue à couper le souffle. A peu de distance de Quetzaltenango, on y accède par le village de San Martin Sacatepéquez à environ 14 km de Xela. A San Martin, il faut alors négocier auprès d'un pick-up les 7 km qui séparent le village du pied du volcan dont l'ascension nécessite approximativement entre 2 et 3 heures. Le charme, l'attrait exercés par la laguna sur les hommes ne datent pas d'hier. Ainsi chaque année le 3 mai, et cela depuis des générations, les chamans et autres dépositaires régionaux du savoir et des croyances indiennes se rassemblent sur ses rives.

> ### *Conseil*
>
> Pour l'une ou l'autre de ces excursions (Santa Maria, laguna de Chicabal), il est conseillé de partir accompagné d'un guide qui de toute façon vous fera gagner du temps et certainement de l'argent. L'un d'eux est français, Jean Balivet, résidant déjà depuis quelques temps à Quetzaltenango. Vous pouvez le contacter à la Casa Kaehler ou lui laisser un message. Pour une somme raisonnable, il vous conduira au volcan Santa Maria, à la laguna de Chicabal ou encore aux Fuentes Georginas. Bien sûr, plus on est nombreux plus le prix de revient par personne diminue !

VOLCAN SANTA MARIA

Le département de Quetzaltenango ne possède pas moins de six volcans localisés à proximité du chef-lieu. Parmi ceux-ci le volcan Santa Maria est l'un des plus élevés et aussi le plus accessible à la promenade. D'une altitude de 3 772 m, il offre à son sommet percé d'un cratère, une vue magnifique (si le temps le permet !) sur Xela et sur le volcan voisin le Santiaguito, haut de 2 488 m, toujours en activité à ce jour et d'où se dégagent sporadiquement des fumerolles. Il est même possible en été d'apercevoir la ville frontalière de Tapuchula au Mexique ainsi que la Côte Pacifique guatémaltèque.

Le volcan Santa Maria se situe à proximité du petit village de Llanos del Pinal distant lui même de 6 km de Xela. Pour s'y rendre, prendre un bus au Terminal Minerva, direction Llanos del Pinal qu'il rejoindra en 40 à 50 minutes environ (de 2 à 3 Q par pers). Arrivé à destination, il vous faudra alors entre 3 et 4 heures de marches pour gravir le volcan.

SALCAJÁ

Salcajá est situé à 9 km de Quetzaltenango sur la route menant à Cuatros Caminos. Petit village de quelques milliers d'âmes seulement, il est célèbre à trois titres. Pour son église San Jacinto à l'architecture coloniale qui fut le premier édifice religieux construit dans la Capitainerie Générale du Guatemala au temps de la Conquista.

Autre particularité de Salcajá, son **artisanat textile** qui lui vaut d'être le grand producteur de tissu (couvertures de laine et de coton, huipils ...) de la région de Xela. De qualité reconnue ces tissus sont teints selon une technique traditionnelle : l'**ikad**. A ce titre il convient peut-être pour les amateurs de tissus « au yard » d'attendre la visite de Salcajá (si vous l'avez programmée) pour effectuer vos achats, les quantités produites y étant plus importantes, et les prix inférieurs à ceux pratiqués dans les autres villages des environs de Xela. La dernière grande particularité de Salcajá réside en ses **décoctions et autres boissons**, fruit de recettes ancestrales, comme le caldo de frutas ou encore le rompopo, liqueur préparée à base de jaune d'œuf.

Transports

Quetzaltenango-Salcajá. Terminal local. Avenida Jesus Castillo-1a calle Zona 4. Un départ toutes les heures pour Salcajá. Comptez entre 1 et 2 Q.

Totonicapán-Salcajá. Prenez soit un bus assurant la liaison entre Totonicapán et Quetzaltenango ou bien n'importe quel bus allant vers la panaméricaine, et changer à Cuatros Caminos pour Salcajá.

Marché. Le mardi

Fête de San Luis Rey de Francia. Fête religieuse qui honore chaque année notre bon roi saint Louis entre le 22 et le 28 du mois d'août, avec pour jour principal le 25.

Ruelle du village

L'ALTA VERAPAZ

L'ALTA VERAPAZ

Il se compose de deux départements, le Baja et l'Alta Verapaz dont les capitales administratives sont respectivement Salama et Cobán. Le **Baja Verapaz** premier département traversé par la CA-14 à partir d'El Rancho présente à lui seul une grande variété de paysages. On passe ainsi du sud au nord le long de la CA-14 des collines pelées aux collines et montagnes (Sierra de Chuacus) verdoyantes dans le nord. A l'ouest de **Salama** on trouve quelques villages pittoresques comme Rabinal fondé par Bartholomé de Las Casas. Au nord du département sur le route de Cobán, le biotope Mario Dary Rivera abrite lui une nature riche de plusieurs centaines d'espèces animales et végétales.

Quelques kilomètres au nord du biotope, on rencontre l'**Alta Verapaz** qui avec près de 8 700 km^2 de superficie est l'un des départements les plus étendus du Guatemala. Dans cette région verte, il règne un climat tempéré nettement dominé par des pluies réparties sur l'ensemble de l'année, de telle façon que les cimes des montagnes entourant **Cobán**, la capitale départementale, ne se départissent presque jamais de leurs coiffes nuageuses. Terre ancestrale des indiens Achis, Pocomchis et K'ekchis, ceux-là mêmes qui repoussèrent les conquistadores et ne furent vaincus que par Bartholomé de Las Casas, l'Alta Verapaz recèle nombre de sites pittoresques, de belles forêts, de curiosités dont les plus connues (Lanquin, Semuc-Champey) se situent à plusieurs heures de bus de Cobán sur la route menant au Petén.

COBÁN

Installé dans une région de hauts plateaux coincée entre les sierras de los Cuchumatanes à l'ouest, de Chama au nord et de las Minas au sud-est, Cobán est une grande ville de 22 000 habitants environ, aux allures de bourgade agricole où les paysans des villages environnants viennent régulièrement vendre leur production.

Entourée de montagnes dont les sommets semblent continuellement perdus dans la brume, Cobán est la capitale du département de l'Alta Verapaz. Elle jouit d'un climat tempéré plutôt pluvieux comme en témoignent sa verte campagne et des parapluies et ponchos imperméables qui ne semblent jamais quitter les habitants. Située sur les pentes d'une colline à environ 1300 mètres d'altitude, on est bien loin ici de Guatemala Ciudad (215 km), de sa pollution, de son bruit et de ses problèmes.

On y trouve une certaine joie de vivre, une quasi insouciance lorsqu'en fin de semaine les habitants se retrouvent sur le Parque Central, se restaurant auprès de cuisinières ambulantes qui font le charme des vendredis et samedis soir de Cobán. Il ne reste cependant que peu de chose du passé de la ville impériale. L'attrait de Cobán est aussi ailleurs, dans ses proches villages aux activités agricoles et artisanales, et plus loin dans les curiosités naturelles du département de l'Alta Verapaz.

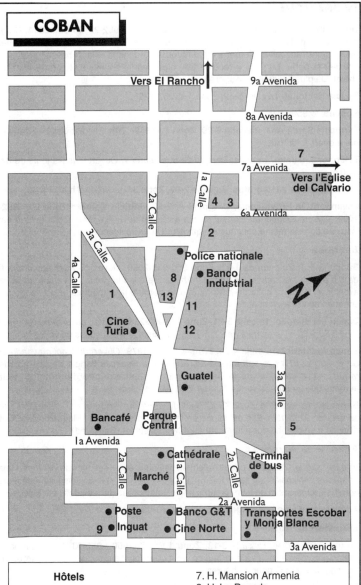

COBAN

Vers El Rancho

9a Avenida

8a Avenida

7

7a Avenida

Vers l'Eglise del Calvario

6a Avenida

2a Calle

1a Calle

3a Calle

4a Calle

4 3

2

● Police nationale

8

● Banco Industrial

13

11

12

1

Cine Turia ●

6

Guatel ●

3a Calle

Bancafé ●

Parque Central

5

1a Avenida

2a Calle

1a Calle

2a Calle

Cathédrale ●

Marché ●

Terminal de bus ●

2a Avenida

● Poste

● Banco G&T

Transportes Escobar y Monja Blanca ●

9 ● Inguat

● Cine Norte

3a Avenida

Hôtels

1. La Providencia
2. H. Rabin Ajau
3. H. Nuevo Monterrey
4. H. Coban Imperial
5. Posada Carlos V
6. H. Casa de Acuna

7. H. Mansion Armenia
8. H. La Posada
9. H. Dona Victoria

Restaurants

11. Hacienda Imperial
12. Café El Tirol
13. Café La Posada

■ PRATIQUE

Office du tourisme. Inguat. 3a calle 2-38, Zona 3 ✆ **952-2213 / 952-2214.** Cette adresse est celle de l'hôtel Victoria. La réception de l'établissement assure en effet pour Inguat l'accueil et l'information des touristes dans la ville. N'hésitez pas à en pousser la porte, on vous y recevra très bien, même si vous n'êtes pas client de l'hôtel. De plus l'endroit est superbe.

Policia Nacional. 1a calle 5-12, Zona 1 ✆ 952-1225.

Hospital ✆ 952-1315.

Farmacia Santa Ana. 2a calle 6-29, Zona 1 ✆ **952-1768.** Elle est installée dans la rue menant à l'hôpital.

Téléphone. Guatel. 1a calle, Parque Central Zona 1. Ouvert tous les jours de 8 h à 20 h.

Poste. Correos y telegrafos. 2a calle 2-02, Zona 3. Ouvert de 9 h à 17 h 30.

Lavanderia la Providencia. Diagonal 4, 2-43, Edificio Cabrera Zona 2 ✆ **952-1209.** *Ouvert du lundi au samedi de 8 h à 12 h et de 14 h à 17 h.* Cette laverie est installée dans la même construction que l'hôtel La Providencia.

Banques

Banco G & T. 2a avenida 1-17, Zona 3 ✆ **952-2060.** *Ouvert du lundi au vendredi de 9 h à 19 h ; le samedi de 10 h à 14 h.* Située dans la Zona 3 à l'angle de la 2a avenida et de la 1a calle de la Zona 3 juste derrière la cathédrale, elle change les chèques de voyages et accepte la carte Visa.

Banco del Ejercito. 1a calle 5-24, Zona 2 ✆ **952-2387.** *Ouvert du lundi au vendredi de 8 h 30 à 20 h ; le samedi de 9 h à 14 h.* Elle change les chèques de voyages.

Banco Industrial. 1a calle 4-39, Zona 1 ✆ **952-1379.** *Ouvert du lundi au vendredi de 8 h 30 à 19 h ; le samedi de 8 h 30 à 17 h.* Située à l'angle de la Calzada Minerva (1a calle) et de la 5a avenida, elle est équipée d'un distributeur automatique 24 heures sur 24 (cartes Visa, Mastercard).

Bancafé. 1a avenida Zona 2. *Ouvert du lundi au vendredi de 9 h à 20 h ; le samedi de 9 h à 13 h.* Elle est située en face du grand magasin Megaelectrika. Elle dispose d'un distributeur automatique 24 heures sur 24 (Bancared).

Agence de voyages

Ville touristique, Cobán est paradoxalement peu équipée en agences de voyages. Cela s'explique principalement par le fait que tous les hôtels de standing disposent de leurs propres excursions et de leurs propres parcs automobiles (les voitures sont louées).

Agencia de viajes Los Angeles. 4a avenida 3-03, Zona 2 ✆ 952-1485.

Location de voiture

Futura Rent a Car. 1a calle 3-13, Zona 1 ✆ **952-1650 / 952-1374.** Elle propose une variété de véhicules de la berline au 4x4 en passant par le minibus. Pour un 4x4 comptez 315 Q pour 24 heures.

Geo Rental. 1a calle 3-13, Zona 1 ✆ 952-1650.

Tabarini Tenta Autos. 5a avenida y 1a calle Edificio Sequib, Zona 1 ✆ **951-3282.** Elle propose une gamme complète de véhicules, de la simple voiture quatre portes au 4x4 en passant par le minibus de 12 places.

Ecrivez-nous sur internet : info@petitfute.com

■ TRANSPORTS

Bus

Depuis le terminal de bus locaux, de nombreux bus rallient les principales curiosités touristiques de l'Alta Verapaz dont San Juan Chamelco, San Juan Carchá ou encore Lanquin, et des destinations beaucoup plus éloignées, comme El Estor par exemple.

Cahabón. La compagnie **Rutas Belen Ju** (3a calle y 1a avenida, Zona 1 ℂ 952-1503) assure des liaisons avec Cahabon tous les jours à 6 h, 13 h, 13 h 30 et 15 h. Attention le bus de 6 h ne part pas des bureaux de la compagnie mais attend ses passagers en face du cinéma Norte.

El Estor. Départ tous les jours à 4 h, 5 h, 6 h 30, 8 h, 8 h 30, 10 h 30, 11 h 30, 12 h 30, 13 h, 14 h et 15 h. Comptez entre 7 et 8 heures de route (166 km).

Lanquin. Départ tous les jours à 4 h, 7 h, 12 h, 12 h 30, 13 h, 14 h et 15 h. Comptez environ 4 heures de route. Attention le bus de 6 h ne part pas du terminal de bus, mais de la Banco G & T située derrière la cathédrale, à l'angle de la 2a avenida et de la 1a calle.

San Juan Chamelco. Des bus parcourent tous les jours les dix kilomètres séparant Cobán (terminal de bus) de San Juan Chamelco. Départ toutes les demi-heures. Comptez environ 20 à 35 minutes de route. Tarif 2,5 Q.

San Pedro Carchá. Comme pour San Juan Chamelco, San Pedro est quotidiennement relié à Cobán par un service de bus locaux. Départ toutes les demi-heures. Tarif 2,5 Q.

Sayaché. Situé à 201 km de Cobán ; paradoxalement, les bus qui relient Sayaché sont à prendre au terminal de bus locaux. En fait la liaison n'est pas directe et le voyage jusqu'à Sayaché s'apparente dans les premières heures à des sauts de puce de villages en villages avec changement de bus à chaque fois. Pour rallier le Petén, il faut donc tout d'abord rejoindre San Pedro Carchá et là reprendre un bus jusqu'à Raxjurá située à mi-parcours (kilomètre 111). A Raxjurá on trouve alors seulement des bus directs jusqu'à Sayaché. Le trajet dans son ensemble dure autour de 10 heures.

Senahu. Départ tous les jours à 6 h, 11 h 30 et 14 h 30. Comptez environ 3 heures de route.

Uspatán. Départ tous les jours à 10 h et 12 h. Comptez environ 6 heures de route.

Transportes Escobar « Monja Blanca ». 2a calle 3-77, Zona 4 ℂ 952-1536 / 952-1952. Cette compagnie de bus relie exclusivement la capitale Guatemala Ciudad plusieurs fois par jour: départs à 4 h, 5 h, 6 h, 6 h 30, 7 h, 8 h, 9 h, 9 h 30, 10, 10 h 30, 11 h, 12 h, 12 h 30, 13 h, 13 h 30, 14 h, 14 h 30, 14 h 45, 15 h, 15 h 30, 16 h, 16 h 30 et 17 h. Comptez environ 4 heures de route. Tarif 23 Q.

Taxi

Taxis Imperial. Parque Gabriel Mistral ℂ 952-1897.

■ HEBERGEMENT

Cobán dispose d'une infrastructure hôtelière convenable et toutes les gammes de prix sont représentées. Les hôtels de bon standing proposent tous des excursions dans les environs de Cobán à Lanquin ou Semuc-Champey. Comparativement à d'autres grandes cités touristiques du Guatemala la qualité de l'accueil est bonne et les prix modérés.

La Providencia. Diagonal 4, 2-43, Zona 2 ℂ 952-1209. *53 chambres de 20 à 55 Q sans salle de bains ; de 35 à 75 Q avec salle de bains.* Comme son nom le laisse penser, c'est à Cobán l'hôtel de la dernière chance. Hors catégorie, on ne poussera sa porte que si les autres établissements de la ville sont complets. Ces chambres aux allures de cellules sont tout simplement sordides et plutôt mal entretenues. Bien sûr ces prix restent intéressants pour les petits budgets. Les plus démunis s'en contenteront peut-être. Il est situé juste à côté du cinéma Turia.

Bien et pas cher

Hôtel Rabin Ajau. Calzada Minerva 5-37, Zona 1 ✆ **952-2296.** *22 chambres de 66 à 138 Q.* Situé en bordure de la très passagère 1a calle, à environ 150 mètres avant le Parque Central en venant de Guatemala Ciudad, l'hôtel Rabin Ajau est un modeste établissement offrant une qualité de confort correcte. Organisées sur plusieurs étages les chambres sont sombres mais bien tenues. Demandez impérativement les chambres donnant sur la cour, le trafic routier sur la 1a calle étant réellement très dense. Au rez-de-chaussée il y a une grande salle de restaurant qui reste le plus souvent désespérément vide. On y sert une cuisine simple à des prix modérés (tacos 12 Q ; churrasquito 18 Q ; pollo frito 22 Q). Petit déjeuner à 10 Q.

Hôtel Nuevo Monterrey. 6a avenida 1-12, Zona 1 ✆ **952-1131.** *22 chambres de 20 à 60 Q sans salle de bains ; de 15 à 45 Q avec salle de bains.* A l'écart du centre ville, dans un petite avenue sur la gauche de la 1a calle quand on arrive à Cobán, l'hôtel Nuevo Monterrey est un modeste établissement offrant un bon rapport qualité-prix. Ces chambres s'organisent autour d'une vaste cour où les motorisés pourront garer leurs véhicules. Les chambres sont simples, propres mais manquent de lumière. Il est équipé d'une restaurant proposant une nourriture simple de plats typiquement guatémaltèques et de quelques plats de cuisine occidentale (spaghettis etc.). On y sert également des petits déjeuners.

Hôtel Cobán Imperial. 6a avenida 1-12, Zona 1 ✆ **952-1131.** *7 chambres de 45 à 135 Q.* Il possède une entrée et une réception commune avec l'hôtel Nuevo Monterrey. Sans grand charme, il propose des chambres au confort simple, sombres, sommairement équipées (salle de bains) mais propres. Pour le même prix sinon moins on trouve aisément à Cobán un meilleur confort et surtout un plus joli cadre. On y sert les mêmes petits déjeuners qu'à l'hôtel Nuevo Monterrey.

Posada Carlos V. 1a avenida 3-44, Zona 1 ✆ **952-1780.** *14 chambres de 85 à 205 Q. Accepte carte Visa, AE et Mastercard.* Installé dans une élégante demeure coloniale, la Posada Carlos V est l'une des valeurs sûres de Cobán. Ces chambres sont confortables, très bien tenues, équipées de meubles en pin et de télévision. On appréciera la vue sur les hauteurs verdoyantes. Pourvu d'un restaurant, on pourra y prendre son petit déjeuner (24 Q) et y déguster une cuisine exclusivement guatémaltèque. Parking.

Hôtel La Posada. 1a calle 4-12, Zona 2 ✆ **et Fax 952-1495.** *14 chambres de 154 à 230 Q. Accepte les cartes Visa, AE et Mastercard.* Située à l'angle de la 1a calle et du Parque Central, la Posada occupe une grande et belle demeure coloniale de 200 ans aux belles poutres apparentes. Toutes les chambres sont distribuées le long d'une longue galerie ouverte sur un jardin tropical. A l'intérieur les chambres sont grandes, décorées avec goût de beaux tissus K'ekchi ainsi que de vieux meubles patinés. Certaines disposent de grands lits à baldaquin et de cheminées bien agréables (le bois est fourni contre quelques quetzals) car les nuits sont plutôt fraîches même en été. Au bout de la galerie on trouve un restaurant et un bar donnant sur le Parque. Possibiltié de parking.

Hostal Casa de Acuña. 4a calle 3-11, Zona 2 ✆ **952-1547 - Fax 952-1268.** *4 chambres de 35 à 140 Q. 15 Q de dépôt pour la clef.* Situé à l'écart du centre ville en contrebas du Parque Central, l'hostal Acuña occupe une maison calme au milieu duquel trône un joli jardin. Son fonctionnement est à peu près celui d'une auberge de jeunesse. Sur le côté du jardin on trouve un bâtiment annexe de 4 chambres de 4 places. Le tout est agréable et propre. L'établissement organise lui aussi des excursions vers Semuc et Lanquin seulement le mercredi et le samedi (départ à 7 h). L'enfant de la famille a fini ses études et parle très bien le français.

Hostal Doña Victoria. 3a calle 2-38, Zona 3 ℂ **952-2213 / 952-2214.** *8 chambres 103 à 232 Q. Accpte les cartes Visa, AE et Mastercard.* C'est avec l'hôtel la Posada le plus bel hôtel de Cobán. Il est installé en effet dans une belle et grande demeure coloniale de près de 400 ans. Sur le même modèle que les autres maisons de ce style, la demeure est bordée sur l'arrière d'une élégante galerie ouvrant sur un joli jardin de plantes et de fleurs tropicales où vit un couple d'aras. A l'abri dans la galerie, les chambres sont charmantes, joliment décorées avec leurs murs marbrés d'oranger, leurs vieux meubles et leurs tapisseries. Grandes, elles sont équipées de tout le confort nécessaire.

Le reste de la maison est occupé par un **bar** et un **restaurant**. Les voyageurs en sac à dos font l'objet ici d'une attention toute particulière puisque la nuit ne leur est comptée que 35 Q. L'hôtel propose des excursions vers Semuc-Champey et Lanquin en 4x4 ou à partir de ces sites en cheval ou en vélo.

L'hostal Doña Victoria a également la particularité d'abriter l'antenne d'Inguat dans la ville.

Hôtel Mansion Armenia. Avenida del Calvario 2-18, Zona 1 ℂ **952-2284.** *27 chambres de 85 à 145 Q. Accepte les cartes Visa, AE et Mastercard.* En retrait du centre-ville, il est installé dans un quartier tranquille de la zona 1 dominé par la colline et l'église del Calvario. C'est une construction moderne, très bien équipée, disposant de tout le confort souhaité. Les chambres sont lumineuses, spacieuses, équipées pour la plupart de télévision. Au milieu de l'établissement on trouve un jardin ainsi qu'un parking fermé par une barrière électrique. Une laverie est à la disposition de la clientèle. Vraiment une bonne adresse, un peu loin des animations et services du centre ville.

■ RESTAURANTS

En plus de des comedors habituels Cobán est pourvue de quelques bons restaurants qui valent autant par leur cuisine que par leur cadre.

On peut également faire le choix de manger dans la rue. Tous les soirs des **camionnettes** aménagées en cuisinières roulantes prennent possession des rues encadrant le Parque Central. Certaines s'installent sur le trottoir en face de Guatel, ou encore de l'autre côté du Parque, dans le prolongement de la file de taxis.

En général le choix est simple puisque ces cantines ambulantes proposent toutes le même menu, viande grillée accompagnée d'oignons eux aussi grillés. La foule s'y presse en semaine et plus particulièrement les vendredis, samedis et dimanches soirs. Tentez l'expérience, la viande n'est franchement pas mauvaise (8,5 Q). Vous pourrez en plus assister pour certaines gargotes à des tentatives d'imitation de cuisiniers japonais… ou suédois selon le talent !

Restaurante Hacienda Imperial. 1a calle 4-11, Zona 1 ℂ **951-3503.** *Repas autour de 60 Q.* A l'entrée de la plazuela Las Casas et du Parque Central, c'est un restaurant dont la viande est la spécialité, et plus particulièrement la viande de bœuf. Il dispose d'une vingtaine de tables dans un cadre imitant celui d'une hacienda aux grosses poutres en bois mal dégrossies. Tous les plats de viandes se situent entre 44 et 50 Q environ. On pourra goûter plus spécialement au carne de res (2 morceaux) pour 44 Q et au filet mignon pour 47 Q.

Café El Tirol. 1a calle 3-13, Zona 1. Au fond d'une jolie placette en bordure du Parque Central, son entrée fait face à la Plazuela Las Casas. Le cadre y est agréable avec ses poutres et boiseries, et l'accueil affable. C'est l'endroit parfait pour venir prendre son petit déjeuner. On aura le choix entre huit formules de petit déjeuner de 11 à 25 Q. Le deuxième tasse de café est gratuite. On pourra également venir s'y restaurer dans la journée autour d'un café de Cobán et d'une pâtisserie.

Café la Posada. Plazuela Bartholomé Las Casas. Idéalement installé sur cette petite place arborée qui prolonge vers le nord-est le Parque Central, il occupe l'une des ailes de l'hôtel la Posada. Le cadre, comme le reste de la maison, y est franchement agréable avec ses murs d'un blanc immaculé, ses poutres et ses boiseries apparentes. A l'extérieur on trouve une jolie galerie qui donne sur la plazuela Las Casas. Sa carte est composée principalement de petits encas, d'antojitos, de tacos Tex Mex (8,5 Q), d'enchiladas (8 Q) ou encore de churrasquito (14, 30 Q). Le café y est excellent (4 Q). On pourra l'accompagner de quelques dulces (viennoiseries). Le soir c'est le rendez-vous des touristes et des étudiants des écoles linguistiques. On y discute âprement à la lumières des bougies.

■ HISTOIRE

Avant l'arrivée des Espagnols, la région de Cobán était connue sous le nom de **Tezulutlán**. Région de montagnes peu élevées (Sierra de Chamá, Sierra de Santa Cruz au nord du lago Izabal) recouvertes d'une dense forêt tropicale, de nombreuses ethnies indiennes y habitaient et y coexistent toujours, parmi lesquelles les **K'ekchi** (les plus nombreux), les **Pocomchies** et les **Archies** pour les nations indiennes les plus importantes.

Il semble que la conquête n'ait posé aucun problème aux conquistadores. Elle ne fut d'ailleurs marquée par aucun fait de guerre majeur. L'œuvre des **missionnaires** dominicains y est pour beaucoup. Devançant les armées du roi, les dominicains, avec à leur tête Bartholomé de las Casas, gagnèrent dans cette région les cœurs et les âmes des indiens rendant inutile l'utilisation par les conquistadores de moyens plus expéditifs pour « civiliser » les populations. Le meilleur exemple de conversion est celui du chef K'ekchi de la région qui prit alors le nom de Juan Matalbatz.

Parallèlement à l'œuvre missionnaire, les dominicains fondèrent Cobán en 1538, qui obtint même du roi et empereur Charles Quint, le titre de **cité impériale** dont s'enorgueillit encore la ville. Jusqu'en 1814, Cobán était la métropole d'une plus vaste région. En plus du Verapaz, son autorité s'étendait au Petén, au lago Izabal et même jusqu'au Belize.

En 1877, le gouvernement de l'époque décida une nouvelle subdivision territoriale. Le Verapaz fut séparé en deux entités : le Baja Verapaz et la Alta Verapaz dont Cobán est aujourd'hui la capitale. A la fin du XIXe et au début du XXe, Cobán connut une étrange immigration, celle d'Allemands et d'Anglais venus y faire du commerce, y créer des plantations de cardamome mais surtout de café. Récolté, le café était ensuite transporté vers le lago Izabal où il était embarqué sur des bateaux à destination de Livingston via le Rio Dulce ; Livingston devint alors le grand port exportateur de café du Guatemala. Pour rejoindre le lac Izabal, les planteurs construisirent même une ligne de chemin de fer mais elle ne fut que rarement utilisée.

Au cours de la Deuxième Guerre mondiale, Cobán dut se séparer de ces très riches familles allemandes. Elles finançaient depuis le Guatemala l'effort de guerre nazi. Sous la pression des Etats-Unis, le gouvernement dut se résoudre à les expulser confisquant leurs maisons et leurs exploitations. Aujourd'hui Cobán est une ville tranquille, vivant du commerce, de l'artisanat et de l'activité des grandes plantations de café qui peuplent encore la région.

■ VISITE

Cathédrale

Fondée en 1687, elle est dédiée à **Santo Domingo**. Grande et massive construction, elle se tient fièrement à l'extrémité est du Parque Central. Passé le portail, on découvre une énorme **cloche** en bronze. L'intérieur peint de blanc, de jaune et de bleu se compose de trois nefs. Dans la nef centrale on remarquera un étrange **plafond de bois** qui évoque le pont d'une antique galère. Le long des nefs latérales, de petites niches ont été creusées dans les murs. Elles renferment des **statues** de saints et de religieux importants comme Bartholomé de Las Casas. Le soir, sa façade et son clocher sont illuminés.

Eglise del Calvario

Perchée au sommet d'une colline dominant Cobán, l'église du Calvario est un petit édifice d'un blanc immaculé auquel on accède par un long escalier sinueux serpentant jusqu'au sommet à travers un joli paysage composé de pins, de fleurs tropicales, de bananiers mêmes et de quelques pierres tombales. De chaque côté l'escalier est bordé de murets et de petites chapelles noircies par les cierges que les fidèles y déposent. A côté des cierges à demi consumés on trouve des offrandes de nourriture et des fleurs. Au sommet on trouve l'église au milieu d'un cimetière. Elle se compose à l'intérieur de trois nefs supportées par une petite colonnade.

On remarquera son joli plafond et au fond de la nef centrale l'autel couvert de cierges que surmonte un **Christ Noir**. Derrière celui-ci, on peut accéder à une petite chapelle où les fidèles viennent se recueillir et déposer des offrandes. Depuis la placette devançant le portail de l'église, on a une belle vue sur les montagnes entourant Cobán perpétuellement noyées dans la brume.

Pour s'y rendre depuis le Parque Central, empruntez la 1a calle qui mène à la carretera 5 (nationale) et au niveau de la 7a avenida tournez à droite. L'escalier montant à l'église du Calvario se trouve au bout de l'avenue.

■ BALADE

Le **Parque Central** est sans surprise le cœur de Cobán. Mais à la différence des grandes villes latines fondées durant la domination, Cobán déroge à la règle du plan en damier. En effet son Parque Central n'est pas un parfait quadrilatère et ses rues ne se coupent pas systématiquement à angle droit, le relief ayant imposé quelques adaptations. A l'entrée du Parque en venant de Guatemala Ciudad ou de Salama on tombe sur une petite place, **plazuela Las Casas**. Coincée entre le Parque, la 1a calle et la Diagonale 4 on y a aménagé un minuscule jardin au centre duquel on trouve un buste de Bartholomé de Las Casas. Là, donnant sur la placette, se tient le Café La Posada et son agréable terrasse. De l'autre côté de la plazuela sur la droite on trouve le Cine Turia.

En contrebas du Parque Central s'étend la **Zona 2**. Au sommet de la diagonale 4 à quelques pas du Cine Turia, une rue relativement pentue y plonge. On s'y engage pour atteindre au bout l'**hostal Don Acuña** et la 4a calle où l'on rencontrera la **finca Dieseldorff**. Cette fabrique de café est l'une des meilleures de la ville selon les amateurs de café de Cobán. Sur simple demande, on peut en faire la visite accompagnée ou non, visite se terminant souvent par une dégustation.

On revient sur le Parque Central par le même chemin. Au milieu, un **parc public** arboré connaît les faveurs des habitants. On y trouve la **statue de Manuel Tôt**, héros et martyr de l'indépendance nationale, et au bout de la place en se dirigeant vers l'église-cathédrale, une étrange construction de béton, pâle imitation du vaisseau du capitaine Kirk et de Mr Spock, l'Enterprise. C'est en fait une terrasse suspendue qui permet d'apprécier le Parque Central dans son ensemble. On s'engage alors dans la 1a avenida de la Zona 2 qui lorsqu'on regarde la cathédrale s'élance du Parque sur la droite.

Sur la gauche de l'avenida, à peine à 30 mètres du Parque, on ne peut pas rater le magasin **Megaelectrika** entièrement peint de jaune. C'est une grande surface spécialisée dans l'électroménager. Tous les soirs, des gens s'y retrouvent spontanément pour regarder la télévision d'exposition située juste derrière la vitrine et suivre là une émission ou un film. A l'occasion d'un film comique, on pourra assister à des scènes étonnantes d'hilarité collective dans la rue.

On revient vers le Parque. On passe devant l'église et on tourne à droite dans la 1a calle de la Zona 3. L'édifice marque en fait la limite entre les zones 1 et 3, le côté sud du Parque servant de frontière entre les zones 1 et 2. On s'engage donc dans la 1a avenida de la Zona 3 puis on tourne dans la première à droite. Dans cette avenue se situe le **mercado central** bordé côté avenue d'une succession de gargotes proposant une nourriture exclusivement guatémaltèque et très bon marché.

■■ LOISIRS

Antigüedades Carlos V. 6a avenida 4-26, Zona 3 ✆ **952-1541.** Relativement éloigné du Parque Central, ce magasin d'antiquités est pourvu de belles pièces de mobilier, des coffres, des tables des petites armoires. On y trouve également un tas de petits objets pour parfaire une décoration.

Marché

Cobán dispose d'un marché permanent à l'arrière de la cathédrale. Couvert, son entrée se fait par la 2a avenida. Ravitaillé par les paysans des villages alentours, on y trouve des produits frais mais aussi des échoppes d'articles artisanaux, des vêtements mais également des poteries.

Ecole linguistique

Active Spanish School. 3a calle 6-12, Zona 1 ✆ **952-1432.** Elle propose en plus d'une vingtaine de cours dispensés par semaine, des activités annexes de découvertes de la région (villages mayas) et de ses principales curiosités (Lanquin, Semuc-Champey etc.) et une semaine d'hébergement dans une famille de Cobán. Le forfait minimal est de quatre semaines, soit 85 $ par semaine.

Cinémas

Cine Turia. Diagonal 4, 3-12, Zona 2 ✆ **952-2390.** A proximité du café La Posada, il donne sur le Parque Central. Deux salles.

Cine Norte. 1a calle y 3a avenida, Zona 3 ✆ 952-2216.

■ DANS LES ENVIRONS

SAN JUAN CHAMELCO

Installée à environ 9 km au sud-est de Cobán, c'est une petite bourgade agricole reliée à Cobán par une antique route pavée. On rejoint ce village de l'Alta Verapaz pour sa massive et antique **église-cathédrale** ainsi que pour son **marché** haut en couleur et en animation, le plus proche de la capitale départementale. L'artisanat local y est fortement représenté avec les tissus si caractéristiques de la communauté K'ekchi. C'est aussi un excellent point de départ vers les curiosités des environs et le passage obligé pour rallier l'eden, perdu dans la montagne, que Jerry Makransky (Don Jeronimo) s'est offert.

Hébergement

Hotel Don Jeronimo's Cottage. *20 $ par personne et par jour ; 35 $ pour un couple et par jour, nourriture comprise.* Perdu en pleine jungle à 5 km de San Juan Chamelco, voilà quelques chambres d'hôtes isolées du monde au milieu des terres ancestrales des indiens K'ekchi. L'endroit est divin. En contrebas des bungalows, une petite rivière coule entre les rochers. Avec l'aide de Jerry Makransky, appelé Don Jeronimo par les indiens de la région, vous pourrez partir en balade en montagne, visiter des grottes, etc. Citoyen américain, Don Jeronimo s'est installer là voilà quelques années, fuyant la civilisation occidentale. Seul, en utilisant au maximun les matériaux de la région, il a construit ce merveilleux endroit au cœur de la forêt tropicale. Aujourd'hui, il pense déjà à une autre maison encore plus retirée pour profiter de la solitude et de la nature. Attention, l'accueil y est relativement limité en place (environ 10 personne). Mieux vaut téléphoner de Cobán avant de vous lancer dans un long et inconfortable voyage.

Transports

Pour s'y rendre depuis San Juan Chamelco, prenez le bus (ils partent tous les jours devant la Tienda Chamelqueña à 11 h et 14 h 30). On pourra aussi prendre un camion qui parcourt très lentement la distance. Dans les deux cas demandez au chauffeur de vous déposer au carrefour de la route de Don Jeronimo. Il se situe quasiment à l'entrée du village de Chajaneb, peu après la iglesia del Nazareno que vous croiserez sur votre droite. Là il ne vous restera environ 400 à 500 mètres de marche (suivez les flèches).

Marché

Il se tient le dimanche mais aussi le jeudi. On y vend les textiles artisanaux produits dans le village. Ils ont la particularité d'avoir été conçus selon la technique de tissage ancestrale « txu'bil ». Ils sont bien sûr colorés et couverts de motifs divers parmi lesquels on retrouvera entre autres les animaux de la basse-cour (canards…) ainsi que les plantes et fruits communs à la région.

Fête de San Juan Bautista

Fête patronale en l'honneur de saint Jean Baptiste : elle se déroule chaque année du 21 au 24 juin avec pour jour principal le 24. Outre les manifestations culturelles habituelles, ces festivités sont le cadre de danses folkloriques, peu communes comme les danses Somatón, los Viejos, Coxol, Judios, el Cortés (principalement exécutée le 24) à côté d'autres que l'on retrouve de façon systématique dans les fêtes patronales comme Moros et Venados.

SAN PEDRO CARCHÁ

C'est un petit village situé à seulement 6 km de Cobán. Tous les jours des bus partent du terminal de bus et relient le village en 30 minutes environ. Comme pour San Juan Chamelco, la route est encore pavée, ce qui rend la chaussée glissante par temps de pluie. Outre le charme propre à de nombreux villages de montagnes, San Pedro Carchá est réputé pour sa tradition du **travail de l'argent**. On y trouve en effet nombre de boutiques spécialisées et d'ateliers d'artisans où l'on confectionne des bijoux et des petits objets religieux. On pourra également y visiter le musée régional abritant principalement une petite collection de costumes traditionnels de la communauté K'ekchi.

BIOTOPE MARIO DARY RIVERA

Il est situé à proximité de Salama sur la nationale 5 qui relie Cobán à la capitale du Baja Verapaz. Vaste parc recouvert d'une dense végétation tropicale, le Biotope Mario Dary Rivera est dédié à l'animal symbole du pays, le farouche **quetzal**. Il s'y trouve en effet en nombre. Oiseau diurne, nichant dans dans des cavités à l'intérieur des arbres, il faut beaucoup de patience et surtout beaucoup de chance pour espérer en apercevoir un. En plus du quetzal le Biotope abrite de nombreuses autres espèces d'oiseaux dont le **toucan** est peut-être le plus célèbre et le plus bruyant, indifférent à la présence de l'homme.

Outre sa faune composée principalement d'oiseaux, le parc renferme une grande variété d'**essences** (pins, orchidées, fougères arborescentes, lichens et mousses etc.) que l'on pourra découvrir le long de deux sentiers forestiers fléchés, jalonnés de panneaux explicatifs quant aux arbres et plantes croisés. L'un des sentiers fait environ deux kilomètres ; quant à l'autre il mesure approximativement quatre km. Tous deux vous ramèneront à votre point de départ. A l'entrée du biotope on trouvera de quoi se désaltérer ainsi qu'un camping pour ceux qui souhaitent passer la nuit sur place pour avoir peut-être la chance d'observer au lever du jour le vol d'un quetzal.

LANQUIN

Installé à 57 km approximativement au nord-est de Cobán, Lanquin est un petit village dont le principal attrait réside dans les **grottes** situées à quelques kilomètres de là. Assidûment fréquenté par les touristes de passage à Cobán, Lanquin a vu depuis quelques années se développer une modeste hôtellerie. En effet les liaisons entre la capitale départementale et Lanquin ne sont pas nombreuses (3 à 4 bus par jour seulement au départ de San Pedro Carchá), un handicap auquel il faut ajouter la durée du trajet (entre 3 heures et 3 heures 30 sur une route défoncée). Tout cela fait donc que les visiteurs indépendants se retrouvent le plus souvent obligés de passer une nuit à Lanquin en attendant le lendemain matin le premier bus pour repartir sur Cobán.

La plupart des touristes souhaitant découvrir Lanquin et Semuc Champey passent donc par les différents hôtels de Cobán qui organisent des excursions vers les lieux.

■ HEBERGEMENT

Le village n'est équipé que de quelques établissements pour la plupart modestes, l'eau chaude pouvant être considérée ici comme un luxe. On citera quand même l'hospedaje El Viajero, la Pension Divina Providencia aux chambres simples sans salle de bains mais où l'on trouvera de l'eau chaude. Mais l'établissement le plus confortable est sans conteste l'hôtel Recreo.

Hôtel El Recreo Lanquin Champey. Lanquin ✆ **952-2160.** *25 chambres de 90 à 150 Q.* Situé à l'entrée du village en bordure de la route menant à Pajal et plus loin à Cobán, l'Hôtel El Recreo est un peu le palace de Lanquin. Ces chambres sont confortables et bien tenues. On évitera si possible les chambres donnant sur la route, empruntée très tôt le matin par les bus et camions reliant Lanquin à Cobán. Il est équipé d'un restaurant et d'un parking.

■ VISITE

Las Grutas de Lanquin

Elle se trouvent en périphérie du village, pas très loin de l'hôtel Recreo situé à l'entrée de la bourgade. Avant d'entamer toute excursion vers les grottes, il faut préalablement se rendre à la **Municipalidad**. Là on vous demandera de vous acquitter de votre droit d'entrée (15 Q) et surtout on vous allumera la lumière. A l'intérieur de la grotte, en effet, les premiers 200 mètres ont été équipés d'ampoules électriques.

Ce réseau de grottes a la particularité d'être parcouru par la **rivière Cahabón** qui prend sa source pas très loin d'ici. Le Cahabón s'engouffre littéralement sous terre resurgissant à l'air libre quatre kilomètres plus bas. A l'intérieur la rivière forme par endroit des petits bassins où on pourra se baigner. Il est recommandé de ne peut pas s'aventurer plus loin que la zone éclairée.

■ DANS LES ENVIRONS

Semuc Champey

Site naturel surprenant, c'est une des principales curiosités et destinations touristiques de l'Alta Verapaz. Situé à environ 10 km au sud de Lanquin et à 67 kilomètres de Cobán, Semuc Champey présente une **série de chutes d'eau** dans un cadre magnifique, le long du cours de la rivière Cahabón. Sur 350 mètres environ, de petites cascades se succèdent, bordées de chaque côté par une dense forêt tropicale. Entre les cascades, le courant a constitué dans la roche du lit du Rio Cahabón des **vasques naturelles** suffisamment profondes pour certaines pour que l'on puisse s'y baigner et excécuter même quelques brasses. L'eau bien sûr n'est pas à la température idéale mais le paysage vous fera certainement oublier ce petit désagrément.

En fait le plus gros du cours de la rivière Cahabón se situe sous terre, juste en dessous la série de cascades, qui forment en quelque sorte une **voûte** à la rivière souterraine qui sort des ténèbres 1,5 km en aval. Ce passage sous terre de la rivière était considéré par les anciens indiens K'ekchi comme l'entrée du monde souterrain.

Perdu en pleine nature, Semuc Champey est réellement un très joli endroit, servant d'habitat naturel à une grande variété d'animaux et de végétaux dont une importante variété d'**orchidées**. On pourra se rendre à Semuc Champey depuis Cobán en passant par les hôtels de la ville qui possèdent leur propre service d'excursions. Les indépendants eux se rendront tout d'abord à Lanquin où là des pick up, depuis la place centrale du village, assurent des liaisons avec Semuc Champey (entre 8 et 10 Q).

LE PETEN

LE PETEN

Plus grand département du Guatemala, le Petén est un vaste territoire de près de 36 000 kilomètres carrés, coincé, au nord du pays, entre le Mexique au nord et à l'ouest et le Belize à l'est. Le Petén qui signifie « **terre isolée** » en maya est en fait une immense **plaine tropicale humide** recouverte encore d'une épaisse forêt luxuriante. Relativement inhospitalière, cette plaine parsemée de rivières, de fleuves et de lacs, n'intéressa pas immédiatement les conquistadores qui n'en prirent possession dans les faits qu'à la fin du XVIIᵉ. Isolés au milieu de la forêt, au bord du lac Petén Itza, y prospéraient les indiens Itza descendants des glorieux bâtisseurs de Chichen Itza au nord de la péninsule du Yucatán, dans l'actuel Mexique. La colonisation tardive et les difficiles conditions de vie sont les facteurs qui expliquent encore aujourd'hui la faible occupation du département par l'homme. On dénombre en effet 310 000 habitants (chiffres officiels) sur l'ensemble du territoire (densité moyenne de 9,7) concentrés principalement dans quelques localités dont les villes de l'agglomération du lac Petén Itza à savoir San Benito, San José, Santa Elena et Flores, mais aussi Sayaxché sur le Rio de la Pasion, Poptún, sur la route de Guatemala Ciudad et Melchor de Mencos à la frontière avec le Belize.

Sa mise en valeur tardive explique l'extrême richesse de son milieu naturel. Au milieu d'une **flore extraordinaire** peuplée d'une multitude d'essences, allant du fromager aux énormes racines, au sapotier en passant par l'acajou et le cèdre, abondent une quantité incroyable d'espèces d'**oiseaux**, toucans, perroquets, aigles, buses, dindons sauvages, piverts et autres quetzals, ainsi qu'une grande variété de **mammifères** dont les représentants les plus typiques sont le tamanoir, le tapir, l'ocelot, les singes araignée et hurleurs, les coatis avec leurs longues queues et leurs estomacs insatiables, les crocodiles et bien sûr le jaguar, animal mythique de ces forêts.

Terre vierge enfermant dans son sol des richesses minérales importantes (**pétrole**), le Petén s'est attiré les convoitises des grands industriels et des grands propriétaires fonciers. En de nombreux endroits la forêt a subi de graves dommages comme sur la route Flores-Melchor de Mencos jalonnée de grandes haciendas. Les derniers gouvernements du Guatemala se sont alors attachés à protéger le Petén accordant malgré tout quelques concessions d'exploitation à des compagnies pétrolières. Ainsi en complément des initiatives prises au Mexique et au Belize, une vaste réserve, la **Biosphère Maya**, a été créée en 1990 couvrant la moitié nord du Petén soit 1 844 900 hectares, comprenant approximativement tout le territoire entre le lac Petén Itza et la frontière mexicaine au nord et à l'ouest et la frontière du Belize à l'est. La création de la Biosphère Maya est la dernière des mesures prises en faveur de le sauvegarde du patrimoine naturel et culturel du Petén.

On trouvait et on trouve encore des biotopes et des parcs nationaux, les seconds protégeant ce qui constitue la principale attraction du Petén, à savoir les formidables vestiges de la civilisation maya. C'est là dans cette forêt inextricable du Petén qu'est née et s'est développée cette mystérieuse civilisation dont on a découvert nombre de cités et centres cérémoniels perdus en pleine jungle ou proches des principales agglomérations du département. Parmi les plus beaux et plus vastes vestiges il y a **Tikal**, au centre du Parc National du même nom, à 70 kilomètres environ de Flores, la capitale du département. Elle domina une grande partie du Petén à l'époque classique asservissant ses rivales. A côté se tient la cité de **Uaxactún** et sa stèle gravée de la **plus ancienne sculpture du monde maya**. Perdues en pleine jungle d'autres cités méritent également qu'on s'y intéresse comme les cités de Ceibal, Aguateca ou encore Dos Pilas sur les rives du Rio de la Pasion et du lac Petexbatún, en grande partie encore recouvertes d'un épais tapis végétal telles que les premiers archéologues les découvrirent. Plus au nord au cœur de la biosphère maya d'autres cités comme El Mirador, sont beaucoup plus difficiles d'accès.

EL CEIBAL

C'est le principal site archéologique le long du rio de la Pasion. Il est particulièrement renommé pour ses magnifiques stèles. Grâce aux travaux du musée Peabody, le site a été partiellement arraché à la jungle et l'on peut découvrir, sur environ 1 km², quatre groupes de monuments. Les trois principaux, A, C et D, sont sur de proches collines séparées par des ravines, tandis que le dernier est en retrait à 2 km au sud.

■ PRATIQUE

Les principaux points d'accès sont les villes de Florès-Santa Elena, à 85 km au nord-ouest, ou Sayaxché, à 15 km. Plusieurs agences de voyages de Florès proposent des excursions, la solution est évidemment plus coûteuse, mais plus sûre. L'accès par la route depuis Florès est assez facile, mais long. Par Sayaxché, la balade en bus est difficile à la saison des pluies : le bus (direction El Paraiso) ne vous dépose qu'à 12 km du site, mais surtout il serait dommage de se priver de la magnifique promenade en pirogue que représente l'accès au site par le rio de la Pasion. Bien qu'endommagées par la déforestation, les rives du fleuve sont magnifiques. Après deux heures de bateau, il vous faudra encore marcher environ une demi-heure au cœur de la jungle pour découvrir le site.

■ HEBERGEMENT

On peut éventuellement se loger à Sayaxché (à 2 h de bateau rappelons-le), à l'hôtel Guayacan (✆ 926-6111, chambres de 50 à 90 Q), un hôtel tout simple, mais relativement agréable, avec une large terrasse. On pourra manger dans un des petits restaurants une nourriture correcte et surtout très économique (moins de 10 Q), par exemple au Montana ou au Yaxkin.

■ HISTOIRE

Du fait de sa position privilégiée en surplomb de la rivière, Ceibal contrôlait la région et s'est affirmée comme l'une des plus importantes cités de la fin de l'époque classique. Elle a du compter jusqu'à 10 000 habitants au tournant des époques classique et post-classique (900), avant de décliner rapidement, comme tant d'autres cités mayas avant elle. Les influences notées dans les différentes constructions laissent à penser que la forte croissance de Ceibal est liée à l'arrivée massive d'Indiens du Chiapas, probablement arrivés par l'Usumacinta.

Après son abandon, le site est rapidement reconquis par la jungle. On en retrouve la trace à la fin du XIXe siècle, sous le nom de Saxtanquiqui (un oiseau de la région). Il prend le nom de Ceibal (une essence d'arbre présente en abondance sur le site) au début du XXe, quand les archéologues commencent à s'y intéresser. Mais les travaux de réhabilitation ne commencent réellement qu'en 1964 à l'initiative du musée Peabody, le musée archéologique de la célèbre université d'Harvard. De 1964 à 1968, le site est minutieusement fouillé, les monuments restaurés et les stèles dégagées et, le cas échéant, redressées, pour obtenir l'agréable résultat actuel.

■ VISITE

Le site compte **31 stèles** remarquables, sculptées dans un calcaire très dur qui explique leur bon état de conservation. Les spécialistes (ou désireux de passer pour tels…) apprécieront, sur les personnages centraux, le retour à une position des pieds, les deux pointés vers l'extérieur, typique de l'époque classique ancienne, après une disposition l'un derrière l'autre, dominante pendant le classique tardif. Les autres se contenteront d'apprécier la finesse du travail.

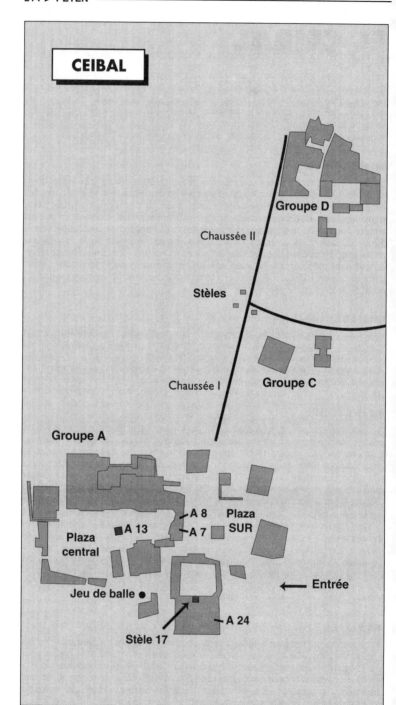

Le groupe A. Situé au nord-ouest du site autour de la plaza Central, c'est logiquement le plus important et on y croise la majorité des stèles du site. Il est dominé par une pyramide (A24), située à l'ouest de la plaza Sur (sud). A son sommet, la stèle 17, représentant un Maya qui se soumet à un guerrier aux cheveux longs et vêtu d'une jupe, accrédite la thèse d'une invasion de guerriers en provenance de l'actuel Mexique.

En gravissant les bâtiments A7 et A8, on parvient sur la plaza Central, au centre de laquelle se trouve le bâtiment A3, ses quatre stèles marquant les quatre points cardinaux et une cinquième qui trône au sommet. Tout autour, on reconnaît des temples, palais ainsi qu'un terrain de pelote. Plus loin, la plaza Norte complète le groupe, avec ses trois bâtiments et sa pyramide.

Le groupe B. Ces petits monticules se trouvent au sud, à 2 km du groupe D. On peut éventuellement aller jusque là pour admirer la stèle qui s'y trouve.

Le groupe C. Situé au nœud des chaussées du site, cet ensemble situé au sommet d'une colline comprend un terrain de pelote et quelques bâtiments identifiés comme des maisons d'habitation. Il n'y a ni temple, ni stèle. On peut par contre admirer des stèles et des autels au nord du groupe, à la croisée des chaussées I, II et III. D'autre part, en poursuivant la chaussée II au sud du groupe C, on découvre une plate-forme circulaire avec un autel qui évoque un animal et se complète d'une tête de jaguar sculpté.

Le groupe D. C'est peut-être le plus impressionnant du site, du fait de sa compacité et du nombre de bâtiments réunis. Il compte en effet cinq places et leurs bâtiments, concentrés dans un espace de 400 m sur 200 m.

■■ DANS LES ENVIRONS

Aguateca

C'est un autre site de la région, qu'on rejoint depuis Sayaxché (il se trouve à 15 km au sud à vol d'oiseau, 40 km par voie d'eau) en barque sur le lac Petexbatun et le rio du même nom, avant de bifurquer sur le rio Aguateca. Attention toutefois, en période de sécheresse, la zone de Petexbatun est largement à sec et il n'est pas rare de devoir finir à pied.

Découvert en 1957 seulement, le site a également été fouillé par le musée Peabody. Il consiste en une plate-forme de 100 m de large, surélevée de 3 m, la plaza Major. Le site remonte lui aussi au tournant entre périodes classique et post-classique et contient quelques belles stèles. Citons notamment la stèle n°2, figurant la victoire d'un chef Maya sur un autre. On peut détailler son équipement (coiffure, armes, bouclier) grâce à la précision du travail et au bon état de la pierre. Il est davantage à conseiller aux archéologues en herbe qu'aux simples curieux, car il est encore très peu aménagé.

LAC PETEN ITZA

Situé au cœur du Petén, le lac Petén Itza, **deuxième plus grand lac du Guatemala**, en est en quelque sorte le centre névralgique. Il abrite en effet sur ses rives la principale agglomération du département constituée des villes de **San José**, de **San Benito** et surtout de **Santa Elena** et de **Flores**, ces deux deux dernières concentrent la quasi totalité de l'infrastructure hôtelière du département.

Si Santa Elena est une ville au passé fort récent, traversée par une nationale poussièreuse qu'empruntent camions et bus, Flores est une ville pleine de charme installée sur une île du lac Petén Itza, à 400 mètres à peine du rivage. Sur la rive Est du lac, le petit village d'**El Remate** représente également une solution de gîte dans un cadre sauvage. C'est là qu'il faut résider autour du lac, ou si les moyens vous le permettent, sur le site même de Tikal. Outre la beauté du Petén Itza, le charme de Flores, le cadre et la tranquillité d'El Remate et les belles excursions et curiosités naturelles (biotope Cerro Cahui), la principale attraction se trouve bien plus au nord du lac Petén Itza. En effet, la grande et encore mystérieuse cité de Tikal se situe à environ 70 kilomètres de Flores et de Santa Elena d'où quotidiennement partent des bus assurant la liaison avec la cité maya. Plus au nord encore d'autres cités méconnues comme **Uaxactún** méritent également une visite. Le lac Petén Itza est relié quotidiennement au reste du pays à partir de Santa Elena et Flores par route et par les airs. L'agglomération principale du département est en effet équipée d'un **aéroport** qui met Guatemala Ciudad à quarante minutes du Petén.

FLORES

Capitale du département du Petén, Flores est en fait une île du lac Petén Itza située à très faible distance du rivage. Petite cité de 3 000 habitants, elle a pourtant donné son nom à l'agglomération qui en peu de temps a vu le jour sur les rives du lac, composée des villes de San Benito et surtout de Santa Elena. Elle est aujourd'hui reliée à la terre ferme et à Santa Elena par l'affreux Puente Relleno, une digue poussiéreuse de 400 m de long environ, qu'empruntent chaque jour les habitants de Flores.

On pourrait croire la ville bâtie voilà une trentaine d'années pour répondre à l'afflux toujours croissant de touristes venus découvrir le Petén et ses mystérieuses cités mayas. Il n'en est rien. Ses origines remontent à l'aube des temps. L'île était connue en effet du temps des Mayas Itza sous le nom de Tayasal. Un site d'ailleurs du nom de Tayasal est à découvrir de l'autre côté du lac juste en face de Flores. Flores possède beaucoup de charme. Sa situation exceptionnelle au milieu des eaux du lago, ses étroites ruelles bordées encore pour certaines de vieilles maisons en bois, son calme, ses jolis hôtels en font un lieu privilégié et particulièrement apprécié des touristes.

■ PRATIQUE

Office du tourisme. Inguat. Parque Municipal Flores ℗ 926 0533. *Ouvert du lundi au vendredi de 8 h à 17 h.* Sur le côté sud du Parque Municipal, il occupe une modeste bâtisse à deux pas de l'hôtel de la Gobernación. Par manque de moyens, vous n'y trouverez sans doute pas les dépliants des principaux sites touristiques du Petén. Pour des renseignements complémentaires vous pourrez toujours vous adresser au Cincap de l'autre côté de la place.

Cincap (Centro de Información sobre la Naturaleza, Cultura y Artesanías de Petén). Parque Municipal Flores. *Ouvert du mardi au samedi de 9 h à 13 h et de 14 h à 19 h ; le dimanche de 13 h à 17 h.* Très bien documenté, Cincap vous renseignera sur les principales curiosités à découvrir dans la région et autour de Flores. On y trouvera entre autres des livres illustrés sur le Petén.

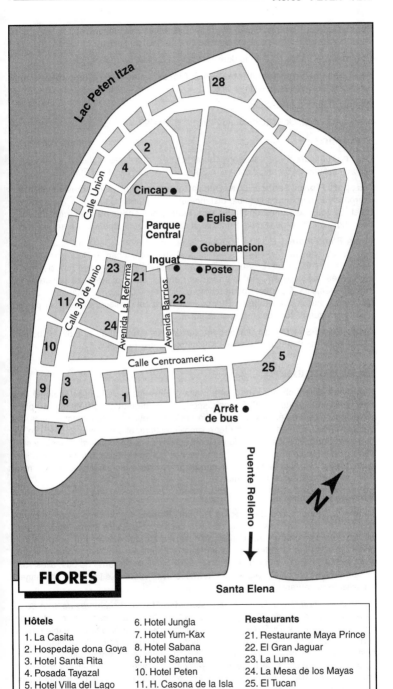

FLORES

Hôtels

1. La Casita
2. Hospedaje dona Goya
3. Hotel Santa Rita
4. Posada Tayazal
5. Hotel Villa del Lago
6. Hotel Jungla
7. Hotel Yum-Kax
8. Hotel Sabana
9. Hotel Santana
10. Hotel Peten
11. H. Casona de la Isla

Restaurants

21. Restaurante Maya Prince
22. El Gran Jaguar
23. La Luna
24. La Mesa de los Mayas
25. El Tucan

Poste. Calle el Rosario. Située à proximité du bureau de l'Inguat, ses horaires sont variables. En général la poste est ouverte de 8 h à 14 h du lundi au vendredi.

Pharmacies. Plusieurs ont élu domicile dans la Calle Centro America.

Agences de voyages. Installées à Flores, elles possèdent toutes une représentation à l'aéroport de la ville.

Explore. Flores ✆ 926-0550.

Martsam Travel. Calle 30 de Juno Flores ✆ 926-0493.

Transports

Des bus assurent des liaisons quotidiennes entre les villages composant l'agglomération de Flores, c'est à dire Santa Elena, San Benito et Flores bien sûr.

Aéroport Flores-Santa Elena. Départ toutes les quinze minutes environ de l'aéroport. Ils parcourent la faible distance en dix minutes. Comptez 1,75 Q pour le trajet. Si vous souhaitez continuer vers Flores, demandez au chauffeur de vous descendre à l'angle de la calle Principal et de l'artère qui mène au Puente Relleno.

Santa Elena-Flores. Environ 800 mètres séparent Santa Elena de Flores. Vous pouvez les effectuer en bus d'autant plus si vous êtes chargé. Cela vous évitera fatigue et désagrément. Le Puente Relleno, sorte de digue de terre grossièrement constituée, dégage en effet d'énormes nuages de poussière au passage du moindre véhicule. Ce trajet vous coûtera 0,75 Q ou 1 Q selon le chauffeur. L'arrêt de bus se situe à l'extrémité du Puente Relleno. Il est d'ailleurs matérialisé par un abri très fréquenté lors des fortes chaleurs.

Santa Elena-San Benito. Le bus interurbain se prend dans la calle Principal. Faites signe au chauffeur, il s'arrêtera. Comptez entre 1 et 1,5 Q.

■■ HEBERGEMENT

Lieu de résidence obligé, avec Santa Elena et El Remate, de la quasi majorité des touristes venue visiter Tikal, Flores dispose d'une infrastructure hôtelière en plein développement. Les établissements déjà anciens rajeunissent leurs installations, se dotent même pour certains d'un étage supplémentaire, et sur le pourtour de l'île de nouveaux hôtels voient encore le jour. Conséquence de ce développement, les prix sont plutôt à la hausse, pour un confort et un service qui ne sont pas toujours au rendez-vous. Malgré cela, il peut parfois être difficile de se loger à Flores. Mieux vaut y arriver le matin pour assurer sa réservation.

Bien et pas cher

Hotel La Casita. Calle del Puente Relleno Flores. *4 chambres de 30 à 60 Q.* A une centaine de mètres environ de l'arrêt de bus pour Santa Elena, situé en face du restaurant flottant Don Quijote, l'hôtel La Casita est en fait une maison particulière où les propriétaires louent quatre chambres d'hôtes, propres, toutes équipées de salle de bains. Installées à peu de distance de l'arrêt de bus, elles sont apparemment calmes. A l'étage, une terrasse avec vue sur le lac a été aménagée en salle de restaurant.

Hospedaje Doña Goya. Calle de la Fraternidad Flores. *6 chambres de 40 à 60 Q sans salle de bains ; de 50 à 75 Q avec salle de bains.* Occupant une construction moderne, l'hospedaje Doña Goya est une petite pension familiale fort agréable (on s'y sent presque chez soi), assidûment fréquentée par les touristes de passage. Très bien tenue par l'omniprésent Jésus, ses six chambres sont confortables, propres et relativement calmes. Une large terrasse coiffe l'édifice. Là on trouvera quelques hamacs pour profiter confortablement de la vue sur le lac Petén Itza. Un restaurant est en prévision, mais en attendant, on pourra prendre son café ou son petit déjeuner en compagnie des heureux propriétaires. Une adresse à l'excellent rapport qualité-prix.

Hotel Santa Rita. Flores ✆ **926-0710.** *11 chambres de 54 à 90 Q. Accepte cartes Visa et Mastercard.* Face à l'hôtel Santana, il s'est engagé lui aussi dans de profonds travaux de restructuration. C'est ainsi qu'un nouvel étage pousse au sommet de l'établissement, qui portera très rapidement la capacité de l'hôtel à une quinzaine de chambres. Les chambres actuelles sont simples, propres et toutes avec salle de bains. Légèrement en retrait de la rive, on ne profite pas de la vue sur le lac à cause des édifices (hôtel Santana) récemment érigés.

Confort ou charme

Posada Tayazal. Calle Unión Flores ✆ **926-0568.** *17 chambres de 30 à 90 Q sans salle de bains ; de 45 à 120 Q avec salle de bains. Accepte cartes Visa et Mastercard.* A deux pas de la calle 30 de Juno et de ses restaurants et hôtels, la Posada Tayazal occupe une haute construction de deux étages qui donne sur le lac. Ses chambres sont simples, propres et sont toutes équipées de ventilateurs. Au sommet de l'édifice, une agréable terrasse permet d'admirer le panorama en toute tranquillité. A votre demande le Tayazal réservera auprès d'une agence de voyages votre place pour une des destinations touristiques du Petén.

Hotel Villa del Lago. Calle Centro America Flores ✆ **926-0629.** *13 chambres de 40 à 70 Q sans salle de bains ; de 60 à 120 Q avec salle de bains. Accepte cartes Visa et Mastercard (+ 10 %).* Pas très loin de l'arrêt des bus interurbains, à proximité immédiate du restaurant El Tucán, l'hôtel Villa del Lago dispose de 13 chambres au confort pour certaines plutôt rudimentaire et dont deux seulement donnent sur le lac. Demandez à voir la chambre avant de la prendre. Hier valeur sûr du parc hôtelier de Flores, le Villa del Lago a beaucoup vieilli. On trouve désormais mieux et à des prix beaucoup plus doux.

Hotel La Jungla. Calle del Puente Relleno Flores ✆ **926-0634.** *15 chambres de 70 à 125 Q. Accepte cartes Visa et Mastercard (+ 10 % en plus).* A deux pas de l'hôtel Yum Kax c'est un charmant hôtel aux chambres lumineuses, propres, toutes équipées de salle de bains. Demandez de préférence une de celles donnant sur le lac. Au sommet on trouvera une agréable terrasse avec vue sur le lac et les toits du village. Il est équipé d'un restaurant (repas autour de 55 Q) et on réservera pour vous un billet de bus ou d'avion auprès d'une agence de voyages.

Hotel Yum Kax. Flores. *42 chambres de 90 à 155 Q avec ventilateur ; de 110 à 185 Q de avec air conditionné.* A l'entrée de la ville, là où stationnent les lanchas en attendant le chaland, vous ne pourrez manquer de reconnaître l'hôtel Yum Kax, une construction moderne sans aucun charme, qui a visiblement mal vieilli. A l'intérieur, donnant toutes sur le lac, les chambres sont grandes, propres, très souvent emplies d'une désagréable odeur venue tout droit de la station d'épuration qui borde l'établissement. Outre ces « petits désagréments », l'hôtel assure, comme ses concurrents d'ailleurs, un service de change pour le moins désavantageux et de ventes de billets de bus pour les grandes destinations du Petén.

Hotel Sabana. Calle de la Fraternidad Flores ✆ **- Fax 926-1248.** *28 chambres de 120 à 210 Q. Accepte cartes Visa et Mastercard.* Gros bloc de béton installé à l'extrémité nord de l'île, l'hôtel Sabana jouit d'une situation privilégiée en bordure du lac Petén Itza. Moderne, tranquille, ses chambres sont confortables et pourvues de l'air conditionné, de la télévision et d'une vue panoramique sur le lac et Flores. Au rez-de-chaussée, il y a un bar (petit déjeuner) et une piscine aux allures de pataugeoire. C'est un hôtel de bonne facture, un ton en-dessous de ses concurrents directs.

Luxe

Hotel Santana. Flores ✆ **926-0662 - Fax 926-0491.** *32 chambres de 175 à 300 Q.* En bordure du lac, c'est l'un des plus agréables établissements de Flores. Les chambres, lumineuses et décorées avec goût, sont équipées de télévision, de coffres-forts et bénéficient de l'air conditionné et d'une superbe vue sur le lago Petén Itza et la rive opposée. Une piscine et un restaurant complètent les équipements et les services mis à la disposition de la clientèle. Vraiment un très bel endroit.

Hotel Petén. Calle 30 de Juno Flores ✆ **926-0692.** *19 chambres de 180 à 270 Q. Accepte cartes Visa, Mastercard et American Express.* C'est l'un des très beaux hôtels dont Flores s'est récemment doté. Idéalement situé en bordure du lac, ses chambres avec vue, bien aménagées, offrent un bon niveau de confort (air conditionné). Il est équipé d'une belle piscine, d'un bar et d'un restaurant ouvert le soir où l'on pourra manger une cuisine internationale.

Hotel La casona de la isla. Calle 30 de Juno Flores ✆ **926-0592 / 926-0523 - Fax 926-0593.** *27 chambres de 210 à 300 Q. Accepte cartes Visa et Mastercard.* Charmante construction toute habillée de bois, la casona de las islas est un bel établissement de deux étages, remarquablement bien décoré. Le long de sa façade courent de jolies balustrades qui donnent à l'ensemble des allures de vieille maison coloniale. Joliment décorées, ses 27 chambres (air conditionné, télévision) donnent toutes sur le lago Petén Itza et sur un patio au milieu duquel trône une belle piscine. On trouve également un jacuzzi, un bar agréablement situé au-dessus des eaux du lac et un restaurant (repas autour de 60 Q).

■ RESTAURANTS

Pour ce qui est des restaurants, peu de choix en définitive. Tous les hôtels récemment construits se sont équipés d'un restaurant. Flores ne s'éveille pas au cri du coq. Avant 8 h du matin, il est assez difficile de trouver un établissement ouvert pour prendre son petit déjeuner.

Maya Prince. Avenida La Reforma Flores. *Repas autour de 25 Q.* Situé en retrait de la rive du lac Petén Itza, le Maya Prince est un établissement sans prétention fréquenté par les touristes et par une clientèle d'habitués. On y mange à toute heure du jour et de la soirée (jusqu'à 22 h). Au menu on dégustera des spécialités locales à base de poissons et de camarones bien sûr. Sa situation à l'écart du lago explique ses prix compétitifs comparés à ceux de la concurrence. Ici, entre autres, un petit déjeuner coûte entre 12 et 15 Q.

El Gran Jaguar. Avenida Barrios Flores. *Repas autour de 25 Q.* Situé juste en dessous de la place centrale du village, le Gran Jaguar offre une cuisine internationale et locale extrêmement variée. On y mange de tout : du poisson à la viande grillée en passant par les spaghettis et les tacos à base de galette de maïs. Tenu par une famille guatémaltèque (ce n'est pas si commun à Flores !), le décor y est singulier et manque à l'évidence de clarté. Les prix sont raisonnables. On ne manquera pas à la fin de votre repas de vous apporter une portion de pastèque offerte par la maison. Quant à la musique, si vous êtes fan des Village People ou encore des Bee Gees, vous serez gâté !

La Luna. Calle 30 de Juno Flores. *Repas autour de 30 Q.* A l'angle de la calle 30 de Juno et du Pasaje Progreso, il est fréquenté presque exclusivement par la clientèle internationale de Flores. La musique y est anglo-saxonne et la cuisine a un fort accent occidental. On pourra y manger aussi bien du poisson du lac que des salades ou encore d'excellentes pâtes qu'il est possible d'accompagner, fait assez rare, d'un peu de vin. La Luna rencontre un franc succès auprès des touristes de passage, il est conseillé de s'y rendre de bonne heure, les lieux étant rapidement pris d'assaut et ne comptant que quelques tables seulement. Réservez dans le tranquille le patio attenant à la salle de restaurant. Fermeture à 22 h.

La mesa de los Mayas. Avenida la Reforma Flores ✆ **926-1240.** *Repas autour de 35 Q.* A l'angle de l'avenida Reforma et du callejon El Crucero, le restaurant la « table des Mayas » propose une nourriture variée, constituée de plats guatémaltèques et internationaux. La maison, à l'image de ses concurrents, dispose de quelques spécialités de viandes locales. On pourra y goûter du ragondin, de la tortue, du daim mais aussi du poisson fraîchement pêché du lac, le tout étant servi grillé. S'il est un peu moins cher que ses concurrents, les plats sont aussi un peu moins bien préparés.

El Tucán. Calle Centro America Flores. *Repas autour de 60 Q.* A côté de l'hôtel Villa del Lago, le restaurant El Tucán jouit d'une bonne réputation auprès des touristes de passage. Il le doit principalement à ses spécialités maison à base de viande de ragondin, de daim et bien sûr à ces plats de poissons frais. On entre dans le restaurant par la cuisine ce qui vous dissuadera ou vous persuadera. Seuls les prix un peu élevés pourront empêcher certains de tenter cette aventure gustative. Cerise sur le gâteau, El Tucán est équipé d'une terrasse panoramique surplombant les eaux du Petén Itza.

■ HISTOIRE

Elle débute avec les indiens Itza, ceux-là même qui, plus au nord, dans la péninsule du Yucatan, avaient fondé une cité resplendissante à laquelle ils avaient donné leur nom (Chichen Itza au Mexique). Refoulés plus au sud ils étaient venus s'installer dans cette île au cœur du plus grand lac du Petén, à une époque où les autres grandes cités mayas avaient déjà été abandonnées.

En 1524, **Cortès**, en route pour le Honduras, fit une halte pacifique dans la cité. Le conquistador reprit son chemin non sans avoir préalablement laissé dans la ville un de ses chevaux que les indiens honorèrent comme l'un de leurs dieux, Tzimin Chac.

Presque un siècle après la rencontre du vainqueur de l'empire aztèque, Tayasal eut par deux fois des rapports avec les nouveaux maîtres des Amériques. Tout d'abord vinrent des missionnaires, venus convertir les habitants de l'île. Mais peu d'indiens rejoignirent la foi chrétienne, et les religieux quittèrent la cité, en toute hâte semble-t-il, après avoir brisé les idoles mayas. En conséquence une expédition fut montée pour soumettre l'île et ses habitants. Elle disparut corps et âme, la cité des Itza restant insoumise à l'autorité du roi d'Espagne. Ce n'est qu'en 1697 que Tayasal intéressa de nouveau les Espagnols qui souhaitèrent en faire une étape sur la route royale reliant le Honduras au Yucatan. Aidés de canons les Espagnols donnèrent l'assaut à l'antique Tayasal qui finit par céder.

■ BALADE

Flores est une petite cité aux ruelles pentues qui, à partir de l'unique voie circulaire faisant le tour de l'île, grimpent vers le point culminant. On en fera très vite le tour en commençant par la calle 15 Septiembre tronçon du « ring » entourant l'île. Elle concentre dans ses premiers mètres quelques commerces, l'hôtel Villa del Lago, la cafétéria Aurora et le restaurant El Tucan, une référence quant aux plats à base de viande (ragondin) et produits pour le moins originaux. Le reste de la rue n'a que peu d'intérêt, suite d'habitations sans grand relief, ni anciennes, ni modernes. On croise la calle el Rosario puis l'avenida Flores à peine plus large que la précédente malgré son nom d'avenida. Grimpant vers le Parque Municipal elle résonne quotidiennement des cris des enfants de l'école communale installée dans la rue. Le soir elle se transforme comme les autres ruelles en autant de lieux de rencontre pour les habitants de la cité.

On revient sur ses pas pour retrouver la calle 15 de Septiembre. Là, on passe dans la calle de la Fraternidad avec l'hôtel Sabana, bloc de béton moderne à la pointe nord de l'île. En face de l'hôtel, l'avenida la Libertad monte vers le Parque. Revenu sur la calle de la Fraternidad on passe devant le très agréable **hospedaje Doña Goya**. Un peu plus loin sur la gauche, une ruelle conduit vers le **Parque Municipal** et son petit belvédère que cotoient régulièrement, tout juste descendus de leurs cars, des nuées de touristes venus admirer la vue sur le lac Petén Itza. On redescend pour s'avancer dans la calle Union et son unique établissement hôtelier, la posada Tayazal.

A peu de distance de là de l'autre côté de la rue, un restaurant discret offre au visiteur une jolie terrasse avec vue sur le lac où sont amarrées des barques de pêcheurs et de riverains du lac. On entre dans le Pasaje Progroso, ruelle grossièrement pavée qui mène au point culminant de l'île, le Parque Municipal entouré de l'Hôtel de Ville, des bureaux de Cincap, de l'église de Flores et du terrain de basket communal.

Le Parque du village, transformée en fournaise dans la journée, devient en fin d'après-midi et le soir, un lieu de rassemblement de la population particulièrement animé. Les jeunes s'y affrontent en d'amicaux matchs de basket et de volley, et les moins jeunes s'y pressent pour bavarder.

On pourra redescendre par l'avenida Reforma ou par le même chemin, et s'arrêter au restaurant la Luna où se dégustent les meilleures pâtes du Petén. De là on s'engage dans la calle 20 de Juno qui concentre la grande majorité des établissements hôteliers de l'île. Au bout de la calle, on trouve l'hôtel Santana et la calle Centro America aux commerces en tout genre, du restaurant à l'épicerie en passant par la pharmacie.

■ SHOPPING

Artisanat

Cincap. Parque Municipal Flores. Dans une petite pièce attenante du Cincap, sont en vente de beaux livres illustrés de jolies photographies sur le Petén ainsi que nombre « d'articulos tipicos » (jouets et animaux en bois), produits dans les ateliers locaux.

Epicerie

Elle se situe juste en face du restaurant la Luna. On y trouve tout ce qu'il faut pour se confectionner d'appétissants sandwichs en prévision de la visite de Tikal.

■ LOISIRS

Fête du Cristo Negro

Fête patronale en l'honneur du Christ Noir se tenant chaque année du 12 au 15 janvier, avec pour jour principal le 15. Elle est marquée par des manifestations folkloriques dont les danses La Cahtona, el Cabellito, los Moros.

Bateau

A proximité des hôtels Yum Kax et Santana se regroupent les lanchas et leurs conducteurs dans l'attente de touristes. Pour 75 Q (le prix est apparemment fixe et ne peut être discuté) les chauffeurs vous proposent un petit tour d'une heure et demie environ à la découverte du lac Petén Itza et de ses îles. Sur l'une d'elles, un petit «zoo» a vu le jour. Il renferme quelques caïmans et crocodiles. Une sympathique promenade les cheveux au vent.

Conseil. Les 75 Q valent pour la location de la lancha. Arrangez-vous alors avec des touristes afin de former un groupe, le prix de revient par personne diminuera d'autant.

SANTA ELENA

Ville champignon, poussiéreuse, sale, sans grand charme il faut le dire, Santa Elena n'en reste pas moins une place pratique, voire indispensable à toute personne venue visiter le Parc de Tikal et ses fabuleux vestiges. C'est là en effet que se situent le terminal de bus et l'aéroport qui desservent à partir de Guatemala Ciudad l'agglomération de Flores, mais aussi les banques, la poste, Guatel et tous les autres services auxquels on peut faire appel au cours d'un séjour. Pourvue dans le passé de quelques modestes hôtels, Santa Elena a vu depuis peu, à l'instar de Flores, se développer son parc hôtelier. Les touristes lui préfèrent en général l'agréable Flores.

■ PRATIQUE

Poste. Correos y telegrafos. 1a calle A Santa Elena. *Ouverte du lundi au vendredi de 9 h à 17 h 30.* Elle est située à proximité de l'hôtel San Juan, à l'angle de 1a calle A et de la 7a avenida.

Téléphone. Guatel. 6a avenida Santa Elena. *Ouverte du lundi au samedi de 7 h à 20 h ; le dimache de 7 h à 21 h.* Située à l'angle de la 6a avenida et de la 5a calle.

Banques

Banco Industrial S.A. Calle Principal Santa Elena. *Ouvert du lundi au vendredi de 9 h à 19 h ; le samedi de 10 h à 14 h.* Installé à proximité de l'hôtel Tropico, la Banco Industrial change les travellers chèques. Distributeur automatique. Carte Visa 24 heures sur 24.

Bancafé. Calle Principal Santa Elena. *Ouvert du lundi au vendredi de 8 h 30 à 19 h ; le samedi de 9 h à 13 h.* Elle accepte les travellers chèques. Bancafé est la seule banque ouverte le 18 août, jour principal de la fête patronale de Santa Elena. Ce jour est normalement férié.

Banco G & T. Calle Principal Santa Elena. *Ouvert du lundi au vendredi de 9 h à 20 h ; le samedi de 9 h à 13 h.* Située juste à l'extrémité de la calle Principal juste avant San Benito, elle accepte également les travellers chèques.

Agences de voyages

Servicios Turisticos de Petén. Santa Elena ✆ 926-0088.

Aventuras Mayas. Santa Elena ✆ 926-0418.

Garrido. 1a calle A 4-45, Zona 1 Santa Elena ✆ 962-0092. Attachée à l'hôtel Sac-Nicte, cette agence de voyages organise des excursions vers les grandes curiosités touristiques du Petén comme Tikal, Uaxactún et Ceibal. On pourra également faire appel à elle afin de rejoindre les villes et villages de Belice City, Chetumal (Mexique), el Naranjo ou encore Melchor de Mencos (frontière).

San Juan Travel. 6a avenida 1-67, Zona 1 Santa Elena ✆ 962-0041 - Fax 962-0042. C'est la référence à Flores-Santa Elena en matière de tours. Située au rez-de-chaussée de l'hôtel San Juan, l'agence organise quotidiennement des excursions ou plus simplement des transferts (voir rubrique Transport) vers les principales curiosités du Petén (Ceibal, Tikal, Uaxactún) ainsi que vers le Belize et le Mexique.

■ TRANSPORTS

Avion

A partir de l'aéroport de Flores-Santa Elena, plusieurs compagnies desservent quotidiennement l'aéroport La Aurora de Guatemala Ciudad.

Aviateca. La compagnie nationale assure plus de trente vols par semaine en direct de la capitale et jusqu'à 4 vols par jour les vendredis, samedis et dimanches (7 h 40, 8 h, 16 h 30 et 18 h 40). Comptez environ 33 $ par personne.

Tikal Jet. Des liaisons existent également entre Flores et les grandes villes mexicaines de Cancún, Mérida et même Mexico.

Pour plus d'informations, renseignez-vous auprès des agences de voyages de Santa Elena ou directement auprès des compagnies aériennes à l'aéroport.

Terminal de bus

Il est situé à l'intérieur du périmètre du marché. Ici arrivent et partent les bus des compagnies assurant exclusivement des liaisons avec les grandes « agglomérations » du Petén, desservant au passage une foule de petits villages.

Les Transportes Pinita et les Transportes Rosita relient quotidiennement les principales destinations touristiques de la région :

• Transportes Pinita. Calle Principal

Bethel (Frontière avec le Mexique). Départ à 5 h et 13 h. Comptez environ 4 heures de route. Tarif : 15 Q.

El Naranjo. Départ à 5 h, 8 h, 11 h, 13 h et 14 h. Comptez environ 5 heures de route. Tarif : 15 Q.

El Remate. Voir les horaires pour Melchor de Mencos. Comptez entre 35 et 45 minutes de route. Tarif 3,5 Q. Le bus ne vous emmènera pas jusqu'à El Remate mais vous déposera au carrefour des routes de Tikal et de Melchor de Mencos, à El Cruce Ixlú situé à deux kilomètres d'El Remate.

Melchor de Mencos. Départ quotidien à 5 h, 8 h et 11 h. Comptez environ 3 heures de route. Tarif : 10 Q.

Sayaxché. Départ quotidien à 6 h, 9 h, 10 h, 13 h et 16 h. Comptez environ 2 heures de route. Tarif : 7 Q.

Tikal. Départ à 13 h et 14 h 30. Comptez environ 1 heure et demie de route. Tarif : 5 Q.

Uaxactún. Départ à 13 h et 14 h 30. Comptez environ 3 heures de route. Tarif : 10 Q.

• Transportes Rosita. Calle Principal
En face de la compagnie Fuente al Norte.

El Naranjo. Départ à 11 h 30 et 14 h 30. Comptez environ 5 heures de route. Tarif : 15 Q.

Melchor de Menchos. Départ à 5 h, 7 h, 9 h 30, 11 h, 14 h, 15 h et 18 h. Comptez environ 3 heures de route. Tarif : 10 Q.

Compagnies de bus longue distance

Elles sont toutes rassemblées dans la 4a calle (calle Principal) entre la 6a avenida et la 3a avenida en allant vers San Benito.

Fuente del Norte. Calle principal. Elle assure des liaisons quotidiennes entre Santa Elena et Guatemala Ciudad et Belice City.

Guatemala Ciudad. Départ à 5 h, 8 h, 11 h, 17 h et 20 h. Comptez environ 12 heures de route. Tarif : 90 Q pour un bus 1re classe ; 60 Q pour un 2e classe.

Belice City. Comptez environ 5 heures et 30 minutes de route. Tarif : 180 Q.

• Linea Dorada (La Petenera). Calle principal
Cette compagnie de bus assure des liaisons quotidiennes avec Guatemala Ciudad, Belice City et Chetumal au Mexique.

Chetumal. Départ à 5 h et 7 h du matin. Comptez environ 8 heures de route. Tarif : 180 Q.

Guatemala Ciudad. Deux départs quotidiens, tous les deux à 8 h. Comptez environ 12 heures de route. Tarif : 110 Q en 1re classe ; 60 Q en 2e classe.

• Transportes Novelos. Calle Principal
Cette compagnie est installée à proximité de la station essence.
Départs quotidiens pour Belice City.

San Juan Travel. 6a avenida 1-67, Zona 1 Santa Elena ✆ **et Fax 962-0041 / 962-0042.** A ses activités pluridisciplinaires, l'hôtel San Juan a ajouté depuis peu celle de transporteur touristique. A partir de Flores-Santa Elena, armé d'un important parc automobile, il relie les principaux sites touristiques du Petén ainsi que les grandes destinations touristiques extra-départementales (Belize, Guatemala Ciudad...). Si vous ne résidez pas à l'hôtel San Juan mais dans un quelconque établissement à Flores, on viendra alors vous chercher quelle que soit l'heure de votre départ.

Belice City. *Départ quotidien à 5 h. Comptez environ 5 heures de route. Tarif : 150 Q.*

Chetumal (Mexique). *Départ quotidien à 5 h. Comptez environ 8 heures de route. Tarif : 180 Q.* Comme pour Tikal, il est préférable de réserver sa place deux jours à l'avance. Il est conseillé également de prendre le bus pour Chetumal à partir de Flores-Santa Elena, car l'agence San Juan a tendance a vendre plus de places que le bus n'a de sièges. Si vous résidez à El Remate et prenez le bus pour Chetumal vous risquez de voyager debout ! De Chetumal, des correspondances quasi instantanées vous amènent à Tulum, Playa del Carmen, Cancún ou Mérida. Gardez des quetzals pour le passage de la frontière où vous serez une nouvelle fois taxé.

Tikal. *Départ quotidien à 4 h, 6 h, 8 h et 10 h. Retour à 14 h, 16 h et 17 h. Tarif : 30 Q.* C'est bien évidemment l'attraction majeure à partir de Flores. Il vaut mieux réserver votre place dans le bus à l'heure de votre choix deux jours à l'avance si possible, soit directement auprès de l'agence San Juan, ou bien soit auprès de la direction de votre hôtel qui pourra vous vendre des places. Pratiquement tous les hôtels de Flores et de Santa Elena ont passé des accords avec cette agence de voyages.

Uaxactún. *Départ à 6 h. Comptez 3 heures de route. Tarif : 150 Q.* Il existe une possibilité en marchandant un peu (la moitié du prix initial), de rester à Uaxactún au lieu de repartir le jour même. A priori cela ne gênera personne.

Conseil

Attention, si vous avez réservé des places dans le premier bus partant à Tikal par exemple (soit 4 h du matin), sachez que le bus de ramassage viendra klaxonner sous les fenêtres de votre hôtel un peu en avance (vers 3 h 30, 3 h 45). Soyez prêts, cela évitera au chauffeur de réveiller tout le quartier et de partir en retard pour Tikal en ratant les premiers instants véritablement impressionnants du lever du jour sur ce site extraordinaire.

Locations de voiture

San Juan Rental. 6a avenida 1-67, Zona 1 Santa Elena ✆ **et Fax 962-0041 / 962-0042.** Agence de location de véhicules, San Juan Rental est équipé d'un parc automobile important, de la moto au 4x4 (plusieurs modèles) en passant par le minibus douze places et le car pouvant contenir jusqu'à 20 personnes. Les prix varient sensiblement selon le véhicule choisi et la durée de location (possibilité de forfait).

■ HEBERGEMENT

Hotel El Diplomatico. 4a calle Zona 1 Santa Elena. *26 chambres de 10 à 30 Q sans salle de bains ; de 40 à 45 Q avec salle de bains.* Situé sur la calle Principal, on ne peut pas rater cette construction moderne à l'allure délabrée. Ce qui fut peut-être dans le passé un charmant hôtel, ne l'est à l'évidence plus aujourd'hui. Les chambres y sont sinistres, plutôt mal entretenues (le mot est faible !) et leur confort rudimentaire. Entouré du marché et des principaux terminaux des compagnies de bus, el Diplomatico n'est vraiment pas un gage de tranquillité. Son seul attrait réside dans les prix de ses chambres sans salle de bains. Difficile de trouver moins cher ailleurs.

Bien et pas cher

Hotel Alonzo. 6a avenida 4-99, Zona 1 Santa Elena ✆ **926-0411 / 926-0105.** *16 chambres de 20 à 60 Q sans salle de bains ; de 30 à 90 Q avec salle de bains.* A l'écart du centre-ville, c'est un modeste hôtel-restaurant sans grand charme, dont la construction n'a semble-t-il jamais été terminée. Sur trois niveaux il dispose de chambres simples, propres, au confort rudimentaire. Demandez de préférence celles installées au sommet de l'édifice (les meilleures), les autres étant un peu trop exigües. Le soir juste après avoir achevé l'ascension de ses drôles de marches (certaines sont démesurées !), vous pourrez au moins profiter du panorama sur la ville de Flores et le lac.

Hotel Imperio Maya. 6a avenida Zona 1 Santa Elena. *15 chambres de 25 à 60 Q sans salle de bains ; de 50 à 75 Q avec salle de bains.* Anciennement hôtel Leo Fu Lo, c'est un établissement sans prétention installé sur la très passante 6a avenida. Donnant sur une courette, les chambres sont simples, propres, relativement grandes à l'exception des « cellules » destinées aux personnes voyageant seules. A l'étage on trouvera un restaurant servant une « comida tipica ». Possibilité de parking.

Confort ou charme

Hotel San Juan. 6a avenida 1-67, Zona 1 Santa Elena ✆ **et Fax 926-0041 / 926-0042.** *64 chambres de 20 à 30 Q sans salle de bains ; de 60 à 70 Q avec salle de bains. Accepte cartes Visa, Mastercard et American Express.* Petite structure il y a quelques années, l'hôtel San Juan est devenu un vaste complexe hôtelier installé dans plusieurs constructions attenantes, et dont les activités se sont grandement diversifiées (location de voitures, agence de voyages, compagnie de transport touristique, etc.). Installées sur plusieurs niveaux, les chambres sont grandes, propres, claires et toutes équipées de ventilateurs. Pour ce qui est de la vue, rien d'exceptionnel à vrai dire. Entre l'île de Flores et le centre-ville de Santa Elena c'est avant tout un hôtel pratique, confortable et peu onéreux. Il dispose d'un restaurant.

Hotel Sac-Nicte. 1a calle A 4-45, Zona 1 Santa Elena ✆ **926-0092.** *14 chambres de 75 à 125 Q. Accepte carte Visa et Mastercard.* Loin du bruit et de la poussière du centre de Santa Elena, l'hôtel Sac-Nicte est un agréable établissement installé dans une construction moderne à deux niveaux. Il dispose de chambres simples, propres, toutes équipées de ventilateurs, relativement chères pour le confort offert. Demandez de préférence des chambres à l'étage, beaucoup plus spacieuses et lumineuses. Restaurant en terrasse. Parking.

Luxe

Hotel Maya Internacional. 1a calle Zona 1 Santa Elena ✆ **926-1276.** *28 chambres de 48 à 60 $ (+ 20 % d'impuesto). Accepte carte Visa, Mastercard et American Express.* Il bénéficie d'une situation fort enviable sur la rive du lac Petén Itza, au calme, loin de l'agitation et du bruit du centre-ville. Au milieu d'un agréable parc, ses 28 chambres occupent quelques bungalows avec vue sur le lac, certains les pieds dans l'eau, reliés à la terre ferme par des passerelles. Sous un important bungalow au toit de palme, on trouvera le bar et le restaurant de l'hôtel où l'on vous servira une cuisine plutôt internationale. Location de vélos.

Hotel del Tropico. 4a calle 3-60, Zona 1 Santa Elena ✆ **926-0754 / 962-0755 - Fax 926-0759.** *28 chambres de 390 à 420 Q. Accepte cartes Visa et Mastercard.* Malgré sa situation en plein centre de Santa Elena, en bordure de la calle Principal, il jouit d'une relative tranquillité. Ses chambres sont grandes, propres et sont toutes équipées de l'air conditionné. Modestement aménagées par rapport au prix demandé, elles disposent également pour certaines d'un balcon qui vous permettra peut-être en tendant bien le cou d'apercevoir le lac Petén Itza. Les équipements de l'hôtel comprennent également un salon, un jardin tropical, une salle de remise en forme, un sauna, un restaurant et depuis peu une piscine. Plage privée sur le lac à San José à 30 minutes.

Petén Esplendido. 1a calle A Zona 1 Santa Elena © **926-0880 - Fax 926-0866.** *62 chambres de 420 à 450 Q (+ 20 % d'impuesto).* C'est un hôtel de très grand standing installé idéalement sur la rive lac Petén Itza, juste en face de l'île de Flores. Rien ici n'a été laissé au hasard. C'est bien évidemment propre, décoré avec goût, luxueux. Les chambres ne sont malheureusement pas au niveau des « parties communes ». Elles sont dans l'ensemble un peu trop exigües, leur décoration quelconque et toutes ne donnent pas sur le lac. Elles disposent toutes, en revanche, de l'air conditionné, d'un coffre-fort et de la télévision. L'hôtel est équipé d'un jacuzzi, d'une piscine, d'une salle de remise en forme, d'un bar et d'un restaurant, El Mirador, remarquable comme son nom l'indique pour sa vue sur la lac et Flores. Un service de navette assure des liaisons plusieurs fois par jour entre l'hôtel, l'aéroport et Flores.

■■ BALADE

Les bus urbains venant de l'aéroport déposent leurs passagers pour ceux qui souhaitent y séjourner à l'angle de la 4a calle et de la 6a avenida. On poursuit alors la **4a calle**, rue principale de Santa Elena qu'empruntent bus et camion soulevant à chacun de leur passage des nuages de poussière.

On passe sur la gauche devant les terminaux respectifs des compagnies de bus reliant le binôme Flores-Santa Elena au reste du monde (Guatemala Ciudad, Melchor de Mencos, Chetumal au Mexique). Peu après la 4a avenida se situe l'entrée du **marché** qui est en même temps celle du terminal de bus local. L'entrée est relativement peu engageante, véritable bourbier durant la saison des pluies.

Revenu sur la 4a calle on s'engage dans la 4a avenida en direction de la rive du lac Petén Itza. On croise la 1a calle A. Commence là le quartier des hôtels de Santa Elena avec les hôtels Sac-Nicte, Maya Imperio et Petén Esplendido. On rejoint la 6a avenida qui sur la gauche vous emmène sur l'île de Flores.

A l'angle de la 3a calle il y a une école avec sa cour de récréation. Lors de la fête patronale et plus particulièrement le 18 août (jour principal) des habitants y viennent interpréter, costumés, quelques danses folkloriques dont la Conquista. Au niveau de la 2a calle on trouve l'hôtel San Juan en même temps siège de l'agence de voyages. Plus loin dans la rue on rencontre la poste puis la 8a avenida qui sur la gauche conduit à l'hôtel Maya Internacional idéalement situé en bordure du lac Petén Itza, où l'on pourra prendre un rafraîchissement tout en admirant les lieux.

■■ SHOPPING

Marché, le mardi et le jeudi. Son entrée est située sur la calle Principal, sur la gauche en se dirigeant vers San Benito, à 100 mètres approximativement après le carrefour des routes de Flores de Santa Elena et de l'aéroport. On y trouve bien évidemment de tout, des fruits et légumes aux jouets en plastique en passant par des tissus et du matériel agricole. Sale, mal conçu (ses allées ne sont ni pavées, ni goudronnées), il est parfois difficile de s'y frayer un chemin ou encore de s'approcher des étals, empêché en cela par les flaques d'eau stagnantes et les bourbiers qu'alimentent les pluies des mois d'hiver et le passage incessant des bus se rendant au terminal situé en plein cœur du marché. Ce n'est pas l'un des marchés les plus intéressants du Guatemala, mais il est au moins édifiant sur les réalités quotidiennes du pays.

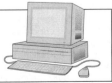

Ecrivez-nous sur Internet
info@petitfute.com

■ LOISIRS

Fête de Santa Elena. Fête patronale en l'honneur de sainte Hélène se déroulant chaque année du 15 au 19 août, avec pour jour principal le 18 (jour férié). Elle est ponctuée par quelques manifestations dont la danse de la Conquista.

Bateau. A l'extrémité du Puente Relleno, côté Santa Elena, d'autres conducteurs de lanchas proposent des sorties sur le lac Petén Itza. Le prix est le même, 75 Q, soit 35 Q pour deux. Quant au programme de la sortie il est sensiblement le même que celui avancé par les pilotes de lanchas de Flores.

EL REMATE

A l'autre extrémité du lago Petén Itza, El Remate est installé sur la route de Tikal, à 35 km de Flores et de Santa Elena. C'est un petit village tout ce qu'il y a de tranquille, constitué de quelques maisons pour la plupart aux toits de feuilles de palmiers. Loin de l'agitation et de la poussière de Flores et de Santa Elena, on y vient pour son calme reposant et ses structures d'accueil immergées en pleine nature. L'attait d'El Remate se situe également dans la proximité de la céleste Tikal et d'autres sites comme celui d'Ixlú à l'entrée du village, ainsi que dans la présence d'un superbe endroit, le biotope de Cerro Cahuí où l'on pourra faire le choix de résider.

■ PRATIQUE

Il n'y a pas de terminal de bus à El Remate, mais situé sur la route qui relie Tikal à Flores, le village est régulièrement traversé par des bus et autres pick-up assurant la liaison entre les deux points. Il suffit alors, pour aller dans l'un ou l'autre sens, de faire signe au chauffeur pour que le bus s'arrête. On pourra également attendre son passage sur la route principale, au niveau de la bifurcation routière pour le biotope de Cerro Cahuí, matérialisé par un énorme panneau publicitaire de l'hôtel Camino Real. C'est en quelque sorte « l'arrêt de bus » officiel du village.

Depuis cet arrêt pour rejoindre : **Tikal**, comptez 35 à 45 minutes de route environ (37 km) ; **Flores**, comptez environ 40 minutes de route environ (35 km).

Pour ralier Flores, une autre solution consiste à rejoindre le carrefour de El Cruce, à 2 km au sud d'El Remate, là où, à l'aller, les bus qui continuent leur route sur Melchor de Menchos déposent leurs passagers pour El Remate.

■ HEBERGEMENT

Loin du bruit et de la poussière de Santa Elena, de la très touristique Flores et ses beaux et confortables hôtels, El Remate offre, à mi-chemin de la mythique Tikal, le charme d'un confort simple et pourtant généreux au sein d'une nature luxuriante. On trouvera de quoi se loger du camping à l'hôtel de standing. Si les établissements suivants affichent complet, on pourra tenter sa chance dans deux petites pensions : le **John's Lodge** et la **posada Casa de Juan**. Elles se situent sur la route de Tikal juste avant la bifurcation du biotope de Cerro Cahuí.

Camping Mirador del Duende. Carretera de Tikal El Remate. A côté de l'hôtel Mansion, ce camping fait partie d'un vaste projet de défense et de revalorisation des traditions ancestrales des mayas du Petén en ce qui concerne l'artisanat et les techniques de travail du bois et de la pierre. Au delà de son attachement à héberger les touristes (il faut bien vivre !), il cherche à être le lien, le trait d'union entre ces mêmes touristes et la communauté indienne. Dans cette optique il organise des séjours au cœur d'un village autochtone situé à 17 km d'El Remate, où l'on partage durant deux semaines, la vie, le labeur et les techniques artisanales de ses habitants. Au milieu d'un terrain densément planté d'arbres que fréquentent deux singes-araignées, on pourra choisir de dormir soit dans un « bungalow » (30 Q), soit dans une tente (20 Q). Une autre solution consiste à tendre son hamac pour 15 Q.

Camping El Gringo Perdido. El Remate ✆ **926-0269 ou Guatemala Ciudad** ✆ **232-0605 - Fax 253-8761.** Le camping du Gringo Perdido jouit d'une situation remarquable au cœur du biotope de Cerro Cahuí, à 3 km du centre du village. Ouvert depuis 1975, il est aujourd'hui très bien équipé. En plus des simples et rustiques emplacements de tentes, il propose des structures en dur de la cabaña au bungalow luxueux. Relativement éloigné du centre du village, il dispose donc de son propre restaurant ouvert du matin au soir. Il est situé en bordure du lac Petén Itza, on pourra facilement s'y baigner ou partir à la découverte des rives voisines à l'aide de canoës-kayaks (location).

Casa Mobego. El Remate ✆ **926-0269.** *10 chambres de 35 à 108 Q. Tarif dégressif à partir de la 1re nuit.* Sur le route du biotope de Cerro Cahuí, la Casa Mobego, plus communément appelée la Posada Casa Roja (c'est son autre nom), est installée à à peine trois cents mètres de la Casa de Don David. C'est une pension agréable qui a la particularité d'offrir à ces clients la possibilité de dormir dans des structures qui n'ont de bungalows que le nom. En grande partie plongé dans la nature qui entoure la posada, on bénéficie des avantages du camping sans ses désagréments, nombreux sous ces latitudes, grâce à de solides moustiquaires. Là, on pourra se rendre compte de l'intense activité qui habite, la nuit, la forêt tropicale. Le restaurant végétarien, sous une hutte de feuilles de palmiers, propose des formules « menus du jour » pour le moins économiques. Petit déjeuner de 20 à 25 Q. On pourra se baigner juste en face de la posada, là où une jetée s'avance dans le lac. Location de de canoës-kayaks (50 Q de l'heure) et de bicyclettes. La Casa Mobego doit prochainement s'agrandir.

La casa de Don David. El Remate ✆ **926-0269.** *9 chambres de 60 à 130 Q.* Sur la route qui mène à l'hôtel Camino Real, La casa de Don David est tenu par celui même qui créa voilà quelques années déjà le Biotope de Cerro Cahui, le fameux « gringo perdido » David Kuhn. En bordure du lac, il dispose de 9 chambres installées dans des bungalows de bois très bien équipés. A l'étage d'une charmante demeure coloniale, on pourra prendre ses trois repas quotidiens. Un plat du jour y est servi tous les soirs (un différent pour chaque jour de la semaine). Voilà un bel endroit situé en bordure du Petén Itza, idéal pour bien profiter de la nature qui l'entoure (biotope Cerro Cahui) et pour profiter de la passion que porte David aux insectes et autres araignées qui peuplent son jardin !

Hotel La Mansión del Parajo Serpiente. Carretera de Tikal El Remate ✆ **926-0065.** *10 bungalows de 20 à 75 $.* En bordure de la route de Tikal, l'hôtel Mansion propose une dizaine de bungalows au toit de palme. Très bien équipés, joliment décorés de tissus locaux, ce sont pour certains de véritables mini-appartements avec entrée, salon, chambre et salle de bains. Installés à flanc de colline, au milieu d'un agréable jardin tropical, les chambres offrent toutes une vue magnifique sur le lac Petén Itza, qui a ici les couleurs d'un lagon polynésien (vraiment !). La route étant très fréquentée, demandez de préférence les bungalows du haut, près de la belle piscine. Son restaurant avec vue panoramique offre une cuisine locale et internationale. Pour un plat comptez autour de 35 Q.

■■ LOISIRS

Shopping

A l'entrée d'El Remate, on trouvera quelques échoppes le long de la plage municipale. Là, outre les éternelles pièces de tissus « artisanales » et les autres souvenirs bon marché, on pourra acquérir une de ces statuettes zoomorphes en bois qui sont la fierté des sculpteurs du village. Ces échoppes vendent également des boissons rafraîchissantes, qui sont les bienvenues lorsqu'on vient de parcourir à pied les 2 km qui séparent El Remate du carrefour de la Cruce d'Ixlu.

Plage municipale. Elle se situe en face de l'Ecocamping Mirador del Duende.

■■ DANS LES ENVIRONS

Biotope de Cerro Cahui

Ouvert de 6 h à 17 h. Entrée libre (çà c'est la théorie !). Situé à 3 km du centre d'El Remate et de la route de Tikal, le biotope de Cerro Cahuí est un parc naturel de près de 650 hectares, créé à l'initiative de l'Etat guatémaltèque et de David Kuhn, propriétaire de la Casa de Don David. En bordure du lac Petén Itza, il y dispose de quelques structures d'accueil (voir rubrique «Hébergement»). On y trouve une grande variété d'espèces végétales et animales à l'image du reste du Petén, mais qui bénéficie ici d'une attention et d'une protection toute particilière.

On y trouve des sapotilliers, des fromagers aux racines gigantesques, des acajous, ou encore des cèdres, que peuplent une faune tout à fait remarquable composée de toucans, de singes hurleurs, de singes-araignées aux bras tentaculaires, d'ocelots, de crocodiles et de plus d'une cinquantaine d'espèces de papillons. On y dénombre également quelques représentants des animaux mythiques et emblématiques du Guatemala, le quetzal et le jaguar au feulement glacial. Près de 10 km de pistes de randonnées et cyclables ainsi que deux miradors d'observation ont été aménagées pour jouir pleinement du biotope et de ses hôtes.

Ixlú

Petit site archéologique au niveau du village du même nom, Ixlú est situé à proximité d'El Cruce, carrefour des routes de Tikal, Santa Elena et Melchor de Mencos, à 2 km de l'entrée d'El Remate. Récemment ce modeste centre cérémoniel maya a fait l'objet d'une restauration. A partir d'El Cruce son chemin est normalement indiqué. Si vous ne le trouvez pas, demandez tout simplement « las ruinas » auprès d'un habitant des maisons bordant la route. Quant au site en lui-même il fait preuve de peu d'intérêt, mais il sera l'occasion d'une agréable balade.

LES SITES MAYAS
DU NORD DU PETEN

C'est le domaine de la **Réserve de la Biosphère Maya** instituée depuis 1990 à l'initiative du gouvernement guatémaltèque. Couvrant près de la moitié de la superficie du Petén, elle bénéficie d'un statut privilégié censé protéger la forêt et les richesses qu'elle abrite des dommages humains à commencer par la déforestation.

Là il y a plus de deux millénaires s'est développée la **civilisation maya** qui nous a laissé nombres de vestiges, centres cérémoniels, cités de pierres dont le plus important et le plus visité est la formidable **Tikal**, au cœur du parc national du même nom. Ses pyramides autant que son superbe cadre attirent chaque année une foule importante. Mieux vaut pour apprécier totalement le site s'y trouver très tôt le matin. Reliée au lac Petén Itza, à Flores et Santa Elena par une route asphaltée en bon état, Tikal est la cité maya la plus accessible de la Biosphère Maya. Un peu plus loin se cache **Uaxactún**, la grande rivale de Tikal du début de l'ère classique.

La forêt de la Biosphère Maya abrite de nombreuses autres cités mais hormis Tikal et Uaxactún leur accès est particulièrement difficile voire impossible durant certaines parties de l'année (durant la saison des pluies par exemple les pistes de terre y menant à travers une dense végétation tropicale sont transformées en autant de bourbiers impraticables). On pense en particulier à la cité d'**El Mirador** distante d'environ 130 kilomètres de piste de terre de Flores et de Santa Elena.

A l'attraction des vestiges mayas du nord du **lac Petén Itza** il faut ajouter l'extraordinaire milieu naturel, fait de centaines d'essences végétales et d'autant d'espèces animales, que l'on peut découvrir au sein des biotopes et de parcs nationaux.

TIKAL

Parmi les nombreuses cités précolombiennes perdues au cœur des forêts du monde maya, Tikal est sans conteste l'une des plus importantes, tant par la qualité de ses vestiges que par l'étendue de son site et la beauté de son cadre.

Située à 63 km de Santa Elena et de Flores, l'antique cité est installée au cœur du Parc National de Tikal fondé en 1955 pour préserver cet héritage unique. En 1979, il a été déclaré par l'Unesco « **Patrimoine culturel de l'Humanité** ». Site exceptionnel, Tikal l'est autant par ses vestiges que par la luxuriance de son milieu naturel (il est d'ailleurs également inscrit au **Patrimoine naturel de l'Humanité** et c'est le seul site au monde à avoir le double classement !). Les lieux sont en effet couverts d'une épaisse forêt tropicale peuplée d'une faune nombreuse et bruyante. Au milieu des cris des animaux, la découverte de Tikal est sans aucun doute l'un des moments forts d'un séjour au Guatemala.

Plus de 4000 structures ont été dénombrées. Seules quelques unes ont été mises à jour parmi les plus importantes constituant le cœur de la cité.

■ PRATIQUE

L'accès au site de Tikal coûte 50 Q. Cette somme comprend l'entrée du Parc National de Tikal et la visite de la cité. Le ticket permet également d'entrer gratuitement au musée Sylvanus B. Morley. Sur la route menant au site, les bus stoppent en pleine forêt et tous les voyageurs doivent descendre du véhicule pour acheter leurs billets.

Table des distances page 11

■ TRANSPORTS

Bus

Pour rejoindre Tikal depuis Santa Elena, Flores ou El Remate reportez-vous à la rubrique Agences de voyages de ces trois localités. Pour repartir de Tikal des bus locaux assurent une à deux liaisons quotidiennes vers Santa Elena et Flores (comptez environ 5 Q). Quant aux agences de voyages comme San Juan Travel elles assurent des retours vers Flores à 14 h, 16 h et 17 h. Le retour est compris dans le prix.

Voiture

Il est bien évidemment possible de rejoindre Tikal en voiture. Vous devrez comme les passagers des bus vous acquitter de la somme de 50 Q donnant droit à l'entrée du Parque Nacional et à la visite du site.

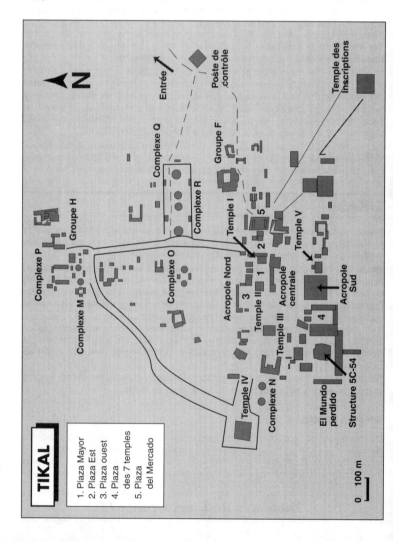

TIKAL

1. Plaza Mayor
2. Plaza Est
3. Plaza ouest
4. Plaza des 7 temples
5. Plaza del Mercado

0 100 m

Une attention toute particulière est à observer pour ceux qui choisissent de faire le voyage de nuit pour assister au lever du jour ou du soleil (tout dépend de la saison). La route est semée d'embûches, des nids de poules aux branches d'arbres au milieu de la route en passant par les chevaux qui dorment au milieu de la chaussée.

Conseils

Que vous décidiez de vous rendre à Tikal de matin de très bonne heure ou en fin de matinée lors de la saison des pluies (de juillet à septembre), le port du pantalon est quasiment indispensable malgré la chaleur ambiante. En effet si les touristes pullulent en cette saison à Tikal, il en va de même pour les moustiques ! Un sweat-shirt paraît également bien utile. Il protégera les frileux contre le froid du lever du jour quand la brume recouvre l'ensemble du site, mais aussi des attaques des moustiques.

De même si vous souhaitez vous rendre sur le site par le premier minibus de 4 h du matin depuis Flores, Santa Elena ou El Remate (voir rubrique Agence de voyages à Flores ou Santa Elena), n'oubliez pas d'emporter avec vous une lampe de poche, nécessaire pour progresser sur les sentiers forestiers plongés dans le noir qui conduisent au cœur de la cité.

Lors de votre visite de Tikal vous serez amené à vous déplacer et à emprunter les chemins et sentiers balisés du site. Evitez d'en sortir et de vous engager plus avant dans la forêt. De nombreuses personnes chaque année se perdent comme cet Hollandais qui durant l'été 1997 a dû passer trois jours et deux nuits seul en pleine jungle avant d'être retrouvé sain et sauf, ou encore ces trois écolières de Flores qui furent retrouvées après une nuit dehors alors qu'elles ne s'étaient écartées que d'une dizaine de mètres d'un sentier balisé.

■ HEBERGEMENT

Le Parc National de Tikal a vu, depuis un certain temps déjà, s'implanter quelques structures pour accueillir les touristes désireux, entre autres, de goûter à la magie de ces nuits. En effet au crépuscule et à l'aube la forêt résonne des cris des animaux fêtant le coucher et le lever du soleil. On y trouve donc un camping pour les budgets limités, et trois hôtels de haut standing.

Hotel Jaguar Inn. Parque Nacional Tikal. *9 chambres de 240 à 420 Q.* Lui aussi situé en retrait de la route d'accès au site, le Jaguar Inn dispose de quelques chambres seulement au milieu d'un cadre sylvestre fascinant. Elles sont grandes, propres, gentiment arrangées. On trouvera à disposition de la clientèle un service de restauration.

Hotel Tikal Inn. Parque Nacional Tikal. *24 chambres de 180 à 360 Q.* Idéalement installé en retrait des structures d'accueil de l'entrée, Le Tikal Inn dispose de chambres agréables (à partir de 180 Q) ouvrant sur la jungle, installées dans le corps principal de l'établissement. Mais le must ici consiste à louer l'un des charmants bungalows (360 Q) entourant la piscine de l'hôtel, des plus rafraîchissantes en fin d'après-midi. Il dispose lui aussi d'un restaurant. Au menu, une cuisine internationale de qualité respectable.

Hotel Jungle Lodge. Parque Nacional Tikal ✆ **476-8775 / 477-0570 (Guatemala Ciudad).** *44 chambres de 390 à 450 Q.* Situé en retrait de la route, sur la droite au niveau de l'entrée, l'hôtel Jungle Lodge offre une grande qualité de confort au cœur d'un parc tropical planté de fromagers et de jolies plantes fleuries. Ces chambres sont installées dans de charmants bungalows équipés de tout le confort nécessaire. Le corps principal de l'établissement abrite un salon ouvrant sur un cadre luxuriant ainsi qu'une salle de restaurant.

On paye ici plus le cadre que la qualité du confort et de l'accueil. On retiendra surtout l'expérience d'une nuit passée en pleine jungle à écouter les bruits de la forêt.

■ RESTAURANTS

Les hôtels disposent de leurs propres restaurants. Mais on pourra également déjeuner ou dîner au restaurant installé au milieu des structures d'accueil situées à l'entrée. Ouvert sur la jungle, il dispose d'un choix important de plats principalement internationaux à des prix corrects. Comptez entre 30 et 50 Q pour un plat de résistance (spaghetti, salade etc.).

■ HISTOIRE

L'histoire de Tikal commence certainement autour de 700 av. J.-C.. Déjà d'autres Mayas se sont installés à quelques kilomètres plus au nord, sur le site de Uaxactún. Une petite communauté y élit donc domicile, à l'origine des premières édifications du complexe du Mundo Perdido. Ce n'est que vers le IIe av. J.-C. qu'apparaissent les premières structures proprement dites : l'**Acropole Nord** date de cette époque. Tikal est alors une petite cité dominée comme sa voisine Uaxactún par la puissante cité d'**El Mirador**. Vers le milieu de l'ère préclassique récente (300 av. J.-C. à 250 ap. J.-C.) les constructions commencent à se multiplier. C'est ainsi que l'espace que l'on désigne sous le nom de **Plaza Mayor** est semble-t-il choisi pour être le centre cérémoniel de la cité en formation et qu'elle reçoit ses premiers monuments.

Vers la fin du Ier ap. J.-C., la puissance d' El Mirador s'écroule et Tikal gagne donc son indépendance. Elle se lance comme sa désormais rivale Uaxactún dans un vaste programme de construction. Les temples et les acropoles s'élèvent. Les territoires qu'elle domine s'étendent. Son aire d'influence s'élargit pour se heurter à celle de Uaxactún.

Pendant ce temps les armées de Teotihuacan conquièrent les Hautes Terres asservissant les fières cités mayas, rencontre brutale à l'origine d'une civilisation originale, la **civilisation Esperanza**, qui va s'épanouir sur les plateaux guatémaltèques jusqu'à l'aube du VIIe ap. J.-C. environ. Sous le règne du roi Grande Patte de Jaguar vers 350, des contacts sont alors établis entre Teotihuacán et Tikal. De ces échanges, Tikal tira le plus grand profit empruntant à ce peuple guerrier son art de faire la guerre et de triompher de ses adversaires. Tikal va très vite alors faire la preuve de la supériorité de la stratégie et des techniques de combat de son tout nouvel allié. En 378 ap. J.-C., emmenées par son chef de guerre Grenouille Fumante, les armées de Tikal écrasent impitoyablement les troupes de Uaxactún en un bref mais sanglant conflit.

Cette date marque le début de la suprématie de Tikal sur une grande partie du Petén. Au vu de la superficie actuelle du site qu'elle atteignit à cette époque, la cité devait alors être peuplée de peut-être 100 000 habitants. Tikal domine sans partage le Petén jusque vers le milieu du VIe ap. J.-C., époque à laquelle son hégémonie est remise en cause par la cité-Etat de **Caracol** (littéralement Escargot), située aujourd'hui au Belize, qui étend ses possessions jusqu'à l'aire d'influence de Tikal. Une guerre va opposer les deux cités vers les années 550 ap. J.-C.. Elle prend fin en 563 ap. J.-C. avec la défaite de Tikal, la capture et la mise à mort de son roi par le souverain de Caracol, Seigneur Eau.

Mais au fil des années la puissance de Caracol va à son tour décliner et permettre la renaissance de Tikal où débute en 700 ap. J.-C., le règne de **Seigneur Chocolat** (Ah Cacao) qui va redonner son lustre d'antan à la cité-Etat. Lui et ses successeurs se lancent dans de vastes programmes d'embellissement de la cité, construisant la plupart des temples et monuments que l'on peut voir aujourd'hui sur la plaza mayor.

Ainsi le temple I fut-il érigé vers les années 730 ap. J.-C. par le propre fils de Seigneur Chocolat pour contenir le corps de son défunt père. Jusqu'au début du IXe ap. J.-C., les constructions s'enchaînent puis le déclin atteint une nouvelle fois Tikal : cela lui est fatal puisque la cité est tout simplement abandonnée à l'image des autres cités-Etats de l'actuel Petén.

Ce n'est qu'au milieu du XIXe siècle que la cité est découverte par des envoyés du tout jeune Etat guatémaltèque, des envoyés guidés par des indiens du Petén à qui l'emplacement de la formidable cité n'était pas inconnu.

Mais la véritable étude du site ne commence qu'en 1878 avec le voyage dans la cité du suisse Gustav Bernoulli. C'est de cette époque que date le pillage des deux linteaux de bois sculptés des temples I et IV, que l'on peut voir aujourd'hui dans l'un des musées de Bâle en Suisse. A partir de cette époque, les scientifiques et archéologues se sont succédé au chevet de Tikal, tous parrainés par de grandes universités, fouillant, creusant, mettant à jour d'innombrables trésors ou déchiffrant comme Sylvanius G. Morley, les signes de l'écriture maya.

■ VISITE

Musée Sylvanius B. Morley

Il peut être un excellent complément de votre visite de Tikal. On y trouve principalement les objets découverts lors des différentes campagnes de fouilles qui permirent de mettre à jour les tombes des grands rois de Tikal dont un grand nombre d'ossements finement travaillés, des collections de jade, des pierres précieuses, des objets en céramique et même en écaille etc. Mais son principal attrait réside en la reconstitution de la tombe du roi sous le règne duquel Tikal atteignit son apogée, le fameux Ah Cacao. Le musée se situe au niveau de l'entrée dans le complexe réservé à l'accueil des visiteurs.

Plaza Mayor

Elle fut le cœur de la vie religieuse, sociale, administrative et dynastique de la cité à travers les siècles. De forme rectangulaire, elle rassemble l'ensemble monumental le plus important de Tikal par le nombre de ses constructions. Elle est ainsi entourée sur ses quatre côtés de vestiges monumentaux, mais les plus spectaculaires sont les deux temples, le temple I et le temple II, qui respectivement, ferment la place à l'est et à l'ouest.

Temple I. Le temple I ou temple dit du **Grand Jaguar** est une pyramide de granit de 45 m de haut. Il fut construit vers l'an 725 ap. J.-C. à l'initiative de Caan Chac pour servir de sépulture à son père le grand Ah Cacao, littéralement Seigneur Chocolat, mort en 721 ap. J.-C., qui fut à l'origine du redressement spectaculaire de Tikal au début du VIIIe. La découverte de son tombeau a révélé un extraordinaire trésor constitué d'un très grand nombre de fins

Tikal, temple I

ossements savamment sculptés et couverts d'idéogrammes ainsi qu'une importante collection de jades de toutes les tailles. Le temple tient son nom du **jaguar** sculpté découvert dans le linteau en bois de sapotier qui se trouvait originellement dans l'encadrement de la porte de l'autel qui coiffe le sommet de la pyramide. Le linteau avec celui du temple IV est aujourd'hui exposé au musée de Bâle. On pouvait encore, il y a quelques années, en gravir les marches dangereusement pentues, aidé d'une chaîne, mais aujourd'hui son ascension n'est plus autorisée.

Temple II. A l'opposé du temple du Grand Jaguar, on trouve donc le temple II ou temple dit **des Masques**. Aucun masque ne dérange pourtant le strict agencement des pierres. Ce surnom lui vient de la relative proximité des gigantesques masques découverts sous les premiers degrés des marches de l'Acropole Nord. Construit certainement lui aussi dans les années 720 ap. J.-C., il était à l'origine identique au temple du Grand Jaguar. Aujourd'hui il ne fait plus que 38 mètres de hauteur, les outrages du temps ayant emporté depuis longtemps la coiffe qui surplombait son sommet. Contrairement au temple I, son ascension est autorisée et recommandée. En effet on y jouit en haut d'une très belle vue sur la plaza mayor et ses constructions ainsi que sur la forêt environnante.

Acropole nord. Bordant la plaza mayor, l'Acropole Nord, fermant comme son nom l'indique le nord de la place, est l'un des plus importants complexes cérémoniels découverts jusqu'à ce jour dans le monde maya. Utilisé dans le cadre des croyances et des pratiques religieuses de la cité, il servait également de sépultures aux grands dignitaires de Tikal. Plus d'une centaine de temples ont été recensés ici. Les coutumes mayas voulaient qu'on réutilise une structure déjà existante comme support du nouvel édifice. Les constructions se sont succédé, se superposant les unes aux autres, préservant ainsi à la plus grande joie des archéologues des trésors de l'art maya. Le plus bel exemple est constitué par ces deux formidables **masques** de taille inhumaine, qui bordaient vraisemblablement l'escalier d'un temple plus ancien et dont un est protégé par un abri de fortune sur les premiers degrés d'un édifice de l'Acropole. Le deuxième masque est à découvrir sous la rampe même de l'escalier, au bout d'un couloir plongé dans une obscurité totale dont l'entrée est située dans la fosse du premier masque. Précédant l'Acropole, une double rangée de stèles grossières et de petits autels de forme circulaire longent le complexe cérémoniel sur toute la longueur de la plaza mayor.

Acropole centrale. Au sud de la plaza mayor, on distingue un autre complexe monumental, l'Acropole Centrale, destiné certainement aux fonctions administratives de la cité. Il est constitué d'une enfilade de salles plus ou moins grandes et de cours qui laissent supposer aux archéologues qu'elles ont peut-être également accueilli les appartements des hauts dignitaires de l'administration ou même ceux des différentes familles princières qui se succédèrent à la tête de Tikal. D'après les indices recueillis, parmi lesquels quelques fresques, on pense que les constructions s'y sont succédé depuis les premiers âges de la cité jusqu'au crépuscule du Xe ap. J.-C.. Les vestiges que l'on peut encore admirer actuellement furent certainement érigés entre le milieu du VIe et le Xe ap. J.-C. C'est cet endroit que choisit le célèbre archéologue allemand Maler pour installer son campement durant la campagne de fouilles qu'il mena ici à la fin du XIXe siècle.

Place Ouest

Lorsqu'on se trouve sur plaza mayor, la place ouest se situe juste derrière le temple II, en léger contrebas par rapport à celui-ci. Bordée de nombreux vestiges, aucun ne se trouve en bon état de conservation et n'a fait l'objet d'une quelconque restauration. On y dénombre malgré tout quelques intéressantes stèles ainsi que de petits autels. Elle s'ouvre au sud sur l'un des monuments majeurs de Tikal, le temple III. Dans un style beaucoup plus moderne sur le plan architectural, des toilettes publiques ont élu domicile sur la place ouest.

Temple III. En bordure du sentier qui conduit de la plaza mayor au temple IV, le temple III est sans aucun doute l'un des monuments les plus singuliers de Tikal. Il donne en effet, tout comme les temples IV et V à un moindre degré, une excellente idée de l'aspect, de l'état dans lequel le site fut redécouvert par les explorateurs blancs au XIXe siècle. Recouvert d'une dense végétation tropicale, il se présente comme un énorme tumulus dont le sommet crève la voûte sylvestre, un sommet auquel on accède par un sentier difficile. Particulièrement escarpé, le visiteur doit jouer des mains et des pieds pour progresser au milieu des racines démesurées des sapotiers et autres fromagers.

Parmi les grandes pyramides de Tikal, le temple III est l'un des plus élevés avec 55 mètres de hauteur. Il a également conservé, contrairement aux temples I et IV, le linteau d'origine en bois de sapotier qui surmonte la porte de l'autel coiffant encore actuellement son sommet. On pense qu'il a été érigé vers 810 ap. J.-C.. De là on a une très jolie vue sur les temples I, II et IV.

Temple IV

Situé à environ 15 minutes de marche du temple III, le temple IV ou temple du Serpent Bicéphale est la plus haute structure de Tikal avec 65 mètres de hauteur. Il fut lui aussi érigé par le roi Caan Chac en l'an 741 ap. J.-C., fils et successeur d'Ah Cacao et est encore recouvert d'une épaisse végétation tropicale ; on parvient à son sommet par un sentier lui aussi escarpé malgré l'installation d'escaliers de bois et d'échelles métalliques. Du sommet on a une superbe vue sur les autres temples du site et sur la forêt qui s'étend à perte de vue. L'endroit est particulièrement apprécié, pour sa situation exceptionnelle, par les nombreux touristes qui se rendent à Tikal dès 5 h du matin afin d'assister au lever du soleil. En juillet et août, on peut facilement s'y retrouver à plusieurs dizaines. On fera peut-être alors le choix d'un autre sommet pour assister à ce spectacle. On ne peut l'observer d'ailleurs qu'au cours des mois d'avril, mai et juin. En effet le reste de l'année Tikal baigne dans une épaisse brume tropicale.

A proximité du temple, le complexe N se caractérise par la présence de petites structures et de riches stèles sculptées dont une représente le roi Ah Cacao lui même (stèle 16).

El Mundo Perdido

A seulement quelques minutes du temple IV, El Mundo Perdido, est semble-t-il le complexe monumental le plus ancien de Tikal. Au centre on trouve sa pyramide haute de 35 mètres dont le sommet est coiffé d'une simple terrasse.

On pense que sa première construction remonte à l'époque pré-classique aux environs de 700 av. J.-C.. Bien qu'il soit peu élevé, son ascension est pourtant relativement éprouvante du fait de l'irrégularité des marches faites apparemment pour des géants alors que l'on sait que les mayas, d'après l'étude de leurs squelettes, ne dépassaient que rarement 1,60 mètre. Tout autour de la pyramide on trouve d'autres structures mais beaucoup moins importantes par la taille. Au-delà du Mundo Perdido vers le sud s'étend la **jungle** épaisse du Petén. On croise nombre de coatis en lisière de forêt mais ne tentez pas de les suivre et ne sortez pas des sentiers balisés.

Vue du haut d'une pyramide

Place des Sept Temples, l'Acropole Sud et le temple V

A l'est du Mundo Perdido, la Place des Sept Temples regroupe comme son nom l'indique sept structures pyramidales de faibles dimensions. Voisines d'El Mundo Perdido, leur construction remonte également pour certains de ses éléments architecturaux aux premiers temps de la cité, entre 300 et 100 av. J.-C. Sur le côté nord de la place, se trouvent trois terrains de jeux de balle, dont la taille réduite est caractéristique des cités mayas de l'actuel Guatemala et du Honduras. En se dirigeant vers l'Est plus encore, on trouve le complexe monumental dit de l'Acropole Sud

Tikal

recouvert encore d'une épaisse végétation tropicale et qui n'a pour l'instant pas encore fait l'objet d'une véritable étude archéologique.

Enfin en poursuivant le sentier sylvestre qui, depuis El Mundo Perdido contourne le réservoir du complexe palatial de l'Acropole Central, on découvre le temple V, en cours d'étude. Il est le cadre d'une campagne de fouilles et de restauration depuis 1996, qui doit durer jusqu'en 2000. Cette opération est financée conjointement par les gouvernements guatémaltèque et espagnol. Haut de 57 mètres il fut construit à l'initiative du roi Ah Cacao vers l'an 700 ap. J.-C.. On appréciera son escalier monumental en cours de réfection. Situé comme le temple IV, en retrait du reste du site de Tikal, on jouit à son sommet d'un vaste panorama sur l'ensemble de la cité et en particulier sur les temples I et II de la Plaza Mayor. Peu fréquenté par les touristes (car rarement ouvert), l'endroit est d'un calme reposant, sans autre bruit que les cris des animaux de la forêt.

Temple VI ou temple des Inscriptions

Il se situe à l'extrémité de la calzada Mendez qui débute à l'est de la Plaza Mayor. Il doit son nom à sa coiffe monumentale recouverte en grande partie (sur les côtés et sur l'arrière) par des inscriptions uniques en leur genre sur le site de Tikal. En effet si Tikal se caractérise par l'exceptionnelle qualité de ses vestiges monumentaux, il n'en va pas de même pour son patrimoine scriptural réduit quasiment aux seules glyphes du temple VI. Elles furent semble-t-il réalisées au cours de l'année 776 ap. J.-C., le temple ayant, pour sa part, été certainement construit au cours de la première moitié du VIIIe ap. J.-C.

UAXACTÚN

Le village de Uaxactún et le site archéologique du même nom qui lui est attaché, sont situés à 23 km au nord de Tikal, sur la route qui relie El Cruce (Puente Ixlú) à Dos Lagunas. Asphaltée dans un premier temps, la route devient piste à partir de Tikal jusqu'à Uaxactún. Poussiéreuse en été (l'hiver pour nous), elle se transforme parfois en véritable bourbier lors de la saison des pluies, qui s'étale grosso modo de juin à septembre, rendant difficile son accès en voiture et encore plus en bus (voir Transport). Si l'on ajoute à ces difficultés de ralliement, le relatif éloignement du site par rapport à Flores et Santa Elena, on comprendra que les ruines de Uaxactún n'aient pas les faveurs des touristes qui se satisfont des pyramides de Tikal.

Pourtant le site ne manque pas d'attraits. Ils sont liés principalement à son isolement, à la richesse de sa nature, les modestes vestiges de la cité maya étant perdus au milieu d'un dense couvert végétal ainsi qu'à son histoire étroitement liée à celle de la rivale et voisine Tikal. On pourra se rendre à Uaxactún par ses propres moyens ou bien par une agence de voyages de Flores ou de Santa Elena, cette dernière solution plus onéreuse que la première vous faisant assurément gagner beaucoup de temps.

■ PRATIQUE

Le site de Uaxactún dispose de son propre bureau d'information où l'on pourra trouver un guide pour se faire commenter la visite.

On pourra également se renseigner à partir de Flores au Cincap installé sur la place principale de l'île (voir Flores).

On peut éventuellement loger sur place (hôtels et campings).

■ HISTOIRE

Une grande partie de l'histoire de Uaxactún est indissociable de celle de Tikal. La raison tient à leur extrême proximité, les deux cités n'étant distantes que d'une vingtaine de kilomètres seulement. Il semble d'après les découvertes des archéologues que ce fut Uaxactún qui la première vit le jour il y a près de quatre millénaires! Puis des hommes s'installèrent sur le site actuel de Tikal et y développèrent une cité. Durant l'époque pré-classique (de 800 av. J.-C. à 200 ap. J.-C.), les deux villes coexistèrent pacifiquement l'une à côté de l'autre. A cette coexistence il y avait une raison, la subordination des deux cités à une tierce cité-Etat, El Mirador, situé à une soixantaine de kilomètres au nord-ouest de Uaxactún.

Cette domination d'El Mirador sur la région annihila longtemps les velléités expansionnistes des deux cités voisines. Mais vers la fin du Ier ap. J.-C, la puissante El Mirador fut abattue. Les deux cités de Tikal et de Uaxactún purent alors donner libre cours à leur appétit de conquête. Parallèlement elles se se lancèrent dans d'importants travaux monumentaux. Temples, acropoles et autels virent le jour. Trop proches, les deux cités finirent par s'incommoder de la présence d'une puissance rivale dans leur proche voisinage. Elles se lancèrent alors chacune à la conquête de l'autre. En 378 ap. J.-C. le conflit prenait fin par la défaite définitive de Uaxactún désormais vassale de Tikal.

■ VISITE

Uaxactún ne ressemble en rien à Tikal si ce n'est par l'omniprésence de sa forêt luxuriante. En effet on ne trouve pas ici de stupéfiantes pyramides ou d'un vaste complexe palatial. Monumentalement parlant Uaxactún est un modeste site constitué de 6 groupes ou complexes de structures disséminés de part et d'autres de l'ancienne piste d'atterrissage construite à l'époque où la cité fut l'objet d'un important programme de fouilles. Par les airs en effet, on faisait parvenir aux archéologues matériel et vivres. Après avoir dépassé le poste de garde situé sur la piste d'atterrissage, marcher sur environ 500 mètres en direction du nord-est. On longe en fait la piste elle-même. Au bout de ce petit chemin, vous trouverez alors sur votre droite un sentier qui vous conduira, après avoir traversé quelques vestiges (le complexe D) au complexe monumental E, le plus vieux et le plus intéressant groupe de structures de Uaxactún.

Il se compose pour l'essentiel de quatre petits édifices dont le temple E-VII. Installé au milieu d'une place qu'entourent au nord, à l'est et au sud les trois autres monuments, le temple E-VII est le plus vieux temple de Uaxactún mais également du Petén. Les archéologues font en effet remonter sa fondation à 2000 av. J.-C. ! Les vestiges du temple que l'on peut voir aujourd'hui sont justement ceux de la fondation. Ils étaient recouverts au moment de la découverte et de l'étude du site, de plusieurs autres pyramides, une pratique couramment employée à l'époque chez les mayas. Les trous découverts au sommet de l'édifice laissent à penser qu'il était certainement surmonté d'une construction rudimentaire (un autel) composé de poteaux de bois enchâssés dans ces petites cavités. Quatre rampes d'escalier permettent d'en faire l'ascension, chaque escalier étant entouré d'imposants masques de stuc.

Quant aux trois autres structures du complexe, elles étaient utilisées par les mayas comme observatoire astronomique.

De l'autre côté de la piste d'atterrissage, se trouvent les complexes B et A. Ce dernier est constitué de plusieurs temples de dimensions modestes ainsi que de quelques stèles dont une porte la date de 328 av. J.-C., ce qui en fait la plus ancienne stèle du monde maya jamais retrouvée.

Le site maya le plus célèbre, Tikal

LA COTE CARAIBE

LA COTE CARAIBE
ET LE LAC IZABAL

Bordée par les eaux du golfe du Honduras et de la baie d'Amatique, la côte dite caraïbe jouit d'un climat tropical chaud et humide, qui pourrait passer pour désagréable si les vents ne chassaient en fin d'après-midi la chaleur pesante qui s'abat dans la journée sur les quelques agglomérations de cette région en grande partie sauvage. Sur les rives de la baie d'Amatique est installé Puerto Barrios. C'est l'un des deux grands ports que compte le littoral caraïbe avec Puerto Santo Tomas créé de toutes pièces au XIXe siècle. Son histoire est intimement liée à celle de l'United Fruit Company et par conséquent à celle de l'exploitation de la banane dans la région. Terminus de la carretera al Atlantico (CA-9), la ville de Puerto Barrios tournée exclusivement vers son port, a pour seul intérêt d'être l'unique point de passage, avec El Relleno au débouché du lac Izabal, vers l'étonnante localité de Livingston. Installée au débouché du magnifique Rio Dulce à la couleur vert émeraude, Livingston est peuplée des seules populations noires du Guatemala, descendants des esclaves marrons (en fuite) des colonies anglaises et françaises des Antilles. Le charme qui se dégage de cette petite localité et de ses habitants, la luxuriance du milieu naturel qui l'entoure sont à l'origine de son succès touristique.

PUERTO BARRIOS

Capitale du département d'Izabal, Puerto Barrios est installée à environ 300 kilomètres de Guatemala Ciudad, terminus de la carretera al Atlantico. Baignée par les eaux de la Bahia de Amatique de la mer des Caraïbes, elle règne sur une belle région à la nature et au climat privilégiés. Puerto Barrios connut grâce à la banane, un faste dont la ville garde encore quelques souvenirs, quelques vestiges comme ses belles demeures coloniales en bois que l'on croise aux bords des rues et sur le front de mer. Premier port pendant longtemps de la côte atlantique, la ville vit encore aujourd'hui largement et presque exclusivement de son activité portuaire. Mais le charme d'antan de la localité a bien disparu. Les camions sillonnent la ville en tous sens chargés de containers de bananes, détériorant les rues boueuses en hiver et soulevant en été des nuages de poussières à chacun de leur passage. Les maisons, hier si jolies, tombent en ruine, les égouts sont éventrés, les décharges sauvages abondent et le soir il n'est pas prudent de se promener seul dans les rues au sud de la plaza del mercado.

Puerto Barrios n'a en définitive que peu d'intérêt pour les touristes, si ce n'est l'agrément en journée et le week-end de se promener sur le front de mer du côté de l'hôtel del Norte. Tout l'attrait de Puerto Barrios réside dans le fait qu'il soit, avec El Relleno-La Frontera (Rio Dulce), le passage incontournable pour rallier l'insouciante et exotique Livingston.

■ PRATIQUE

Office du tourisme. Puerto Barrios n'en est tout simplement pas équipé. On pourra toujours s'adresser à l'Hôtel de Ville, mais le mieux est de demander au propriétaire de l'hôtel, que vous aurez choisi au cas où vous arrivez trop tard pour rejoindre Livingston en lancha.

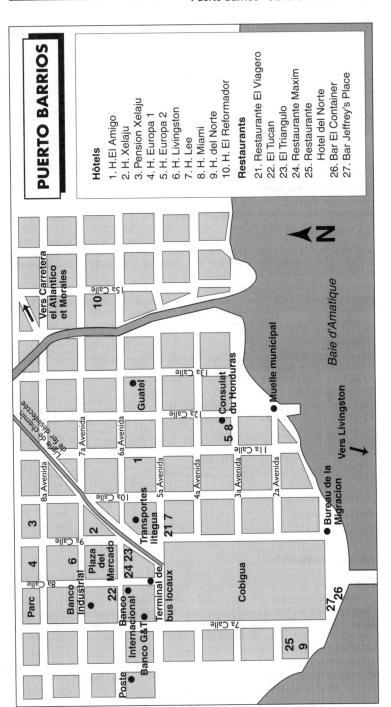

PUERTO BARRIOS

Hôtels

1. H. El Amigo
2. H. Xelaju
3. Pension Xelaju
4. H. Europa 1
5. H. Europa 2
6. H. Livingston
7. H. Lee
8. H. Miami
9. H. del Norte
10. H. El Reformador

Restaurants

21. Restaurante El Viagero
22. El Tucan
23. El Triangulo
24. Restaurante Maxim
25. Restaurante
    Hotel del Norte
26. Bar El Container
27. Bar Jeffrey's Place

Les adresses

Puerto Barrios possède une particularité que l'on rencontre également dans d'autres localités du Guatemala : ici, les maisons, les commerces, les hôtels, les bâtiments administratifs n'ont pas de numéro dans la rue. L'usage veut que l'on cite la calle ou l'avenida et que l'on précise les noms des rues ou des avenues entre lesquelles est situé l'édifice. Exemple : Hôtel Livingston 7a avenida, 8a y 9a calle Puerto Barrios.

Téléphone. Guatel. 13a calle, 5a y 6a avenida. Ouvert du lundi au samedi de 8 h à 20 h ; le dimanche de 9 h à 16 h.

Poste. Correos y telegrafos. 6a calle, 6a y 7a avenida. *Ouvert du lundi au vendredi de 9 h à 17 h 30.* Elle est située derrière la municipalidad.

Farmacia Centrale. 6a avenida, 8a y 9a calle.

Adresses utiles

Consulat du Honduras. 12a calle, 3a y 4a avenida. C'est l'une des étapes indispensables, avec le bureau de la Migracion, pour les ressortissants des pays ayant besoin d'un visa pour le Honduras.

Bureau d'émigration (Migracion). 9a calle Final. Si vous décidez de rejoindre le Belize ou le Honduras depuis Puerto Barrios vous devrez obligatoirement passer par ce bureau pour remplir les formalités de sortie du territoire et bien sûr vous acquitter d'une taxe substantielle (une autre « morbida »).

Banques

Banco Industrial. 7a avenida, 7a y 8a calle. *Ouvert du lundi au vendredi de 8 h 30 à 17 h ; le samedi de 10 h à 14 h.* On peut y changer ses travellers chèques. Attenant à la banque, on trouvera un distributeur automatique 24 heures sur 24 (carte Visa).

Banco G & T. 7a calle, 5a y 6a avenida. *Ouvert du lundi au vendredi de 9 h à 19 h ; le samedi de 9 h à 13 h.* La banque G & T change les travellers chèques.

Banco del Quetzal. 6a avenida, 9a y 10a calle. *Ouvert du lundi au vendredi de 9 h à 19 h ; le samedi de 9 h à 13 h.* Elle est situé au dessus du terminal de bus Litegua. Elle accepte la carte Visa et est munie d'une Telebanco.

Banco Internacional. 8a calle, 6a y 5a avenida. *Ouvert du lundi au vendredi de 9 h à 20 h ; le samedi de 9 h à 13 h.* La banque n'accepte que les cartes Mastercard mais change les travellers chèques.

Station service

Texaco. 6a avenida, 13a y 14a calle.

■■ TRANSPORTS

Bus

Deux terminaux de bus longue distance à Puerto Barrios, celui de la compagnie Litegua et celui des Transportes Carmencita. Celui de Litegua se trouve au sud de la plaza del Mercado, presque en face du restaurant El Triangulo. Litegua relie exclusivement Guatemala Ciudad et une à deux fois par jour Rio Dulce (El Relleno : correspondance pour Poptún et Flores).

Transportes Litegua. 6a avenida, 9a y 10a calle ✆ 948-1172 / 948-1002.

Guatemala Ciudad. Bus normal : départ à 3 h 30, 4 h 30, 6 h 15, 8 h 15, 9 h, 9 h 45, 11 h, 13 h 15 et 14 h. **Bus spécial** : départ à 1 h, 1 h 30, 2 h, 3 h, 7 h, 7 h 30, 10 h, 12 h et 14 h.

Rio Dulce. Bus normal : départ à 7 h 15.

Transportes Carmencita ✆ **942-2035.** Ils relient Puerto Barrios à Chiquimula via les villes de Morales (terminal de bus), los Amates (Quirigua) et Zacapa.

Chiquimula. Départ à 9 h, 10 h 45, 11 h, 11 h 45, 12 h 30, 12 h 45, 13 h 30, 13 h 45, 14 h et 14 h 15. Tarif jusqu'à los Amates (Quirigua) 10 Q.

Terminal de bus locaux. 8a calle, 5a y 6a avenida. Il se trouve juste derrière le restaurant chinois Maxim. Rien ne le matérialise si ce n'est la concentration des bus qui assurent quotidiennement des liaisons avec les villages alentour (Santo Tomas) ou ceux de la côte caraïbe.

Bateau

A partir du Muelle Municipal (embarcadère) de Puerto Barrios, des bateaux ou des lanchas rallient principalement Livingston ainsi que deux autres destinations : Punta Gorda au Belize et Puerto Cortès au Honduras (plus rare).

Livingston. Vous aurez le choix pour rejoindre Linvingston entre deux catégories de bateaux aux vitesses et aux prix très différents :

La **barca** est une sorte de gros ferry qui n'a rien à envier au caboteur de l'African Queen de John Huston ; il rallie Livingston en 1 heure 30 minutes. Départ à 10 h 30 et 17 h. Tarif entre 8 et 10 Q (prix pour touristes).

Les **lanchas** sont de petites embarcations à la silhouette effilée équipées de moteurs puissants, qui peuvent embarquer jusqu'à 20 personnes à chaque voyage. Elles ne partent que lorsqu'elles sont pleines (entre 16 et 20 personnes selon l'avis du propriétaire). Comptez environ une demi-heure de trajet. Tarif 20 Q.

Punta Gorda (Belize). Avant d'acheter votre billet vous devrez aller à la Migracion.

La barca. Départ tous les mardis et jeudis à 7 h avec retour de Punta Gorda dans la même journée. La traversée coûte 35 Q.

Les lanchas. Une compagnie de lanchas, Requena's Charter Services, assure des liaisons quotidiennes avec Punta Gorda. Départ de Punta Gorda tous les jours à 9 h. Du Muelle Municipal de Puerto Barrios à 14 h. Les billets s'achètent à la caseta Billy Boy sur la place devant le Muelle Municipal. La traversée dure environ 1 heure. Tarif : entre 55 et 60 Q.

Puerto Cortès (Honduras). Renseignez-vous au Muelle Municipal, les départs vers le Honduras dépendant de la demande (passage obligatoire à la Migracion).

■ HEBERGEMENT

Peu attrayant, Puerto Barrios n'en possède pas moins une infrastructure hôtelière importante, constituée exclusivement dans le centre d'hôtels bon marché au confort correct pour la plupart. C'est un peu à l'écart et en dehors du centre ville que l'on trouvera les établissements les plus confortables et les plus luxueux.

Les petits budgets trouveront donc facilement où se loger. Attention tout de même aux mois de juillet et août où les hôtels de la ville affichent facilement complet en fin d'après-midi, les derniers bus arrivant de la capitale débarquant les touristes qui se trouvent alors bloqués : en effet les lanchas n'assurent plus la liaison vers Livingston à partir de 17 h 30. Les touristes et autres passagers ne sont plus assez nombreux à cette heure pour remplir une lancha (voir Transport).

Bien et pas cher

Hospedaje El Amigo. 11a calle, 5a y 6a avenida. *10 chambres 30 à 60 Q.* A deux pas de la 6a avenida qu'empruntent quotidiennement des dizaines de camions se rendant au port, cet hospedaje occupe une construction moderne vieillissante qui abrite au rez-de-chaussée une salle de jeu à l'origine de quelques nuisances sonores. Les chambres sont petites et toutes ne sont pas équipées de ventilateurs. Il a pour seuls avantages son prix et sa situation, à mi-chemin entre le centre-ville et le Muelle Municipal.

Hotel Xelajú. 9a calle, 6a et 7a avenida ✆ **948-0482.** *20 chambres de 26 à 46 Q sans salle de bains ; de 45 à 72 Q avec salle de bains.* Installé sur la place du marché, aujourd'hui en ruines, c'est un hôtel à l'atmosphère familiale fréquenté par nombre de Guatémaltèques en déplacement. Les chambres sont confortables mais petites. Quelques-unes donnent sur la place mais demandez de préférence, malgré la chaleur étouffante régnant sur la ville, celles donnant sur la cour intérieure en grande partie comblée par les rajouts successifs construits pour porter l'hôtel à une capacité d'une vingtaine de cuartos. En effet la place, transformée peu à peu en véritable dépotoir, dégage des odeurs nauséabondes qui risquent fort de vous chatouiller les narines.

Pensíon Xelajú. 8a avenida, 9a y 10a calle ✆ **948-1117.** *10 chambres de 26 à 46 Q sans salle de bains ; 5 chambres à 70 Q avec salle de bains.* Située à une cuadra au nord-est de la place du marché, la pension Xelajú est un établissement modeste d'une quinzaine de chambres organisée autour d'une cour qui, le soir venu, fait office de parking. A l'accueil une petite dame discrète qui prend soin de ces quelques chambres au confort rudimentaire. Malgré sa situation sur une avenue passante la pension jouit d'un certain calme.

Hotel Europa 1. 8a avenida, 8a y 9a calle ✆ **948-0127.** *12 chambres de 36 Q à 90 Q.* A une cuadra au nord de la place du marché, c'est un établissement agréable dont la construction rappelle celle des motels des téléfilms américains. Sur deux niveaux il entoure une vaste cour bétonnée où les personnes motorisées pourront garer leur véhicule. Les chambres sont grandes et toutes équipées de salle de bains. Petit inconvénient, l'eau ne coule qu'à certaines heures. Demandez de préférence les chambres à l'étage.

Hotel Europa 2. 3a avenida, 11a y 12a calle ✆ **948-1292.** *10 chambres de 36 à 90 Q.* Installé à l'écart du centre ville, à deux pas du Muelle Municipal d'où partent les lanchas pour Livingston, l'hôtel Europa 2 dispose d'une dizaine de chambres autour d'une vaste cour bétonnée spécialement aménagée pour recevoir la nuit les voitures de ses clients (15, 20 et 25 Q le stationnement selon la taille de la voiture). Les chambres sont relativement petites, sombres et pas particulièrement bien tenues. L'avantage de cet hôtel réside dans le calme du quartier et de sa proximité avec l'embarcadère municipal, pratique pour attraper le premier bateau à destination de Livingston (5 h du matin).

Confort ou charme

Hotel Livingston. 7a avenida, 8a y 9a calle ✆ **948-2124.** *17 chambres de 60 à 80 Q.* C'est un nouveau venu dans le parc hôtelier de Puerto Barrios. Installé depuis six mois seulement sur la plaza del Mercado (place du marché), il occupe le premier étage d'une construction moderne où au rez-de-chaussée se situe un petit centre commercial. Ces chambres sont grandes, bien tenues, équipées de salle de bains et de ventilateur. Presque toutes sont pourvues de la télévision. Central, il dispose également d'une terrasse de laquelle on a une vue sur l'ensemble de la ville et sur… les ruines du marché.

Hotel Lee. 5a avenida, 9a y 10a calle ✆ **948-0830.** *18 chambres de 35 à 95 Q sans salle de bains ; de 42 à 108 Q avec salle de bains.* A une cuadra au sud de place du marché, l'hôtel Lee est un établissement confortable mais dont le calme n'est que relatif. En effet la 5a avenida est une artère fréquemment utilisée par les camions se rendant au port. Au bruit il faut ajouter la poussière que ces mêmes camions soulèvent à chacun de leur passage. Malgré cela l'hôtel Lee reste un établissement attrayant. Ces chambres sont correctement tenues et confortables à souhait. On pourra prendre son petit déjeuner au restaurant tout proche El Viajero.

Mise en garde *Le monde du tourisme et celui de l'industrie des voyages sont en perpétuelle transformation. Des établissements peuvent fermer entre le passage de nos rédacteurs et la sortie de nos guides. De même, les numéros de téléphone et les prix sont parfois l'objet de changements qui ne relèvent pas de notre responsabilité. Nous prions les lecteurs de nous excuser pour les erreurs qu'ils pourraient trouver dans les rubriques pratiques de ce guide.*

Hotel Miami. 3a avenida, 11a y 12a calle ✆ *948-0537. 20 chambres de 60 à 150 Q.* Situé à proximité de l'hôtel Europa 2, le Miami n'a rien de très américain ni de très exotique : une éternelle cour encadrée sur deux côtés par des chambres pas très bien tenues dont certaines sont en travaux, ce qui laisse espérer quelques améliorations. Il dispose d'un restaurant mais est apparemment peu fréquenté.

Hotel del Norte. 7a calle ✆ *9482116 / 948-0087. 25 chambres de 90 à 160 Q.* Idéalement installé en bord de mer, l'hôtel del Norte occupe une magnifique demeure en bois vieille de 200 ans, située au bout de la 7a calle à proximité d'un petit parc fort fréquenté le dimanche par les habitants de Puerto Barrios. Cette vieille bâtisse possède un charme incontestable avec ses boiseries, ses marches et ses murs irréguliers, et ces rustiques chambrettes, au mobilier ancien. Les chambres donnent toutes sur une élégante terrasse qui fait le tour de la bâtisse et de laquelle on a une jolie vue sur la mer. L'établissement dispose d'un restaurant installé dans une superbe salle où l'on pourra déguster nombre de produits de la mer (service impeccable). Côté loisirs, on trouve une salle de billard et une piscine face à la grande bleue.

Luxe

Hotel El Reformador. 7a avenida (n°159), 15a y 16a calle ✆ *948-0533 - Fax 948-1531. 47 chambres de 240 à 480 Q.* Relativement éloigné du centre ville de Puerto Barrios, l'hôtel El Reformador est situé dans un quartier paisible, de l'autre côté du rio qui traverse la localité. Dans une construction moderne, ses chambres sont grandes, et équipées de tout le confort désiré. Pas de piscine mais on trouvera un restaurant offrant une cuisine locale et internationale.

Dans les environs

Hotel Cayos del Diablo. km 8, Carretera a Livingston, Las Pavas ✆ *948-2361 / 948-2362 - Fax 948-2364. 50 chambres de 630 à 690 Q.* En dehors donc de Puerto Barrios, l'hôtel Cayos del Diablo occupe un site privilégié sur le Golfe du Honduras, au fond d'une très jolie baie. Au milieu d'un cadre tropical l'établissement dispose d'une cinquantaine de chambres réparties dans de charmants bungalows ou cabañas si l'on veut faire plus typique. L'endroit est vraiment très beau avec la mer des Caraïbes toute proche et sa belle plage isolée des regards indiscrets. On pourra également choisir de se baigner dans la piscine. De Puerto Barrios, deux solutions pour rejoindre l'hôtel : la route ou, plus agréable, la mer, à partir du Muelle Municipal. L'hôtel dispose d'une lancha qui, gratuitement, vous y emmènera. Une lancha-taxi effectuera le même trajet, contre quelques quetzals bien sûr (fixez le prix de la course avant d'embarquer).

■ RESTAURANTS

Restaurante El Viajero. 5a avenida, 9a y 10a calle. A proximité immédiate de l'hôtel Lee, El Viajero (le voyageur) est le rendez-vous du personnel travaillant sur le port et des routiers en attente de leurs chargements. Endroit particulièrement poussiéreux, il n'est pas des plus recommandables le soir venu. Mais dans la journée on y mange à toute heure. Le matin c'est l'un des premiers établissements à ouvrir ses portes pour le petit déjeuner (entre 10 et 15 Q selon la formule).

El Tucan. 8a calle, 6a y 7a avenida. Anciennement dénommé El Punto, le restaurant El Tucan est localisé à l'angle de la 8a calle et de la 6a avenida. On pouvait encore dire de lui, il y a quelques mois, qu'il était idéalement placé sur la place du marché, mais aujourd'hui cela n'est plus tout à fait le cas. La place n'est plus qu'un immense tas de gravats d'où émanent odeurs nauséabondes et poussières qui arrive jusqu'au restaurant. Outre ces « petits » désagréments, El Tucan propose un choix relativement varié de plats de viandes, du poulet au « bistec » (à partir de 12 Q et ce jusqu'à 30 Q), ou de produits de la mer (crevettes 35 Q, poissons à partir de 25 Q). Les petits déjeuners se situent dans une fourchette de 10 à 15 Q. Quant au café on le trouvera à un prix défiant toute concurrence, soit 1,5 Q.

Restaurante El Triangulo. 6a avenida, 8a y 9a calle. El Triangulo doit son nom au bâtiment, à la construction moderne qu'il occupe au sud de la plaza del Mercado. Bordé par l'ancienne ligne de chemin de fer construite par l'United Fruit Company, c'est en fait une sorte de mini-cafétéria servant une cuisine typiquement locale. Chaque jour au menu trois plats de viandes (10 Q) au choix, auxquels s'ajoutent trois choix d'accompagnements (5 Q) : riz, semoule, maïs etc. Avec une boisson (2 Q) on pourra se rassasier pour 17 Q. Egalement des plats à emporter.

Restaurante Maxim. 6a avenida, 8a y 9a calle. « Idéalement » situé sur la place du marché, à l'angle de de la 6a avenida et de la 8a calle, Maxim est un restaurant chinois occupant une maison de bois peinte de couleurs vives, sans les coutumiers dragons et portiques typiques de ces établissements. On pourra goûter à tous les grands classiques de la cuisine chinoise. Comptez 50 Q pour un repas complet.

Restaurante Hotel del Norte. Le restaurant de ce superbe endroit est sans conteste l'un des meilleurs établissements de la ville. La cadre y est vraiment enchanteur avec ses boiseries, son parquet, ses vieux meubles et ses tables joliment présentées. La cuisine y présente une grande variété de poissons et de fruits de mer (mariscos) préparés avec soin. Depuis la salle on a une agréable vue sur la mer. Goûtez à un de ses pescados grillés.

■ HISTOIRE

L'histoire du port est intimement liée à celle de la United Fruit Company. La Frutera, comme la surnomme les Guatemaltèques, est une compagnie commerciale comme il en existe de nombreuses, qui prit en charge au tournant du siècle l'exploitation de nombreuses terres au Guatemala pour y produire des fruits exotiques à destination du marché américain. Côté pile donc, des investisseurs qui mettent en valeur pour leur profit des terres inexploitées, offrant ainsi au Guatemala un développement économique et à une partie de ses habitants des salaires décents et une amorce de développement social (logements, écoles, etc.). Côté face cependant, l'influence de la société sur la vie du pays est loin d'être négligeable : née de la fusion entre une compagnie d'exploitation agricole et une compagnie de chemin de fer, elle a créé une bonne part du réseau de transport du Guatemala en direction de la mer et notamment du port de Puerto Barrios. Mais comme elle contrôle évidemment ses installations, il en résulte un monopole de fait sur le commerce extérieur du pays et une mainmise d'autant plus lourde sur son économie que le profit des actionnaires passe logiquement au premier plan. Cette logique capitaliste n'a rien de condamnable, sauf lorsqu'elle s'oppose à la mise en place d'un processus démocratique. C'est le cas lorsque, entre 1944 et 1954, un gouvernement démocratique parvient au pouvoir au Guatemala. Le gouvernement nouvellement élu engage des réformes et revient sur une partie des acquis de la United Fruit, acquis hérités d'une efficace politique de corruption systématique. Ainsi, le président Arbenz envisage de récupérer une partie des terres octroyées pour les redistribuer aux paysans guatemaltèques.

De telles réformes ont un parfum de communisme que l'United Fruit s'empresse d'agiter sous le nez de la CIA et de nombreux politiques influents des Etats-Unis. Comme ils le feront plus tard en Corée et au Vietnam, les Etats-Unis décident donc d'intervenir pour «barrer la route au communisme» et la CIA organise le retour au pouvoir d'une dictature militaire. United Fruit respire et, en fait de communisme, c'est surtout la démocratie qui se voit bloquée... pour près de cinquante ans, guerre civile à l'appui. Redevenue toute puissante au Guatemala, la United Fruit verra finalement son pouvoir s'effriter du fait des Etats-Unis : poursuivie dans le cadre des mesures anti-monopole des années soixante, la compagnie est contrainte de céder une partie de ses avoirs, début d'une décadence qui s'accélère avec des tentatives malheureuses dans le secteur bancaire. L'United Fruit Company n'est plus mais le système qu'elle a mis en place a peu changé, puisque grandes plantations et camions rythment toujours l'activité autour du port, dont le gouvernement a cédé la gestion en 1991 à une société privée, la Cobigua, pour une période de 25 ans.

■ BALADE

On quitte la place en direction de la 8a calle en passant devant l'**hôtel Livingston** et son petit centre commercial attenant (au rez-de-chaussée) puis une station-service Texaco. On traverse la 8a calle pour tomber sur un Quick Photo que bordent des égouts à ciel ouvert. Juste après se trouve un des vestiges de l'habitat traditionnel de **Puerto Barrios**, une vieille maison de bois parmi les plus anciennes de la bourgade, désarticulée par le poids des âges, et qui abritait au temps de l'United Fruit Company le Palacio Hôtel. On s'engage alors sur la gauche dans la 7a calle, crevée çà et là de nids de poules et, à intervalles réguliers, d'égouts éventrés. Sur la droite on dépasse un bâtiment de piètre allure, la **Municipalidad**. Bordée par quelques commerces, et modérément fréquentée en semaine, la **7a calle** est le théâtre le samedi et surtout le dimanche en fin d'après-midi, d'un ballet incessant de vélos, de motos qui convergent tous et toutes vers le front de mer. On y vient déguster une boisson fraîche au son de rythmes endiablés ou se reposer à l'ombre des arbres d'un petit parc. Bordant la route sont installés de gigantesques parkings pour camions en attente de leurs chargements, et aussi d'anciennes belles maisons de style colonial, entièrement de bois, qu'entourent de petits jardins tropicaux. Juste avant la mer on trouvera les sièges sociaux ou plutôt les bureaux des compagnies de fret du port, de conteneurs.

On fréquente son petit parc public qui jouxte l'**hotel Norte** au cachet lui aussi colonial. De grands arbres en abritent les bancs où les familles et les amoureux viennent passer quelques instants. Au milieu un kiosque et des jeux d'enfants. Des palmiers, un ponton qui se jette dans la mer, un cadre agréable.

En contournant l'hotel del Norte, on découvrira le **restaurant Mar Azul** idéalement installé en bord de mer et pourvu d'une terrasse. Belle vue sur un vieux quartier de Puerto Barrios encore épargné par les constructions modernes, avec ses vieilles maisons de bois.

■ LOISIRS

Fête del Sagrado Corazon de Jesús. Fête patronale en l'honneur du Cœur Sacré de Jésus qui se tient chaque année du 12 au 22 juillet avec pour jour principal le 19. Ces dix jours de festivités sont ponctués par de nombreuses manifestations culturelles et le 19 par une danse tout à fait originale, la Yancunú.

Marché. Le marché couvert de Puerto Barrios n'est plus. Un nouveau doit être construit dans les prochains mois (s'il n'est pas déjà érigé !). La population vient toujours sur la place autour des gravats pour vendre ses produits.

Cinéma. A côté de la Banco G & T.

Salon de massage (sala de masaje). 5a avenida, 9a y 10a calle. Fatigué par une journée de bus sur des routes en piteux état, Lilian Andrea est là pour vous remettre les vertèbres en place et pas simplement les vertèbres. Exclusivement fréquenté par une clientèle masculine, ce salon de massage connaît un certain succès en cours de soirée. Allez savoir pourquoi !

■ SORTIR

Les endroits ne manquent pas à Puerto Barrios. En effet, ville portuaire, peuplé de manutentionnaires, de chauffeurs routiers de toutes nationalités, de marins, on y trouve un nombre important de bars de nuit et...de maisons closes principalement concentrées le long de la 9a calle, celle qui mène au port. Attention ces bars n'ont rien à voir avec ce que nous pouvons appeler un bar ou un pub. L'ambiance y est glauque et fortement alcoolisée. Sachez que les gringos ne sont généralement pas les bienvenus dans ces endroits, à l'exception des « entraîneuses » bien entendu.

En bref il est conseillé comme pour Guatemala Ciudad de ne pas traîner dans les rues de Puerto Barrios à la nuit tombée. Certaines directions d'hôtels recommandant même à leurs hôtes d'être rentrés avant la nuit.

Bars

El Container. 7a calle. Situé au bout de la 7a calle face à la mer, c'est un bar assez original, constitué à l'origine d'un seul container mis au rebut. Aujourd'hui, sur plusieurs niveaux des terrasses ont été aménagées avec tables et chaises de salon de jardin. Un endroit agréable où prendre un verre et admirer la mer.
Le dimanche, la jeunesse de Puerto Barrios s'y presse sur fond de musique anglo-saxonne.

Jeffrey Place. 7a calle. Egalement au bout de la 7a calle, il est voisin d'El Container. Là aussi le dimanche il y a foule. On y écoute beaucoup de musique latine ou anglo-saxonne et ce, le samedi et le dimanche, jusqu'à une heure avancée de la nuit.

Discothèques

Deux discothèques animent les soirées de la jeunesse de Puerto Barrios le week-end, la **Colombina** et le **Brick-Brack**. Elles sont ouvertes tous les jours de la semaine sauf le lundi. Le Brick-Brack est situé en bord de mer, du côté du vieux Puerto Barrios. Son entrée coûte 7 Q (une conso gratuite comprise dans le prix).
Pour rallier le Brick-Brack suivre les flèches depuis le carrefour de la 7a calle et de la 6a avenida.

➥ DE PUERTO BARRIOS A LIVINGSTON

Deux moyens pour rallier Livingston, le ferry et la lancha. Ce dernier moyen de locomotion possède de toute évidence les faveurs des touristes car beaucoup plus rapide. On longe, les cheveux au vent, la côte de la baie d'Amatique, une côte encore sauvage où se succèdent mangroves et plages de sables noires. En de nombreuses endroits on apercevra aussi des habitations précaires de paysans et de pêcheurs isolés dans ce bout du monde, et de belles villas masquées par les arbres bordant le rivage. Certains grands propriétaires se sont même aménagé de petites plages privées. Cette agréable balade devient souvent sportive en approchant de Livingston où les eaux calmes de la baie d'Amatique se mêlent à celles du Rio Dulce mais surtout aux flots agités, aux vagues parfois importantes du Golfe du Honduras. Attention aux coups de soleil et aux embruns qui ne manqueront par moment de venir vous éclabousser et de tremper votre appareil photo si vous avez décidé de prendre quelques clichés de la côte.

LIVINGSTON

Enclave noire en pays indien, Livingston est situé à l'embouchure du Rio Dulce, en bordure de la baie d'Amatique au-delà de laquelle s'étend le Golfe du Honduras et la mer des Caraïbes. C'est l'une des curiosités du Guatemala avec sa population noire ou garifuna comme les habitants de Livingston s'appellent eux mêmes, issus du métissage des derniers indiens Caraïbes des Antilles réfugiés là et des populations africaines, esclaves marrons, fuyant l'enfer des plantations. Village de pêcheurs (l'embouchure du Rio Dulce est riche en poissons), Livingston vit beaucoup aujourd'hui du tourisme qui commence à s'y développer fortement. Bout de terre coincée entre jungle, océan et rivière, elle n'offre qu'une seule et unique solution pour la rejoindre, le bateau : soit à partir de Puerto Barrios, soit à partir de d'El Relleno depuis le Guatemala ou encore depuis Punta Gorda au Belize.

Aujourd'hui Linvingston au sens large (on y ajoute tous les hameaux perdus en pleine jungle et distants parfois de plus d'une dizaine de kilomètres) est peuplé de plus d'une cinquantaine de milliers d'habitants, la ville elle-même ne comptant que 5 350 habitants environ. La majorité de la population de Livingston est indienne de l'ethnie Kekchi, le reste des habitants étant de la petite communauté Garifuna.

Il y règne comme pour le reste de la côte, un climat tropical cependant moins oppressant (malgré la chaleur) qu'à Puerto Barrios ; les vents venus de la baie d'Amatique amenant avec eux une certaine fraîcheur la nuit tombée.

La présentation de Livingston comme une ville peuplée de rastas est grandement exagérée. On trouvera bien quelques membres de la communauté rastafari, mais ils sont loin de représenter la majorité de la population noire. Attention à la drogue et aux dealers, bien présents eux à Livingston.

Tout cela (marijuana comprise) fait de Livingston un lieu à part, vers lequel convergent chaque année, à l'image de Panajachel, des nuées de touristes.

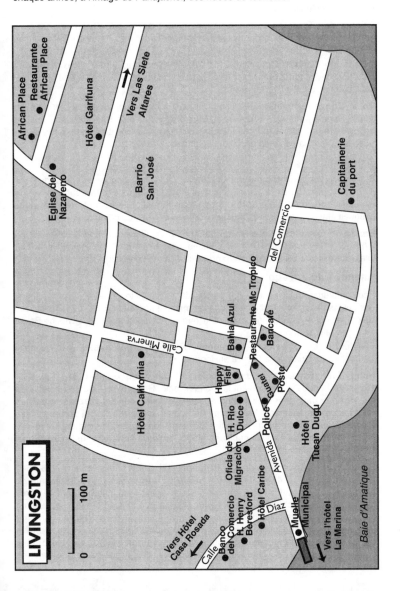

LIVINGSTON

0 — 100 m

African Place
Restaurante African Place
Hôtel Garifuna
Vers Las Siete Altares
Eglise del Nazareno
Barrio San José
Capitainerie du port
del Comercio
Restaurante Mc Tropico
Calle Minerva
Bahia Azul
Barcafé
Hôtel California
Happy Fish
Poste
Guatel
H. Rio Dulce
Police
Hôtel Tucan Dugu
Oficia de Migración
Avenida Diaz
Hôtel Caribe
Vers Hôtel Casa Rosada
Banco del Comercio
H. Henry Beresford
Muelle Municipal
Vers l'hôtel La Marina
Calle
Baie d'Amatique

■ PRATIQUE

Office du tourisme. Curieusement il n'y en a pas à Livingston alors que le village accueille nombre de visteurs tout au long de l'année. Vous rencontrerez bien un panneau bleu avec un I matérialisé à l'intérieur mais il renvoie simplement à l'agence de voyages Exotic Travel située sur l'avenida Principal del Commercio, agence à laquelle on pourra toujours se renseigner sur les excursions possibles autour de Livingston.

Police. Avenida Principal del Comercio. Le bureau de la police se situe dans les locaux de la Municipalidad.

Oficina de Migracion. Avenida Principal del Comercio. *Ouvert du lundi au vendredi.* Passage obligé pour les touristes désirant se rendre au Bélize et au Honduras.

Téléphone. Guatel. *Ouvert de 8 h à 20 h.* L'agence est située juste derrière la Municipalidad, dans la première rue sur la droite quand on remonte l'avenue Principal del Comercio depuis le débarcadère.

Poste Correos y telegrafos. *Ouvert du lundi au vendredi de 9 h à 17 h.* Elle est située dans la même rue que Guatel. En montant l'avenida Principal del Comercio depuis le débarcadère, tournez à droite juste après l'entrée de l'hôtel Tucan Dugu. Passez Guatel, la poste se situe sur la gauche.

Banques

Bancafé. Avenida Principal del Comercio. *Ouvert du lundi au vendredi de 9 h à 17 h ; le samedi de 9 h à 13 h.* Récemment installée, elle se trouve sur la droite de l'avenue principale juste après le panneau Inguat. Elle accepte les travellers chèques ainsi que les cartes American Express et Visa (au comptoir).

Banco del Comercio. Calle Marco Sanchez Diaz. *Ouvert du lundi au vendredi de 9 h à 16 h ; le samedi de 9 h à 13 h.* Située juste à côté de l'hôtel Henry Berrisford, elle accepte les cartes American Express et Visa (au comptoir).

Agences de voyage

Peu nombreuses à Livingston elles proposent quasiment toutes le même programme, des petites excursions faciles à accomplir tout seul (Siete Altares, Playa Blanca, Rio Dulce), aux plus grandes, nécessitant la journée entière comme les Cayos de Belize ou Punta Manabique.

Elles proposent également, en général, des liaisons par bateau avec les pays limitrophes du Guatemala (Belize et Honduras).

Happy Fish Travel. Avenida Principal del Comercio ✆ 948-1051 - Fax 948-1094. Sur la gauche en montant la rue principale, Happy Fish organise – outre les excursions communes aux autres agences et que vous proposeront aussi les conducteurs de lanchas, c'est-à-dire une balade sur le Rio Dulce, sortie à Playa Blanca et excursions jusqu'aux Siete Altares – des voyages vers les Cayos de Belize et la péninsule de Manabique. On pourra aussi se rendre au Belize (Punta Gorda) ou au Honduras.

Exotic Travel Agency. Avenida Principal del Comercio ✆ et Fax 948-1549 (Livingston) ou ✆ 479-0042 (Guatemala Ciudad). Sur la rue principale de Livingston (on ne peut la rater), cette importante agence est installée dans la même maison de bois coloniale que le restaurant Bahia Azul. Exotic Travel organise, en plus des excursions classiques, des sorties vers les Cayos de Belize, Punta de Manabique et le Rio Cocoli. L'agence assure également des liaisons avec le Belize (Punta Gorda) et le Honduras (Puerto Cortez et Puerto Omoa : le mardi et le vendredi seulement. Pour rejoindre Puerto Omoa, comptez 2 heures de trajet en lancha pour 25 $ par personne).

■ TRANSPORTS

La barca (ferry)

Livingston-Puerto Barrios. Départ tous les jours du Muelle Municipal à 5 h et à 14 h. La traversée coûte 10 Q.

Les lanchas (collectivo)

On les trouvera amarrées au Muelle Municipal. Comme pour celles de Puerto Barrios, les lanchas de Livingston ne partent que quand elles sont pleines.

Puerto Barrios. Les touristes et la population se rendant en général de bonne heure à Puerto Barrios les uns pour attraper une correspondance vers Guatemala Ciudad au terminal de bus, les autres pour vendre leurs produits « à la ville », il est fortement conseillé de se trouver au Muelle Municipal également de bonne heure, les dernières lanchas partant en général à 8 h 30. Passé cette heure les lanchas ne se remplissent plus qu'avec difficulté. On peut atteindre parfois plusieurs heures avant qu'un propriétaire ne se décide toujours en fonction du nombre de ces passagers (de 16 à 20), à quitter Livingston. Comptez environ une demi-heure de trajet. Tarif 20 Q.

El Relleno - La Frontera. Plusieurs lanchas appartenant à des compagnies différentes assurent des liaisons quotidiennes avec El Relleno-La Frontera. En général elles relient El Relleno pour le passage du bus à 13 h venant de Guatemala Ciudad et se rendant à Santa Elena-Flores. Tarif environ 60 Q l'aller. Marchandez pour négocier un aller-retour à moindre frais.

Les voitures

Il n'y en avait pas à Livinsgton il y a encore quelques années. Aujourd'hui quelques-unes ont fait leur apparition dans les rues du village, importées par le ferry depuis Puerto Barrios. Le réseau routier urbain est lui même très restreint. Quelques rues asphaltées et en dehors de l'agglomération de la piste poussiéreuse en été, boueuse en hiver. Ses voitures dans leur grande majorité sont liées aux transports des marchandises débarquées du ferry ou aux travaux engagés par la Municipalidad. La bicyclette est donc reine dans les rues de Livingston, peu à peu remplacée dans les cœurs et les habitudes des habitants par les motos et vélomoteurs japonais.

■ HEBERGEMENT

Livingston est extrêmement visitée par les touristes en toutes saisons et possède donc une bonne hôtellerie, mais elle peut malgré tout se révéler insuffisante de juin à septembre. On y trouve principalement des hôtels bon marché ainsi que quelques établissements de bonne qualité à des prix abordables, auxquels il est toutefois préférable de téléphoner pour réserver sa nuitée. La plupart des hôtels sont situés à proximité immédiate du Muelle Municipal ou le long du fleuve, les autres sont éparpillés dans le village.

Bien et pas cher

Hôtel Rio Dulce. Avenida Principal del Comercio. *12 chambres de 30 à 45 Q.* C'est le premier hôtel rencontré lorsqu'on remonte l'avenue principale depuis le débarcédère ; l'hôtel Rio Dulce possède beaucoup de charme, vieille maison de bois de style colonial qui menace de basculer. Le confort y est rudimentaire (pas de ventilateur) et seules les chambres doubles sont équipées de salle de bains. On aura néanmoins plaisir à prendre le frais sur la galerie faisant le tour de l'étage. Pas de téléphone.

Hotel Caribe. Calle Marco Sanchez Diaz ✆ **948-1073.** *26 chambres de 24 à 35 Q.* A deux pas du Muelle Municipal, l'hôtel Caribe s'adresse plutôt à une clientèle à petits prix. Seules 7 chambres (doubles) sont équipées de salle de bains. Le confort des chambres est plutôt spartiate et la propreté n'est pas irréprochable, loin s'en faut. Seul le prix est attractif. Quant à la tranquillité elle n'est pas non plus au rendez-vous, l'hôtel étant situé à proximité du débarcadère, d'où, dès 4 h 30, les vrombissement des moteurs du ferry qui rallie quotidiennement Puerto Barrios et ses coups de sirène, appels aux derniers retardataires, réveillent tout le quartier.

Hotel California. Calle Minerva. *10 chambres de 28 à 76 Q.* Situé à deux pas du centre du village, l'hôtel California est une construction moderne qui abrite une dizaine de chambres propres, calmes, relativement grandes et toutes équipées de salle de bains. Demandez de préférence les chambres de l'étage, celles du rez-de-chaussée étant un peu trop humides. Pour s'y rendre remontez l'avenue principale et tournez à droite juste avant le restaurant Bahia Azul. Poursuivez votre chemin sur une centaine de mètres, l'hôtel se situe sur la gauche de la calle. Il n'y a pas de téléphone.

Confort ou charme

Hotel Henry Berrisford. Calle Marco Sanchez Diaz ✆ **948-1568 / 948-1557 - Fax 948-1030 / 948-1568.** *39 chambres de 45 à 85 Q.* A proximité de l'hôtel Caribe, l'hôtel Henry Berrisford est un grand établissement moderne tourné vers le fleuve. Les chambres sont grandes, claires et offrent un bon niveau de confort. Elles disposent toutes au moins d'une salle de bains et d'un ventilateur. Quant aux chambres les plus chères le petit déjeuner est inclus avec le prix de la nuitée (petit-déjeuner de 7 h à 9 h). Il dispose également d'une piscine (adulte 15 Q, enfant 10 Q).

Hotel Bed and Breafast La Marina. Livingston ✆ **et Fax 948-2395.** *5 cabanas à 24 Q avec petit déjeuner ; 4 bungalows à 50 Q par personne.* A environ 300 mètres du Muelle Municipal, la Marina jouit d'un cadre magnifique en bordure du Rio Dulce. Tenu par des Québécois, c'est un petit bout de paradis d'une grande tranquillité où le silence n'est troublé que par les cris des oiseaux et des animaux de la jungle. On pourra loger soit dans des cabanas, en fait des chambrettes pour deux personnes ouvertes sur l'extérieur, équipées de lits et de moustiquaires, soit dans de charmants bungalows (le prix n'est pas le même !). La Marina c'est aussi un **restaurant** installé dans une case de bois au toit de palmes avec vue sur le fleuve et les parois vertigineuses qui le dominent. Goûtez à la tarte à l'ananas. Un petit inconvénient peut-être, son relatif éloignement du centre du village, mais on se charge ici de vous emmener et de venir vous chercher au Muelle Municipal. Des cayucos sont à louer pour partir découvrir les canaux en amont de l'hôtel.

Hotel African Place. Barrio African Place. *26 chambres de 25 à 50 Q sans salle de bains ; de 50 à 120 Q avec salle de bains. 10 Q de dépot pour la clef.* Sur la route des Siete Altares, une centaine de mètres après l'église, on trouvera cette demeure surprenante, inspirée des maisons et palais andalous, construite par un Espagnol. Certaines chambres sont indépendantes du corps principal au milieu d'un charmant et frais jardin tropical au cœur duquel coule un ruisseau. Un cadre vraiment très agréable un peu loin peut-être du centre du village mais d'une grande tranquillité. Les chambres sont propres, grandes et confortables. Un endroit vraiment charmant.

Hotel Garifuna. Barrio San José ✆ **et Fax 9481581.** *8 chambres de 50 à 115 Q.* C'est un modeste établissement correctement tenu. Toutes les chambres sont avec salle de bains. Sans superflu, les chambres sont propres, au confort simple. L'hôtel dispose d'une chambre de 5 personnes (115 Q) bien utile pour les groupes et économique quoiqu'on s'y sente un peu à l'étroit. Pour s'y rendre on remontera la calle de l'African Place et une centaine de mètres avant l'église paroissiale, on tournera sur la droite dans une petite sente menant à l'une des plages du village (suivre les flèches).

Hotel Casa Rosada. Calle Marco Sanchez Diaz ✆ **902-7014 (réservation).** *10 chambres de 50 à 115 Q.* Situé idylliquement en bordure du Rio Dulce, l'hôtel Casa Rosada occupe une charmante maison coloniale peinte en rose. On peut accéder à l'hôtel depuis un élégant ponton se terminant par deux petites cabanes ou par la calle Marco Sanchez Diaz, la première à gauche en sortant du débarcadère. Entre la maison et le fleuve, un **jardin tropical** où le soir quand le vent se lève il est agéable de se reposer. Quant aux chambres elles occupent de charmants bungalows de bois installés en bordure du jardin. Agréablement décorés de vieux meubles, ils sont confortables et calmes.

A l'intérieur de la maison, on trouve un **bar** et un **restaurant**. Service de lancha pour les principales curiosités touristiques des alentours.

Luxe

Hotel Tucan Dugu. Avenida Principal del Comercio ✆ **948-1588 - Fax 948-1572, à Guatemala Ciudad** ✆ **3347813 - Fax 3345242.** *45 chambres de 65 à 136 $. 5 bungalows à 57 $. (+ 20% d'impuesto).* Sur la droite en remontant l'avenue principale depuis le débarcadère, l'hôtel Tucan Dugu est un très bel établissement en bordure du Rio Dulce. Les chambres sont claires et spacieuses et sont équipées de tout le confort nécessaire. Elles ouvrent toutes sur les eaux du fleuve et sur un joli jardin tropical au milieu duquel sont nichés cinq bungalows (à louer) avec vue sur la mer et une agréable piscine.

L'hôtel dispose également d'une **discothèque**, d'un **restaurant** et assure des liaisons quotidiennes avec la playa blanca pour les clients préférant les joies d'une baignade dans les eaux de la baie d'Amatique. Une très bonne adresse. Les prix sont assez dissuasifs mais ne sont pas usurpés tant le cadre et les installations sont de qualité.

DOUANES & DROITS INDIRECTS .

Droits et formalités applicables aux voyageurs à leur retour d'un pays extérieur à la Communauté européenne (CE)

Vous pouvez importer des marchandises d'un pays tiers à la CE, sans payer de droits et taxes, si leur valeur n'excède pas *1 200 F* (ou *600 F* si vous avez moins de 15 ans), ainsi que des tabacs, alcools, parfums, cafés, thés, médicaments et carburants dans la limite de *seuils quantitatifs.*

Mais attention !

Des *formalités spécifiques* s'appliquent pour certains produits sensibles (animaux vivants, armes, biens culturels, espèces menacées d'extinction...) ou des *prohibitions* (pour les stupéfiants, contrefaçons...). Enfin, vous devez déclarer vos sommes, titres ou valeurs lorsque leur montant est égal ou supérieur à 50 000 F.

Pour plus d'informations, vous trouverez les adresses des directions régionales et des centres de renseignements des douanes sur minitel 3615 Douanetel, ou sur Internet : http://www.finances.gouv.fr/douanes

■■ RESTAURANTS

Haut lieu du tourisme au Guatemala, Livingston ne manque pas d'endroits où se rassasier. On rencontrera en fait deux catégories d'établissements.

Tout d'abord les restaurants qui s'adressent aux touristes. Bien tenus ils possèdent en général de belles terrasses agréablement fraîches en soirée où les enfants du village viennent régulièrement jouer quelques airs très rythmés contre quelques quetzals.

Plus authentiques et relativement moins chers, on trouvera de nombreuses gargotes, situées indifféremment sur les grands axes et les ruelles, aux odeurs savoureuses, où l'on mitonne des plats typiques de la cuisine garifuna accompagnés de pain coco.

Bahia Azul Restaurante. Avenida Principal del Comercio Barrio El Centro © **948-1549.** Il jouit d'une grande popularité auprès des touristes de passage à Livingston. Installé dans une belle maison en bois de style colonial, on y trouvera un grand choix de petits déjeuners (entre 10 et 22 Q) du guatémaltèque (frijoles, tortillas, huevos) au continental (café, toasts, etc.). Outre les petits déjeuners, le Bahia Azul s'est fait une des spécialités des sanwichs (entre 10 et 15 Q) ainsi que du poisson. Comptez autour de 30 Q pour un repas. Le soir, l'établissement est pris d'assaut par les touristes, sa terrasse donnant sur l'avenue étant particulièrement agréable. Attention à votre monnaie.

Happy Fish. Avenida Principal del Comercio Barrio El Centro © **948-1051.** *Repas autour de 50 Q.* Installé sur l'avenue principale de Livingston, à droite juste après l'hôtel Rio Dulce, Happy Fish est un établissement proposant une cuisine faite à base de poisson et de fruit de mer. On pourra y déguster son pescado con papas fritas y arroz pour seulement 20 Q ou alors une demi langouste pour 100 Q ou encore une recette locale, un tapado garifuna. On y sert également des petits déjeuners complets (yogurt con frutas, pancakes etc.) entre 10 et 20 Q.

Restaurante Mc Tropico. Avenida Principal del Comercio Barrio El Centro. En face de l'hôtel Rio Dulce, on y sert une grande variété de plats de poisson et de fruits de mer à des prix relativement modiques. L'ambiance y est agréable, beaucoup moins gringo que ses concurrents. Sur le devant une petite terrasse où l'on sert également des petits déjeuners à partir de 10,50 Q exactement. Mc Tropico, c'est aussi une agence de voyages du nom de Agencia Rios Tropicales. Son bureau se trouve à l'intérieur. Une carte peinte donne une idée de la localisation des différentes curiosités des abords de Livingston.

Restaurante African Place. Barrio African Place. *Ouvert de mai à octobre.* Installé dans le corps principal de l'hôtel du même nom, le restaurant African Place est un établissement à l'excellente réputation quant à la qualité des mets servis. Il dispose d'une carte variée où prédominent les plats à base des produits de la mer à côté de plats locaux. On pourra goûter à son pescado grillé, à la plancha ou encore accommodé de nombreuses sauces et condiments. Comptez entre 40 et 55 Q pour un repas complet.

Restaurante El Viajero. RioDulce. Situé au cœur du parcours le plus beau et le plus impressionnant du Rio Dulce, sur la rive droite du fleuve, ce restaurant jouit d'un cadre exceptionnel. Il occupe une maison traditionnelle des berges du rio, installée à moitié sur terre et à moitié sur l'eau, recouvert d'un toit de palme. Un ponton permet aux lanchas des touristes et aux pirogues des pêcheurs d'accoster. On pourra y manger en terrasse au rez de chaussée ou à l'étage. Il propose quelques plats seulement, essentiellement composés de poissons du fleuve. Essayez du roballo grillé entier ou en filete (30 Q) ou du mojarra (40 Q) que l'on peut déguster grillé lui aussi. Le service n'est pas rapide mais cela vaut vraiment le coup d'attendre.

Pour s'y rendre le chemin est évidemment un peu long, puisqu'il se situe sur le cours du Rio Dulce à environ une vingtaine de minutes de Livingston. Louez une lancha ou proposez à vos compagnons de voyages de s'arrêter là.

■ HISTOIRE

Un petit centre de piraterie est fondé là par Marcos Sanchez Diaz, un Haïtien, petit centre dénommé « Labuga » qui veut dire la bouche en langue Arawak, ces Indiens qui peuplaient les Antilles avant leur extermination. Ancien repaire de pirates et de boucaniers qui attaquaient les galions espagnols chargés d'or et d'argent sur la route du retour vers l'Espagne, Linvingston devient un petit village au début du XVIIIᵉ siècle peuplé de cette population « garifuna », noire, issue du métissage entre indiens Caraïbes et esclaves noirs en fuite.

Ce n'est qu'un 1837 que le village adopte le nom de Livingston. Installé dans une situation extrêmement favorable au débouché du Rio Dulce (le fleuve doux en situation en référence à ses eaux douces en opposition aux eaux salées du Golfe du Honduras dans lequel le Rio Dulce se jette), le village va devenir le port d'exportation des richesses produites sur le sol du Guatemala, en particulier le café cultivé et récolté dans la Verapaz. En 1878 Livingston devient même le premier port du pays en terme de trafic de marchandises.

Livingston

■ VISITE

Rien à visiter à proprement parler ou presque (voire musée Garifuna) à Livingston. Car l'attrait de la localité réside dans le milieu naturel qui l'entoure, en premier lieu le Rio Dulce qu'on ne se lasse pas de suivre. Les autres curiosités, et elles sont nombreuses, sont à découvrir, pour certaines à quelques kilomètres seulement de la bourgade, d'autres nécessitant les services d'une agence de voyages.

Musée Garifuna

Dans une des rues perpendiculaires à l'avenue principale, il occupe une vieille maison traditionnelle en bois. Rien d'extraordinaire à vrai dire. A l'étage on trouvera une salle d'exposition où quelques photos anciennes et panneaux racontent l'histoire de la communauté garifuna.

L'intérêt est ailleurs, au rez-de-chaussée plus exactement, dans la réception qui n'en a que le nom, et où les femmes du village viennent discuter bruyamment ou langer leurs enfants sur les quelques tables installées ici. Là, on pourra assister à quelques tranches de vie, un vrai moment de plaisir où l'on pourra vérifier la bonne humeur légendaire des gens du village. Pour s'y rendre il suffit de suivre les panneaux indiquant le musée à partir du débarcadère. On remonte l'avenue principale puis on tourne à gauche juste après le restaurant Bahia Azul.

La communauté garifuna

Livingston, village de la communauté garifuna. C'est en ces termes qu'est présenté le plus souvent le village de Livingston, « peuplé de pêcheurs et de rastamen ». Mais en débarquant à Livingston vous serez certainement surpris du faible nombre de représentants de cette communauté vivant au cœur du village.

Sur le plan économique on retrouve ce même déséquilibre entre les garifuna et la population indienne ou blanche (ladinos), ces derniers, avec quelques indiens Kekchi, contrôlant les commerces, les restaurants, les agences de voyages. En dehors des grandes voies commerçantes du village et à la périphérie, sur la route des Siete Altares, on rencontrera là des hameaux de population noire.

■ BALADE

Du **Muelle Municipal** on s'engage dans l'**avenida Principal del Comercio** qui monte vers le centre du village. A le sortie du débarcadère, sur la gauche, on trouve un **jardin public** arboré, coincé entre le fleuve et la calle Marco Sanchez Diaz, peuplé d'enfants en fin d'après midi. Des tours de défense y ont été aménagées en bordure du Rio Dulce, pâle reproduction du castillo San Felipe. On dépasse le jardin et sur la gauche commence la **calle Marco Sanchez Diaz**, sinueuse, où l'on trouvera les premiers hôtels de la ville et quelques restaurants bon marché. En retrait du fleuve, elle le longe jusqu'au charmant hôtel la Casa Rosada.

On revient sur l'**avenida Principal del Comercio** que l'on gravit. Elle est en fait le centre de Livingston, bordée par les principaux services de la localité et des principaux commerces et restaurants. On dépasse la banque Bancafé. Sur la gauche on trouve une artère menant à l'**hôtel Garifuna** et plus loin à l'**hotel African Place**. Elle est bordée d'une foule de petits restaurants aux allures de gargotes, de bars et d'épiceries.

Sur la droite de la rue, une centaine de mètres avant l'**église del Nazareno**, une sente mène à l'**hôtel Garifuna**. On trouve là d'antiques demeures de pierre et de vieilles maisons de bois où les femmes du village entourées d'enfants vous épient à votre passage. En face de l'hôtel Garifuna, l'hôtel **King Georges**. La rue conduit à la mer et à un modeste cordon sableux. De retour sur la calle de l'African Place, on passe devant la **Iglesia evangelica del Nazareno**, toute de blanc vêtue, entourée d'une jardin tropical.

■ LOISIRS

L'année est marquée à Livingston par de nombreuses fêtes religieuses classiques comme la Semana Santa mais aussi par des festivités laïques, tirant pour les plus importantes leurs sources au cœur des traditions rurales du village (fête de San Isidro Laboureur). Toutes sont bien sûr empreintes de la culture et de la tradition garifuna.

Semana Santa

Cette semaine mobile, comme dans le reste du Guatemala, est l'occasion d'une très importante fête. On y recrée la passion du Christ dans les rues du village.

Palo Mayo

C'est une fête traditionnelle se déroulant le 1er mai, dont les origines sont étroitement liées au monde rural. Des processions sont organisées dans les rues de Livingston, les participants revêtus de costumes traditionnels dansent au rythme des tambours et des instruments traditionnels, certains constitués à partir de carapace de tortues. Le Palo Mayo célèbre en fait le début des semailles d'hiver. On pourra y voir une danse ancestrale de la côte caraïbe, la Punta.

Fête de la Virgen del Rosario

Fête patronale en l'honneur de la Vierge du Rosaire se déroulant chaque année entre le 24 et le 31 décembre, avec pour jour principal le 28. Ce jour-là les rues s'emplissent de danseurs, de musiciens et tambourineurs. Les danses ancestrales qui y sont exécutées sont uniques : Yancunnú, Samai et Punta. Cette dernière peut être vue également au cours du Palo Mayo.

■ DANS LES ENVIRONS

Les Cayos de Belize

A mi-chemin de Livingston et de Punta Gorda au Belize, les Cayos de Belize sont des récifs coralliens au décor enchanteur. Turquoise, l'eau y est particulièrement transparente, idéale pour se baigner ou encore faire de la plongée. Les agences y organisent bien sûr des journées (chères). Renseignez-vous.

Biotope de Chocon Machacas

Bordant la rive nord du Rio Dulce là où il s'élargit et prend le nom de Golfete, le Biotope est une **réserve aquatique** baignée justement par les eaux douces du Rio Dulce. Recouvert d'une épaisse mangrove, le Biotope est parsemé de canaux naturels à découvrir en lanchas ou en cayucos, ces typiques embarcations traditionnelles des indiens Kekchi.

On découvrira, au hasard d'un coude du canal, des clairières aquatiques couvertes de nénuphars, végétaux particulièrement appréciés des lamentins (manatí), ces énormes mammifères aujourd'hui protégés. Outre le lamantin, la réserve abrite des jaguars, des ocelots et des tamanoirs. On y trouvera également nombre d'oiseaux migrateurs et de perroquets aux couleurs éclatantes, désormais eux aussi protégés. Vous remarquerez peut-être également quelques iguanes de bonne taille perchés haut dans les arbres, vivant à proximité des nids d'oiseaux dont ils apprécient les œufs.

Playa blanca

C'est une plage de sable blanc sur la baie d'Amatique à quelques kilomètres au nord de Livingston, unique en son genre. Toutes les agences de voyages y organisent des excursions (peut-être un peu chères pour la distance et la qualité du site), vous n'aurez donc aucune difficulté pour vous y rendre. Si l'on en a les moyens, on choisira des endroits plus beaux encore, tel les Cayos de Belize et la Punta Manabique, qui méritent vraiment le détour.

Punta Manabique

Située à l'extrémité de la péninsule qui ferme à moitié l'entrée de la baie d'Amatique, Punta Manabique est un petit bout de paradis sous les tropiques, constitué de plages de sable fin bordée de palmiers et de cocotiers. On pourra bien évidemment aller s'y baigner et jouer avec les vagues du Golfe du Honduras qui viennent s'échoir là. Pour s'y rendre, les services d'une agence de voyages sont malheureusement indispensables (un repas vous y sera servi). Faites jouer la concurrence.

Rio Tatin

Cette balade sylvestre est le plus souvent intégrée à une plus grande excursion dont la majeure partie se déroule sur le Rio Dulce. On remonte le Rio Tatin, affluent du Rio Dulce, à l'aide de la lancha, puis on met pied à terre pour suivre un sentier qui serpente au milieu de la forêt tout en suivant le lit du cours d'eau.

On y dénombre plusieurs jolies petites **cascades** (abondamment approvisionnées en eau au cours de la saison des pluies) et des **bassins** creusés dans la pierre, piscines naturelles où l'on pourra se rafraîchir et même se baigner. Une très agréable balade.

Siete Altares

C'est l'une des balades les plus aisées à effectuer seul à partir de Livingston. A partir de l'avenida Princiapal del Comercio, prenez la direction de l'hôtel African Place, le chemin menant aux cascades passe devant. On traverse de modestes reliefs puis on se dirige vers la plage de Quehueche, qui par endroit n'est qu'un cordon sablonneux large d'un mètre, coincé entre la mer et les arbres la bordant.

La plage est barrée par l'embouchure d'une petite rivière, le **rio Quehueche**. Des pêcheurs avec des cayucos vous proposeront de vous faire traverser au sec le guet contre quelques quetzals (fixez le prix avant de monter). Le guet en lui-même n'est pas d'une grande difficulté, vous aurez tout au plus les jambes mouillées.

Approximativement une demi-heure après le guet, après avoir longé la **playa Salvador Caviota,** on rencontre le début d'un sentier qui mène aux **sept cascades** que l'on atteint en une demi-heure environ. Attention en été (de décembre à mai) les cascades sont à sec. Cette information est bien sûr connue des agences de voyages de Livingston qui omettent de le signaler aux touristes qui en appellent à leur services pour se rendre jusqu'aux cascades. Comptez environ 2 heures et demie de route jusqu'aux cascades.

Ces dernières années quelques touristes ont été victimes de racket sur le sentier menant aux cascades. Rien de grave mais laissez de préférence votre argent à l'hôtel et vos biens de valeur (appareil photo, passeport). Renseignez avant de vous lancer à l'aventure auprès du bureau de police de Livingston situé dans l'avenida Principal.

RIO DULCE

Il prend naissance dans la lago Izabal et relie en 42 kilomètres de magnifiques paysages, la Baie d'Amatique et Livingston. Au départ de Livingston situé au niveau de son embouchure, là où ses eaux douces (dulce = doux) se mêlent aux flots salés de la baie d'Amatique, son parcours est peut-être le plus beau et le plus impressionnant. Sinueux, il est encadré de hautes et vertigineuses falaises couvertes d'une luxuriante forêt tropicale qui résonne des cris des animaux de la jungle. Entre les branches et les lianes on aperçoit des oiseaux migrateurs venus nidifier dans la zone.

A l'abri de la houle océane, les eaux du Rio Dulce sont ici d'une grande platitude, vaste miroir vert du fait de la réflexion du dense couvert végétal. Aux endroits où c'était possible (le plus souvent sur la rive droite), les hommes se sont installés le long de ses berges, repoussant la mangrove, ouvrant des clairières, constituant par endroit de véritables hameaux de maisons de bois sur pilotis regroupées autour de leur église. Ils vivent là essentiellement de cultures (les champs se trouvent à l'intérieur des terres) et de pêche. On les apercevra tout au long de la balade à bord de leurs **pirogues de bois** (cayucos) lancer leurs filets sous le regard affûté des pélicans prêts à se repaître du moindre poisson s'échappant des filets.

En chemin, plusieurs curiosités naturelles sont à découvrir. En premier lieu les **Aguas Calientes**. Sur la rive droite en remontant le fleuve, ces eaux sulfureuses particulièrement chaudes jaillissent de la falaise. Au fil du temps une sorte de vasque grossière s'est formée dans laquelle on pourra faire trempette.

Plus en amont le Rio Dulce prend la forme d'une vaste étendue d'eau douce, le **Golfete**. Sur sa rive nord on trouvera le **biotope de Chocon Machacas** et à proximité de sa rive sud, un **jardin flottant**, constitué principalement d'entrelacs de nénuphars où s'arrêtent toutes les lanchas des agences de voyages. Le cadre est là aussi magnifique.

Plus en amont encore, au milieu du Golfete, est situé la **Isla de Pajaros**. Plantée de mangroves et de grands arbres morts, elle abrite, comme son nom l'indique, une importante colonie d'oiseaux : des « **Zope** » de grands charognards et des « **Malache** » que l'on peut rapprocher du canard. Entre les racines des palétuviers on apercevra également des « **garza** », magnifiques hérons blancs le plus souvent solitaires.

En continuant la route dans le Golfete, le lit du Rio Dulce se rétrécit à nouveau, ses rives étant bordées de **mangroves**. En se rapprochant d'El Relleno-La Frontera la forêt tropicale laisse peu à peu sa place à de grandes et magnifiques villas perdues au milieu de vastes jardins tropicaux, de somptueuses demeures devancées par des pontons et des garages abritant des yachts et des voiliers. De Livingston à El Relleno-La Fronetra, la balade en lancha dure environ 1 heure 30 en comptant les arrêts.

Habitations sur le Rio Dulce

EL RELLENO-LA FRONTERA

A mi-chemin approximativement de Flores-Santa Elena et de Guatemala Ciudad. Une ville-rue créée de toutes pièces de part et d'autre (au nord et au sud) du pont qui enjambe le Rio Dulce. El Relleno au sud, La Frontera au nord. Rien d'intéressant en fait. Elle est bordée d'étals et de baraquements pour la plupart en assez mauvais état, de comedors bon marché et d'ateliers, de garages de réparation mécanique qui débordent sur la chaussée. Ces abords sont pourtant enchanteurs.

On y vient pour le castillo San Felipe situé à peine 1 km en amont sur le lago Izabal et pour ces fonctions de nœud routier. En effet les bus reliant Flores-Santa Elena à Guatemala s'y arrêtent le temps d'une pause, faisant marcher le commerce de la localité. El Relleno-La Frontera doit aussi son importance à être la seule localité, avec Puerto Barrios, à partir de laquelle il est possible de relier Livingston. On y trouvera également quelques hôtels, pour ceux qui n'auront pas réussi à temps, à embarquer sur les dernières lanchas en partance pour Livingston.

■ PRATIQUE

Poste. Correos y telegrafos. Carretera de Poptún. *Ouvert de 9 h à 17 h 30.* La poste est installée sur la gauche de la route en venant du pont, juste après l'hôtel Portal del Rio, dans une petit baraquement en bois, au fond d'un petit renfoncement.

Banco del Agro. Carretera de Poptún. *Ouvert du lundi au vendredi de 9 h à 16 h ; le samedi de 9 h à 13 h.* Elle accepte seulement les travellers chèques. Elle se situe à environ 300 mètres de la sortie du pont en se dirigeant vers Poptún.

■ TRANSPORTS

Bus longue distance

Les bus reliant Guatemala Ciudad à Flores-Santa Elena s'arrêtent à El Relleno-La Frontera (Rio Dulce). Si vous souhaitez vous rendre dans le capitale ou à Tikal vous trouverez peut-être une place dans l'un des bus, mais vous risquez fort de faire le reste du trajet debout, les bus étant le plus souvent bondés dès leurs départs de Flores ou de Guatemala Ciudad. Si vous passez par une agence de voyages de Livingston, il vous en coûtera : en bus 2e classe, 50 Q jusqu'à Flores et 25 Q jusqu'à Poptún ; en bus Pullman (compagnie Linea Dorada), 100 Q jusqu'à Flores et 50 Q jusqu'à Poptún. Le bus de la Linea Dorada passe habituellement à La Frontera vers 13 h.

Bus local

A l'entrée du pont, côté La Frontera, des bus locaux assurent des liaisons avec la ville de Morales, nœud routier important sur la route Guatemala Ciudad-Puerto Barrios et Guatemala Ciudad-Flores. On aura là plus de chance de trouver une place assise ou tout simplement une place tout court dans l'un des bus couvrant les différents itinéraires. *Départ toutes les heures de 8 h à 18 h. Tarif 5 Q.*

Pick up

Il se rassemblent sur la carretera de Poptún au niveau de la Libreria Ribaiz peinte de violet, au carrefour de la route qui mène au castillo San Felipe. Comptez entre 2et 4 Q pour qu'un pick up vous emmène jusqu'au château.

Bateau

A partir de El Relleno-La Frontera, des lanchas assurent des liaisons avec Livingston, le plus souvent en correspondance des bus arrivant de Guatemala ou de Flores. Les lanchas ne partent que si elles sont remplies (neuf personnes), dans le cas contraire, les touristes sont obligés de dormir à El Relleno-La Frontera ce qui explique le développement d'une modeste hôtellerie. Comptez 1 h 30 de trajet. Tarif 60 Q.

■ VISITE

Castillo de San Felipe

Sa première construction remonte au XVIe siècle. Le Guatemala conquis, les Espagnols ne tardèrent pas à s'y installer en masse, se taillant de vastes domaines latifundiaires sur les terres des indiens, dont les productions étaient envoyées par bateau jusqu'en Espagne. Rapidement, ce commerce entre la Capitainerie Générale du Guatemala et la métropole allait subir les attaques incessantes des pirates dans la mer des Caraïbes et jusque dans le Rio Dulce.

En 1595, le roi d'Espagne Philippe II ordonne la construction d'une tour de défense à l'entrée du lago Izabal, la **Torre de Sande**. Elle était armée de douze canons et défendue par une petite troupe de douze soldats. Son histoire allait être mouvementée. En 1604 elle est une première fois détruite par un raid de pirates. Reconstruite, elle se fait dès lors appeler Torre de Bustamante.

Aux cours de la première moitié du XVIIe siècle, elle subit de nombreuses attaques et est finalement détruite dans les années 1640. La couronne d'Espagne pourvoit alors à son remplacement (1651) érigeant à la place un château qui prend le nom de **San Felipe** en l'honneur du roi. Un temps transformé en forteresse, en 1684 il est une nouvelle fois détruit par des pirates. La couronne entreprend sa reconstruction améliorant ces défenses et lui adjoignant, au milieu de la première moitié du XVIIIe siècle, trois postes de gardes là où aujourd'hui est installé le village de La Frontera.

Laissé à l'abandon, le temps va travailler à sa lente agonie. En 1955 le gouvernement guatémaltèque décide sa restauration, à partir des plans originaux. C'est dans cet état que l'on peut le visiter aujourd'hui, frêle citadelle sur les bords du lago Izabal. Sa visite en elle-même ne vous laissera pas un souvenir impérissable mais le cadre y est vraiment magnifique au cœur d'un parc national arboré.

Du village de La Frontera prenez la 2e à gauche après le pont. La plupart des agences de voyages de Livingston intègrent le **castillo** à leurs excursions sur le Rio Dulce. Entrée 5 Q.

■ HEBERGEMENT

Hotel Backpackers. El Relleno & 208-1779 - Fax 331-9408 - E-mail casaguatemal@guate.net. *Lit en dortoir 25 Q, emplacement d'un hamac avec hamac 15 Q, emplacement simple 10 Q (+20% d'impuesto).* Ouvert depuis l'été 1997, l'Hôtel Backpackers, comme son nom l'indique, s'adresse exclusivement à une clientèle voyageant en sac à dos et ne disposant que d'un modeste budget. Le logement et le confort y sont rudimentaires mais suffisants. On pourra soit dormir dans un dortoir ou bien dans un hamac dans une vaste salle à l'étage. Ayez votre hamac avec vous, vous économiserez alors 5 Q.

Situé sous le pont enjambant le Rio Dulce, il est totalement ouvert en façade sur le fleuve. De nombreuses lanchas viennent accoster à son ponton. En venant de Guatemala Ciudad on descendra du bus avant le pont. A l'entrée de celui-ci sur la droite, un chemin mène jusqu'à l'hôtel (300 m). En venant de Tikal, il faudra alors traverser le pont ou prendre une lancha à l'embarcadère.

**Ecrivez-nous
sur Internet
info@petitfute.com**

Hotel Portal del Rio. Carretera de Poptún Frontera - Rio Dulce ✆ **473-3388 (Guatemala Ciudad).** *7 chambres à 150 Q.* Situé à environ 300 mètres du pont en allant vers Poptún et Tikal, sur la gauche de la route (suivre les flèches), il ne dispose que de 7 chambres, très humides, au confort simple, d'une propreté relative mais équipées de l'air conditionné et de salle de bains. A l'étage on trouvera une large terrasse couverte d'un toit de palme. La vue n'y a rien de formidable mais on pourra y prendre le frais en soirée. La direction a prévu dans les prochains mois quelques travaux d'agrandissement ainsi qu'un restaurant.

Hotel Café Sol. Carretera de Poptún La Frontera ✆ **902-75056.** *13 chambres de 65 à 95 Q.* Situé en face de l'hôtel Portal del Rio, sur la droite de la route, le Café Sol est organisé autour d'une cour mal entretenue. Les chambres sont sombres, malodorantes, pourvues d'un confort rudimentaire mais pourront faire l'affaire pour une nuit en cas d'urgence si les autres établissements sont complets. Elles sont en revanche équipées de salle de bains. Les prix de cet hôtel sont incontestablement élevés pour le confort et le service offert.

Hotel Las Brisas. Muelle Municipal La Frontera. *6 chambres autour de 50 Q.* A deux pas du Muelle Municipal, il occupe une construction moderne de deux étages, pas très bien entretenue. Vous trouverez sa réception dans la petite épicerie (quelques planches de bois) de l'autre côté de la placita.

Hotel Costa Grande II. Carretera de Poptún ✆ **206-9542.** *10 chambres de 60 à 180 Q. 4 bungalows de 140 Q (basse saison) à 250 Q (haute saison).* Premier établissement hôtelier en venant de Poptún, l'hôtel Costa Grande II est installé en bordure de route dans une vaste et jolie maison de bois qui abrite en plus de chambres bien entretenues, un bar et une salle de restaurant. Derrière, un jardin arboré au milieu duquel on trouvera 4 bungalows isolés de la route de bon standing. Certains sont pourvus d'une cuisine équipée. C'est assurément l'endroit le plus confortable de La Frontera. Un petit désagrément quand même, il se situe à près de 400 mètres de l'entrée du pont.

■ RESTAURANTS

Restaurante Hollymar. Muelle Municipal La Frontera. On ne peut le rater, il est idéalement installé sur le débarcadère de la Frontera où toutes les lanchas, descendant et remontant le Rio Dulce, accostent le temps de décharger leurs passagers ou dans l'attente des bus de Tikal ou de Guatemala Ciudad. Il dispose d'une agréable terrasse ouverte sur le fleuve. Là, quelques tables où l'on pourra déguster un poisson grillé pêché du matin ou de belles crevettes du Rio Dulce ou tout simplement se rafraîchir en attendant que les lanchas atteignent leur nombre minima de gringos pour décoller.

Bruno's Food and Drinks. La Frontera. Il est installé au bord du Rio Dulce sur la gauche du Muelle Municipal, en contrebas du pont ; le cadre y est un peu plus agréable que celui du restaurant Hollymar. Un ponton permet du fleuve d'y accéder. De sa terrasse sur pilotis on a une très belle vue sur le Rio Dulce. On y sert des sanwichs et hot dogs ainsi que des plats plus « élaborés » comme du chicken sauce (18 Q) ou des spaghettis bolognaise à 15 Q que l'on peut accompagner d'un verre de vin. Happy Hour tous les jours entre 16 h et 18 h.

Depuis la carretera de Poptún on y accède par un chemin pas très engageant situé juste à la sortie du pont sur la droite, lorsqu'on vient d'El Relleno.

■ LOISIRS

A l'intérieur du parc national sur la droite du castillo San Felipe en regardant le lago Izabal, on trouve une plage très fréquentée par les gens d'El Relleno-La Frontera.

On peut venir s'y baigner et pique-niquer sur les vastes pelouses du parc, à l'abri des palmiers.

LAC IZABAL

Avec une surface de 590 km², le lac Izabal est le plus grand lac du Guatemala devant les lacs Atitlán et Petén Itza. Il est arrosé principalement par le **Rio Polochic**, à l'ouest, et donne naissance lui-même au plus beau fleuve du pays le Rio Dulce.

Long de 50 km et large de 25 approximativement, on découvrira sur ses rives nombres de belles et vastes plantations de plantes et d'arbres fruitiers, ananas, avocatiers et bien sûr bananiers. Petite mer intérieure à l'écart des grands itinéraires touristiques, le lago abrite encore une faune et une flore épargnées. Il est l'habitat en effet d'importantes **colonies d'oiseaux migrateurs**, de **reptiles** (l'alligatore) et de **mammifères** beaucoup plus secrets comme le tapir, le tamanoir ou encore le lamantin appelé manati par les indiens Kekchi.

Sur sa rive nord, à quelques centaines de mètres d'El Relleno-La Frontera, se trouve le célèbre **castillo San Felipe**, forteresse du XVIIe siècle (voir El Relleno-La Frontera). En poursuivant sur cette même rive, quasiment à l'autre bout du lac, on rencontrera la petite ville d'**El Estor**. Des agences de voyages de Livingston organisent des tours sur le lac Izabal jusqu'à ce bout du monde.

El Estor est accessible par la route depuis Coban dans l'Alta Verapaz ou bien par ferry depuis le village de Moriscos sur la rive sud du lago Izabal. Marisco est lui même accessible depuis la carretera al Atlantico (CA-9), dont il est séparé par 15 kilomètres de routes en mauvais état. L'embranchement sur la CA-9 pour Marisco se situe sur la gauche au km 15 après Los Amates.

Castillo San Felipe

Faites-nous part de vos coups de cœur

*Envoyez-nous vos bonnes adresses, elles seront utiles
aux futurs voyageurs. Voyez le questionnaire à la fin du guide.*

LES COLLECTIONS DU PETIT FUTÉ

Country Guides

Définition : guides de voyage
Prix : de 59 F à 99 F

Proposant trois formules en un seul ouvrage, les Country Guides so
guides de culture, d'informations pratiques et d'aventure. Consa
un pays, voire à une mégapole, ils couvrent trois volets du tourisme
voyage : les destinations traditionnelles (essentiellement l'Europe
destinations typiquement exotiques proposées par les agences de v
(Mexique, Turquie, Thaïlande, Viêtnam...) et les destinations atypiques sur lesq
les informations sont rares et les perspectives de développement touristique important
intéressantes (Corée, Birmanie, Zimbabwe...). Plus de 60 titres à ce jour.

Guides Région

Définition : guides pour découvrir les provinces
Prix : 59 F

Sur le modèle des Country Guides, ils parcourent dans un premier
les régions françaises, recensent par le menu richesses historiq
curiosités naturelles, informent des meilleures adresses et lieux de déte
proposent des itinéraires précis. La collection compte aujourd'hui 20
dont un consacré à la France (1000 pages) et vendu au prix de 99 F.

Guides Départemen

Définition : guides de proximité pour loisirs et consommatio
Prix : de 25 F à 39

Orientée sur les départements à fort potentiel touristique, la coll
propose des éditions basées sur le tourisme et la consommation ho
villes (Berry, Gironde, Gers, Calvados...) La collection comporte actuelle
plus de 40 titres. Autant d'échappées belles parmi les beautés historiq
les meilleures adresses des régions.

City Guides

Définition : guides urbains de consommation
Prix : de 25 F à 49 F

Trois collections : d'une part les éditions annuellement remises à jo
20 plus grandes villes de France, de Bordeaux à Strasbourg en pa
par Paris ; d'autre part les quelque 35 éditions de ville de moy
importance et les principales conurbations touristiques françaises
basque, St-Malo-Côte d'Emeraude, Périgueux-Périgord...). Le Petit
City Guide, c'est le guide-vademecum de tout habitant soucieux de
l'essentiel de son pouvoir d'achat et les à-côtés ludiques de sa ville. Ce même type de
est offert à l'étranger aux habitants de Bruxelles, Flandre (De Kleine Slimmerik), San Seba
(El Sabelotodo), Montréal...

L'EST

L'EST

L'est du pays se compose de régions aux caractéristiques physiques, climatiques et mêmes ethniques totalement différentes. Depuis Guatemala Ciudad, on les rencontre le long ou bien situées de chaque côté d'un des principaux axes routiers du Guatemala, la **carretera Centroamericana 9 (CA-9)** qui relie la capitale du pays à Puerto Barrios sur la côte Caraïbe. Sur un peu moins de 300 kilomètres la CA-9, appelée également **carretera al Atlantico**, effleure ou traverse ces régions empruntant sur la plus grande partie de son cours la vallée du Motagua, véritable corridor naturel coincé à partir d'El Rancho dans le département d'El Progreso, entre la Sierra de las Minas au nord et les premiers contreforts des montagnes du sud-est, habitat originel des indiens Chorti.

Premier carrefour routier important sur la CA-9, **El Rancho** est une ville-rue équipée de quelques hôtels, de laquelle on s'enfonce, en empruntant la CA-14, vers le centre du pays, dans les verts paysages du Baja Verapaz puis de l'Alta Verapaz. Là entourée de montagnes perpétuellement noyées dans la brume, se cache la tranquille **Cobán**, capitale de l'Alta Verapaz, département au riche passé historique. C'est là en effet que Bartholomé de Las Casas mena sa plus grande expérience, conquérant pacifiquement les cœurs et les âmes des indiens Rabinal que les armes des conquistadores n'avaient pas réussi à vaincre.

L'Alta Verapaz est l'un des départements les plus étendus du Guatemala. Il renferme, ainsi que le département voisin du Baja Verapaz, une luxuriante **végétation tropicale** et une **faune** généreuse ainsi que quelques curiosités naturelles.

En continuant la CA-9 après El Rancho, on entre dans la **moyenne vallée du Rio Motagua** où règne un climat tropical sec. 45 kilomètres de route en bon état conduisent à Rio Hondo, autre grand carrefour routier sur la CA-9 où prend naissance la **CA-10** qui à partir de **Zacapa** pénètre au cœur du massif montagneux du sud-est. Capitale du département du même nom qui couvre approximativement cette région de la moyenne vallée du Rio Motagua, Zacapa est une ville importante mais au faible intérêt touristique.

Plus loin sur la CA-9 entourée de montagne au maigre couvert végétal, **Chiquimula** est une grosse bourgade agricole, passage obligé vers les villages **Chorti** des environs, vers la frontière du Honduras et le site archéologique de Copán.

Plus loin encore sur la route du Honduras, on trouve **Esquipulas** qui dans sa basilique abrite le fameux Christ Noir, objet d'un culte et d'un pèlerinage qui attire chaque année en janvier une foule considérable.

Passé **Rio Hondo**, le paysage devient peu à peu un peu plus vert, la végétation un peu plus luxuriante. C'est le domaine déjà des grandes **plantations fruitières**, de ces **bananeraies** héritées du temps où l'extrême Est du pays appartenait à l'United Fruit Company et où le Guatemala n'a jamais autant mérité le surnom de république bananière.

Au milieu de l'une de ces bananeraies au niveau de Los Amates on trouve le site de **Quirigua**, l'un des plus étonnants centres cérémoniels de la civilisation maya.

Plus loin, on pénètre plus avant dans le département **Izabal**, vaste département coincé entre le Petén et le Belize au nord, et la mer des Caraïbes et le Honduras à l'Est et au Sud. On trouve tout d'abord sur la route **Morales**, carrefour routier important d'où part la CA-13 qui mène vers le Petén, à Flores via le village d'El Relleno à l'extrémité du lac Izabal.

Plus à l'Est encore la C-A 9 conduit donc à la côte Caraïbe, à la ville de **Puerto Barrios**.

Index général à la fin de ce guide

LOS AMATES

Installée sur la carretera Atlantico, los Amates est une petite bourgade endormie vivant d'un petit commerce et des immenses bananeraies qui l'entourent, gérées hier par l'United Fruit Comapny, aujourd'hui par une société japonaise et dont l'unique intérêt est la visite de Quirigua. Malgré ces allures de ville-rue, un modeste village existe sur la droite de la route en venant de Guatemala Ciudad. Son entrée se situe deux rues après la station service Texaco. On trouvera là quelques commerces, des comedors et une banque, de quoi en fait parer au plus pressé.

■ PRATIQUE

Bancafé. Calle Principal. *Ouvert du lundi au vendredi de 9 h à 17 h.* Elle change les travellers chèques mais jusqu'à 16 h seulement et accepte les cartes American Express et Visa. On rencontrera la calle Principal à droite deux rues après la station Texaco.

Station service. Texaco. Carretera Atlantico.

Bus longue distance. Le terminal de bus longue distance se situe au centre du village juste avant la station essence Texaco sur la carretera Atlantico. Les bus des Transportes Carmencita s'y arrêtent pour prendre des passagers ou laisser descendre les touristes venus visiter Quirigua.

Bus locaux. Los Amates - Quirigua. Départ toutes les 30 minutes. Comptez environ 25 minutes de route. Tarif 2 Q.

■ HEBERGEMENT

Hotel Santa Monica. Carreteara Atlantico Los Amates ✆ **947-8536.** *8 chambres de 35 à 105 Q.* Il se situe un peu avant la station Texaco en venant de la capitale. Relativement peu fréquenté, il propose des chambres assez grandes, propres, confortables, toutes équipées de salle de bains. Quelques-unes possèdent la télévision. On pourra se restaurer à l'étage, le restaurant servant petit déjeuner, déjeuner et dîner. Malgré sa faible fréquentation, c'est un établissement convenable où l'on pourra sans problème passer une nuit en toute tranquillité.

Hotel Royal. Quirigua. *11 chambres de 33 à 99 Q.* Situé au cœur du village de Quirigua, l'hôtel Royal occupe une vieille maison de bois typique de la région. Bordant la route, les clients ne sont pas pour autant incommodés par le bruit de la route, les chambres étant installées à l'arrière de la maison. Sombres mais propres, elles sont d'un confort rudimentaire mais conviendront aisément pour une nuit. Sur le devant, une salle de restaurant où l'on vous servira le petit déjeuner. A midi et le soir on se rassasiera d'un menu économique.

■ RESTAURANTS

Comedor Nouly. Calle Principal. On le trouvera quasiment en face de la banque Bancafé. Fréquenté exclusivement par des gens du village et des employés des commerces des alentours (les touristes étant une denrée plutôt rare) ; on aura le choix entre une grande variété de tacos, la spécialité de la maison. Les prix vont de 8 Q pour les plus simples à 20 Q pour les plus élaborés.

Comedor San Antonio. Carretera al Atlantico. Installé en bordure de la carretera al Atlantico environ deux cents mètres sur la droite après la station essence Texaco, on y sert une nourriture simple traditionnelle de la cuisine guatémaltèque, faite de tortillas de maïs, de frijoles, d'œufs. On pourra également y manger (pour changer) du poulet avec des patatas fritas. Comptez environ environ 15 Q avec une boisson.

■ DANS LES ENVIRONS

Morales

Située sur la carretera al Atlantico, Morales est un nœud routier important. Ici se rejoignent les routes de Guatemala Ciudad et de Flores via Poptún et El Relleno.

Son terminal de bus unique est installé au cœur du marché permanent qui déborde largement sur les rues adjacentes. Si vous venez de Puerto Barrios et remontez par un bus de 2e classe (Transportes Carmencita) vers Los Amates (Quirigua), Chiquimula ou encore vers El Relleno-La Frontera, sachez que l'accès au terminal est parfois difficile et l'arrêt relativement long. Vous perdrez peut-être là un temps précieux. Mieux vaut prendre alors un bus 1re classe.

QUIRIGUA

Quirigua est un petit village à peine à trois kilomètres à l'Est de Los Amates. En retrait de la route carretera al Atlantico, on y accède par une route pavée et sinueuse, bordée de haies vives. Son nom est surtout associé au site archéologique situé à deux kilomètres de là au milieu des bananeraies, célèbre pour ses magnifiques stèles de pierre, les plus hautes du monde maya. Site d'une valeur historique et artistique inestimable, l'UNESCO l'a déclaré, en 1979, patrimoine mondial de l'Humanité.

L'entrée est encore barrée par l'antique voie de chemin de fer qui reliait les bananeraies à Puerto Barrios, via la ligne de l'Atlantique Guatemala Ciudad-Puerto Barrios. La ligne n'est plus utilisée mais les bananeraies sont toujours là, depuis longtemps désertées par les contremaîtres de l'United Fruit Company, remplacés par ceux d'une société japonaise.

■ PRATIQUE

L'entrée du site coûte pour les touristes 25 Q. Pour information, les Guatémaltèques ne payent que 2 Q. *Le site est ouvert tous les jours de 7 h 30 à 17 h.*

■ TRANSPORTS

Voiture

C'est sans conteste la solution la plus aisée pour visiter Quirigua. Pour les motorisés en provenance de Guatemala Ciudad, un parking a été prévu juste après le guichet d'entrée. On trouvera aisément une place à l'ombre. Il a de plus l'avantage d'être surveillé.

Bus

Rallier Quirigua en bus n'est pas une mince affaire, mais si vous êtes passionnés et disposez de temps, vous ne serez pas déçus.

Des bus locaux relient quotidiennement Quirigua à Los Amates et inversement (voir Los Amates). La rotation devant l'entrée du site se fait environ toutes les 30 minutes. Il vous en coûtera 2 Q jusqu'à Los Amates et 1 Q jusqu'à La Cruce (carretera al Atlantico). L'arrêt des bus locaux se situe juste devant l'entrée du site, au niveau des maisons abandonnées de l'autre côté des rails.

A l'arrivée à Quirigua comme au départ on peut éviter de passer ou de repasser par Los Amates. On pourra en effet descendre ou monter au carrefour de La Cruce situé sur la carretera al Atlantico à 4 km en aval de Los Amates et à 3 km seulement des ruines.

Généralement c'est ici que les bus longue distance en provenance de Guatemala Ciudad, de Chiquimula, de Flores ou encore de Puerto Barrios déposent leurs passagers venus visiter Quirigua ou laissent monter à bord ceux qui en ont terminé et quittent l'endroit.

Si vous arrivez de Puerto Barrios ou bien de la capitale, demandez au chauffeur de vous descendre à Quirigua, c'est en ce point de la carretera al Atlantico qu'il s'arrêtera. On n'y trouvera rien d'autre qu'une gargote faisant épicerie et la route de terre défoncée, particulièrement poussiéreuse en été, menant tout droit au site archéologique de Quirigua. Vous n'aurez plus alors qu'à attendre le passage du bus local reliant Los Amates aux ruines.

■ HISTOIRE

Idéalement située dans la riche vallée du Rio Motagua à laquelle elle doit son développement, Quirigua fut un important centre de la civilisation maya. Son véritable nom reste toujours une énigme pour les archéologues. Le site aujourd'hui porte tout simplement le nom du petit village (celui de Quirigua) qui s'est développé à côté de lui.

Au cours du **préclassique récent** (300 av. J.-C. - 250 ap. J.-C.), on pense que déjà une communauté maya prospérait sur la site actuel, sur la rive gauche du Rio Motagua, et sur plusieurs autres sites alentour. Durant les premiers de la période classique dit **classique ancien** (250 - 600 ap. J.-C.), Copán, aujourd'hui située au Honduras, se lance dans une politique d'expansion qui l'amène à convoiter les riches terres du Rio Motagua. Elle conquiert facilement Quirigua qu'elle organise en cité.

Le destin de Quiriga va alors se trouver lié à celui de **Copán** dont elle était devenue en quelque sorte la vassale. Au cours de la **période classique** (600-900 ap. J.-C.) Quirigua s'enrichit et commence à s'embellir, sous l'influence de Copán, de monuments et sculptures de grès, matériaux que les tailleurs de pierres de la cité tirent du lit du Rio Motagua.

Le VIIIe ap J.-C. marque un tournant dans l'évolution de Quirigua. Les habitants de la cité décident de rompre leur coopération forcée avec la cité-mère et en 725 ils se choisissent un roi du nom de Ciel Cauac. Une guerre s'ensuit entre Copán et Quirigua. Elle prend fin par la bataille qui, en 737, voit la capture de Dix-Huit Lapins, roi de Copán, et le sacrifice de ce dernier. Il était très courant et même indispensable que les rois mayas mènent eux mêmes leurs armées au combat pour asseoir leur autorité sur leurs sujets.

Avec cette victoire débute l'**âge d'or** de Quirigua. Sous l'impulsion de Ciel Cauac, Quirigua se couvre de sculptures et de ces énormes stèles de grès gravées à son effigie et à sa gloire, pesant chacune entre 50 et 70 tonnes et dont la plus grande mesure près de 11 mètres de hauteur.

En 780 Ciel Cauac abdique en faveur de son fils Ciel Xul qui comme lui poursuit les travaux d'embellissement de la cité. En 800 il est déposé par une partie de l'aristocratie qui place alors sur le trône Ciel Jade.

La plus récente sculpture trouvée sur le site porte la date de 805 ap. J.-C. du temps où Ciel Jade régnait sur Quirigua. Plus aucune stèle, plus aucun monument ne fut alors érigé à Quirigua. On ne sait ce qui advint mais la cité fut rapidement abandonnée quelques temps après. Ce n'est qu'au cours du XIXe siècle qu'elle fut redécouverte et devint l'objet d'une campagnes de fouilles entre 1880 et 1895.

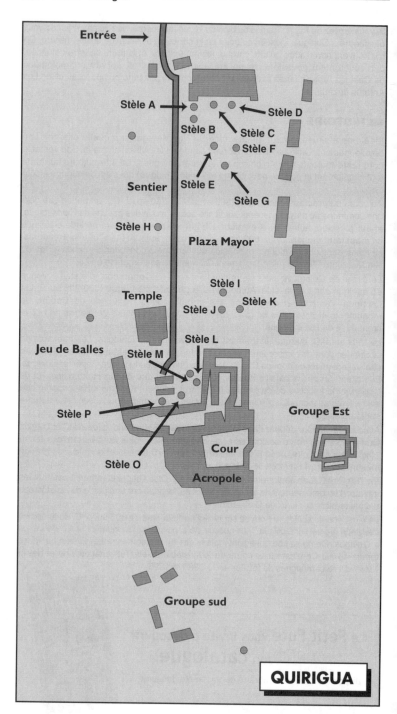

Entrée ➞

Stèle A

Stèle B

Stèle D

Stèle C

Stèle F

Stèle E

Stèle G

Sentier

Stèle H

Plaza Mayor

Stèle I

Temple

Stèle K

Stèle J

Stèle L

Jeu de Balles

Stèle M

Stèle P

Groupe Est

Stèle O

Cour

Acropole

Groupe sud

QUIRIGUA

■ VISITE

Quirigua est en fait un **vaste parc archéologique et botanique** très bien entretenu où il est vraiment très agréable de se promener et de passer de stèles en stèles. Au nombre de 19 (stèles zoomorphes comprises) elles furent extraites du lit du Rio Motagua et sculptées à l'aide de simples maillets de bois et de ciseaux de pierre. Elles datent d'ailleurs quasiment toutes de la fin du VIIIe ap. J.-C. Pour profiter pleinement de la promenade, des petits bancs ont été aménagés à l'ombre de grands arbres, bien utiles pour se reposer (il fait souvent très chaud), pique-niquer ou tout simplement jouir du spectacle.

De l'entrée du site, un chemin serpente à l'ombre de grands fromagers, sapotiers et cèdres, et débouche sur la grande place de Quirigua, vaste étendue d'herbe entourée d'une épaisse forêt tropicale parsemée de paillotes qui protègent les stèles des méfaits du temps. A l'entrée de la place on trouve sur la gauche une première rangée de pierres dressées, les **stèles A, C et D**. Des hommes aux coiffes impressionnantes y sont représentés et sur la tranche des stèles on remarquera des cartouches. La stèle D date de 766 ap. J.-C. Quant à la **stèle B** (780 ap. J.-C.) un peu en retrait de la rangée, elle est zoomorphique représentant un monstre imaginaire.

Quasiment au centre de la place on rencontre un autre groupe monumental composé des **stèles E, F et G**. La **stèle E** dont on ne voit émerger du sol que 8 mètres seulement, mesurent dans les faits 11 mètres de haut, la différence étant enfouie dans le sol. C'est la plus haute stèle érigée du monde maya et la plus lourde également avec un poids de 60 tonnes. Elle date du 27 janvier 771. Elle est sculptée d'un impressionnant visage représentant Ciel Cauac qui porte dans sa main droite un poignard. A côté on jettera un œil à la **stèle G**, stèle zoomorphe qui se termine par une énorme gueule d'animal monstrueux tenant entres ses mâchoires une tête dont les traits du visage ont été malheureusement effacés par l'érosion.

La **stèle H**, sur la droite du chemin, a beaucoup souffert mais elle a gardé sur une de ses faces un beau visage surmonté d'une coiffe de grandes plumes. Sur la droite du visage on devine un personnage qui tient dans sa main une lance et une sorte de massue que l'on retrouve souvent dans les représentations de guerriers mayas. Elle date de 751.

A l'extrémité de la place, il y a un autre groupe monumental formé des **stèles I, J et K**, cette dernière valant vraiment le détour tant ses sculptures sont de qualité. Elle abrite en effet la sculpture d'un dieu ou d'un roi menaçant, tenant de la main gauche un bouclier avec un visage de monstre, et de la main droite une arme.

Devant l'escalier menant à l'Acropole, sur une petite place, on trouve le dernier complexe de stèles de Quirigua encadré sur la gauche et la droite par des tumulus, vestiges de temples mayas. Le long du tumulus de gauche, on trouve deux **stèles zoomorphes (L et M)** qui de toute évidence avaient des fonctions d'autels de sacrifices. Sur la stèle L on devine un museau de jaguar. Datant de 725 c'est la plus ancienne stèle gravée de Quirigua.

En contrebas des escaliers ont été installés les **stèles zoomorphes O et P**, gravées d'entrelacs de corps et d'animaux, qui encadrent de chaque côté une paillote abritant quatre stèles dont l'une est sculptée de visages sur trois côtés.

Dominant de sa taille l'ensemble du site, l'Acropole est une bien modeste structure comparée aux magnifiques temples et acropoles de Tikal, de Copán ou encore de Palenque au Mexique. Quelques frises constituées d'une succession de cartouches tapissent les murs des antiques appartements qui dominent la cour centrale.

Faites-nous part de vos coups de cœur
Voyez le questionnaire à la fin du guide

ZACAPA

A 13 km de la carretera al Atlantico, Zacapa est la première ville d'importance rencontrée à partir depuis Rio Hondo, bourgade qui ne doit son existence qu'à sa position au carrefour des routes vers la côte caraïbe et vers le Honduras (via Chiquimula et surtout Esquipulas).

Forte d'une vingtaine de milliers d'habitants, Zacapa est une **ville agricole** installée sur la rive droite de la rivière Shutaque qu'emjambe un pont à l'entrée de la ville, célèbre pour les produits qu'on y fabrique comme son **beurre**, son **fromage** et ses **cigares**. Au cœur d'une région agricole productrice de tabac, des petites structures s'y sont implantées et exportent leurs cigares vers le reste du pays. Il y a véritablement bien peu de choses à faire et à voir à Zacapa. Elle accueille principalement chaque année des voyageurs guatémaltèques venus pour affaires si bien que son hôtellerie n'est pas très développée et relativement modeste tant en quantité qu'en qualité. On pourra jeter un œil à son Parque Central regroupant ce qui est nécessaire aux voyageurs (restaurants, banques, etc...) et tout ce qu'il y a voir, dont l'église.

A proximité de Zacapa on trouve des **sources chaudes**, les Banos Santa Maria. Plus loin en direction de Rio Hondo, à six kilomètres de Zacapa, on trouve la ville d'Estanzuela et son **Musée de paléontologie et d'archéologie**. Il abrite entre autres des squelettes de dinosaures et des vestiges d'objets mayas découverts par un paléontologue américain dans la vallée de la rivière Motagua, celle qui plus loin baigne le site de Quirigua.

Les **bus** de la compagnie Rutas Orientales et ceux des Transportes Guerra reliant quotidiennement Guatemala Ciudad à Esquipulas et inversement, passent par Zacapa et son terminal de bus (passage entre 4 h 30 et 17 h 30).

➥ DE ZACAPA A CHIQUIMULA

Les bus reliant la carretera al Atlantico à Chiquimula passent par Zacapa et son terminal de bus situé juste après le pont à l'entrée de la ville. La route qui mène ensuite à Chiquimula est particulièrement sinueuse, une vraie route de montagne, ponctuée par de nombreux lacets, des sommets et une végétation brûlés par le soleil. On est loin de la plaine luxuriante du Rio Motagua et de la côte atlantique avec son décor tropical. La route (CA-10) est en cours de réfection et d'élargissement. Elle monte inlassablement jusqu'à un col duquel on redescend vers Chiquimula, qu'on aperçoit au loin, au détour d'un virage, au fond de la vallée des rivières San José et Shutaque. Les deux villes ne sont séparées que par 25 km. Les bus les rallient en 35 minutes environ.

CHIQUIMULA

Au cœur de la chaîne montagneuse qui barre l'est du pays, Chiquimula est une cité agréable à l'écart des grands itinéraires touristiques. Nœud routier important, c'est une ville de passage où les touristes ne restent pas, continuant leur route vers Esquipulas mais surtout vers la frontière hondurienne et le site archéologique de Copán. Paradoxalement Chiquimula dispose d'une importante infrastructure hôtelière pour tous les budgets, et tend à se développer (pour preuve l'ouverture dernièrement d'une nouvelle **banque**, la Bancafé).

C'est une ville de montagne située à plus de 420 mètres d'altitude et à 169 km de Guatemala Ciudad, que les bus relient en 3 heures environ dans le meilleur des cas.

On aura fait vite fait le tour de Chiquimula ramassée autour de son **Parque Ismael Cerna** du nom du poète et écrivain, régional de l'étape.

Pas grand chose à y faire à part se coucher tôt pour aller visiter les villages de Camotan, de Jocotan sur la route d'El Forido et plus loin de Copan.

▬ PRATIQUE

Office du tourisme. Il n'y en a pas à Chiquimula. On pourra aller se renseigner auprès de la Municipalidad sur le Parque Ismael Cerna, ou à la Casa de la Cultura de Chiquimula installée dans une aile de l'Hôtel de Ville, à gauche de l'entrée principale.

Casa de la Cultura. Parque Ismael Cerna. *Ouvert du lundi au vendredi de 8 h à 12 h 30 et de 14 h à 16 h 30.* Elle est tenue par une femme charmante, qui vous renseignera avec plaisir. Native de Chiquimula elle connaît très bien la ville et ses environs.

Parallèlement à ces activités d'animatrice de la Casa de la Cultura, elle s'occupe d'un groupe folklorique composé d'hommes et de femmes originaires des villages indiens des alentours, et saura donc parfaitement vous informer. Quelques vieux clichés de Chiquimula égayent les murs de la Casa.

Policia Nacionale ✆ 9420256.

Téléphone. Guatel. 3a calle 7-22, Zona 1 ✆ 942-0129. Ouvert de 8 h à 20 h.

Poste. Correos y telegrafos. 1a calle, 9a y 10a avenida. *Ouvert de 9 h à 17 h 30.* Petite structure, elle se situe à deux pas du terminal de bus.

Farmacia America. 3a calle 7-21, Zona 1 ✆ 942-0856. Elle se situe juste en face de Guatel.

Banques

Banco G & T. 7a avenida, 4a y 5a calle. *Ouvert du lundi au vendredi de 9 h à 18 h ; le samedi de 9 h à 13 h.* Elle change les travellers chèques.

Bancafé. 3a calle, Parque Ismael Cerna. *Ouvert du lundi au vendredi de 8 h 30 à 20 h ; le samedi de 9 h à 13 h.* Elle change les travellers chèques et accepte la carte Visa. A l'extérieur on trouvera un distributeur automatique (Visa)... mais il est ouvert au public aux mêmes heures que la banque !

Banco del Agro. 3a calle, Parque Ismael Cerna. *Ouvert du lundi au vendredi de 9 h à 18 h ; le samedi de 9 h à 13 h.* Elle accepte la carte Mastercard.

Banco de Oro. 3a calle 8-28, Zona 1. *Ouvert du lundi au vendredi de 8 h 30 à 19 h ; le samedi de 8 h 30 à 11 h.* Elle est située juste à côté de l'hôtel Central. Elle change les travellers chèques.

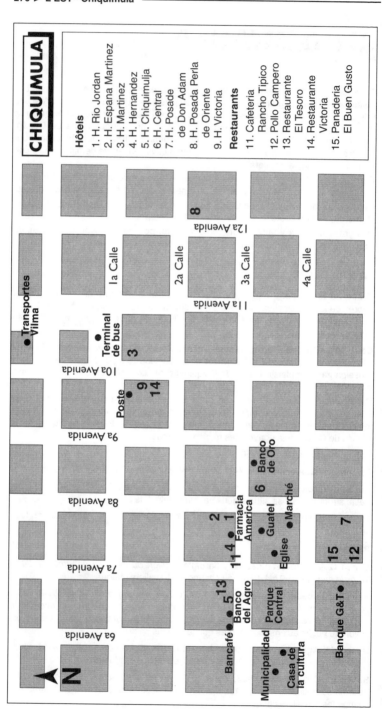

CHIQUIMULA

Hôtels

1. H. Rio Jordan
2. H. Espana Martinez
3. H. Martinez
4. H. Hernandez
5. H. Chiquimulja
6. H. Central
7. H. Posade
   de Don Adam
8. H. Posada Perla
   de Oriente
9. H. Victoria

Restaurants

11. Cafeteria
    Rancho Tipico
12. Pollo Campero
13. Restaurante
    El Tesoro
14. Restaurante
    Victoria
15. Panaderia
    El Buen Gusto

Ismael Cerna, l'enfant du pays

Il naquit à Ipala en 1856, petite bourgade au sud de Chiquimula, dans une famille aisée originaire du Salvador. Comme tout fils de bonne famille, on l'envoya faire ses études dans la capitale où il décrocha un diplôme de philosophie. Mais déjà son caractère instable commença à se manifester puisqu'il entama des études de médecine qu'il abandonna aussitôt et se lança dans le droit. Idéaliste il rejoignit les rangs du parti conservateur, ce qui lui valut plusieurs arrestations et la prison au temps du gouvernement libéral de Justo Rufino Barrios (1835-1885). A la chute du gouvernement conservateur de Vicente Cerna il s'enfuit au Salvador et ne revint qu'en 1884. Romantique, il passa le reste de sa vie à écrire quelques œuvres poétiques d'un grand lyrisme, principalement pour les journaux de l'époque. A sa mort, en 1901, il n'avait jamais été édité, ne le souhaitant peut-être même pas. Ses écrits n'ont pas fait l'objet d'un travail de compilation. Il est célèbre pour son poème dédié à Umberto Porta Mencos.

■ TRANSPORTS

Compagnies de bus

Transportes Carmencita ℰ 942-2035. **Puerto Barrios.** Départ tous les jours à 3 h 45, 4 h 30, 5 h 15, 5 h 45, 6 h 30, 7 h, 7 h 15, 7 h 45, 8 h 15 et 8 h 30. Dessert Puerto Barrios via les les villes de Zacapa et de Los Amates.

Rutas Orientales (terminal de bus). Guatemala Ciudad. Départ tous les jours toutes les 30 minutes de 5 h à 18 h. Comptez entre 3 heures et 3 heures et demie de route. Tarif 18 Q.

Transportes Guerra. Frente Credito Hipotecario Nacional Zona 1 ℰ 942-0564. **Guatemala Ciudad.** Départ tous les jours de 5 h à 17 h 30. Comptez environ 3 heures et demie de route. Tarif 18 Q.

Bus locaux

Au terminal de bus locaux des bus partent plusieurs fois par jour pour les villages alentour comme Ipala, San José la Arada, Quezaltepeque et pour Esquipulas.

Esquipulas. 55 km séparent Esquipulas de Chiquimula. Comptez entre 50 et 60 minutes de route. Tarif 6 Q.

Transportes Vilma & 942-2253. Les Transportes Vilma possèdent leur propre terminal de bus à côté du terminal commun aux autres compagnies.

Chiquimula - El Florido (frontière du Honduras). Départ tous les jours à 6 h, 9 h, 10 h 30, 11 h 30, 12 h 30, 13 h 30, 15 h 30 et 16 h 30. Comptez environ 3 heures de piste défoncée (selon l'état de la piste et les incidents de parcours qui ne sont pas rares, la durée du voyage peut facilement prendre 4 heures). Tarif 8 Q.

■ HEBERGEMENT

Peu fréquentée par les touristes qui ne s'y arrêtent en général que le temps d'une nuit avant de repartir vers Esquipulas et son Christ Noir ou vers le site archéologique de Copan au Honduras, Chiquimula dispose surtout d'hôtels bon marché au confort le plus souvent rudimentaire.

Quelques hôtels se distinguent quand même par leur confort et le bon niveau de leurs prestations.

Bien et pas cher

Hotel Rio Jordan. 3a calle Zona 1 © **942-0887.** *35 chambres de 15 à 25 Q.* A deux pas du Parque Ismael Cerna, c'est un hôtel aux allures de pension de famille peu fréquenté par les touristes de toute évidence. Les chambres s'organisent autour d'une cour qui le soir sert de parking et de salle de télévision. Certaines des chambres ne sont plus à louer car occupées tout au long de l'année par des familles (la n°26). Les chambres se répartissent sur deux niveaux, relativement grandes, pas très bien entretenues, au confort rudimentaire. Aucune ne dispose de salle de bains. Pour son prix et son ambiance famililiale.

Hospedaje España. 3a calle 7-81, Zona 1. *12 chambres de 15 à 35 Q.* Il est installé dans une antique demeure de Chiquimula. Autour d'un patio mal entretenu, une galerie ouvrant sur la jardin où l'on trouvera une douzaine de chambres aux allures de cellules monastiques. Sombres et étroites, leur confort y est d'une grande sobriété. Quant aux douches collectives (aucune des chambres n'est équipée de salle de bains) elles sont plutôt rudimentaires. Le seul attrait de l'hospedaje est son prix modique.

Hospedaje Martinez. 10a avenida 1-05, Zona 1. *10 chambres de 25 à 40 Q.* A deux pas du terminal des bus locaux, il occupe l'étage d'une construction moderne donnant sur la rue. Fréquenté par de nombreux Guatélmaltèques, c'est un établissement modeste, aucune des chambres ne possédant sa salle de bains propre. Elles sont relativement petites, le confort est simple, la plupart sont sans fenêtre. Vous trouverez quand même un ventilateur et une bonne literie. Au maigre confort s'ajoute un désagrément de poids, la trop grande proximité du terminal de bus locaux et longue distance d'où partent dès 4 h 30 du matin les bus ralliant la capitale, réveillant du même coup tous les habitants du quartier. Il a pour mérite ces prix peu élevés et sa disponibilité, étant rarement complet.

Hotel Hernandez. 7a calle 7-41, Zona 1 © **942-0708.** *35 chambres de 24 à 48 Q sans salle de bains ; de 48 à 60 Q avec salle de bains.* Situé pourtant sur la 3a calle, c'est un établissement tranquille d'un bon niveau de confort. Les chambres installées dans le corps principal de l'hôtel sont sombres mais correctement tenues. A l'arrière de l'hôtel, des chambres dans des mini-bungalows donnent sur une courette arborée où se trouve une piscine. Difficile d'y résister par temps de canicule, mais attention, son entretien laisse à désirer (elle n'est pas chlorée). Vous risqueriez après vous y être baigné de rester cloué au lit. Dans l'entrée, au niveau de la réception, un panneau d'affichage recueille les observations, les tuyaux laissés par des touristes de passage.

Hotel Chiquimulja. 3a calle 6-51, Zona 1 © **942-0387.** *12 chambres de 24 à 96 Q.* Sur le Parque Ismael Cerna, à côté de la Bancafé, c'est un modeste établissement tout ce qu'il y a de correct. Les chambres sont propres et toutes équipées de salle de bains. On aura le choix entre des chambres avec ventilateur ou air conditionné (un peu plus cher). Possibilité de parking pour les motorisés. Il jouit d'une excellente réputation auprès des touristes voyageant en sac à dos. Attention l'hôtel ferme ses portes tous les soirs à 23 h.

Ecrivez-nous sur internet : info@petitfute.com

Confort ou charme

Hotel Central. 3a calle 8-30, Zona 1 ✆ **942-0118.** *5 chambres de 60 à 144 Q.* Idéalement situé à une cuadra à l'est du Parque Ismael Cerna, c'est un modeste établissement de cinq chambres seulement. Très bien tenu, il occupe le premier étage d'un immeuble moderne. Il n'y a pas de réception à proprement parler. Adressez-vous aux commerces qui jouxtent l'entrée de l'hôtel. Les chambres sont lumineuses, propres, toutes équipées de salle de bains, de l'air conditionné et de la télévision (câble). Les chambres donnant sur la rue, vous risquerez malheureusement d'être dérangés par les bruits de la circulation.

Hotel Posada Don Adán. 8a avenida 4-30, Zona 1 ✆ **942-0549.** *16 chambres de 100 à 170 Q.* Du nom du propriétaire, c'est un hôtel respectable et de bonne qualité. Situé au sud-est du Parque Ismael Cerna, il occupe une construction moderne, au calme, meublée et décorée avec goût. Bien tenues, les chambres sont grandes (ventilateur), certaines étant équipées de l'air conditionné et de la télévision (câble). On trouvera quand même une salle télé à côté de la réception. Possibilité de parking.

Hotel Posada Perla de Oriente. 2a avenida 2-30, Zona 1 ✆ **942-0014 / 948-0152 - Fax 942-0534.** *24 chambres de 60 à 140 Q.* C'est une référence à Chiquimula. Il est en effet l'un des rares hôtels de bon standing de la ville. Excentré par rapport au Parque Ismael Cerna, il se trouve dans un immeuble contemporain. Les chambres sont sans surprise, grandes, correctement tenues et équipées de la télévision. A l'entrée on trouve un parking et, à côté de la réception, une salle de restaurant. Un des ces attraits réside dans sa large piscine à l'abri des regards.

Hotel Victoria. 10a avenida, 1a y 2a calle Zona 1 ✆ **942-2179 / 942-2179.** *20 chambres de 35 à 110 Q.* Situé à l'angle de la 2a calle et de la 10a avenida, l'hôtel Victoria est un établissement moderne, qui a un peu vieilli. Il est fréquenté surtout par une clientèle guatémaltèque en transit vers Esquipulas, le Honduras ou encore le Salvador. Ces chambres sont correctes, équipées de ventilateur et de télévision, et conviendront aisément pour une nuit. Evitez celles donnant sur la rue. En effet installé à proximité du terminal de bus, il connaît les mêmes nuisances sonores que l'hospedaje Martinez (en face) quand débutent la rotation des bus pour Guatemala Ciudad. Les chambres donnant sur la cour intérieure sont un peu sombres. Au rez-de-chaussée, on trouve un restaurant bon marché.

■ RESTAURANTS

Si Chiquimula est relativement bien équipée en hôtels, pensions et autres hospedaje, il n'en va pas de même pour les restaurants. Au maigre choix s'ajoute souvent la mauvaise qualité des plats et de la cuisine en générale. Une solution consiste à se rabattre sur les gargotes du marché permanent situé à côté du terminal de bus locaux, derrière l'hospedaje Martinez ou dans l'autre marché permanent qui, à l'est du Parque Ismael Cerna, borde l'arrière de l'église. Quant aux lève-tôt, ils trouveront avec difficulté un établissement ouvert avant 8 h 30. Ils pourront alors se rabattre sur le Pollo Campero.

Cafeteria Rancho Tipico. 3a calle, 7a y 8a avenida. Idéalement situé à l'angle du Parque Central et de de la 3a calle, la Cafeteria Rancho Tipico n'en marche pas fort pour autant. Sa salle reste désespérément déserte en journée comme en soirée. La raison en revient peut-être à l'accueil, pour le moins glacial. Il propose une nourriture simple faite de plats traditionnels de la cuisine guatémaltèque à des prix raisonnables. Si vous décidez de tenter l'aventure, évitez les tacos.

Pollo Campero. 7a avenida, 4a y 5a calle. *Ouvert de 7 h 30 à 22 h 30.* Voici un fast-food guatémaltèque que l'on ne présente plus. Comme partout ailleurs, on vient ici en famille, en soirée et le dimanche. On pourra commander son repas pour manger dans le petit jardin du Parque Ismael Cerna ou bien sur place. Vous aurez le choix entre une commande à la carte ou bien entre différentes formules économiques. Pour deux morceaux de poulet pané, une frite et une boisson, comptez 17 Q.

Restaurante El Tesoro. Parque Ismael Cerna. Sur le côté nord du Parque, à côté de l'hôtel Chiquimulja, le restaurant El Tesoro a des allures de caféteria bon marché. C'est en fait un restaurant chinois qui connaît un certain succès. Très bien situé, les clients de l'hôtel Chiquimulja apprécieront sa proximité.

Restaurante Victoria. 10a avenida, 1a y 2a calle ✆ **9422179.** C'est le restaurant de l'hôtel Victoria. Dans un cadre quelconque, on vous servira une nourriture simple, guatémaltèque principalement, mais également quelques plats de cuisine internationale de bonne facture. Ses prix sont en plus modérés. On y sert aussi des petits déjeuners.

Panaderia el Buen Gusto. 7a avenida, 4a y 5a calle. En venant du Parque Ismael Cerna cette délicieuse panaderia se situe à une vingtaine de mètres avant le Pollo Campero. Outre un grand choix de viennoiseries, de « douceurs » comme on les appelle ici, on y vend une grande variété de gâteaux plus riches en crème les uns que les autres. Pour le petit déjeuner on pourra y acheter d'excellents petits cakes à 1 Q pièce.

■ VISITE

Iglesia Vieja (Eglise Vieille)

Pour s'y rendre à partir du Parque Ismael Cerna, prenez la 3a calle et suivez là jusqu'à la carretera de Esquipulas.

C'est l'église originelle de Chiquimula. Construite en dur elle fut détruite par le tremblement de terre de 1773 qui secoua l'ensemble de la Capitainerie du Guatemala, ravageant totalement sa capitale de l'époque, La Antigua. Massive, elle était soutenue par quatorze piliers extérieurs, sept de chaque côté qui couraient le long de la nef, faisant office d'arcs-boutants. Sa façade est encore encadrée de deux hautes tours dans lesquelles un escalier en colimaçon (ici on dira escalier « caracol », escargot) permet d'accéder au sommet. Au niveau du chevet des peintures naïves sont encore visibles, réalisées par des membres de la communauté Chorti, ces indiens qui peuplent encore aujourd'hui les montagnes de l'Est du pays et des alentours de Chiquimula. Elles représentent des femmes portant des coiffes (cintas) et des huipils. Derrière le chevet subsiste un arc esseulé, seul reste de la maison du prêtre qui officiait là. Un projet prévoit, à des fins touristiques, la restauration de l'église pour 1999.

■ BALADE

C'est un gros centre agricole isolé en pleine montagne, dont on aura vite fait d'arpenter le cœur. En sortant du terminal de bus par le sud, on s'engage dans la 10a avenida. Face à l'**hospedaje Martinez** se trouve l'**Iglesia Evangelica del Nazareno**. Certains soirs de la semaine (le mercredi entre autres) il en sort des chants religieux accompagnés de guitares. Les fidèles du quartier y improvisent une chorale.

On suit la 10a avenida puis on remonte la 3a calle sur trois cuadras jusqu'au **Parque Ismael Cerna** bordé à l'ouest de la **Municipalidad** et à l'est de la **Iglesia Nueva**. C'est un vaste quadrilatère arboré, planté de haies et de nombreux jeux pour enfants où trône au milieu un superbe kiosque à musique rose. Dans la journée il fourmille de monde. Le marché installé derrière l'église étant devenu trop petit, les étals débordent largement aujourd'hui sur le trottoir devant l'église. Toute la journée c'est un ballet savamment orchestré de paysans et de ménagères de la cité venus s'y approvisionner. Sur le côté nord, on trouvera encore des paysans, rangés en file indienne, attendant leur tour pour déposer à la **Banco del Agro** (banque de l'agriculture) leurs économies ou les gains de leur journée. Le soir venu, les familles prennent possession du Parque. Parents et enfants s'y promènent main dans la main, profitant de la fraîcheur, les premiers ne tardant pas à pousser les seconds sur les balançoires et toboggans installés là. C'est également le rendez-vous des vendeurs ambulants poussant leurs charrettes d'épis de maïs bouilli (elotes) ou d'ananas savamment découpés.

■ LOISIRS

Cinema Liv. Parque Ismael Cerna. Il se situe juste à côté du restaurant El Tesoro. On y passe deux à trois films par semaine, en espagnol bien évidement.

Marché. Chiquimula est une des villes du Guatemala où le marché est permanent. Il en existe en fait deux : l'un se situe à l'arrière de l'église paroissiale installée sur la Parque Ismael Cerna. Le deuxième se trouve à côté du terminal de bus. Outre les produits de première nécessité destinés à la population, aux ménagères de Chiquimula, on y vend également des articles de l'artisanat local, produits dans les villages Chorti des montagnes environnantes. Malgré parfois des odeurs assez fortes, on trouvera dans ces deux marchés de petites gargotes où l'on pourra déjeuner pour une somme modique.

Fête del Virgen del Transito. Fête patronale en l'honneur de la Vierge du Transito qui se déroule chaque année du 11 au 18 août avec pour jour principal le 15. Cette fête religieuse est le cadre à Chiquimula de nombreuses manifestations assez rares dans le reste du Guatemala pour être mentionnées. Durant ces 7 jours de liesse en effet on pourra assister à des corridas, spectacle pourtant importé par les conquérants mais pour lequel l'engouement fut tel de la part de la population qu'il continua à être pratiqué après le départ des Espagnols. Plus conformes aux fêtes patronales traditionnelles, les festivités s'accompagnent, particulièrement le jour principal, de danses folkloriques.

■ DANS LES ENVIRONS

Ipala

Située à une heure et demie de route de Chiquimula, Ipala est célèbre pour avoir vu naître le grand écrivain et poète du département, **Ismael Cerna**, mais aussi pour sa **laguna**, autrement dit son lac situé dans le cratère du volcan Ipala aujourd'hui éteint et haut de 1650 mètres. Le volcan se situe au sud du village à une dizaine de kilomètres environ. A ses pieds, le village de **San Isidoro**, à partir duquel les marcheurs prennent habituellement leur départ. Du sommet du volcan un magnifique panorama s'offre aux marcheurs. La vue porte jusqu'à Chiquimula et de l'autre côté jusqu'au lago Güija à la frontière salvadorienne.

JOCOTAN

Sur la route d'El Florido (frontière hondurienne) qui conduit à Copán, à 32 km de Chiquimula, Jocotan est un **gros bourg Chorti** où l'on pourra apercevoir ces visages graves de petits garçons et de jeunes filles, les cheveux soigneusement peignés, la raie au milieu et de chaque côté une rangée de quatre épingles en argent. Cette coiffure a une signification bien sûr. La jeune fille affiche publiquement qu'elle ne s'est pas encore donné à un homme. Si on rencontre une autre jeune fille n'arborant alors qu'une seule rangée de quatre épingles en argent et de l'autre côté de la raie, une seule épingle, on pourra conclure qu'elle est devenue une femme aux yeux des Chorti.

Transports

Pour s'y rendre, 32 km d'une route asphaltée tout d'abord puis 22 km environ d'une route qui n'en a que le nom, piste défoncée, particulièrement poussiéreuse en été et boueuse en hiver.

Transportes Vilma. Ruta El Florido La Frontera © 9422253.

Visite

Festival Folklorico del area Chloti. Il se déroule durant la dernière semaine d'avril. Les différents villages Chorti y envoient leur représentant concourir à l'**élection du costume traditionnel**. Le jour du marché est un jour à part.

Les concurrents revêtus de leurs atours doivent montrer leurs talents de danseur sur des airs également traditionnels. A événement exceptionnel, ambiance exceptionnelle. Les indiens Chorti y viennent en masse supporter leurs candidats, colorés de la tête aux pieds. C'est une débauche de couleurs (vêtements), de bruits où se mêlent conversations, cris, klaxons, pétards et cris d'animaux. Les rues débordent de monde, rendant quasiment impossible la circulation (il faut être patient).

Fête du sixième vendredi de Carême et du Dimanche des Rameaux. Grande fête religieuse comme chacun sait, elle se déroule chaque année à Jocotan où elle est le cadre de festivités, de processions et de débordements populaires. Fête mobile, elle a lieu toujours avant Pâques, la Semana Santa (avril).

Marché. Il se tient chaque **dimanche** sur la place du village. La route reliant Chiquimula à El Florido longe la place un instant. Le dimanche la foule est si nombreuse, si compacte que les bus allant dans un sens ou dans un autre éprouvent les pires difficultés à passer. Car c'est le plus grand marché des montagnes dominant Chiquimula. Les habitants des hameaux alentour distants parfois d'une dizaine de kilomètres s'y rendent en famille, endimanchés et bien peignés pour la plupart mais leurs machettes toujours à la taille ou dans les mains. Les différents bus reliant alors El Florido à Jocotan se transforment en autant de cercueils roulants, et on se retrouve parfois à quatre sur une banquette prévue pour deux personnes, dans l'incapacité d'esquisser le moindre mouvement, pressé de toute part par une population que les chauffeurs et leurs singes entassent dans les bus. Sur ce marché haut en couleurs on trouve principalement des produits agricoles, des fruits et des légumes, du bétail, des fleurs. A proximité de Jocotan, en se dirigeant vers Camotan, se trouve un petit site agréable, celui de « **el brasilar** ». C'est une modeste **source d'eau chaude** à la forte odeur de soufre qui jaillit là et où l'on pourra se baigner. En sortant, les habitués ont coutume de se tremper dans le ruisseau d'eau froide situé à côté.

EL FLORIDO

Hameau d'une centaine d'âmes environ, El Florido ne doit son existence qu'à la présence du poste frontière entre le Guatemala et le Honduras. Perdu en pleine montagne à l'extrémité d'une piste exécrable creusée de nids de poules, d'ornières, traversée par de nombreux cours d'eau difficilement franchissables en hiver (saison des pluies), on y arrive brisé par les cahots du bus mais soulagé. La dernière heure de voyage, la piste longe la vallée de la rivière El Panel. Le paysage est alors d'une grande beauté. Malgré les conditions de voyage, El Florido et son poste frontière n'en sont pas moins très fréquentés par les nombreux touristes souhaitant visiter au Honduras les ruines de Copán, la plus au sud des cités mayas.

Transportes Vilma. Liaison El Florido - Chiquimula. Départ tous les jours à 5 h 30, 6 h 30, 7 h 30, 8 h 30, 9 h 30, 10 h, 11 h, 12 h, 13 h et 15 h. Comptez environ 3 heures de route. Tarif 8 Q.

De l'autre côté de la frontière matérialisée par une toute petite rivière, on trouve des pick up qui transportent les passagers vers le village de Copán.

Change. Comme pour les autres frontières terrestres du Guatemala, El Florido possède son lot de changeurs au noir. Le change est de un quetzal pour deux lempiras. Attendez d'avoir passé la douane guatémaltèque pour changer vos derniers quetzals. Vous aurez certainement à payer la fameuse « morbida ». Payez la de préférence en quetzals et gardez vos dollars.

Douane. Les formalités sont assez rapides. Bien sûr on vous demandera votre passeport et en plus de la taxe de sortie officielle, la taxe spéciale (20 Q), la morbida, qui passera directement dans la poche du douanier.

Du côté hondurien, on vous fera payer une même taxe officielle (1 $) ainsi qu'une morbida (3 à 4 $) équivalente voire plus élevée, si bien qu'une excursion au Honduras de deux à trois jours pour seulement visiter le site de Copán et un retour au bout de ses trois journées vous coûtera assez cher en taxe douanière.

ESQUIPULAS

Longtemps isolée en marge du pays, Esquipulas, de son vrai nom la Villa de Esquipulas, est située sur la CA-10 à près de 222 kilomètres de Guatemala Ciudad et à seulement 55 kilomètres de Chiquimula. Esquipulas, 16 000 habitants environ, est célèbre pour son **église** mais surtout pour le **Christ Noir** qu'elle renferme à l'origine d'un des plus grands et importants pélerinages de l'Eglise Catholique. En effet chaque mois de janvier, le 15, le Guatemala tout entier se rend au chevet du Christ Noir (Cristo Negro) aux dons thaumaturgiques. Sa popularité est telle qu'elle a dépassé les frontières du pays. On vient du Salvador, du Honduras, du Belize, du Mexique et de bien plus loin encore pour le prier et peut-être, et c'est là le succès de la dévotion séculaire dont il est l'objet, pour recevoir la grâce, être exaucé dans ses vœux les plus chers, être guéri des maux qui vous accablent. Outre son pélerinage, Esquipulas abrite quelques curiosités et beaux vestiges du passé totalement méconnus du grand public, et dont la visite agrémentera sans aucun doute votre séjour.

■ PRATIQUE

Office du tourisme. Il y en a eu un dans le passé mais depuis quelques années déjà les touristes venant à Esquipulas n'ont personne vers qui se tourner sauf peut-être vers...l'ancien responsable d'Inguat, répondant au prénom de Norman. Citoyen américain de son état, il tient aujourd'hui commerce au cœur de la ville. Mine de savoir et de renseignements, il pourra vous faire connaître plus profondément l'histoire d'Esquipulas, le meilleur moyen étant peut-être de prendre pension chez lui, où vous pourrez bénéficier de ses conseils et informations éclairées sur la ville et sa région.

Guatel. 5a avenida, 9a y 10a calle Zona 1. Ouvert du lundi au samedi de 8 h à 20 h ; le dimanche de 9 h à 16 h.

Farmacia Popular. 4a avenida, 10a y 11a calle Zona 1. Elle est située à deux cuadras au sud du Parque Central devançant la basilique.

Consulat du Honduras. 2a avenida (Hôtel Payaqui) Zona 1. Ouvert du lundi au vendredi de 9 h à 12 h et de 14 h 30 à 17 h. Le samedi, demandez à l'accueil.

Banques

Banco Industrial. 3a avenida 8-56, Zona 1. *Ouvert du lundi au vendredi de 8 h 30 à 18 h ; le samedi de 10 h à 14 h.* Située à proximité de l'hôtel Villa Edelmira, elle est équipée d'une billeterie (Carte Visa).

Banco del Ejercito. 2a avenida Zona 1. *Ouvert du lundi au vendredi de 8 h 30 à 20 h ; le samedi de 9 h à 14 h.* Elle est située à deux pas de l'hôtel Payaqui, dans la portion de la 2a avenida qui longe le Parc de la basilique, au sous-sol du restaurant Pollo Rostizado. Elle change les chèques de voyages.

Change

Esquipulas est la dernière ville d'importance avant la frontière hondurienne située à seulement dix kilomètres de là. On pourra toujours changer ses derniers quetzals contre des lempiras (monnaie du Honduras) au village frontalier de Agua Caliente mais on pourra également le faire à Esquipulas dans une banque (contre des dollars) ou sur le boulevard Quirio Cataño auprès de changeurs au noir. Ne les cherchez pas ils viendront à vous. Sachez que pour un quetzal on vous proposera deux lempiras.

■ TRANSPORTS

Perdue au milieu des montagnes, Esquipulas n'en est pas moins très bien reliée au reste du pays et à Guatemala Ciudad. Plusieurs compagnies de bus y sont établies et assurent de nombreuses liaisons quotidiennes à partir de leurs propres terminaux de bus situés quasiment tous sur le boulevard Quirio Cataño.

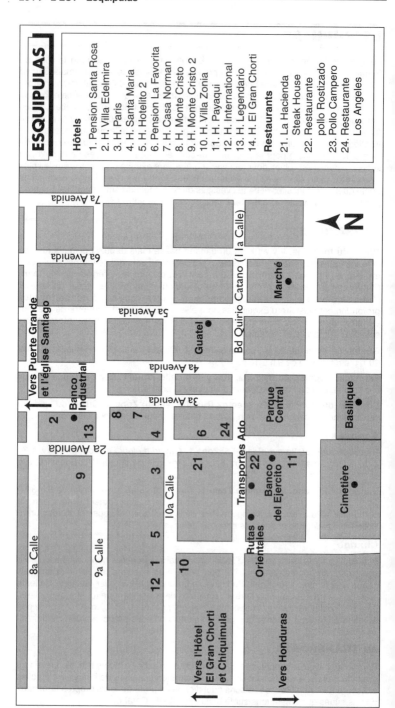

ESQUIPULAS

Hôtels
1. Pension Santa Rosa
2. H. Villa Edelmira
3. H. Paris
4. H. Santa Maria
5. H. Hotelito 2
6. Pension La Favorita
7. H. Casa Norman
8. H. Monte Cristo
9. H. Monte Cristo 2
10. H. Villa Zonia
11. H. Payaqui
12. H. International
13. H. Legendari
14. H. El Gran Chorti

Restaurants
21. La Hacienda
    Steak House
22. Restaurante
    pollo Rostizado
23. Pollo Campero
24. Restaurante
    Los Angeles

N

7a Avenida

6a Avenida

5a Avenida

Marché

Guatel

Bd Quirio Catano (11a Calle)

4a Avenida

3a Avenida

Parque
Central

Basilique

Vers Puerte Grande
et l'église Santiago

Banco
Industrial

2a Avenida

2

13

8

7

4

6

24

Cimetière

9

8a Calle

3

21

10a Calle

22

Banco
del Ejercito

11

Transportes Ado

12 1 5

9a Calle

10

Rutas
Orientales

Vers l'Hôtel
El Gran Chorti
et Chiquimula

Vers Honduras

Transportes ADO (Autobus de Oriente). Boulevard Quirio Cataño. Les bureaux de la compagnie jouxtent l'entrée de l'hôtel Lemos.

Rutas Orientales. Boulevard Quirio Cataño ✆ **943-1366 / 943-0576.** Dessert Guatemala Ciudad.

Départ (bus Pullman) tous les jours à 6 h 30, 7 h 30, 13 h 30 et 15 h 30.

Départ (bus 1re classe) tous les jours à 3 h 30, 5 h, 6 h 30, 7 h 30, 8 h 15, 11 h 30, 13 h, 13 h 30, 15 h, 15 h 30 et 17 h 30. Comptez environ 3 heures 30 de route. Tarif 24 Q.

■ HEBERGEMENT

Grand centre de pèlerinage, Esquipulas voit chaque année aux abords du 15 janvier sa population se démultiplier. Si les plus démunis ne peuvent se payer l'hôtel et couchent sous des tentes improvisées dans le Parc devant la Basilique du Christ Noir, une importante partie des pèlerins prennent d'assaut les hôtels de la ville.

Pourtant ces établissements ne peuvent loger qu'une toute petite partie des visiteurs d'autant plus qu'ils augmentent quasiment tous leurs tarifs de manière importante, écartant les familles dans l'impossibilté de débourser une somme qui peut représenter parfois la moitié d'un mois de travail (250 Q salaire moyen). Sachez donc qu'il vous sera certainement très difficile, à cette période, de trouver un hôtel offrant un rapport prix-confort correct.

Bien et pas cher

Hotel Pension Santa Rosa. 10a calle 1-75, Zona 1 ✆ **943-1903.** *30 chambres de 15 à 60 Q sans salle de bains ; de 40 à 80 Q avec salle de bains.* A deux cuadras du Parc de la Basilique, c'est une modeste pension familiale occupant une construction de deux étages avec au centre une grande cour sur laquelle donnent les chambres. Elle n'est en fait pas très bien tenue, il est vrai, mais son principal attrait réside dans son prix. La cour sert de parking la nuit. Les chambres sont grandes, sombres et certaines malodorantes. A cela il faut ajouter l'état fatigué des literies. L'hôtel ferme normalement ses portes de bonne heure, mais autour du 15 janvier on vous ouvrira jusqu'à une heure avancée de la nuit.

Hotel Villa Edelmira. 3a avenida 8-58, Zona 1 ✆ **943-1431.** *20 chambres de 20 à 60 Q sans salle de bains ; de 30 à 90 Q avec salle de bains.* En retrait du boulevard Quirio Cataño, l'hôtel Villa Edelmira est un hôtel sans prétention, correctement tenu. Les chambres s'organisent le long d'une cour rectangulaire. Elles sont pour la plupart petites, sombres mais malgré tout confortables question literie. Sur le devant on trouvera un restaurant aux allures de cafétéria proposant une nourriture bon marché mais de qualité. On y sert des petits déjeuners guatémaltèques et internationaux.

Hotel Paris. 10a calle, 1a y 2a avenida Zona 1 ✆ **943-1276.** *28 chambres de 15 à 45 Q sans salle de bains ; de 40 à 60 Q avec salle de bains.* C'est un hôtel sans prétention où règne une ambiance familiale. Les chambres se répartissent sur deux niveaux autour d'une cour centrale qui le soir se transforme en aire de stationnement pour les clients. Les chambres sont petites mais propres. Un petit inconvénient pour les chambres sans salle de bains de l'étage : les douches communes se situent au rez-de-chaussée ! Un bon rapport qualité-prix.

Hotel Santa Maria. 10a calle, 2a y 3a avenida Zona 1 ✆ **943-3303.** *25 chambres de 20 à 45 Q sans salle de bains ; de 30 à 90 Q avec salle de bains.* Situé à l'angle de la 10a calle et de la 2a avenida, il jouit d'une situation privilégiée à deux cuadras au nord du Parc. Ses chambres sont d'un confort rudimentaire et plutôt sombres pour celles donnant sur la cour intérieure mais elles sont les seules à bénéficier d'un calme relatif durant les festivités dédiées au Christ Noir. La direction multiplie ces prix par quatre durant la période de fête. Au rez-de-chaussée ayant pignon sur rue, la salle de restaurant du comedor de l'hôtel.

Hotel Hotelito 2. 10a calle 1-75, Zona 1 ✆ **943-1184.** *60 chambres de 25 à 75 Q sans salle de bains ; de 35 à 140 Q avec salle de bains.* Peint de vert, il occupe une construction vieillissante de trois niveaux percée au centre d'une cour où sèchent perpétuellement le linge de maison de l'hôtel. Voilà un établissement à l'atmosphère chaleureuse où les chambres sont d'un confort rudimentaire. Evitez tant que possible les chambres situées au rez-de-chaussée beaucoup trop sombres. L'Hotelito dispose d'un comedor proposant une nourriture bon marché.

Pension La Favorita. 2a avenida 10-15, Zona 1 ✆ **943-1175.** *40 chambres de 25 à 50 Q sans salle de bains ; de 50 à 100 Q avec salle de bains.* Installée elle aussi à deux cuadras de la Basilique, la pension La Favorita est un modeste établissement offrant une bonne qualité de confort pour le prix. Les chambres s'organisent le long d'une étroite cour tout en longueur. On y passera sans trop de difficultés une nuit ou deux, quoique certaines chambres soient un peu sombres.

Hotel Casa Norman. 3a avenida 9-20, Zona 1 ✆ **943-1503.** *4 chambres de 3 et 4 personnes (40 Q par personne).* Signalée par une discrète enseigne, la Casa Norman est tenu par un Américain installé à Esquipulas depuis plus de 38 ans. Il fut un temps le représentant d'Inguat dans la ville. L'entrée est située entre deux comedors dont l'un appartient à la maison, le restaurant de l'hôtel en quelque sorte. Il·y règne une ambiance familiale. Les chambres sont grandes et correctement entretenues. Norman connaît parfaitement la ville et ses environs et saura vous renseigner en cas de besoin; en espagnol, en anglais ou peut-être dans la langue de Molière dont il a quelques souvenirs (son grand-père était français).

Confort ou charme

Hotel Monte Cristo. 3a avenida 9-12, Zona 1 ✆ **943-1453 / 943-1042.** *55 chambres de 48 à 84 Q sans salle de bains ; de 125 à 180 Q avec salle de bains. Accepte carte AE et Visa.* Une référence à Chiquimula : c'est un grand hôtel installé en retrait du boulevard Quirio Cataño, loin, durant les jours de liesse, du bruit et de la rumeur. Les chambres sont spacieuses pour certaines, confortables (moquettes) et équipées (pour celles pourvues de salle de bains) de la télévision. Il dispose d'un restaurant offrant une nourriture occidentale. On y sert également le petit déjeuner. Parking.

Hotel Villa Zonia. 1a avenida Zona1. *15 chambres de 175 à 250 Q.* Situé en face de l'hôtel Santa Rosa, l'hôtel Villa Zonia est installé dans une construction récente à deux pas de la basilique. Joliment décoré de boiseries et de meubles de valeur, son intérieur (en exagérant un peu) a des allures de chalet savoyard. Ces chambres sont grandes, confortables et agréablement installées. On demandera de préférence celles de l'étage plus lumineuses. Certaines disposent de la télévision. Le parking de l'hôtel se situe un peu plus loin dans la rue.

Hotel Payaqui. 2a avenida ✆ **943-1143 / 943-2025 - Fax 943-1371.** *36 chambres de 75 à 300 Q en basse saison ; de 125 à 425 Q en haute saison. Accepte la carte Visa, AE et Mastercard.* Situé dans la portion de la 2a avenida qui longe le Parc de la Basilique, l'hôtel Payaqui est un grand et agréable établissement offrant tout le confort nécessaire. Ces chambres sont spacieuses, meublées de meubles anciens, mais un peu sombres. Toutes sont équipées de télévision, de minibar et de l'air conditionné. Au rez-de-chaussée on trouve un bar, un restaurant et même une boutique de souvenirs. Sur l'arrière de l'hôtel, à l'abri des regards, on a construit une piscine. Un parking surveillé est mis à la disposition de la clientèle. L'hôtel renferme le consulat du Honduras (voir rubrique consulat), renseignez-vous à l'accueil.

Luxe

Hotel Internacional. 10a calle A 0-85, Zona 1 ✆ **943-1131 / 943-1530.** *49 chambres de 250 à 300 Q. Accepte cartes Visa, AE et Mastercard.* A deux cuadras de la basilique, c'est un grand hôtel sur trois étages installé dans un immeuble moderne. Hautes de plafond, sombres, ses chambres ne sont pas à la hauteur du confort attendu. Elles sont cependant toutes équipées de télévision. Au rez-de-chaussée on trouvera une piscine, un bar et un restaurant. On y prend le petit déjeuner mais on pourra aussi y dîner. Un parking est à la disposition de la clientèle.

Hotel Legendario. 2a avenida, 7a y 8a calle Zona 1 ℗ **943-1022 - Fax 943-1824 / 943-1825.** *40 chambres de 275 à 375 Q. Accepte la carte Visa et AE.* Installé dans une construction moderne un peu vieillissante, voilà un grand hôtel luxueux offrant tout le confort souhaité. Les chambres sont spacieuses et sont équipées de télévision et de l'air conditionné. Au rez-de-chaussée on trouvera un restaurant proposant une cuisine occidentale àdes prix modérés. Comptez pour les plats (viande ou poisson) autour de 35 Q. Il dispose également d'une large piscine entourée d'une terrasse très agréable et d'un parking surveillé.

Hotel El Gran Chorti. Entrada Esquipulas km 222 ℗ **943-1201 / 943-1203 - Fax 943-1551.** *24 chambres de 77 à 85 $. Accepte carte Visa, AE et Mastercard.* Vaste structure blanche installée à l'entrée de la ville à 1,5 km environ du Parc de la Basilique, l'hôtel El Gran Chorti est un établissement luxueux offrant le maximum de confort et de services à ses clients. Il est équipé d'un bar, d'un restaurant et sur l'arrière d'une grande piscine. Pour les enfants une aire de jeux a été aménagée tout spécialement. Très bien tenues, ses chambres sont grandes et très bien équipées. On y a vue sur la vallée d'Esquipulas ou sur les hauteurs entourant l'hôtel. Il dispose d'un large parking.

■ RESTAURANTS

Si Esquipulas est relativement bien équipée quantitativement en structures d'accueil, il n'en va de même pour les restaurants, principalement constitués de comedors assez fades. Sachez que les quelques hôtels de bon standing sont tous équipés de restaurants proposant une nourriture de bonne qualité.

La Hacienda Steack House. 2a avenida 10-20, Zona 1. On l'aura deviné la Hacienda s'est fait de la viande une spécialité. Dans un cadre raffiné avec serveurs en livrée et tables bien présentées, on goûtera à des trozos de lomito, du res asado a la parrilla (50 Q) ou bien des chuletas de cerdo (côtelettes de porc) à 95 Q. La spécialité de la maison est la parrillada la Hacienda, grand assortiment de viandes grillées. La plupart des plats proposés tournent autour de 50 Q. Ouvert de bonne heure le matin : on y sert aussi des petits déjeuners (25 Q).

Restaurante Pollo Rostizado. 2a avenida Zona 1. Situé en bordure du Parc à deux pas de l'hôtel Payaqui, il a pour spécialité comme son nom l'indique le poulet grillé. On pourra faire commande d'un poulet entier ou d'une moitié pour les petites faims, en l'accompagnant de patatas fritas. Comptez environ entre 20 et 30 Q selon la portion. On y vient également pour manger des hamburgers et des grillades que l'on décline ici à toutes les sauces.

Pollo Campero. 1a avenida Zona 1. Signalé par sa figurine gonflable, il est installé à deux pas du cimetière au bout de la 1a avenida. Comme dans le reste des restaurants de la chaîne, on y trouve cette même variété de plats à base de poulet pané. Les prix sont sensiblement les mêmes. Comptez environ 18 Q pour un menu comprenant deux morceaux de poulet, une portion de frites et une boisson.

Restaurante Los Angeles. Idéalement installé sur le boulevard Quirio Cataño face au Parc de la Basilique, le restaurant Los Angeles a des allures de cafétéria. De son étroite terrasse on a une vue imprenable sur le spectacle de la rue durant les festivités du Cristo Negro. Il propose une nourriture simple composée des plats typiques de la cuisine guatémaltèque. On pourra se satisfaire de bocadillos, mais aussi de chuletas de cerdo ou encore trozos de lomito. Comptez environ 30 Q pour un plat (10 Q pour une portion de patatas fritas). On fera particulièrement attention aux « merveilleuses » tapisseries accrochées sur les murs.

Faites-nous part de vos coups de cœur

■ HISTOIRE

Dès l'époque classique un village maya (Izquipulas) est attesté sur le site actuel d'Esquipulas qui fait alors partie intégrante du royaume Payaquide dont Copán était la capitale. Centre cérémoniel plutôt que village, les mayas (les Chorti) s'y réunissaient ponctuellement en fonction des grandes dates du calendrier lunaire afin d'honorer leurs dieux. A cette occasion des offrandes étaient offertes aux différentes divinités, comme ces **monolithes** que les Espagnols réutilisèrent par exemple dans l'ornementation du Puente Grande.

Avec la lente déchéance de Copán commença alors celle d'Izquipulas. Plusieurs fois le village est la proie d'invasions et ravagé par les armées du royaume Quiché situé dans les Hautes Terres de l'Ouest. Durant toute la période post-classique cet état de fait va perdurer, affaiblissant Izquipulas à tel point que le village peuplé de Chortis ne peut opposer la moindre résistance à l'envahisseur espagnol et doit en 1525, sans aucun fait guerrier majeur, se rendre à la puissance des conquistadores. Ces derniers découvrent alors, à leur entrée dans le village une population amoindrie, souffrant de famine.

Cela n'empêche pas les Chortis de se rebeller deux ans plus tard contre l'envahisseur espagnol qui parvient en fin de compte à rétablir la paix et à s'installer durablement dans ce coin perdu des montagnes de l'Est. Des ouvrages d'art sont construits. A partir de la fin du XVIe, l'histoire d'Esquipulas est intimement liée à celle du Christ Noir et de son culte mais c'est vers 1730 que la ville devient réellement célèbre : l'archevêque d'Antigua Fray Pedro Pardo y Figueroa y est miraculeusement guéri après avoir touché le Cristo Negro. Esquipulas va alors devenir le centre d'un **pèlerinage** qui va dépasser le cadre des frontières du pays, et participer au développement de la localité pour lui donner son aura actuelle.

Jusqu'en 1967 Esquipulas n'était reliée au reste du pays et à la carretera al Atlantico que par une modeste route de montagne qui serpente encore aujourd'hui de Chiquimula à Esquipulas via Quetzaltepeque, inconfortable route où en de nombreux passages les véhicules ne peuvent pas se croiser.

■ VISITE

La basilique

Erigée au sommet d'une colline dominant Esquipulas, c'est une massive construction d'une blancheur immaculée. En s'en approchant depuis la route de Chiquimula on a cette impression que toute la ville ne regarde qu'elle. On y accède depuis le Parc par un monumental escalier.

Sa construction débuta en 1739 à l'initiative de l'archevêque d'Antigua Fray Pedro Pardo y Figueroa afin d'offrir au Cristo Negro, à l'origine de sa guérison miraculeuse, une demeure digne de ce nom. Les travaux durèrent vingt ans et l'église fut finalement inaugurée le 4 janvier 1759. L'église fut élevée au rang de basilique en 1961 à l'initiative du pape Jean XXIII. Depuis près de deux cent cinquante ans elle résiste aux terribles tremblements de terre qui ravagent encore le territoire guatémaltèque et ont fait disparaître plus d'un souvenir du passé.

Les premiers regards des visiteurs sont pour sa façade aux dimensions très impressionnantes, surmontée de deux tours que terminent des clochetons. L'intérieur se compose d'une nef centrale et de deux bas-côtés. Dans celui de droite, le long du mur, des confessionnaux attendent les fidèles. La décoration est relativement sobre exception faite du chevet qui abrite le Christ Noir et ses compagnons la Vierge, Madeleine (agenouillée) et saint Jean.

Mais sa visite vaut surtout pour les célébrations et les rites païens et catholiques qui s'y déroulent en l'honneur du Cristo Negro. Arrivés au sommet de l'escalier monumental, les pèlerins y entrent avec la plus extrême ferveur, courbés en deux, certains parcourant à genoux la distance séparant l'entrée du chevet.

La tête coiffée de leur chapeau de pèlerin, les fidèles se lancent alors individuellement ou en groupe dans un profond recueillement, dans des prières ou incantations, entourés de leurs offrandes de maïs et des cierges qu'ils ont allumés et qui ne tardent pas à recouvrir entièrement le sol de la Basilique (une partie du personnel de la Basilique passe son temps durant les festivités à racler l'épaisse couche de cire qui finit par recouvrir les dalles de la nef !).

Certains mêmes choisissent de s'allonger les bras en croix dans une posture expiatoire. A la lumière des seuls cierges, et au milieu d'une musique religieuse difficilement perceptible, des chants des fidèles, des prières des cris des enfants attachés dans le dos de leurs mères, l'impression est vraiment très forte.

Le Christ Noir

Il est l'œuvre du sculpteur portugais **Quirio Cataño** qui, entre 1594 et 1595 le réalisa dans un morceau de cèdre. Le 9 mars 1595, il arriva à Esquipulas où il fut placé dans l'église paroissiale Santiago. On ne parle pas immédiatement du Christ Noir, mais dès 1605, un Christ Noir est signalé à Esquipulas. Puis, peu à peu sa réputation va s'étendre à l'ensemble du Guatemala et de l'Amérique Centrale. Elle sera parachevée vers 1730 quand, malade, l'archévêque **Pedro Pardo y Figueroa** se rend au chevet du Christ dans l'église Santiago et revient de son séjour à Esquipulas complètement guéri.

On parle de Christ Noir parce que le bois dans lequel il a été sculpté serait de la même couleur. Mais un examen du crucifix a montré qu'en aucune façon le noir n'était la couleur d'origine du morceau de cèdre dans lequel il fut taillé. Cette coloration serait due aux excès des fidèles qui, depuis la fin du XVIe, avaient coutume d'embrasser, de toucher le crucifix, patinant progressivement le bois et lui donnant cette couleur aujourd'hui indissociable du culte.

Dans le chevet de la basilique, dans les cages de verre qui les protègent désormais, on peut voir sur les quatre sculptures les ravages causés par quatre siècles d'adoration intense dont ils ont fait l'objet. Environ un million deux cent cinquante mille pèlerins rendent chaque année visite au Christ Noir.

La cathédrale d'Esquipulas

Esquipulas le 15 janvier

C'est le dernier jour de la fête patronale qui chaque année prend possession de la ville pendant quinze jours du 1er au 15 du mois. Dernier jour de fête, c'est aussi le plus important, où l'on fête l'image du Cristo Negro.

La ville a vu, depuis quelques jours déjà, affluer des milliers de Guatémaltèques, se transformant aux abords de la Basilique en un vaste village de tentes, d'abris des plus sommaires où des familles entières (les plus modestes) trouvent refuge tout le temps des festivités en attendant avec ferveur le grand jour. La veille, des bus spécialement affrétés pour l'occasion déversent encore leurs flots de croyants. Depuis deux ou trois jours parfois, il faut aux fidèles sept à huit heures d'attente pour pouvoir approcher au fond de la Basilique les images (ce sont en fait des statues) du Christ Noir et de ses deux compagnons, la Vierge (Virgen) et saint Jean (San Juan).

Toute la journée et durant une grande partie de la soirée, c'est un défilé ininterrompu d'Indiens se rendant depuis le Parc, là où commence l'escalier monumental, vers l'entrée de la basilique. Venus seuls, en famille ou en groupe composé pour certains d'une quarantaine de membres d'un même village, ils gravissent lentement les marches de la basilique en psalmodiant des prières.

Assister à ce merveilleux défilé, c'est un peu embrasser du regard le Guatemala tout entier. Tous habillés de leurs tenues coutumières, aux couleurs et motifs distinctifs, passent des indiens Cakchiquels avec leurs chauves-souris si caractéristiques dans le dos, des villageoises de Santiago Atitlán avec leurs coiffes inimitables, des hommes de Zunil près de Quetzaltenango, les reins ceints de leurs étonnantes jupes de laine foncée, des représentantes des villages Chorti environnants aux jupes de satin uniques, mais aussi des membres de la communauté garifuna de Livingston, des ladinos des villes des Hautes Terres et beaucoup d'autres encore, tous coiffés de ses étranges chapeaux de paille garnis de guirlandes, de boules et de sujets en bois.

Ils passent là sans voir ces pauvres enfants gravement malades, atteints de malformations incurables amenés par leurs parents afin de susciter auprès du Christ Noir les fameux miracles à l'origine du succès et de la ferveur de son culte.

Dans la basilique, à la lueur des centaines de cierges allumés (le sol est recouvert par endroit de plusieurs centimètres de cire) les fidèles se livrent à des rites où se mêlent croyances catholiques et croyances mayas, si vivaces en certaines parties du Guatemala.

La descente, selon une coutume ancestrale, s'effectue à reculons, les yeux tournés vers le portail de la basilique et s'achève aux pieds des escaliers en une prière commune, le tout sur fond de brouhaha et d'explosion de pétards.

Pendant qu'on accomplit ces rites, le reste de la ville achète, vend, consomme. Le large boulevard Quirio Cataño entre la 3a et la 7a avenida se transforme en un immense marché à ciel ouvert dont l'activité ne cesse qu'à une heure avancée de la nuit.

Capitale religieuse du pays le temps d'une journée, elle en devient aussi la capitale commerciale. Il semble que que tous les commerçants du pays s'y donnent rendez-vous. En l'espace de deux jours, des familles de paysans vont dépenser en l'honneur du Christ Noir les économies de plusieurs mois, si ce n'est de toute une année.

Eglise paroissiale Santiago

Installée à l'angle de la 3a avenida (Calle Real) et de la 2a calle, très à l'écart du Parc et de la Basilique, cette église connut une première construction au XVIe. Des spécialistes croient avoir trouvé dans la sacristie actuelle (de petite dimension) l'emplacement et les contours de l'antique église qui abrita en 1595 « l'image » comme on dit ici, du Christ Noir après qu'il fut sculpté par Quirio Cataño. Dédiée à saint Jacques l'Apostolique, elle date du XVIIe siècle et arbore un style colonial. Elle s'enorgueillit d'avoir reçu, durant la domination espagnole, la visite du chef de la Capitainerie Générale du Guatemala, Don Alonso de Arias y Moreno qui par deux fois se rendit dans l'église et participa à l'expansion du culte de Santiago au Guatemala. De 1595 à 1759 elle abrita donc le crucifix du Cristo Negro, transféré lors de l'inauguration dans le chevet de la Basilique.

Aqueduc

Les Espagnols ayant conquis Esquipulas (1530), ils s'engagèrent, aidés des Indiens réduits en esclaves, dans des travaux de génie civil afin de rendre possible l'installation d'une garnison au milieu des montagnes. L'eau manquait à Esquipulas et un aqueduc fut alors construit. Il reliait la rivière El Renacimiento à la place de la Municipalidad. Là, une vasque monumentale en forme de fleur recevait l'eau si difficilement acheminée, permettant à la population de s'approvisionner. On peut encore admirer à quelques lieues de là son élégante arcature dont la parfaite régularité est cassée par la présence d'un étonnant arc ogival. Un aqueduc plus ou moins identique alimentait Guatemala Ciudad. L'aqueduc d'Esquipulas accomplit son office jusqu'en 1933, date à laquelle la ville fut équipée d'un réseau d'alimentation en eau potable. Il fut classé monument historique en 1970.

Puente Grande

Situé dans la Calle Real (3a avenida), il fut construit autour de l'année 1751 du temps de la domination espagnole. Long de 18 mètres et large de plus de 5 mètres, il enjambe à l'aide de trois arches la Quebrada Oscura. De chaque côté il est encadré de rembardes surmontées chacune de colonnes. Celle située au milieu de la rambarde de droite est composée d'un antique monolithe de pierre précolombien. Les monolithes étaient semble-t-il très prisés par les indiens Chorti avant l'arrivée des Espagnols, qu'ils offraient à leurs dieux lors de cérémonies religieuses.

Pèlerins à Esquipulas

■ BALADE

On prend la rue qui sur la droite longe le Parc. Elle est bordée de quelques boutiques, d'hôtels, de restaurants et de banques. Au fond de la rue, à côté du cimetière, au milieu de pins et d'eucalyptus, se « cache » l'imposante **figurine gonflable du Pollo Campero**. On ne peut vraiment pas la rater comme le restaurant du même nom situé à deux pas.

Face au restaurant Pollo Campero, le **plaza Santa Fé** a vu le jour. C'est une galerie marchande joliment faite où l'on trouve pêle-mêle des échoppes vendant des rafraîchissements, des boutiques de souvenirs, des magasins de vêtements occidentaux (jeans etc.).

On continue son chemin en laissant derrière soi la plaza Santa Fé et le Pollo Campero sur notre gauche. On tourne sur la droite pour revenir sur le **boulevard Quirio Cataño**. Là sont concentrés les terminaux des compagnies de bus reliant Esquipulas à Guatemala Ciudad (via Chiquimula, Zacapa et Rio Hondo) et au Honduras. Les changeurs au noir vous abordent vous proposant des lempiras contre des quetzals. On revient vers le Parc transformé en camp de tentes durant les fêtes du Cristo Negro.

A cet endroit le **boulevard Quirio Cataño** est bordé d'une succession de comedors et d'hôtels bon marché, à la propreté douteuse. Durant la première quinzaine de janvier on y dort très difficilement, surtout les 13, 14 et 15 du mois, le boulevard étant alors envahi jusqu'à tard dans la nuit par une foule bruyante. On s'engage alors dans la **3a avenida (Calle Real)**. Très commerçante on y trouvera des hôtels, des comedors, des boutiques de souvenirs.

En descendant la Calle Real, passée la 9a calle, on trouve le **Puente Grande** puis le **Puente Chiquito**, antiques ponts de la ville. A trois cuadras plus loin se situe la **place de la Municipalidad** bordée sur un de ces côtés par l'**Hôtel de Ville** et de l'autre par l'**église de Santiago**. Au centre trône la fameuse **vasque (la pila)** qui recevait les eaux que l'aqueduc de la ville transportait depuis le rio Renacimiento. A deux pas de là on peut encore en voir quelques arches.

■ SHOPPING

Durant les festivités en l'honneur du Cristo Negro on trouvera bien évidemment un grand nombre d'articles liés au culte et au pèlerinage. Outre les images pieuses, les crucifix, les cierges dont les fidèles font une grande consommation, on pourra s'offrir le chapeau de paille « officiel » des pèlerins. Pour l'ascension, tous en sont porteurs. Ils sont décorés des fameux gusanos, ses petits serpentins multicolores qu'on s'arrache aux abords de la basilique.

Grand rendez-vous annuel des commerçants du Guatemala, on y trouve également des articles sortis des ateliers « artisanaux » des villages des Hautes Terres, des meubles peints de Totonicapán aux couvertures (chamarras) de Momostenango, une grande variété de tissages (huipils, draps…) ou encore des articles de souvenir communs aux marchés des grandes localités touristiques. On rencontre aussi des vendeurs de tableaux où sont représentés des poulbots avec en toile de fond la butte Montmartre et des enfants vendeurs de sifflets en terre cuite dont on pourra faire provision (1 à 2 Q pièces).

Marché

Esquipulas est l'une des 16 villes avec Guatemala Ciudad et Chiquimula à posséder un marché permanent. A Esquipulas il n'occupe pas un bâtiment couvert mais tout un « quartier » situé sur la gauche de la basilique. Quadrillé de ruelles bordées d'étals et d'échoppes, on y trouve bien évidemment de tout, dont les produits de l'artisanat local et ceux liés au culte du Christ Noir. C'est là en effet que les pèlerins s'approvisionnent en cierges, en statuettes et autres images pieuses durant les festivités de la première quinzaine de janvier et durant le reste de l'année.

■■■ DANS LES ENVIRONS

La piedra de los dos compadres (les pierres des deux compères)

Situées à environ 3 kilomètres d'Esquipulas sur l'antique route qui reliait la ville à Chiquimula, la piedra de los compadores est constituée de deux énormes pierres installées en un équilibre fragile l'une sur l'autre. L'ensemble mesure près de quatre mètres de hauteur et on estime que chacune des pierres pèse environ 50 tonnes. La légende raconte que ces deux pierres étaient, avant qu'ils ne soient changés en blocs, deux amis cheminant sur la route d'Esquipulas, transportant un enfant afin qu'il soit baptisé.

Fatigués ils choisirent de prendre du repos dans cet endroit particulièrement béni des dieux. Mais là, troublés par la beauté des lieux ils s'abandonnèrent aux péchés de la chair. Le péché consommé, ils furent instantanément transformé en pierre.

La coutume veut que les visiteurs venant pour la première fois à Esquipulas se rendent sur place y offrir des cierges en offrande, brûler de l'encens ou du pom (sorte d'encens en pâte) ou encore danser autour des pierres. C'est un endroit où les habitants de Chiquimula et d'Esquipulas aiment venir pique-niquer.

On remarquera également autour de cette surprenante structure un grand nombre de pierres. Ce phénomène est le résultat d'une tradition séculaire. Les gens de la région jettent en effet sysytématiquement une pierre sur les pierres en signe de désapprobation quant à l'acte qui a motivé la transformation des deux amis.

Cuevas de las Minas

Situées à quelques encablures seulement d'Esquipulas, las Cuevas de las Minas sont un réseau de grottes (cuevas=grottes) creusées par l'homme pour en extraire entre autres du jade. L'activité d'extraction a depuis longtemps cessé. Aujourd'hui elle sont l'objet d'une attention toute particulière de la part de la population. En effet des hommes travaillant dans la mine y auraient vu Cristo Negro y apparaître.

Comme la grotte de Lourdes elle est depuis l'objet d'un culte des indiens Chorti et des autres communautés indiennes du pays. Lors des grandes fêtes religieuses de l'année (le 15 janvier, la Semana Santa…) on s'y rassemble en nombre pour célébrer le Christ Noir.

Mirador (Belvédère)

Peu avant l'entrée de la ville sur la route de Guatelama Ciudad, une centaine de mètres avant l'hôtel El Gran Chorti lorsqu'on vient de Chiquimula, on trouve sur la gauche de la route un belvédère d'où l'on a une vue magnifique sur Esquipulas. Les pèlerins motorisés qui quittent la ville s'y arrêtent souvent pour jeter un dernier regard sur la basilique. L'endroit est idéal pour prendre une photo.

Administration Standard Barbara Tigeras, secrétariat Hélène Gentais (01 53 69 70 00) Gérard Brodin, Dina Bourdeau, Josselina Nobre • **Collection Country / Régions** (01 53 69 70 15) Frédérique de Suremain, Nora Grundman, Nicolas Men Sylvain Desclous • **Collection City / Départements** (01 53 69 70 04) Michèle Kassubeck, Romain David, Nathalie Thénal **Régie publicitaire** Stéphan Szeremeta, Marie-Christine Dagba (City / Régions 01 53 69 70 13 / 63) • **Direction commerc** Luc Régnard (City / Départements 01 53 69 70 00) • **Relations presse et promotion** Clotilde Sirven (01 53 69 70 08) **Diffusion** Patrice Evenor, Pascal Mayot, Carla de Sousa, Romuald Verrier (01 53 69 70 06) • **Production et fabrication** (City / Week-Ends 01 53 69 70 11) Jacky Lagrave, Franck Delapierre, Evelyne Marchand, Frédéric Ouzana, Samuel Péquig (Country / Régions 01 53 69 70 12) Nathalie Thoraval, Delphine Pagano, Lydie Dallongeville, Muriel Landsperger

Le Petit Futé 18, rue des Volontaires 75015 PARIS • Tél. 01 53 69 70 00 - Fax 01 42 73 15 24
NEU, SARL au capital de 3 000 000 F F. RC Paris B 309 769 966
Filiales : **Belgique** (Bruxelles), **Canada** (Montréal), **Russie** (Moscou), **Chine** (Pékin), **Australie** (Perth)
Email : info@petitfute.com

LA COTE PACIFIQUE

LA COTE PACIFIQUE

Elle s'étend selon un axe nord-ouest sud-est de la frontière mexicaine à celle du Salvador. Etroite bande de terre d'une cinquantaine de kilomètres de largeur environ, elle est coincée entre l'Océan Pacifique à l'ouest et les hauts plateaux de la Cordillière Centrale à l'est.

Comme pour la côte Caraïbe elle se caractérise par un climat tropical chaud et humide bien agréable tout au long de l'année. Cette bordure pacifique est également marquée par une courte saison des pluies qui s'étale de fin août au début du mois d'octobre et qui accentue encore la moiteur ambiante.

Ces caractéristiques climatiques ont permis à la bordure pacifique de devenir l'une des grandes régions agricoles du Guatemala. L'on y cultive les produits phares de l'agriculture nationale destinés principalement à l'exportation comme le **café**, la **banane** et surtout la **canne à sucre**, composante incontournable du paysage de la bordure pacifique. On la trouve en effet partout le long de la Panaméricaine (CA-2) de Mazatenango à Escuintla, où la célèbre route traverse de vastes exploitations où s'activent des armées de campesinos.

La **Panaméricaine** a ici les allures d'une route de campagne occupée en journée par une myriade de tracteurs passant de villages en champs de cannes. Outre des paysages peu communs au reste du pays, la bordure pacifique recèle des trésors archéologiques insoupçonnés et inestimables.

A partir du Xe siècle avant notre ère, la région vit se développer sur ses terres hospitalières une civilisation que l'on rattache à la **civilisation olmèque**. En provenance du Mexique actuel semble-t-il, les Olmèques s'installèrent dans quelques points de la bordure et développèrent plusieurs sites cérémoniels d'importance comme celui d'Abaj Tabalik à côté de Retalhuleu ou encore ceux de Bilbao et d'El Baül à proximité immédiate de Santa Lucia Cotzumalguapa.

Les plus importants vestiges qui nous sont parvenus sont ses fameuses **têtes monolithiques en basalte** qui accusent, quant aux traits du visages, de nombreuses similitudes avec les civilisations qui prospéraient à la même époque dans le centre du Mexique et tout particulièrement celle des Olmèques, ce qui fait dire à la communauté scientifique que ces pionniers de l'occupation de la bordure pacifique furent des Olmèques.

Plusieurs villes méritent également une attention à commencer par **Retalhuleu**. En venant du Mexique, c'est la première localité d'importance que l'on rencontre sur la Panaméricaine pacifique (CA-2). Elle dispose d'une modeste structure hôtelière tant en nombre qu'en qualité mais on s'en satisfera aisément pour une nuit, le temps de visiter les vestiges d'Abaj Tabalik.

Beaucoup plus loin le long de la CA-2, se trouve **Santa Lucia Cotzumalguapa**, petite ville endormie au milieu des champs de canne à sucre. Son seul attrait réside dans les prestigieuses ruines qui l'entourent. Elle ravira cependant ceux aimant voyager en dehors des grands sentiers touristiques.

A environ 32 km plus au sud, **Escuintla** est en quelque sorte la capitale de la bordure pacifique. Sans grand attrait, c'est un nœud routier primordial, passage vers des destinations beaucoup plus exotiques comme Monterrico en bordure de l'Océan Pacifique.

Endroit véritablement béni des dieux, **Monterrico** est le lieu idéal avec sa plage sauvage de sable noir fréquentée par les tortues de mer, pour se remettre des fatigues du voyage.

RETALHULEU

Du haut de ses 40 000 habitants, Retalhuleu est la capitale du département du même nom. Située à 185 km au sud ouest de Guatemala City, elle se trouve en bordure du Haut Plateau, à près de 250 m d'altitude, mais elle est pourtant rattachée à la région dite de la côte pacifique, entre autres parce qu'elle se trouve sur le tracé de la route **panaméricaine** pacifique. Cette région essentiellement agricole est relativement riche, ce qui explique la présence assez abondante d'hommes d'affaires qui viennent se détendre à Retalhuleu. La ville est le plus souvent désignée (sur les bus par exemple) sous le diminutif de **Reu** (prononcez ré-ou).

Reu a pris une petite place dans l'histoire du Guatemala en mai 1871, lors de la Guerre Libérale. La bataille de Retalhuleu est en effet une des premières victoires des libéraux face au pouvoir conservateur et permit donc l'arrivée au pouvoir du réformateur Barrios.

■ PRATIQUE

Il n'y a pas d'office de tourisme, il faut donc s'adresser à la **municipalidad** (la mairie) pour obtenir quelques renseignements.

Du fait de sa situation sur la panaméricaine pacifique et de son statut de capitale départementale, Reu est assez facile d'accès. C'est d'ailleurs généralement la première ville importante que vous rencontrez en arrivant du Mexique par la route (poste frontière de Tecun Uman).

Le centre-ville s'organise bien sûr autour de la place centrale, près de laquelle se trouvent les principales adresses utiles : municipalidad, poste, Guatel d'un côté, les principales banques de l'autre. La gare ferroviaire se trouve à environ 300 m vers le nord, la gare routière, un peu plus éloignée, est à environ 800 m vers le Sud-Ouest, en direction de l'hippodrome.

■ HEBERGEMENT

Hotel Modelo. 5a calle 4-53, Zona 1 Reu ✆ 77- 0256. *7 chambres de 45 à 85 Q.* Situé dans une vieille maison entre la gare et la place centrale, il offre un confort évidemment simple, mais suffisant pour un petit budget.

Hotel Posada de San José. 5a calle 3-67 Zona 1, Reu ✆ 771-0180 - Fax 771-1179. *25 chambres de 150 à 220 Q.* Grosse différence de prix, mais elle est justifiée par un confort et un équipement nettement supérieurs : bâtiment moderne, piscine, restaurant, parking, chambres climatisées, etc. Il est situé en face de la gare.

Hotel Siboney Cuatro Caminos. San Sebastian ✆ 771-0149 - Fax 771-0711. *25 chambres de 170 à 200 Q.* Situé hors de la ville vers l'est, c'est un des motels modernes qui bordent la panaméricaine. Peu de charme en perspective donc, mais un très bon niveau de confort avec chambres climatisées, piscine ou encore restaurant.

■ RESTAURANTS

Ils sont pour la plupart situés sur la place principale et proposent une cuisine simple et économique (autour de 15 Q). Un peu plus raffiné (et donc plus cher : autour de 50 Q), le meilleur restaurant de la ville est celui de l'**hôtel Posada de San José** (voir plus haut).

Table des distances page 11

■ BALADE

Il n'y a pas vraiment d'endroit à voir absolument à Reu, mais il est assez agréable de se promener en se laissant bercer par la douceur de l'ambiance et la chaleur de l'accueil de cette ville certes plutôt bourgeoise (voir les riches villas sur les hauteurs) mais authentique. Elle est ainsi nettement plus agréable que la plupart des villes de la côte. Vous remarquerez déjà que la ville n'adopte pas le plan traditionnel en damier, avec ses rues parfaitement rectilignes. Peut-être faut-il y voir un héritage du passé : bien que fondée par les Espagnols, Reu est née de la réunion de deux villages existants.

Au cœur de la ville, on jettera un œil sur les deux masses d'un blanc éclatant de l'**église** et de la **municipalidad**. La première est d'un classique style colonial. Dans la seconde, à l'aspect assez excentrique avec ses grandes colonnes, vous trouverez un petit **musée archéologique et ethnologique** (*ouvert de 9 h à 12 h et de 14 h à 18 h, fermé le lundi*). Il fait bien sûr la part belle aux Mayas, avec notamment une collection de personnages sculptés. Une autre partie intéressante est constituée d'un important fonds de **photos** retraçant l'histoire de la ville depuis la fin du XIXe siècle.

■ DANS LES ENVIRONS

Site d'Abaj Takalik

Le site est ouvert de 9 h à 16 h tous les jours. Comme la plupart des sites mayas (ne nous plaignons pas, c'est ce qui leur a permis d'arriver préservés jusqu'à nous), il est assez difficile d'accès sans moyen de transport individuel (et encore, plutôt une 4x4 qu'un coupé surbaissé, vu l'état des derniers kilomètres de parcours). Il se situe à une trentaine de kilomètres au nord ouest de Reu. On y accède depuis le village de El Asintal (liaison en bus), puis par une piste de 4 km.

Abaj Takalik a été découvert relativement récemment et n'a pas encore livré tous ses secrets. L'endroit vous paraîtra d'ailleurs plutôt décevant si vous ne vous sentez pas l'âme fureteuse d'un archéologue. Il apporte pourtant un éclairage intéressant sur l'ère pré-classique maya et notamment sur l'influence des Olmèques sur les cités mayas. En effet, Abaj Takalik a été à l'âge classique associée à l'image de l'Enfer et les Mayas l'évitaient. Il a ainsi été préservé et les monuments les plus anciens mis à jour datent du Ier siècle avant J.-C., soit le début des constructions mayas en pierre. Outre une centaine de monuments, les fouilles ont mis à jour près de 200 statues, pour l'essentiel des têtes monumentales. Certaines sont clairement des réalisations olmèques. On peut admirer également les fondations de deux temples, abondamment décorés de bas-reliefs (motifs essentiellement animaliers).

SANTA LUCIA COTZUMALGUAPA

Sur la carretera al Pacifico, la CA-2, Santa Lucia Cotzumalguapa est une grosse bourgade agricole entourée à perte de vue de champs de cannes à sucre. A 38 km d'Escuintla elle a des allures de gros village endormi bien qu'elle compte « officiellement » autour de 22 000 habitants. La ville se développe en bordure de la CA-2, sur le côté gauche de la route en venant de Retalhuleu, sur une petite hauteur dominant la vallée et les campagnes environnantes.

Dans la ville même il n'y a pas grand chose à voir si ce n'est son Parque Central bordé par l'église paroissiale. Tout l'intérêt de Santa Lucia réside en ses richesses archéologiques situées à proximité. En effet perdu au milieu d'un paysage dominé par la canne à sucre, trois petits sites de la civilisation Pipil ont résisté aux dommages du temps et des hommes. Installée à deux heures et demie de route de Guatemala Ciudad, Santa Lucia Cotzumalguapa et ses sites archéologiques peuvent être aisément visités dans la journée depuis la capitale du pays.

■ PRATIQUE

Office du tourisme. Il n'y en a pas à Santa Lucia mais on pourra se renseigner auprès de la Municipalidad ou auprès de la bibliothèque municipale installée sur le côté ouest du Parque Central. L'accueil y est des plus chaleureux.

Banques

Banco del Ejercito. 5a avenida Zona 1. *Ouvert du lundi au vendredi de 8 h 30 à 20 h ; le samedi de 9 h à 14 h.* Située sur le Parque Central, elle change les chèques de voyages et accepte au comptoir la carte Visa.

Corpobanco. 5a avenida Zona 1. *Ouvert du lundi au vendredi de 8 h 30 à 20 h ; le samedi et le dimanche de 8 h 30 à 13 h.* Juste à côté de la précédente, elle accepte les chèques de voyages.

Bus

Le terminal de bus se situe à deux cuadras à l'est du Parque Central. Pour s'y rendre prenez la 6a calle, elle mène tout simplement à lui.

Des bus en partent toutes les 30 minutes environ à destination d'Escuintla. Comptez 30 à 40 minutes selon que le bus se trouve bloqué ou pas derrière les nombreux tracteurs chargés de canne à sucre. Tarif 2,5 Q.

Taxi

Quelques voitures font office de taxi à Santa Lucia. Pour rejoindre El Bilbao (las piedras) comptez 20 Q aller-retour et pour El Baül, comptez 40 Q aller-retour.

■ HEBERGEMENT

Peu fréquentée par les touristes qui préférent loger soit à Guatemala Ciudad ou encore sur la côte Pacifique à Monterrico par exemple, Santa Lucia dispose d'une poignée d'établissements au confort rudimentaire à une exception près. En cas de besoin, on s'en satisfera le temps d'une nuit.

Hospedaje Yoli. 6a calle 4-63, Zona 1. *7 chambres de 15 à 45 Q.* Situé juste derrière l'église de Santa Lucia, l'hospedaje Yoli est un modeste établissement tenue par une dame âgée répondant au doux prénom de Yolanda. Peu habituée à recevoir des touristes, elle ne manquera pas pourtant de vous faire la conversation. Les chambres sont petites, sans confort et ne disposent pas de fenêtre. La salle de bains commune est utilisable à partir de 18h seulement, heure à laquelle Santa Lucia est à nouveau alimentée en électricité.

Hospedaje Reforma. 4a avenida 4-71, Zona 1. *8 chambres de 18 à 30 Q.* A deux pas (30 mètres) du Parque Central, cet hospedaje est lui aussi très peu fréquenté par les touristes de passage à Santa Lucia. Les chambres spartiates s'organisent le long d'une cour sans charme, face à la maison des propriétaires. Elles pourront dépanner en cas d'urgence.

Camino Hotel Santiaguito. km 90,5 Carretera Interamericana ℂ 882-5435 - Fax 882-5438. *42 chambres de 270 à 330 Q.* Situé à l'entrée de la ville sur la carretera qui relie Retalhuleu à Escuintla, l'hôtel Santiaguito est un bel hôtel très bien tenu qui tranche véritablement avec les autres structures d'accueil. Ses chambres sont grandes et relativement bien arrangées. Certaines sont équipées de l'air conditionné. C'est incontestablement une référence dans la région puisqu'il est équipé de plus d'une piscine, d'un restaurant et d'un vaste jardin.

Le Petit Futé vous invite à découvrir son catalogue
disponible chez votre libraire ou par correspondance

■ HISTOIRE

Les Pipils régnèrent semble-t-il sur la région entre le début du VIe av. J.-C. et la fin du XIIe ap. J.-C.. De toute évidence ils n'appartenaient pas au groupe ethnolinguistique des indiens Mayas. Tout porte à croire qu'ils vinrent s'installer sur ces terres de basse altitude vers la fin du Ve ap. J.-C. en provenance du Mexique. La langue des descendants des Pipils qui occupent encore la région de nos jours se rapproche beaucoup de celle des indiens nahuatl des Hautes Terres du Mexique. Les sites de El Bilbao et d'El Baül avaient des fonctions cérémonielles. Autour s'étendaient les quartiers d'habitations là où se trouve aujourd'hui Santa Lucia Cotzumalguapa. La construction de maisons actuellement est très souvent l'occasion de découvertes modestes (fragments de poterie) dans leur ensemble, mais qui renseignent quant à l'étendue de l'antique agglomération.

Centre politico-religieux d'importance durant la période post-classique, Santa Lucia rayonna sur une partie des Hautes Terres guatémaltèques, exportant son art de la sculpture et ses motifs auprès des différentes cités mayas. On sait également des Pipils qu'ils vouaient une passion débordante au jeu de balle, le nombre de pierres sculptées exhumées le confirmant.

Abandonné au XIIIe siècle, le centre que constituait Santa Lucia et les trois sites cérémoniels ne furent redécouverts qu'au cours du XIXe siècle. En 1866, un agriculteur au cours de travaux des champs découvre à faible profondeur plusieurs pierres qu'il tente de dégager. Il signale sa découverte aux autorités qui poursuivent les travaux de dégagement. Le site dans son ensemble eut à souffir de la mise en valeur des terres sur lesquelles il était installé. On s'intéressa alors beaucoup à cette nouvelle découverte qui eut à subir le pillage des musées occidentaux. C'est ainsi qu'en 1880, neuf des plus grandes et plus belles pierres sculptées de El Bilbao furent emportées par des émissaires du musée Dahlem de Berlin. Elles sont encore aujourd'hui exposées dans ce musée.

Antiques centres cérémoniels, El Bilbao et surtout El Baül font encore l'objet d'une profonde vénération de la part de certains habitants de Santa Lucia et du département ainsi que de communautés des régions autour de Quetzaltenango, Momostenango et de Palin en particulier, qui viennent y pratiquer des rites mêlant religion catholique et croyances païennes.

■ VISITE

Les trois principaux sites Pipils se trouvent à différentes distances du centre ville. Le plus proche (El Bilbao) situé à 1 km environ du Parque Central peut être aisément rallié à pied mais les deux autres, à plusieurs kilomètres, sont perdus au milieu des champs de canne à sucre et sont relativement difficiles à trouver. Le mieux est certainement de louer un taxi jusqu'aux sites les plus éloignés.

El Bilbao

Situé à environ 1 km du Parque Central, le site de El Bilbao appelé aussi **las piedras**, est le plus proche et le plus important par le nombre de ses **stèles** des trois sites Pipils. On y dénombre en effet quatre grands blocs de pierre dont deux surtout se démarquent par la qualité de leurs sculptures et des motifs variés qui y sont représentés. Sur l'un de ces monolithes, on peut voir des Pipils s'exercer au jeu de balle. Les sculptures sont particulièrement expressives et les détails de leurs parures d'une grande précision. Tout autour on remarquera des motifs végétaux (fruits divers dont des fèves de cacao particulièrement reconnaissables) et animaliers (oiseaux). Les autres stèles sont également couvertes de gravures mais elles sont pour la plupart à moitié effacées.

En effet si quelques pierres furent trouvées ensevelies, d'autres, les plus endommagées d'ailleurs, eurent à subir pendant des siècles les assauts conjugués de la pluie et du vent. Une dernière pierre recèle un réel intérêt. Elle comporte en effet des motifs, des glyphes plus exactement, dont les spécialistes ont montré l'étrange similitude, voire la parfaite ressemblance avec ceux des pierres et monuments sculptés du Golfe du Mexique.

Pour s'y rendre à pied depuis le Parque Central, on peut remonter la 3a avenida qui sort de la place au niveau de la Banco del Ejercito. Après deux cuadras on sort de la ville. On est alors sur la route de la Finca El Baül. Au niveau de l'église le Calvario il faut tourner à droite. A partir de là il devient difficile de trouver son chemin. Demandez alors votre route ou faites-vous accompagner d'un enfant.

El Baül

Le site d'El Baül est perché au sommet d'une petite colline installée à environ 5 km du Parque Central de Santa Lucia Cotzumalguapa. Un chemin conduit au sommet. Isolé, le site n'en est pas moins très fréquenté par des habitants des environs. En effet comme pour le sanctuaire de Pascual Abaj à Chichicastenango, on y pratique toujours des cérémonies rituelles en l'honneur des anciens dieux. On trouve là des offrandes de fleurs, d'alcool, du maïs, des restes de cierges dont la fumée, avec celles des feux allumés là, a noirci les stèles. Ses pierres sont au nombre de deux. L'une est un grand bloc couvert d'inscriptions et de motifs divers et variés. L'autre est encore à moitié enterrée et représente une tête aux yeux immenses et au sourire figé. De petite taille, les croyants l'utilisent comme un autel. D'autres stèles sont à admirer à la finca El Baül située à environ 1,5 km de la colline d'El Baül. La finca est une grande propriété où arrive les chargements de canne à sucre pour en faire du rhum ou pour en tirer tout simplement le sucre. Elle referme un petit musée abritant une intéressante collection d'objets attachés à la vie quotidienne des Pipils. A côté on trouve deux belles stèles représentant une tête de guerrier et l'autre un jaguar.

En 1996, une association de sauvegarde du patrimoine d'El Baül a vu le jour. Cette création fut motivée par l'extension de la Colonia Maya, un quartier de Santa Lucia en direction du site d'El Baül. Profitant des travaux de voirie et de creusement des fondations, des fouilles furent menées. Elles sont à l'origine de découvertes pas aussi spectaculaires que celles réalisées il y a plus d'un siècle lors de la redécouverte du site mais qui ont enrichi les connaissances des archéologues et historiens sur l'histoire des Pipils.

Des bus (1 Q) relient plusieurs fois par jour Santa Lucia à la finca El Baül. Sur la route descendez au niveau du panneau Los Tarros et poursuivez à pied par la piste de terre que vous trouverez là sur la droite. La colline se situe à moins de 2 km de là sur la droite de la piste.

Finca Las Illusiones

C'est le troisième et dernier site d'importance de Santa Lucia Cotzumalguapa. Du nom de la finca où on peut le trouver il est constitué par quelques stèles sans grande valeur picturale et d'une petite collection d'objets (poteries, pièces scuptées, etc.) qu'abrite un **musée** aux horaires des plus flexibles. Sa visite n'apporte réellement rien de plus. On y accède depuis la carretera al Pacifico par une route située juste après la station Esso sur la gauche de la route en allant vers Escuintla.

■ BALADE

Tout ce qu'il y a à découvrir de Santa Lucia Cotzumalguapa se résume à son Parque Central, petite place ombragée dominée par son étonnante église paroissiale. Là, la population se retrouve à l'ombre de grands arbres, sur quelques bancs tournant le dos à l'église. On trouvera, pour se dépanner, des banques, et quelques comedors bon marché. Pour rejoindre le terminal de bus, on longe le Parque Central par la 4a avenida. Au niveau de la 6a calle on tourne à gauche. Le terminal se trouve au bout de la 6 a calle particulièrement pentue à cet endroit.

■ LOISIRS

Fête de la Natividad. La seule fête de Santa Lucia Cotzumalguapa est celle de Noël. Elle se tient tout les ans du 20 au 29 décembre avec pour jour principal (c'est une surprise) le 25. Ces festivités sont marquées par différentes expositions, des concours floraux ainsi que par des corridas.

ESCUINTLA

Capitale du département du même nom, Escuintla est une importante ville commerciale et marchande dont le rayonnement va au-delà des frontières du département. C'est en quelque sorte la capitale de ce qu'on pourrait appeler la frange Pacifique, attirant à elle les produits tirés de l'activité des régions agricoles et des ports de la côte Pacifique. Situé sur la carretera al Pacifico (CA-2), ses fonctions de **ville de transit** sont évidentes. Important nœud routier c'est le passage obligé des voyageurs voulant, au départ de Guatemala Ciudad dont elle est distance de 60 km à peine, se rendre sur la côte Pacifique, à Puerto San José ou à Monterrico.

Construite sur les dernières pentes des volcans Fuego et Agua, elle ne possède aucun véritable intérêt pour le touriste de passage si ce n'est les bus qui en partent plusieurs fois par jour pour Puerto San José, mais aussi Chiquimulilla, Taxisco (correspondance pour Monterrico), Santa Lucia Cotzumalguapa et bien sûr Guatemala Ciudad. Les bus pour Guatemala Ciudad (Cie Esmeralda) sont à prendre à l'entrée de la ville sur la route Guatemala Ciudad-Santa Lucia Cotzumalguapa. Comptez environ 1 heure de route. Tarif 4 Q. Dans le sens Escuintla-Santa Lucia Cotzumalguapa, les bus sont à prendre au même endroit mais de l'autre coté de la route. Comptez environ 30 minutes de trajet. Tarif 2,5 Q.

Quant aux bus pour Puerto San José, Puerto Quetzal, Chiquimulilla via Taxisco (5 Q et non 10 Q), ils sont à prendre dans la calle Real qui descend de la place centrale, là où se tient quotidiennement un marché.

Escuintla dispose bien de quelques établissements hôteliers mais leur confort est plutôt rudimentaire. Mieux vaut se rendre à Guatemala Ciudad où à Monterrico si on en a encore le temps, les derniers bus partant d'Escuintla autour de 17h 30.

TAXISCO

Taxisco est une petite bourgade de quelques blocs de maisons située à 50 kilomètres d'Escuintla en direction du Salvador. Installé en bordure de la plaine du Pacifique, Taxisco est dominé par le volcan **Tecuamburro** haut de 1945 mètres et distant seulement d'une dizaine de kilomètres.

C'est le lieu de passage des bus se rendant d'Escuintla à Chiquimulilla et à la frontière salvadorienne. Les bus au départ de Guatemala Ciudad (Cie Cubanita) reliant Monterrico s'y arrêtent obligatoirement.

Taxisco s'est développé en bordure de la carretera al Pacifico qui traverse la bourgade, sur la droite de la chaussée en venant d'Escuintla. Tous les bus venant d'Escuintla déposent leurs passagers au même endroit sur la carretera al Pacifico, sur une petite place où traîne une carcasse carbonisée de camion. Là dans une rue perpendiculaire grossièrement pavée qui prend naissance à l'entrée de la place, on trouve des bus qui partent toutes les heures environ pour La Avellana (tarif 2,5 Q) d'où de grandes barques attendent de vous emmener jusqu'à Monterrico. La route jusqu'à La Avellana est une longue descente quasiment rectiligne d'une vingtaine de kilomètres bordée de chaque côté de pâturages gagnés sur la forêt et de hameaux où le soir, après l'école, le chauffeur dépose les enfants qui rentrent chez eux.

MONTERRICO

Isolée en bordure de l'océan Pacifique, Monterrico est l'un des plus beaux endroits de la côte Pacifique du Guatemala au cœur de la mangrove du biotope Monterrico-Hawaï. Sa plage de sable noir ne correspond peut-être pas à l'idée que l'on peut se faire d'une plage du bout du monde mais elle possède un charme incontestable avec ses cabañas, ses déferlantes s'écrasant dans un bruit assourdissant et ses tortues géantes qui y reviennent pondre chaque année. Comme pour Livingston, les voitures y sont pratiquement inconnues à part deux ou trois servant principalement au déchargement des marchandises venant de La Avellana. Car il n'existe qu'une seule solution pour rejoindre cet authentique village de pêcheurs : les barques à fond plat qui depuis La Avellana assurent le ravitaillement et le transport des personnes le long du canal de Chiquimulilla. Le week-end Monterrico est particulièrement fréquentée par les habitants de la capitale.

■ PRATIQUE

Il n'y a bien sûr pas d'office du tourisme, ni de Guatel (téléphone publique à l'hôtel El Maugle) ni de banque. Il convient donc en venant de Guatemala Ciudad ou d'ailleurs de se munir suffisamment pour ne pas se trouver bloqué.

■ TRANSPORTS

Le Muelle Municipal est le lieu de départ et d'arrivée des barques, unique moyen de rallier Monterrico. Elles quittent plusieurs fois par jour La Avellana pour Monterrico de 6 h 30 à 18 h (la dernière est à 18h). De même, elles quittent Monterrico pour La Avellana plusieurs fois par jour. Départ à 3 h 30, 5 h 30, 7 h, 8 h, 9 h, 10 h 30, 12 h, 14 h, 15 h et 16 h. Comptez environ 20 minutes de trajet. Tarif 2,5 Q. Attention aux horaires, les lanchas ont en effet une légère tendance à partir cinq minutes en avance. Prévoyez large. De La Avellana des bus, en partance pour Taxisco, attendent les passagers en provenance de Monterrico pour démarrer. Départ à 4 h, 6 h, 7 h 30, 8 h 30, 9 h 30, 11 h, 13 h, 14 h 30, 15 h 30 et 16 h 30. Tarif 2,5 Q. De même à Taxisco des bus attendant l'arrivée des de La Avellana pour se lancer vers Guatemala Ciudad.

Mosquitos

Quelle que soit la saison, n'oubliez pas votre lotion anti-moustiques et le soir venu habillez-vous en pantalon malgré la chaleur. Rares dans la journée, les moustiques fréquentent assidûment le soir et en nombre les terrasses des divers hôtels. Dans les chambres le problème peut également se poser, mais quasiment tous les établissements ont équipé leurs chambres et leurs lits de moustiquaires.

■ HEBERGEMENT

Petit coin de paradis, Monterrico ne dispose, heureusement d'ailleurs, que d'une poignée d'hôtels, six établissements au total, offrant sans exception, dans des cabañas ou des bâtiments en dur, un bon confort dans un cadre le plus souvent idyllique. Le rapport qualité-prix est relativement bon marché. Tous sauf un sont installés sur la plage face à la mer. Ils sont quasiment tous équipés d'un restaurant.

Johnny's Place. Playa Monterrico & 633-0329 / 337-4191 (Guatemala Ciudad). *7 bungalows pour 1 à 4 personnes à 90 Q par personne.* En venant du centre du village par la plage, c'est le premier établissement rencontré. Ces bungalows conviennent parfaitement à des groupes de quatre personnes. Sorte de mini-appartements, ils ont tous les équipements nécessaires : cuisine équipée, salle de bains, deux chambres à coucher et une grande salle de repas ouvrant sur l'extérieur. Le week-end ils sont pris d'assaut par des familles guatémaltèques de Guatemala Ciudad.

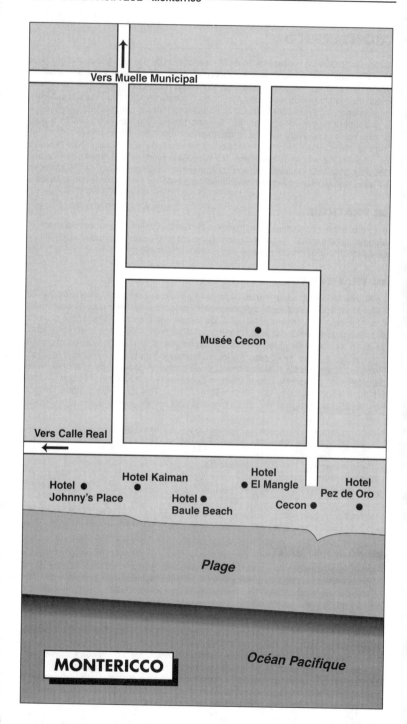

Vers Muelle Municipal

Musée Cecon

Vers Calle Real

Hotel El Mangle

Hotel Kaiman

Hotel Pez de Oro

Hotel Johnny's Place

Hotel Baule Beach

Cecon

Plage

MONTERICCO

Océan Pacifique

Hotel Kaiman Inn. Playa Monterrico & 334-6215 - Fax 334-6214. *6 chambres de 60 à 180 Q ; de 50 à 170 Q à partir de 3 nuits.* Situé juste à côté de l'hôtel El Baül, ce petit hôtel dispose de seulement six chambres installées à l'arrière du restaurant. Confortables, propres, elles sont toutes équipées de salle de bain. Leur prix est cependant l'un des plus élevés de la plage. Le restaurant quant à lui propose une cuisine principalement italienne bien préparée. Les pizzas sont entre 40 et 50 Q et les spaghettis et tagliatelles de 30 à 50 Q. On y trouve également quelques spécialités marines : des calamars et des camarones (crevettes) à 55 Q chacun.

Hotel Playa Baul. Playa de Monterrico & 202-4152 (Guatemala Ciudad). *17 chambres de 52 à 198 Q ; de 44 à 186 Q à partir de 3 nuits ; enfants de 3 à 12 ans, 15 Q.* Ce fut l'un des tout premiers à s'installer dans ce petit coin de paradis. Il dispose donc de 17 chambres dont certaines, indépendantes du corps principal de l'hôtel, occupent de charmantes cabañas au milieu d'un petit jardin tropical planté de palmiers et où l'on trouve également une piscine. Les chambres sont plaisantes et bien équipées (moustiquaires, salle de bains). Il est devancé par une large terrasse où sont servis les repas. Attention il faut impérativement commander son dîner avant 18 h 30 tapante. Toute commande passée après cette heure se verra refusée. On y sert une cuisine de poissons et de fruits de mer. Pour un pescado grillé comptez 25 Q et pour des camarones 30 Q. On y trouve aussi tout un assortiment de sandwichs entre 6 et 8 Q. C'est avec l'hôtel Pez de Oro l'un des plus agréables de la plage.

Hotel Pez de Oro. Playa Monterrico & 204-5249 (Monterrico) & 331-2020 / 334-633 (Guatemala Ciudad). *9 bungalows de 120 à 240 Q du lundi au vendredi ; de 170 à 300 Q le samedi et le dimanche.* C'est le dernier des hôtels de la plage. Il est situé juste après le Cecon (centro de estudios de conservacion). Ses bungalows sont en fait des cabañas en dur, les murs blanchis à la chaux et couvert d'un joli toit de palmes. Ils sont installés autour d'une piscine dans un agréable jardin planté de palmiers. L'intérieur des bungalows est décoré avec goût à l'aide de vieux meubles et de belles couleurs. Ils sont tous équipés de moustiquaires, de ventilateurs et salles de bains. Face à la mer un restaurant avec sa terrasse. Un des plus jolis cadres et les plus belles installations de la plage.

Hotel El Mangle. Playa Monterrico & 360-3336 - Fax 334-1183. *7 chambres de 40 à 120 Q en semaine ; de 60 à 150 Q le samedi et le dimanche.* Au bout d'un petit chemin dont l'entrée se situe juste après l'hôtel El Baül, il est installé un peu en retrait de la plage dans une construction relativement récente offrant un bon niveau de confort. Ses 7 chambres sont propres, aérées, suffisament claires et sont toutes équipées de salle de bain. Ses prix modestes lui attirent tous les week-ends une clientèle nombreuse. Il est alors indispensable de réserver pour espérer trouver de la place. Par contre en semaine l'activité est plutôt calme, voire nulle. El Mangle dispose d'un téléphone à carte bancaire (Visa, AE, Mastercard).

■ VISITE

Cecon (centro de estidios de conservacion)

Ce centre a pour but la préservation des espèces protégées en voie d'extinction de la côte Pacifique et du canal de Chiquimulilla dont les plus célèbres sont l'iguane, le caïman et surtout la tortue marine. Il est ouvert tous les jours sauf le dimanche de 8 h à 12 h et de 14 h à 17 h.

Installé en bordure de plage entre les hôtels El Baül et Pez de Oro et en retrait de la plage derrière l'hôtel El Mangle, il se compose d'une douzaine de petits structures dont certaines servent en quelque sorte de nurseries aux différentes espèces. Sur la plage cinq bâtiments sont réservés aux tortues marines. En dehors des horaires d'ouverture on peut y voir patauger des petites tortues de tailles différentes selon leur âge. A l'arrière de l'hôtel El Mangle est installé le musée du centre.

Tous les samedis après-midi, vers 17 h 30, entre les mois de septembre et de janvier, le Cecon organise sur la plage des lâchers de très jeunes tortues sous la forme d'une petite course à la mer d'une vingtaine de mètres environ. Le but bien sûr est de relâcher dans leur milieu naturel ces tortues nées dans les bacs d'incubation du centre mais aussi de faire rentrer dans les caisses du Cecon une manne financière indispensable à son fonctionnement.

En effet les tortues sont « vendues » aux touristes 10 Q dans le seul but de leur faire participer à la course. Le « propriétaire » de la tortue qui gagne la course a alors droit à un repas dans le restaurant d'un hôtel de son choix. L'opération peut rapporter selon l'affluence touristique jusqu'à 400 Q par course.

Les tortues marines

Trois espèces de tortues marines fréquentent les plages de Monterrico à l'époque de la ponte : la tortue **Marina** pouvant peser jusqu'à 45 kg environ, la tortue **Carey** (70 kg) et la plus grosse la tortue **Baül** pouvant dépasser les 500 kg.

Tous les ans de moins en moins nombreuses, elles reviennent s'échouer sur la côte, remontent les plages et creusent d'énormes trous à l'aide de leurs nageoires afin d'y déposer leurs œufs. C'est là que le centre intervient en récupérant les œufs tout juste pondus et les amènent au terme de leur évolution.

Dans leur milieu naturel, les tortues ont de nombreux prédateurs et ce dès le dépôt des œufs dans le sable. Parmi ces prédateurs il y a bien sûr l'homme à qui une centaine d'œufs rapporte environ 200 Q. Sans l'intervention du centre, bien peu arriveraient jusqu'à la mer.

■ BALADE

Coincé entre le canal de Chiquimulilla et l'océan, Monterrico est organisé plus ou moins rigoureusement selon le plan en damier coutumier des villes fondées par les conquistadores.

A partir du **Muelle Municipal** où sont amarrées toutes les barques du village dans un désordre indescriptible, on s'engage dans la rue principale du village. On aperçoit sur le bord du chemin des écriteaux indiquant l'**hôtel Johnny's Place**. Au bout d'une trentaine de mètres à peine, le chemin fait un coude sur la droite puis il court sur environ 500 mètres tout droit jusqu'à la mer. De chaque côté de la rue on trouve des maisonnettes le plus souvent en bois ainsi que des construction en dur. Sur la droite un terrain de football où s'affrontent, après l'école, les gamins du village.

Une cinquantaine de mètres avant la plage, on croise un hôtel, **Las Margaritas**, actuellement en vente. A côté le restaurant **Los Marinos** est un lieu sympathique, où on peut se rafraîchir en compagnie des gens du village.

Puis on découvre l'océan Pacifique aux vagues puissantes s'écrasant sur la plage. A droite, le **Pig Pen Pub**. A gauche, les différents hôtels de Monterrico tous idéalement installés face à la mer. Juste avant le dernier établissement (Hôtel Pez de Oro) on trouve là le **Cecon**.

Ce centre de protection de la nature de Monterrico œuvre particulièrement pour la sauvegarde des caïmans, des iguanes et surtout des tortues marines qui ont fait de Monterrico un de leurs principaux lieu de ponte.

Le matin le bord de mer est le domaine des pélicans qui rasent l'eau en quête de nourriture.

■ LOISIRS

Sortir

Pig Pen Pub. Playa Monterrico. C'est le seul et unique endroit ouvert après que les différents hôtels aient fermé leurs restaurants et leurs bars respectifs. Situé en bord de plage, le Pig Pen Pub est tenu par Michaël, citoyen canadien. Il est très fréquenté par les touristes occidentaux de passage. L'ambiance y est détendue et la musique exclusivement anglo-saxonne.

En journée on peut aussi s'y restaurer. Michaël loue également quelques chambres. C'est souvent le dernier recours quand les hôtels sont complets. Le Pig Pen Pub est ouvert toute la nuit.

Plage

De sable noir d'origine volcanique, la plage de Montericco n'est pas tout à fait telle qu'on imagine une plage du Pacifique perdue au bout du monde. Il n'y a pas ici de tortueux palmiers ou cocotiers (ils ont été emportés il y longtemps par une tempête) bordant le cordon sableux, et pas non plus d'eau turquoise dans laquelle barbotent des poissons multicolores à l'abri des coraux.

Le sable est noir, les vagues violentes et le dénivelé brutal puisqu'au bout de 5 à 6 mètres les baigneurs n'y ont plus pied. Lorsque le vent se lève les vagues deviennent de véritables déferlantes qui viennent s'écraser sur le rivage.

A la violence des vagues il faut ajouter le courant auquel il est difficile de résister et qui vous entraîne vers le large. Malgré les recommandations pressantes des différents hôtels à leurs clients en plus des panneaux prévenant du danger, presque chaque week-end on doit sortir un imprudent des eaux.

Les directions des hôtels se sont associées pour payer un surveillant de plage afin de garantir le samedi et le dimanche une sécurité aux baigneurs particulièrement nombreux ces jours là.

Le week-end, le rivage se transforme en spot très fréquenté des surfeurs de la capitale.

Balade sur le canal Chiquimulilla

Au niveau du Muelle Municipal on trouve des propriétaires d'embarcations qui emmènent les touristes faire un tour sur les eaux du canal bordées de mangrove, de palétuviers, habitat naturel d'une myriade d'espèces d'oiseaux dont le héron (garza) est le plus beau représentant.

A petite vitesse, les barques slaloment entre les îles flottantes de nénuphars et de jacinthes d'eau. Un conseil, fixez le prix avant de partir en promenade.

Migration des baleines

Chaque année, au cours du mois de février, Monterrico est le témoin de la migration des baleines de Basse-Californie (Mexique) vers les eaux plus froides du sud du Pacifique où elles donnent naissance à leurs baleineaux. Au large on voit donc s'élever dans les airs des panaches d'eau et il n'est parfois pas rare de voir s'élancer les baleines elles-mêmes dans les airs retombant dans d'immenses gerbes d'écume. Elles se débarrassent ainsi des parasites et autres coquillages accrochés à leurs corps.

L'arbre symbole du Guatemala

INDEX

INDEX

Paysage de l'Alaska

Boutique de tissus à Chichicastenango

GUATEMALA

Collaborez à la prochaine édition

Comme le disait déja au XIXe siècle, notre illustre prédécesseur Baedeker : *"Les indications d'un guide du voyageur ne pouvant pas prétendre à une exactitude absolue, l'auteur compte sur la bienveillance des touristes et les prie de bien vouloir lui signaler les erreurs ou omissions qu'ils pourraient rencontrer, en lui faisant part de leurs observations qui seront reproduites dans la prochaine édition"*.

Aussi n'hésitez pas à communiquer au Petit Futé les adresses qui ont retenu votre attention et plus précisément vos trouvailles, récits de vos expériences, découvertes, bons tuyaux, adresses inédites ou futées qui méritent d'être publiées… Envoyez-nous vos commentaires par courrier en utilisant éventuellement le dos de cette page (joignez, si vous le souhaitez, un complément d'information sur papier libre) et en joignant les cartes de visite ou les factures comportant les coordonnées de l'établissement. Sur vos indications, le Petit Futé effectuera vérifications et tests nécessaires

N'oubliez pas, plus particulièrement pour les hôtels, restaurants et commerces, de préciser avant votre commentaire détaillé (5 à 15 lignes) l'adresse complète, le téléphone et les moyens de transport pour s'y rendre ainsi qu'une indication de prix.

Signalez-nous les renseignements périmés, incomplets ou qui ont, selon vous, changé, en précisant le pays, la date d'achat et la page du guide.

Nous offrons gratuitement la nouvelle édition à tous ceux dont nous retiendrons les suggestions, tuyaux et adresses inédites ou futées, et dont les courriers seront insérés signés (initiale et nom complet) dans les prochaines éditions.

Nom et prénom ....

....

Adresse et coordonnées complètes ....

....

....

Date de votre voyage ....

Afin d'accuser réception de votre courrier, merci de retourner ce document avec vos coordonnées soit par courrier, soit par fax, soit par internet à l'adresse suivante :

LE PETIT FUTE COUNTRY GUIDE
18, rue des Volontaires
Fax : 01 42 73 15 24
75015 PARIS
FRANCE
INTERNET : info@petitfute.com

GUATEMALA

GUATEMALA

GUATEMALA

GUATEMALA

ECRIRE DANS LE PETIT FUTÉ
Pourquoi pas vous ?

Pour compléter et corriger la prochaine édition du **Petit Futé du Guatemala**, améliorer les guides du Petit Futé qui seront utilisés par de futurs voyageurs et touristes, nous serions heureux de vous compter parmi notre équipe afin d'augmenter le nombre et la qualités des enquêtes.

Pour cela, nous devons mieux vous connaître et savoir ce que vous pensez, très objectivement, des guides du Petit Futé en général et de celui que vous avez entre les mains en particulier.

Nous répondons à tous les courriers qui nous sont envoyés dès qu'ils sont accompagnés d'au moins une *adresse inédite ou futée* qui mérite d'être publiée...

(voir modèle au dos de ce questionnaire)

I   Qui êtes-vous ?

Nom et prénom ....

Adresse ....

....

Quel âge avez-vous ? ....

Avez-vous des enfants ?   ☐ oui (combien ?) .... ☐ non

Comment voyagez-vous ?   ☐ seul   ☐ en voyage organisé

2   Comment avez-vous connu les guides du Petit Futé ?

☐ par un ami ou une relation   ☐ par un article de presse

☐ par une émission à la radio   ☐ à la télévision

☐ dans une librairie   ☐ dans une grande surface

☐ par une publicité, laquelle ? ....

3   Durant votre voyage,

vous consultez le Petit Futé environ .... fois

combien de personnes le lisent ? ....

4   Vous utilisez ce guide surtout :

☐ pour vos déplacements professionnels

☐ pour vos loisirs et vacances

5   Comment avez-vous acheté le Petit Futé ?

☐ vous étiez décidé à l'acheter

☐ vous n'aviez pas prévu de l'acheter

☐ il vous a été offert

6   Utilisez-vous d'autres guides pour voyager ?

☐ oui   si oui, lesquels ? ....

☐ non

GUATEMALA

7 Comptez-vous acheter d'autres guides du Petit Futé ?

☐ oui, lesquels :

☐ City Guides   ☐ Guides Week-End   ☐ Guides Région   ☐ Country Guides

☐ non   si non, pourquoi ?

8 Le prix du Petit Futé vous paraît-il ?

☐ cher   ☐ pas cher   ☐ raisonnable

9 Quels sont, à votre avis, ses qualités et ses défauts ?

qualités ....

défauts ....

10 Date et lieu d'achat ....

**Testez vos talents de « critique » en apportant aux guides du Petit Futé
une adresse inédite ou futée qui mérite d'être publiée...
en nous retournant cette page à l'adresse ci-dessous :**

Nom de l'établissement ....
Adresse exacte et complète ....

Téléphone .... Fax ....

Votre avis en fonction de l'établissement :

	Très bon	Bon	Moyen	Mauvais
Accueil :	☐	☐	☐	☐
Cuisine :	☐	☐	☐	☐
Rapport qualité/prix :	☐	☐	☐	☐
Confort :	☐	☐	☐	☐
Service :	☐	☐	☐	☐
Calme :	☐	☐	☐	☐
Cadre :	☐	☐	☐	☐
Ambiance :	☐	☐	☐	☐

Etes-vous un habitué de cette adresse ?   ☐ oui   ☐ non

Remarques et observations personnelles. Proposition de commentaire. Faites-nous part de vos expériences et découvertes sur papier libre. N'oubliez pas, plus particulièrement pour les hôtels, restaurants et commerces, de préciser avant votre commentaire détaillé (5 à 15 lignes) l'adresse complète, le téléphone et les moyens de transport pour s'y rendre ainsi qu'une indication de prix.

LE PETIT FUTE COUNTRY GUIDE
18, rue des Volontaires 75015 Paris